A CONCORDANCE TO Q

PAUL D. SANSONE, O.F.M.

Number 7
A CONCORDANCE TO Q

Richard Edwards

A CONCORDANCE TO Q

Richard Edwards

Scholars Press
Chico California

A CONCORDANCE TO Q

Richard A. Edwards

Library of Congress Cataloging in Publication Data

Edwards, Richard Alan.
A concordance to Q.

(Sources for Biblical study ; #7)
Text in Greek.
1. Bible. N.T. Gospels—Concordances.
2. Q hypothesis (Synoptics criticism) I. Title.
II. Series.
BS2555.2.E32 1985 226'.048 85-8339
ISBN 0-89130-880-6 (alk. paper)

Printed in the United States of America
on acid-free paper

2 3 4 5 6

Q PERICOPE NUMBER	SUBJECT	SOURCE PASSAGES		ALAND SYNOPSIS NUMBER
#01	JOHN THE BAPTIST	MT 3:7-10 MT 3:11-12	LK 3:7-9 LK 3:15-18	(14) (16)
#02	TEMPTATIONS	MT 4:1-11	LK 4:1-13	(20)
#03	BEATITUDES AND WOES	MT 5:3-12	LK 6:20B-26	(78&79)
#04	LOVE OF ENEMIES	MT 5:38-48 7:12	LK 6:27-36	(80)
#05	JUDGING	MT 7:1-5 12:36-37 15:14 10:24-25	LK 6:37-42	(81)
#06	FRUITS	MT 7:15-20 12:33-35 MT 3:9	LK 6:43-45 LK 3:10	(82)
#07	HOUSE ON ROCK	MT 7:21-27	LK 6:46-49	(83)
#08	CENTURION OF CAPERNAUM	MT 8:5-13	LK 7:1-10 13:28-29	(85)
#09	JOHN'S QUESTION AND JESUS' ANSWER	MT 11:2-6	LK 7:18-23	(106)
#10	JESUS' WITNESS TO JOHN	MT 11:7-19 21:31-32 7:12	LK 7:24-35 16:16	(107)
#11	COMMISSIONING THE TWELVE	MT 10:1 10:7-11 10:14	LK 9:1-6	(142)
#12	ON FOLLOWING JESUS	MT 8:18-22	LK 9:57-62	(176)
#13	COMMISSIONING OF 70	MT 9:37-38 10:7-16	LK 10:1-12	(177)
#14	WOES ON GALILEE	MT 11:20-24	LK 10:12-15	(178)
#15	WHOEVER HEARS YOU, HEARS ME	MT 10:40	LK 10:16	(179)
#16	THANKSGIVING AND BLESSEDNESS OF DISCIPLES	MT 11:25-27 13:16-17	LK 10:21-24	(181)
#17	LORD'S PRAYER	MT 6:9-13	LK 11:1-4	(185)
#18	ENCOURAGEMENT TO PRAY	MT 7:7-11	LK 11:9-13	(187)

#19	BEELZEBUB CONTROVERSY	MT 12:22-30 9:32-34	LK 11:14-23	(188)
#20	RETURN OF THE EVIL SPIRIT	MT 12:43-45	LK 11:24-26	(189)
#21	SIGN OF JONAH	MT 12:38-42 16:1-4	LK 11:16 11:29-32	(119)
#22	SOUND EYE	MT 6:22-23	LK 11:34-36	(193)
#23	AGAINST THE PHARISEES	MT 23:4-36	LK 11:37-54	(194)
#24	FEARLESS CONFESSION	MT 10:26-33 6:26	LK 12:2-9 12:24	(196)
#25	SIN AGAINST THE HOLY SPIRIT	MT 12:31-32	LK 12:10	(198)
#26	ASSISTANCE OF THE HOLY SPIRIT	MT 10:19-20	LK 12:11-12 21:14-15	(197)
#27	ANXIETY	MT 6:25-34	LK 12:22-32	(201)
#28	TREASURES IN HEAVEN	MT 6:19-21	LK 12:33-34	(202)
#29	WATCHFULNESS AND FAITHFULNESS	MT 24:42-51	LK 12:35-48	(203)
#30	DIVISIONS IN HOUSEHOLDS	MT 10:34-36	LK 12:49-53	(204)
#31	SIGNS OF THE TIMES	MT 16:2-3	LK 12:54-56	(205)
#32	AGREEMENT WITH ACCUSER	MT 5:25-26	LK 12:57-59	(206)
#33	MUSTARD SEED	MT 13:31-32	LK 13:18-19	(209)
#34	LEAVEN	MT 13:33	LK 13:20-21	(210)
#35	EXCLUSION FROM THE KINGDOM	MT 7:13-14 7:22-23 8:11-12 19:30	LK 13:22-30	(211)
#36	LAMENT OVER JERUSALEM	MT 23:37-39	LK 13:34-35	(213)
#37	GREAT SUPPER	MT 22:1-14	LK 14:15-24	(216)
#38	CONDITIONS OF DISCIPLESHIP	MT 10:37-38	LK 14:25-33	(217)
#39	PARABLE OF SALT	MT 5:13	LK 14:34-35	(218)
#40	LOST SHEEP	MT 18:12-14	LK 15:1-7	(219)

#41	TWO MASTERS	MT 6:24	LK 16:13	(224)
#42	CONCERNING THE LAW	MT 11:12-13 5:18 5:32	LK 16:16-17 16:18	(226) (56)
#43	WARNING AGAINST OFFENSES	MT 18:6-7	LK 17:1-3A	(229)
#44	ON FORGIVENESS	MT 18:5 18:21-22	LK 17:3B-4	(230)
#45	ON FAITH	MT 17:19-21	LK 17:5-6	(231)
#46	DAY OF THE SON OF MAN	MT 24:23 24:26-27 24:37-39 24:17-18 10:39 24:40-41 24:28	LK 17:22-37	(235)
#47	PARABLE OF POUNDS	MT 25:14-30	LK 19:11-27	(266)
#48	PRECEDENCE	MT 19:28	LK 22:28-30	(313)

ΜΘ 11:4	09	..... αυτοις, πορευθεντες απαγγειλατε ιωαννη	α	ακουετε και βλεπετε.
ΛΚ 7:22	09	..... αυτοις, πορευθεντες απαγγειλατε ιωαννη	α	ειδετε και ηκουσατε. τυφλοι αναβλεπουσιν,...
ΜΘ 13:17	16	...... προφηται και δικαιοι επεθυμησαν ιδειν	α	βλεπετε και ουκ ειδαν, και ακουσαι α ακουετε...
ΜΘ 13:17	16	...... α βλεπετε και ουκ ειδαν, και ακουσαι	α	ακουετε και ουκ ηκουσαν.
ΛΚ 10:24	16	.... προφηται και βασιλεις ηθελησαν ιδειν	α	υμεις βλεπετε και ουκ ειδαν, και ακουσαι...
ΛΚ 10:24	16	... υμεις βλεπετε και ουκ ειδαν, και ακουσαι	α	ακουετε και ουκ ηκουσαν.
ΜΘ 23:35	23	... εκχυννομενον επι της γης απο του αιματος	αβελ	του δικαιου εως του αιματος ζαχαριου υιου...
ΛΚ 11:51	23	απο αιματος	αβελ	εως αιματος ζαχαριου του απολομενου μεταξυ...
ΜΘ 3:9	01	.... λεγειν εν εαυτοις, πατερα εχομεν τον	αβρααμ.	λεγω γαρ υμιν οτι δυναται ο θεος εκ των...
ΜΘ 3:9	01	.. θεος εκ των λιθων τουτων εγειραι τεκνα τω	αβρααμ.	
ΛΚ 3:8	01	.... λεγειν εν εαυτοις, πατερα εχομεν τον	αβρααμ,	λεγω γαρ υμιν οτι δυναται ο θεος εκ των...
ΛΚ 3:8	01	.. θεος εκ των λιθων τουτων εγειραι τεκνα τω	αβρααμ.	
ΜΘ 8:11	35	. και δυσμων ηξουσιν και ανακλιθησονται μετα	αβρααμ	και ισαακ και ιακωβ εν τη βασιλεια των...
ΛΚ 13:28	35	..... και ο βρυγμος των οδοντων, οταν οψεσθε	αβρααμ	και ισαακ και ιακωβ και παντας τους προφητας...
ΜΘ 12:35	06	... ανθρωπος εκ του αγαθου θησαυρου εκβαλλει	αγαθα,	και ο πονηρος ανθρωπος εκ του πονηρου...
ΜΘ 7:11	18	ει ουν υμεις πονηροι οντες οιδατε δοματα	αγαθα	διδοναι τοις τεκνοις υμων, ποσω μαλλον...
ΛΚ 11:13	18	. ουν υμεις πονηροι υπαρχοντες οιδατε δοματα	αγαθα	διδοναι τοις τεκνοις υμων, ποσω μαλλον...
ΜΘ 25:21	47	εφη αυτω ο κυριος αυτου, ευ, δουλε	αγαθε	και πιστε, επι ολιγα ης πιστος, επι πολλων...
ΛΚ 19:17	47	και ειπεν αυτω, ευγε,	αγαθε	δουλε, οτι εν ελαχιστω πιστος εγενου, ισθι...
ΛΚ 6:45	06	.... αγαθου θησαυρου της καρδιας προφερει το	αγαθον,	και ο πονηρος εκ του πονηρου προφερει...
ΜΘ 12:35	06	ο	αγαθος	ανθρωπος εκ του αγαθου θησαυρου εκβαλλει...
ΛΚ 6:45	06	ο	αγαθος	ανθρωπος εκ του αγαθου θησαυρου της καρδιας...
ΜΘ 12:35	06	ο αγαθος ανθρωπος εκ του	αγαθου	θησαυρου εκβαλλει αγαθα, και ο πονηρος...
ΛΚ 6:45	06	ο αγαθος ανθρωπος εκ του	αγαθου	θησαυρου της καρδιας προφερει το αγαθον,...
ΜΘ 5:44	04	εγω δε λεγω υμιν,	αγαπατε	τους εχθρους υμων και προσευχεσθε υπερ...
ΛΚ 6:27	04	αλλα υμιν λεγω τοις ακουουσιν,	αγαπατε	τους εχθρους υμων, καλως ποιειτε τοις μισουσιν...
ΛΚ 6:32	04	και ει	αγαπατε	τους αγαπωντας υμας, ποια υμιν χαρις εστιν;...
ΛΚ 6:35	04	πλην	αγαπατε	τους εχθρους υμων και αγαθοποιειτε και...
ΜΘ 6:24	41	.... η γαρ τον ενα μισησει και τον ετερον	αγαπησει,	η ενος ανθεξεται και του ετερου καταφρονησει....
ΛΚ 16:13	41	.... η γαρ τον ενα μισησει και τον ετερον	αγαπησει,	η ενος ανθεξεται και του ετερου καταφρονησει....
ΜΘ 5:46	04	εαν γαρ	αγαπησητε	τους αγαπωντας υμας, τινα μισθον εχετε;...
ΜΘ 5:46	04	εαν γαρ αγαπησητε τους	αγαπωντας	υμας, τινα μισθον εχετε; ουχι και οι τελωναι...
ΛΚ 6:32	04	και ει αγαπατε τους	αγαπωντας	υμας, ποια υμιν χαρις εστιν; και γαρ οι...
ΜΘ 4:6	02	.. βαλε σεαυτον κατω. γεγραπται γαρ οτι τοις	αγγελοις	αυτου εντελειται περι σου και επι χειρων...
ΛΚ 4:10	02	γεγραπται γαρ οτι τοις	αγγελοις	αυτου εντελειται περι σου του διαφυλαξαι σε,
ΜΘ 6:9	17	...... υμεις. πατερ ημων ο εν τοις ουρανοις,	αγιασθητω	το ονομα σου,
ΛΚ 11:2	17	... αυτοις, οταν προσευχησθε, λεγετε, πατερ,	αγιασθητω	το ονομα σου. ελθετω η βασιλεια σου.
ΜΘ 3:11	01	.. βαστασαι. αυτος υμας βαπτισει εν πνευματι	αγιω	και πυρι.
ΛΚ 3:16	01	..... αυτου. αυτος υμας βαπτισει εν πνευματι	αγιω	και πυρι.
ΛΚ 7:32	10	ομοιοι εισιν παιδιοις τοις εν	αγορα	καθημενοις και προσφωνουσιν αλληλοις, α...
ΜΘ 11:16	10	.... ομοια εστιν παιδιοις καθημενοις εν ταις	αγοραις	α προσφωνουντα τοις ετεροις
ΜΘ 23:7	23	και τους ασπασμους εν ταις	αγοραις	και καλεισθαι υπο των ανθρωπων, ραββι.
ΛΚ 11:43	23	. ταις συναγωγαις και τους ασπασμους εν ταις	αγοραις.	
ΜΘ 22:5	37	.. αμελησαντες απηλθον, ος μεν εις τον ιδιον	αγρον,	ος δε επι την εμποριαν αυτου.
ΛΚ 14:18	37	.. παντες παραιτεισθαι. ο πρωτος ειπεν αυτω,	αγρον	ηγορασα και εχω αναγκην εξελθων ιδειν αυτον....
ΜΘ 6:30	27	ει δε τον χορτον του	αγρου	σημερον οντα και αυριον εις κλιβανον βαλλομενον...
ΛΚ 12:28	27	ει δε εν	αγρω	τον χορτον οντα σημερον και αυριον εις...
ΜΘ 18:15	44	εαν δε αμαρτηση ο	αδελφος	σου, υπαγε ελεγξον αυτον μεταξυ σου και...
ΛΚ 17:3	44	εαν αμαρτη ο	αδελφος	σου επιτιμησον αυτω, και εαν μετανοηση,...
ΜΘ 7:3	05	.. δε βλεπεις το καρφος το εν τω οφθαλμω του	αδελφου	σου, την δε εν τω σω οφθαλμω δοκον ου κατανοεις;...
ΜΘ 7:5	05	..... εκβαλειν το καρφος εκ του οφθαλμου του	αδελφου	σου.
ΛΚ 6:41	05	.. δε βλεπεις το καρφος το εν τω οφθαλμω του	αδελφου	σου, την δε δοκον την εν τω ιδιω οφθαλμω...
ΛΚ 6:42	05	.. διαβλεψεις το καρφος το εν τω οφθαλμω του	αδελφου	σου εκβαλειν.
ΜΘ 7:4	05	η πως ερεις τω	αδελφω	σου, αφες εκβαλω το καρφος εκ του οφθαλμου...
ΛΚ 6:42	05	πως δυνασαι λεγειν τω	αδελφω	σου, αδελφε, αφες εκβαλω το καρφος το εν...
ΜΘ 11:23	14	.... καφαρναουμ, μη εως ουρανου υψωθηση; εως	αδου	καταβηση. οτι ει εν σοδομοις εγενηθησαν...

ΛΚ 10:15	14	.... μη εως ουρανου υφωθηση; εως του	αδου	καταβιβασθηση.
Μθ 24:28	46	. οπου εαν η το πτωμα, εκει συναχθησονται οι	αετοι.	
ΛΚ 17:37	46	. δε ειπεν αυτοις, οπου το σωμα, εκει και οι	αετοι	επισυναχθησονται.
Μθ 8:20	12	και λεγει αυτω ο ιησους,	αι	αλωπεκες φωλεους εχουσιν και τα πετεινα...
ΛΚ 9:58	12	και ειπεν αυτω ο ιησους,	αι	αλωπεκες φωλεους εχουσιν και τα πετεινα...
Μθ 11:21	14	.... οτι ει εν τυρω και σιδωνι εγενοντο	αι	δυναμεις αι γενομεναι εν υμιν, παλαι αν...
Μθ 11:21	14	... εν τυρω και σιδωνι εγενοντο αι δυναμεις	αι	γενομεναι εν υμιν, παλαι αν εν σακκω και...
ΛΚ 10:13	14	.... οτι ει εν τυρω και σιδωνι εγενηθησαν	αι	δυναμεις αι γενομεναι εν υμιν, παλαι αν...
ΛΚ 10:13	14	. εν τυρω και σιδωνι εγενηθησαν αι δυναμεις	αι	γενομεναι εν υμιν, παλαι αν εν σακκω και...
Μθ 10:30	24	υμων δε και	αι	τριχες της κεφαλης πασαι ηριθμημεναι εισιν.
ΛΚ 12:7	24	αλλα και	αι	τριχες της κεφαλης υμων πασαι ηριθμηνται....
Μθ 23:35	23	οπως ελθη εφ υμας παν	αιμα	δικαιον εκχυννομενον επι της γης απο του...
ΛΚ 11:50	23	ινα εκζητηθη το	αιμα	παντων των προφητων το εκκεχυμενον απο...
Μθ 23:35	23	... δικαιον εκχυννομενον επι της γης απο του	αιματος	αβελ του δικαιου εως του αιματος ζαχαριου...
Μθ 23:35	23	. απο του αιματος αβελ του δικαιου εως του	αιματος	ζαχαριου υιου βαραχιου, ον εφονευσατε μεταξυ...
ΛΚ 11:51	23	απο	αιματος	αβελ εως αιματος ζαχαριου του απολομενου...
ΛΚ 11:51	23	απο αιματος αβελ εως	αιματος	ζαχαριου του απολομενου μεταξυ του θυσιαστηριου...
Μθ 7:7	18		αιτειτε,	και δοθησεται υμιν. ζητειτε, και ευρησετε....
ΛΚ 11:9	18	καγω υμιν λεγω,	αιτειτε,	και δοθησεται υμιν. ζητειτε, και ευρησετε....
Μθ 7:9	18	η τις εστιν εξ υμων ανθρωπος, ον	αιτησει	ο υιος αυτου αρτον - μη λιθον επιδωσει αυτω;
ΛΚ 11:11	18	τινα δε εξ υμων	αιτησει	τον πατερα ο υιος ιχθυν, και αντι ιχθυος...
Μθ 5:42	04	τω	αιτουντι	σε δος, και τον θελοντα απο σου δανισασθαι...
ΛΚ 6:30	04	παντι	αιτουντι	σε διδου, και απο του αιροντος τα σα μη...
Μθ 7:11	18	.. υμων ο εν τοις ουρανοις δωσει αγαθα τοις	αιτουσιν	αυτον.
ΛΚ 11:13	18	ο πατηρ εξ ουρανου δωσει πνευμα αγιον τοις	αιτουσιν	αυτον.
Μθ 7:8	18	πας γαρ ο	αιτων	λαμβανει και ο ζητων ευρισκει, και τω κρουοντι...
ΛΚ 11:10	18	πας γαρ ο	αιτων	λαμβανει, και ο ζητων ευρισκει, και τω...
Μθ 12:43	20	οταν δε το	ακαθαρτον	πνευμα εξελθη απο του ανθρωπου, διερχεται...
ΛΚ 11:24	20	οταν το	ακαθαρτον	πνευμα εξελθη απο του ανθρωπου, διερχεται...
Μθ 7:16	06	... επιγνωσεσθε αυτους. μητι συλλεγουσιν απο	ακανθων	σταφυλας η απο τριβολων συκα;
ΛΚ 6:44	06	.. εκ του ιδιου καρπου γινωσκεται. ου γαρ εξ	ακανθων	συλλεγουσιν συκα, ουδε εκ βατου σταφυλην...
Μθ 8:19	12	...... εις γραμματευς ειπεν αυτω, διδασκαλε,	ακολουθησω	σοι οπου εαν απερχη.
ΛΚ 9:57	12	...... αυτων εν τη οδω ειπεν τις προς αυτον,	ακολουθησω	σοι οπου εαν απερχη.
ΛΚ 7:9	08	.. ο ιησους εθαυμασεν αυτον, και στραφεις τω	ακολουθουντι	αυτω οχλω ειπεν, λεγω υμιν, ουδε εν τω...
Μθ 8:10	08	.... δε ο ιησους εθαυμασεν και ειπεν τοις	ακολουθουσιν,	αμην λεγω υμιν, παρ ουδενι τοσαυτην πιστιν...
Μθ 7:24	07	πας ουν οστις	ακουει	μου τους λογους τουτους και ποιει αυτους...
Μθ 11:4	09	.. αυτοις, πορευθεντες απαγγειλατε ιωαννη α	ακουετε	και βλεπετε.
Μθ 13:17	16	... α βλεπετε και ουκ ειδαν, και ακουσαι α	ακουετε	και ουκ ηκουσαν.
ΛΚ 10:24	16	...... βλεπετε και ουκ ειδαν, και ακουσαι α	ακουετε	και ουκ ηκουσαν.
Μθ 11:5	09	.... λεπροι καθαριζονται και κωφοι	ακουουσιν,	και νεκροι εγειρονται και πτωχοι ευαγγελιζονται....
ΛΚ 7:22	09	.... λεπροι καθαριζονται και κωφοι	ακουουσιν,	νεκροι εγειρονται, πτωχοι ευαγγελιζονται.
Μθ 13:17	16	.... ιδειν α βλεπετε και ουκ ειδαν, και	ακουσαι	α ακουετε και ουκ ηκουσαν.
ΛΚ 10:24	16	.. ιδειν α υμεις βλεπετε και ουκ ειδαν, και	ακουσαι	α ακουετε και ουκ ηκουσαν.
Μθ 12:42	21	.... αυτην. οτι ηλθεν εκ των περατων της γης	ακουσαι	την σοφιαν σολομωνος, και ιδου πλειον σολομωνος...
ΛΚ 11:31	21	... αυτους. οτι ηλθεν εκ των περατων της γης	ακουσαι	την σοφιαν σολομωνος, και ιδου πλειον σολομωνος...
ΛΚ 6:49	07	ο δε	ακουσας	και μη ποιησας ομοιος εστιν ανθρωπω οικοδομησαντι...
Μθ 8:10	08		ακουσας	δε ο ιησους εθαυμασεν και ειπεν τοις ακολουθουσιν,...
ΛΚ 7:9	08		ακουσας	δε ταυτα ο ιησους εθαυμασεν αυτον, και...
Μθ 7:26	07	και πας ο	ακουων	μου τους λογους τουτους και μη ποιων αυτους...
ΛΚ 6:47	07	πας ο ερχομενος προς με και	ακουων	μου των λογων και ποιων αυτους, υποδειξω...
Μθ 13:33	34	.... ζυμη, ην λαβουσα γυνη ενεκρυψεν εις	αλευρου	σατα τρια εως ου εζυμωθη ολον.
ΛΚ 13:21	34	.. εστιν ζυμη, ην λαβουσα γυνη ενεκρυψεν εις	αλευρου	σατα τρια εως ου εζυμωθη ολον.
Μθ 24:41	46	δυο	αληθουσαι	εν τω μυλω, μια παραλαμβανεται και μια...
ΛΚ 17:35	46	εσονται δυο	αληθουσαι	επι το αυτο, η μια παραλημφθησεται η δε...
ΛΚ 7:25	10		αλλ	τι εξηλθατε ιδειν; ανθρωπον εν μαλακοις...
Μθ 8:8	08	.... ικανος ινα μου υπο την στεγην εισελθης.	αλλα	μονον ειπε λογω, και ιαθησεται ο παις μου.
ΛΚ 7:7	08	διο ουδε εμαυτον ηξιωσα προς σε ελθειν.	αλλα	ειπε λογω, και ιαθητω ο παις μου.

Μθ 11:8	10		αλλα	τι εξηλθατε ιδειν; ανθρωπον εν μαλακοις...
Μθ 11:9	10		αλλα	τι εξηλθατε ιδειν; προφητην; ναι, λεγω...
Λκ 7:26	10		αλλα	τι εξηλθατε ιδειν; προφητην; ναι, λεγω...
Μθ 5:39	04	.. την δεξιαν σιαγονα , στρεψον αυτω και την	αλλην.	
Λκ 6:29	04	. τυπτοντι σε επι την σιαγονα παρεχε και την	αλλην,	και απο του αιροντος σου το ιματιον και...
Μθ 8:9	08	.. λεγω τουτω, πορευθητι, και πορευεται, και	αλλω,	ερχου, και ερχεται, και τω δουλω μου,...
Λκ 7:8	08	.. λεγω τουτω, πορευθητι, και πορευεται, και	αλλω,	ερχου, και ερχεται, και τω δουλω μου,...
Μθ 3:12	01	..... εν τη χειρι αυτου, και διακαθαριει την	αλωνα	αυτου, και συναξει τον σιτον αυτου εις...
Λκ 3:17	01	.. το πτυον εν τη χειρι αυτου διακαθαραι την	αλωνα	αυτου και συναγαγειν τον σιτον εις την...
Μθ 8:20	12	και λεγει αυτω ο ιησους, αι	αλωπεκες	φωλεους εχουσιν και τα πετεινα του ουρανου...
Λκ 9:58	12	και ειπεν αυτω ο ιησους, αι	αλωπεκες	φωλεους εχουσιν και τα πετεινα του ουρανου...
Λκ 17:3	44	εαν	αμαρτη	ο αδελφος σου επιτιμησον αυτω, και εαν...
Μθ 18:15	44	εαν δε	αμαρτηση	ο αδελφος σου, υπαγε ελεγξον αυτον μεταξυ...
Μθ 11:19	10	..... φαγος και οινοποτης, τελωνων φιλος και	αμαρτωλων.	και εδικαιωθη η σοφια απο των εργων αυτης.
Λκ 7:34	10	..... φαγος και οινοποτης, φιλος τελωνων και	αμαρτωλων.	
Μθ 6:30	27	.... εις κλιβανον βαλλομενον ο θεος ουτως	αμφιεννυσιν,	ου πολλω μαλλον υμας, ολιγοπιστοι;
Λκ 12:28	27	...... εις κλιβανον βαλλομενον ο θεος ουτως	αμφιζει,	ποσω μαλλον υμας, ολιγοπιστοι.
Μθ 15:14	05	.. εισιν οδηγοι. τυφλος δε τυφλον εαν οδηγη,	αμφοτεροι	εις βοθυνον πεσουνται.
Λκ 6:39	05	... μητι δυναται τυφλος τυφλον οδηγειν; ουχι	αμφοτεροι	εις βοθυνον εμπεσουνται;
Μθ 11:21	14	.. αι δυναμεις αι γενομεναι εν υμιν, παλαι	αν	εν σακκω και σποδω μετενοησαν.
Λκ 10:13	14	.. αι δυναμεις αι γενομεναι εν υμιν, παλαι	αν	εν σακκω και σποδω καθημενοι μετρνοησαν.
Μθ 25:27	47	. τοις τραπεζιταις, και ελθων εγω εκομισαμην	αν	το εμον συν τοκω.
Λκ 19:23	47	. αργυριον επι τραπεζαν; καγω ελθων συν τοκω	αν	αυτο επραξα.
Μθ 11:5	09	τυφλοι	αναβλεπουσιν	και χωλοι περιπατουσιν, λεπροι καθαριζονται...
Λκ 7:22	09	...... ιωαννη α ειδετε και ηκουσατε. τυφλοι	αναβλεπουσιν,	χωλοι περιπατουσιν, λεπροι καθαριζονται...
Μθ 8:11	35	. πολλοι απο ανατολων και δυσμων ηξουσιν και	ανακλιθησονται	μετα αβρααμ και ισαακ και ιακωβ εν τη...
Λκ 13:29	35	..... και δυσμων και απο βορρα και νοτου και	ανακλιθησονται	εν τη βασιλεια του θεου.
Μθ 12:43	20	.... διερχεται δι ανυδρων τοπων ζητουν	αναπαυσιν,	και ουχ ευρισκει.
Λκ 11:24	20	.... διερχεται δι ανυδρων τοπων ζητουν	αναπαυσιν,	και μη ευρισκον λεγει, υποστρεψω εις τον...
Μθ 12:41	21	ανδρες νινευιται	αναστησονται	εν τη κρισει μετα της γενεας ταυτης και...
Λκ 11:32	21	ανδρες νινευιται	αναστησονται	εν τη κρισει μετα της γενεας ταυτης και...
Μθ 8:11	35	λεγω δε υμιν οτι πολλοι απο	ανατολων	και δυσμων ηξουσιν και ανακλιθησονται...
Λκ 13:29	35	και ηξουσιν απο	ανατολων	και δυσμων και απο βορρα και νοτου και...
Μθ 12:41	21		ανδρες	νινευιται αναστησονται εν τη κρισει μετα...
Λκ 11:32	21		ανδρες	νινευιται αναστησονται εν τη κρισει μετα...
Μθ 10:15	13	αμην λεγω υμιν,	ανεκτοτερον	εσται γη σοδομων και γομορρων εν ημερα...
Λκ 10:12	13	. λεγω υμιν οτι σοδομοις εν τη ημερα εκεινη	ανεκτοτερον	εσται η τη πολει εκεινη.
Μθ 11:22	14	πλην λεγω υμιν, τυρω και σιδωνι	ανεκτοτερον	εσται εν ημερα κρισεως η υμιν.
Μθ 11:24	14	πλην λεγω υμιν οτι γη σοδομων	ανεκτοτερον	εσται εν ημερα κρισεως η σοι.
Λκ 10:14	14	πλην τυρω και σιδωνι	ανεκτοτερον	εσται εν τη κρισει η υμιν.
Λκ 10:12	14	. λεγω υμιν οτι σοδομοις εν τη ημερα εκεινη	ανεκτοτερον	εσται η τη πολει εκεινη.
Μθ 11:7	10	...... εις την ερημον θεασασθαι; καλαμον υπο	ανεμου	σαλευομενον;
Λκ 7:24	10	...... εις την ερημον θεασασθαι; καλαμον υπο	ανεμου	σαλευομενον;
Μθ 6:24	41	... μισησει και τον ετερον αγαπησει, η ενος	ανθεξεται	και του ετερου καταφρονησει. ου δυνασθε...
Λκ 16:13	41	... μισησει και τον ετερον αγαπησει, η ενος	ανθεξεται	και του ετερου καταφρονησει. ου δυνασθε...
Λκ 6:31	04	και καθως θελετε ινα ποιωσιν υμιν οι	ανθρωποι,	ποιειτε αυτοις ομοιως.
Μθ 11:8	10	αλλα τι εξηλθατε ιδειν;	ανθρωπον	εν μαλακοις ημφιεσμενον; ιδου οι τα μαλακα...
Λκ 7:25	10	αλλ τι εξηλθατε ιδειν;	ανθρωπον	εν μαλακοις ιματιοις ημφιεσμενον; ιδου...
Μθ 4:4	02	...... γεγραπται, ουκ επ αρτω μονω ζησεται ο	ανθρωπος,	αλλ επι παντι ρηματι εκπορευομενω δια...
Λκ 4:4	02	... γεγραπται οτι ουκ επ αρτω μονω ζησεται ο	ανθρωπος.	
Μθ 12:35	06	ο αγαθος	ανθρωπος	εκ του αγαθου θησαυρου εκβαλλει αγαθα,...
Λκ 6:45	06	ο αγαθος	ανθρωπος	εκ του αγαθου θησαυρου της καρδιας προφερει...
Μθ 8:9	08	και γαρ εγω	ανθρωπος	ειμι υπο εξουσιαν, εχων υπ εμαυτον στρατιωτας,...
Λκ 7:8	08	και γαρ εγω	ανθρωπος	ειμι υπο εξουσιαν τασσομενος, εχων υπ εμαυτον...
Μθ 11:19	10	...... εσθιων και πινων, και λεγουσιν, ιδου	ανθρωπος	φαγος και οινοποτης, τελωνων φιλος και...
Λκ 7:34	10	.... εσθιων και πινων, και λεγετε, ιδου	ανθρωπος	φαγος και οινοποτης, φιλος τελωνων και...
Μθ 13:31	33	...... των ουρανων κοκκω σιναπεως, ον λαβων	ανθρωπος	εσπειρεν εν τω αγρω αυτου.

ΛΚ 13:19	33	ομοια εστιν κοκκω σιναπεως, ον λαβων ανθρωπος	εβαλεν εις κηπον εαυτου, και ηυξησεν και...
ΛΚ 14:16	37	ο δε ειπεν αυτω, ανθρωπος	τις εποιει δειπνον μεγα, και εκαλεσεν πολλους,...
ΛΚ 15:4	40	τις ανθρωπος	εξ υμων εχων εκατον προβατα και απολεσας...
Μθ 25:24	47	...... ειπεν, κυριε, εγνων σε οτι σκληρος ει ανθρωπος,	θεριζων οπου ουκ εσπειρας και συναγων...
ΛΚ 19:21	47	εφοβουμην γαρ σε, οτι ανθρωπος	αυστηρος ει, αιρεις ο ουκ εθηκας και θεριζεις...
Μθ 11:19	10	ηλθεν ο υιος του ανθρωπου	εσθιων και πινων, και λεγουσιν, ιδου ανθρωπος...
ΛΚ 7:34	10	εληλυθεν ο υιος του άνθρωπου	εσθιων και πινων, και λεγετε, ιδου ανθρωπος...
Μθ 8:20	12	... του ουρανου κατασκηνωσεις, ο δε υιος του ανθρωπου	ουκ εχει που την κεφαλην κλινη.
ΛΚ 9:58	12	... του ουρανου κατασκηνωσεις, ο δε υιος του ανθρωπου	ουκ εχει που την κεφαλην κλινη.
Μθ 12:43	20	..... δε το ακαθαρτον πνευμα εξελθη απο του ανθρωπου,	διερχεται δι ανυδρων τοπων ζητουν αναπαυσιν,...
Μθ 12:45	20	... κατοικει εκει. και γινεται τα εσχατα του ανθρωπου	εκεινου χειρονα των πρωτων. ουτως εσται...
ΛΚ 11:24	20	οταν το ακαθαρτον πνευμα εξελθη απο του ανθρωπου,	διερχεται δι ανυδρων τοπων ζητουν αναπαυσιν,...
ΛΚ 11:26	20	... κατοικει εκει, και γινεται τα εσχατα του ανθρωπου	εκεινου χειρονα των πρωτων.
Μθ 12:40	21	... και τρεις νυκτας, ουτως εσται ο υιος του ανθρωπου	εν τη καρδια της γης τρεις ημερας και τρεις...
ΛΚ 11:30	21	.... σημειον, ουτως εσται και ο υιος του ανθρωπου	τη γενεα ταυτη.
Μθ 12:32	25	και ος εαν ειπη λογον κατα του υιου του ανθρωπου,	αφεθησεται αυτω. ος δ αν ειπη κατα του...
ΛΚ 12:10	25	και πας ος ερει λογον εις τον υιον του ανθρωπου,	αφεθησεται αυτω. τω δε εις το αγιον πνευμα...
Μθ 24:44	29	... ετοιμοι, οτι η ου δοκειτε ωρα ο υιος του ανθρωπου	ερχεται.
ΛΚ 12:40	29	... ετοιμοι, οτι η ωρα ου δοκειτε ο υιος του ανθρωπου	ερχεται.
Μθ 24:27	46	.... ουτως εσται η παρουσια του υιου του ανθρωπου.	
Μθ 24:37	46	... νωε, ουτως εσται η παρουσια του υιου του ανθρωπου.	
Μθ 24:39	46	...... ουτως εσται η παρουσια του υιου του ανθρωπου.	
ΛΚ 17:24	46	.. υπ ουρανον λαμπει, ουτως εσται ο υιος του ανθρωπου	
ΛΚ 17:26	46	..... εσται και εν ταις ημεραις του υιου του ανθρωπου.	
ΛΚ 17:30	46	κατα τα αυτα εσται η ημερα ο υιος του ανθρωπου	αποκαλυπτεται.
Μθ 22:2	37	ωμοιωθη η βασιλεια των ουρανων ανθρωπω	βασιλει, οστις εποιησεν γαμους τω υιω αυτου.
Μθ 18:12	40	τι υμιν δοκει; εαν γενηται τινι ανθρωπω	εκατον προβατα και πλανηθη εν εξ αυτων,...
Μθ 10:32	24	. ουν οστις ομολογησει εν εμοι εμπροσθεν των ανθρωπων,	ομολογησω καγω εν αυτω εμπροσθεν του πατρος...
Μθ 10:33	24	οστις δ αν αρνησηται με εμπροσθεν των ανθρωπων,	αρνησομαι καγω αυτον εμπροσθεν του πατρος...
ΛΚ 12:8	24	.. πας ος αν ομολογηση εν εμοι εμπροσθεν των ανθρωπων,	και ο υιος του ανθρωπου ομολογησει εν...
ΛΚ 12:9	24	ο δε αρνησαμενος με ενωπιον των ανθρωπων	απαρνηθησεται ενωπιον των αγγελων του θεου.
ΛΚ 11:10	18	...... και ο ζητων ευρισκει, και τω κρουοντι ανοιγεται.	
Μθ 7:7	18	.. υμιν. ζητειτε, και ευρησετε. κρουετε, και ανοιγησεται	υμιν.
Μθ 7:8	18	...... και ο ζητων ευρισκει, και τω κρουοντι ανοιγησεται.	
ΛΚ 11:9	18	.. υμιν. ζητειτε, και ευρησετε. κρουετε, και ανοιγησεται	υμιν.
ΛΚ 12:58	32	ως γαρ υπαγεις μετα του αντιδικου	σου επ αρχοντα, εν τη οδω δος εργασιαν...
Μθ 5:25	32	ισθι ευνοων τω αντιδικω	σου ταχυ εως οτου ει μετ αυτου εν τη οδω....
Μθ 12:43	20	..... εξελθη απο του ανθρωπου, διερχεται δι ανυδρων	τοπων ζητουν αναπαυσιν, και ουχ ευρισκει.
ΛΚ 11:24	20	..... εξελθη απο του ανθρωπου, διερχεται δι ανυδρων	τοπων ζητουν αναπαυσιν, και μη ευρισκον...
Μθ 3:10	01	ηδη δε η αξινη	προς την ριζαν των δενδρων κειται. παν...
ΛΚ 3:9	01	ηδη δε και η αξινη	προς την ριζαν των δενδρων κειται. παν...
Μθ 3:8	01	ποιησατε ουν καρπον αξιον	της μετανοιας.
Μθ 10:10	13	.... δυο χιτωνας μηδε υποδηματα μηδε ραβδον. αξιος	γαρ ο εργατης της τροφης αυτου.
ΛΚ 10:7	13	.... εσθιοντες και πινοντες τα παρ αυτων, αξιος	γαρ ο εργατης του μισθου αυτου. μη μεταβαινετε...
ΛΚ 3:8	01	ποιησατε ουν καρπους αξιους	της μετανοιας. και μη αρξησθε λεγειν εν...
Μθ 7:23	35	. αυτοις οτι ουδεποτε εγνων υμας. αποχωρειτε απ	εμου οι εργαζομενοι την ανομιαν.
ΛΚ 13:27	35	. λεγων υμιν, ουκ οιδα ποθεν εστε. αποστητε απ	εμου, παντες εργαται αδικιας.
Μθ 25:28	47	αρατε ουν απ	αυτου το ταλαντον και δοτε τω εχοντι τα...
ΛΚ 19:24	47	και τοις παρεστωσιν ειπεν, αρατε απ	αυτου την μναν και δοτε τω τας δεκα μνας...
Μθ 11:4	09	.... ο ιησους ειπεν αυτοις, πορευθεντες απαγγειλατε	ιωαννη α ακουετε και βλεπετε.
ΛΚ 7:22	09	και αποκριθεις ειπεν αυτοις, πορευθεντες απαγγειλατε	ιωαννη α ειδετε και ηκουσατε. τυφλοι αναβλεπουσιν,..
Μθ 24:39	46	... εγνωσαν εως ηλθεν ο κατακλυσμος και ηρεν απαντας,	ουτως εσται η παρουσια του υιου του ανθρωπου....
ΛΚ 12:9	24	. ο δε αρνησαμενος με ενωπιον των ανθρωπων απαρνηθησεται	ενωπιον των αγγελων του θεου.
Μθ 11:25	16	. οτι εκρυψας ταυτα απο σοφω και συνετων και απεκαλυψας	αυτα νηπιοις.
ΛΚ 10:21	16	. απεκρυψας ταυτα απο σοφων και συνετων, και απεκαλυψας	αυτα νηπιοις. ναι, ο πατηρ, οτι ουτως ευδοκια...
ΛΚ 4:4	02	και απεκριθη	προς αυτον ο ιησους, γεγραπται οτι ουκ...
ΛΚ 10:21	16	.. πατερ, κυριε του ουρανου και της γης, οτι απεκρυψας	ταυτα απο σοφων και συνετων, και απεκαλυψας...

Μθ 8:21	12	... ειπεν αυτω, κυριε, επιτρεψον μοι πρωτον	απελθειν	και θαψαι τον πατερα μου.
ΛΚ 9:59	12	.. ακολουθει μοι. ο δε ειπεν, επιτρεψον μοι	απελθοντι	πρωτον θαψαι τον πατερα μου.
Μθ 8:19	12	.. αυτω, διδασκαλε, ακολουθησω σοι οπου εαν	απερχη.	
ΛΚ 9:57	12	... τις προς αυτον, ακολουθησω σοι οπου εαν	απερχη.	
Μθ 23:37	36	.... τους προφητας και λιθοβολουσα τους	απεσταλμενους	προς αυτην, ποσακις ηθελησα επισυναγαγειν...
ΛΚ 13:34	36	.... τους προφητας και λιθοβολουσα τους	απεσταλμενους	προς αυτην, ποσακις ηθελησα επισυναξαι...
Μθ 22:3	37	και	απεστειλεν	τους δουλους αυτου καλεσαι τους κεκλημενους...
ΛΚ 14:17	37	και	απεστειλεν	τον δουλον αυτου τη ωρα του δειπνου ειπειν...
Μθ 6:22	22	. εστιν ο οφθαλμος. εαν ουν η ο οφθαλμος σου	απλους,	ολον το σωμα σου φωτεινον εσται.
ΛΚ 11:34	22	.. εστιν ο οφθαλμος σου. οταν ο οφθαλμος σου	απλους	η, και ολον το σωμα σου φωτεινον εστιν....
Μθ 3:7	01	.... εχιδνων, τις υπεδειξεν υμιν φυγειν	απο	της μελλουσης οργης;
ΛΚ 3:7	01	.... εχιδνων, τις υπεδειξεν υμιν φυγειν	απο	της μελλουσης οργης;
Μθ 5:42	04	τω αιτουντι σε δος, και τον θελοντα	απο	σου δανισασθαι μη αποστραφης.
ΛΚ 6:30	04	παντι αιτουντι σε διδου, και	απο	του αιροντος τα σα μη απαιτει.
Μθ 11:19	10	...... και αμαρτωλων. και εδικαιωθη η σοφια	απο	των εργων αυτης.
ΛΚ 7:35	10	και εδικαιωθη η σοφια	απο	παντων των τεκνων αυτης.
Μθ 11:25	16	. του ουρανου και της γης, οτι εκρυψας ταυτα	απο	σοφω και συνετων και απεκαλυψας αυτα νηπιοις....
ΛΚ 10:21	16	.. ουρανου και της γης, οτι απεκρυψας ταυτα	απο	σοφων και συνετων, και απεκαλυψας αυτα...
Μθ 12:43	20	οταν δε το ακαθαρτον πνευμα εξελθη	απο	του ανθρωπου, διερχεται δι ανυδρων τοπων...
ΛΚ 11:24	20	οταν το ακαθαρτον πνευμα εξελθη	απο	του ανθρωπου, διερχεται δι ανυδρων τοπων...
Μθ 23:35	23	. παν αιμα δικαιον εκχυννομενον επι της γης	απο	του αιματος αβελ του δικαιου εως του...
ΛΚ 11:51	23	... του οικου. ναι, λεγω υμιν, εκζητηθησεται	απο	της γενεας ταυτης.
Μθ 10:28	24	και μη φοβεισθε	απο	των αποκτεννοντων το σωμα, την δε ψυχην...
ΛΚ 12:4	24	. λεγω δε υμιν τοις φιλοις μου, μη φοβηθητε	απο	των αποκτεινοντων το σωμα και μετα ταυτα...
Μθ 8:11	35	λεγω δε υμιν οτι πολλοι	απο	ανατολων και δυσμων ηξουσιν και ανακλιθησονται...
ΛΚ 13:29	35	και ηξουσιν	απο	ανατολων και δυσμων και απο βορρα και...
Μθ 23:23	23	.... γραμματεις και φαρισαιοι υποκριται, οτι	αποδεκατουτε	το ηδυοσμον και τοανηθον και το κυμινον,...
ΛΚ 11:42	23	αλλα ουαι υμιν τοις φαρισαιοις, οτι	αποδεκατουτε	το ηδυοσμον και το πηγανον και παν λαχανον,...
Μθ 5:26	32	..... λεγω σοι, ου μη εξελθης εκειθεν εως αν	αποδως	τον εσχατον κοδραντην.
ΛΚ 12:59	32	.. εξελθης εκειθεν εως και το εσχατον λεπτον	αποδως.	
Μθ 6:26	27	.... ουδε θεριζουσιν ουδε συναγουσιν εις	αποθηκας,	και ο πατηρ υμων ο ουρανιος τρεφει αυτα....
ΛΚ 12:24	27	..... θεριζουσιν, οις ουκ εστιν ταμειον ουδε	αποθηκη,	και ο θεος τρεφει αυτους. ποσω μαλλον...
Μθ 3:12	01	. αυτου, και συναξει τον σιτον αυτου εις την	αποθηκην	, το δε αχυρον κατακαυσει πυρι ασβεστω.
ΛΚ 3:17	01	..... αυτου και συναγαγειν τον σιτον εις την	αποθηκην	αυτου, το δε αχυρον κατακαυσει πυρι ασβεστω.
Μθ 10:26	24	. αυτους. ουδεν γαρ εστιν κακαλυμμενον ο ουκ	αποκαλυφθησεται,	και κρυπτον ο ου γνωσθησεται.
ΛΚ 12:2	24	ουδεν δε συγκεκαλυμμενον εστιν ο ουκ	αποκαλυφθησεται,	και κρυπτον ο ου γνωσθησεται.
Μθ 11:27	16	..... ει μη ο υιος και ω εαν βουληται ο υιος	αποκαλυψαι.	
ΛΚ 10:22	16	..... ει μη ο υιος και ω εαν βουληται ο υιος	αποκαλυψαι.	
Μθ 4:4	02	ο δε	αποκριθεις	ειπεν, γεγραπται, ουκ επ αρτω μονω ζησεται...
ΛΚ 4:8	02	και	αποκριθεις	ο ιησους ειπεν αυτω, γεγραπται, κυριον...
ΛΚ 4:12	02	και	αποκριθεις	ειπεν αυτω ο ιησους οτι ειρηται, ουκ εκπειρασεις...
Μθ 11:4	09	και	αποκριθεις	ο ιησους ειπεν αυτοις, πορευθεντες απαγγειλατε...
ΛΚ 7:22	09	και	αποκριθεις	ειπεν αυτοις, πορευθεντες απαγγειλατε...
ΛΚ 12:4	24	. υμιν τοις φιλοις μου, μη φοβηθητε απο των	αποκτεινοντων	το σωμα και μετα ταυτα μη εχοντων περισσοτερον...
Μθ 23:37	36	ιερουσαλημ ιερουσαλημ, η	αποκτεινουσα	τους προφητας και λιθοβολουσα τους απεσταλμενους...
ΛΚ 13:34	36	ιερουσαλημ ιερουσαλημ, η	αποκτεινουσα	τους προφητας και λιθοβολουσα τους απεσταλμενους...
Μθ 23:34	23	.... και σοφους και γραμματεις. εξ αυτων	αποκτενειτε	και σταυρωσετε, και εξ αυτων μαστιγωσετε...
Μθ 10:28	24	και μη φοβεισθε απο των	αποκτεννοντων	το σωμα, την δε ψυχην μη δυναμενων αποκτειναι....
ΛΚ 11:49	23	...... προφητας και αποστολους, και εξ αυτων	αποκτενουσιν	και διωξουσιν,
Μθ 10:39	46	...... την ψυχην αυτου απολεσει αυτην, και ο	απολεσας	την ψυχην αυτου ενεκεν εμου ευρησει αυτην.
Μθ 10:39	46	ο ευρων την ψυχην αυτου	απολεσει	αυτην, και ο απολεσας την ψυχην αυτου...
ΛΚ 17:33	46	.. εαν ζητηση την ψυχην αυτου περιποιησασθαι	απολεσει	αυτην, ος δ αν απολεση ζωογονησει αυτην.
ΛΚ 17:33	46	.... περιποιησασθαι απολεσει αυτην, ος δ αν	απολεση	ζωογονησει αυτην.
Μθ 10:40	15	... δεχεται, και ο εμε δεχομενος δεχεται τον	αποστειλαντα	με.
ΛΚ 10:16	15	..... εμε αθετει. ο δε εμε αθετων αθετει τον	αποστειλαντι	με.
Μθ 10:16	13	ιδου εγω	αποστελλω	υμας ως προβατα εν μεσω λυκων. γινεσθε...
ΛΚ 10:3	13	υπαγετε. ιδου	αποστελλω	υμας ως αρνας εν μεσω λυκων.

ΜΘ 23:34	23	δια τουτο ιδου εγω	αποστελλω	προς υμας προφητας και σοφους και γραμματεις....
ΛΚ 11:49	23	δια τουτο και η σοφια του θεου ειπεν,	αποστελω	εις αυτους προφητας και αποστολους, και...
ΛΚ 13:27	35	. και ερει λεγων υμιν, ουκ οιδα ποθεν εστε.	αποστητε	απ εμου, παντες εργαται αδικιας.
ΜΘ 7:23	35	.. ομολογησω αυτοις οτι ουδεποτε εγνων υμας.	αποχωρειτε	απ εμου οι εργαζομενοι την ανομιαν.
ΜΘ 12:28	19	.. εν πνευματι θεου εγω εκβαλλω τα δαιμονια,	αρα	εφθασεν εφ υμας η βασιλεια του θεου.
ΛΚ 11:20	19	. ει δε εν δακτυλω θεου εκβαλλω τα δαιμονια,	αρα	εφθασεν εφ υμας η βασιλεια του θεου.
ΜΘ 24:45	29	τις	αρα	εστιν ο πιστος δουλος και φρονιμος ον κατεστησεν...
ΛΚ 12:42	29	και ειπεν ο κυριος, τις	αρα	εστιν ο πιστος οικονομος ο φρονιμος, ον...
ΜΘ 25:27	47	εδει σε ουν βαλειν τα	αργυρια	μου τοις τραπεζιταις, και ελθων εγω εκομισαμην...
ΛΚ 9:3	11	..... μητε ραβδον μητε πηραν μητε αρτον μητε	αργυριον,	μητε δυο χιτωνας εχειν.
ΛΚ 19:23	47	και δια τι ουκ εδωκας μου το	αργυριον	επι τραπεζαν; καγω ελθων συν τοκω αν αυτο...
ΜΘ 10:9	11	μη κτησησθε χρυσον μηδε	αργυρον	μηδε χαλκον εις τας ζωνας υμων,
ΜΘ 25:29	47	.... του δε μη εχοντος και ο εχει	αρθησεται	απ αυτου.
ΛΚ 19:26	47	.... απο δε του μη εχοντος και ο εχει	αρθησεται.	
ΛΚ 12:9	24	ο δε	αρνησαμενος	με ενωπιον των ανθρωπων απαρνηθησεται...
ΜΘ 10:33	24	οστις δ αν	αρνησηται	με εμπροσθεν των ανθρωπων, αρνησομαι καγω...
ΜΘ 10:33	24	.. αν αρνησηται με εμπροσθεν των ανθρωπων,	αρνησομαι	καγω αυτον εμπροσθεν του πατρος μου του...
ΜΘ 24:49	29	και	αρξηται	τυπτειν τους συνδουλους αυτου, εσθιη δε...
ΛΚ 12:45	29	. αυτου, χρονιζει ο κυριος μου ερχεσθαι, και	αρξηται	τυπτειν τους παιδας και τας παιδισκας,...
ΜΘ 4:6	02	... αυτου εντελειται περι σου και επι χειρων	αρουσιν	σε, μηποτε προσκοψης προς λιθον τον ποδα...
ΛΚ 4:11	02	και οτι επι χειρων	αρουσιν	σε μηποτε προσκοψης προς λιθον τον ποδα σου.
ΜΘ 23:25	23	... και της παροψιδος, εσωθεν δε γεμουσιν εξ	αρπαγης	και ακρασιας
ΛΚ 11:39	23	.... καθαριζετε, το δε εσωθεν υμων γεμει	αρπαγης	και πονηριας.
ΜΘ 4:3	02	.. υιος ει του θεου, ειπε ινα οι λιθοι ουτοι	αρτοι	γενωνται.
ΜΘ 6:11	17	τον	αρτον	ημων τον επιουσιον δος ημιν σημερον.
ΛΚ 11:3	17	τον	αρτον	ημων τον επιουσιον διδου ημιν το καθ ημεραν.
ΜΘ 4:4	02	. ο δε αποκριθεις ειπεν, γεγραπται, ουκ επ	αρτω	μονω ζησεται ο ανθρωπος, αλλ επι παντι...
ΛΚ 4:4	02	.. προς αυτον ο ιησους, γεγραπται οτι ουκ επ	αρτω	μονω ζησεται ο ανθρωπος.
ΜΘ 3:12	01	... αποθηκην , το δε αχυρον κατακαυσει πυρι	ασβεστω.	
ΛΚ 3:17	01	.... αυτου, το δε αχυρον κατακαυσει πυρι	ασβεστω.	
ΛΚ 10:9	13	και θεραπευετε τους εν αυτη	ασθενεις,	και λεγετε αυτοις, ηγγικεν εφ υμας η βασιλεια...
ΜΘ 10:8	13		ασθενουντας	θεραπευετε, νεκρους εγειρετε, λεπρους καθαριζετε,...
ΜΘ 23:7	23	και τους	ασπασμους	εν ταις αγοραις και καλεισθαι υπο των...
ΛΚ 11:43	23	. πρωτοκαθεδριαν εν ταις συναγωγαις και τους	ασπασμους	εν ταις αγοραις.
ΜΘ 10:29	24	ουχι δυο στρουθια	ασσαριου	πωλειται; και εν εξ αυτων ου πεσειται επι...
ΛΚ 12:6	24	ουχι πεντε στρουθια πωλουνται	ασσαριων	δυο; και εν εξ αυτων ουκ εστιν επιλελησμενον...
ΜΘ 24:27	46	ωσπερ γαρ η	αστραπη	εξερχεται απο ανατολων και φαινεται εως...
ΛΚ 17:24	46	ωσπερ γαρ η	αστραπη	αστραπτουσα εκ της υπο τον ουρανον εις...
ΜΘ 13:32	33	.... μεν εστιν παντων των σπερματων, οταν δε	αυξηθη,	μειζον των λαχανων εστιν και γινεται δενδρον,...
ΜΘ 6:30	27	.. δε τον χορτον του αγρου σημερον οντα και	αυριον	εις κλιβανον βαλλομενον ο θεος ουτως αμφιεννυσιν,...
ΛΚ 12:28	27	. ει δε εν αγρω τον χορτον οντα σημερον και	αυριον	εις κλιβανον βαλλομενον ο θεος ουτως αμφιζει,...
ΜΘ 11:25	16	...... απο σοφω και συνετων και απεκαλυψας	αυτα	νηπιοις.
ΛΚ 10:21	16	.... απο σοφων και συνετων, και απεκαλυψας	αυτα	νηπιοις. ναι, ο πατηρ, οτι ουτως ευδοκια...
ΜΘ 6:26	27	.... και ο πατηρ υμων ο ουρανιος τρεφει	αυτα.	ουχ υμεις μαλλον διαφερετε αυτων;
ΜΘ 12:39	21	. σημειον επιζητει, και σημειον ου δοθησεται	αυτη	ει μη το σημειον ιωνα του προφητου.
ΜΘ 16:4	21	. σημειον επιζητει, και σημειον ου δοθησεται	αυτη	ει μη το σημειον ιωνα. και καταλιπων αυτους...
ΛΚ 11:29	21	.... σημειον ζητει, και σημειον ου δοθησεται	αυτη	ει μη το σημειον ιωνα.
ΜΘ 12:41	21	... μετα της γενεας ταυτης και κατακρινουσιν	αυτην.	οτι μετενοησαν εις το κηρυγμα ιωνα, και...
ΛΚ 11:32	21	... μετα της γενεας ταυτης και κατακρινουσιν	αυτην.	οτι μετενοησαν εις το κηρυγμα ιωνα, και...
ΜΘ 23:37	36	... και λιθοβολουσα τους απεσταλμενους προς	αυτην,	ποσακις ηθελησα επισυναγαγειν τα τεκνα...
ΛΚ 13:34	36	... και λιθοβολουσα τους απεσταλμενους προς	αυτην,	ποσακις ηθελησα επισυναξαι τα τεκνα σου...
ΜΘ 10:39	46	ο ευρων την ψυχην αυτου απολεσει	αυτην,	και ο απολεσας την ψυχην αυτου ενεκεν...
ΜΘ 10:39	46	.... την ψυχην αυτου ενεκεν εμου ευρησει	αυτην.	
ΛΚ 17:33	46	... την ψυχην αυτου περιποιησασθαι απολεσει	αυτην,	ος δ αν απολεση ζωογονησει αυτην.
ΛΚ 17:33	46	.... αυτην, ος δ αν απολεση ζωογονησει	αυτην.	
ΜΘ 11:19	10	.... και εδικαιωθη η σοφια απο των εργων	αυτης.	
ΛΚ 7:35	10	... εδικαιωθη η σοφια απο παντων των τεκνων	αυτης.	

Μθ 10:35	30	.. πατρος αυτου και θυγατερα κατα της μητρος αυτης	και νυμφην κατα της πενθερας αυτης,
Λκ 12:53	30	..... επι την μητερα, πενθερα επι την νυμφην αυτης	και νυμφη επι την πενθεραν.
Μθ 5:47	04	... περισσον ποιειτε; ουχι και οι εθνικοι το αυτο	ποιουσιν;
Λκ 6:33	04	. ποια υμιν χαρις εστιν; και οι αμαρτωλοι το αυτο	ποιουσιν.
Μθ 12:27	19	... υιοι υμων εν τινι εκβαλλουσιν; δια τουτο αυτοι	κριται εσονται υμων
Λκ 11:19	19	... υιοι υμων εν τινι εκβαλλουσιν; δια τουτο αυτοι	υμων κριται εσονται.
Μθ 23:4	23	... επιτιθεασιν επι τους ωμους των ανθρωπων, αυτοι	δε τω δακτυλω αυτων ου θελουσιν κινησαι...
Λκ 11:46	23	..... τους ανθρωπους φορτια δυσβαστακτα, και αυτοι	ενι των δακτυλων υμων ου προσψαυετε ταις...
Λκ 6:31	04	..... ινα ποιωσιν υμιν οι ανθρωποι, ποιειτε αυτοις	ομοιως.
Μθ 11:4	09	και αποκριθεις ο ιησους ειπεν αυτοις,	πορευθεντες απαγγειλατε ιωαννη α ακουετε...
Λκ 7:22	09	και αποκριθεις ειπεν αυτοις,	πορευθεντες απαγγειλατε ιωαννη α ειδετε...
Μθ 4:5	02	τοτε παραλαμβανει αυτον	ο διαβολος εις την αγιαν πολιν, και ιστησιν...
Μθ 4:5	02	.. διαβολος εις την αγιαν πολιν, και ιστησιν αυτον	επι το πτερυγιον του ιερου,
Μθ 4:8	02	παλιν παραλαμβανει αυτον	ο διαβολος εις ορος υψηλον λιαν, και δεικνυσιν...
Μθ 4:11	02	τοτε αφιησιν αυτον	ο διαβολος, και ιδου αγγελοι προσηλθον...
Λκ 4:4	02	και απεκριθη προς αυτον	ο ιησους, γεγραπται οτι ουκ επ αρτω μονω...
Λκ 4:5	02	και αναγαγων αυτον	εδειξεν αυτω πασας τας βασιλειας της οικουμενης...
Λκ 4:9	02	ηγαγεν δε αυτον	εις ιερουσαλημ και εστησεν επι το πτερυγιον...
Μθ 7:11	18	.. τοις ουρανοις δωσει αγαθα τοις αιτουσιν αυτον.	
Λκ 11:13	18	.. ουρανου δωσει πνευμα αγιον τοις αιτουσιν αυτον.	
Μθ 24:47	29	. επι πασιν τοις υπαρχουσιν αυτου καταστησει αυτον.	
Μθ 24:51	29	και διχοτομησει αυτον	και το μερος αυτου μετα των υποκριτων θησει....
Λκ 12:44	29	. επι πασιν τοις υπαρχουσιν αυτου καταστησει αυτον.	
Λκ 12:46	29	.. και εν ωρα η ου γινωσκει, και διχοτομησει αυτον,	και το μερος αυτου μετα των απιστων θησει.
Μθ 3:12	01	ου το πτυον εν τη χειρι αυτου,	και διακαθαριει την αλωνα αυτου, και...
Μθ 3:12	01	... χειρι αυτου, και διακαθαριει την αλωνα αυτου,	και συναξει τον σιτον αυτου εις την αποθηκην...
Μθ 3:12	01	... την αλωνα αυτου, και συναξει τον σιτον αυτου	εις την αποθηκην , το δε αχυρον κατακαυσει...
Λκ 3:17	01	ου το πτυον εν τη χειρι αυτου	διακαθαραι την αλωνα αυτου και συναγαγειν...
Λκ 3:17	01	... εν τη χειρι αυτου διακαθαραι την αλωνα αυτου	και συναγαγειν τον σιτον εις την αποθηκην...
Λκ 3:17	01	. και συναγαγειν τον σιτον εις την αποθηκην αυτου,	το δε αχυρον κατακαυσει πυρι ασβεστω.
Μθ 4:6	02	..... κατω. γεγραπται γαρ οτι τοις αγγελοις αυτου	εντελειται περι σου και επι χειρων αρουσιν...
Λκ 4:10	02	γεγραπται γαρ οτι τοις αγγελοις αυτου	εντελειται περι σου του διαφυλαξαι σε,
Λκ 4:13	02	.... παντα πειρασμον ο διαβολος απεστη απ αυτου	αχρι καιρου.
Μθ 10:25	05	...... τω μαθητη ινα γενηται ως ο διδασκαλος αυτου,	και ο δουλος ως ο κυριος αυτου. ει τον...
Λκ 6:40	05	. κατηρτισμενος δε πας εσται ως ο διδασκαλος αυτου.	
Μθ 11:2	09	. τα εργα του χριστου πεμψας δια των μαθητων αυτου	ειπεν αυτω,
Λκ 7:18	09	και απηγγειλαν ιωαννη οι μαθηται αυτου	περι παντων τουτων. και προσκαλεσαμενος...
Μθ 11:11	10	.... εν τη βασιλεια των ουρανων μειζων αυτου	εστιν.
Λκ 7:28	10	.. μικροτερος εν τη βασιλεια του θεου μειζων αυτου	εστιν.
Μθ 12:26	19	.... εμερισθη. πως ουν σταθησεται η βασιλεια αυτου;	
Λκ 11:18	19	...... διεμερισθη, πως σταθησεται η βασιλεια αυτου;	οτι λεγετε εν βεελζεβουλ εκβαλλειν με...
Μθ 6:27	27	.... δυναται προσθειναι επι την ηλικιαν αυτου	πηχυν ενα;
Μθ 6:29	27	... δε υμιν οτι ουδε σολομων εν παση τη δοξη αυτου	περιεβαλετο ως εν τουτων.
Μθ 6:33	27	... πρωτον την βασιλειαν και την δικαιοσυνην αυτου,	και ταυτα παντα προστεθησεται υμιν.
Λκ 12:25	27	... εξ υμων μεριμνων δυναται επι την ηλικιαν αυτου	προσθειναι πηχυν;
Λκ 12:27	27	. λεγω δε υμιν, ουδε σολομων εν παση τη δοξη αυτου	περιεβαλετο ως εν τουτων.
Λκ 12:31	27	πλην ζητειτε την βασιλειαν αυτου,	και ταυτα προστεθησεται υμιν.
Μθ 24:43	29	... και ουκ αν ειασεν διορυχθηναι την οικιαν αυτου.	
Μθ 24:45	29	... ον κατεστησεν ο κυριος επι της οικετειας αυτου	του δουναι αυτοις την τροφην εν καιρω;
Μθ 24:46	29	.... ο δουλος εκεινος ον ελθων ο κυριος αυτου	ευρησει ουτως ποιουντα.
Μθ 24:47	29	.... λεγω υμιν οτι επι πασιν τοις υπαρχουσιν αυτου	καταστησει αυτον.
Μθ 24:48	29	... ειπη ο κακος δουλος εκεινος εν τη καρδια αυτου,	χρονιζει μου ο κυριος,
Μθ 24:51	29	και διχοτομησει αυτον και το μερος αυτου	μετα των υποκριτων θησει. εκει εσται ο...
Λκ 12:39	29	.... ουκ αν αφηκεν διορυχθηναι τον οικον αυτου.	
Λκ 12:42	29	... ον καταστησει ο κυριος επι της θεραπειας αυτου	του διδοναι εν καιρω σιτομετριον;
Λκ 12:43	29	.... ο δουλος εκεινος, ον ελθων ο κυριος αυτου	ευρησει ποιουντα ουτως.
Λκ 12:44	29	.... λεγω υμιν οτι επι πασιν τοις υπαρχουσιν αυτου	καταστησει αυτον.

ΛΚ 12:45	29	. εαν δε ειπη ο δουλος εκεινος εν τη καρδια αυτου,	χρονιζει ο κυριος μου ερχεσθαι, και αρξηται...
ΛΚ 12:46	29	.... και διχοτομησει αυτον, και το μερος αυτου	μετα των απιστων θησει.
ΜΘ 13:32	33	.... ουρανου και κατασκηνουν εν τοις κλαδοις αυτου.	
ΛΚ 13:19	33	... του ουρανου κατεσκηνωσεν εν τοις κλαδοις αυτου.	
ΜΘ 22:3	37	και απεστειλεν τους δουλους αυτου	καλεσαι τους κεκλημενους εις τους γαμους,...
ΛΚ 14:17	37	και απεστειλεν τον δουλον αυτου	τη ωρα του δειπνου ειπειν τοις κεκλημενοις,...
ΜΘ 10:38	38	και ος ου λαμβανει τον σταυρον αυτου	και ακολουθει οπισω μου, ουκ εστιν μου...
ΜΘ 10:39	46	ο ευρων την ψυχην αυτου	απολεσει αυτην, και ο απολεσας την ψυχην...
ΛΚ 17:33	46	ος εαν ζητηση την ψυχην αυτου	περιποιησασθαι απολεσει αυτην, ος δ αν...
ΜΘ 25:28	47	αρατε ουν απ αυτου	το ταλαντον και δοτε τω εχοντι τα δεκα...
ΛΚ 19:24	47	και τοις παρεστωσιν ειπεν, αρατε απ αυτου	την μναν και δοτε τω τας δεκα μνας εχοντι
ΜΘ 7:24	07	.. ακουει μου τους λογους τουτους και ποιει αυτους	ομοιωθησεται ανδρι φρονιμω, οστις ωκοδομησεν...
ΛΚ 6:47	07	..... με και ακουων μου των λογων και ποιων αυτους,	υποδειξω υμιν τινι εστιν ομοιος.
ΛΚ 12:24	27	... ταμειον ουδε αποθηκη, και ο θεος τρεφει αυτους.	ποσω μαλλον υμεις διαφερετε των πετεινων.
ΜΘ 4:3	02	και προσελθων ο πειραζων ειπεν αυτω,	ει υιος ει του θεου, ειπε ινα οι λιθοι...
ΜΘ 4:6	02	και λεγει αυτω,	ει υιος ει του θεου, βαλε σεαυτον κατω....
ΜΘ 4:7	02	εφη αυτω	ο ιησους, παλιν γεγραπται, ουκ εκπειρασεις...
ΜΘ 4:8	02	.... εις ορος υψηλον λιαν, και δεικνυσιν αυτω	πασας τας βασιλειας του κοσμου και την...
ΜΘ 4:9	02	και λεγει αυτω,	ταυτα σοι παντα δωσω εαν πεσων προσκυνησης...
ΜΘ 4:10	02	τοτε λεγει αυτω	ο ιησους, υπαγε, σατανα. γεγραπται γαρ,...
ΜΘ 4:10	02	.. γαρ, κυριον τον θεον σου προσκυνησεις και αυτω	μονω λατρευσεις.
ΜΘ 4:11	02	... και ιδου αγγελοι προσηλθον και διηκονουν αυτω.	
ΛΚ 4:3	02	ειπεν δε αυτω	ο διαβολος, ει υιος ει του θεου, ειπε τω...
ΛΚ 4:5	02	και αναγαγων αυτον εδειξεν αυτω	πασας τας βασιλειας της οικουμενης εν στιγμη...
ΛΚ 4:6	02	και ειπεν αυτω	ο διαβολος, σοι δωσω την εξουσιαν ταυτην...
ΛΚ 4:8	02	και αποκριθεις ο ιησους ειπεν αυτω,	γεγραπται, κυριον τον θεον σου προσκυνησεις...
ΛΚ 4:8	02	.... κυριον τον θεον σου προσκυνησεις και αυτω	μονω λατρευσεις.
ΛΚ 4:9	02	...... επι το πτερυγιον του ιερου, και ειπεν αυτω,	ει υιος ει του θεου, βαλε σεαυτον εντευθεν...
ΛΚ 4:12	02	και αποκριθεις ειπεν αυτω	ο ιησους οτι ειρηται, ουκ εκπειρασεις κυριον...
ΜΘ 8:20	12	και λεγει αυτω	ο ιησους, αι αλωπεκες φωλεους εχουσιν...
ΜΘ 8:22	12	ο δε ιησους λεγει αυτω,	ακολουθει μοι, και αφες τους νεκρους θαψαι...
ΛΚ 9:58	12	και ειπεν αυτω	ο ιησους, αι αλωπεκες φωλεους εχουσιν...
ΛΚ 9:60	12	ειπεν δε αυτω,	αφες τους νεκρους θαψαι τους εαυτων νεκρους,...
ΜΘ 10:32	24	. εμπροσθεν των ανθρωπων, ομολογησω καγω εν αυτω	εμπροσθεν του πατρος μου του εν ουρανοις.
ΛΚ 12:8	24	...... και ο υιος του ανθρωπου ομολογησει εν αυτω	εμπροσθεν των αγγελων του θεου.
ΜΘ 12:32	25	.... κατα του υιου του ανθρωπου, αφεθησεται αυτω.	ος δ αν ειπη κατα του πνευματος του αγιου,...
ΛΚ 12:10	25	..... εις τον υιον του ανθρωπου, αφεθησεται αυτω.	τω δε εις το αγιον πνευμα βλασφημησαντι...
ΜΘ 25:21	47	εφη αυτω	ο κυριος αυτου, ευ, δουλε αγαθε και πιστε,...
ΛΚ 19:17	47	και ειπεν αυτω,	ευγε, αγαθε δουλε, οτι εν ελαχιστω πιστος...
ΜΘ 4:8	02	..... τας βασιλειας του κοσμου και την δοξαν αυτων,	
ΛΚ 4:2	02	.. ταις ημεραις εκειναις, και συντελεσθεισων αυτων	επεινασεν.
ΛΚ 4:6	02	... την εξουσιαν ταυτην απασαν και την δοξαν αυτων,	οτι εμοι παραδεδοται και ω εαν θελω διδωμι...
ΜΘ 23:34	23	..... προφητας και σοφους και γραμματεις. εξ αυτων	αποκτενειτε και σταυρωσετε, και εξ αυτων...
ΛΚ 11:49	23	. εις αυτους προφητας και αποστολους, και εξ αυτων	αποκτενουσιν και διωξουσιν,
ΜΘ 10:29	24	. δυο στρουθια ασσαριου πωλειται; και εν εξ αυτων	ου πεσειται επι την γην ανευ του πατρος...
ΛΚ 12:6	24	.... πωλουνται ασσαριων δυο; και εν εξ αυτων	ουκ εστιν επιλελησμενον ενωπιον του θεου.
ΜΘ 18:12	40	.. ανθρωπω εκατον προβατα και πλανηθη εν εξ αυτων,	ουχι αφησει τα ενενηκοντα εννεα επι τα...
ΛΚ 15:4	40	... υμων εχων εκατον προβατα και απολεσας εξ αυτων	εν ου καταλειπει τα ενενηκοντα εννεα εν...
ΜΘ 12:32	25	.... ειπη λογον κατα του υιου του ανθρωπου, αφεθησεται	αυτω. ος δ αν ειπη κατα του πνευματος...
ΛΚ 12:10	25	.. ος ερει λογον εις τον υιον του ανθρωπου, αφεθησεται	αυτω. τω δε εις το αγιον πνευμα βλασφημησαντι...
ΛΚ 17:35	46	.. το αυτο, η μια παραλημφθησεται η δε ετερα αφεθησεται.	
ΜΘ 7:4	05	η πως ερεις τω αδελφω σου, αφες	εκβαλω το καρφος εκ του οφθαλμου σου, και...
ΛΚ 6:42	05	. πως δυνασαι λεγειν τω αδελφω σου, αδελφε, αφες	εκβαλω το καρφος το εν τω οφθαλμω σου,...
ΜΘ 8:22	12	.. δε ιησους λεγει αυτω, ακολουθει μοι, και αφες	τους νεκρους θαψαι τους εαυτων νεκρους.
ΛΚ 9:60	12	ειπεν δε αυτω, αφες	τους νεκρους θαψαι τους εαυτων νεκρους,...
ΜΘ 6:12	17	και αφες	ημιν τα οφειληματα ημων, ως και ημεις αφηκαμεν...
ΛΚ 11:4	17	και αφες	ημιν τας αμαρτιας ημων, και γαρ αυτοι αφιομεν...

Mθ 6:12	17	...... ημιν τα οφειληματα ημων, ως και ημεις αφηκαμεν	τοις οφειλεταις ημων.
Mθ 23:38	36	ιδου αφιεται	υμιν ο οικος υμων ερημος.
ΛΚ 13:35	36	ιδου αφιεται	υμιν ο οικος υμων. λεγω υμιν, ου μη ιδητε...
Mθ 24:41	46	..... εν τω μυλω, μια παραλαμβανεται και μια αφιεται.	
ΛΚ 11:4	17	...... ημιν τας αμαρτιας ημων, και γαρ αυτοι αφιομεν	παντι οφειλοντι ημιν. και μη εισενεγκης...
Mθ 24:38	46	.... και πινοντες, γαμουντες και γαμιζοντες, αχρι	ης ημερας εισηλθεν νωε εις την κιβωτον,
ΛΚ 17:27	46	ησθιον, επινον, εγαμουν, εγαμιζοντο, αχρι	ης ημερας εισηλθεν νωε εις την κιβωτον,...
Mθ 3:12	01	. τον σιτον αυτου εις την αποθηκην , το δε αχυρον	κατακαυσει πυρι ασβεστω.
ΛΚ 3:17	01	.. τον σιτον εις την αποθηκην αυτου, το δε αχυρον	κατακαυσει πυρι ασβεστω.

-- β --

Mθ 4:6	02	και λεγει αυτω, ει υιος ει του θεου,	βαλε	σεαυτον κατω. γεγραπται γαρ οτι τοις αγγελοις...
ΛΚ 4:9	02	...... και ειπεν αυτω, ει υιος ει του θεου,	βαλε	σεαυτον εντευθεν κατω.
ΛΚ 12:58	32	. σε παραδωσει τω πρακτορι, και ο πρακτωρ σε	βαλει	εις φυλακην.
Mθ 3:10	01	. ποιουν καρπον καλον εκκοπτεται και εις πυρ	βαλλεται.	
ΛΚ 3:9	01	. ποιουν καρπον καλον εκκοπτεται και εις πυρ	βαλλεται.	
Mθ 6:30	27	...... σημερον οντα και αυριον εις κλιβανον	βαλλομενον	ο θεος ουτως αμφιεννυσιν, ου πολλω μαλλον...
ΛΚ 12:28	27	...... οντα σημερον και αυριον εις κλιβανον	βαλλομενον	ο θεος ουτως αμφιζει, ποσω μαλλον υμας,...
ΛΚ 14:35	39	.... γην ουτε εις κοπριαν ευθετον εστιν. εξω	βαλλουσιν	αυτο. ο εχων ωτα ακουειν ακουετω.
Mθ 5:3	03	... οι πτωχοι τω πνευματι, οτι αυτων εστιν η	βασιλεια	των ουρανων.
ΛΚ 6:20	03	μακαριοι οι πτωχοι, οτι υμετερα εστιν η	βασιλεια	του θεου.
Mθ 11:11	10	.... του βαπτιστου. ο δε μικροτερος εν τη	βασιλεια	των ουρανων μειζων αυτου εστιν.
ΛΚ 7:28	10	.... ουδεις εστιν. ο δε μικροτερος εν τη	βασιλεια	του θεου μειζων αυτου εστιν.
Mθ 10:7	11	.... δε κηρυσσετε λεγοντες οτι ηγγικεν η	βασιλεια	των ουρανων.
Mθ 10:7	13	.... δε κηρυσσετε λεγοντες οτι ηγγικεν η	βασιλεια	των ουρανων.
ΛΚ 10:9	13	.... και λεγετε αυτοις, ηγγικεν εφ υμας η	βασιλεια	του θεου.
Mθ 6:10	17	ελθετω η	βασιλεια	σου, γενηθητω το θελημα σου, ως εν ουρανω...
ΛΚ 11:2	17	... πατερ, αγιασθητω το ονομα σου. ελθετω η	βασιλεια	σου.
Mθ 12:26	19	... εφ εαυτον εμερισθη. πως ουν σταθησεται η	βασιλεια	αυτου;
Mθ 12:28	19	.... τα δαιμονια, αρα εφθασεν εφ υμας η	βασιλεια	του θεου.
ΛΚ 11:18	19	..... εφ εαυτον διεμερισθη, πως σταθησεται η	βασιλεια	αυτου; οτι λεγετε εν βεελζεβουλ εκβαλλειν...
ΛΚ 11:20	19	.... τα δαιμονια, αρα εφθασεν εφ υμας η	βασιλεια	του θεου.
Mθ 13:31	33	...... παρεθηκεν αυτοις λεγων, ομοια εστιν η	βασιλεια	των ουρανων κοκκω σιναπεως, ον λαβων ανθρωπος...
ΛΚ 13:18	33	ελεγεν ουν, τινι ομοια εστιν η	βασιλεια	του θεου, και τινι ομοιωσω αυτην;
Mθ 13:33	34	... παραβολην ελαλησεν αυτοις. ομοια εστιν η	βασιλεια	των ουρανων ζυμη, ην λαβουσα γυνη ενεκρυψεν...
Mθ 8:11	35	..... μετα αβρααμ και ισαακ και ιακωβ εν τη	βασιλεια	των ουρανων.
ΛΚ 13:28	35	... και ιακωβ και παντας τους προφητας εν τη	βασιλεια	του θεου, υμας δε εκβαλλομενους εξω.
ΛΚ 13:29	35	.. βορρα και νοτου και ανακλιθησονται εν τη	βασιλεια	του θεου.
Mθ 11:12	42	.... ημερων ιωαννου του βαπτιστου εως αρτι η	βασιλεια	των ουρανων βιαζεται, και βιασται αρπαζουσιν...
ΛΚ 16:16	42	.. και οι προφηται μεχρι ιωαννου. απο τοτε η	βασιλεια	του θεου ευαγγελιζεται και πας εις αυτην...
ΛΚ 9:2	11	και απεστειλεν αυτους κηρυσσειν την	βασιλειαν	του θεου και ιασθαι ,
Mθ 6:33	27	ζητειτε δε πρωτον την	βασιλειαν	και την δικαιοσυνην αυτου, και ταυτα παντα...
ΛΚ 12:31	27	πλην ζητειτε την	βασιλειαν	αυτου, και ταυτα προστεθησεται υμιν.
ΛΚ 13:20	34	και παλιν ειπεν, τινι ομοιωσω την	βασιλειαν	του θεου;
Mθ 4:8	02	. υψηλον λιαν, και δεικνυσιν αυτω πασας τας	βασιλειας	του κοσμου και την δοξαν αυτων,
ΛΚ 4:5	02	.... αναγαγων αυτον εδειξεν αυτω πασας τας	βασιλειας	της οικουμενης εν στιγμη χρονου.
ΛΚ 7:25	10	.... ενδοξω και τρυφη υπαρχοντες εν τοις	βασιλειοις	εισιν.
Mθ 11:8	10	.. οι τα μαλακα φορουντες εν τοις οικοις των	βασιλεων	εισιν.
Mθ 12:42	21		βασιλισσα	νοτου εγερθησεται εν τη κρισει μετα της...
ΛΚ 11:31	21		βασιλισσα	νοτου εγερθησεται εν τη κρισει μετα των...
Mθ 12:27	19	και ει εγω εν	βεεζεβουλ	εκβαλλω τα δαιμονια, οι υιοι υμων εν τινι...
ΛΚ 11:19	19	ει δε εγω εν	βεελζεβουλ	εκβαλλω τα δαιμονια, οι υιοι υμων εν τινι...
Mθ 11:21	14	ουαι σοι, χοραζιν. ουαι σοι,	βηθσαιδα.	οτι ει εν τυρω και σιδωνι εγενοντο αι...
ΛΚ 10:13	14	ουαι σοι, χοραζιν. ουαι σοι,	βηθσαιδα.	οτι ει εν τυρω και σιδωνι εγενηθησαν αι...
Mθ 11:12	42	. βαπτιστου εως αρτι η βασιλεια των ουρανων	βιαζεται,	και βιασται αρπαζουσιν αυτην.
ΛΚ 16:16	42	... του θεου ευαγγελιζεται και πας εις αυτην	βιαζεται.	
Mθ 7:3	05	τι δε	βλεπεις	το καρφος το εν τω οφθαλμω του αδελφου...
ΛΚ 6:41	05	τι δε	βλεπεις	το καρφος το εν τω οφθαλμω του αδελφου...
Mθ 13:17	16	... προφηται και δικαιοι επεθυμησαν ιδειν α	βλεπετε	και ουκ ειδαν, και ακουσαι α ακουετε...
ΛΚ 10:24	16	.... και βασιλεις ηθελησαν ιδειν α υμεις	βλεπετε	και ουκ ειδαν, και ακουσαι α ακουετε...
ΛΚ 10:23	16	... κατ ιδιαν ειπεν, μακαριοι οι οφθαλμοι οι	βλεποντες	α βλεπετε.
Mθ 13:16	16	υμων δε μακαριοι οι οφθαλμοι οτι	βλεπουσιν,	και τα ωτα υμων οτι ακουουσιν.
Mθ 5:13	39	.... αλισθησεται; εις ουδεν ισχυει ετι ει μη	βληθηναι	εξω καταπατεισθαι υπο των ανθρωπων.
Mθ 5:25	32	... και ο κριτης τω υπηρετη, και εις φυλακην	βληθηση.	
Mθ 15:14	05	. τυφλος δε τυφλον εαν οδηγη, αμφοτεροι εις	βοθυνον	πεσουνται.
ΛΚ 6:39	05	. τυφλος τυφλον οδηγειν; ουχι αμφοτεροι εις	βοθυνον	εμπεσουνται;
Mθ 11:27	16	..... τις επιγινωσκει ει μη ο υιος και ω εαν	βουληται	ο υιος αποκαλυψαι.

ΛΚ 10:22	16	... τις εστιν ο πατηρ ει μη ο υιος και ω εαν βουληται	ο υιος αποκαλυψαι.
Μθ 8:12	35	... το εξωτερον. εκει εσται ο κλαυθμος και ο βρυγμος	των οδοντων.
ΛΚ 13:28	35	εκει εσται ο κλαυθμος και ο βρυγμος	των οδοντων, οταν οψεσθε αβρααμ και ισαακ...

-- γ --

Ref.	No.	Left context	Keyword	Right context
Μθ 24:38	46	...... τρωγοντες και πινοντες, γαμουντες και	γαμιζοντες,	αχρι ης ημερας εισηλθεν νωε εις την κιβωτον,...
Μθ 24:38	46	.... του κατακλυσμου τρωγοντες και πινοντες,	γαμουντες	και γαμιζοντες, αχρι ης ημερας εισηλθεν...
Μθ 3:9	01	... εαυτοις, πατερα εχομεν τον αβρααμ. λεγω	γαρ	υμιν οτι δυναται ο θεος εκ των λιθων τουτων...
ΛΚ 3:8	01	... εαυτοις, πατερα εχομεν τον αβρααμ, λεγω	γαρ	υμιν οτι δυναται ο θεος εκ των λιθων τουτων...
Μθ 4:6	02	. ει του θεου, βαλε σεαυτον κατω. γεγραπται	γαρ	οτι τοις αγγελοις αυτου εντελειται περι...
Μθ 4:10	02	... αυτω ο ιησους, υπαγε, σατανα. γεγραπται	γαρ,	κυριον τον θεον σου προσκυνησεις και αυτω...
ΛΚ 4:10	02	γεγραπται	γαρ	οτι τοις αγγελοις αυτου εντελειται περι...
Μθ 5:12	03	.. μισθος υμων πολυς εν τοις ουρανοις. ουτως	γαρ	εδιωξαν τους προφητας τους προ υμων.
ΛΚ 6:23	03	...... υμων πολυς εν τω ουρανω. κατα τα αυτα	γαρ	εποιουν τοις προφηταις οι πατερες αυτων.
Μθ 12:34	06	.... δυνασθε αγαθα λαλειν πονηροι οντες; εκ	γαρ	του περισσευματος της καρδιας το στομα...
ΛΚ 6:45	06	..... εκ του πονηρου προφερει το πονηρον. εκ	γαρ	περισσευματος καρδιας λαλει το στομα αυτου.
Μθ 8:9	08	και	γαρ	εγω ανθρωπος ειμι υπο εξουσιαν, εχων υπ...
ΛΚ 7:8	08	και	γαρ	εγω ανθρωπος ειμι υπο εξουσιαν τασσομενος,...
Μθ 11:18	10	ηλθεν	γαρ	ιωαννης μητε εσθιων μητε πινων, και λεγουσιν,...
ΛΚ 7:33	10	εληλυθεν	γαρ	ιωαννης ο βαπτιστης μη εσθιων αρτον μητε...
Μθ 13:17	16	αμην	γαρ	λεγω υμιν οτι πολλοι προφηται και δικαιοι...
ΛΚ 10:24	16	λεγω	γαρ	υμιν οτι πολλοι προφηται και βασιλεις ηθελησαν...
Μθ 7:8	18	πας	γαρ	ο αιτων λαμβανει και ο ζητων ευρισκει,...
ΛΚ 11:10	18	πας	γαρ	ο αιτων λαμβανει, και ο ζητων ευρισκει,...
Μθ 12:40	21	ωσπερ	γαρ	ην ιωνας εν τη κοιλια του κητους τρεις...
ΛΚ 11:30	21	καθως	γαρ	εγενετο ιωνας τοις νινευιταις σημειον,...
Μθ 6:32	27	παντα	γαρ	ταυτα τα εθνη επιζητουσιν. οιδεν γαρ ο...
ΛΚ 12:30	27	ταυτα	γαρ	παντα τα εθνη του κοσμου επιζητουσιν....
Μθ 6:21	28	οπου	γαρ	εστιν ο θησαυρος σου, εκει εσται και η...
ΛΚ 12:34	28	οπου	γαρ	εστιν ο θησαυρος υμων, εκει και η καρδια...
Μθ 6:24	41	ουδεις δυναται δυσι κυριοις δουλευειν. η	γαρ	τον ενα μισησει και τον ετερον αγαπησει,...
ΛΚ 16:13	41	.. οικετης δυναται δυσι κυριοις δουλευεις. η	γαρ	τον ενα μισησει και τον ετερον αγαπησει,...
Μθ 24:27	46	ωσπερ	γαρ	η αστραπη εξερχεται απο ανατολων και φαινεται...
ΛΚ 17:24	46	ωσπερ	γαρ	η αστραπη αστραπτουσα εκ της υπο τον ουρανον...
Μθ 4:4	02	ο δε αποκριθεις ειπεν,	γεγραπται,	ουκ επ αρτω μονω ζησεται ο ανθρωπος,...
Μθ 4:6	02	... ει υιος ει του θεου, βαλε σεαυτον κατω.	γεγραπται	γαρ οτι τοις αγγελοις αυτου εντελειται...
Μθ 4:7	02	εφη αυτω ο ιησους, παλιν	γεγραπται,	ουκ εκπειρασεις κυριον τον θεον σου.
Μθ 4:10	02	. τοτε λεγει αυτω ο ιησους, υπαγε, σατανα.	γεγραπται	γαρ, κυριον τον θεον σου προσκυνησεις...
ΛΚ 4:4	02	και απεκριθη προς αυτον ο ιησους,	γεγραπται	οτι ουκ επ αρτω μονω ζησεται ο ανθρωπος.
ΛΚ 4:8	02	και αποκριθεις ο ιησους ειπεν αυτω,	γεγραπται,	κυριον τον θεον σου προσκυνησεις και αυτω...
ΛΚ 4:10	02		γεγραπται	γαρ οτι τοις αγγελοις αυτου εντελειται...
Μθ 11:10	10	ουτος εστιν περι ου	γεγραπται,	ιδου εγω αποστελλω τον αγγελον μου προ...
ΛΚ 7:27	10	ουτος εστιν περι ου	γεγραπται,	ιδου αποστελλω τον αγγελον μου προ προσωπου...
ΛΚ 12:5	24	.... εχοντα εξουσιαν εμβαλειν εις την	γεενναν.	ναι, λεγω υμιν, τουτον φοβηθητε.
Μθ 10:28	24	... δυναμενον και ψυχην και σωμα απολεσαι εν	γεεννη.	
ΛΚ 11:39	23	.. του πινακος καθαριζετε, το δε εσωθεν υμων	γεμει	αρπαγης και πονηριας.
Μθ 23:25	23	.. του ποτηριου και της παροψιδος, εσωθεν δε	γεμουσιν	εξ αρπαγης και ακρασιας
Μθ 11:16	10	τινι δε ομοιωσω την	γενεαν	ταυτην; ομοια εστιν παιδιοις καθημενοις...
Μθ 23:36	23	αμην λεγω υμιν, ηξει ταυτα παντα επι την	γενεαν	ταυτην.
ΛΚ 7:31	10	τινι ουν ομοιωσω τους ανθρωπους της	γενεας	ταυτης, και τινι εισιν ομοιοι;
Μθ 12:41	21	.... αναστησονται εν τη κρισει μετα της	γενεας	ταυτης και κατακρινουσιν αυτην. οτι μετενοησαν...
Μθ 12:42	21	.... νοτου εγερθησεται εν τη κρισει μετα της	γενεας	ταυτης και κατακρινει αυτην. οτι ηλθεν...
ΛΚ 11:31	21	.... εν τη κρισει μετα των ανδρων της	γενεας	ταυτης και κατακρινει αυτους. οτι ηλθεν...
ΛΚ 11:32	21	.... αναστησονται εν τη κρισει μετα της	γενεας	ταυτης και κατακρινουσιν αυτην. οτι μετενοησαν...
ΛΚ 11:51	23	..... ναι, λεγω υμιν, εκζητηθησεται απο της	γενεας	ταυτης.
ΛΚ 4:3	02	... υιος ει του θεου, ειπε τω λιθω τουτω ινα	γενηται	αρτος.
Μθ 3:7	01	.... επι το βαπτισμα αυτου ειπεν αυτοις,	γεννηματα	εχιδνων, τις υπεδειξεν υμιν φυγειν απο...
ΛΚ 3:7	01	.... οχλοις βαπτισθηναι υπ αυτου,	γεννηματα	εχιδνων, τις υπεδειξεν υμιν φυγειν απο...
Μθ 11:11	10	αμην λεγω υμιν, ουκ εγηγερται εν	γεννητοις	γυναικων μειζων ιωαννου του βαπτιστου....
ΛΚ 7:28	10	λεγω υμιν, μειζων εν	γεννητοις	γυναικων ιωαννου ουδεις εστιν. ο δε μικροτερος...
Μθ 11:21	14	.. τυρω και σιδωνι εγενοντο αι δυναμεις αι	γενομεναι	εν υμιν, παλαι αν εν σακκω και σποδω μετενοησαν....

ΛΚ 10:13	14	..... και σιδωνι εγενηθησαν αι δυναμεις αι γενομεναι	εν υμιν, παλαι αν εν σακκω και σποδω καθημενοι...
ΜΘ 4:3	02	... του θεου, ειπε ινα οι λιθοι ουτοι αρτοι γενωνται.	
ΛΚ 12:51	30	.... οτι ειρηνην παρεγενομην δουναι εν τη γη;	ουχι, λεγω υμιν, αλλ η διαμερισμον.
ΜΘ 5:18	42	.. λεγω υμιν, εως αν παρελθη ο ουρανος και η γη,	ιωτα εν η μια κεραια ου μη παρελθη απο...
ΜΘ 10:34	30	.. νομισητε οτι ηλθον βαλειν ειρηνην επι την γην.	ουκ ηλθον βαλειν ειρηνην αλλα μαχαιραν.
ΛΚ 16:17	42	ευκοπωτερον δε εστιν τον ουρανον και την γην	παρελθειν η του νομου μιαν κεραιαν πεσειν.
ΜΘ 11:25	16	.... σοι πατερ, κυριε του ουρανου και της γης,	οτι εκρυψας ταυτα απο σοφω και συνετων...
ΛΚ 10:21	16	...... σοι, πατερ, κυριε του ουρανου και της γης,	οτι απεκρυψας ταυτα απο σοφων και συνετων,...
ΜΘ 12:42	21	.... αυτην. οτι ηλθεν εκ των περατων της γης	ακουσαι την σοφιαν σολομωνος, και ιδου...
ΛΚ 11:31	21	.... αυτους. οτι ηλθεν εκ των περατων της γης	ακουσαι την σοφιαν σολομωνος, και ιδου...
ΜΘ 24:44	29	δια τουτο και υμεις γινεσθε	ετοιμοι, οτι η ου δοκειτε ωρα ο υιος του...
ΛΚ 12:40	29	και υμεις γινεσθε	ετοιμοι, οτι η ωρα ου δοκειτε ο υιος του...
ΜΘ 12:45	20	.. εαυτου, και εισελθοντα κατοικει εκει, και γινεται	τα εσχατα του ανθρωπου εκεινου χειρονα...
ΛΚ 11:26	20	.... επτα, και εισελθοντα κατοικει εκει, και γινεται	τα εσχατα του ανθρωπου εκεινου χειρονα...
ΜΘ 13:32	33	... δε αυξηθη, μειζον των λαχανων εστιν και γινεται	δενδρον, ωστε ελθειν τα πετεινα του ουρανου...
ΛΚ 10:22	16	.... παρεδοθη υπο του πατρος μου, και ουδεις γινωσκει	τις εστιν ο υιος ει μη ο πατηρ, και τις...
ΜΘ 24:50	29	..... εν ημερα η ου προσδοκα και εν ωρα η ου γινωσκει,	
ΛΚ 12:46	29	..... εν ημερα η ου προσδοκα και εν ωρα η ου γινωσκει,	και διχοτομησει αυτον, και το μερος αυτου...
ΛΚ 6:44	06	εκαστον γαρ δενδρον εκ του ιδιου καρπου γινωσκεται.	ου γαρ εξ ακανθων συλλεγουσιν συκα,...
ΜΘ 24:43	29	εκεινο δε γινωσκετε	οτι ει ηδει ο οκοδεσποτης ποια φυλακη ο...
ΛΚ 12:39	29	τουτο δε γινωσκετε	οτι ει ηδει ο οικοδεσποτης ποια ωρα ο κλεπτης...
ΜΘ 10:26	24	... ο ουκ αποκαλυφθησεται, και κρυπτον ο ου γνωσθησεται.	
ΛΚ 12:2	24	... ο ουκ αποκαλυφθησεται, και κρυπτον ο ου γνωσθησεται.	
ΜΘ 11:11	10	..... λεγω υμιν, ουκ εγηγερται εν γεννητοις γυναικων	μειζων ιωαννου του βαπτιστου. ο δε μικροτερος...
ΛΚ 7:28	10	λεγω υμιν, μειζων εν γεννητοις γυναικων	ιωαννου ουδεις εστιν. ο δε μικροτερος εν...
ΜΘ 13:33	34	... η βασιλεια των ουρανων ζυμη, ην λαβουσα γυνη	ενεκρυψεν εις αλευρου σατα τρια εως ου...
ΛΚ 13:21	34	ομοια εστιν ζυμη, ην λαβουσα γυνη	ενεκρυψεν εις αλευρου σατα τρια εως ου...

Μθ 10:33	24	οστις	δ	αν αρνησηται με εμπροσθεν των ανθρωπων,...
Μθ 12:27	19	και ει εγω εν βεεζεβουλ εκβαλλω τα	δαιμονια,	οι υιοι υμων εν τινι εκβαλλουσιν; δια...
Μθ 12:28	19	ει δε εν πνευματι θεου εγω εκβαλλω τα	δαιμονια,	αρα εφθασεν εφ υμας η βασιλεια του θεου.
ΛΚ 11:19	19	ει δε εγω εν βεελζεβουλ εκβαλλω τα	δαιμονια,	οι υιοι υμων εν τινι εκβαλλουσιν; δια...
ΛΚ 11:20	19	ει δε εν δακτυλω θεου εκβαλλω τα	δαιμονια,	αρα εφθασεν εφ υμας η βασιλεια του θεου.
Μθ 12:22	19	τοτε προσηνεχθη αυτω	δαιμονιζόμενος	τυφλος και κωφος. και εθεραπευσεν αυτον,...
Μθ 11:18	10	...... μητε εσθιων μητε πινων, και λεγουσιν,	δαιμονιον	εχει.
ΛΚ 7:33	10	. εσθιων αρτον μητε πινων οινον, και λεγετε,	δαιμονιον	εχει.
ΛΚ 11:14	19	και ην εκβαλλων	δαιμονιον	κωφον. εγενετο δε του δαιμονιου εξελθοντος...
Μθ 23:4	23	.. επι τους ωμους των ανθρωπων, αυτοι δε τω	δακτυλω	αυτων ου θελουσιν κινησαι αυτα.
ΛΚ 11:46	23	..... φορτια δυσβαστακτα, και αυτοι ενι των	δακτυλων	υμων ου προσψαυετε τοις φορτιοις.
Μθ 3:10	01	ηδη	δε	η αξινη προς την ριζαν των δενδρων κειται....
Μθ 3:12	01	.... τον σιτον αυτου εις την αποθηκην , το	δε	αχυρον κατακαυσει πυρι ασβεστω.
ΛΚ 3:9	01	ηδη	δε	και η αξινη προς την ριζαν των δενδρων...
ΛΚ 3:17	01	..... τον σιτον εις την αποθηκην αυτου, το	δε	αχυρον κατακαυσει πυρι ασβεστω.
Μθ 7:3	05	τι	δε	βλεπεις το καρφος το εν τω οφθαλμω του...
Μθ 7:3	05	..... το εν τω οφθαλμω του αδελφου σου, την	δε	εν τω σω οφθαλμω δοκον ου κατανοεις;
ΛΚ 6:41	05	τι	δε	βλεπεις το καρφος το εν τω οφθαλμω του...
ΛΚ 6:41	05	..... το εν τω οφθαλμω του αδελφου σου, την	δε	δοκον την εν τω ιδιω οφθαλμω ου κατανοεις;
Μθ 8:10	08	ακουσας	δε	ο ιησους εθαυμασεν και ειπεν τοις ακολουθουσιν,...
ΛΚ 7:9	08	ακουσας	δε	ταυτα ο ιησους εθαυμασεν αυτον, και στραφεις...
Μθ 11:11	10	.. γυναικων μειζων ιωαννου του βαπτιστου. ο	δε	μικροτερος εν τη βασιλεια των ουρανων...
ΛΚ 7:28	10	.... γυναικων ιωαννου ουδεις εστιν. ο	δε	μικροτερος εν τη βασιλεια του θεου μειζων...
Μθ 8:20	12	.... τα πετεινα του ουρανου κατασκηνωσεις, ο	δε	υιος του ανθρωπου ουκ εχει που την κεφαλην...
ΛΚ 9:58	12	.... τα πετεινα του ουρανου κατασκηνωσεις, ο	δε	υιος του ανθρωπου ουκ εχει που την κεφαλην...
Μθ 12:28	19	ει	δε	εν πνευματι θεου εγω εκβαλλω τα δαιμονια,...
ΛΚ 11:20	19	ει	δε	εν δακτυλω θεου εκβαλλω τα δαιμονια, αρα...
Μθ 6:23	22	εαν	δε	ο οφθαλμος σου πονηρος η, ολον το σωμα...
ΛΚ 11:34	22	.. και ολον το σωμα σου φωτεινον εστιν. επαν	δε	πονηρος η, και το σωμα σου σκοτεινον.
ΛΚ 12:9	24	ο	δε	αρνησαμενος με ενωπιον των ανθρωπων απαρνηθησεται..
Μθ 10:19	26	οταν	δε	παραδωσιν υμας, μη μεριμνησητε πως η τι...
ΛΚ 12:11	26	οταν	δε	εισφερωσιν υμας επι τας συναγωγας και τας...
Μθ 6:27	27	τις	δε	εξ υμων μεριμνων δυναται προσθειναι επι...
Μθ 6:29	27	λεγω	δε	υμιν οτι ουδε σολομων εν παση τη δοξη αυτου...
Μθ 6:30	27	ει	δε	τον χορτον του αγρου σημερον οντα και...
ΛΚ 12:25	27	τις	δε	εξ υμων μεριμνων δυναται επι την ηλικιαν...
ΛΚ 12:27	27	..... πως αυξανει. ου κοπια ουδε νηθει. λεγω	δε	υμιν, ουδε σολομων εν παση τη δοξη αυτου...
ΛΚ 12:28	27	ει	δε	εν αγρω τον χορτον οντα σημερον και αυριον...
Μθ 24:43	29	εκεινο	δε	γινωσκετε οτι ει ηδει ο οκοδεσποτης ποια...
Μθ 24:48	29	εαν	δε	ειπη ο κακος δουλος εκεινος εν τη καρδια...
ΛΚ 12:39	29	τουτο	δε	γινωσκετε οτι ει ηδει ο οικοδεσποτης ποια...
ΛΚ 12:45	29	εαν	δε	ειπη ο δουλος εκεινος εν τη καρδια αυτου,...
Μθ 9:38	13		δεηθητε	ουν του κυριου του θερισμου οπως εκβαλη...
ΛΚ 10:2	13	.. μεν θερισμος πολυς, οι δε εργαται ολιγοι.	δεηθητε	ουν του κυριου του θερισμου οπως εργατας...
Μθ 4:8	02	.... ο διαβολος εις ορος υψηλον λιαν, και	δεικνυσιν	αυτω πασας τας βασιλειας του κοσμου και...
Μθ 25:28	47	... αυτου το ταλαντον και δοτε τω εχοντι τα	δεκα	ταλαντα.
ΛΚ 19:24	47	.. αρατε απ αυτου την μναν και δοτε τω τας	δεκα	μνας εχοντι
Μθ 3:10	01	. προς την ριζαν των δενδρων κειται. παν ουν	δενδρον	μη ποιουν καρπον καλον εκκοπτεται και εις...
ΛΚ 3:9	01	. προς την ριζαν των δενδρων κειται. παν ουν	δενδρον	μη ποιουν καρπον καλον εκκοπτεται και εις...
Μθ 7:18	06	ου δυναται	δενδρον	αγαθον καρπους πονηρους ποιειν, ουδε δενδρον...
Μθ 7:18	06	...... αγαθον καρπους πονηρους ποιειν, ουδε	δενδρον	σαπρον καρπους καλους ποιειν.
ΛΚ 6:43	06	ου γαρ εστιν	δενδρον	καλον ποιουν καρπον σαπρον, ουδε παλιν...
ΛΚ 6:43	06	..... καλον ποιουν καρπον σαπρον, ουδε παλιν	δενδρον	σαπρον ποιουν καρπον καλον.
Μθ 13:32	33	...... μειζον των λαχανων εστιν και γινεται	δενδρον,	ωστε ελθειν τα πετεινα του ουρανου και...
ΛΚ 13:19	33	.. κηπον εαυτου, και ηυξησεν και εγενετο εις	δενδρον,	και τα πετεινα του ουρανου κατεσκηνωσεν...
Μθ 3:10	01	ηδη δε η αξινη προς την ριζαν των	δενδρων	κειται. παν ουν δενδρον μη ποιουν καρπον...

ΛΚ 3:9	01	ηδη δε και η αξινη προς την ριζαν των	δενδρων	κειται. παν ουν δενδρον μη ποιουν καρπον...
ΜΘ 12:43	20	.... εξελθη απο του ανθρωπου, διερχεται	δι	ανυδρων τοπων ζητουν αναπαυσιν, και ουχ...
ΛΚ 11:24	20	.... εξελθη απο του ανθρωπου, διερχεται	δι	ανυδρων τοπων ζητουν αναπαυσιν, και μη...
ΜΘ 18:7	43	... ελθειν τα σκανδαλα, πλην ουαι τω ανθρωπω	δι	ου το σκανδαλον ερχεται.
ΛΚ 17:1	43	. εστιν του τα σκανδαλα μη ελθειν, πλην ουαι	δι	ου ερχεται.
ΜΘ 12:27	19	.... οι υιοι υμων εν τινι εκβαλλουσιν;	δια	τουτο αυτοι κρται εσονται υμων
ΛΚ 11:19	19	.... οι υιοι υμων εν τινι εκβαλλουσιν;	δια	τουτο αυτοι υμων κριται εσονται.
ΜΘ 23:34	23		δια	τουτο ιδου εγω αποστελλω προς υμας προφητας...
ΛΚ 11:49	23		δια	τουτο και η σοφια του θεου ειπεν, αποστελω...
ΜΘ 6:25	27		δια	τουτο λεγω υμιν, μη μεριμνατε τη ψυχη υμων...
ΛΚ 12:22	27	ειπεν δε προς τους μαθητας,	δια	τουτο λεγω υμιν, μη μεριμνατε τη ψυχη τι...
ΜΘ 7:13	35	εισελθατε	δια	της στενης πυλης. οτι πλατεια η πυλη και...
ΛΚ 13:24	35	αγωνιζεσθε εισελθειν	δια	της στενης θυρας, οτι πολλοι, λεγω υμιν,...
ΜΘ 7:5	05	.... την δοκον εκ του οφθαλμου σου, και τοτε	διαβλεψεις	εκβαλειν το καρφος εκ του οφθαλμου του...
ΛΚ 6:42	05	.... την δοκον εκ του οφθαλμου σου, και τοτε	διαβλεψεις	το καρφος το εν τω οφθαλμω του αδελφου...
ΜΘ 4:5	02	τοτε παραλαμβανει αυτον ο	διαβολος	εις την αγιαν πολιν, και ιστησιν αυτον...
ΜΘ 4:8	02	παλιν παραλαμβανει αυτον ο	διαβολος	εις ορος υψηλον λιαν, και δεικνυσιν αυτω...
ΜΘ 4:11	02	τοτε αφιησιν αυτον ο	διαβολος,	και ιδου αγγελοι προσηλθον και διηκονουν...
ΛΚ 4:3	02	ειπεν δε αυτω ο	διαβολος,	ει υιος ει του θεου, ειπε τω λιθω τουτω...
ΛΚ 4:6	02	και ειπεν αυτω ο	διαβολος,	σοι δωσω την εξουσιαν ταυτην απασαν και...
ΛΚ 4:13	02	και συντελεσας παντα πειρασμον ο	διαβολος	απεστη απ αυτου αχρι καιρου.
ΜΘ 4:1	02	..... υπο του πνευματος, πειρασθηναι υπο του	διαβολου.	
ΛΚ 4:2	02	ημερας τεσσερακοντα πειραζομενος υπο του	διαβολου.	και ουκ εφαγεν ουδεν εν ταις ημεραις εκειναις,...
ΛΚ 3:17	01	ου το πτυον εν τη χειρι αυτου	διακαθαραι	την αλωνα αυτου και συναγαγειν τον σιτον...
ΜΘ 3:12	01	ου το πτυον εν τη χειρι αυτου, και	διακαθαριει	την αλωνα αυτου, και συναξει τον σιτον...
ΜΘ 10:31	24	μη ουν φοβεισθε. πολλων στρουθιων	διαφερετε	υμεις.
ΛΚ 12:7	24	.. ηριθμηνται. μη φοβεισθε. πολλων στρουθιων	διαφερετε.	
ΜΘ 6:26	27	.. ο ουρανιος τρεφει αυτα. ουχ υμεις μαλλον	διαφερετε	αυτων;
ΛΚ 12:24	27	... ο θεος τρεφει αυτους. ποσω μαλλον υμεις	διαφερετε	των πετεινων.
ΜΘ 10:24	05	ουκ εστιν μαθητης υπερ τον	διδασκαλον	ουδε δουλος υπερ τον κυριον αυτου.
ΛΚ 6:40	05	ουκ εστιν μαθητης υπερ τον	διδασκαλον,	κατηρτισμενος δε πας εσται ως ο διδασκαλος...
ΜΘ 10:25	05	αρκετον τω μαθητη ινα γενηται ως ο	διδασκαλος	αυτου, και ο δουλος ως ο κυριος αυτου....
ΛΚ 6:40	05	.... κατηρτισμενος δε πας εσται ως ο	διδασκαλος	αυτου.
ΜΘ 7:11	18	... υμεις πονηροι οντες οιδατε δοματα αγαθα	διδοναι	τοις τεκνοις υμων, ποσω μαλλον ο πατηρ...
ΛΚ 11:13	18	.... πονηροι υπαρχοντες οιδατε δοματα αγαθα	διδοναι	τοις τεκνοις υμων, ποσω μαλλον ο πατηρ...
ΛΚ 12:42	29	...... ο κυριος επι της θεραπειας αυτου του	διδοναι	εν καιρω σιτομετριον;
ΛΚ 6:30	04	παντι αιτουντι σε	διδου,	και απο του αιροντος τα σα μη απαιτει.
ΛΚ 11:3	17	τον αρτον ημων τον επιουσιον	διδου	ημιν το καθ ημεραν.
ΜΘ 12:43	20	.... πνευμα εξελθη απο του ανθρωπου,	διερχεται	δι ανυδρων τοπων ζητουν αναπαυσιν, και...
ΛΚ 11:24	20	.... πνευμα εξελθη απο του ανθρωπου,	διερχεται	δι ανυδρων τοπων ζητουν αναπαυσιν, και...
ΜΘ 24:43	29	.. ερχεται, εγρηγορησεν αν και ουκ αν ειασεν	διορυχθηναι	την οικιαν αυτου.
ΛΚ 12:39	29	.. ποια ωρα ο κλεπτης ερχεται, ουκ αν αφηκεν	διορυχθηναι	τον οικον αυτου.
ΜΘ 24:51	29	και	διχοτομησει	αυτον και το μερος αυτου μετα των υποκριτων...
ΛΚ 12:46	29	. ου προσδοκα και εν ωρα η ου γινωσκει, και	διχοτομησει	αυτον, και το μερος αυτου μετα των απιστων...
ΜΘ 23:34	23	.... μαστιγωσετε εν ταις συναγωγαις υμων και	διωξετε	απο πολεως εις πολιν.
ΛΚ 11:49	23	.... και εξ αυτων αποκτενουσιν και	διωξουσιν,	
ΜΘ 7:7	18	αιτειτε, και	δοθησεται	υμιν. ζητειτε, και ευρησετε. κρουετε, και...
ΛΚ 11:9	18	καγω υμιν λεγω, αιτειτε, και	δοθησεται	υμιν. ζητειτε, και ευρησετε. κρουετε, και...
ΜΘ 25:29	47	τω γαρ εχοντι παντι	δοθησεται	και περισσευθησεται. του δε μη εχοντος...
ΛΚ 19:26	47	λεγω υμιν οτι παντι τω εχοντι	δοθησεται,	απο δε του μη εχοντος και ο εχει αρθησεται....
ΜΘ 24:44	29	. τουτο και υμεις γινεσθε ετοιμοι, οτι η ου	δοκειτε	ωρα ο υιος του ανθρωπου ερχεται.
ΛΚ 12:40	29	και υμεις γινεσθε ετοιμοι, οτι η ωρα ου	δοκειτε	ο υιος του ανθρωπου ερχεται.
ΜΘ 7:3	05	. του αδελφου σου, την δε εν τω σω οφθαλμω	δοκον	ου κατανοεις;
ΜΘ 7:5	05	υποκριτα, εκβαλε πρωτον την	δοκον	εκ του οφθαλμου σου, και τοτε διαβλεψεις...
ΛΚ 6:41	05	. το εν τω οφθαλμω του αδελφου σου, την δε	δοκον	την εν τω ιδιω οφθαλμω ου κατανοεις;
ΛΚ 6:42	05	... οφθαλμω σου, αυτος την εν τω οφθαλμω σου	δοκον	ου βλεπων; υποκριτα, εκβαλε πρωτον την...
ΛΚ 6:42	05	..... ου βλεπων; υποκριτα, εκβαλε πρωτον την	δοκον	εκ του οφθαλμου σου, και τοτε διαβλεψεις...

Μθ 7:4	05	.. το καρφος εκ του οφθαλμου σου, και ιδου η	δοκος	εν τω οφθαλμω σου;
Μθ 7:11	18	ει ουν υμεις πονηροι οντες οιδατε	δοματα	αγαθα διδοναι τοις τεκνοις υμων, ποσω...
ΛΚ 11:13	18	ει ουν υμεις πονηροι υπαρχοντες οιδατε	δοματα	αγαθα διδοναι τοις τεκνοις υμων, ποσω...
Μθ 4:8	02	.... πασας τας βασιλειας του κοσμου και την	δοξαν	αυτων,
ΛΚ 4:6	02	.... δωσω την εξουσιαν ταυτην απασαν και την	δοξαν	αυτων, οτι εμοι παραδεδοται και ω εαν...
Μθ 6:29	27	. λεγω δε υμιν οτι ουδε σολομων εν παση τη	δοξη	αυτου περιεβαλετο ως εν τουτων.
ΛΚ 12:27	27	..... λεγω δε υμιν, ουδε σολομων εν παση τη	δοξη	αυτου περιεβαλετο ως εν τουτων.
Μθ 5:42	04	τω αιτουντι σε	δος,	και τον θελοντα απο σου δανισασθαι μη...
Μθ 6:11	17	τον αρτον ημων τον επιουσιον	δος	ημιν σημερον.
Μθ 25:28	47	αρατε ουν απ αυτου το ταλαντον και	δοτε	τω εχοντι τα δεκα ταλαντα.
ΛΚ 19:24	47	.... ειπεν, αρατε απ αυτου την μναν και	δοτε	τω τας δεκα μνας εχοντι
Μθ 25:21	47	εφη αυτω ο κυριος αυτου, ευ,	δουλε	αγαθε και πιστε, επι ολιγα ης πιστος,...
Μθ 25:26	47	..... δε ο κυριος αυτου ειπεν αυτω, πονηρε	δουλε	και οκνηρε, ηδεις οτι θεριζω οπου ουκ εσπειρα...
ΛΚ 19:17	47	και ειπεν αυτω, ευγε, αγαθε	δουλε,	οτι εν ελαχιστω πιστος εγενου, ισθι εξουσιαν...
ΛΚ 19:22	47	.... εκ του στοματος σου κρινω σε, πονηρε	δουλε.	ηδεις οτι εγω ανθρωπος αυστηρος ειμι,...
Μθ 6:24	41	ουδεις δυναται δυσι κυριοις	δουλευειν.	η γαρ τον ενα μισησει και τον ετερον...
Μθ 6:24	41	.... του ετερου καταφρονησει. ου δυνασθε θεω	δουλευειν	και μαμωνα.
ΛΚ 16:13	41	.... του ετερου καταφρονησει. ου δυνασθε θεω	δουλευειν	και μαμωνα.
ΛΚ 16:13	41	ουδεις οικετης δυναται δυσι κυριοις	δουλευεις.	η γαρ τον ενα μισησει και τον ετερον...
Μθ 22:8	37	τοτε λεγει τοις	δουλοις	αυτου, ο μεν γαμος ετοιμος εστιν, οι δε...
ΛΚ 14:17	37	και απεστειλεν τον	δουλον	αυτου τη ωρα του δειπνου ειπειν τοις κεκλημενοις,...
Μθ 24:46	29	μακαριος ο	δουλος	εκεινος ον ελθων ο κυριος αυτου ευρησει...
Μθ 24:48	29	εαν δε ειπη ο κακος	δουλος	εκεινος εν τη καρδια αυτου, χρονιζει μου...
ΛΚ 12:43	29	μακαριος ο	δουλος	εκεινος, ον ελθων ο κυριος αυτου ευρησει...
ΛΚ 12:45	29	εαν δε ειπη ο	δουλος	εκεινος εν τη καρδια αυτου, χρονιζει ο...
Μθ 24:50	29	ηξει ο κυριος του	δουλου	εκεινου εν ημερα η ου προσδοκα και εν ωρα...
ΛΚ 12:46	29	ηξει ο κυριος του	δουλου	εκεινου εν ημερα η ου προσδοκα και εν ωρα...
Μθ 22:3	37	και απεστειλεν τους	δουλους	αυτου καλεσαι τους κεκλημενους εις τους...
Μθ 22:6	37	οι δε λοιποι κρατησαντες τους	δουλους	αυτου υβρισαν και απεκτειναν.
Μθ 25:14	47	.... ανθρωπος αποδημων εκαλεσεν τους ιδιους	δουλους	και παρεδωκεν αυτοις τα υπαρχοντα αυτου,
ΛΚ 19:13	47	καλεσας δε δεκα	δουλους	εαυτου εδωκεν αυτοις δεκα μνας, και ειπεν...
Μθ 8:9	08	...... και αλλω, ερχου, και ερχεται, και τω	δουλω	μου, ποιησον τουτο, και ποιει.
ΛΚ 7:8	08	...... και αλλω, ερχου, και ερχεται, και τω	δουλω	μου, ποιησον τουτο, και ποιει.
ΛΚ 14:21	37	..... τοτε οργισθεις ο οικοδεσποτης ειπεν τω	δουλω	αυτου, εξελθε ταχεως εις τας πλατειας...
Μθ 24:45	29	...... ο κυριος επι της οικετειας αυτου του	δουναι	αυτοις την τροφην εν καιρω;
Μθ 11:21	14	..... οτι ει εν τυρω και σιδωνι εγενοντο αι	δυναμεις	αι γενομεναι εν υμιν, παλαι αν εν σακκω...
ΛΚ 10:13	14	... οτι ει εν τυρω και σιδωνι εγενηθησαν αι	δυναμεις	αι γενομεναι εν υμιν, παλαι αν εν σακκω...
Μθ 6:24	41	. ανθεξεται και του ετερου καταφρονησει. ου	δυνασθε	θεω δουλευειν και μαμωνα.
ΛΚ 16:13	41	. ανθεξεται και του ετερου καταφρονησει. ου	δυνασθε	θεω δουλευειν και μαμωνα.
Μθ 3:9	01	..... εχομεν τον αβρααμ. λεγω γαρ υμιν οτι	δυναται	ο θεος εκ των λιθων τουτων εγειραι τεκνα...
ΛΚ 3:8	01	..... εχομεν τον αβρααμ, λεγω γαρ υμιν οτι	δυναται	ο θεος εκ των λιθων τουτων εγειραι τεκνα...
Μθ 6:27	27	τις δε εξ υμων μεριμνων	δυναται	προσθειναι επι την ηλικιαν αυτου πηχυν ενα;
ΛΚ 12:25	27	τις δε εξ υμων μεριμνων	δυναται	επι την ηλικιαν αυτου προσθειναι πηχυν;
Μθ 6:24	41	ουδεις	δυναται	δυσι κυριοις δουλευειν. η γαρ τον ενα...
ΛΚ 16:13	41	ουδεις οικετης	δυναται	δυσι κυριοις δουλευεις. η γαρ τον ενα...
Μθ 24:41	46		δυο	αληθουσαι εν τω μυλω, μια παραλαμβανεται...
ΛΚ 17:35	46	εσονται	δυο	αληθουσαι επι το αυτο, η μια παραλημφθησεται...
Μθ 6:24	41	ουδεις δυναται	δυσι	κυριοις δουλευειν. η γαρ τον ενα μισησει...
ΛΚ 16:13	41	ουδεις οικετης δυναται	δυσι	κυριοις δουλευεις. η γαρ τον ενα μισησει...
Μθ 8:11	35	. λεγω δε υμιν οτι πολλοι απο ανατολων και	δυσμων	ηξουσιν και ανακλιθησονται μετα αβρααμ...
ΛΚ 13:29	35	και ηξουσιν απο ανατολων και	δυσμων	και απο βορρα και νοτου και ανακλιθησονται...
Μθ 19:28	48	.... υμεις επι δωδεκα θρονους κρινοντες τας	δωδεκα	φυλας του ισραηλ.
ΛΚ 22:30	48	. βασιλεια μου, και καθησεσθε επι θρονων τας	δωδεκα	φυλας κρινοντες του ισραηλ.
Μθ 10:27	24	. και ο εις το ους ακουετε, κηρυξατε επι των	δωματων.	
ΛΚ 12:3	24	..... εν τοις ταμειεοις κηρυχθησεται επι των	δωματων.	
Μθ 7:11	18	ποσω μαλλον ο πατηρ υμων ο εν τοις ουρανοις	δωσει	αγαθα τοις αιτουσιν αυτον.
ΛΚ 11:13	18	...... υμων, ποσω μαλλον ο πατηρ εξ ουρανου	δωσει	πνευμα αγιον τοις αιτουσιν αυτον.

Mθ 4:9	02	και λεγει αυτω, ταυτα σοι παντα δωσω	εαν πεσων προσκυνησης μοι.
ΛΚ 4:6	02	και ειπεν αυτω ο διαβολος, σοι δωσω	την εξουσιαν ταυτην απασαν και την δοξαν...

Μθ 4:9	02	και λεγει αυτω, ταυτα σοι παντα δωσω	εαν	πεσων προσκυνησης μοι.
Λκ 4:6	02	.. δοξαν αυτων, 'οτι εμοι παραδεδοται και ω	εαν	θελω διδωμι αυτην.
Λκ 4:7	02	συ ουν	εαν	προσκυνησης ενωπιον εμου, εσται σου πασα.
Μθ 5:46	04		εαν	γαρ αγαπησητε τους αγαπωντας υμας, τινα...
Μθ 5:47	04	και	εαν	ασπασησθε τους αδελφους υμων μονον, τι...
Λκ 6:33	04	και	εαν	αγαθοποιητε τους αγαθοποιουντας υμας, ποια...
Μθ 11:6	09	και μακαριος εστιν ος	εαν	μη σκανδαλισθη εν εμοι.
Λκ 7:23	09	και μακαριος εστιν ος	εαν	μη σκανδαλισθη εν εμοι.
Μθ 8:19	12	..... αυτω, διδασκαλε, ακολουθησω σοι οπου	εαν	απερχη.
Λκ 9:57	12	. ειπεν τις προς αυτον, ακολουθησω σοι οπου	εαν	απερχη.
Μθ 11:27	16	.. πατερα τις επιγινωσκει ει μη ο υιος και ω	εαν	βουληται ο υιος αποκαλυψαι.
Λκ 10:22	16	... και τις εστιν ο πατηρ ει μη ο υιος και ω	εαν	βουληται ο υιος αποκαλυψαι.
Μθ 24:48	29		εαν	δε ειπη ο κακος δουλος εκεινος εν τη...
Λκ 12:45	29		εαν	δε ειπη ο δουλος εκεινος εν τη καρδια...
Μθ 18:15	44		εαν	δε αμαρτηση ο αδελφος σου, υπαγε ελεγξον...
Μθ 18:15	44	.. ελεγξον αυτον μεταξυ σου και αυτου μονου.	εαν	σου ακουση, εκερδησας τον αδελφον σου.
Λκ 17:3	44		εαν	αμαρτη ο αδελφος σου επιτιμησον αυτω,...
Λκ 17:3	44	.... ο αδελφος σου επιτιμησον αυτω, και	εαν	μετανοηση, αφες αυτω.
Μθ 17:20	45	. την ολιγοπιστιαν υμων. αμην γαρ λεγω υμιν,	εαν	εχητε πιστιν ως κοκκον σιναπεως, ερειτε...
Μθ 3:9	01	και μη δοξητε λεγειν εν	εαυτοις,	πατερα εχομεν τον αβρααμ. λεγω γαρ υμιν...
Λκ 3:8	01	.... της μετανοιας. και μη αρξησθε λεγειν εν	εαυτοις,	πατερα εχομεν τον αβρααμ, λεγω γαρ υμιν...
Μθ 12:45	20	. μεθ εαυτου επτα ετερα πνευματα πονηροτερα	εαυτου,	και εισελθοντα κατοικει εκει. και γινεται...
Λκ 11:26	20	. και παραλαμβανει ετερα πνευματα πονηροτερα	εαυτου	επτα, και εισελθοντα κατοικει εκει, και...
Λκ 14:27	38	οστις ου βασταζει τον σταυρον	εαυτου	και ερχεται οπισω μου ου δυναται ειναι...
Μθ 8:22	12	..... μοι, και αφες τους νεκρους θαψαι τους	εαυτων	νεκρους.
Λκ 9:60	12	... δε αυτω, αφες τους νεκρους θαψαι τους	εαυτων	νεκρους, συ δε απελθων διαγγελλε την βασιλειαν...
Λκ 17:27	46	ησθιον, επινον, εγαμουν,	εγαμιζοντο,	αχρι ης ημερας εισηλθεν νωε εις την κιβωτον,...
Λκ 17:27	46	ησθιον, επινον,	εγαμουν,	εγαμιζοντο, αχρι ης ημερας εισηλθεν...
Μθ 3:9	01	.... οτι δυναται ο θεος εκ των λιθων τουτων	εγειραι	τεκνα τω αβρααμ.
Λκ 3:8	01	.... οτι δυναται ο θεος εκ των λιθων τουτων	εγειραι	τεκνα τω αβρααμ.
Μθ 11:5	09	.... και κωφοι ακουουσιν, και νεκροι	εγειρονται	και πτωχοι ευαγγελιζονται.
Λκ 7:22	09	.. καθαριζονται και κωφοι ακουουσιν, νεκροι	εγειρονται,	πτωχοι ευαγγελιζονται.
Μθ 11:26	16	ναι, ο πατηρ, οτι ουτως ευδοκια	εγενετο	εμπροσθεν σου.
Λκ 10:21	16	... νηπιοις. ναι, ο πατηρ, οτι ουτως ευδοκια	εγενετο	εμπροσθεν σου.
Λκ 13:19	33	... εβαλεν εις κηπον εαυτου, και ηυξησεν και	εγενετο	εις δενδρον, και τα πετεινα του ουρανου...
Λκ 10:13	14	.. σοι, βηθσαιδα. οτι ει εν τυρω και σιδωνι	εγενηθησαν	αι δυναμεις αι γενομεναι εν υμιν, παλαι...
Μθ 11:21	14	.. σοι, βηθσαιδα. οτι ει εν τυρω και σιδωνι	εγενοντο	αι δυναμεις αι γενομεναι εν υμιν, παλαι...
Μθ 12:42	21	βασιλισσα νοτου	εγερθησεται	εν τη κρισει μετα της γενεας ταυτης και...
Λκ 11:31	21	βασιλισσα νοτου	εγερθησεται	εν τη κρισει μετα των ανδρων της γενεας...
Μθ 8:9	08	και γαρ	εγω	ανθρωπος ειμι υπο εξουσιαν, εχων υπ εμαυτον...
Λκ 7:8	08	και γαρ	εγω	ανθρωπος ειμι υπο εξουσιαν τασσομενος,...
Μθ 12:27	19	και ει	εγω	εν βεεζεβουλ εκβαλλω τα δαιμονια, οι...
Λκ 11:19	19	ει δε	εγω	εν βεελζεβουλ εκβαλλω τα δαιμονια, οι...
Μθ 25:27	47	... αργυρια μου τοις τραπεζιταις, και ελθων	εγω	εκομισαμην αν το εμον συν τοκω.
Μθ 23:23	23	. κρισιν και το ελεος και την πιστιν. ταυτα	εδει	ποιησαι κακεινα μη αφειναι.
Λκ 11:42	23	... κρισιν και την αγαπην του θεου. ταυτα δε	εδει	ποιησαι κακεινα μη παρειναι.
Λκ 4:5	02	και αναγαγων αυτον	εδειξεν	αυτω πασας τας βασιλειας της οικουμενης...
Μθ 11:19	10	.... τελωνων φιλος και αμαρτωλων. και	εδικαιωθη	η σοφια απο των εργων αυτης.
Λκ 7:35	10	και	εδικαιωθη	η σοφια απο παντων των τεκνων αυτης.
Μθ 13:33	34	.... ενεκρυψεν εις αλευρου σατα τρια εως ου	εζυμωθη	ολον.
Λκ 13:21	34	.... ενεκρυψεν εις αλευρου σατα τρια εως ου	εζυμωθη	ολον.
Μθ 8:10	08	ακουσας δε ο ιησους	εθαυμασεν	και ειπεν τοις ακολουθουσιν, αμην λεγω...
Λκ 7:9	08	ακουσας δε ταυτα ο ιησους	εθαυμασεν	αυτον, και στραφεις τω ακολουθουντι αυτω...
Μθ 6:32	27	παντα γαρ ταυτα τα	εθνη	επιζητουσιν. οιδεν γαρ ο πατηρ υμων ο...
Λκ 12:30	27	ταυτα γαρ παντα τα	εθνη	του κοσμου επιζητουσιν. υμων δε ο πατηρ...
Μθ 11:17	10	.... ηυλησαμεν υμιν και ουκ ωρχησασθε.	εθρηνησαμεν	και ουκ εκοψασθε.

ΛΚ 7:32	10	. α λεγει, ηυλησαμεν υμιν και ουκ ωρχησασθε. εθρηνησαμεν	και ουκ εκλαυσατε.
Μθ 4:3	02	και προσελθων ο πειραζων ειπεν αυτω, ει	υιος ει του θεου, ειπε ινα οι λιθοι ουτοι...
Μθ 4:3	02	. προσελθων ο πειραζων ειπεν αυτω, ει υιος ει	του θεου, ειπε ινα οι λιθοι ουτοι αρτοι...
Μθ 4:6	02	και λεγει αυτω, ει	υιος ει του θεου, βαλε σεαυτον κατω. γεγραπται...
Μθ 4:6	02	και λεγει αυτω, ει υιος ει	του θεου, βαλε σεαυτον κατω. γεγραπται...
ΛΚ 4:3	02	ειπεν δε αυτω ο διαβολος, ει	υιος ει του θεου, ειπε τω λιθω τουτω ινα...
ΛΚ 4:3	02	ειπεν δε αυτω ο διαβολος, ει υιος ει	του θεου, ειπε τω λιθω τουτω ινα γενηται...
ΛΚ 4:9	02	... το πτερυγιον του ιερου, και ειπεν αυτω, ει	υιος ει του θεου, βαλε σεαυτον εντευθεν...
ΛΚ 4:9	02	.... του ιερου, και ειπεν αυτω, ει υιος ει	του θεου, βαλε σεαυτον εντευθεν κατω.
ΛΚ 6:32	04	και ει	αγαπατε τους αγαπωντας υμας, ποια υμιν...
Μθ 11:3	09	συ ει	ο ερχομενος η ετερον προσδοκωμεν;
ΛΚ 7:19	09	επεμψεν προς τον κυριον λεγων, συ ει	ο ερχομενος η αλλον προσδοκωμεν;
Μθ 11:21	14	..... σοι, χοραζιν. ουαι σοι, βηθσαιδα. οτι ει	εν τυρω και σιδωνι εγενοντο αι δυναμεις...
ΛΚ 10:13	14	..... σοι, χοραζιν. ουαι σοι, βηθσαιδα. οτι ει	εν τυρω και σιδωνι εγενηθησαν αι δυναμεις...
Μθ 11:27	16	.... μου, και ουδεις επιγινωσκει τον υιον ει	μη ο πατηρ, ουδε τον πατερα τις επιγινωσκει...
Μθ 11:27	16	... ο πατηρ, ουδε τον πατερα τις επιγινωσκει ει	μη ο υιος και ω εαν βουληται ο υιος αποκαλυψαι....
ΛΚ 10:22	16	. μου, και ουδεις γινωσκει τις εστιν ο υιος ει	μη ο πατηρ, και τις εστιν ο πατηρ ει μη...
ΛΚ 10:22	16	. υιος ει μη ο πατηρ, και τις εστιν ο πατηρ ει	μη ο υιος και ω εαν βουληται ο υιος αποκαλυψαι....
Μθ 7:11	18	ει	ουν υμεις πονηροι οντες οιδατε δοματα...
ΛΚ 11:13	18	ει	ουν υμεις πονηροι υπαρχοντες οιδατε δοματα...
Μθ 12:27	19	και ει	εγω εν βεεζεβουλ εκβαλλω τα δαιμονια,...
Μθ 12:28	19	ει	δε εν πνευματι θεου εγω εκβαλλω τα δαιμονια,...
ΛΚ 11:19	19	ει	δε εγω εν βεελζεβουλ εκβαλλω τα δαιμονια,...
ΛΚ 11:20	19	ει	δε εν δακτυλω θεου εκβαλλω τα δαιμονια,...
Μθ 12:39	21	... επιζητει, και σημειον ου δοθησεται αυτη ει	μη το σημειον ιωνα του προφητου.
Μθ 16:4	21	... επιζητει, και σημειον ου δοθησεται αυτη ει	μη το σημειον ιωνα. και καταλιπων αυτους...
ΛΚ 11:29	21	...... ζητει, και σημειον ου δοθησεται αυτη ει	μη το σημειον ιωνα.
Μθ 6:30	27	ει	δε τον χορτον του αγρου σημερον οντα...
ΛΚ 12:28	27	ει	δε εν αγρω τον χορτον οντα σημερον και...
Μθ 24:43	29	εκεινο δε γινωσκετε οτι ει	ηδει ο οκοδεσποτης ποια φυλακη ο κλεπτης...
ΛΚ 12:39	29	τουτο δε γινωσκετε οτι ει	ηδει ο οικοδεσποτης ποια ωρα ο κλεπτης...
ΛΚ 17:6	45	ειπεν δε ο κυριος, ει	εχετε πιστιν ως κοκκον σιναπεως, ελεγετε...
Μθ 25:24	47	. ειληφως ειπεν, κυριε, εγνων σε οτι σκληρος ει	ανθρωπος, θεριζων οπου ουκ εσπειρας και...
ΛΚ 19:21	47	εφοβουμην γαρ σε, οτι ανθρωπος αυστηρος ει,	αιρεις ο ουκ εθηκας και θεριζεις ο ουκ...
Μθ 13:17	16	.... επεθυμησαν ιδειν α βλεπετε και ουκ ειδαν,	και ακουσαι α ακουετε και ουκ ηκουσαν.
ΛΚ 10:24	16	... ηθελησαν ιδειν α υμεις βλεπετε και ουκ ειδαν,	και ακουσαι α ακουετε και ουκ ηκουσαν.
Μθ 12:25	19	ειδως	δε τας ενθυμησεις αυτων ειπεν αυτοις,...
ΛΚ 11:17	19	αυτος δε ειδως	αυτων τα διανοηματα ειπεν αυτοις, πασα...
Μθ 8:8	08	.. αποκριθεις ο εκατονταρχος εφη, κυριε, ουκ ειμι	ικανος ινα μου υπο την στεγην εισελθης....
Μθ 8:9	08	και γαρ εγω ανθρωπος ειμι	υπο εξουσιαν, εχων υπ εμαυτον στρατιωτας,...
ΛΚ 7:6	08	.... αυτω, κυριε, μη σκυλλου. ου γαρ ικανος ειμι	ινα υπο την στεγην μου εισελθης.
ΛΚ 7:8	08	και γαρ εγω ανθρωπος ειμι	υπο εξουσιαν τασσομενος, εχων υπ εμαυτον...
Μθ 10:27	24	ο λεγω υμιν εν τη σκοτια, ειπατε	εν τω φωτι. και ο εις το ους ακουετε, κηρυξατε...
ΛΚ 12:3	24	ανθ ων οσα εν τη σκοτια ειπατε	εν τω φωτι ακουσθησεται, και ο προς το...
Μθ 4:3	02	.... ειπεν αυτω, ει υιος ει του θεου, ειπε	ινα οι λιθοι ουτοι αρτοι γενωνται.
ΛΚ 4:3	02	.. αυτω ο διαβολος, ει υιος ει του θεου, ειπε	τω λιθω τουτω ινα γενηται αρτος.
Μθ 8:8	08	... μου υπο την στεγην εισελθης. αλλα μονον ειπε	λογω, και ιαθησεται ο παις μου.
ΛΚ 7:7	08	.. ουδε εμαυτον ηξιωσα προς σε ελθειν. αλλα ειπε	λογω, και ιαθητω ο παις μου.
Μθ 4:3	02	και προσελθων ο πειραζων ειπεν	αυτω, ει υιος ει του θεου, ειπε ινα...
Μθ 4:4	02	ο δε αποκριθεις ειπεν,	γεγραπται, ουκ επ αρτω μονω ζησεται...
ΛΚ 4:3	02	ειπεν	δε αυτω ο διαβολος, ει υιος ει του...
ΛΚ 4:6	02	και ειπεν	αυτω ο διαβολος, σοι δωσω την εξουσιαν...
ΛΚ 4:8	02	και αποκριθεις ο ιησους ειπεν	αυτω, γεγραπται, κυριον τον θεον σου...
ΛΚ 4:9	02	.... εστησεν επι το πτερυγιον του ιερου, και ειπεν	αυτω, ει υιος ει του θεου, βαλε σεαυτον...
ΛΚ 4:12	02	και αποκριθεις ειπεν	αυτω ο ιησους οτι ειρηται, ουκ εκπειρασεις...
Μθ 8:19	12	και προσελθων εις γραμματευς ειπεν	αυτω, διδασκαλε, ακολουθησω σοι οπου...
Μθ 8:21	12	ετερος δε των μαθητων ειπεν	αυτω, κυριε, επιτρεφον μοι πρωτον απελθειν...

ΛΚ 9:57	12	και πορευομενων αυτων εν τη οδω	ειπεν	τις προς αυτον, ακολουθησω σοι οπου εαν...
ΛΚ 9:59	12	...... δε προς ετερον, ακολουθει μοι. ο δε	ειπεν,	επιτρεψον μοι απελθοντι πρωτον θαψαι...
ΜΘ 11:25	16	εν εκεινω τω καιρω αποκριθεις ο ιησους	ειπεν,	εξομολογουμαι σοι πατερ, κυριε του ουρανου...
ΛΚ 10:21	16	... ωρα ηγαλλιασατο τω πνευματι τω αγιω και	ειπεν,	εξομολογουμαι σοι, πατερ, κυριε του ουρανου...
ΜΘ 12:25	19	ειδως δε τας ενθυμησεις αυτων	ειπεν	αυτοις, πασα βασιλεια μερισθεισα καθ εαυτης...
ΛΚ 11:17	19	αυτος δε ειδως αυτων τα διανοηματα	ειπεν	αυτοις, πασα βασιλεια εφ εαυτην διαμερισθεισα...
ΜΘ 22:1	37	και αποκριθεις ο ιησους παλιν	ειπεν	εν παραβολαις αυτοις λεγων,
ΛΚ 14:16	37	ο δε	ειπεν	αυτω, ανθρωπος τις εποιει δειπνον μεγα,...
ΜΘ 24:48	29	εαν δε	ειπη	ο κακος δουλος εκεινος εν τη καρδια αυτου,...
ΛΚ 12:45	29	εαν δε	ειπη	ο δουλος εκεινος εν τη καρδια αυτου,...
ΜΘ 23:39	36	.... γαρ υμιν, ου μη με ιδητε απ αρτι εως αν	ειπητε,	ευλογημενος ο ερχομενος εν ονοματι κυριου.
ΛΚ 13:35	36	...... υμων. λεγω υμιν, ου μη ιδητε με εως	ειπητε,	ευλογημενος ο ερχομενος εν ονοματι κυριου.
ΜΘ 10:13	13	και εαν μεν/η η οικια αξια, ελθατω η	ειρηνη	υμων επ αυτην. εαν δε μη η αξια, η ειρηνη...
ΛΚ 10:6	13	... η υιος ειρηνης, επαναπαησεται επ αυτον η	ειρηνη	υμων. ει δε μηγε, εφ υμας ανακαμψει.
ΜΘ 10:34	30	μη νομισητε οτι ηλθον βαλειν	ειρηνην	επι την γην. ουκ ηλθον βαλειν ειρηνην...
ΛΚ 12:51	30	δοκειτε οτι	ειρηνην	παρεγενομην δουναι εν τη γη; ουχι, λεγω...
ΜΘ 3:10	01	...... μη ποιουν καρπον καλον εκκοπτεται και	εις	πυρ βαλλεται.
ΜΘ 3:12	01	.... αυτου, και συναξει τον σιτον αυτου	εις	την αποθηκην , το δε αχυρον κατακαυσει...
ΛΚ 3:9	01	...... μη ποιουν καρπον καλον εκκοπτεται και	εις	πυρ βαλλεται.
ΛΚ 3:17	01	. την αλωνα αυτου και συναγαγειν τον σιτον	εις	την αποθηκην αυτου, το δε αχυρον κατακαυσει...
ΜΘ 4:1	02	τοτε ο ιησους ανηχθη	εις	την ερημον υπο του πνευματος, πειρασθηναι...
ΜΘ 4:5	02	τοτε παραλαμβανει αυτον ο διαβολος	εις	την αγιαν πολιν, και ιστησιν αυτον επι...
ΜΘ 4:8	02	παλιν παραλαμβανει αυτον ο διαβολος	εις	ορος υψηλον λιαν, και δεικνυσιν αυτω...
ΛΚ 4:9	02	ηγαγεν δε αυτον	εις	ιερουσαλημ και εστησεν επι το πτερυγιον...
ΜΘ 15:14	05	.... τυφλος δε τυφλον εαν οδηγη, αμφοτεροι	εις	βοθυνον πεσουνται.
ΛΚ 6:39	05	..... τυφλος τυφλον οδηγειν; ουχι αμφοτεροι	εις	βοθυνον εμπεσουνται;
ΜΘ 11:7	10	...... τους οχλοις περι ιωαννου, τι εξηλθατε	εις	την ερημον θεασασθαι; καλαμον υπο ανεμου...
ΛΚ 7:24	10	. προς τους οχλους περι ιωαννου, τι εξηλθατε	εις	την ερημον θεασασθαι; καλαμον υπο ανεμου...
ΜΘ 6:13	17	και μη εισενεγκης ημας	εις	πειρασμον, αλλα ρυσαι ημας απο του πονηρου.
ΛΚ 11:4	17	.... οφειλοντι ημιν. και μη εισενεγκης ημας	εις	πειρασμον.
ΜΘ 12:44	20	τοτε λεγει,	εις	τον οικον μου επιστρεψω οθεν εξηλθον. και...
ΛΚ 11:24	20	.... και μη ευρισκον λεγει, υποστρεψω	εις	τον οικον μου οθεν εξηλθον.
ΜΘ 12:41	21	... και κατακρινουσιν αυτην. οτι μετενοησαν	εις	το κηρυγμα ιωνα, και ιδου πλειον ιωνα ωδε.
ΛΚ 11:32	21	... και κατακρινουσιν αυτην. οτι μετενοησαν	εις	το κηρυγμα ιωνα, και ιδου πλειον ιωνα ωδε.
ΜΘ 6:30	27	. χορτον του αγρου σημερον οντα και αυριον	εις	κλιβανον βαλλομενον ο θεος ουτως αμφιεννυσιν,...
ΛΚ 12:28	27	.. αγρω τον χορτον οντα σημερον και αυριον	εις	κλιβανον βαλλομενον ο θεος ουτως αμφιζει,...
ΜΘ 5:25	32	..... τω κριτη, και ο κριτης τω υπηρετη, και	εις	φυλακην βληθηση.
ΛΚ 12:58	32	.... τω πρακτορι, και ο πρακτωρ σε βαλει	εις	φυλακην.
ΜΘ 13:33	34	... ουρανων ζυμη, ην λαβουσα γυνη ενεκρυψεν	εις	αλευρου σατα τρια εως ου εζυμωθη ολον.
ΛΚ 13:21	34	..... εστιν ζυμη, ην λαβουσα γυνη ενεκρυψεν	εις	αλευρου σατα τρια εως ου εζυμωθη ολον.
ΜΘ 5:13	39	... δε το αλας μωρανθη, εν τινι αλισθησεται;	εις	ουδεν ισχυει ετι ει μη βληθηναι εξω καταπατεισθαι...
ΛΚ 14:35	39	ουτε	εις	γην ουτε εις κοπριαν ευθετον εστιν. εξω...
ΜΘ 24:38	46	. γαμιζοντες, αχρι ης ημερας εισηλθεν νωε	εις	την κιβωτον,
ΛΚ 17:27	46	. εγαμιζοντο, αχρι ης ημερας εισηλθεν νωε	εις	την κιβωτον, και ηλθεν ο κατακλυσμος και...
ΜΘ 7:13	35		εισελθατε	δια της στενης πυλης. οτι πλατεια η πυλη...
ΛΚ 13:24	35	αγωνιζεσθε	εισελθειν	δια της στενης θυρας, οτι πολλοι, λεγω...
ΜΘ 8:8	08	.... ουκ ειμι ικανος ινα μου υπο την στεγην	εισελθης.	αλλα μονον ειπε λογω, και ιαθησεται...
ΛΚ 7:6	08	... γαρ ικανος ειμι ινα υπο την στεγην μου	εισελθης.	
ΜΘ 10:5	13	.... μη απελθητε, και εις πολιν σαμαριτων μη	εισελθητε.	
ΜΘ 12:45	20	..... ετερα πνευματα πονηροτερα εαυτου, και	εισελθοντα	κατοικει εκει. και γινεται τα εσχατα του...
ΛΚ 11:26	20	...... πνευματα πονηροτερα εαυτου επτα, και	εισελθοντα	κατοικει εκει, και γινεται τα εσχατα του...
ΜΘ 6:13	17	και μη	εισενεγκης	ημας εις πειρασμον, αλλα ρυσαι ημας απο...
ΛΚ 11:4	17	...... αφιομεν παντι οφειλοντι ημιν. και μη	εισενεγκης	ημας εις πειρασμον.
ΜΘ 23:13	23	...... εμπροσθεν των ανθρωπων. υμεις γαρ ουκ	εισερχεσθε,	ουδε τους εισερχομενους αφιετε εισελθειν.
ΜΘ 10:12	13		εισερχομενοι	δε εις την οικιαν ασπασασθε αυτην.
ΜΘ 23:13	23	.... υμεις γαρ ουκ εισερχεσθε, ουδε τους	εισερχομενους	αφιετε εισελθειν.
ΛΚ 11:52	23	. της γνωσεως. αυτοι ουκ εισηλθατε και τους	εισερχομενους	εκωλυσατε.

ΛΚ 11:52	23	... κρατε την κλειδα της γνωσεως. αυτοι ουκ εισηλθατε	και τους εισερχομενους εκωλυσατε.
ΜΘ 24:38	46	.... και γαμιζοντες, αχρι ης ημερας εισηλθεν	νωε εις την κιβωτον,
ΛΚ 17:27	46	..... εγαμουν, εγαμιζοντο, αχρι ης ημερας εισηλθεν	νωε εις την κιβωτον, και ηλθεν ο κατακλυσμος...
ΛΚ 7:32	10	ομοιοι εισιν	παιδιοις τοις εν αγορα καθημενοις και...
ΜΘ 3:9	01	.... λεγω γαρ υμιν οτι δυναται ο θεος εκ	των λιθων τουτων εγειραι τεκνα τω αβρααμ.
ΛΚ 3:8	01	.... λεγω γαρ υμιν οτι δυναται ο θεος εκ	των λιθων τουτων εγειραι τεκνα τω αβρααμ.
ΜΘ 7:5	05	υποκριτα, εκβαλε πρωτον την δοκον εκ	του οφθαλμου σου, και τοτε διαβλεψεις...
ΛΚ 6:42	05	. βλεπων; υποκριτα, εκβαλε πρωτον την δοκον εκ	του οφθαλμου σου, και τοτε διαβλεψεις...
ΜΘ 12:34	06	... πως δυνασθε αγαθα λαλειν πονηροι οντες; εκ	γαρ του περισσευματος της καρδιας το στομα...
ΜΘ 12:35	06	ο αγαθος ανθρωπος εκ	του αγαθου θησαυρου εκβαλλει αγαθα, και...
ΜΘ 12:35	06	... εκβαλλει αγαθα, και ο πονηρος ανθρωπος εκ	του πονηρου θησαυρου εκβαλλει πονηρα.
ΛΚ 6:45	06	ο αγαθος ανθρωπος εκ	του αγαθου θησαυρου της καρδιας προφερει...
ΛΚ 6:45	06	. καρδιας προφερει το αγαθον, και ο πονηρος εκ	του πονηρου προφερει το πονηρον. εκ γαρ...
ΛΚ 6:45	06	.... εκ του πονηρου προφερει το πονηρον. εκ	γαρ περισσευματος καρδιας λαλει το στομα...
ΜΘ 12:42	21	.... ταυτης και κατακρινει αυτην. οτι ηλθεν εκ	των περατων της γης ακουσαι την σοφιαν...
ΜΘ 16:1	21	.... πειραζοντες επηρωτησαν αυτον σημειον εκ	του ουρανου επιδειξαι αυτοις.
ΛΚ 11:31	21	.... ταυτης και κατακρινει αυτους. οτι ηλθεν εκ	των περατων της γης ακουσαι την σοφιαν...
ΜΘ 25:14	47	ωσπερ γαρ ανθρωπος αποδημων εκαλεσεν	τους ιδιους δουλους και παρεδωκεν αυτοις...
ΜΘ 18:12	40	τι υμιν δοκει; εαν γενηται τινι ανθρωπω εκατον	προβατα και πλανηθη εν εξ αυτων, ουχι...
ΛΚ 15:4	40	τις ανθρωπος εξ υμων εχων εκατον	προβατα και απολεσας εξ αυτων εν ου καταλειπει...
ΛΚ 7:6	08	. απεχοντος απο της οικιας, επεμψεν φιλους ο εκατονταρχης	λεγων αυτω, κυριε, μη σκυλλου. ου γαρ...
ΜΘ 8:5	08	.... δε αυτου εις καφαρναουμ προσηλθεν αυτω εκατονταρχος	παρακαλων αυτον
ΜΘ 8:8	08	και αποκριθεις ο εκατονταρχος	εφη, κυριε, ουκ ειμι ικανος ινα μου υπο...
ΛΚ 7:2	08	εκατονταρχου	δε τινος δουλος κακως εχων ημελλεν τελευταν,...
ΜΘ 7:5	05	υποκριτα, εκβαλε	πρωτον την δοκον εκ του οφθαλμου σου,...
ΛΚ 6:42	05	. τω οφθαλμω σου δοκον ου βλεπων; υποκριτα, εκβαλε	πρωτον την δοκον εκ του οφθαλμου σου,...
ΜΘ 7:5	05	. εκ του οφθαλμου σου, και τοτε διαβλεψεις εκβαλειν	το καρφος εκ του οφθαλμου του αδελφου σου.
ΛΚ 6:42	05	... καρφος το εν τω οφθαλμω του αδελφου σου εκβαλειν.	
ΜΘ 9:38	13	. δεηθητε ουν του κυριου του θερισμου οπως εκβαλη	εργατας εις τον θερισμον αυτου.
ΛΚ 10:2	13	... ουν του κυριου του θερισμου οπως εργατας εκβαλη	εις τον θερισμον αυτου.
ΜΘ 12:27	19	. εκβαλλω τα δαιμονια, οι υιοι υμων εν τινι εκβαλλουσιν;	δια τουτο αυτοι κρται εσονται υμων
ΛΚ 11:19	19	. εκβαλλω τα δαιμονια, οι υιοι υμων εν τινι εκβαλλουσιν;	δια τουτο αυτοι υμων κριται εσονται.
ΜΘ 12:27	19	και ει εγω εν βεεζεβουλ εκβαλλω	τα δαιμονια, οι υιοι υμων εν τινι εκβαλλουσιν;...
ΜΘ 12:28	19	ει δε εν πνευματι θεου εγω εκβαλλω	τα δαιμονια, αρα εφθασεν εφ υμας η βασιλεια...
ΛΚ 11:19	19	ει δε εγω εν βεελζεβουλ εκβαλλω	τα δαιμονια, οι υιοι υμων εν τινι εκβαλλουσιν;...
ΛΚ 11:20	19	ει δε εν δακτυλω θεου εκβαλλω	τα δαιμονια, αρα εφθασεν εφ υμας ἡ βασιλεια...
ΜΘ 7:4	05	η πως ερεις τω αδελφω σου, αφες εκβαλω	το καρφος εκ του οφθαλμου σου, και ιδου...
ΛΚ 6:42	05	.... λεγειν τω αδελφω σου, αδελφε, αφες εκβαλω	το καρφος το εν τω οφθαλμω σου, αυτος την...
ΜΘ 12:45	20	.... εαυτου, και εισελθοντα κατοικει εκει.	και γινεται τα εσχατα του ανθρωπου εκεινου...
ΛΚ 11:26	20	..... εαυτου επτα, και εισελθοντα κατοικει εκει,	και γινεται τα εσχατα του ανθρωπου εκεινου...
ΜΘ 6:21	28	οπου γαρ εστιν ο θησαυρος σου, εκει	εσται και η καρδια σου.
ΛΚ 12:34	28	οπου γαρ εστιν ο θησαυρος υμων, εκει	και η καρδια υμων εσται.
ΜΘ 8:12	35	... εκβληθησονται εις το σκοτος το εξωτερον. εκει	εσται ο κλαυθμος και ο βρυγμος των οδοντων.
ΛΚ 13:28	35	εκει	εσται ο κλαυθμος και ο βρυγμος των οδοντων,...
ΜΘ 24:28	46	οπου εαν η το πτωμα, εκει	συναχθησονται οι αετοι.
ΛΚ 17:37	46	.... κυριε; ο δε ειπεν αυτοις, οπου το σωμα, εκει	και οι αετοι επισυναχθησονται.
ΜΘ 5:26	32	αμην λεγω σοι, ου μη εξελθης εκειθεν	εως αν αποδως τον εσχατον κοδραντην.
ΛΚ 12:59	32	λεγω σοι, ου μη εξελθης εκειθεν	εως και το εσχατον λεπτον αποδως.
ΜΘ 7:25	07	. επνευσαν οι ανεμοι και προσεπεσαν τη οικια εκεινη,	και ουκ επεσεν, τεθεμελιωτο γαρ επι την...
ΛΚ 6:48	07	. δε γενομενης προσερηξεν ο ποταμος τη οικια εκεινη,	και ουκ ισχυσεν σαλευσαι αυτην δια το...
ΜΘ 10:15	13	... και γομορρων εν ημερα κρισεως η τη πολει εκεινη.	
ΛΚ 10:12	13	...... εκεινη ανεκτοτερον εσται η τη πολει εκεινη.	
ΜΘ 24:46	29	μακαριος ο δουλος εκεινος	ον ελθων ο κυριος αυτου ευρησει ουτως...
ΜΘ 24:48	29	εαν δε ειπη ο κακος δουλος εκεινος	εν τη καρδια αυτου, χρονιζει μου ο κυριος,
ΛΚ 12:43	29	μακαριος ο δουλος εκεινος,	ον ελθων ο κυριος αυτου ευρησει ποιουντα...
ΛΚ 12:45	29	εαν δε ειπη ο δουλος εκεινος	εν τη καρδια αυτου, χρονιζει ο κυριος...
ΜΘ 12:45	20	.... και γινεται τα εσχατα του ανθρωπου εκεινου	χειρονα των πρωτων. ουτως εσται και τη...

ΛΚ 11:26	20	.... και γινεται τα εσχατα του ανθρωπου	εκεινου	χειρονα των πρωτων.
ΜΘ 24:50	29	ηξει ο κυριος του δουλου	εκεινου	εν ημερα η ου προσδοκα και εν ωρα η ου...
ΛΚ 12:46	29	ηξει ο κυριος του δουλου	εκεινου	εν ημερα η ου προσδοκα και εν ωρα η ου...
ΛΚ 11:50	23	... εκζητηθη το αιμα παντων των προφητων το	εκκεχυμενον	απο καταβολης κοσμου απο της γενεας...
ΜΘ 3:10	01	.... παν ουν δενδρον μη ποιουν καρπον καλον	εκκοπτεται	και εις πυρ βαλλεται.
ΛΚ 3:9	01	.... παν ουν δενδρον μη ποιουν καρπον καλον	εκκοπτεται	και εις πυρ βαλλεται.
ΜΘ 4:7	02	. εφη αυτω ο ιησους, παλιν γεγραπται, ουκ	εκπειρασεις	κυριον τον θεον σου.
ΛΚ 4:12	02	.... ειπεν αυτω ο ιησους οτι ειρηται, ουκ	εκπειρασεις	κυριον τον θεον σου.
ΜΘ 11:25	16	. πατερ, κυριε του ουρανου και της γης, οτι	εκρυψας	ταυτα απο σοφω και συνετων και απεκαλυψας...
ΜΘ 23:35	23	οπως ελθη εφ υμας παν αιμα δικαιον	εκχυννομενον	επι της γης απο του αιματος αβελ του...
ΛΚ 11:14	19	.... εγενετο δε του δαιμονιου εξελθοντος	ελαλησεν	ο κωφος. και εθαυμασαν οι οχλοι.
ΛΚ 7:33	10		εληλυθεν	γαρ ιωαννης ο βαπτιστης μη εσθιων αρτον...
ΛΚ 7:34	10		εληλυθεν	ο υιος του ανθρωπου εσθιων και πινων,...
ΜΘ 18:7	43	..... τω κοσμω απο των σκανδαλων. αναγκη γαρ	ελθειν	τα σκανδαλα, πλην ουαι τω ανθρωπω δι ου...
ΛΚ 17:1	43	. αυτου, ανενδεκτον εστιν του τα σκανδαλα μη	ελθειν,	πλην ουαι δι ου ερχεται.
ΜΘ 6:10	17		ελθετω	η βασιλεια σου, γενηθητω το θελημα σου,...
ΛΚ 11:2	17	.... λεγετε, πατερ, αγιασθητω το ονομα σου.	ελθετω	η βασιλεια σου.
ΜΘ 12:44	20	.. τον οικον μου επιστρεψω οθεν εξηλθον. και	ελθον	ευρισκει σχολαζοντα σεσαρωμενον και κεκοσμημενον....
ΛΚ 11:25	20	και	ελθον	ευρισκει σεσαρωμενον και κεκοσμημενον.
ΜΘ 24:46	29	μακαριος ο δουλος εκεινος ον	ελθων	ο κυριος αυτου ευρησει ουτως ποιουντα.
ΛΚ 12:43	29	μακαριος ο δουλος εκεινος, ον	ελθων	ο κυριος αυτου ευρησει ποιουντα ουτως.
ΜΘ 25:27	47	...... τα αργυρια μου τοις τραπεζιταις, και	ελθων	εγω εκομισαμην αν το εμον συν τοκω.
ΛΚ 19:23	47	. εδωκας μου το αργυριον επι τραπεζαν; καγω	ελθων	συν τοκω αν αυτο επραξα.
ΜΘ 8:9	08	. εγω ανθρωπος ειμι υπο εξουσιαν, εχων υπ	εμαυτον	στρατιωτας, και λεγω τουτω, πορευθητι,...
ΛΚ 7:8	08	..... ειμι υπο εξουσιαν τασσομενος, εχων υπ	εμαυτον	στρατιωτας, και λεγω τουτω, πορευθητι,...
ΜΘ 10:40	15	ο δεχομενος υμας εμε δεχεται, και ο	εμε	δεχομενος δεχεται τον αποστειλαντα με.
ΛΚ 10:16	15	.... και ο αθετων υμας εμε αθετει. ο δε	εμε	αθετων αθετει τον αποστειλαντι με.
ΜΘ 10:32	24	πας ουν οστις ομολογησει εν	εμοι	εμπροσθεν των ανθρωπων, ομολογησω καγω...
ΛΚ 12:8	24	λεγω δε υμιν, πας ος αν ομολογηση εν	εμοι	εμπροσθεν των ανθρωπων, και ο υιος του...
ΛΚ 4:7	02	συ ουν εαν προσκυνησης ενωπιον	εμου,	εσται σου πασα.
ΜΘ 12:30	19	ο μη ων μετ	εμου	κατ εμου εστιν, και ο μη συναγων μετ εμου...
ΜΘ 12:30	19	ο μη ων μετ εμου κατ	εμου	εστιν, και ο μη συναγων μετ εμου σκορπιζει.
ΜΘ 12:30	19	...... κατ εμου εστιν, και ο μη συναγων μετ	εμου	σκορπιζει.
ΛΚ 11:23	19	ο μη ων μετ	εμου	κατ εμου εστιν, και ο μη συναγων μετ εμου...
ΛΚ 11:23	19	ο μη ων μετ εμου κατ	εμου	εστιν, και ο μη συναγων μετ εμου σκορπιζει.
ΛΚ 11:23	19	...... κατ εμου εστιν, και ο μη συναγων μετ	εμου	σκορπιζει.
ΜΘ 7:23	35	... οτι ουδεποτε εγνων υμας. αποχωρειτε απ	εμου	οι εργαζομενοι την ανομιαν.
ΛΚ 13:27	35	.. υμιν, ουκ οιδα ποθεν εστε. αποστητε απ	εμου,	παντες εργαται αδικιας.
ΛΚ 6:39	05	..... οδηγειν; ουχι αμφοτεροι εις βοθυνον	εμπεσουνται;	
ΜΘ 11:10	10	. προσωπου σου, ος κατασκευασει την οδον σου	εμπροσθεν	σου.
ΛΚ 7:27	10	. προσωπου σου, ος κατασκευασει την οδον σου	εμπροσθεν	σου.
ΜΘ 11:26	16	ναι, ο πατηρ, οτι ουτως ευδοκια εγενετο	εμπροσθεν	σου.
ΛΚ 10:21	16	... ναι, ο πατηρ, οτι ουτως ευδοκια εγενετο	εμπροσθεν	σου.
ΜΘ 10:32	24	πας ουν οστις ομολογησει εν εμοι	εμπροσθεν	των ανθρωπων, ομολογησω καγω εν αυτω...
ΜΘ 10:32	24	..... των ανθρωπων, ομολογησω καγω εν αυτω	εμπροσθεν	του πατρος μου του εν ουρανοις.
ΛΚ 12:8	24	..... δε υμιν, πας ος αν ομολογηση εν εμοι	εμπροσθεν	των ανθρωπων, και ο υιος του ανθρωπου...
ΛΚ 12:8	24	.... ο υιος του ανθρωπου ομολογησει εν αυτω	εμπροσθεν	των αγγελων του θεου.
ΜΘ 3:9	01	και μη δοξητε λεγειν	εν	εαυτοις, πατερα εχομεν τον αβρααμ. λεγω...
ΜΘ 3:12	01	ου το πτυον	εν	τη χειρι αυτου, και διακαθαριει την αλωνα...
ΛΚ 3:8	01	.... της μετανοιας. και μη αρξησθε λεγειν	εν	εαυτοις, πατερα εχομεν τον αβρααμ, λεγω...
ΛΚ 3:17	01	ου το πτυον	εν	τη χειρι αυτου διακαθαραι την αλωνα...
ΜΘ 5:12	03	.... και αγαλλιασθε, οτι ο μισθος υμων πολυς	εν	τοις ουρανοις. ουτως γαρ εδιωξαν τους...
ΛΚ 6:23	03	... σκιρτησατε ιδου γαρ ο μισθος υμων πολυς	εν	τω ουρανω. κατα τα αυτα γαρ εποιουν τοις...
ΜΘ 7:3	05	τι δε βλεπεις το καρφος το	εν	τω οφθαλμω του αδελφου σου, την δε εν...
ΜΘ 7:3	05	... εν τω οφθαλμω του αδελφου σου, την δε	εν	τω σω οφθαλμω δοκον ου κατανοεις;
ΜΘ 7:4	05	.... εκ του οφθαλμου σου, και ιδου η δοκος	εν	τω οφθαλμω σου;
ΛΚ 6:41	05	τι δε βλεπεις το καρφος το	εν	τω οφθαλμω του αδελφου σου, την δε δοκον...

ΛΚ 6:41	05	.... του αδελφου σου, την δε δοκον την εν	τω ιδιω οφθαλμω ου κατανοεις;
ΛΚ 6:42	05	. το καρφος το εν τω οφθαλμω σου, αυτος την εν	τω οφθαλμω σου δοκον ου βλεπων; υποκριτα,...
Μθ 8:10	08	. αμην λεγω υμιν, παρ ουδενι τοσαυτην πιστιν εν	τω ισραηλ ευρον.
ΛΚ 7:9	08	.... αυτω οχλω ειπεν, λεγω υμιν, ουδε εν	τω ισραηλ τοσαυτην πιστιν ευρον.
Μθ 11:8	10	αλλα τι εξηλθατε ιδειν; ανθρωπον εν	μαλακοις ημφιεσμενον; ιδου οι τα μαλακα...
Μθ 11:11	10	αμην λεγω υμιν, ουκ εγηγερται εν	γεννητοις γυναικων μειζων ιωαννου του...
Μθ 11:11	10	.... ιωαννου του βαπτιστου. ο δε μικροτερος εν	τη βασιλεια των ουρανων μειζων αυτου...
Μθ 11:16	10	.... ταυτην; ομοια εστιν παιδιοις καθημενοις εν	ταις αγοραις α προσφωνουντα τοις ετεροις
ΛΚ 7:25	10	αλλ τι εξηλθατε ιδειν; ανθρωπον εν	μαλακοις ιματιοις ημφιεσμενον; ιδου οι...
ΛΚ 7:28	10	λεγω υμιν, μειζων εν	γεννητοις γυναικων ιωαννου ουδεις εστιν....
ΛΚ 7:28	10	..... ιωαννου ουδεις εστιν. ο δε μικροτερος εν	τη βασιλεια του θεου μειζων αυτου εστιν.
ΛΚ 7:32	10	ομοιοι εισιν παιδιοις τοις εν	αγορα καθημενοις και προσφωνουσιν αλληλοις,...
Μθ 11:21	14	. σοι, χοραζιν. ουαι σοι, βηθσαιδα. οτι ει εν	τυρω και σιδωνι εγενοντο αι δυναμεις...
Μθ 11:21	14	..... εγενοντο αι δυναμεις αι γενομεναι εν	υμιν, παλαι αν εν σακκω και σποδω μετενοησαν....
Μθ 11:21	14	.... αι γενομεναι εν υμιν, παλαι αν εν	σακκω και σποδω μετενοησαν.
Μθ 11:22	14	... υμιν, τυρω και σιδωνι ανεκτοτερον εσται εν	ημερα κρισεως η υμιν.
Μθ 11:24	14	..... υμιν οτι γη σοδομων ανεκτοτερον εσται εν	ημερα κρισεως η σοι.
ΛΚ 10:13	14	. σοι, χοραζιν. ουαι σοι, βηθσαιδα. οτι ει εν	τυρω και σιδωνι εγενηθησαν αι δυναμεις...
ΛΚ 10:13	14	... εγενηθησαν αι δυναμεις αι γενομεναι εν	υμιν, παλαι αν εν σακκω και σποδω καθημενοι...
ΛΚ 10:13	14	.... αι γενομεναι εν υμιν, παλαι αν εν	σακκω και σποδω καθημενοι μετρνοησαν.
ΛΚ 10:14	14	πλην τυρω και σιδωνι ανεκτοτερον εσται εν	τη κρισει η υμιν.
ΛΚ 10:12	14	λεγω υμιν οτι σοδομοις εν	τη ημερα εκεινη ανεκτοτερον εσται η τη...
Μθ 11:25	16	εν	εκεινω τω καιρω αποκριθεις ο ιησους ειπεν,...
ΛΚ 10:21	16	εν	αυτη τη ωρα ηγαλλιασατο τω πνευματι τω...
Μθ 12:27	19	και ει εγω εν	βεεζεβουλ εκβαλλω τα δαιμονια, οι υιοι...
Μθ 12:27	19	.... εκβαλλω τα δαιμονια, οι υιοι υμων εν	τινι εκβαλλουσιν; δια τουτο αυτοι κρται...
Μθ 12:28	19	ει δε εν	πνευματι θεου εγω εκβαλλω τα δαιμονια,...
ΛΚ 11:19	19	ει δε εγω εν	βεελζεβουλ εκβαλλω τα δαιμονια, οι υιοι...
ΛΚ 11:19	19	.... εκβαλλω τα δαιμονια, οι υιοι υμων εν	τινι εκβαλλουσιν; δια τουτο αυτοι υμων...
ΛΚ 11:20	19	ει δε εν	δακτυλω θεου εκβαλλω τα δαιμονια, αρα...
Μθ 12:41	21	ανδρες νινευιται αναστησονται εν	τη κρισει μετα της γενεας ταυτης και κατακρινουσιν...
Μθ 12:42	21	βασιλισσα νοτου εγερθησεται εν	τη κρισει μετα της γενεας ταυτης και κατακρινει...
ΛΚ 11:31	21	βασιλισσα νοτου εγερθησεται εν	τη κρισει μετα των ανδρων της γενεας ταυτης...
ΛΚ 11:32	21	ανδρες νινευιται αναστησονται εν	τη κρισει μετα της γενεας ταυτης και κατακρινουσιν...
Μθ 6:23	22	. σωμα σου σκοτεινον εσται. ει ουν το φως το εν	σοι σκοτος εστιν, το σκοτος ποσον.
ΛΚ 11:35	22	σκοπει ουν μη το φως το εν	σοι σκοτος εστιν.
Μθ 23:6	23	... εν τοις δειπνοις και τας πρωτοκαθεδριας εν	ταις συναγωγαις
Μθ 23:7	23	και τους ασπασμους εν	ταις αγοραις και καλεισθαι υπο των ανθρωπων,...
ΛΚ 11:43	23	. φαρισαιοις, οτι αγαπατε την πρωτοκαθεδριαν εν	ταις συναγωγαις και τους ασπασμους εν...
ΛΚ 11:43	23	.... εν ταις συναγωγαις και τους ασπασμους εν	ταις αγοραις.
Μθ 10:27	24	ο λεγω υμιν εν	τη σκοτια, ειπατε εν τω φωτι. και ο εις...
Μθ 10:27	24	ο λεγω υμιν εν τη σκοτια, ειπατε εν	τω φωτι. και ο εις το ους ακουετε, κηρυξατε...
Μθ 10:29	24	. ουχι δυο στρουθια ασσαριου πωλειται; και εν	εξ αυτων ου πεσειται επι την γην ανευ...
Μθ 10:32	24	πας ουν οστις ομολογησει εν	εμοι εμπροσθεν των ανθρωπων, ομολογησω...
Μθ 10:32	24	... εμπροσθεν των ανθρωπων, ομολογησω καγω εν	αυτω εμπροσθεν του πατρος μου του εν...
ΛΚ 12:3	24	ανθ ων οσα εν	τη σκοτια ειπατε εν τω φωτι ακουσθησεται,...
ΛΚ 12:3	24	.. ακουσθησεται, και ο προς το ους ελαλησατε εν	τοις ταμειεοις κηρυχθησεται επι των δωματων....
ΛΚ 12:6	24	...... στρουθια πωλουνται ασσαριων δυο; και εν	εξ αυτων ουκ εστιν επιλελησμενον ενωπιον...
ΛΚ 12:8	24	λεγω δε υμιν, πας ος αν ομολογηση εν	εμοι εμπροσθεν των ανθρωπων, και ο υιος...
ΛΚ 12:8	24	.... και ο υιος του ανθρωπου ομολογησει εν	αυτω εμπροσθεν των αγγελων του θεου.
Μθ 6:29	27	λεγω δε υμιν οτι ουδε σολομων εν	παση τη δοξη αυτου περιεβαλετο ως εν...
Μθ 6:29	27	.... εν παση τη δοξη αυτου περιεβαλετο ως εν	τουτων.
ΛΚ 12:27	27	.... ουδε νηθει. λεγω δε υμιν, ουδε σολομων εν	παση τη δοξη αυτου περιεβαλετο ως εν...
ΛΚ 12:27	27	.... εν παση τη δοξη αυτου περιεβαλετο ως εν	τουτων.
Μθ 6:20	28	θησαυριζετε δε υμιν θησαυρους εν	ουρανω, οπου ουτε σης ουτε βρωσις αφανιζει,...
ΛΚ 12:33	28	.... μη παλαιουμενα, θησαυρον ανεκλειπτον εν	τοις ουρανοις, οπου κλεπτης ουκ εγγιζει...
Μθ 24:45	29	.... αυτου του δουναι αυτοις την τροφην εν	καιρω;

Μθ 24:48	29	εαν δε ειπη ο κακος δουλος εκεινος	εν	τη καρδια αυτου, χρονιζει μου ο κυριος,
Μθ 24:50	29	ηξει ο κυριος του δουλου εκεινου	εν	ημερα η ου προσδοκα και εν ωρα η ου γινωσκει,...
Μθ 24:50	29	.... εκεινου εν ημερα η ου προσδοκα και	εν	ωρα η ου γινωσκει,
ΛΚ 12:42	29	...... επι της θεραπειας αυτου του διδοναι	εν	καιρω σιτομετριον;
ΛΚ 12:45	29	εαν δε ειπη ο δουλος εκεινος	εν	τη καρδια αυτου, χρονιζει ο κυριος μου...
ΛΚ 12:46	29	ηξει ο κυριος του δουλου εκεινου	εν	ημερα η ου προσδοκα και εν ωρα η ου γινωσκει,...
ΛΚ 12:46	29	.... εκεινου εν ημερα η ου προσδοκα και	εν	ωρα η ου γινωσκει, και διχοτομησει αυτον,...
Μθ 5:25	32	... αντιδικω σου ταχυ εως οτου ει μετ αυτου	εν	τη οδω. μηποτε σε παραδω ο αντιδικος τω...
ΛΚ 12:58	32	.... μετα του αντιδικου σου επ αρχοντα,	εν	τη οδω δος εργασιαν απηλλαχθαι απ αυτου,...
Μθ 13:32	33	..... τα πετεινα του ουρανου και κατασκηνουν	εν	τοις κλαδοις αυτου.
ΛΚ 13:19	33	.... και τα πετεινα του ουρανου κατεσκηνωσεν	εν	τοις κλαδοις αυτου.
Μθ 8:11	35	.... μετα αβρααμ και ισαακ και ιακωβ	εν	τη βασιλεια των ουρανων.
ΛΚ 13:28	35	... ισαακ και ιακωβ και παντας τους προφητας	εν	τη βασιλεια του θεου, υμας δε εκβαλλομενους...
ΛΚ 13:29	35	... απο βορρα και νοτου και ανακλιθησονται	εν	τη βασιλεια του θεου.
Μθ 23:39	36	.... εως αν ειπητε, ευλογημενος ο ερχομενος	εν	ονοματι κυριου.
ΛΚ 13:35	36	... με εως ειπητε, ευλογημενος ο ερχομενος	εν	ονοματι κυριου.
Μθ 18:12	40	.. τινι ανθρωπω εκατον προβατα και πλανηθη	εν	εξ αυτων, ουχι αφησει τα ενενηκοντα εννεα...
Μθ 18:14	40	. εστιν θελημα εμπροσθεν του πατρος υμων του	εν	ουρανοις ινα αποληται εν των μικρων τουτων.
ΛΚ 15:4	40	..... εκατον προβατα και απολεσας εξ αυτων	εν	ου καταλειπει τα ενενηκοντα εννεα εν τη...
ΛΚ 15:7	40	λεγω υμιν οτι ουτως χαρα	εν	τω ουρανω εσται επι ενι αμαρτωλω μετανοουντι...
Μθ 6:24	41	.... δυσι κυριοις δουλευειν. η γαρ τον	ενα	μισησει και τον ετερον αγαπησει, η ενος...
ΛΚ 16:13	41	.... δυσι κυριοις δουλευεις. η γαρ τον	ενα	μισησει και τον ετερον αγαπησει, η ενος...
Μθ 6:28	27	και περι	ενδυματος	τι μεριμνατε; καταμαθετε τα κρινα του αγρου...
ΛΚ 12:23	27	..... πλειον εστιν της τροφης και το σωμα του	ενδυματος.	
Μθ 6:25	27	.... υμων τι φαγητε , μηδε τω σωματι υμων τι	ενδυσησθε.	ουχι η ψυχη πλειον εστιν της τροφης και...
ΛΚ 12:22	27	.... τη ψυχη τι φαγητε, μηδε τω σωματι τι	ενδυσησθε.	
ΛΚ 6:22	03	..... και εκβαλωσιν το ονομα υμων ως πονηρον	ενεκα	του υιου του ανθρωπου.
Μθ 5:11	03	.... ειπωσιν παν πονηρον καθ υμων ψευδομενοι	ενεκεν	εμου.
Μθ 13:33	34	.... των ουρανων ζυμη, ην λαβουσα γυνη	ενεκρυψεν	εις αλευρου σατα τρια εως ου εζυμωθη...
ΛΚ 13:21	34	ομοια εστιν ζυμη, ην λαβουσα γυνη	ενεκρυψεν	εις αλευρου σατα τρια εως ου εζυμωθη...
Μθ 18:12	40	.. και πλανηθη εν εξ αυτων, ουχι αφησει τα	ενενηκοντα	εννεα επι τα ορη και πορευθεις ζητει το...
ΛΚ 15:4	40	.... απολεσας εξ αυτων εν ου καταλειπει τα	ενενηκοντα	εννεα εν τη ερημω και πορευεται επι το...
Μθ 18:12	40	.. εν εξ αυτων, ουχι αφησει τα ενενηκοντα	εννεα	επι τα ορη και πορευθεις ζητει το πλανωμενον;...
ΛΚ 15:4	40	. εξ αυτων εν ου καταλειπει τα ενενηκοντα	εννεα	εν τη ερημω και πορευεται επι το απολωλος...
Μθ 6:24	41	... ενα μισησει και τον ετερον αγαπησει, η	ενος	ανθεξεται και του ετερου καταφρονησει....
ΛΚ 16:13	41	... ενα μισησει και τον ετερον αγαπησει, η	ενος	ανθεξεται και του ετερου καταφρονησει....
Μθ 4:6	02	.. γεγραπται γαρ οτι τοις αγγελοις αυτου	εντελειται	περι σου και επι χειρων αρουσιν σε, μηποτε...
ΛΚ 4:10	02	. γεγραπται γαρ οτι τοις αγγελοις αυτου	εντελειται	περι σου του διαφυλαξαι σε,
Μθ 7:9	18	η τις εστιν	εξ	υμων ανθρωπος, ον αιτησει ο υιος αυτου...
ΛΚ 11:11	18	τινα δε	εξ	υμων αιτησει τον πατερα ο υιος ιχθυν,...
ΛΚ 11:16	21	ετεροι δε πειραζοντες σημειον	εξ	ουρανου εζητουν παρ αυτου.
Μθ 23:34	23	... υμας προφητας και σοφους και γραμματεις.	εξ	αυτων αποκτενειτε και σταυρωσετε, και...
ΛΚ 11:49	23	.... εις αυτους προφητας και αποστολους, και	εξ	αυτων αποκτενουσιν και διωξουσιν,
Μθ 10:29	24	... δυο στρουθια ασσαριου πωλειται; και εν	εξ	αυτων ου πεσειται επι την γην ανευ του...
ΛΚ 12:6	24	.. στρουθια πωλουνται ασσαριων δυο; και εν	εξ	αυτων ουκ εστιν επιλελησμενον ενωπιον...
Μθ 6:27	27	τις δε	εξ	υμων μεριμνων δυναται προσθειναι επι την...
ΛΚ 12:25	27	τις δε	εξ	υμων μεριμνων δυναται επι την ηλικιαν...
Μθ 18:12	40	... ανθρωπω εκατον προβατα και πλανηθη εν	εξ	αυτων, ουχι αφησει τα ενενηκοντα εννεα...
ΛΚ 15:4	40	. εξ υμων εχων εκατον προβατα και απολεσας	εξ	αυτων εν ου καταλειπει τα ενενηκοντα...
Μθ 12:43	20	οταν δε το ακαθαρτον πνευμα	εξελθη	απο του ανθρωπου, διερχεται δι ανυδρων...
ΛΚ 11:24	20	οταν το ακαθαρτον πνευμα	εξελθη	απο του ανθρωπου, διερχεται δι ανυδρων...
Μθ 5:26	32	αμην λεγω σοι, ου μη	εξελθης	εκειθεν εως αν αποδως τον εσχατον κοδραντην....
ΛΚ 12:59	32	λεγω σοι, ου μη	εξελθης	εκειθεν εως και το εσχατον λεπτον αποδως.
Μθ 10:14	11	. δεξηται υμας μηδε ακουση τους λογους υμων,	εξερχομενοι	εξω της οικιας η της πολεως εκεινης εκτιναξατε...
ΛΚ 9:5	11	και οσοι αν μη δεχωνται υμας,	εξερχομενοι	απο της πολεως εκεινης τον κονιορτον απο...
Μθ 11:7	10	. ιησους λεγειν τοις οχλοις περι ιωαννου, τι	εξηλθατε	εις την ερημον θεασασθαι; καλαμον υπο...
Μθ 11:8	10	αλλα τι	εξηλθατε	ιδειν; ανθρωπον εν μαλακοις ημφιεσμενον;...

ΜΘ 11:9	10	αλλα τι	εξηλθατε	ιδειν; προφητην; ναι, λεγω υμιν, και περισσοτερον...
ΛΚ 7:24	10	... λεγειν προς τους οχλους περι ιωαννου, τι	εξηλθατε	εις την ερημον θεασασθαι; καλαμον υπο...
ΛΚ 7:25	10	αλλ τι	εξηλθατε	ιδειν; ανθρωπον εν μαλακοις ιματιοις...
ΛΚ 7:26	10	αλλα τι	εξηλθατε	ιδειν; προφητην; ναι, λεγω υμιν, και περισσοτερον...
ΜΘ 11:25	16	.... τω καιρω αποκριθεις ο ιησους ειπεν,	εξομολογουμαι	σοι πατερ, κυριε του ουρανου και της γης,...
ΛΚ 10:21	16	.... τω πνευματι τω αγιω και ειπεν,	εξομολογουμαι	σοι, πατερ, κυριε του ουρανου και της γης,...
ΜΘ 8:9	08	και γαρ εγω ανθρωπος ειμι υπο	εξουσιαν,	εχων υπ εμαυτον στρατιωτας, και λεγω...
ΛΚ 7:8	08	και γαρ εγω ανθρωπος ειμι υπο	εξουσιαν	τασσομενος, εχων υπ εμαυτον στρατιωτας,...
ΜΘ 5:13	39	...... εις ουδεν ισχυει ετι ει μη βληθηναι	εξω	καταπατεισθαι υπο των ανθρωπων.
ΛΚ 14:35	39	.. εις γην ουτε εις κοπριαν ευθετον εστιν.	εξω	βαλλουσιν αυτο. ο εχων ωτα ακουειν ακουετω.
ΜΘ 23:25	23	. και φαρισαιοι υποκριται, οτι καθαριζετε το	εξωθεν	του ποτηριου και της παροψιδος, εσωθεν...
ΛΚ 11:39	23	...... προς αυτον, νυν υμεις οι φαρισαιοι το	εξωθεν	του ποτηριου και του πινακος καθαριζετε,...
ΜΘ 4:4	02	ο δε αποκριθεις ειπεν, γεγραπται, ουκ	επ	αρτω μονω ζησεται ο ανθρωπος, αλλ επι...
ΛΚ 4:4	02	... προς αυτον ο ιησους, γεγραπται οτι ουκ	επ	αρτω μονω ζησεται ο ανθρωπος.
ΜΘ 4:2	02	.... και νυκτας τεσσαρακοντα υστερον	επεινασεν.	
ΛΚ 4:2	02	.... εκειναις, και συντελεσθεισων αυτων	επεινασεν.	
ΛΚ 7:19	09		επεμψεν	προς τον κυριον λεγων, συ ει ο ερχομενος...
ΜΘ 7:27	07	.... και προσεκοψαν τη οικια εκεινη, και	επεσεν,	και ην η πτωσις αυτης μεγαλη.
ΜΘ 4:4	02	.... επ αρτω μονω ζησεται ο ανθρωπος, αλλ	επι	παντι ρηματι εκπορευομενω δια στοματος θεου.
ΜΘ 4:5	02	... εις την αγιαν πολιν, και ιστησιν αυτον	επι	το πτερυγιον του ιερου,
ΜΘ 4:6	02	.. αγγελοις αυτου εντελειται περι σου και	επι	χειρων αρουσιν σε, μηποτε προσκοψης προς...
ΛΚ 4:9	02	...... δε αυτον εις ιερουσαλημ και εστησεν	επι	το πτερυγιον του ιερου, και ειπεν αυτω,...
ΛΚ 4:11	02	και οτι	επι	χειρων αρουσιν σε μηποτε προσκοψης προς...
ΜΘ 7:24	07	. φρονιμω, οστις ωκοδομησεν αυτου την οικιαν	επι	την πετραν.
ΜΘ 7:26	07	.... μωρω, οστις ωκοδομησεν αυτου την οικιαν	επι	την αμμον.
ΛΚ 6:48	07	... εσκαψεν και εβαθυνεν και εθηκεν θεμελιον	επι	την πετραν. πλημμυρης δε γενομενης προσερηξεν...
ΛΚ 6:49	07	.. ομοιος εστιν ανθρωπω οικοδομησαντι οικιαν	επι	την γην χωρις θεμελιου, η προσερηξεν ο...
ΜΘ 10:27	24	... φωτι. και ο εις το ους ακουετε, κηρυξατε	επι	των δωματων.
ΛΚ 12:3	24	.. ελαλησατε εν τοις ταμειεοις κηρυχθησεται	επι	των δωματων.
ΜΘ 6:27	27	.. δε εξ υμων μεριμνων δυναται προσθειναι	επι	την ηλικιαν αυτου πηχυν ενα;
ΛΚ 12:25	27	τις δε εξ υμων μεριμνων δυναται	επι	την ηλικιαν αυτου προσθειναι πηχυν;
ΜΘ 24:45	29	.... και φρονιμος ον κατεστησεν ο κυριος	επι	της οικετειας αυτου του δουναι αυτοις...
ΜΘ 24:47	29	αμην λεγω υμιν οτι	επι	πασιν τοις υπαρχουσιν αυτου καταστησει...
ΛΚ 12:42	29	.... ο φρονιμος, ον καταστησει ο κυριος	επι	της θεραπειας αυτου του διδοναι εν καιρω...
ΛΚ 12:44	29	αληθως λεγω υμιν οτι	επι	πασιν τοις υπαρχουσιν αυτου καταστησει...
ΜΘ 11:27	16	.... παρεδοθη υπο του πατρος μου, και ουδεις	επιγινωσκει	τον υιον ει μη ο πατηρ, ουδε τον πατερα...
ΜΘ 7:16	06	απο των καρπων αυτων	επιγνωσεσθε	αυτους. μητι συλλεγουσιν απο ακανθων σταφυλας...
ΜΘ 7:9	18	.. ον αιτησει ο υιος αυτου αρτον - μη λιθον	επιδωσει	αυτω;
ΜΘ 7:10	18	η και ιχθυν αιτησει - μη οφιν	επιδωσει	αυτω;
ΛΚ 11:11	18	.... ο υιος ιχθυν, και αντι ιχθυος οφιν αυτω	επιδωσει;	
ΛΚ 11:12	18	η και αιτησει ωον,	επιδωσει	αυτω σκορπιον;
ΜΘ 12:39	21	.. αυτοις, γενεα πονηρα και μοιχαλις σημειον	επιζητει,	και σημειον ου δοθησεται αυτη ει μη...
ΜΘ 16:4	21	γενεα πονηρα και μοιχαλις σημειον	επιζητει,	και σημειον ου δοθησεται αυτη ει μη...
ΜΘ 6:32	27	παντα γαρ ταυτα τα εθνη	επιζητουσιν.	οιδεν γαρ ο πατηρ υμων ο ουρανιος οτι...
ΛΚ 12:30	27	ταυτα γαρ παντα τα εθνη του κοσμου	επιζητουσιν.	υμων δε ο πατηρ οιδεν οτι χρηζετε τουτων.
ΛΚ 17:27	46	ησθιον,	επινον,	εγαμουν, εγαμιζοντο, αχρι ης ημερας...
ΜΘ 6:11	17	τον αρτον ημων τον	επιουσιον	δος ημιν σημερον.
ΛΚ 11:3	17	τον αρτον ημων τον	επιουσιον	διδου ημιν το καθ ημεραν.
ΜΘ 12:44	20	τοτε λεγει, εις τον οικον μου	επιστρεψω	οθεν εξηλθον. και ελθον ευρισκει σχολαζοντα...
ΜΘ 23:37	36	.... προς αυτην, ποσακις ηθελησα	επισυναγαγειν	τα τεκνα σου, ον τροπον ορνις επισυναγει...
ΛΚ 13:34	36	.... προς αυτην, ποσακις ηθελησα	επισυναξαι	τα τεκνα σου ον τροπον ορνις την εαυτης...
ΛΚ 17:37	46	.. αυτοις, οπου το σωμα, εκει και οι αετοι	επισυναχθησονται.	
ΜΘ 8:21	12	...... δε των μαθητων ειπεν αυτω, κυριε,	επιτρεψον	μοι πρωτον απελθειν και θαψαι τον πατερα...
ΛΚ 9:59	12	. προς ετερον, ακολουθει μοι. ο δε ειπεν,	επιτρεψον	μοι απελθοντι πρωτον θαψαι τον πατερα μου.
ΛΚ 14:16	37	ο δε ειπεν αυτω, ανθρωπος τις	εποιει	δειπνον μεγα, και εκαλεσεν πολλους,
ΜΘ 22:2	37	.... των ουρανων ανθρωπω βασιλει, οστις	εποιησεν	γαμους τω υιω αυτου.
ΜΘ 12:45	20	..... πορευεται και παραλαμβανει μεθ εαυτου	επτα	ετερα πνευματα πονηροτερα εαυτου, και...

ΛΚ 11:26	20	.... ετερα πνευματα πονηροτερα εαυτου επτα,	και εισελθοντα κατοικει εκει, και γινεται...
ΜΘ 18:21	44	. εις εμε ο αδελφος μου και αφησω αυτω; εως επτακις;	
ΜΘ 18:22	44	λεγει αυτω ο ιησους, ου λεγω σοι εως επτακις,	αλλα εως εβδομηκοντακις επτα.
ΛΚ 17:4	44	και εαν επτακις	της ημερας αμαρτηση εις σε και επτακις...
ΛΚ 17:4	44	... επτακις της ημερας αμαρτηση εις σε και επτακις	επιστρεψη προς σε λεγων, μετανοω, αφησεις...
ΜΘ 7:23	35	.... εγνων υμας. αποχωρειτε απ εμου οι εργαζομενοι	την ανομιαν.
ΜΘ 9:37	13	.... αυτου, ο μεν θερισμος πολυς, οι δε εργαται	ολιγοι.
ΛΚ 10:2	13	... προς αυτους, ο μεν θερισμος πολυς, οι δε εργαται	ολιγοι. δεηθητε ουν του κυριου του θερισμου...
ΛΚ 13:27	35	... ποθεν εστε. αποστητε απ εμου, παντες εργαται	αδικιας.
ΜΘ 9:38	13	... ουν του κυριου του θερισμου οπως εκβαλη εργατας	εις τον θερισμον αυτου.
ΛΚ 10:2	13	.. δεηθητε ουν του κυριου του θερισμου οπως εργατας	εκβαλη εις τον θερισμον αυτου.
ΜΘ 10:10	13	... μηδε υποδηματα μηδε ραβδον. αξιος γαρ ο εργατης	της τροφης αυτου.
ΛΚ 10:7	13	.... και πινοντες τα παρ αυτων, αξιος γαρ ο εργατης	του μισθου αυτου. μη μεταβαινετε εξ οικιας...
ΜΘ 11:7	10	. οχλοις περι ιωαννου, τι εξηλθατε εις την ερημον	θεασασθαι; καλαμον υπο ανεμου σαλευομενον;
ΛΚ 7:24	10	. οχλους περι ιωαννου, τι εξηλθατε εις την ερημον	θεασασθαι; καλαμον υπο ανεμου σαλευομενον;
ΜΘ 12:25	19	.... πασα βασιλεια μερισθεισα καθ εαυτης ερημουται,	και πασα πολις η οικια μερισθεισα καθ...
ΛΚ 11:17	19	..... πασα βασιλεια εφ εαυτην διαμερισθεισα ερημουται,	και οικος επι οικον πιπτει.
ΜΘ 8:9	08	.... και πορευεται, και αλλω, ερχου, και ερχεται,	και τω δουλω μου, ποιησον τουτο, και...
ΛΚ 7:8	08	.... και πορευεται, και αλλω, ερχου, και ερχεται,	και τω δουλω μου, ποιησον τουτο, και...
ΜΘ 24:43	29	.. ηδει ο οικοδεσποτης ποια φυλακη ο κλεπτης ερχεται,	εγρηγορησεν αν και ουκ αν ειασεν διορυχθηναι...
ΜΘ 24:44	29	. οτι η ου δοκειτε ωρα ο υιος του ανθρωπου ερχεται.	
ΛΚ 12:39	29	. ει ηδει ο οικοδεσποτης ποια ωρα ο κλεπτης ερχεται,	ουκ αν αφηκεν διορυχθηναι τον οικον αυτου....
ΛΚ 12:40	29	. οτι η ωρα ου δοκειτε ο υιος του ανθρωπου ερχεται.	
ΜΘ 18:7	43	... πλην ουαι τω ανθρωπω δι ου το σκανδαλον ερχεται.	
ΛΚ 17:1	43	... τα σκανδαλα μη ελθειν, πλην ουαι δι ου ερχεται.	
ΜΘ 11:3	09	συ ει ο ερχομενος,	η ετερον προσδοκωμεν;
ΛΚ 7:19	09	... τον κυριον λεγων, συ ει ο ερχομενος,	η αλλον προσδοκωμεν;
ΜΘ 23:39	36	...... απ αρτι εως αν ειπητε, ευλογημενος ο ερχομενος	εν ονοματι κυριου.
ΛΚ 13:35	36	. ου μη ιδητε με εως ειπητε, ευλογημενος ο ερχομενος	εν ονοματι κυριου.
ΜΘ 8:9	08	.... πορευθητι, και πορευεται, και αλλω, ερχου,	και ερχεται, και τω δουλω μου, ποιησον...
ΛΚ 7:8	08	.... πορευθητι, και πορευεται, και αλλω, ερχου,	και ερχεται, και τω δουλω μου, ποιησον...
ΛΚ 12:45	29	..... τυπτειν τους παιδας και τας παιδισκας, εσθιειν	τε και πινειν και μεθυσκεσθαι,
ΜΘ 24:49	29	... αρξηται τυπτειν τους συνδουλους αυτου, εσθιη	δε και πινη μετα των μεθυοντων,
ΜΘ 11:18	10	ηλθεν γαρ ιωαννης μητε εσθιων	μητε πινων, και λεγουσιν, δαιμονιον εχει.
ΜΘ 11:19	10	ηλθεν ο υιος του ανθρωπου εσθιων	και πινων, και λεγουσιν, ιδου ανθρωπος...
ΛΚ 7:33	10	εληλυθεν γαρ ιωαννης ο βαπτιστης μη εσθιων	αρτον μητε πινων οινον, και λεγετε, δαιμονιον...
ΛΚ 7:34	10	εληλυθεν ο υιος του ανθρωπου εσθιων	και πινων, και λεγετε, ιδου ανθρωπος φαγος...
ΜΘ 12:27	19	. τινι εκβαλλουσιν; δια τουτο αυτοι κριται εσονται	υμων
ΛΚ 11:19	19	.... δια τουτο αυτοι υμων κριται εσονται.	
ΜΘ 24:40	46	τοτε δυο εσονται	εν τω αγρω, εις παραλαμβανεται και εις...
ΛΚ 17:35	46	εσονται	δυο αληθουσαι επι το αυτο, η μια παραλημφθησεται...
ΜΘ 25:26	47	...... και οκνηρε, ηδεις οτι θεριζω οπου ουκ εσπειρα	και συναγω οθεν ου διεσκορπισα;
ΛΚ 19:22	47	.. ειμι, αιρων ο ουκ εθηκα και θεριζων ο ουκ εσπειρα;	
ΜΘ 10:15	13	αμην λεγω υμιν, ανεκτοτερον εσται	γη σοδομων και γομορρων εν ημερα κρισεως...
ΛΚ 10:12	13	.. σοδομοις εν τη ημερα εκεινη ανεκτοτερον εσται	η τη πολει εκεινη.
ΜΘ 11:22	14	... λεγω υμιν, τυρω και σιδωνι ανεκτοτερον εσται	εν ημερα κρισεως η υμιν.
ΜΘ 11:24	14	. πλην λεγω υμιν οτι γη σοδομων ανεκτοτερον εσται	εν ημερα κρισεως η σοι.
ΛΚ 10:14	14	πλην τυρω και σιδωνι ανεκτοτερον εσται	εν τη κρισει η υμιν.
ΛΚ 10:12	14	.. σοδομοις εν τη ημερα εκεινη ανεκτοτερον εσται	η τη πολει εκεινη.
ΜΘ 12:40	21	.... τρεις ημερας και τρεις νυκτας, ουτως εσται	ο υιος του ανθρωπου εν τη καρδια της...
ΛΚ 11:30	21	.... ιωνας τοις νινευιταις σημειον, ουτως εσται	και ο υιος του ανθρωπου τη γενεα ταυτη.
ΜΘ 6:22	22	..... σου απλους, ολον το σωμα σου φωτεινον εσται.	
ΜΘ 6:21	28	οπου γαρ εστιν ο θησαυρος σου, εκει εσται	και η καρδια σου.
ΛΚ 12:34	28	... ο θησαυρος υμων, εκει και η καρδια υμων εσται.	
ΜΘ 8:12	35	.... εις το σκοτος το εξωτερον. εκει εσται	ο κλαυθμος και ο βρυγμος των οδοντων.
ΛΚ 13:28	35	εκει εσται	ο κλαυθμος και ο βρυγμος των οδοντων,...
ΛΚ 15:7	40	λεγω υμιν οτι ουτως χαρα εν τω ουρανω εσται	επι ενι αμαρτωλω μετανοουντι η επι ενενηκοντα...

ΜΘ 24:27	46	.... ανατολων και φαινεται εως δυσμων, ουτως εσται	η παρουσια του υιου του ανθρωπου.
ΜΘ 24:37	46	ωσπερ δε αι ημεραι του νωε, ουτως εσται	η παρουσια του υιου του ανθρωπου.
ΜΘ 24:39	46	..... ο κατακλυσμος και ηρεν απαντας, ουτως εσται	η παρουσια του υιου του ανθρωπου.
ΛΚ 17:24	46	.. ουρανον εις την υπ ουρανον λαμπει, ουτως εσται	ο υιος του ανθρωπου .
ΛΚ 17:26	46	... καθως εγενετο εν ταις ημεραις νωε, ουτως εσται	και εν ταις ημεραις του υιου του ανθρωπου.
ΛΚ 17:30	46	κατα τα αυτα εσται	η ημερα ο υιος του ανθρωπου αποκαλυπτεται.
ΜΘ 5:11	03	μακαριοι εστε	οταν ονειδισωσιν υμας και διωξωσιν και...
ΛΚ 6:22	03	μακαριοι εστε	οταν μισησωσιν υμας οι ανθρωποι, και οταν...
ΛΚ 4:9	02	ηγαγεν δε αυτον εις ιερουσαλημ και εστησεν	επι το πτερυγιον του ιερου, και ειπεν...
ΜΘ 5:3	03	μακαριοι οι πτωχοι τω πνευματι, οτι αυτων εστιν	η βασιλεια των ουρανων.
ΛΚ 6:20	03	μακαριοι οι πτωχοι, οτι υμετερα εστιν	η βασιλεια του θεου.
ΜΘ 5:48	04	. τελειοι ως ο πατηρ υμων ο ουρανιος τελειος εστιν.	
ΛΚ 6:36	04	.. οικτιρμονες καθως ο πατηρ υμων οικτιρμων εστιν.	
ΜΘ 10:24	05	ουκ εστιν	μαθητης υπερ τον διδασκαλον ουδε δουλος...
ΛΚ 6:40	05	ουκ εστιν	μαθητης υπερ τον διδασκαλον, κατηρτισμενος...
ΜΘ 11:10	10	ουτος εστιν	περι ου γεγραπται, ιδου εγω αποστελλω...
ΜΘ 11:11	10	. εν τη βασιλεια των ουρανων μειζων αυτου εστιν.	
ΜΘ 11:16	10	. τινι δε ομοιωσω την γενεαν ταυτην; ομοια εστιν	παιδιοις καθημενοις εν ταις αγοραις α...
ΛΚ 7:27	10	ουτος εστιν	περι ου γεγραπται, ιδου αποστελλω τον...
ΛΚ 7:28	10	.... εν τη βασιλεια του θεου μειζων αυτου εστιν.	
ΜΘ 12:30	19	ο μη ων μετ εμου κατ εμου εστιν,	και ο μη συναγων μετ εμου σκορπιζει.
ΛΚ 11:23	19	ο μη ων μετ εμου κατ εμου εστιν,	και ο μη συναγων μετ εμου σκορπιζει.
ΜΘ 6:22	22	ο λυχνος του σωματος εστιν	ο οφθαλμος. εαν ουν η ο οφθαλμος σου απλους,...
ΜΘ 6:23	22	.... εσται. ει ουν το φως το εν σοι σκοτος εστιν,	το σκοτος ποσον.
ΛΚ 11:34	22	ο λυχνος του σωματος εστιν	ο οφθαλμος σου. οταν ο οφθαλμος σου απλους...
ΛΚ 11:34	22	... απλους η, και ολον το σωμα σου φωτεινον εστιν.	επαν δε πονηρος η, και το σωμα σου σκοτεινον....
ΛΚ 11:35	22	σκοπει ουν μη το φως το εν σοι σκοτος εστιν.	
ΜΘ 10:26	24	μη ουν φοβηθητε αυτους. ουδεν γαρ εστιν	κακαλυμμενον ο ουκ αποκαλυφθησεται, και...
ΛΚ 12:2	24	ουδεν δε συγκεκαλυμμενον εστιν	ο ουκ αποκαλυφθησεται, και κρυπτον ο ου...
ΜΘ 6:25	27	..... υμων τι ενδυσησθε. ουχι η ψυχη πλειον εστιν	της τροφης και το σωμα του ενδυματος;
ΛΚ 12:23	27	η γαρ ψυχη λειον εστιν	της τροφης και το σωμα του ενδυματος.
ΜΘ 6:21	28	οπου γαρ εστιν	ο θησαυρος σου, εκει εσται και η καρδια...
ΛΚ 12:34	28	οπου γαρ εστιν	ο θησαυρος υμων, εκει και η καρδια υμων...
ΜΘ 13:31	33	.... παραβολην παρεθηκεν αυτοις λεγων, ομοια εστιν	η βασιλεια των ουρανων κοκκω σιναπεως,...
ΛΚ 13:38	33	ελεγεν ουν, τινι ομοια εστιν	η βασιλεια του θεου, και τινι ομοιωσω...
ΜΘ 13:33	34	αλλην παραβολην ελαλησεν αυτοις. ομοια εστιν	η βασιλεια των ουρανων ζυμη, ην λαβουσα...
ΛΚ 13:21	34	ομοια εστιν	ζυμη, ην λαβουσα γυνη ενεκρυψεν εις...
ΜΘ 18:14	40	ουτως ουκ εστιν	θελημα εμπροσθεν του πατρος υμων του εν...
ΜΘ 12:45	20	.... κατοικει εκει. και γινεται τα εσχατα	του ανθρωπου εκεινου χειρονα των πρωτων....
ΛΚ 11:26	20	.... κατοικει εκει, και γινεται τα εσχατα	του ανθρωπου εκεινου χειρονα των πρωτων.
ΜΘ 5:26	32	. ου μη εξελθης εκειθεν εως αν αποδως τον εσχατον	κοδραντην.
ΛΚ 12:59	32	.... σοι, ου μη εξελθης εκειθεν εως και το εσχατον	λεπτον αποδως.
ΜΘ 32:25	23	. το εξωθεν του ποτηριου και της παροψιδος, εσωθεν	δε γεμουσιν εξ αρπαγης και ακρασιας
ΛΚ 11:39	23	. ποτηριου και του πινακος καθαριζετε, το δε εσωθεν	υμων γεμει αρπαγης και πονηριας.
ΜΘ 12:45	20	.... και παραλαμβανει μεθ εαυτου επτα ετερα	πνευματα πονηροτερα εαυτου, και εισελθοντα...
ΛΚ 11:26	20	τοτε πορευεται και παραλαμβανει ετερα	πνευματα πονηροτερα εαυτου επτα, και...
ΛΚ 9:59	12	ειπεν δε προς ετερον,	ακολουθει μοι. ο δε ειπεν, επιτρεψον...
ΜΘ 6:24	41	.... η γαρ τον ενα μισησει και τον ετερον	αγαπησει, η ενος ανθεξεται και του ετερου...
ΛΚ 16:13	41	.... η γαρ τον ενα μισησει και τον ετερον	αγαπησει, η ενος ανθεξεται και του ετερου...
ΜΘ 8:21	12	ετερος	δε των μαθητων ειπεν αυτω, κυριε, επιτρεψον...
ΜΘ 6:24	41	...... αγαπησει, η ενος ανθεξεται και του ετερου	καταφρονησει. ου δυνασθε θεω δουλευειν...
ΛΚ 16:13	41	...... αγαπησει, η ενος ανθεξεται και του ετερου	καταφρονησει. ου δυνασθε θεω δουλευειν...
ΜΘ 24:44	29	δια τουτο και υμεις γινεσθε ετοιμοι,	οτι η ου δοκειτε ωρα ο υιος του ανθρωπου...
ΛΚ 12:40	29	και υμεις γινεσθε ετοιμοι,	οτι η ωρα ου δοκειτε ο υιος του ανθρωπου...
ΜΘ 25:21	47	εφη αυτω ο κυριος αυτου, ευ,	δουλε αγαθε και πιστε, επι ολιγα ης...
ΛΚ 19:17	47	και ειπεν αυτω, ευγε,	αγαθε δουλε, οτι εν ελαχιστω πιστος...
ΜΘ 11:26	16	ναι, ο πατηρ, οτι ουτως ευδοκια	εγενετο εμπροσθεν σου.

ΛΚ 10:21	16	..... αυτα νηπιοις. ναι, ο πατηρ, οτι ουτως ευδοκια	εγενετο εμπροσθεν σου.
ΜΘ 23:39	36	..... ου μη με ιδητε απ αρτι εως αν ειπητε, ευλογημενος	ο ερχομενος εν ονοματι κυριου.
ΛΚ 13:35	36	... λεγω υμιν, ου μη ιδητε με εως ειπητε, ευλογημενος	ο ερχομενος εν ονοματι κυριου.
ΜΘ 18:13	40	και εαν γενηται ευρειν	αυτο, αμην λεγω υμιν οτι χαιρει επ αυτω...
ΜΘ 24:46	29	. δουλος εκεινος ον ελθων ο κυριος αυτου ευρησει	ουτως ποιουντα.
ΛΚ 12:43	29	.... εκεινος, ον ελθων ο κυριος αυτου ευρησει	ποιουντα ουτως.
ΜΘ 7:7	18	αιτειτε, και δοθησεται υμιν. ζητειτε, και ευρησετε.	κρουετε, και ανοιγησεται υμιν.
ΛΚ 11:9	18	αιτειτε, και δοθησεται υμιν. ζητειτε, και ευρησετε.	κρουετε, και ανοιγησεται υμιν.
ΜΘ 7:8	18	πας γαρ ο αιτων λαμβανει και ο ζητων ευρισκει,	και τω κρουοντι ανοιγησεται.
ΛΚ 11:10	18	πας γαρ ο αιτων λαμβανει, και ο ζητων ευρισκει,	και τω κρουοντι ανοιγεται.
ΜΘ 12:43	20	.. ανυδρων τοπων ζητουν αναπαυσιν, και ουχ ευρισκει.	
ΜΘ 12:44	20	.... μου επιστρεψω οθεν εξηλθον. και ελθον ευρισκει	σχολαζοντα σεσαρωμενον και κεκοσμημενον.
ΛΚ 11:25	20	και ελθον ευρισκει	σεσαρωμενον και κεκοσμημενον.
ΛΚ 11:24	20	... ανυδρων τοπων ζητουν αναπαυσιν, και μη ευρισκον	λεγει, υποστρεψω εις τον οικον μου οθεν...
ΜΘ 8:10	08	... παρ ουδενι τοσαυτην πιστιν εν τω ισραηλ ευρον.	
ΛΚ 7:9	08	... υμιν, ουδε εν τω ισραηλ τοσαυτην πιστιν ευρον.	
ΛΚ 15:5	40	και ευρων	επιτιθησιν επι τους ωμους αυτου χαιρων,
ΜΘ 12:28	19	... εγω εκβαλλω τα δαιμονια, αρα εφθασεν εφ	υμας η βασιλεια του θεου.
ΛΚ 11:20	19	... θεου εκβαλλω τα δαιμονια, αρα εφθασεν εφ	υμας η βασιλεια του θεου.
ΜΘ 12:28	19	...... θεου εγω εκβαλλω τα δαιμονια, αρα εφθασεν	εφ υμας η βασιλεια του θεου.
ΛΚ 11:20	19	... δακτυλω θεου εκβαλλω τα δαιμονια, αρα εφθασεν	εφ υμας η βασιλεια του θεου.
ΜΘ 11:18	10	.... μητε πινων, και λεγουσιν, δαιμονιον εχει.	
ΛΚ 7:33	10	... μητε πινων οινον, και λεγετε, δαιμονιον εχει.	
ΜΘ 8:20	12	.... ο δε υιος του ανθρωπου ουκ εχει	που την κεφαλην κλινη.
ΛΚ 9:58	12	.... ο δε υιος του ανθρωπου ουκ εχει	που την κεφαλην κλινη.
ΜΘ 25:29	47	... περισσευθησεται. του δε μη εχοντος και ο εχει	αρθησεται απ αυτου.
ΛΚ 19:26	47	.... δοθησεται, απο δε του μη εχοντος και ο εχει	αρθησεται.
ΛΚ 17:6	45	ειπεν δε ο κυριος, ει εχετε	πιστιν ως κοκκον σιναπεως, ελεγετε αν τη...
ΜΘ 17:20	45	.... υμων. αμην γαρ λεγω υμιν, εαν εχητε	πιστιν ως κοκκον σιναπεως, ερειτε τω ορει...
ΜΘ 5:44	04	εγω δε λεγω υμιν, αγαπατε τους εχθρους	υμων και προσευχεσθε υπερ των διωκοντων...
ΛΚ 6:27	04	.... υμιν λεγω τοις ακουουσιν, αγαπατε τους εχθρους	υμων, καλως ποιειτε τοις μισουσιν υμας,
ΛΚ 6:35	04	πλην αγαπατε τους εχθρους	υμων και αγαθοποιειτε και δανειζετε μηδεν...
ΜΘ 3:7	01	... βαπτισμα αυτου ειπεν αυτοις, γεννηματα εχιδνων,	τις υπεδειξεν υμιν φυγειν απο της μελλουσης...
ΛΚ 3:7	01	... οχλοις βαπτισθηναι υπ αυτου, γεννηματα εχιδνων,	τις υπεδειξεν υμιν φυγειν απο της μελλουσης...
ΜΘ 3:9	01	. και μη δοξητε λεγειν εν εαυτοις, πατερα εχομεν	τον αβρααμ. λεγω γαρ υμιν οτι δυναται...
ΛΚ 3:8	01	. και μη αρξησθε λεγειν εν εαυτοις, πατερα εχομεν	τον αβρααμ, λεγω γαρ υμιν οτι δυναται...
ΜΘ 25:28	47	.... ουν απ αυτου το ταλαντον και δοτε τω εχοντι	τα δεκα ταλαντα.
ΜΘ 25:29	47	τω γαρ εχοντι	παντι δοθησεται και περισσευθησεται. του...
ΛΚ 19:24	47	.... την μναν και δοτε τω τας δεκα μνας εχοντι	
ΛΚ 19:26	47	λεγω υμιν οτι παντι τω εχοντι	δοθησεται, απο δε του μη εχοντος και ο...
ΜΘ 25:29	47	.. δοθησεται και περισσευθησεται. του δε μη εχοντος	και ο εχει αρθησεται απ αυτου.
ΛΚ 19:26	47	. παντι τω εχοντι δοθησεται, απο δε του μη εχοντος	και ο εχει αρθησεται.
ΜΘ 8:20	12	...... αυτω ο ιησους, αι αλωπεκες φωλεους εχουσιν	και τα πετεινα του ουρανου κατασκηνωσεις,...
ΛΚ 9:58	12	...... αυτω ο ιησους, αι αλωπεκες φωλεους εχουσιν	και τα πετεινα του ουρανου κατασκηνωσεις,...
ΜΘ 8:9	08	... γαρ εγω ανθρωπος ειμι υπο εξουσιαν, εχων	υπ εμαυτον στρατιωτας, και λεγω τουτω,...
ΛΚ 7:8	08	.. ανθρωπος ειμι υπο εξουσιαν τασσομενος, εχων	υπ εμαυτον στρατιωτας, και λεγω τουτω,...
ΜΘ 11:23	14	και συ, καφαρναουμ, μη εως	ουρανου υψωθηση; εως αδου καταβηση. οτι...
ΜΘ 11:23	14	... συ, καφαρναουμ, μη εως ουρανου υψωθηση; εως	αδου καταβηση. οτι ει εν σοδομοις εγενηθησαν...
ΛΚ 10:15	14	και συ, καφαρναουμ, μη εως	ουρανου υψωθηση; εως του αδου καταβιβασθηση....
ΛΚ 10:15	14	... συ, καφαρναουμ, μη εως ουρανου υψωθηση; εως	του αδου καταβιβασθηση.
ΜΘ 23:35	23	.... γης απο του αιματος αβελ του δικαιου εως	του αιματος ζαχαριου υιου βαραχιου, ον...
ΛΚ 11:51	23	απο αιματος αβελ εως	αιματος ζαχαριου του απολομενου μεταξυ...
ΜΘ 5:26	32	αμην λεγω σοι, ου μη εξελθης εκειθεν εως	αν αποδως τον εσχατον κοδραντην.
ΛΚ 12:59	32	λεγω σοι, ου μη εξελθης εκειθεν εως	και το εσχατον λεπτον αποδως.
ΜΘ 13:33	34	... γυνη ενεκρυψεν εις αλευρου σατα τρια εως	ου εζυμωθη ολον.
ΛΚ 13:21	34	... γυνη ενεκρυψεν εις αλευρου σατα τρια εως	ου εζυμωθη ολον.

Μθ 23:39	36	λεγω γαρ υμιν, ου μη με ιδητε απ αρτι εως	αν ειπητε, ευλογημενος ο ερχομενος εν...
ΛΚ 13:35	36	... ο οικος υμων. λεγω υμιν, ου μη ιδητε με εως	ειπητε, ευλογημενος ο ερχομενος εν...

-- ζ --

Μθ 23:35	23	.... αβελ του δικαιου εως του αιματος ζαχαριου	υιου βαραχιου, ον εφονευσατε μεταξυ του...
ΛΚ 11:51	23	απο αιματος αβελ εως αιματος ζαχαριου	του απολομενου μεταξυ του θυσιαστηριου...
Μθ 4:4	02	..... ειπεν, γεγραπται, ουκ επ αρτω μονω ζησεται	ο ανθρωπος, αλλ επι παντι ρηματι εκπορευομενω...
ΛΚ 4:4	02	.. ιησους, γεγραπται οτι ουκ επ αρτω μονω ζησεται	ο ανθρωπος.
ΛΚ 11:29	21	.. η γενεα αυτη γενεα πονηρα εστιν. σημειον ζητει,	και σημειον ου δοθησεται αυτη ει μη...
Μθ 7:7	18	αιτειτε, και δοθησεται υμιν. ζητειτε,	και ευρησετε. κρουετε, και ανοιγησεται...
ΛΚ 11:9	18	.. υμιν λεγω, αιτειτε, και δοθησεται υμιν. ζητειτε,	και ευρησετε. κρουετε, και ανοιγησεται...
Μθ 6:33	27	ζητειτε	δε πρωτον την βασιλειαν και την δικαιοσυνην...
ΛΚ 12:31	27	πλην ζητειτε	την βασιλειαν αυτου, και ταυτα προστεθησεται...
Μθ 12:43	20	... ανθρωπου, διερχεται δι ανυδρων τοπων ζητουν	αναπαυσιν, και ουχ ευρισκει.
ΛΚ 11:24	20	... ανθρωπου, διερχεται δι ανυδρων τοπων ζητουν	αναπαυσιν, και μη ευρισκον λεγει, υποστρεψω...
Μθ 7:8	18	πας γαρ ο αιτων λαμβανει και ο ζητων	ευρισκει, και τω κρουοντι ανοιγησεται.
ΛΚ 11:10	18	πας γαρ ο αιτων λαμβανει, και ο ζητων	ευρισκει, και τω κρουοντι ανοιγεται.
Μθ 13:33	34	.... ομοια εστιν η βασιλεια των ουρανων ζυμη,	ην λαβουσα γυνη ενεκρυφεν εις αλευρου...
ΛΚ 13:21	34	ομοια εστιν ζυμη,	ην λαβουσα γυνη ενεκρυφεν εις αλευρου...

-- η --

Μθ 3:10	01	ηδη δε	η	αξινη προς την ριζαν των δενδρων κειται....
Λκ 3:9	01	ηδη δε και	η	αξινη προς την ριζαν των δενδρων καιται....
Μθ 5:3	03	.... οι πτωχοι τω πνευματι, οτι αυτων εστιν	η	βασιλεια των ουρανων.
Λκ 6:20	03	μακαριοι οι πτωχοι, οτι υμετερα εστιν	η	βασιλεια του θεου.
Μθ 11:3	09	συ ει ο ερχομενος	η	ετερον προσδοκωμεν;
Λκ 7:19	09	... τον κυριον λεγων, συ ει ο ερχομενος	η	αλλον προσδοκωμεν;
Μθ 11:19	10	.... φιλος και αμαρτωλων. και εδικαιωθη	η	σοφια απο των εργων αυτης.
Λκ 7:35	10	και εδικαιωθη	η	σοφια απο παντων των τεκνων αυτης.
Μθ 11:22	14	...... ανεκτοτερον εσται εν ημερα κρισεως	η	υμιν.
Μθ 11:24	14	...... ανεκτοτερον εσται εν ημερα κρισεως	η	σοι.
Λκ 10:14	14	... σιδωνι ανεκτοτερον εσται εν τη κρισει	η	υμιν.
Λκ 10:12	14	.... εν τη ημερα εκεινη ανεκτοτερον εσται	η	τη πολει εκεινη.
Μθ 6:10	17	ελθετω	η	βασιλεια σου, γενηθητω το θελημα σου,...
Λκ 11:2	17	.... πατερ, αγιασθητω το ονομα σου. ελθετω	η	βασιλεια σου.
Μθ 7:10	18		η	και ιχθυν αιτησει - μη οφιν επιδωσει αυτω;
Λκ 11:12	18		η	και αιτησει ωον, επιδωσει αυτω σκορπιον;
Μθ 12:26	19	.... εφ εαυτον εμερισθη. πως ουν σταθησεται	η	βασιλεια αυτου;
Μθ 12:28	19	.... τα δαιμονια, αρα εφθασεν εφ υμας	η	βασιλεια του θεου.
Λκ 11:18	19	...... εφ εαυτον διεμερισθη, πως σταθησεται	η	βασιλεια αυτου; οτι λεγετε εν βεελζεβουλ...
Λκ 11:20	19	.... τα δαιμονια, αρα εφθασεν εφ υμας	η	βασιλεια του θεου.
Μθ 6:22	22	..... του σωματος εστιν ο οφθαλμος. εαν ουν	η	ο οφθαλμος σου απλους, ολον το σωμα σου...
Μθ 6:23	22	εαν δε ο οφθαλμος σου πονηρος	η,	ολον το σωμα σου σκοτεινον εσται. ει...
Λκ 11:34	22	.. οφθαλμος σου. οταν ο οφθαλμος σου απλους	η,	και ολον το σωμα σου φωτεινον εστιν....
Λκ 11:34	22	. σωμα σου φωτεινον εστιν. επαν δε πονηρος	η,	και το σωμα σου σκοτεινον.
Μθ 10:19	26	..... δε παραδωσιν υμας, μη μεριμνησητε πως	η	τι λαλησητε. δοθησεται γαρ υμιν εν εκεινη...
Λκ 12:11	26	. εξουσιας, μη μεριμνησητε πως απολογησησθε	η	τι ειπητε.
Μθ 6:25	27	.. , μηδε τω σωματι υμων τι ενδυσησθε. ουχι	η	ψυχη πλειον εστιν της τροφης και το σωμα...
Λκ 12:23	27		η	γαρ ψυχη λειον εστιν της τροφης και το...
Μθ 6:21	28	.... εστιν ο θησαυρος σου, εκει εσται και	η	καρδια σου.
Λκ 12:34	28	..... γαρ εστιν ο θησαυρος υμων, εκει και	η	καρδια υμων εσται.
Μθ 24:44	29	. δια τουτο και υμεις γινεσθε ετοιμοι, οτι	η	ου δοκειτε ωρα ο υιος του ανθρωπου ερχεται....
Μθ 24:50	29	.... ο κυριος του δουλου εκεινου εν ημερα	η	ου προσδοκα και εν ωρα η ου γινωσκει,
Μθ 24:50	29	.... εν ημερα η ου προσδοκα και εν ωρα	η	ου γινωσκει,
Λκ 12:40	29	και υμεις γινεσθε ετοιμοι, οτι	η	ωρα ου δοκειτε ο υιος του ανθρωπου ερχεται....
Λκ 12:46	29	.... ο κυριος του δουλου εκεινου εν ημερα	η	ου προσδοκα και εν ωρα η ου γινωσκει,...
Λκ 12:46	29	.... εν ημερα η ου προσδοκα και εν ωρα	η	ου γινωσκει, και διχοτομησει αυτον,...
Μθ 13:31	33	.... παρεθηκεν αυτοις λεγων, ομοια εστιν	η	βασιλεια των ουρανων κοκκω σιναπεως, ον...
Λκ 13:18	33	ελεγεν ουν, τινι ομοια εστιν	η	βασιλεια του θεου, και τινι ομοιωσω αυτην;
Μθ 23:37	36	ιερουσαλημ ιερουσαλημ,	η	αποκτεινουσα τους προφητας και λιθοβολουσα...
Λκ 13:34	36	ιερουσαλημ ιερουσαλημ,	η	αποκτεινουσα τους προφητας και λιθοβολουσα...
Μθ 6:24	41	ουδεις δυναται δυσι κυριοις δουλευειν.	η	γαρ τον ενα μισησει και τον ετερον αγαπησει,...
Μθ 6:24	41	.... ενα μισησει και τον ετερον αγαπησει,	η	ενος ανθεξεται και του ετερου καταφρονησει....
Λκ 16:13	41	. οικετης δυναται δυσι κυριοις δουλευεις.	η	γαρ τον ενα μισησει και τον ετερον αγαπησει,...
Λκ 16:13	41	.... ενα μισησει και τον ετερον αγαπησει,	η	ενος ανθεξεται και του ετερου καταφρονησει....
Μθ 11:12	42	.. των ημερων ιωαννου του βαπτιστου εως αρτι	η	βασιλεια των ουρανων βιαζεται, και βιασται...
Μθ 5:18	42	... αν παρελθη ο ουρανος και η γη, ιωτα εν	η	μια κεραια ου μη παρελθη απο του νομου...
Λκ 16:16	42	.... και οι προφηται μεχρι ιωαννου. απο τοτε	η	βασιλεια του θεου ευαγγελιζεται και πας...
Λκ 16:17	42	... εστιν τον ουρανον και την γην παρελθειν	η	του νομου μιαν κεραιαν πεσειν.
Μθ 24:27	46	ωσπερ γαρ	η	αστραπη εξερχεται απο ανατολων και φαινεται...
Λκ 17:24	46	ωσπερ γαρ	η	αστραπη αστραπτουσα εκ της υπο τον ουρανον...
Μθ 10:7	13	πορευομενοι δε κηρυσσετε λεγοντες οτι	ηγγικεν	η βασιλεια των ουρανων.
Λκ 10:9	13	. τους εν αυτη ασθενεις, και λεγετε αυτοις,	ηγγικεν	εφ υμας η βασιλεια του θεου.
Λκ 10:11	13	.... υμιν. πλην τουτο γινωσκετε οτι	ηγγικεν	η βασιλεια του θεου.
Μθ 24:43	29	εκεινο δε γινωσκετε οτι ει	ηδει	ο οικοδεσποτης ποια φυλακη ο κλεπτης ερχεται,...
Λκ 12:39	29	τουτο δε γινωσκετε οτι ει	ηδει	ο οικοδεσποτης ποια ωρα ο κλεπτης ερχεται,...
Μθ 25:26	47	..... ειπεν αυτω, πονηρε δουλε και οκνηρε,	ηδεις	οτι θεριζω οπου ουκ εσπειρα και συναγω...

ΛΚ 19:22	47	.. του στοματος σου κρινω σε, πονηρε δουλε.	ηδεις	οτι εγω ανθρωπος αυστηρος ειμι, αιρων...
ΜΘ 3:10	01		ηδη	δε η αξινη προς την ριζαν των δενδρων...
ΛΚ 3:9	01		ηδη	δε και η αξινη προς την ριζαν των δενδρων...
ΜΘ 23:23	23	.. φαρισαιοι υποκριται, οτι αποδεκατουτε το	ηδυοσμον	και τοανηθον και το κυμινον, και αφηκατε...
ΛΚ 11:42	23	. υμιν τοις φαρισαιοις, οτι αποδεκατουτε το	ηδυοσμον	και το πηγανον και παν λαχανον, και παρερχεσθε...
ΜΘ 23:37	36	... τους απεσταλμενους προς αυτην, ποσακις	ηθελησα	επισυναγαγειν τα τεκνα σου, ον τροπον...
ΛΚ 13:34	36	... τους απεσταλμενους προς αυτην, ποσακις	ηθελησα	επισυναξαι τα τεκνα σου ον τροπον ορνις...
ΜΘ 23:37	36	.. τα νοσσια αυτης υπο τας πτερυγας, και ουκ	ηθελησατε.	
ΛΚ 13:34	36	... εαυτης νοσσιαν υπο τας πτερυγας, και ουκ	ηθελησατε.	
ΜΘ 13:17	16	... ειδαν, και ακουσαι α ακουετε και ουκ	ηκουσαν.	
ΛΚ 10:24	16	... ειδαν, και ακουσαι α ακουετε και ουκ	ηκουσαν.	
ΛΚ 7:22	09	.... απαγγειλατε ιωαννη α ειδετε και	ηκουσατε.	τυφλοι αναβλεπουσιν, χωλοι περιπατουσιν,...
ΜΘ 11:18	10		ηλθεν	γαρ ιωαννης μητε εσθιων μητε πινων, και...
ΜΘ 11:19	10		ηλθεν	ο υιος του ανθρωπου εσθιων και πινων,...
ΜΘ 12:42	21	.. γενεας ταυτης και κατακρινει αυτην. οτι	ηλθεν	εκ των περατων της γης ακουσαι την σοφιαν...
ΛΚ 11:31	21	.. γενεας ταυτης και κατακρινει αυτους. οτι	ηλθεν	εκ των περατων της γης ακουσαι την σοφιαν...
ΜΘ 24:39	46	και ουκ εγνωσαν εως	ηλθεν	ο κατακλυσμος και ηρεν απαντας, ουτως...
ΛΚ 17:27	46	. ημερας εισηλθεν νωε εις την κιβωτον, και	ηλθεν	ο κατακλυσμος και απωλεσεν παντας.
ΜΘ 6:27	27	. υμων μεριμνων δυναται προσθειναι επι την	ηλικιαν	αυτου πηχυν ενα;
ΛΚ 12:25	27	.... δε εξ υμων μεριμνων δυναται επι την	ηλικιαν	αυτου προσθειναι πηχυν;
ΜΘ 6:13	17	και μη εισενεγκης	ημας	εις πειρασμον, αλλα ρυσαι ημας απο του...
ΛΚ 11:4	17	... παντι οφειλοντι ημιν. και μη εισενεγκης	ημας	εις πειρασμον.
ΜΘ 10:15	13	.... εσται γη σοδομων και γομορρων εν	ημερα	κρισεως η τη πολει εκεινη.
ΛΚ 10:12	13	λεγω υμιν οτι σοδομοις εν τη	ημερα	εκεινη ανεκτοτερον εσται η τη πολει...
ΜΘ 11:24	14	..... οτι γη σοδομων ανεκτοτερον εσται εν	ημερα	κρισεως η σοι.
ΛΚ 10:12	14	λεγω υμιν οτι σοδομοις εν τη	ημερα	εκεινη ανεκτοτερον εσται η τη πολει...
ΜΘ 24:50	29	ηξει ο κυριος του δουλου εκεινου εν	ημερα	η ου προσδοκα και εν ωρα η ου γινωσκει,
ΛΚ 12:46	29	ηξει ο κυριος του δουλου εκεινου εν	ημερα	η ου προσδοκα και εν ωρα η ου γινωσκει,...
ΜΘ 24:37	46	ωσπερ δε αι	ημεραι	του νωε, ουτως εσται η παρουσια του υιου...
ΛΚ 17:26	46	και καθως εγενετο εν ταις	ημεραις	νωε, ουτως εσται και εν ταις ημεραις του...
ΛΚ 11:3	17	..... ημων τον επιουσιον διδου ημιν το καθ	ημεραν.	
ΜΘ 24:38	46	.... γαμουντες και γαμιζοντες, αχρι ης	ημερας	εισηλθεν νωε εις την κιβωτον,
ΛΚ 17:27	46	... επινον, εγαμουν, εγαμιζοντο, αχρι ης	ημερας	εισηλθεν νωε εις την κιβωτον, και ηλθεν...
ΜΘ 6:11	17	τον αρτον ημων τον επιουσιον δος	ημιν	σημερον.
ΜΘ 6:12	17	και αφες	ημιν	τα οφειληματα ημων, ως και ημεις αφηκαμεν...
ΛΚ 11:3	17	τον αρτον ημων τον επιουσιον διδου	ημιν	το καθ ημεραν.
ΛΚ 11:4	17	και αφες	ημιν	τας αμαρτιας ημων, και γαρ αυτοι αφιομεν...
ΛΚ 11:4	17	..... και γαρ αυτοι αφιομεν παντι οφειλοντι	ημιν.	και μη εισενεγκης ημας εις πειρασμον.
ΜΘ 11:8	10	. τι εξηλθατε ιδειν; ανθρωπον εν μαλακοις	ημφιεσμενον;	ιδου οι τα μαλακα φορουντες εν τοις οικοις...
ΛΚ 7:25	10	..... ιδειν; ανθρωπον εν μαλακοις ιματιοις	ημφιεσμενον;	ιδου οι εν ιματισμω ενδοξω και τρυφη...
ΜΘ 6:11	17	τον αρτον	ημων	τον επιουσιον δος ημιν σημερον.
ΜΘ 6:12	17	και αφες ημιν τα οφειληματα	ημων,	ως και ημεις αφηκαμεν τοις οφειλεταις...
ΜΘ 6:12	17	..... ως και ημεις αφηκαμεν τοις οφειλεταις	ημων.	
ΛΚ 11:3	17	τον αρτον	ημων	τον επιουσιον διδου ημιν το καθ ημεραν.
ΛΚ 11:4	17	και αφες ημιν τας αμαρτιας	ημων,	και γαρ αυτοι αφιομεν παντι οφειλοντι...
ΜΘ 13:33	34	...... εστιν η βασιλεια των ουρανων ζυμη,	ην	λαβουσα γυνη ενεκρυφεν εις αλευρου...
ΛΚ 13:21	34	ομοια εστιν ζυμη,	ην	λαβουσα γυνη ενεκρυφεν εις αλευρου...
ΜΘ 24:50	29		ηξει	ο κυριος του δουλου εκεινου εν ημερα...
ΛΚ 12:46	29		ηξει	ο κυριος του δουλου εκεινου εν ημερα...
ΜΘ 8:11	35	. υμιν οτι πολλοι απο ανατολων και δυσμων	ηξουσιν	και ανακλιθησονται μετα αβρααμ και ισαακ...
ΛΚ 13:29	35	και	ηξουσιν	απο ανατολων και δυσμων και απο βορρα...
ΜΘ 10:30	24	. υμων δε και αι τριχες της κεφαλης πασαι	ηριθμημεναι	εισιν.
ΛΚ 12:7	24	. αλλα και αι τριχες της κεφαλης υμων πασαι	ηριθμηνται.	μη φοβεισθε. πολλων στρουθιων διαφερετε.
ΜΘ 11:7	10	τουτων δε πορευομενων	ηρξατο	ο ιησους λεγειν τοις οχλοις περι ιωαννου,...
ΛΚ 7:24	10	απελθοντων δε των αγγελων ιωαννου	ηρξατο	λεγειν προς τους οχλους περι ιωαννου, τι...
ΜΘ 24:38	46	.... γαμουντες και γαμιζοντες, αχρι	ης	ημερας εισηλθεν νωε εις την κιβωτον,
ΛΚ 17:27	46	...... επινον, εγαμουν, εγαμιζοντο, αχρι	ης	ημερας εισηλθεν νωε εις την κιβωτον,...

Μθ 11:17	10	λεγουσιν, ηυλησαμεν	υμιν και ουκ ωρχησασθε. εθρηνησαμεν και...
ΛΚ 7:32	10	.... και προσφωνουσιν αλληλοις, α λεγει, ηυλησαμεν	υμιν και ουκ ωρχησασθε. εθρηνησαμεν και...
ΛΚ 13:19	33	..... ανθρωπος εβαλεν εις κηπον εαυτου, και ηυξησεν	και εγενετο εις δενδρον, και τα πετεινα...

ΜΘ 8:21	12	. κυριε, επιτρεψον μοι πρωτον απελθειν και θαψαι	τον πατερα μου.
ΜΘ 8:22	12	...... ακολουθει μοι, και αφες τους νεκρους θαψαι	τους εαυτων νεκρους.
ΛΚ 9:59	12	.. ειπεν, επιτρεψον μοι απελθοντι πρωτον θαψαι	τον πατερα μου.
ΛΚ 9:60	12	ειπεν δε αυτω, αφες τους νεκρους θαψαι	τους εαυτων νεκρους, συ δε απελθων διαγγελλε...
ΜΘ 11:7	10	..... ιωαννου, τι εξηλθατε εις την ερημον θεασασθαι;	καλαμον υπο ανεμου σαλευομενον;
ΛΚ 7:24	10	..... ιωαννου, τι εξηλθατε εις την ερημον θεασασθαι;	καλαμον υπο ανεμου σαλευομενον;
ΛΚ 6:31	04	και καθως θελετε	ινα ποιωσιν υμιν οι ανθρωποι, ποιειτε...
ΜΘ 4:7	02	.... γεγραπται, ουκ εκπειρασεις κυριον τον θεον	σου.
ΜΘ 4:10	02	. υπαγε, σατανα. γεγραπται γαρ, κυριον τον θεον	σου προσκυνησεις και αυτω μονω λατρευσεις.
ΛΚ 4:8	02	.... ειπεν αυτω, γεγραπται, κυριον τον θεον	σου προσκυνησεις και αυτω μονω λατρευσεις.
ΛΚ 4:12	02	... οτι ειρηται, ουκ εκπειρασεις κυριον τον θεον	σου.
ΜΘ 3:9	01	. τον αβρααμ. λεγω γαρ υμιν οτι δυναται ο θεος	εκ των λιθων τουτων εγειραι τεκνα τω...
ΛΚ 3:8	01	. τον αβρααμ, λεγω γαρ υμιν οτι δυναται ο θεος	εκ των λιθων τουτων εγειραι τεκνα τω...
ΜΘ 6:30	27	.... και αυριον εις κλιβανον βαλλομενον ο θεος	ουτως αμφιεννυσιν, ου πολλω μαλλον υμας,...
ΛΚ 12:28	27	.... και αυριον εις κλιβανον βαλλομενον ο θεος	ουτως αμφιζει, ποσω μαλλον υμας, ολιγοπιστοι....
ΜΘ 4:3	02	.. ο πειραζων ειπεν αυτω, ει υιος ει του θεου,	ειπε ινα οι λιθοι ουτοι αρτοι γενωνται.
ΜΘ 4:4	02	..... παντι ρηματι εκπορευομενω δια στοματος θεου.	
ΜΘ 4:6	02	και λεγει αυτω, ει υιος ει του θεου,	βαλε σεαυτον κατω. γεγραπται γαρ οτι...
ΛΚ 4:3	02	..... δε αυτω ο διαβολος, ει υιος ει του θεου,	ειπε τω λιθω τουτω ινα γενηται αρτος.
ΛΚ 4:9	02	.. ιερου, και ειπεν αυτω, ει υιος ει του θεου,	βαλε σεαυτον εντευθεν κατω.
ΜΘ 12:28	19	ει δε εν πνευματι θεου	εγω εκβαλλω τα δαιμονια, αρα εφθασεν...
ΜΘ 12:28	19	.... αρα εφθασεν εφ υμας η βασιλεια του θεου.	
ΛΚ 11:20	19	ει δε εν δακτυλω θεου	εκβαλλω τα δαιμονια, αρα εφθασεν εφ...
ΛΚ 11:20	19	.... αρα εφθασεν εφ υμας η βασιλεια του θεου.	
ΛΚ 9:1	11	.. εξουσιαν επι παντα τα δαιμονια και νοσους θεραπευειν,	
ΜΘ 10:1	11	.... ακαθαρτων ωστε εκβαλλειν αυτα και θεραπευειν	πασαν νοσον και πασαν μαλακιαν.
ΜΘ 10:8	13	ασθενουντας θεραπευετε,	νεκρους εγειρετε, λεπρους καθαριζετε,...
ΛΚ 10:9	13	και θεραπευετε	τους εν αυτη ασθενεις, και λεγετε αυτοις,...
ΜΘ 6:26	27	. πετεινα του ουρανου οτι ου σπειρουσιν ουδε θεριζουσιν	ουδε συναγουσιν εις αποθηκας, και ο πατηρ...
ΛΚ 12:24	27	.... τους κορακας οτι ου σπειρουσιν ουδε θεριζουσιν,	οις ουκ εστιν ταμειον ουδε αποθηκη,...
ΜΘ 25:26	47	.... πονηρε δουλε και οκνηρε, ηδεις οτι θεριζω	οπου ουκ εσπειρα και συναγω οθεν ου διεσκορπισα;...
ΛΚ 19:22	47	...... αυστηρος ειμι, αιρων ο ουκ εθηκα και θεριζων	ο ουκ εσπειρα;
ΜΘ 9:38	13	. του θερισμου οπως εκβαλη εργατας εις τον θερισμον	αυτου.
ΛΚ 10:2	13	. του θερισμου οπως εργατας εκβαλη εις τον θερισμον	αυτου.
ΜΘ 9:37	13	τοτε λεγει τοις μαθηταις αυτου, ο μεν θερισμος	πολυς, οι δε εργαται ολιγοι.
ΛΚ 10:2	13	ελεγεν δε προς αυτους, ο μεν θερισμος	πολυς, οι δε εργαται ολιγοι. δεηθητε...
ΜΘ 9:38	13	δεηθητε ουν του κυριου του θερισμου	οπως εκβαλη εργατας εις τον θερισμον...
ΛΚ 10:2	13	.... ολιγοι. δεηθητε ουν του κυριου του θερισμου	οπως εργατας εκβαλη εις τον θερισμον...
ΜΘ 6:24	41	.. και του ετερου καταφρονησει. ου δυνασθε θεω	δουλευειν και μαμωνα.
ΛΚ 16:13	41	.. και του ετερου καταφρονησει. ου δυνασθε θεω	δουλευειν και μαμωνα.
ΛΚ 12:33	28	. ποιησατε εαυτοις βαλλαντια μη παλαιουμενα, θησαυρον	ανεκλειπτον εν τοις ουρανοις, οπου κλεπτης...
ΜΘ 6:21	28	οπου γαρ εστιν ο θησαυρος	σου, εκει εσται και η καρδια σου.
ΛΚ 12:34	28	οπου γαρ εστιν ο θησαυρος	υμων, εκει και η καρδια υμων εσται.
ΜΘ 12:35	06	ο αγαθος ανθρωπος εκ του αγαθου θησαυρου	εκβαλλει αγαθα, και ο πονηρος ανθρωπος...
ΛΚ 6:45	06	ο αγαθος ανθρωπος εκ του αγαθου θησαυρου	της καρδιας προφερει το αγαθον, και ο...
ΜΘ 6:20	28	θησαυριζετε δε υμιν θησαυρους	εν ουρανω, οπου ουτε σης ουτε βρωσις αφανιζει,...
ΜΘ 24:51	29	..... και το μερος αυτου μετα των υποκριτων θησει.	εκει εσται ο κλαυθμος και ο βρυγμος των...
ΛΚ 12:46	29	.... και το μερος αυτου μετα των απιστων θησει.	
ΜΘ 19:28	48	..... αυτου, καθησεσθε και υμεις επι δωδεκα θρονους	κρινοντες τας δωδεκα φυλας του ισραηλ.
ΛΚ 22:30	48	.. μου εν τη βασιλεια μου, και καθησεσθε επι θρονων	τας δωδεκα φυλας κρινοντες του ισραηλ.
ΜΘ 10:35	30	. διχασαι ανθρωπον κατα του πατρος αυτου και θυγατερα	κατα της μητρος αυτης και νυμφην κατα...
ΛΚ 12:53	30	..... επι πατρι, μητηρ επι την θυγατερα και θυγατηρ	επι την μητερα, πενθερα επι την νυμφην...
ΜΘ 23:35	23	...... ον εφονευσατε μεταξυ του ναου και του θυσιαστηριου.	
ΛΚ 11:51	23	.... ζαχαριου του απολομενου μεταξυ του θυσιαστηριου	και του οικου. ναι, λεγω υμιν, εκζητηθησεται...

-- ι --

Ref.	No.	Preceding context	Word	Following context
Μθ 8:8	08	..... εισελθης. αλλα μονον ειπε λογω, και	ιαθησεται	ο παις μου.
ΛΚ 7:7	08	...... προς σε ελθειν. αλλα ειπε λογω, και	ιαθητω	ο παις μου.
Μθ 8:11	35	. ανακλιθησονται μετα αβρααμ και ισαακ και	ιακωβ	εν τη βασιλεια των ουρανων.
ΛΚ 13:28	35	. οδοντων, οταν οψεσθε αβρααμ και ισαακ και	ιακωβ	και παντας τους προφητας εν τη βασιλεια...
Μθ 11:8	10	αλλα τι εξηλθατε	ιδειν;	ανθρωπον εν μαλακοις ημφιεσμενον; ιδου...
Μθ 11:9	10	αλλα τι εξηλθατε	ιδειν;	προφητην; ναι, λεγω υμιν, και περισσοτερον...
ΛΚ 7:25	10	αλλ τι εξηλθατε	ιδειν;	ανθρωπον εν μαλακοις ιματιοις ημφιεσμενον;...
ΛΚ 7:26	10	αλλα τι εξηλθατε	ιδειν;	προφητην; ναι, λεγω υμιν, και περισσοτερον...
Μθ 13:17	16	. οτι πολλοι προφηται και δικαιοι επεθυμησαν	ιδειν	α βλεπετε και ουκ ειδαν, και ακουσαι...
ΛΚ 10:24	16	.. οτι πολλοι προφηται και βασιλεις ηθελησαν	ιδειν	α υμεις βλεπετε και ουκ ειδαν, και ακουσαι...
Μθ 23:39	36	λεγω γαρ υμιν, ου μη με	ιδητε	απ αρτι εως αν ειπητε, ευλογημενος ο...
ΛΚ 13:35	36	.... υμιν ο οικος υμων. λεγω υμιν, ου μη	ιδητε	με εως ειπητε, ευλογημενος ο ερχομενος...
Μθ 11:8	10	.... ανθρωπον εν μαλακοις ημφιεσμενον;	ιδου	οι τα μαλακα φορουντες εν τοις οικοις...
Μθ 11:19	10	. ανθρωπου εσθιων και πινων, και λεγουσιν,	ιδου	ανθρωπος φαγος και οινοποτης, τελωνων...
ΛΚ 7:25	10	.... εν μαλακοις ιματιοις ημφιεσμενον;	ιδου	οι εν ιματισμω ενδοξω και τρυφη υπαρχοντες...
ΛΚ 7:34	10	... ανθρωπου εσθιων και πινων, και λεγετε,	ιδου	ανθρωπος φαγος και οινοποτης, φιλος τελωνων...
Μθ 10:16	13		ιδου	εγω αποστελλω υμας ως προβατα εν μεσω...
ΛΚ 10:3	13	υπαγετε.	ιδου	αποστελλω υμας ως αρνας εν μεσω λυκων.
Μθ 12:41	21	... οτι μετενοησαν εις το κηρυγμα ιωνα, και	ιδου	πλειον ιωνα ωδε.
Μθ 12:42	21	.... γης ακουσαι την σοφιαν σολομωνος, και	ιδου	πλειον σολομωνος ωδε.
ΛΚ 11:31	21	.... γης ακουσαι την σοφιαν σολομωνος, και	ιδου	πλειον σολομωνος ωδε.
ΛΚ 11:32	21	... οτι μετενοησαν εις το κηρυγμα ιωνα, και	ιδου	πλειον ιωνα ωδε.
Μθ 23:38	36		ιδου	αφιεται υμιν ο οικος υμων ερημος.
ΛΚ 13:35	36		ιδου	αφιεται υμιν ο οικος υμων. λεγω υμιν,...
Μθ 4:5	02	.. και ιστησιν αυτον επι το πτερυγιον του	ιερου,	
ΛΚ 4:9	02	.... και εστησεν επι το πτερυγιον του	ιερου,	και ειπεν αυτω, ει υιος ει του θεου,...
Μθ 23:37	36		ιερουσαλημ	ιερουσαλημ, η αποκτεινουσα τους προφητας...
Μθ 23:37	36	ιερουσαλημ	ιερουσαλημ,	η αποκτεινουσα τους προφητας και λιθοβολουσα...
ΛΚ 13:34	36		ιερουσαλημ	ιερουσαλημ, η αποκτεινουσα τους προφητας...
ΛΚ 13:34	36	ιερουσαλημ	ιερουσαλημ,	η αποκτεινουσα τους προφητας και λιθοβολουσα...
Μθ 4:1	02	τοτε ο	ιησους	ανηχθη εις την ερημον υπο του πνευματος,...
Μθ 4:7	02	εφη αυτω ο	ιησους,	παλιν γεγραπται, ουκ εκπειρασεις κυριον...
Μθ 4:10	02	τοτε λεγει αυτω ο	ιησους,	υπαγε, σατανα. γεγραπται γαρ, κυριον...
ΛΚ 4:1	02		ιησους	δε πληρης πνευματος αγιου υπεστρεψεν απο...
ΛΚ 4:4	02	και απεκριθη προς αυτον ο	ιησους,	γεγραπται οτι ουκ επ αρτω μονω ζησεται...
ΛΚ 4:8	02	και αποκριθεις ο	ιησους	ειπεν αυτω, γεγραπται, κυριον τον θεον...
ΛΚ 4:12	02	και αποκριθεις ειπεν αυτω ο	ιησους	οτι ειρηται, ουκ εκπειρασεις κυριον τον...
Μθ 8:10	08	ακουσας δε ο	ιησους	εθαυμασεν και ειπεν τοις ακολουθουσιν,...
ΛΚ 7:9	08	ακουσας δε ταυτα ο	ιησους	εθαυμασεν αυτον, και στραφεις τω ακολουθουντι...
Μθ 8:20	12	και λεγει αυτω ο	ιησους,	αι αλωπεκες φωλεους εχουσιν και τα...
ΛΚ 9:58	12	και ειπεν αυτω ο	ιησους,	αι αλωπεκες φωλεους εχουσιν και τα...
Μθ 8:8	08	..... ο εκατονταρχος εφη, κυριε, ουκ ειμι	ικανος	ινα μου υπο την στεγην εισελθης. αλλα...
ΛΚ 7:6	08	..... λεγων αυτω, κυριε, μη σκυλλου. ου γαρ	ικανος	ειμι ινα υπο την στεγην μου εισελθης.
Μθ 5:40	04	.... τον χιτωνα σου λαβειν, αφες αυτω και το	ιματιον.	
ΛΚ 6:29	04	... την αλλην, και απο του αιροντος σου το	ιματιον	και τον χιτωνα μη κωλυσης.
Μθ 4:3	02	.... αυτω, ει υιος ει του θεου, ειπε	ινα	οι λιθοι ουτοι αρτοι γενωνται.
ΛΚ 4:3	02	.... υιος ει του θεου, ειπε τω λιθω τουτω	ινα	γενηται αρτος.
ΛΚ 6:31	04	και καθως θελετε	ινα	ποιωσιν υμιν οι ανθρωποι, ποιειτε αυτοις...
Μθ 8:8	08	.... εφη, κυριε, ουκ ειμι ικανος	ινα	μου υπο την στεγην εισελθης. αλλα μονον...
ΛΚ 7:6	08	... κυριε, μη σκυλλου. ου γαρ ικανος ειμι	ινα	υπο την στεγην μου εισελθης.
Μθ 8:11	35	.... και ανακλιθησονται μετα αβρααμ και	ισαακ	και ιακωβ εν τη βασιλεια των ουρανων.
ΛΚ 13:28	35	.... των οδοντων, οταν οψεσθε αβρααμ και	ισαακ	και ιακωβ και παντας τους προφητας εν...
Μθ 8:10	08	.... υμιν, παρ ουδενι τοσαυτην πιστιν εν τω	ισραηλ	ευρον.
ΛΚ 7:9	08	.... αυτω οχλω ειπεν, λεγω υμιν, ουδε εν τω	ισραηλ	τοσαυτην πιστιν ευρον.
Μθ 19:28	48	... θρονους κρινοντες τας δωδεκα φυλας του	ισραηλ.	
ΛΚ 22:30	48	.... θρονων τας δωδεκα φυλας κρινοντες του	ισραηλ.	

Μθ 4:5	02	...... ο διαβολος εις την αγιαν πολιν, και ιστησιν	αυτον επι το πτερυγιον του ιερου,
Μθ 7:10	18	η και ιχθυν	αιτησει - μη οφιν επιδωσει αυτω;
ΛΚ 11:11	18	τινα δε εξ υμων αιτησει τον πατερα ο υιος ιχθυν,	και αντι ιχθυος οφιν αυτω επιδωσει;
Μθ 11:4	09	.... ειπεν αυτοις, πορευθεντες απαγγειλατε ιωαννη	α ακουετε και βλεπετε.
ΛΚ 7:18	09	και απηγγειλαν ιωαννη	οι μαθηται αυτου περι παντων τουτων. και...
ΛΚ 7:22	09	.... ειπεν αυτοις, πορευθεντες απαγγειλατε ιωαννη	α ειδετε και ηκουσατε. τυφλοι αναβλεπουσιν,...
Μθ 11:2	09	ο δε ιωαννης	ακουσας εν τω δεσμωτηριω τα εργα του χριστου...
Μθ 11:18	10	ηλθεν γαρ ιωαννης	μητε εσθιων μητε πινων, και λεγουσιν,...
ΛΚ 7:33	10	εληλυθεν γαρ ιωαννης	ο βαπτιστης μη εσθιων αρτον μητε πινων...
Μθ 11:7	10	... ηρξατο ο ιησους λεγειν τοις οχλοις περι ιωαννου,	τι εξηλθατε εις την ερημον θεασασθαι;...
Μθ 11:11	10	.. εγηγερται εν γεννητοις γυναικων μειζων ιωαννου	του βαπτιστου. ο δε μικροτερος εν τη...
ΛΚ 7:24	10	.... ηρξατο λεγειν προς τους οχλους περι ιωαννου,	τι εξηλθατε εις την ερημον θεασασθαι;...
ΛΚ 7:28	10	. λεγω υμιν, μειζων εν γεννητοις γυναικων ιωαννου	ουδεις εστιν. ο δε μικροτερος εν τη...
Μθ 11:13	42	παντες γαρ οι προφηται και ο νομος εως ιωαννου	επροφητευσαν.
ΛΚ 16:16	42	ο νομος και οι προφηται μεχρι ιωαννου.	απο τοτε η βασιλεια του θεου ευαγγελιζεται...
Μθ 12:39	21	.... ου δοθησεται αυτη ει μη το σημειον ιωνα	του προφητου.
Μθ 12:41	21	..... αυτην. οτι μετενοησαν εις το κηρυγμα ιωνα,	και ιδου πλειον ιωνα ωδε.
Μθ 12:41	21	.... εις το κηρυγμα ιωνα, και ιδου πλειον ιωνα	ωδε.
Μθ 16:4	21	.... ου δοθησεται αυτη ει μη το σημειον ιωνα.	και καταλιπων αυτους απηλθεν.
ΛΚ 11:29	21	.... ου δοθησεται αυτη ει μη το σημειον ιωνα.	
ΛΚ 11:32	21	..... αυτην. οτι μετενοησαν εις το κηρυγμα ιωνα,	και ιδου πλειον ιωνα ωδε.
ΛΚ 11:32	21	.... εις το κηρυγμα ιωνα, και ιδου πλειον ιωνα	ωδε.
Μθ 12:40	21	ωσπερ γαρ ην ιωνας	εν τη κοιλια του κητους τρεις ημερας και...
ΛΚ 11:30	21	καθως γαρ εγενετο ιωνας	τοις νινευιταις σημειον, ουτως εσται και...

-- κ --

ΛΚ 19:23	47	.. ουκ εδωκας μου το αργυριον επι τραπεζαν;	καγω	ελθων συν τοκω αν αυτο επραξα.
ΛΚ 11:41	23	. τα ενοντα δοτε ελεημοσυνην, και ιδου παντα	καθαρα	υμιν εστιν.
Μθ 23:25	23	.... γραμματεις και φαρισαιοι υποκριται, οτι	καθαριζετε	το εξωθεν του ποτηριου και της παροψιδος,...
ΛΚ 11:39	23	.... το εξωθεν του ποτηριου και του πινακος	καθαριζετε,	το δε εσωθεν υμων γεμει αρπαγης και...
Μθ 11:5	09	.... και χωλοι περιπατουσιν, λεπροι	καθαριζονται	και κωφοι ακουουσιν, και νεκροι εγειρονται...
ΛΚ 7:22	09	.. αναβλεπουσιν, χωλοι περιπατουσιν, λεπροι	καθαριζονται	και κωφοι ακουουσιν, νεκροι εγειρονται,...
Μθ 23:26	23	... ποτηριου, ινα γενηται και το εκτος αυτου	καθαρον.	
Μθ 11:16	10	.. την γενεαν ταυτην; ομοια εστιν παιδιοις	καθημενοις	εν ταις αγοραις α προσφωνουντα τοις ετεροις...
ΛΚ 7:32	10	ομοιοι εισιν παιδιοις τοις εν αγορα	καθημενοις	και προσφωνουσιν αλληλοις, α λεγει, ηυλησαμεν...
Μθ 19:28	48	.. υιος του ανθρωπου επι θρονου δοξης αυτου,	καθησεσθε	και υμεις επι δωδεκα θρονους κρινοντες...
ΛΚ 22:30	48	... της τραπεζης μου εν τη βασιλεια μου, και	καθησεσθε	επι θρονων τας δωδεκα φυλας κρινοντες...
Μθ 3:9	01		και	μη δοξητε λεγειν εν εαυτοις, πατερα εχομεν...
Μθ 3:10	01	.... μη ποιουν καρπον καλον εκκοπτεται	και	εις πυρ βαλλεται.
Μθ 3:11	01	..... αυτος υμας βαπτισει εν πνευματι αγιω	και	πυρι.
Μθ 3:12	01	.... και διακαθαριει την αλωνα αυτου,	και	συναξει τον σιτον αυτου εις την αποθηκην...
ΛΚ 3:8	01	.... ουν καρπους αξιους της μετανοιας.	και	μη αρξησθε λεγειν εν εαυτοις, πατερα...
ΛΚ 3:9	01	.... μη ποιουν καρπον καλον εκκοπτεται	και	εις πυρ βαλλεται.
ΛΚ 3:16	01	..... αυτος υμας βαπτισει εν πνευματι αγιω	και	πυρι.
ΛΚ 3:17	01	. χειρι αυτου διακαθαραι την αλωνα αυτου	και	συναγαγειν τον σιτον εις την αποθηκην...
Μθ 4:2	02		και	νηστευσας ημερας τεσσαρακοντα και νυκτας...
Μθ 4:2	02	και νηστευσας ημερας τεσσαρακοντα	και	νυκτας τεσσαρακοντα υστερον επεινασεν.
Μθ 4:3	02		και	προσελθων ο πειραζων ειπεν αυτω, ει...
Μθ 4:5	02	... αυτον ο διαβολος εις την αγιαν πολιν,	και	ιστησιν αυτον επι το πτερυγιον του ιερου,...
Μθ 4:6	02		και	λεγει αυτω, ει υιος ει του θεου, βαλε...
Μθ 4:6	02	. τοις αγγελοις αυτου εντελειται περι σου	και	επι χειρων αρουσιν σε, μηποτε προσκοψης...
Μθ 4:8	02	.. αυτον ο διαβολος εις ορος υψηλον λιαν,	και	δεικνυσιν αυτω πασας τας βασιλειας του...
Μθ 4:8	02	...... αυτω πασας τας βασιλειας του κοσμου	και	την δοξαν αυτων,
Μθ 4:9	02		και	λεγει αυτω, ταυτα σοι παντα δωσω εαν...
Μθ 4:10	02	.... γαρ, κυριον τον θεον σου προσκυνησεις	και	αυτω μονω λατρευσεις.
Μθ 4:11	02	τοτε αφιησιν αυτον ο διαβολος,	και	ιδου αγγελοι προσηλθον και διηκονουν αυτω.
Μθ 4:11	02	... ο διαβολος, και ιδου αγγελοι προσηλθον	και	διηκονουν αυτω.
ΛΚ 4:1	02	.... αγιου υπεστρεψεν απο του ιορδανου,	και	ηγετο εν τω πνευματι εν τη ερημω
ΛΚ 4:2	02	.... πειραζομενος υπο του διαβολου.	και	ουκ εφαγεν ουδεν εν ταις ημεραις εκειναις,...
ΛΚ 4:2	02	. ουκ εφαγεν ουδεν εν ταις ημεραις εκειναις,	και	συντελεσθεισων αυτων επεινασεν.
ΛΚ 4:4	02		και	απεκριθη προς αυτον ο ιησους, γεγραπται...
ΛΚ 4:5	02		και	αναγαγων αυτον εδειξεν αυτω πασας τας...
ΛΚ 4:6	02		και	ειπεν αυτω ο διαβολος, σοι δωσω την...
ΛΚ 4:6	02	.... σοι δωσω την εξουσιαν ταυτην απασαν	και	την δοξαν αυτων, οτι εμοι παραδεδοται...
ΛΚ 4:6	02	.... την δοξαν αυτων, οτι εμοι παραδεδοται	και	ω εαν θελω διδωμι αυτην.
ΛΚ 4:8	02		και	αποκριθεις ο ιησους ειπεν αυτω, γεγραπται,...
ΛΚ 4:8	02	.... κυριον τον θεον σου προσκυνησεις	και	αυτω μονω λατρευσεις.
ΛΚ 4:9	02	ηγαγεν δε αυτον εις ιερουσαλημ	και	εστησεν επι το πτερυγιον του ιερου,...
ΛΚ 4:9	02	..... εστησεν επι το πτερυγιον του ιερου,	και	ειπεν αυτω, ει υιος ει του θεου, βαλε...
ΛΚ 4:11	02		και	οτι επι χειρων αρουσιν σε μηποτε προσκοψης...
ΛΚ 4:12	02		και	αποκριθεις ειπεν αυτω ο ιησους οτι...
ΛΚ 4:13	02		και	συντελεσας παντα πειρασμον ο διαβολος...
Μθ 5:11	03	μακαριοι εστε οταν ονειδισωσιν υμας	και	διωξωσιν και ειπωσιν παν πονηρον καθ υμων...
ΛΚ 6:22	03	. και οταν αφορισωσιν υμας και ονειδισωσιν	και	εκβαλωσιν το ονομα υμων ως πονηρον ενεκα...
Μθ 5:39	04	...... εις την δεξιαν σιαγονα , στρεψον αυτω	και	την αλλην.
Μθ 5:40	04	και τω θελοντι σοι κριθηναι	και	τον χιτωνα σου λαβειν, αφες αυτω και το...
Μθ 5:40	04	...... και τον χιτωνα σου λαβειν, αφες αυτω	και	το ιματιον.
Μθ 5:46	04	... αγαπωντας υμας, τινα μισθον εχετε; ουχι	και	οι τελωναι το αυτο ποιουσιν;
Μθ 5:47	04		και	εαν ασπασησθε τους αδελφους υμων μονον,...
Μθ 5:47	04	...... υμων μονον, τι περισσον ποιειτε; ουχι	και	οι εθνικοι το αυτο ποιουσιν;
ΛΚ 6:29	04	τω τυπτοντι σε επι την σιαγονα παρεχε	και	την αλλην, και απο του αιροντος σου το...
ΛΚ 6:29	04	. σε επι την σιαγονα παρεχε και την αλλην,	και	απο του αιροντος σου το ιματιον και τον...

ΛΚ 6:29	04	..... και απο του αιροντος σου το ιματιον	και	τον χιτωνα μη κωλυσης.
ΛΚ 6:32	04	... αγαπωντας υμας, ποια υμιν χαρις εστιν;	και	γαρ οι αμαρτωλοι τους αγαπωντας αυτους...
ΛΚ 6:33	04		και	εαν αγαθοποιητε τους αγαθοποιουντας υμας,...
ΛΚ 6:33	04	.... υμας, ποια υμιν χαρις εστιν;	και	οι αμαρτωλοι το αυτο ποιουσιν.
ΜΘ 7:5	05	.... πρωτον την δοκον εκ του οφθαλμου σου,	και	τοτε διαβλεψεις εκβαλειν το καρφος εκ...
ΛΚ 6:42	05	.... πρωτον την δοκον εκ του οφθαλμου σου,	και	τοτε διαβλεψεις το καρφος το εν τω οφθαλμω...
ΜΘ 12:35	06	. εκ του αγαθου θησαυρου εκβαλλει αγαθα,	και	ο πονηρος ανθρωπος εκ του πονηρου θησαυρου...
ΛΚ 6:45	06	. θησαυρου της καρδιας προφερει το αγαθον,	και	ο πονηρος εκ του πονηρου προφερει το πονηρον....
ΜΘ 7:25	07	... ανεμοι και προσεπεσαν τη οικια εκεινη,	και	ουκ επεσεν, τεθεμελιωτο γαρ επι την πετραν....
ΜΘ 7:26	07	. και πας ο ακουων μου τους λογους τουτους	και	μη ποιων αυτους ομοιωθησεται ανδρι μωρω,...
ΜΘ 7:27	07	... ανεμοι και προσεκοψαν τη οικια εκεινη,	και	επεσεν, και ην η πτωσις αυτης μεγαλη.
ΜΘ 7:27	07	. προσεκοψαν τη οικια εκεινη, και επεσεν,	και	ην η πτωσις αυτης μεγαλη.
ΛΚ 6:48	07	..... προσερηξεν ο ποταμος τη οικια εκεινη,	και	ουκ ισχυσεν σαλευσαι αυτην δια το καλως...
ΛΚ 6:49	07	ο δε ακουσας	και	μη ποιησας ομοιος εστιν ανθρωπω οικοδομησαντι...
ΛΚ 6:49	07	.... χωρις θεμελιου, η προσερηξεν ο ποταμος,	και	ευθυς συνεπεσεν, και εγενετο το ρηγμα της...
ΛΚ 6:49	07	.... ο ποταμος, και ευθυς συνεπεσεν,	και	εγενετο το ρηγμα της οικιας εκεινης μεγα.
ΜΘ 8:8	08	.. στεγην εισελθης. αλλα μονον ειπε λογω,	και	ιαθησεται ο παις μου.
ΜΘ 8:9	08		και	γαρ εγω ανθρωπος ειμι υπο εξουσιαν,...
ΜΘ 8:9	08	... εξουσιαν, εχων υπ εμαυτον στρατιωτας,	και	λεγω τουτω, πορευθητι, και πορευεται, και...
ΜΘ 8:9	08	.... στρατιωτας, και λεγω τουτω, πορευθητι,	και	πορευεται, και αλλω, ερχου, και ερχεται,...
ΜΘ 8:9	08	..... λεγω τουτω, πορευθητι, και πορευεται,	και	αλλω, ερχου, και ερχεται, και τω δουλω...
ΜΘ 8:9	08	.... και πορευεται, και αλλω, ερχου,	και	ερχεται, και τω δουλω μου, ποιησον τουτο,...
ΜΘ 8:9	08	.... και αλλω, ερχου, και ερχεται,	και	τω δουλω μου, ποιησον τουτο, και ποιει.
ΜΘ 8:9	08	.... και τω δουλω μου, ποιησον τουτο,	και	ποιει.
ΜΘ 8:10	08	ακουσας δε ο ιησους εθαυμασεν	και	ειπεν τοις ακολουθουσιν, αμην λεγω υμιν,...
ΛΚ 7:7	08	... ηξιωσα προς σε ελθειν. αλλα ειπε λογω,	και	ιαθητω ο παις μου.
ΛΚ 7:8	08		και	γαρ εγω ανθρωπος ειμι υπο εξουσιαν...
ΛΚ 7:8	08	.. τασσομενος, εχων υπ εμαυτον στρατιωτας,	και	λεγω τουτω, πορευθητι, και πορευεται, και...
ΛΚ 7:8	08	.... στρατιωτας, και λεγω τουτω, πορευθητι,	και	πορευεται, και αλλω, ερχου, και ερχεται,...
ΛΚ 7:8	08	..... λεγω τουτω, πορευθητι, και πορευεται,	και	αλλω, ερχου, και ερχεται, και τω δουλω...
ΛΚ 7:8	08	.... και πορευεται, και αλλω, ερχου,	και	ερχεται, και τω δουλω μου, ποιησον τουτο,...
ΛΚ 7:8	08	.... και αλλω, ερχου, και ερχεται,	και	τω δουλω μου, ποιησον τουτο, και ποιει.
ΛΚ 7:8	08	.... και τω δουλω μου, ποιησον τουτο,	και	ποιει.
ΛΚ 7:9	08	...... δε ταυτα ο ιησους εθαυμασεν αυτον,	και	στραφεις τω ακολουθουντι αυτω οχλω ειπεν,...
ΜΘ 11:4	09		και	αποκριθεις ο ιησους ειπεν αυτοις, πορευθεντες...
ΜΘ 11:5	09	... χωλοι περιπατουσιν, λεπροι καθαριζονται	και	κωφοι ακουουσιν, και νεκροι εγειρονται...
ΜΘ 11:6	09		και	μακαριος εστιν ος εαν μη σκανδαλισθη εν...
ΛΚ 7:22	09		και	αποκριθεις ειπεν αυτοις, πορευθεντες...
ΛΚ 7:22	09	... χωλοι περιπατουσιν, λεπροι καθαριζονται	και	κωφοι ακουουσιν, νεκροι εγειρονται, πτωχοι...
ΛΚ 7:23	09		και	μακαριος εστιν ος εαν μη σκανδαλισθη εν...
ΜΘ 11:9	10	.... ιδειν; προφητην; ναι, λεγω υμιν,	και	περισσοτερον προφητου.
ΜΘ 11:17	10	λεγουσιν, ηυλησαμεν υμιν	και	ουκ ωρχησασθε. εθρηνησαμεν και ουκ εκοψασθε....
ΜΘ 11:17	10	...... υμιν και ουκ ωρχησασθε. εθρηνησαμεν	και	ουκ εκοψασθε.
ΜΘ 11:18	10	..... γαρ ιωαννης μητε εσθιων μητε πινων,	και	λεγουσιν, δαιμονιον εχει.
ΜΘ 11:19	10	ηλθεν ο υιος του ανθρωπου εσθιων	και	πινων, και λεγουσιν, ιδου ανθρωπος φαγος...
ΜΘ 11:19	10	... ο υιος του ανθρωπου εσθιων και πινων,	και	λεγουσιν, ιδου ανθρωπος φαγος και οινοποτης,...
ΜΘ 11:19	10	.... και λεγουσιν, ιδου ανθρωπος φαγος	και	οινοποτης, τελωνων φιλος και αμαρτωλων....
ΜΘ 11:19	10	.. οινοποτης, τελωνων φιλος και αμαρτωλων.	και	εδικαιωθη η σοφια απο των εργων αυτης.
ΜΘ 21:31	10	.... ο ιησους, αμην λεγω υμιν οτι οι τελωναι	και	αι πορναι προαγουσιν υμας εις την βασιλειαν...
ΛΚ 7:26	10	.... ιδειν; προφητην; ναι, λεγω υμιν,	και	περισσοτερον προφητου.
ΛΚ 7:32	10	.... αλληλοις, α λεγει, ηυλησαμεν υμιν	και	ουκ ωρχησασθε. εθρηνησαμεν και ουκ εκλαυσατε....
ΛΚ 7:32	10	...... υμιν και ουκ ωρχησασθε. εθρηνησαμεν	και	ουκ εκλαυσατε.
ΛΚ 7:33	10	.... μη εσθιων αρτον μητε πινων οινον,	και	λεγετε, δαιμονιον εχει.
ΛΚ 7:34	10	εληλυθεν ο υιος του ανθρωπου εσθιων	και	πινων, και λεγετε, ιδου ανθρωπος φαγος...
ΛΚ 7:34	10	... ο υιος του ανθρωπου εσθιων και πινων,	και	λεγετε, ιδου ανθρωπος φαγος και οινοποτης,...
ΛΚ 7:34	10	.. πινων, και λεγετε, ιδου ανθρωπος φαγος	και	οινοποτης, φιλος τελωνων και αμαρτωλων.
ΛΚ 7:34	10	.... φαγος και οινοποτης, φιλος τελωνων	και	αμαρτωλων.

ΛΚ 7:35	10		και	εδικαιωθη η σοφια απο παντων των τεκνων...
ΜΘ 10:1	11	.... πνευματων ακαθαρτων ωστε εκβαλλειν αυτα	και	θεραπευειν πασαν νοσον και πασαν μαλακιαν.
ΛΚ 9:1	11	.... και εξουσιαν επι παντα τα δαιμονια	και	νοσους θεραπευειν,
ΜΘ 8:20	12		και	λεγει αυτω ο ιησους, αι αλωπεκες φωλεους...
ΜΘ 8:20	12	.. ο ιησους, αι αλωπεκες φωλεους εχουσιν	και	τα πετεινα του ουρανου κατασκηνωσεις, ο...
ΛΚ 9:58	12		και,	ειπεν αυτω ο ιησους, αι αλωπεκες φωλεους...
ΛΚ 9:58	12	.. ο ιησους, αι αλωπεκες φωλεους εχουσιν	και	τα πετεινα του ουρανου κατασκηνωσεις, ο...
ΜΘ 11:21	14	..... ουαι σοι, βηθσαιδα. οτι ει εν τυρω	και	σιδωνι εγενοντο αι δυναμεις αι γενομεναι...
ΜΘ 11:21	14	... γενομεναι εν υμιν, παλαι αν εν σακκω	και	σποδω μετενοησαν.
ΜΘ 11:22	14	πλην λεγω υμιν, τυρω	και	σιδωνι ανεκτοτερον εσται εν ημερα κρισεως...
ΜΘ 11:23	14		και	συ, καφαρναουμ, μη εως ουρανου υψωθηση;...
ΛΚ 10:13	14	..... ουαι σοι, βηθσαιδα. οτι ει εν τυρω	και	σιδωνι εγενηθησαν αι δυναμεις αι γενομεναι...
ΛΚ 10:13	14	... γενομεναι εν υμιν, παλαι αν εν σακκω	και	σποδω καθημενοι μετρνοησαν.
ΛΚ 10:14	14	πλην τυρω	και	σιδωνι ανεκτοτερον εσται εν τη κρισει...
ΛΚ 10:15	14		και	συ, καφαρναουμ, μη εως ουρανου υψωθηση;...
ΜΘ 10:40	15	ο δεχομενος υμας εμε δεχεται,	και	ο εμε δεχομενος δεχεται τον αποστειλαντα...
ΛΚ 10:16	15	ο ακουων υμων εμου ακουει,	και	ο αθετων υμας εμε αθετει. ο δε εμε αθετων...
ΜΘ 11:25	16	.... σοι πατερ, κυριε του ουρανου	και	της γης, οτι εκρυψας ταυτα απο σοφω...
ΜΘ 11:25	16	..... της γης, οτι εκρυψας ταυτα απο σοφω	και	συνετων και απεκαλυψας αυτα νηπιοις.
ΜΘ 11:25	16	.. οτι εκρυψας ταυτα απο σοφω και συνετων	και	απεκαλυψας αυτα νηπιοις.
ΜΘ 11:27	16	παντα μοι παρεδοθη υπο του πατρος μου,	και	ουδεις επιγινωσκει τον υιον ει μη ο πατηρ,...
ΜΘ 11:27	16	.. τον πατερα τις επιγινωσκει ει μη ο υιος	και	ω εαν βουληται ο υιος αποκαλυψαι.
ΜΘ 13:17	16	αμην γαρ λεγω υμιν οτι πολλοι προφηται	και	δικαιοι επεθυμησαν ιδειν α βλεπετε και...
ΜΘ 13:17	16	. και δικαιοι επεθυμησαν ιδειν α βλεπετε	και	ουκ ειδαν, και ακουσαι α ακουετε και...
ΜΘ 13:17	16	.... ιδειν α βλεπετε και ουκ ειδαν,	και	ακουσαι α ακουετε και ουκ ηκουσαν.
ΜΘ 13:17	16	. και ουκ ειδαν, και ακουσαι α ακουετε	και	ουκ ηκουσαν.
ΛΚ 10:21	16	.... σοι, πατερ, κυριε του ουρανου	και	της γης, οτι απεκρυψας ταυτα απο σοφων...
ΛΚ 10:21	16	.. της γης, οτι απεκρυψας ταυτα απο σοφων	και	συνετων, και απεκαλυψας αυτα νηπιοις....
ΛΚ 10:21	16	.. απεκρυψας ταυτα απο σοφων και συνετων,	και	απεκαλυψας αυτα νηπιοις. ναι, ο πατηρ,...
ΛΚ 10:22	16	παντα μοι παρεδοθη υπο του πατρος μου,	και	ουδεις γινωσκει τις εστιν ο υιος ει μη...
ΛΚ 10:22	16	. γινωσκει τις εστιν ο υιος ει μη ο πατηρ,	και	τις εστιν ο πατηρ ει μη ο υιος και ω εαν...
ΛΚ 10:22	16	.... και τις εστιν ο πατηρ ει μη ο υιος	και	ω εαν βουληται ο υιος αποκαλυψαι.
ΛΚ 10:24	16	λεγω γαρ υμιν οτι πολλοι προφηται	και	βασιλεις ηθελησαν ιδειν α υμεις βλεπετε...
ΛΚ 10:24	16	. βασιλεις ηθελησαν ιδειν α υμεις βλεπετε	και	ουκ ειδαν, και ακουσαι α ακουετε και...
ΛΚ 10:24	16	.. ιδειν α υμεις βλεπετε και ουκ ειδαν,	και	ακουσαι α ακουετε και ουκ ηκουσαν.
ΛΚ 10:24	16	. και ουκ ειδαν, και ακουσαι α ακουετε	και	ουκ ηκουσαν.
ΜΘ 6:12	17		και	αφες ημιν τα οφειληματα ημων, ως και...
ΜΘ 6:13	17		και	μη εισενεγκης ημας εις πειρασμον, αλλα...
ΛΚ 11:4	17		και	αφες ημιν τας αμαρτιας ημων, και γαρ...
ΛΚ 11:4	17	.. γαρ αυτοι αφιομεν παντι οφειλοντι ημιν.	και	μη εισενεγκης ημας εις πειρασμον.
ΜΘ 12:39	21	.... πονηρα και μοιχαλις σημειον επιζητει,	και	σημειον ου δοθησεται αυτη ει μη το σημειον...
ΜΘ 12:41	21	...... εν τη κρισει μετα της γενεας ταυτης	και	κατακρινουσιν αυτην. οτι μετενοησαν εις...
ΜΘ 12:41	21	...... οτι μετενοησαν εις το κηρυγμα ιωνα,	και	ιδου πλειον ιωνα ωδε.
ΜΘ 12:42	21	...... εν τη κρισει μετα της γενεας ταυτης	και	κατακρινει αυτην. οτι ηλθεν εκ των περατων...
ΜΘ 12:42	21	.... της γης ακουσαι την σοφιαν σολομωνος,	και	ιδου πλειον σολομωνος ωδε.
ΜΘ 16:4	21	.... πονηρα και μοιχαλις σημειον επιζητει,	και	σημειον ου δοθησεται αυτη ει μη το σημειον...
ΛΚ 11:29	21	.. αυτη γενεα πονηρα εστιν. σημειον ζητει,	και	σημειον ου δοθησεται αυτη ει μη το σημειον...
ΛΚ 11:31	21	.. κρισει μετα των ανδρων της γενεας ταυτης	και	κατακρινει αυτους. οτι ηλθεν εκ των περατων...
ΛΚ 11:31	21	.... της γης ακουσαι την σοφιαν σολομωνος,	και	ιδου πλειον σολομωνος ωδε.
ΛΚ 11:32	21	...... εν τη κρισει μετα της γενεας ταυτης	και	κατακρινουσιν αυτην. οτι μετενοησαν εις...
ΛΚ 11:32	21	...... οτι μετενοησαν εις το κηρυγμα ιωνα,	και	ιδου πλειον ιωνα ωδε.
ΜΘ 23:7	23		και	τους ασπασμους εν ταις αγοραις και καλεισθαι...
ΜΘ 23:23	23	.. υποκριται, οτι αποδεκατουτε το ηδυοσμον	και	τοανηθον και το κυμινον, και αφηκατε τα...
ΜΘ 23:23	23	.. αφηκατε τα βαρυτερα του νομου, την κρισιν	και	το ελεος και την πιστιν. ταυτα εδει ποιησαι...
ΜΘ 23:25	23	.... οτι καθαριζετε το εξωθεν του ποτηριου	και	της παροψιδος, εσωθεν δε γεμουσιν εξ...
ΛΚ 11:39	23	. υμεις οι φαρισαιοι το εξωθεν του ποτηριου	και	του πινακος καθαριζετε, το δε εσωθεν...
ΛΚ 11:42	23	. φαρισαιοις, οτι αποδεκατουτε το ηδυοσμον	και	το πηγανον και παν λαχανον, και παρερχεσθε...

ΛΚ 11:42	23	.... παν λαχανον, και παρερχεσθε την κρισιν	και	την αγαπην του θεου. ταυτα δε εδει ποιησαι...
ΛΚ 11:43	23	..... την πρωτοκαθεδριαν εν ταις συναγωγαις	και	τους ασπασμους εν ταις αγοραις.
Μθ 10:26	24	.... κακαλυμμενον ο ουκ αποκαλυφθησεται,	και	κρυπτον ο ου γνωσθησεται.
Μθ 10:27	24	... υμιν εν τη σκοτια, ειπατε εν τω φωτι.	και	ο εις το ους ακουετε, κηρυξατε επι των...
Μθ 10:29	24	ουχι δυο στρουθια ασσαριου πωλειται;	και	εν εξ αυτων ου πεσειται επι την γην...
Μθ 10:30	24	υμων δε	και	αι τριχες της κεφαλης πασαι ηριθμημεναι...
ΛΚ 12:2	24	.... εστιν ο ουκ αποκαλυφθησεται,	και	κρυπτον ο ου γνωσθησεται.
ΛΚ 12:3	24	... σκοτια ειπατε εν τω φωτι ακουσθησεται,	και	ο προς το ους ελαλησατε εν τοις ταμειεοις...
ΛΚ 12:6	24	.... πεντε στρουθια πωλουνται ασσαριων δυο;	και	εν εξ αυτων ουκ εστιν επιλελησμενον...
ΛΚ 12:7	24	αλλα	και	αι τριχες της κεφαλης υμων πασαι ηριθμηνται....
Μθ 12:32	25		και	ος εαν ειπη λογον κατα του υιου του ανθρωπου,...
ΛΚ 12:10	25		και	πας ος ερει λογον εις τον υιον του ανθρωπου,...
Μθ 6:25	27	...... ουχι η ψυχη πλειον εστιν της τροφης	και	το σωμα του ενδυματος;
Μθ 6:26	27	.... ουδε συναγουσιν εις αποθηκας,	και	ο πατηρ υμων ο ουρανιος τρεφει αυτα. ουχ...
Μθ 6:30	27	. ει δε τον χορτον του αγρου σημερον οντα	και	αυριον εις κλιβανον βαλλομενον ο θεος...
Μθ 6:33	27	.... βασιλειαν και την δικαιοσυνην αυτου,	και	ταυτα παντα προστεθησεται υμιν.
ΛΚ 12:23	27	η γαρ ψυχη λειον εστιν της τροφης	και	το σωμα του ενδυματος.
ΛΚ 12:24	27	...... οις ουκ εστιν ταμειον ουδε αποθηκη,	και	ο θεος τρεφει αυτους. ποσω μαλλον υμεις...
ΛΚ 12:28	27	. ει δε εν αγρω τον χορτον οντα σημερον	και	αυριον εις κλιβανον βαλλομενον ο θεος...
ΛΚ 12:31	27	πλην ζητειτε την βασιλειαν αυτου,	και	ταυτα προστεθησεται υμιν.
Μθ 6:21	28	.. γαρ εστιν ο θησαυρος σου, εκει εσται	και	η καρδια σου.
ΛΚ 12:34	28	οπου γαρ εστιν ο θησαυρος υμων, εκει	και	η καρδια υμων εσται.
Μθ 24:44	29	δια τουτο	και	υμεις γινεσθε ετοιμοι, οτι η ου δοκειτε...
Μθ 24:49	29		και	αρξηται τυπτειν τους συνδουλους αυτου,...
Μθ 24:49	29	. τυπτειν τους συνδουλους αυτου, εσθιη δε	και	πινη μετα των μεθυοντων,
Μθ 24:50	29	. δουλου εκεινου εν ημερα η ου προσδοκα	και	εν ωρα η ου γινωσκει,
Μθ 24:51	29		και	διχοτομησει αυτον και το μερος αυτου...
Μθ 24:51	29	και διχοτομησει αυτον	και	το μερος αυτου μετα των υποκριτων θησει....
ΛΚ 12:40	29		και	υμεις γινεσθε ετοιμοι, οτι η ωρα ου...
ΛΚ 12:45	29	.... αυτου, χρονιζει ο κυριος μου ερχεσθαι,	και	αρξηται τυπτειν τους παιδας και τας παιδισκας,...
ΛΚ 12:45	29	..... παιδας και τας παιδισκας, εσθιειν τε	και	πινειν και μεθυσκεσθαι,
ΛΚ 12:45	29	..... τας παιδισκας, εσθιειν τε και πινειν	και	μεθυσκεσθαι,
ΛΚ 12:46	29	. δουλου εκεινου εν ημερα η ου προσδοκα	και	εν ωρα η ου γινωσκει, και διχοτομησει...
ΛΚ 12:46	29	.. ου προσδοκα και εν ωρα η ου γινωσκει,	και	διχοτομησει αυτον, και το μερος αυτου...
ΛΚ 12:46	29	. η ου γινωσκει, και διχοτομησει αυτον,	και	το μερος αυτου μετα των απιστων θησει.
Μθ 10:35	30	. γαρ διχασαι ανθρωπον κατα του πατρος αυτου	και	θυγατερα κατα της μητρος αυτης και νυμφην...
Μθ 10:35	30	...... και θυγατερα κατα της μητρος αυτης	και	νυμφην κατα της πενθερας αυτης,
ΛΚ 12:53	30	.... υιος επι πατρι, μητηρ επι την θυγατερα	και	θυγατηρ επι την μητερα, πενθερα επι την...
ΛΚ 12:53	30	.. την μητερα, πενθερα επι την νυμφην αυτης	και	νυμφη επι την πενθεραν.
Μθ 5:25	32	..... μηποτε σε παραδω ο αντιδικος τω κριτη,	και	ο κριτης τω υπηρετη, και εις φυλακην βληθηση....
Μθ 5:25	32	.... τω κριτη, και ο κριτης τω υπηρετη,	και	εις φυλακην βληθηση.
ΛΚ 12:58	32	. αυτου, μηποτε κατασυρη σε προς τον κριτην,	και	ο κριτης σε παραδωσει τω πρακτορι, και...
ΛΚ 12:58	32	.... και ο κριτης σε παραδωσει τω πρακτορι,	και	ο πρακτωρ σε βαλει εις φυλακην.
Μθ 8:11	35	λεγω δε υμιν οτι πολλοι απο ανατολων	και	δυσμων ηξουσιν και ανακλιθησονται μετα...
Μθ 8:11	35	.... απο ανατολων και δυσμων ηξουσιν	και	ανακλιθησονται μετα αβρααμ και ισαακ...
Μθ 8:11	35	. ηξουσιν και ανακλιθησονται μετα αβρααμ	και	ισαακ και ιακωβ εν τη βασιλεια των...
Μθ 8:11	35	... ανακλιθησονται μετα αβρααμ και ισαακ	και	ιακωβ εν τη βασιλεια των ουρανων.
Μθ 8:12	35	.... το εξωτερον. εκει εσται ο κλαυθμος	και	ο βρυγμος των οδοντων.
ΛΚ 13:28	35	εκει εσται ο κλαυθμος	και	ο βρυγμος των οδοντων, οταν οψεσθε αβρααμ...
ΛΚ 13:28	35	.. βρυγμος των οδοντων, οταν οψεσθε αβρααμ	και	ισαακ και ιακωβ και παντας τους προφητας...
ΛΚ 13:28	35	... οδοντων, οταν οψεσθε αβρααμ και ισαακ	και	ιακωβ και παντας τους προφητας εν τη...
ΛΚ 13:29	35	και ηξουσιν απο ανατολων	και	δυσμων και απο βορρα και νοτου και ανακλιθησονται..
ΛΚ 13:29	35	.... και δυσμων και απο βορρα και νοτου	και	ανακλιθησονται εν τη βασιλεια του θεου.
Μθ 23:37	36	.... η αποκτεινουσα τους προφητας	και	λιθοβολουσα τους απεσταλμενους προς αυτην,...
Μθ 23:37	36	.... τα νοσσια αυτης υπο τας πτερυγας,	και	ουκ ηθελησατε.
ΛΚ 13:34	36	.... η αποκτεινουσα τους προφητας	και	λιθοβολουσα τους απεσταλμενους προς αυτην,...
ΛΚ 13:34	36	. ορνις την εαυτης νοσσιαν υπο τας πτερυγας,	και	ουκ ηθελησατε.

ΜΘ 22:3	37		και	απεστειλεν τους δουλους αυτου καλεσαι...
ΛΚ 14:17	37		και	απεστειλεν τον δουλον αυτου τη ωρα του...
ΜΘ 10:38	38	και ος ου λαμβανει τον σταυρον αυτου	και	ακολουθει οπισω μου, ουκ εστιν μου αξιος.
ΛΚ 14:27	38	οστις ου βασταζει τον σταυρον εαυτου	και	ερχεται οπισω μου ου δυναται ειναι μου...
ΜΘ 18:12	40	.. εαν γενηται τινι ανθρωπω εκατον προβατα	και	πλανηθη εν εξ αυτων, ουχι αφησει τα...
ΛΚ 15:4	40	.... ανθρωπος εξ υμων εχων εκατον προβατα	και	απολεσας εξ αυτων εν ου καταλειπει τα...
ΜΘ 6:24	41	.... δουλευειν. η γαρ τον ενα μισησει	και	τον ετερον αγαπησει, η ενος ανθεξεται...
ΜΘ 6:24	41	. τον ετερον αγαπησει, η ενος ανθεξεται	και	του ετερου καταφρονησει. ου δυνασθε θεω...
ΜΘ 6:24	41	.. καταφρονησει. ου δυνασθε θεω δουλευειν	και	μαμωνα.
ΛΚ 16:13	41	.... δουλευεις. η γαρ τον ενα μισησει	και	τον ετερον αγαπησει, η ενος ανθεξεται...
ΛΚ 16:13	41	. τον ετερον αγαπησει, η ενος ανθεξεται	και	του ετερου καταφρονησει. ου δυνασθε θεω...
ΛΚ 16:13	41	.. καταφρονησει. ου δυνασθε θεω δουλευειν	και	μαμωνα.
ΜΘ 17:20	45	... ερειτε τω ορει τουτω, μεταβα ενθεν εκει,	και	μεταβησεται. και ουδεν αδυνατησει υμιν.
ΛΚ 17:6	45	. , εκριζωθητι και φυτευθητι εν τη θαλασση.	και	υπηκουσεν αν υμιν.
ΜΘ 24:39	46	. και ουκ εγνωσαν εως ηλθεν ο κατακλυσμος	και	ηρεν απαντας, ουτως εσται η παρουσια...
ΛΚ 17:27	46	..... την κιβωτον, και ηλθεν ο κατακλυσμος	και	απωλεσεν παντας.
ΜΘ 25:26	47	.... ηδεις οτι θεριζω οπου ουκ εσπειρα	και	συναγω οθεν ου διεσκορπισα;
ΜΘ 25:27	47	... βαλειν τα αργυρια μου τοις τραπεζιταις,	και	ελθων εγω εκομισαμην αν το εμον συν τοκω.
ΜΘ 25:28	47	αρατε ουν απ αυτου το ταλαντον	και	δοτε τω εχοντι τα δεκα ταλαντα.
ΜΘ 25:29	47	... και περισσευθησεται. του δε μη εχοντος	και	ο εχει αρθησεται απ αυτου.
ΛΚ 19:22	47	. ανθρωπος αυστηρος ειμι, αιρων ο ουκ εθηκα	και	θεριζων ο ουκ εσπειρα;
ΛΚ 19:24	47	.... ειπεν, αρατε απ αυτου την μναν	και	δοτε τω τας δεκα μνας εχοντι
ΛΚ 19:26	47	. εχοντι δοθησεται, απο δε του μη εχοντος	και	ο εχει αρθησεται.
ΛΚ 12:56	31	. γης και του ουρανου οιδατε δοκιμαζειν, τον	καιρον	δε τουτον πως ουκ οιδατε δοκιμαζειν;
ΜΘ 24:45	29	... αυτου του δουναι αυτοις την τροφην εν	καιρω;	
ΛΚ 12:42	29	. επι της θεραπειας αυτου του διδοναι εν	καιρω	σιτομετριον;
ΜΘ 16:3	31	..... γινωσκετε διακρινειν, τα δε σημεια των	καιρων	ου δυνασθε.
ΜΘ 10:26	24	μη ουν φοβηθητε αυτους. ουδεν γαρ εστιν	κακαλυμμενον	ο ουκ αποκαλυφθησεται, και κρυπτον ο...
ΜΘ 23:23	23	...... και την πιστιν. ταυτα εδει ποιησαι	κακεινα	μη αφειναι.
ΛΚ 11:42	23	.... αγαπην του θεου. ταυτα δε εδει ποιησαι	κακεινα	μη παρειναι.
ΜΘ 11:7	10	.. τι εξηλθατε εις την ερημον θεασασθαι;	καλαμον	υπο ανεμου σαλευομενον;
ΛΚ 7:24	10	.. τι εξηλθατε εις την ερημον θεασασθαι;	καλαμον	υπο ανεμου σαλευομενον;
ΛΚ 19:13	47		καλεσας	δε δεκα δουλους εαυτου εδωκεν αυτοις...
ΜΘ 3:10	01	.. κειται. παν ουν δενδρον μη ποιουν καρπον	καλον	εκκοπτεται και εις πυρ βαλλεται.
ΛΚ 3:9	01	.. κειται. παν ουν δενδρον μη ποιουν καρπον	καλον	εκκοπτεται και εις πυρ βαλλεται.
ΛΚ 6:43	06	... ουδε παλιν δενδρον σαπρον ποιουν καρπον	καλον.	
ΜΘ 7:18	06	.... ποιειν, ουδε δενδρον σαπρον καρπους	καλους	ποιειν.
ΜΘ 6:21	28	...... ο θησαυρος σου, εκει εσται και η	καρδια	σου.
ΛΚ 12:34	28	..... εστιν ο θησαυρος υμων, εκει και η	καρδια	υμων εσται.
ΜΘ 24:48	29	.. δε ειπη ο κακος δουλος εκεινος εν τη	καρδια	αυτου, χρονιζει μου ο κυριος,
ΛΚ 12:45	29	εαν δε ειπη ο δουλος εκεινος εν τη	καρδια	αυτου, χρονιζει ο κυριος μου ερχεσθαι,...
ΜΘ 12:34	06	...... οντες; εκ γαρ του περισσευματος της	καρδιας	το στομα λαλει.
ΛΚ 6:45	06	.... το πονηρον. εκ γαρ περισσευματος	καρδιας	λαλει το στομα αυτου.
ΜΘ 3:8	01	ποιησατε ουν	καρπον	αξιον της μετανοιας.
ΜΘ 3:10	01	.... κειται. παν ουν δενδρον μη ποιουν	καρπον	καλον εκκοπτεται και εις πυρ βαλλεται.
ΛΚ 3:9	01	.... κειται. παν ουν δενδρον μη ποιουν	καρπον	καλον εκκοπτεται και εις πυρ βαλλεται.
ΛΚ 6:43	06	ου γαρ εστιν δενδρον καλον ποιουν	καρπον	σαπρον, ουδε παλιν δενδρον σαπρον ποιουν...
ΛΚ 6:43	06	.. σαπρον, ουδε παλιν δενδρον σαπρον ποιουν	καρπον	καλον.
ΛΚ 6:44	06	εκαστον γαρ δενδρον εκ του ιδιου	καρπου	γινωσκεται. ου γαρ εξ ακανθων συλλεγουσιν...
ΛΚ 3:8	01	ποιησατε ουν	καρπους	αξιους της μετανοιας. και μη αρξησθε...
ΜΘ 7:18	06	ου δυναται δενδρον αγαθον	καρπους	πονηρους ποιειν, ουδε δενδρον σαπρον καρπους...
ΜΘ 7:18	06	...... πονηρους ποιειν, ουδε δενδρον σαπρον	καρπους	καλους ποιειν.
ΜΘ 7:16	06	απο των	καρπων	αυτων επιγνωσεσθε αυτους. μητι συλλεγουσιν...
ΜΘ 7:3	05	τι δε βλεπεις το	καρφος	το εν τω οφθαλμω του αδελφου σου, την...
ΜΘ 7:4	05	. πως ερεις τω αδελφω σου, αφες εκβαλω το	καρφος	εκ του οφθαλμου σου, και ιδου η δοκος...
ΜΘ 7:5	05	.... σου, και τοτε διαβλεψεις εκβαλειν το	καρφος	εκ του οφθαλμου του αδελφου σου.
ΛΚ 6:41	05	τι δε βλεπεις το	καρφος	το εν τω οφθαλμω του αδελφου σου, την...

ΛΚ 6:42	05	... τω αδελφω σου, αδελφε, αφες εκβαλω το	καρφος	το εν τω οφθαλμω σου, αυτος την εν τω...
ΛΚ 6:42	05	. του οφθαλμου σου, και τοτε διαβλεψεις το	καρφος	το εν τω οφθαλμω του αδελφου σου εκβαλειν....
ΜΘ 12:30	19	ο μη ων μετ εμου	κατ	εμου εστιν, και ο μη συναγων μετ εμου...
ΛΚ 11:23	19	ο μη ων μετ εμου	κατ	εμου εστιν, και ο μη συναγων μετ εμου...
ΜΘ 11:23	14	.... μη εως ουρανου υψωθηση; εως αδου	καταβηση.	οτι ει εν σοδομοις εγενηθησαν αι δυναμεις...
ΛΚ 10:15	14	.... μη εως ουρανου υψωθηση; εως του αδου	καταβιβασθηση.	
ΜΘ 3:12	01	. αυτου εις την αποθηκην , το δε αχυρον	κατακαυσει	πυρι ασβεστω.
ΛΚ 3:17	01	.. εις την αποθηκην αυτου, το δε αχυρον	κατακαυσει	πυρι ασβεστω.
ΜΘ 24:39	46	και ουκ εγνωσαν εως ηλθεν ο	κατακλυσμος	και ηρεν απαντας, ουτως εσται η παρουσια...
ΛΚ 17:27	46	.... νωε εις την κιβωτον, και ηλθεν ο	κατακλυσμος	και απωλεσεν παντας.
ΜΘ 12:42	21	. εν τη κρισει μετα της γενεας ταυτης και	κατακρινει	αυτην. οτι ηλθεν εκ των περατων της...
ΛΚ 11:31	21	.... μετα των ανδρων της γενεας ταυτης και	κατακρινει	αυτους. οτι ηλθεν εκ των περατων της...
ΜΘ 12:41	21	. εν τη κρισει μετα της γενεας ταυτης και	κατακρινουσιν	αυτην. οτι μετενοησαν εις το κηρυγμα...
ΛΚ 11:32	21	. εν τη κρισει μετα της γενεας ταυτης και	κατακρινουσιν	αυτην. οτι μετενοησαν εις το κηρυγμα...
ΜΘ 6:28	27	και περι ενδυματος τι μεριμνατε;	καταμαθετε	τα κρινα του αγρου πως αυξανουσιν. ου...
ΜΘ 7:3	05	... σου, την δε εν τω σω οφθαλμω δοκον ου	κατανοεις;	
ΛΚ 6:41	05	.. την δε δοκον την εν τω ιδιω οφθαλμω ου	κατανοεις;	
ΛΚ 12:27	27		κατανοησατε	τα κρινα πως αυξανει. ου κοπια ουδε νηθει....
ΜΘ 24:47	29	. υμιν οτι επι πασιν τοις υπαρχουσιν αυτου	καταστησει	αυτον.
ΛΚ 12:42	29	.... εστιν ο πιστος οικονομος ο φρονιμος, ον	καταστησει	ο κυριος επι της θεραπειας αυτου του...
ΛΚ 12:44	29	. υμιν οτι επι πασιν τοις υπαρχουσιν αυτου	καταστησει	αυτον.
ΜΘ 6:24	41	.... η ενος ανθεξεται και του ετερου	καταφρονησει.	ου δυνασθε θεω δουλευειν και μαμωνα.
ΛΚ 16:13	41	.... η ενος ανθεξεται και του ετερου	καταφρονησει.	ου δυνασθε θεω δουλευειν και μαμωνα.
ΜΘ 24:45	29	.... εστιν ο πιστος δουλος και φρονιμος ον	κατεστησεν	ο κυριος επι της οικετειας αυτου του...
ΜΘ 12:45	20	.... πονηροτερα εαυτου, και εισελθοντα	κατοικει	εκει. και γινεται τα εσχατα του ανθρωπου...
ΛΚ 11:26	20	.. πονηροτερα εαυτου επτα, και εισελθοντα	κατοικει	εκει, και γινεται τα εσχατα του ανθρωπου...
ΜΘ 4:6	02	...... ει υιος ει του θεου, βαλε σεαυτον	κατω.	γεγραπται γαρ οτι τοις αγγελοις αυτου...
ΛΚ 4:9	02	. υιος ει του θεου, βαλε σεαυτον εντευθεν	κατω.	
ΜΘ 11:23	14	και συ,	καφαρναουμ,	μη εως ουρανου υψωθηση; εως αδου καταβηση....
ΛΚ 10:15	14	και συ,	καφαρναουμ,	μη εως ουρανου υψωθηση; εως του αδου...
ΜΘ 3:10	01	.. δε η αξινη προς την ριζαν των δενδρων	κειται.	παν ουν δενδρον μη ποιουν καρπον καλον...
ΛΚ 3:9	01	. και η αξινη προς την ριζαν των δενδρων	κειται.	παν ουν δενδρον μη ποιουν καρπον καλον...
ΛΚ 14:17	37	...... αυτου τη ωρα του δειπνου ειπειν τοις	κεκλημενοις,	ερχεσθε, οτι ηδη ετοιμα εστιν.
ΜΘ 22:3	37	.... τους δουλους αυτου καλεσαι τους	κεκλημενους	εις τους γαμους, και ουκ ηθελον ελθειν.
ΜΘ 12:44	20	.... ευρισκει σχολαζοντα σεσαρωμενον και	κεκοσμημενον.	
ΛΚ 11:25	20	και ελθον ευρισκει σεσαρωμενον και	κεκοσμημενον.	
ΜΘ 5:18	42	.... ο ουρανος και η γη, ιωτα εν η μια	κεραια	ου μη παρελθη απο του νομου εως αν παντα...
ΛΚ 16:17	42	... και την γην παρελθειν η του νομου μιαν	κεραιαν	πεσειν.
ΜΘ 8:20	12	. ο δε υιος του ανθρωπου ουκ εχει που την	κεφαλην	κλινη.
ΛΚ 9:58	12	. ο δε υιος του ανθρωπου ουκ εχει που την	κεφαλην	κλινη.
ΜΘ 10:30	24	υμων δε και αι τριχες της	κεφαλης	πασαι ηριθμημεναι εισιν.
ΛΚ 12:7	24	αλλα και αι τριχες της	κεφαλης	υμων πασαι ηριθμηνται. μη φοβεισθε. πολλων...
ΜΘ 12:41	21	.... αυτην. οτι μετενοησαν εις το	κηρυγμα	ιωνα, και ιδου πλειον ιωνα ωδε.
ΛΚ 11:32	21	.... αυτην. οτι μετενοησαν εις το	κηρυγμα	ιωνα, και ιδου πλειον ιωνα ωδε.
ΜΘ 10:27	24	.... εν τω φωτι. και ο εις το ους ακουετε,	κηρυξατε	επι των δωματων.
ΛΚ 12:3	24	. ο προς το ους ελαλησατε εν τοις ταμειεοις	κηρυχθησεται	επι των δωματων.
ΜΘ 24:38	46	... αχρι ης ημερας εισηλθεν νωε εις την	κιβωτον,	
ΛΚ 17:27	46	... αχρι ης ημερας εισηλθεν νωε εις την	κιβωτον,	και ηλθεν ο κατακλυσμος και απωλεσεν...
ΜΘ 13:32	33	.... του ουρανου και κατασκηνουν εν τοις	κλαδοις	αυτου.
ΛΚ 13:19	33	.. πετεινα του ουρανου κατεσκηνωσεν εν τοις	κλαδοις	αυτου.
ΜΘ 8:12	35	.. εις το σκοτος το εξωτερον. εκει εσται ο	κλαυθμος	και ο βρυγμος των οδοντων.
ΛΚ 13:28	35	εκει εσται ο	κλαυθμος	και ο βρυγμος των οδοντων, οταν οψεσθε...
ΜΘ 6:19	28	... οπου σης και βρωσις αφανιζει, και οπου	κλεπται	διορυσσουσιν και κλεπτουσιν.
ΛΚ 12:33	28	.... ανεκλειπτον εν τοις ουρανοις, οπου	κλεπτης	ουκ εγγιζει ουδε σης διαφθερει.
ΜΘ 24:43	29	.. οτι ει ηδει ο οκοδεσποτης ποια φυλακη ο	κλεπτης	ερχεται, εγρηγορησεν αν και ουκ αν ειασεν...
ΛΚ 12:39	29	.... οτι ει ηδει ο οικοδεσποτης ποια ωρα ο	κλεπτης	ερχεται, ουκ αν αφηκεν διορυχθηναι τον...
ΜΘ 6:30	27	.. του αγρου σημερον οντα και αυριον εις	κλιβανον	βαλλομενον ο θεος ουτως αμφιεννυσιν,...

ΛΚ 12:28	27	.. τον χορτον οντα σημερον και αυριον εις κλιβανον	βαλλομενον ο θεος ουτως αμφιζει, ποσω...
Μθ 8:20	12	... του ανθρωπου ουκ εχει που την κεφαλην κλινη.	
ΛΚ 9:58	12	... του ανθρωπου ουκ εχει που την κεφαλην κλινη.	
Μθ 17:20	45	.. αμην γαρ λεγω υμιν, εαν εχητε πιστιν ως κοκκον	σιναπεως, ερειτε τω ορει τουτω, μεταβα...
ΛΚ 17:6	45	ειπεν δε ο κυριος, ει εχετε πιστιν ως κοκκον	σιναπεως, ελεγετε αν τη συκαμινω , εκριζωθητι...
Μθ 10:14	13	. οικιας η της πολεως εκεινης εκτιναξατε τον κονιορτον	των ποδων υμων.
ΛΚ 10:11	13	και τον κονιορτον	τον κολληθεντα ημιν εκ της πολεως υμων...
Μθ 7:1	05	μη κρινετε, ινα μη κριθητε.	
ΛΚ 6:37	05	και μη κρινετε, και ου μη κριθητε.	και μη καταδικαζετε, και ου μη καταδικασθητε....
Μθ 6:28	27	.... ενδυματος τι μεριμνατε; καταμαθετε τα κρινα	του αγρου πως αυξανουσιν. ου κοπιωσιν...
ΛΚ 12:27	27	κατανοησατε τα κρινα	πως αυξανει. ου κοπια ουδε νηθει. λεγω...
Μθ 7:1	05	μη κρινετε,	ινα μη κριθητε.
ΛΚ 6:37	05	και μη κρινετε,	και ου μη κριθητε. και μη καταδικαζετε,...
Μθ 19:28	48	.. καθησεσθε και υμεις επι δωδεκα θρονους κρινοντες	τας δωδεκα φυλας του ισραηλ.
ΛΚ 22:30	48	... καθησεσθε επι θρονων τας δωδεκα φυλας κρινοντες	του ισραηλ.
ΛΚ 10:14	14	..... και σιδωνι ανεκτοτερον εσται εν τη κρισει	η υμιν.
Μθ 12:41	21	ανδρες νινευιται αναστησονται εν τη κρισει	μετα της γενεας ταυτης και κατακρινουσιν...
Μθ 12:42	21	βασιλισσα νοτου εγερθησεται εν τη κρισει	μετα της γενεας ταυτης και κατακρινει...
ΛΚ 11:31	21	βασιλισσα νοτου εγερθησεται εν τη κρισει	μετα των ανδρων της γενεας ταυτης και...
ΛΚ 11:32	21	ανδρες νινευιται αναστησονται εν τη κρισει	μετα της γενεας ταυτης και κατακρινουσιν...
Μθ 11:22	14	. και σιδωνι ανεκτοτερον εσται εν ημερα κρισεως	η υμιν.
Μθ 23:23	23	.... και αφηκατε τα βαρυτερα του νομου, την κρισιν	και το ελεος και την πιστιν. ταυτα εδει...
ΛΚ 11:42	23	...... και παν λαχανον, και παρερχεσθε την κρισιν	και την αγαπην του θεου. ταυτα δε εδει...
ΛΚ 11:19	19	.. τινι εκβαλλουσιν; δια τουτο αυτοι υμων κριται	εσονται.
Μθ 5:25	32	.... τη οδω. μηποτε σε παραδω ο αντιδικος τω κριτη,	και ο κριτης τω υπηρετη, και εις φυλακην...
ΛΚ 12:58	32	...... απ αυτου, μηποτε κατασυρη σε προς τον κριτην,	και ο κριτης σε παραδωσει τω πρακτορι,...
Μθ 5:25	32	.... σε παραδω ο αντιδικος τω κριτη, και ο κριτης	τω υπηρετη, και εις φυλακην βληθηση.
ΛΚ 12:58	32	.... κατασυρη σε προς τον κριτην, και ο κριτης	σε παραδωσει τω πρακτορι, και ο πρακτωρ...
Μθ 7:7	18	.. δοθησεται υμιν. ζητειτε, και ευρησετε. κρουετε,	και ανοιγησεται υμιν.
ΛΚ 11:9	18	.. δοθησεται υμιν. ζητειτε, και ευρησετε. κρουετε,	και ανοιγησεται υμιν.
Μθ 7:8	18	.... λαμβανει και ο ζητων ευρισκει, και τω κρουοντι	ανοιγησεται.
ΛΚ 11:10	18	... λαμβανει, και ο ζητων ευρισκει, και τω κρουοντι	ανοιγεται.
Μθ 12:27	19	... εν τινι εκβαλλουσιν; δια τουτο αυτοι κρται	εσονται υμων
Μθ 10:26	24	. κακαλυμμενον ο ουκ αποκαλυφθησεται, και κρυπτον	ο ου γνωσθησεται.
ΛΚ 12:2	24	.... εστιν ο ουκ αποκαλυφθησεται, και κρυπτον	ο ου γνωσθησεται.
Μθ 7:21	07	ου πας ο λεγων μοι, κυριε	κυριε, εισελευσεται εις την βασιλειαν των...
Μθ 7:21	07	ου πας ο λεγων μοι, κυριε κυριε,	εισελευσεται εις την βασιλειαν των ουρανων,...
ΛΚ 6:46	07	τι δε με καλειτε, κυριε,	κυριε, και ου ποιειτε α λεγω;
ΛΚ 6:46	07	τι δε με καλειτε, κυριε, κυριε,	και ου ποιειτε α λεγω;
Μθ 8:8	08	και αποκριθεις ο εκατονταρχος εφη, κυριε,	ουκ ειμι ικανος ινα μου υπο την στεγην...
ΛΚ 7:6	08	. επεμψεν φιλους ο εκατονταρχης λεγων αυτω, κυριε,	μη σκυλλου. ου γαρ ικανος ειμι ινα...
Μθ 11:25	16	. ο ιησους ειπεν, εξομολογουμαι σοι πατερ, κυριε	του ουρανου και της γης, οτι εκρυψας...
ΛΚ 10:21	16	.... και ειπεν, εξομολογουμαι σοι, πατερ, κυριε	του ουρανου και της γης, οτι απεκρυψας...
Μθ 7:22	35	πολλοι ερουσιν μοι εν εκεινη τη ημερα, κυριε	κυριε, ου τω σω ονοματι επροφητευσαμεν,...
ΛΚ 13:25	35	... εσταναι και κρουειν την θυραν λεγοντες, κυριε,	ανοιξον ημιν. και αποκριθεις ερει υμιν,...
Μθ 25:20	47	...... προσηνεγκεν αλλα πεντε ταλαντα λεγων, κυριε,	πεντε ταλαντα μοι παρεδωκας. ιδε αλλα...
Μθ 25:22	47	. προσελθων δε και ο τα δυο ταλαντα ειπεν, κυριε,	δυο ταλαντα μοι παρεδωκας. ιδε αλλα δυο...
Μθ 25:24	47	.... δε και ο το εν ταλαντον ειληφως ειπεν, κυριε,	εγνων σε οτι σκληρος ει ανθρωπος, θεριζων...
ΛΚ 19:16	47	παρεγενετο δε ο πρωτος λεγων, κυριε,	η μνα σου δεκα προσηργασατο μνας.
ΛΚ 19:18	47	και ηλθεν ο δευτερος λεγων, η μνα σου, κυριε,	εποιησεν πεντε μνας.
ΛΚ 19:20	47	και ο ετερος ηλθεν λεγων, κυριε,	ιδου η μνα σου ην ειχον αποκειμενην εν...
Μθ 6:24	41	ουδεις δυναται δυσι κυριοις	δουλευειν. η γαρ τον ενα μισησει και...
ΛΚ 16:13	41	ουδεις οικετης δυναται δυσι κυριοις	δουλευεις. η γαρ τον ενα μισησει και...
Μθ 4:7	02	.... παλιν γεγραπται, ουκ εκπειρασεις κυριον	τον θεον σου.
Μθ 4:10	02	. ο ιησους, υπαγε, σατανα. γεγραπται γαρ, κυριον	τον θεον σου προσκυνησεις και αυτω μονω...
ΛΚ 4:8	02	.... ο ιησους ειπεν αυτω, γεγραπται, κυριον	τον θεον σου προσκυνησεις και αυτω μονω...
ΛΚ 4:12	02	.... ο ιησους οτι ειρηται, ουκ εκπειρασεις κυριον	τον θεον σου.

Μθ 24:45	29	..... δουλος και φρονιμος ον κατεστησεν ο κυριος	επι της οικετειας αυτου του δουναι αυτοις...
Μθ 24:46	29	μακαριος ο δουλος εκεινος ον ελθων ο κυριος	αυτου ευρησει ουτως ποιουντα.
Μθ 24:48	29	...... εν τη καρδια αυτου, χρονιζει μου ο κυριος,	
Μθ 24:50	29	ηξει ο κυριος	του δουλου εκεινου εν ημερα η ου προσδοκα...
ΛΚ 12:42	29	..... οικονομος ο φρονιμος, ον καταστησει ο κυριος	επι της θεραπειας αυτου του διδοναι...
ΛΚ 12:43	29	μακαριος ο δουλος εκεινος, ον ελθων ο κυριος	αυτου ευρησει ποιουντα ουτως.
ΛΚ 12:45	29	. εκεινος εν τη καρδια αυτου, χρονιζει ο κυριος	μου ερχεσθαι, και αρξηται τυπτειν τους...
ΛΚ 12:46	29	ηξει ο κυριος	του δουλου εκεινου εν ημερα η ου προσδοκα...
Μθ 9:38	13	δεηθητε ουν του κυριου	του θερισμου οπως εκβαλη εργατας εις...
ΛΚ 10:2	13	.... οι δε εργαται ολιγοι. δεηθητε ουν του κυριου	του θερισμου οπως εργατας εκβαλη εις...
Μθ 23:39	36	...... ευλογημενος ο ερχομενος εν ονοματι κυριου.	
ΛΚ 13:35	36	...... ευλογημενος ο ερχομενος εν ονοματι κυριου.	
Μθ 11:5	09	.... περιπατουσιν, λεπροι καθαριζονται και κωφοι	ακουουσιν, και νεκροι εγειρονται και...
ΛΚ 7:22	09	.... περιπατουσιν, λεπροι καθαριζονται και κωφοι	ακουουσιν, νεκροι εγειρονται, πτωχοι...
Μθ 12:22	19	. και κωφος. και εθεραπευσεν αυτον, ωστε τον κωφον	λαλειν και βλεπειν.
ΛΚ 11:14	19	και ην εκβαλλων δαιμονιον κωφον.	εγενετο δε του δαιμονιου εξελθοντος ελαλησεν...
Μθ 12:22	19	. προσηνεχθη αυτω δαιμονιζομενος τυφλος και κωφος.	και εθεραπευσεν αυτον, ωστε τον κωφον...
ΛΚ 11:14	19	... δε του δαιμονιου εξελθοντος ελαλησεν ο κωφος.	και εθαυμασαν οι οχλοι.

Μθ 13:33	34	.. εστιν η βασιλεια των ουρανων ζυμη, ην	λαβουσα	γυνη ενεκρυφεν εις αλευρου σατα τρια...
ΛΚ 13:21	34	ομοια εστιν ζυμη, ην	λαβουσα	γυνη ενεκρυψεν εις αλευρου σατα τρια...
Μθ 13:31	33	... βασιλεια των ουρανων κοκκω σιναπεως, ον	λαβων	ανθρωπος εσπειρεν εν τω αγρω αυτου.
ΛΚ 13:19	33	ομοια εστιν κοκκω σιναπεως, ον	λαβων	ανθρωπος εβαλεν εις κηπον εαυτου, και...
Μθ 12:34	06	.... του περισσευματος της καρδιας το στομα	λαλει.	
ΛΚ 6:45	06	... πονηρον. εκ γαρ περισσευματος καρδιας	λαλει	το στομα αυτου.
Μθ 12:22	19	..... και εθεραπευσεν αυτον, ωστε τον κωφον	λαλειν	και βλεπειν.
Μθ 7:8	18	πας γαρ ο αιτων	λαμβανει	και ο ζητων ευρισκει, και τω κρουοντι...
ΛΚ 11:10	18	πας γαρ ο αιτων	λαμβανει,	και ο ζητων ευρισκει, και τω κρουοντι...
Μθ 4:10	02	. τον θεον σου προσκυνησεις και αυτω μονω	λατρευσεις.	
ΛΚ 4:8	02	. τον θεον σου προσκυνησεις και αυτω μονω	λατρευσεις.	
Μθ 21:31	10	.. το θελημα του πατρος; λεγουσιν, ο πρωρος.	λεγει	αυτοις ο ιησους, αμην λεγω υμιν οτι οι...
ΛΚ 7:32	10	.. καθημενοις και προσφωνουσιν αλληλοις, α	λεγει,	πυλησαμεν υμιν και ουκ ωρχησασθε. εθρηνησαμεν...
Μθ 12:44	20	τοτε	λεγει,	εις τον οικον μου επιστρεψω οθεν εξηλθον....
ΛΚ 11:24	20	. τοπων ζητουν αναπαυσιν, και μη ευρισκον	λεγει,	υποστρεψω εις τον οικον μου οθεν εξηλθον.
Μθ 3:9	01	και μη δοξητε	λεγειν	εν εαυτοις, πατερα εχομεν τον αβρααμ....
ΛΚ 3:8	01	..... αξιους της μετανοιας. και μη αρξησθε	λεγειν	εν εαυτοις, πατερα εχομεν τον αβρααμ,...
Μθ 11:7	10	τουτων δε πορευομενων ηρξατο ο ιησους	λεγειν	τοις οχλοις περι ιωαννου, τι εξηλθατε...
ΛΚ 7:24	10	.... δε των αγγελων ιωαννου ηρξατο	λεγειν	προς τους οχλους περι ιωαννου, τι εξηλθατε...
ΛΚ 7:33	10	.... μη εσθιων αρτον μητε πινων οινον, και	λεγετε,	δαιμονιον εχει.
ΛΚ 7:34	10	..... του ανθρωπου εσθιων και πινων, και	λεγετε,	ιδου ανθρωπος φαγος και οινοποτης,...
Μθ 11:17	10		λεγουσιν,	πυλησαμεν υμιν και ουκ ωρχησασθε. εθρηνησαμεν...
Μθ 11:18	10	..... ιωαννης μητε εσθιων μητε πινων, και	λεγουσιν,	δαιμονιον εχει.
Μθ 11:19	10	..... του ανθρωπου εσθιων και πινων, και	λεγουσιν,	ιδου ανθρωπος φαγος και οινοποτης,...
Μθ 3:9	01	.. εν εαυτοις, πατερα εχομεν τον αβρααμ.	λεγω	γαρ υμιν οτι δυναται ο θεος εκ των...
ΛΚ 3:8	01	.. εν εαυτοις, πατερα εχομεν τον αβρααμ,	λεγω	γαρ υμιν οτι δυναται ο θεος εκ των...
Μθ 5:44	04	εγω δε	λεγω	υμιν, αγαπατε τους εχθρους υμων και...
ΛΚ 6:27	04	αλλα υμιν	λεγω	τοις ακουουσιν, αγαπατε τους εχθρους...
Μθ 8:9	08	.... εχων υπ εμαυτον στρατιωτας, και	λεγω	τουτω, πορευθητι, και πορευεται, και...
Μθ 8:10	08	.... και ειπεν τοις ακολουθουσιν, αμην	λεγω	υμιν, παρ ουδενι τοσαυτην πιστιν εν τω...
ΛΚ 7:8	08	.... εχων υπ εμαυτον στρατιωτας, και	λεγω	τουτω, πορευθητι, και πορευεται, και...
ΛΚ 7:9	08	. στραφεις τω ακολουθουντι αυτω οχλω ειπεν,	λεγω	υμιν, ουδε εν τω ισραηλ τοσαυτην πιστιν...
Μθ 11:9	10	. αλλα τι εξηλθατε ιδειν; προφητην; ναι,	λεγω	υμιν, και περισσοτερον προφητου.
Μθ 11:11	10	αμην	λεγω	υμιν, ουκ εγηγερται εν γεννητοις γυναικων...
ΛΚ 7:26	10	. αλλα τι εξηλθατε ιδειν; προφητην; ναι,	λεγω	υμιν, και περισσοτερον προφητου.
ΛΚ 7:28	10		λεγω	υμιν, μειζων εν γεννητοις γυναικων ιωαννου...
Μθ 10:15	13	αμην	λεγω	υμιν, ανεκτοτερον εσται γη σοδομων και...
ΛΚ 10:12	13		λεγω	υμιν οτι σοδομοις εν τη ημερα εκεινη...
Μθ 11:24	14	πλην	λεγω	υμιν οτι γη σοδομων ανεκτοτερον εσται...
ΛΚ 10:12	14		λεγω	υμιν οτι σοδομοις εν τη ημερα εκεινη...
Μθ 13:17	16	αμην γαρ	λεγω	υμιν οτι πολλοι προφηται και δικαιοι επεθυμησαν...
ΛΚ 10:24	16		λεγω	γαρ υμιν οτι πολλοι προφηται και βασιλεις...
Μθ 23:36	23	αμην	λεγω	υμιν, ηξει ταυτα παντα επι την γενεαν...
ΛΚ 11:51	23	..... του θυσιαστηριου και του οικου. ναι,	λεγω	υμιν, εκζητηθησεται απο της γενεας ταυτης.
Μθ 6:25	27	δια τουτο	λεγω	υμιν, μη μεριμνατε τη ψυχη υμων τι φαγητε...
Μθ 6:29	27		λεγω	δε υμιν οτι ουδε σολομων εν παση τη δοξη...
ΛΚ 12:22	27	ειπεν δε προς τους μαθητας, δια τουτο	λεγω	υμιν, μη μεριμνατε τη ψυχη τι φαγητε, μηδε...
ΛΚ 12:27	27	... κρινα πως αυξανει. ου κοπια ουδε νηθει.	λεγω	δε υμιν, ουδε σολομων εν παση τη δοξη...
Μθ 24:47	29	αμην	λεγω	υμιν οτι επι πασιν τοις υπαρχουσιν αυτου...
ΛΚ 12:44	29	αληθως	λεγω	υμιν οτι επι πασιν τοις υπαρχουσιν αυτου...
Μθ 5:26	32	αμην	λεγω	σοι, ου μη εξελθης εκειθεν εως αν αποδως...
ΛΚ 12:59	32		λεγω	σοι, ου μη εξελθης εκειθεν εως και...
Μθ 23:39	36		λεγω	γαρ υμιν, ου μη με ιδητε απ αρτι εως...
ΛΚ 13:35	36	ιδου αφιεται υμιν ο οικος υμων.	λεγω	υμιν, ου μη ιδητε με εως ειπητε, ευλογημενος...
Μθ 18:13	40	και εαν γενηται ευρειν αυτο, αμην	λεγω	υμιν οτι χαιρει επ αυτω μαλλον η επι τοις...
ΛΚ 15:7	40		λεγω	υμιν οτι ουτως χαρα εν τω ουρανω εσται...

Mθ 25:20	47	.... λαβων προσηνεγκεν αλλα πεντε ταλαντα λεγων,	κυριε, πεντε ταλαντα μοι παρεδωκας. ιδε...
ΛΚ 19:16	47	παρεγενετο δε ο πρωτος λεγων,	κυριε, η μνα σου δεκα προσηργασατο μνας.
Mθ 11:5	09	..... αναβλεπουσιν και χωλοι περιπατουσιν, λεπροι	καθαριζονται και κωφοι ακουουσιν, και...
ΛΚ 7:22	09	.. τυφλοι αναβλεπουσιν, χωλοι περιπατουσιν, λεπροι	καθαριζονται και κωφοι ακουουσιν, νεκροι...
Mθ 23:37	36	.... η αποκτεινουσα τους προφητας και λιθοβολουσα	τους απεσταλμενους προς αυτην, ποσακις...
ΛΚ 13:34	36	.... η αποκτεινουσα τους προφητας και λιθοβολουσα	τους απεσταλμενους προς αυτην, ποσακις...
Mθ 4:3	02	...... ει υιος ει του θεου, ειπε ινα οι λιθοι	ουτοι αρτοι γενωνται.
Mθ 4:6	02	.. χειρων αρουσιν σε, μηποτε προσκοψης προς λιθον	τον ποδα σου.
ΛΚ 4:11	02	... χειρων αρουσιν σε μηποτε προσκοψης προς λιθον	τον ποδα σου.
ΛΚ 4:3	02	.... ει υιος ει του θεου, ειπε τω λιθω	τουτω ινα γενηται αρτος.
Mθ 3:9	01	..... γαρ υμιν οτι δυναται ο θεος εκ των λιθων	τουτων εγειραι τεκνα τω αβρααμ.
ΛΚ 3:8	01	..... γαρ υμιν οτι δυναται ο θεος εκ των λιθων	τουτων εγειραι τεκνα τω αβρααμ.
Mθ 12:32	25	και ος εαν ειπη λογον	κατα του υιου του ανθρωπου, αφεθησεται...
ΛΚ 12:10	25	και πας ος ερει λογον	εις τον υιον του ανθρωπου, αφεθησεται...
Mθ 7:24	07	πας ουν οστις ακουει μου τους λογους	τουτους και ποιει αυτους ομοιωθησεται...
Mθ 8:8	08	.... την στεγην εισελθης. αλλα μονον ειπε λογω,	και ιαθησεται ο παις μου.
ΛΚ 7:7	08	.... ηξιωσα προς σε ελθειν. αλλα ειπε λογω,	και ιαθητω ο παις μου.
ΛΚ 6:47	07	... ο ερχομενος προς με και ακουων μου των λογων	και ποιων αυτους, υποδειξω υμιν τινι...
Mθ 6:22	22	ο λυχνος	του σωματος εστιν ο οφθαλμος. εαν ουν...
ΛΚ 11:34	22	ο λυχνος	του σωματος εστιν ο οφθαλμος σου. οταν...

-- μ --

ΛΚ 7:18	09	και απηγγειλαν ιωαννη οι	μαθηται	αυτου περι παντων τουτων. και προσκαλεσαμενος...
Μθ 10:24	05	ουκ εστιν	μαθητης	υπερ τον διδασκαλον ουδε δουλος υπερ τον...
ΛΚ 6:40	05	ουκ εστιν	μαθητης	υπερ τον διδασκαλον, κατηρτισμενος δε...
Μθ 11:2	09	........τα εργα του χριστου πεμψας δια των	μαθητων	αυτου ειπεν αυτω,
Μθ 5:3	03		μακαριοι	οι πτωχοι τω πνευματι, οτι αυτων εστιν...
Μθ 5:6	03		μακαριοι	οι πεινωντες και διψωντες την δικαιοσυνην,...
Μθ 5:11	03		μακαριοι	εστε οταν ονειδισωσιν υμας και διωξωσιν...
ΛΚ 6:20	03		μακαριοι	οι πτωχοι, οτι υμετερα εστιν η βασιλεια...
ΛΚ 6:21	03		μακαριοι	οι πεινωντες νυν, οτι χορτασθησεσθε. μακαριοι...
ΛΚ 6:22	03		μακαριοι	εστε οταν μισησωσιν υμας οι ανθρωποι,...
Μθ 13:16	16	υμων δε	μακαριοι	οι οφθαλμοι οτι βλεπουσιν, και τα ωτα...
ΛΚ 10:23	16	.... προς τους μαθητας κατ ιδιαν ειπεν,	μακαριοι	οι οφθαλμοι οι βλεποντες α βλεπετε.
Μθ 11:6	09	και	μακαριος	εστιν ος εαν μη σκανδαλισθη εν εμοι.
ΛΚ 7:23	09	και	μακαριος	εστιν ος εαν μη σκανδαλισθη εν εμοι.
Μθ 24:46	29		μακαριος	ο δουλος εκεινος ον ελθων ο κυριος...
ΛΚ 12:43	29		μακαριος	ο δουλος εκεινος, ον ελθων ο κυριος...
Μθ 11:8	10	αλλα τι εξηλθατε ιδειν; ανθρωπον εν	μαλακοις	ημφιεσμενον; ιδου οι τα μαλακα φορουντες...
ΛΚ 7:25	10	αλλ τι εξηλθατε ιδειν; ανθρωπον εν	μαλακοις	ιματιοις ημφιεσμενον; ιδου οι εν ιματισμω...
Μθ 7:11	18	.... αγαθα διδοναι τοις τεκνοις υμων, ποσω	μαλλον	ο πατηρ υμων ο εν τοις ουρανοις δωσει...
ΛΚ 11:13	18	.... αγαθα διδοναι τοις τεκνοις υμων, ποσω	μαλλον	ο πατηρ εξ ουρανου δωσει πνευμα αγιον...
Μθ 6:26	27	.... υμων ο ουρανιος τρεφει αυτα. ουχ υμεις	μαλλον	διαφερετε αυτων;
Μθ 6:30	27	.... ο θεος ουτως αμφιεννυσιν, ου πολλω	μαλλον	υμας, ολιγοπιστοι;
ΛΚ 12:24	27	.... και ο θεος τρεφει αυτους. ποσω	μαλλον	υμεις διαφερετε των πετεινων.
ΛΚ 12:28	27	... βαλλομενον ο θεος ουτως αμφιζει, ποσω	μαλλον	υμας, ολιγοπιστοι.
Μθ 6:24	41	.... ου δυνασθε θεω δουλευειν και	μαμωνα.	
ΛΚ 16:13	41	.... ου δυνασθε θεω δουλευειν και	μαμωνα.	
Μθ 23:31	23	ωστε	μαρτυρειτε	εαυτοις οτι υιοι εστε των φονευσαντων τους...
ΛΚ 11:48	23	αρα	μαρτυρες	εστε και συνευδοκειτε τοις εργοις των...
Μθ 10:40	15	. ο εμε δεχομενος δεχεται τον αποστειλαντα	με.	
ΛΚ 10:16	15	.. ο δε εμε αθετων αθετει τον αποστειλαντι	με.	
Μθ 10:33	24	οστις δ αν αρνησηται	με	εμπροσθεν των ανθρωπων, αρνησομαι καγω...
ΛΚ 12:9	24	ο δε αρνησαμενος	με	ενωπιον των ανθρωπων απαρνηθησεται ενωπιον...
Μθ 23:39	36	λεγω γαρ υμιν, ου μη	με	ιδητε απ αρτι εως αν ειπητε, ευλογημενος...
ΛΚ 13:35	36	.... ο οικος υμων. λεγω υμιν, ου μη ιδητε	με	εως ειπητε, ευλογημενος ο ερχομενος...
ΛΚ 6:49	07	... και εγενετο το ρηγμα της οικιας εκεινης	μεγα.	
Μθ 7:27	07	.... και επεσεν, και ην η πτωσις αυτης	μεγαλη.	
Μθ 24:49	29	...... αυτου, εσθιη δε και πινη μετα των	μεθυοντων,	
ΛΚ 12:45	29	.... παιδισκας, εσθιειν τε και πινειν και	μεθυσκεσθαι,	
Μθ 11:11	10	..... ουκ εγηγερται εν γεννητοις γυναικων	μειζων	ιωαννου του βαπτιστου. ο δε μικροτερος...
Μθ 11:11	10	.... μικροτερος εν τη βασιλεια των ουρανων	μειζων	αυτου εστιν.
ΛΚ 7:28	10	λεγω υμιν,	μειζων	εν γεννητοις γυναικων ιωαννου ουδεις...
ΛΚ 7:28	10	. ο δε μικροτερος εν τη βασιλεια του θεου	μειζων	αυτου εστιν.
Μθ 3:7	01	.... τις υπεδειξεν υμιν φυγειν απο της	μελλουσης	οργης;
ΛΚ 3:7	01	.... τις υπεδειξεν υμιν φυγειν απο της	μελλουσης	οργης;
Μθ 6:25	27	δια τουτο λεγω υμιν, μη	μεριμνατε	τη ψυχη υμων τι φαγητε , μηδε τω σωματι...
Μθ 6:28	27	και περι ενδυματος τι	μεριμνατε;	καταμαθετε τα κρινα του αγρου πως αυξανουσιν....
ΛΚ 12:22	27	.... τους μαθητας, δια τουτο λεγω υμιν, μη	μεριμνατε	τη ψυχη τι φαγητε, μηδε τω σωματι τι ενδυσησθε....
ΛΚ 12:26	27	. ουδε ελαχιστον δυνασθε, τι περι των λοιπων	μεριμνατε;	
Μθ 6:27	27	τις δε εξ υμων	μεριμνων	δυναται προσθειναι επι την ηλικιαν αυτου...
ΛΚ 12:25	27	τις δε εξ υμων	μεριμνων	δυναται επι την ηλικιαν αυτου προσθειναι...
Μθ 24:51	29	και διχοτομησει αυτον και το	μερος	αυτου μετα των υποκριτων θησει. εκει...
ΛΚ 12:46	29	.... και διχοτομησει αυτον, και το	μερος	αυτου μετα των απιστων θησει.
Μθ 10:16	13	ιδου εγω αποστελλω υμας ως προβατα εν	μεσω	λυκων. γινεσθε ουν φρονιμοι ως οι οφεις...
ΛΚ 10:3	13	. υπαγετε. ιδου αποστελλω υμας ως αρνας εν	μεσω	λυκων.
Μθ 12:30	19	ο μη ων	μετ	εμου κατ εμου εστιν, και ο μη συναγων...
Μθ 12:30	19	.. εμου κατ εμου εστιν, και ο μη συναγων	μετ	εμου σκορπιζει.

Ref.	No.	Context	Word	Context
ΛΚ 11:23	19	ο μη ων	μετ	εμου κατ εμου εστιν, και ο μη συναγων...
ΛΚ 11:23	19	.. εμου κατ εμου εστιν, και ο μη συναγων	μετ	εμου σκορπιζει.
Μθ 12:41	21	..... νινευιται αναστησονται εν τη κρισει	μετα	της γενεας ταυτης και κατακρινουσιν...
Μθ 12:42	21	.... νοτου εγερθησεται εν τη κρισει	μετα	της γενεας ταυτης και κατακρινει αυτην....
ΛΚ 11:31	21	.... νοτου εγερθησεται εν τη κρισει	μετα	των ανδρων της γενεας ταυτης και κατακρινει...
ΛΚ 11:32	21	..... νινευιται αναστησονται εν τη κρισει	μετα	της γενεας ταυτης και κατακρινουσιν...
Μθ 24:51	29	.. διχοτομησει αυτον και το μερος αυτου	μετα	των υποκριτων θησει. εκει εσται ο κλαυθμος...
ΛΚ 12:46	29	. διχοτομησει αυτον, και το μερος αυτου	μετα	των απιστων θησει.
Μθ 3:8	01	ποιησατε ουν καρπον αξιον της	μετανοιας.	
ΛΚ 3:8	01	ποιησατε ουν καρπους αξιους της	μετανοιας.	και μη αρξησθε λεγειν εν εαυτοις,...
Μθ 23:35	23	..... ζαχαριου υιου βαραχιου, ον εφονευσατε	μεταξυ	του ναου και του θυσιαστηριου.
ΛΚ 11:51	23	..... εως αιματος ζαχαριου του απολομενου	μεταξυ	του θυσιαστηριου και του οικου. ναι,...
Μθ 11:20	14	.... αι πλεισται δυναμεις αυτου, οτι ου	μετενοησαν.	
Μθ 11:21	14	... εν υμιν, παλαι αν εν σακκω και σποδω	μετενοησαν.	
Μθ 12:41	21	..... ταυτης και κατακρινουσιν αυτην. οτι	μετενοησαν	εις το κηρυγμα ιωνα, και ιδου πλειον...
ΛΚ 11:32	21	..... ταυτης και κατακρινουσιν αυτην. οτι	μετενοησαν	εις το κηρυγμα ιωνα, και ιδου πλειον...
Μθ 3:9	01	και	μη	δοξητε λεγειν εν εαυτοις, πατερα εχομεν...
Μθ 3:10	01	..... των δενδρων κειται. παν ουν δενδρον	μη	ποιουν καρπον καλον εκκοπτεται και...
ΛΚ 3:8	01	.. ουν καρπους αξιους της μετανοιας. και	μη	αρξησθε λεγειν εν εαυτοις, πατερα εχομεν...
ΛΚ 3:9	01	..... των δενδρων κειται. παν ουν δενδρον	μη	ποιουν καρπον καλον εκκοπτεται και...
Μθ 5:42	04	. δος, και τον θελοντα απο σου δανισασθαι	μη	αποστραφης.
ΛΚ 6:30	04	.... σε διδου, και απο του αιροντος τα σα	μη	απαιτει.
Μθ 7:1	05		μη	κρινετε, ινα μη κριθητε.
Μθ 7:1	05	μη κρινετε, ινα	μη	κριθητε.
ΛΚ 6:37	05	και	μη	κρινετε, και ου μη κριθητε. και μη...
ΛΚ 6:37	05	και μη κρινετε, και ου	μη	κριθητε. και μη καταδικαζετε, και ου...
Μθ 7:26	07	.... ο ακουων μου τους λογους τουτους και	μη	ποιων αυτους ομοιωθησεται ανδρι μωρω,...
ΛΚ 6:49	07	ο δε ακουσας και	μη	ποιησας ομοιος εστιν ανθρωπω οικοδομησαντι...
Μθ 11:6	09	και μακαριος εστιν ος εαν	μη	σκανδαλισθη εν εμοι.
ΛΚ 7:23	09	και μακαριος εστιν ος εαν	μη	σκανδαλισθη εν εμοι.
ΛΚ 7:33	10	εληλυθεν γαρ ιωαννης ο βαπτιστης	μη	εσθιων αρτον μητε πινων οινον, και λεγετε,...
Μθ 11:23	14	και συ, καφαρναουμ,	μη	εως ουρανου υψωθηση; εως αδου καταβηση....
ΛΚ 10:15	14	και συ, καφαρναουμ,	μη	εως ουρανου υψωθηση; εως του αδου καταβιβασθηση...
Μθ 11:27	16	. μου, και ουδεις επιγινωσκει τον υιον ει	μη	ο πατηρ, ουδε τον πατερα τις επιγινωσκει...
Μθ 11:27	16	.... ουδε τον πατερα τις επιγινωσκει ει	μη	ο υιος και ω εαν βουληται ο υιος αποκαλυψαι....
ΛΚ 10:22	16	. και ουδεις γινωσκει τις εστιν ο υιος ει	μη	ο πατηρ, και τις εστιν ο πατηρ ει μη...
ΛΚ 10:22	16	.... μη ο πατηρ, και τις εστιν ο πατηρ ει	μη	ο υιος και ω εαν βουληται ο υιος αποκαλυψαι....
Μθ 6:13	17	και	μη	εισενεγκης ημας εις πειρασμον, αλλα...
ΛΚ 11:4	17	. αυτοι αφιομεν παντι οφειλοντι ημιν. και	μη	εισενεγκης ημας εις πειρασμον.
Μθ 12:30	19	ο	μη	ων μετ εμου κατ εμου εστιν, και ο...
Μθ 12:30	19	. μη ων μετ εμου κατ εμου εστιν, και ο	μη	συναγων μετ εμου σκορπιζει.
ΛΚ 11:23	19	ο	μη	ων μετ εμου κατ εμου εστιν, και ο...
ΛΚ 11:23	19	. μη ων μετ εμου κατ εμου εστιν, και ο	μη	συναγων μετ εμου σκορπιζει.
Μθ 12:39	21	.... και σημειον ου δοθησεται αυτη ει	μη	το σημειον ιωνα του προφητου.
Μθ 16:4	21	.... και σημειον ου δοθησεται αυτη ει	μη	το σημειον ιωνα. και καταλιπων αυτους...
ΛΚ 11:29	21	.... και σημειον ου δοθησεται αυτη ει	μη	το σημειον ιωνα.
Μθ 23:23	23	.. την πιστιν. ταυτα εδει ποιησαι κακεινα	μη	αφειναι.
ΛΚ 11:42	23	.. του θεου. ταυτα δε εδει ποιησαι κακεινα	μη	παρειναι.
Μθ 10:28	24	και	μη	φοβεισθε απο των αποκτεννοντων το σωμα,...
Μθ 10:31	24		μη	ουν φοβεισθε. πολλων στρουθιων διαφερετε...
ΛΚ 12:4	24	λεγω δε υμιν τοις φιλοις μου,	μη	φοβηθητε απο των αποκτεινοντων το σωμα...
ΛΚ 12:7	24	.... της κεφαλης υμων πασαι ηριθμηνται.	μη	φοβεισθε. πολλων στρουθιων διαφερετε.
Μθ 6:25	27	δια τουτο λεγω υμιν,	μη	μεριμνατε τη ψυχη υμων τι φαγητε , μηδε...
Μθ 6:34	27		μη	ουν μεριμνησητε εις την αυριον, η γαρ...
ΛΚ 12:22	27	.. προς τους μαθητας, δια τουτο λεγω υμιν,	μη	μεριμνατε τη ψυχη τι φαγητε, μηδε τω σωματι...
ΛΚ 12:32	27		μη	φοβου, το μικρον ποιμνιον, οτι ευδοκησεν...
Μθ 5:26	32	αμην λεγω σοι, ου	μη	εξελθης εκειθεν εως αν αποδως τον εσχατον...

ΛΚ 12:59	32	λεγω σοι, ου	μη	εξελθης εκειθεν εως και το εσχατον...
Μθ 23:39	36	λεγω γαρ υμιν, ου	μη	με ιδητε απ αρτι εως αν ειπητε, ευλογημενος...
ΛΚ 13:35	36	.... υμιν ο οικος υμων. λεγω υμιν, ου	μη	ιδητε με εως ειπητε, ευλογημενος...
Μθ 25:29	47	.... δοθησεται και περισσευθησεται. του δε	μη	εχοντος και ο εχει αρθησεται απ αυτου.
ΛΚ 19:26	47	.... παντι τω εχοντι δοθησεται, απο δε του	μη	εχοντος και ο εχει αρθησεται.
Μθ 6:25	27	.... μη μεριμνατε τη ψυχη υμων τι φαγητε ,	μηδε	τω σωματι υμων τι ενδυσησθε. ουχι η ψυχη...
ΛΚ 12:22	27	.... υμιν, μη μεριμνατε τη ψυχη τι φαγητε,	μηδε	τω σωματι τι ενδυσησθε.
Μθ 4:6	02	..... περι σου και επι χειρων αρουσιν σε,	μηποτε	προσκοψης προς λιθον τον ποδα σου.
ΛΚ 4:11	02	και οτι επι χειρων αρουσιν σε	μηποτε	προσκοψης προς λιθον τον ποδα σου.
Μθ 5:25	32	.... ταχυ εως οτου ει μετ αυτου εν τη οδω.	μηποτε	σε παραδω ο αντιδικος τω κριτη, και ο...
ΛΚ 12:58	32	... τη οδω δος εργασιαν απηλλαχθαι απ αυτου,	μηποτε	κατασυρη σε προς τον κριτην, και ο κριτης...
Μθ 11:18	10	ηλθεν γαρ ιωαννης	μητε	εσθιων μητε πινων, και λεγουσιν, δαιμονιον...
Μθ 11:18	10	ηλθεν γαρ ιωαννης μητε εσθιων	μητε	πινων, και λεγουσιν, δαιμονιον εχει.
ΛΚ 7:33	10	..... ιωαννης ο βαπτιστης μη εσθιων αρτον	μητε	πινων οινον, και λεγετε, δαιμονιον εχει.
ΛΚ 12:53	30	.... επι την θυγατερα και θυγατηρ επι την	μητερα,	πενθερα επι την νυμφην αυτης και νυμφη...
Μθ 10:37	38	ο φιλων πατερα η	μητερα	υπερ εμε ουκ εστιν μου αξιος. και ο φιλων...
ΛΚ 14:26	38	... και ου μισει τον πατερα αυτου και την	μητερα	και την γυναικα και τα τεκνα και τους...
Μθ 10:35	30	... του πατρος αυτου και θυγατερα κατα της	μητρος	αυτης και νυμφην κατα της πενθερας αυτης,
Μθ 5:18	42	... παρελθη ο ουρανος και η γη, ιωτα εν η	μια	κεραια ου μη παρελθη απο του νομου εως...
Μθ 24:41	46	δυο αληθουσαι εν τω μυλω,	μια	παραλαμβανεται και μια αφιεται.
ΛΚ 17:35	46	εσονται δυο αληθουσαι επι το αυτο, η	μια	παραλημφθησεται η δε ετερα αφεθησεται.
ΛΚ 16:17	42	.... και την γην παρελθειν η του νομου	μιαν	κεραιαν πεσειν.
Μθ 11:11	10	...... μειζων ιωαννου του βαπτιστου. ο δε	μικροτερος	εν τη βασιλεια των ουρανων μειζων αυτου...
ΛΚ 7:28	10	.... γυναικων ιωαννου ουδεις εστιν. ο δε	μικροτερος	εν τη βασιλεια του θεου μειζων αυτου...
Μθ 6:24	41	...... κυριοις δουλευειν. η γαρ τον ενα	μισησει	και τον ετερον αγαπησει, η ενος ανθεξεται...
ΛΚ 16:13	41	...... κυριοις δουλευεις. η γαρ τον ενα	μισησει	και τον ετερον αγαπησει, η ενος ανθεξεται...
Μθ 5:12	03	χαιρετε και αγαλλιασθε, οτι ο	μισθος	υμων πολυς εν τοις ουρανοις. ουτως γαρ...
ΛΚ 6:23	03	.... τη ημερα και σκιρτησατε ιδου γαρ ο	μισθος	υμων πολυς εν τω ουρανω. κατα τα αυτα...
Μθ 23:29	23	.. τους ταφους των προφητων· και κοσμειτε τα	μνημεια	των δικαιων,
ΛΚ 11:47	23	ουαι υμιν, οτι οικοδομειτε τα	μνημεια	των προφητων, οι δε πατερες υμων απεκτειναν...
Μθ 4:9	02	..... σοι παντα δωσω εαν πεσων προσκυνησης	μοι.	
Μθ 8:21	12	... μαθητων ειπεν αυτω, κυριε, επιτρεψον	μοι	πρωτον απελθειν και θαψαι τον πατερα μου.
ΛΚ 9:59	12	.. ακολουθει μοι. ο δε ειπεν, επιτρεψον	μοι	απελθοντι πρωτον θαψαι τον πατερα μου.
Μθ 11:27	16	παντα	μοι	παρεδοθη υπο του πατρος μου, και ουδεις...
ΛΚ 10:22	16	παντα	μοι	παρεδοθη υπο του πατρος μου, και ουδεις...
Μθ 4:4	02	.... ειπεν, γεγραπται, ουκ επ αρτω	μονω	ζησεται ο ανθρωπος, αλλ επι παντι ρηματι...
Μθ 4:10	02	...... τον θεον σου προσκυνησεις και αυτω	μονω	λατρευσεις.
ΛΚ 4:4	02	.... ο ιησους, γεγραπται οτι ουκ επ αρτω	μονω	ζησεται ο ανθρωπος.
ΛΚ 4:8	02	...... τον θεον σου προσκυνησεις και αυτω	μονω	λατρευσεις.
Μθ 7:24	07	πας ουν οστις ακουει	μου	τους λογους τουτους και ποιει αυτους...
ΛΚ 6:47	07	πας ο ερχομενος προς με και ακουων	μου	των λογων και ποιων αυτους, υποδειξω...
Μθ 8:8	08	.... εφη, κυριε, ουκ ειμι ικανος ινα	μου	υπο την στεγην εισελθης. αλλα μονον ειπε...
Μθ 8:8	08	.. μονον ειπε λογω, και ιαθησεται ο παις	μου.	
Μθ 8:9	08	...... ερχου, και ερχεται, και τω δουλω	μου,	ποιησον τουτο, και ποιει.
ΛΚ 7:6	08	.. ου γαρ ικανος ειμι ινα υπο την στεγην	μου	εισελθης.
ΛΚ 7:7	08	..... αλλα ειπε λογω, και ιαθητω ο παις	μου.	
ΛΚ 7:8	08	...... ερχου, και ερχεται, και τω δουλω	μου,	ποιησον τουτο, και ποιει.
Μθ 8:21	12	.... πρωτον απελθειν και θαψαι τον πατερα	μου.	
ΛΚ 9:59	12	... μοι απελθοντι πρωτον θαψαι τον πατερα	μου.	
Μθ 11:27	16	παντα μοι παρεδοθη υπο του πατρος	μου,	και ουδεις επιγινωσκει τον υιον ει...
ΛΚ 10:22	16	παντα μοι παρεδοθη υπο του πατρος	μου,	και ουδεις γινωσκει τις εστιν ο υιος...
Μθ 12:44	20	τοτε λεγει, εις τον οικον	μου	επιστρεψω οθεν εξηλθον. και ελθον ευρισκει...
ΛΚ 11:24	20	. ευρισκον λεγει, υποστρεψω εις τον οικον	μου	οθεν εξηλθον.
Μθ 24:48	29	... εκεινος εν τη καρδια αυτου, χρονιζει	μου	ο κυριος,
ΛΚ 12:45	29	.. εν τη καρδια αυτου, χρονιζει ο κυριος	μου	ερχεσθαι, και αρξηται τυπτειν τους παιδας...
Μθ 10:38	38	.... τον σταυρον αυτου και ακολουθει οπισω	μου,	ουκ εστιν μου αξιος.
Μθ 10:38	38	.... και ακολουθει οπισω μου, ουκ εστιν	μου	αξιος.

ΛΚ 14:27	38	..... τον σταυρον εαυτου και ερχεται οπισω μου	ου δυναται ειναι μου μαθητης.
ΛΚ 14:27	38	... και ερχεται οπισω μου ου δυναται ειναι μου	μαθητης.
ΜΘ 25:27	47	εδει σε ουν βαλειν τα αργυρια μου	τοις τραπεζιταις, και ελθων εγω εκομισαμην...
ΛΚ 19:23	47	και δια τι ουκ εδωκας μου	το αργυριον επι τραπεζαν; καγω ελθων...
ΜΘ 5:13	39	. υμεις εστε το αλας της γης. εαν δε το αλας μωρανθη,	εν τινι αλισθησεται; εις ουδεν ισχυει...
ΛΚ 14:34	39	καλον ουν το αλας. εαν δε και το αλας μωρανθη,	εν τινι αρτυθησεται;

-- ν --

Μθ 11:9	10	αλλα τι εξηλθατε ιδειν; προφητην;	ναι,	λεγω υμιν, και περισσοτερον προφητου.
Λκ 7:26	10	αλλα τι εξηλθατε ιδειν; προφητην;	ναι,	λεγω υμιν, και περισσοτερον προφητου.
Μθ 11:26	16		ναι,	ο πατηρ, οτι ουτως ευδοκια εγενετο εμπροσθεν...
Λκ 10:21	16	... συνετων, και απεκαλυψας αυτα νηπιοις.	ναι,	ο πατηρ, οτι ουτως ευδοκια εγενετο εμπροσθεν...
Μθ 11:5	09	. καθαριζονται και κωφοι ακουουσιν, και	νεκροι	εγειρονται και πτωχοι ευαγγελιζονται.
Λκ 7:22	09	...... καθαριζονται και κωφοι ακουουσιν,	νεκροι'	εγειρονται, πτωχοι ευαγγελιζονται.
Μθ 8:22	12	..... αυτω, ακολουθει μοι, και αφες τους	νεκρους	θαψαι τους εαυτων νεκρους.
Μθ 8:22	12	.... αφες τους νεκρους θαψαι τους εαυτων	νεκρους.	
Λκ 9:60	12	ειπεν δε αυτω, αφες τους	νεκρους	θαψαι τους εαυτων νεκρους, συ δε απελθων...
Λκ 9:60	12	.... αφες τους νεκρους θαψαι τους εαυτων	νεκρους,	συ δε απελθων διαγγελλε την βασιλειαν...
Λκ 12:27	27	.... τα κρινα πως αυξανει. ου κοπια ουδε	νηθει.	λεγω δε υμιν, ουδε σολομων εν παση...
Μθ 6:28	27	.... αγρου πως αυξανουσιν. ου κοπιωσιν ουδε	νηθουσιν.	
Μθ 11:25	16	... σοφω και συνετων και απεκαλυψας αυτα	νηπιοις.	
Λκ 10:21	16	. σοφων και συνετων, και απεκαλυψας αυτα	νηπιοις.	ναι, ο πατηρ, οτι ουτως ευδοκια εγενετο...
Μθ 12:41	21	ανδρες	νινευιται	αναστησονται εν τη κρισει μετα της...
Λκ 11:32	21	ανδρες	νινευιται	αναστησονται εν τη κρισει μετα της...
Μθ 11:13	42	παντες γαρ οι προφηται και ο	νομος	εως ιωαννου επροφητευσαν.
Λκ 16:16	42	ο	νομος	και οι προφηται μεχρι ιωαννου. απο τοτε...
Μθ 5:18	42	... εν η μια κεραια ου μη παρελθη απο του	νομου	εως αν παντα γενηται.
Λκ 16:17	42	.. τον ουρανον και την γην παρελθειν η του	νομου	μιαν κεραιαν πεσειν.
Μθ 10:1	11	. ωστε εκβαλλειν αυτα και θεραπευειν πασαν	νοσον	και πασαν μαλακιαν.
Λκ 9:1	11	... και εξουσιαν επι παντα τα δαιμονια και	νοσους	θεραπευειν,
Μθ 23:37	36	... τεκνα σου, ον τροπον ορνις επισυναγει τα	νοσσια	αυτης υπο τας πτερυγας, και ουκ ηθελησατε.
Λκ 13:34	36	.... τα τεκνα σου ον τροπον ορνις την εαυτης	νοσσιαν	υπο τας πτερυγας, και ουκ ηθελησατε.
Μθ 12:42	21	βασιλισσα	νοτου	εγερθησεται εν τη κρισει μετα της γενεας...
Λκ 11:31	21	βασιλισσα	νοτου	εγερθησεται εν τη κρισει μετα των ανδρων...
Λκ 12:53	30	.... πενθερα επι την νυμφην αυτης και	νυμφη	επι την πενθεραν.
Μθ 10:35	30	..... θυγατερα κατα της μητρος αυτης και	νυμφην	κατα της πενθερας αυτης,
Μθ 24:37	46	ωσπερ δε αι ημεραι του	νωε,	ουτως εσται η παρουσια του υιου του...
Μθ 24:38	46	... γαμιζοντες, αχρι ης ημερας εισηλθεν	νωε	εις την κιβωτον,
Λκ 17:26	46	και καθως εγενετο εν ταις ημεραις	νωε,	ουτως εσται και εν ταις ημεραις του...
Λκ 17:27	46	... εγαμιζοντο, αχρι ης ημερας εισηλθεν	νωε	εις την κιβωτον, και ηλθεν ο κατακλυσμος...

-- ξ --

-- ο --

Μθ 3:9	01	.. τον αβρααμ. λεγω γαρ υμιν οτι δυναται	ο	θεος εκ των λιθων τουτων εγειραι τεκνα...
ΛΚ 3:8	01	.. τον αβρααμ, λεγω γαρ υμιν οτι δυναται	ο	θεος εκ των λιθων τουτων εγειραι τεκνα...
Μθ 4:1	02	τοτε	ο	ιησους ανηχθη εις την ερημον υπο του...
Μθ 4:3	02	και προσελθων	ο	πειραζων ειπεν αυτω, ει υιος ει του...
Μθ 4:4	02		ο	δε αποκριθεις ειπεν, γεγραπται, ουκ...
Μθ 4:4	02	... γεγραπται, ουκ επ αρτω μονω ζησεται	ο	ανθρωπος, αλλ επι παντι ρηματι εκπορευομενω...
Μθ 4:5	02	τοτε παραλαμβανει αυτον	ο	διαβολος εις την αγιαν πολιν, και ιστησιν...
Μθ 4:7	02	εφη αυτω	ο	ιησους, παλιν γεγραπται, ουκ εκπειρασεις...
Μθ 4:8	02	παλιν παραλαμβανει αυτον	ο	διαβολος εις ορος υψηλον λιαν, και δεικνυσιν...
Μθ 4:10	02	τοτε λεγει αυτω	ο	ιησους, υπαγε, σατανα. γεγραπται γαρ,...
Μθ 4:11	02	τοτε αφιησιν αυτον	ο	διαβολος, και ιδου αγγελοι προσηλθον...
ΛΚ 4:3	02	ειπεν δε αυτω	ο	διαβολος, ει υιος ει του θεου, ειπε...
ΛΚ 4:4	02	και απεκριθη προς αυτον	ο	ιησους, γεγραπται οτι ουκ επ αρτω μονω...
ΛΚ 4:4	02	.... οτι ουκ επ αρτω μονω ζησεται	ο	ανθρωπος.
ΛΚ 4:6	02	και ειπεν αυτω	ο	διαβολος, σοι δωσω την εξουσιαν ταυτην...
ΛΚ 4:8	02	και αποκριθεις	ο	ιησους ειπεν αυτω, γεγραπται, κυριον...
ΛΚ 4:12	02	και αποκριθεις ειπεν αυτω	ο	ιησους οτι ειρηται, ουκ εκπειρασεις κυριον...
ΛΚ 4:13	02	και συντελεσας παντα πειρασμον	ο	διαβολος απεστη απ αυτου αχρι καιρου.
Μθ 5:12	03	χαιρετε και αγαλλιασθε, οτι	ο	μισθος υμων πολυς εν τοις ουρανοις. ουτως...
ΛΚ 6:23	03	.. εκεινη τη ημερα και σκιρτησατε ιδου γαρ	ο	μισθος υμων πολυς εν τω ουρανω. κατα...
Μθ 5:48	04	εσεσθε ουν υμεις τελειοι ως	ο	πατηρ υμων ο ουρανιος τελειος εστιν.
ΛΚ 6:36	04	γινεσθε οικτιρμονες καθως	ο	πατηρ υμων οικτιρμων εστιν.
Μθ 10:25	05	αρκετον τω μαθητη ινα γενηται ως	ο	διδασκαλος αυτου, και ο δουλος ως ο...
ΛΚ 6:40	05	.... κατηρτισμενος δε πας εσται ως	ο	διδασκαλος αυτου.
Μθ 12:35	06		ο	αγαθος ανθρωπος εκ του αγαθου θησαυρου...
Μθ 12:35	06	.... αγαθου θησαυρου εκβαλλει αγαθα, και	ο	πονηρος ανθρωπος εκ του πονηρου θησαυρου...
ΛΚ 6:45	06		ο	αγαθος ανθρωπος εκ του αγαθου θησαυρου...
ΛΚ 6:45	06	..... της καρδιας προφερει το αγαθον, και	ο	πονηρος εκ του πονηρου προφερει το πονηρον....
Μθ 7:26	07	και πας	ο	ακουων μου τους λογους τουτους και...
ΛΚ 6:49	07		ο	δε ακουσας και μη ποιησας ομοιος εστιν...
ΛΚ 6:49	07	.. επι την γην χωρις θεμελιου, η προσερηξεν	ο	ποταμος, και ευθυς συνεπεσεν, και εγενετο...
Μθ 8:8	08	και αποκριθεις	ο	εκατονταρχος εφη, κυριε, ουκ ειμι ικανος...
Μθ 8:8	08	... αλλα μονον ειπε λογω, και ιαθησεται	ο	παις μου.
Μθ 8:10	08	ακουσας δε	ο	ιησους εθαυμασεν και ειπεν τοις ακολουθουσιν,...
ΛΚ 7:6	08	... απεχοντος απο της οικιας, επεμψεν φιλους	ο	εκατονταρχης λεγων αυτω, κυριε, μη σκυλλου....
ΛΚ 7:7	08	. σε ελθειν. αλλα ειπε λογω, και ιαθητω	ο	παις μου.
ΛΚ 7:9	08	ακουσας δε ταυτα	ο	ιησους εθαυμασεν αυτον, και στραφεις...
Μθ 11:3	09	συ ει	ο	ερχομενος η ετερον προσδοκωμεν;
ΛΚ 7:19	09	επεμψεν προς τον κυριον λεγων, συ ει	ο	ερχομενος η αλλον προσδοκωμεν;
Μθ 11:11	10	.. γυναικων μειζων ιωαννου του βαπτιστου.	ο	δε μικροτερος εν τη βασιλεια των ουρανων...
Μθ 11:19	10	ηλθεν	ο	υιος του ανθρωπου εσθιων και πινων,...
ΛΚ 7:28	10	.... γυναικων ιωαννου ουδεις εστιν.	ο	δε μικροτερος εν τη βασιλεια του θεου...
ΛΚ 7:34	10	εληλυθεν	ο	υιος του ανθρωπου εσθιων και πινων,...
Μθ 8:20	12	και λεγει αυτω	ο	ιησους, αι αλωπεκες φωλεους εχουσιν...
Μθ 8:20	12	. και τα πετεινα του ουρανου κατασκηνωσεις,	ο	δε υιος του ανθρωπου ουκ εχει που την...
ΛΚ 9:58	12	και ειπεν αυτω	ο	ιησους, αι αλωπεκες φωλεους εχουσιν...
ΛΚ 9:58	12	. και τα πετεινα του ουρανου κατασκηνωσεις,	ο	δε υιος του ανθρωπου ουκ εχει που την...
Μθ 10:40	15	ο δεχομενος υμας εμε δεχεται, και	ο	εμε δεχομενος δεχεται τον αποστειλαντα...
ΛΚ 10:16	15	... ακουει, και ο αθετων υμας εμε αθετει.	ο	δε εμε αθετων αθετει τον αποστειλαντι με.
Μθ 11:26	16	ναι,	ο	πατηρ, οτι ουτως ευδοκια εγενετο εμπροσθεν...
Μθ 11:27	16	.. και ουδεις επιγινωσκει τον υιον ει μη	ο	πατηρ, ουδε τον πατερα τις επιγινωσκει...
Μθ 11:27	16	... ουδε τον πατερα τις επιγινωσκει ει μη	ο	υιος και ω εαν βουληται ο υιος αποκαλυψαι....
Μθ 11:27	16	...... ει μη ο υιος και ω εαν βουληται	ο	υιος αποκαλυψαι.
ΛΚ 10:21	16	..... και απεκαλυψας αυτα νηπιοις. ναι,	ο	πατηρ, οτι ουτως ευδοκια εγενετο εμπροσθεν...
ΛΚ 10:22	16	. ουδεις γινωσκει τις εστιν ο υιος ει μη	ο	πατηρ, και τις εστιν ο πατηρ ει μη ο...
ΛΚ 10:22	16	.. ο πατηρ, και τις εστιν ο πατηρ ει μη	ο	υιος και ω εαν βουληται ο υιος αποκαλυψαι....

ΛΚ 10:22	16	...... ει μη ο υιος και ω εαν βουληται	ο	υιος αποκαλυψαι.
ΜΘ 12:30	19		ο	μη ων μετ εμου κατ εμου εστιν, και...
ΜΘ 12:30	19	... μη ων μετ εμου κατ εμου εστιν, και	ο	μη συναγων μετ εμου σκορπιζει.
ΛΚ 11:23	19		ο	μη ων μετ εμου κατ εμου εστιν, και...
ΛΚ 11:23	19	... μη ων μετ εμου κατ εμου εστιν, και	ο	μη συναγων μετ εμου σκορπιζει.
ΜΘ 10:26	24	..... αυτους. ουδεν γαρ εστιν κακαλυμμενον	ο	ουκ αποκαλυφθησεται, και κρυπτον ο ου...
ΜΘ 10:26	24	..... ο ουκ αποκαλυφθησεται, και κρυπτον	ο	ου γνωσθησεται.
ΜΘ 10:27	24	... εν τη σκοτια, ειπατε εν τω φωτι. και	ο	εις το ους ακουετε, κηρυξατε επι των...
ΛΚ 12:2	24	ουδεν δε συγκεκαλυμμενον εστιν	ο	ουκ αποκαλυφθησεται, και κρυπτον ο ου...
ΛΚ 12:2	24	..... ο ουκ αποκαλυφθησεται, και κρυπτον	ο	ου γνωσθησεται.
ΛΚ 12:3	24	..... ειπατε εν τω φωτι ακουσθησεται, και	ο	προς το ους ελαλησατε εν τοις ταμειεοις...
ΜΘ 6:26	27	.... ουδε συναγουσιν εις αποθηκας, και	ο	πατηρ υμων ο ουρανιος τρεφει αυτα. ουχ...
ΜΘ 6:30	27	.... και αυριον εις κλιβανον βαλλομενον	ο	θεος ουτως αμφιεννυσιν, ου πολλω μαλλον...
ΜΘ 6:32	27	.... ταυτα τα εθνη επιζητουσιν. οιδεν γαρ	ο	πατηρ υμων ο ουρανιος οτι χρηζετε τουτων...
ΛΚ 12:24	27	. οις ουκ εστιν ταμειον ουδε αποθηκη, και	ο	θεος τρεφει αυτους. ποσω μαλλον υμεις...
ΛΚ 12:28	27	.... και αυριον εις κλιβανον βαλλομενον	ο	θεος ουτως αμφιζει, ποσω μαλλον υμας,...
ΛΚ 12:30	27	.. εθνη του κοσμου επιζητουσιν. υμων δε	ο	πατηρ οιδεν οτι χρηζετε τουτων.
ΜΘ 6:21	28	οπου γαρ εστιν	ο	θησαυρος σου, εκει εσται και η καρδια...
ΛΚ 12:34	28	οπου γαρ εστιν	ο	θησαυρος υμων, εκει και η καρδια υμων...
ΜΘ 24:43	29	εκεινο δε γινωσκετε οτι ει ηδει	ο	οκοδεσποτης ποια φυλακη ο κλεπτης ερχεται,...
ΜΘ 24:43	29	... οτι ει ηδει ο οκοδεσποτης ποια φυλακη	ο	κλεπτης ερχεται, εγρηγορησεν αν και...
ΜΘ 24:44	29	.. γινεσθε ετοιμοι, οτι η ου δοκειτε ωρα	ο	υιος του ανθρωπου ερχεται.
ΜΘ 24:45	29	τις αρα εστιν	ο	πιστος δουλος και φρονιμος ον κατεστησεν...
ΜΘ 24:45	29	.... δουλος και φρονιμος ον κατεστησεν	ο	κυριος επι της οικετειας αυτου του δουναι...
ΜΘ 24:46	29	μακαριος	ο	δουλος εκεινος ον ελθων ο κυριος αυτου...
ΜΘ 24:46	29	μακαριος ο δουλος εκεινος ον ελθων	ο	κυριος αυτου ευρησει ουτως ποιουντα.
ΜΘ 24:48	29	εαν δε ειπη	ο	κακος δουλος εκεινος εν τη καρδια αυτου,...
ΜΘ 24:48	29	.... εν τη καρδια αυτου, χρονιζει μου	ο	κυριος,
ΜΘ 24:50	29	ηξει	ο	κυριος του δουλου εκεινου εν ημερα...
ΛΚ 12:39	29	τουτο δε γινωσκετε οτι ει ηδει	ο	οικοδεσποτης ποια ωρα ο κλεπτης ερχεται,...
ΛΚ 12:39	29	..... οτι ει ηδει ο οικοδεσποτης ποια ωρα	ο	κλεπτης ερχεται, ουκ αν αφηκεν διορυχθηναι...
ΛΚ 12:40	29	.. γινεσθε ετοιμοι, οτι η ωρα ου δοκειτε	ο	υιος του ανθρωπου ερχεται.
ΛΚ 12:42	29	και ειπεν ο κυριος, τις αρα εστιν	ο	πιστος οικονομος ο φρονιμος, ον καταστησει...
ΛΚ 12:42	29	...... οικονομος ο φρονιμος, ον καταστησει	ο	κυριος επι της θεραπειας αυτου του διδοναι...
ΛΚ 12:43	29	μακαριος	ο	δουλος· εκεινος, ον ελθων ο κυριος αυτου...
ΛΚ 12:43	29	μακαριος ο δουλος εκεινος, ον ελθων	ο	κυριος αυτου ευρησει ποιουντα ουτως.
ΛΚ 12:45	29	εαν δε ειπη	ο	δουλος εκεινος εν τη καρδια αυτου,...
ΛΚ 12:45	29	... εκεινος εν τη καρδια αυτου, χρονιζει	ο	κυριος μου ερχεσθαι, και αρξηται τυπτειν...
ΛΚ 12:46	29	ηξει	ο	κυριος του δουλου εκεινου εν ημερα...
ΜΘ 5:25	32	..... σε παραδω ο αντιδικος τω κριτη, και	ο	κριτης τω υπηρετη, και εις φυλακην βληθηση....
ΛΚ 12:58	32	. μηποτε κατασυρη σε προς τον κριτην, και	ο	κριτης σε παραδωσει τω πρακτορι, και...
ΜΘ 8:12	35	.... εις το σκοτος το εξωτερον. εκει εσται	ο	κλαυθμος και ο βρυγμος των οδοντων.
ΜΘ 8:12	35	... εξωτερον. εκει εσται ο κλαυθμος και	ο	βρυγμος των οδοντων.
ΛΚ 13:28	35	εκει εσται	ο	κλαυθμος και ο βρυγμος των οδοντων,...
ΛΚ 13:28	35	εκει εσται ο κλαυθμος και	ο	βρυγμος των οδοντων, οταν οψεσθε αβρααμ...
ΜΘ 23:38	36	ιδου αφιεται υμιν	ο	οικος υμων ερημος.
ΜΘ 23:39	36	...... απ αρτι εως αν ειπητε, ευλογημενος	ο	ερχομενος εν ονοματι κυριου.
ΛΚ 13:35	36	ιδου αφιεται υμιν	ο	οικος υμων. λεγω υμιν, ου μη ιδητε...
ΛΚ 13:35	36	. μη ιδητε με εως ειπητε, ευλογημενος	ο	ερχομενος εν ονοματι κυριου.
ΜΘ 18:15	44	εαν δε αμαρτηση	ο	αδελφος σου, υπαγε ελεγξον αυτον μεταξυ...
ΛΚ 17:3	44	εαν αμαρτη	ο	αδελφος σου επιτιμησον αυτω, και εαν...
ΜΘ 24:39	46	και ουκ εγνωσαν εως ηλθεν	ο	κατακλυσμος και ηρεν απαντας, ουτως...
ΛΚ 17:27	46	.... νωε εις την κιβωτον, και ηλθεν	ο	κατακλυσμος και απωλεσεν παντας.
ΜΘ 25:29	47	.. περισσευθησεται. του δε μη εχοντος και	ο	εχει αρθησεται απ αυτου.
ΛΚ 19:26	47	... δοθησεται, απο δε του μη εχοντος και	ο	εχει αρθησεται.
ΛΚ 6:39	05	.... αυτοις. μητι δυναται τυφλος τυφλον	οδηγειν;	ουχι αμφοτεροι εις βοθυνον εμπεσουνται;
ΜΘ 15:14	05	. τυφλοι εισιν οδηγοι. τυφλος δε τυφλον εαν	οδηγη,	αμφοτεροι εις βοθυνον πεσουνται.

ΜΘ 8:12	35	... εσται ο κλαυθμος και ο βρυγμος των οδοντων.	
ΛΚ 13:28	35	... εσται ο κλαυθμος και ο βρυγμος των οδοντων,	οταν οψεσθε αβρααμ και ισαακ και ιακωβ...
ΜΘ 5:25	32	..... σου ταχυ εως οτου ει μετ αυτου εν τη οδω.	μηποτε σε παραδω ο αντιδικος τω κριτη,...
ΛΚ 12:58	32	. μετα του αντιδικου σου επ αρχοντα, εν τη οδω	δος εργασιαν απηλλαχθαι απ αυτου, μηποτε...
ΜΘ 12:44	20	..... λεγει, εις τον οικον μου επιστρεψω οθεν	εξηλθον. και ελθον ευρισκει σχολαζοντα...
ΛΚ 11:24	20	...... λεγει, υποστρεψω εις τον οικον μου οθεν	εξηλθον.
ΜΘ 5:3	03	μακαριοι οι	πτωχοι τω πνευματι, οτι αυτων εστιν η...
ΜΘ 5:6	03	μακαριοι οι	πεινωντες και διψωντες την δικαιοσυνην,...
ΛΚ 6:20	03	μακαριοι οι	πτωχοι, οτι υμετερα εστιν η βασιλεια...
ΛΚ 6:21	03	μακαριοι οι	πεινωντες νυν, οτι χορτασθησεσθε. μακαριοι...
ΛΚ 6:31	04	και καθως θελετε ινα ποιωσιν υμιν οι	ανθρωποι, ποιειτε αυτοις ομοιως.
ΜΘ 7:27	07	και κατεβη η βροχη και ηλθον οι	ποταμοι και επνευσαν οι ανεμοι και προσεκοψαν...
ΜΘ 11:8	10	.... εν μαλακοις ημφιεσμενον; ιδου οι	τα μαλακα φορουντες εν τοις οικοις των...
ΜΘ 21:31	10	...... αυτοις ο ιησους, αμην λεγω υμιν οτι οι	τελωναι και αι πορναι προαγουσιν υμας...
ΛΚ 7:25	10	. εν μαλακοις ιματιοις ημφιεσμενον; ιδου οι	εν ιματισμω ενδοξω και τρυφη υπαρχοντες...
ΛΚ 7:29	10	και πας ο λαος ακουσας και οι	τελωναι εδικαιωσαν τον θεον, βαπτισθεντες...
ΜΘ 13:16	16	υμων δε μακαριοι οι	οφθαλμοι οτι βλεπουσιν, και τα ωτα υμων...
ΛΚ 10:23	16	... τους μαθητας κατ ιδιαν ειπεν, μακαριοι οι	οφθαλμοι οι βλεποντες α βλεπετε.
ΜΘ 12:23	19	και εξισταντο παντες οι	οχλοι και ελεγον μητι ουτος εστιν ο υιος...
ΜΘ 12:27	19	. εγω εν βεεζεβουλ εκβαλλω τα δαιμονια, οι	υιοι υμων εν τινι εκβαλλουσιν; δια τουτο...
ΛΚ 11:14	19	.... ελαλησεν ο κωφος. και εθαυμασαν οι	οχλοι.
ΛΚ 11:19	19	..... εν βεελζεβουλ εκβαλλω τα δαιμονια, οι	υιοι υμων εν τινι εκβαλλουσιν; δια τουτο...
ΜΘ 24:28	46	. οπου εαν η το πτωμα, εκει συναχθησονται οι	αετοι.
ΛΚ 17:37	46	.. δε ειπεν αυτοις, οπου το σωμα, εκει και οι	αετοι επισυναχθησονται.
ΜΘ 7:11	18	ει ουν υμεις πονηροι οντες οιδατε	δοματα αγαθα διδοναι τοις τεκνοις υμων,...
ΛΚ 11:13	18	ει ουν υμεις πονηροι υπαρχοντες οιδατε	δοματα αγαθα διδοναι τοις τεκνοις υμων,...
ΜΘ 6:32	27	παντα γαρ ταυτα τα εθνη επιζητουσιν. οιδεν	γαρ ο πατηρ υμων ο ουρανιος οτι χρηζετε...
ΛΚ 12:30	27	... κοσμου επιζητουσιν. υμων δε ο πατηρ οιδεν	οτι χρηζετε τουτων.
ΜΘ 7:27	07	..... επνευσαν οι ανεμοι και προσεκοψαν τη οικια	εκεινη, και επεσεν, και ην η πτωσις...
ΛΚ 6:48	07	...... δε γενομενης προσερηξεν ο ποταμος τη οικια	εκεινη, και ουκ ισχυσεν σαλευσαι αυτην...
ΜΘ 7:24	07	.. ανδρι φρονιμω, οστις ωκοδομησεν αυτου την οικιαν	επι την πετραν.
ΜΘ 7:26	07	..... ανδρι μωρω, οστις ωκοδομησεν αυτου την οικιαν	επι την αμμον.
ΛΚ 6:48	07	ομοιος εστιν ανθρωπω οικοδομουντι οικιαν	ος εσκαψεν και εβαθυνεν και εθηκεν θεμελιον...
ΛΚ 6:49	07	. ποιησας ομοιος εστιν ανθρωπω οικοδομησαντι οικιαν	επι την γην χωρις θεμελιου, η προσερηξεν...
ΜΘ 10:12	13	εισερχομενοι δε εις την οικιαν	ασπασασθε αυτην.
ΛΚ 10:5	13	εις ην δ αν εισηλθτε οικιαν,	πρωτον λεγετε, ειρηνη τω οικω τουτω.
ΜΘ 24:43	29	..... αν και ουκ αν ειασεν διορυχθηναι την οικιαν	αυτου.
ΜΘ 24:43	29	εκεινο δε γινωσκετε οτι ει ηδει ο οικοδεσποτης	ποια φυλακη ο κλεπτης ερχεται, εγρηγορησεν...
ΛΚ 12:39	29	τουτο δε γινωσκετε οτι ει ηδει ο οικοδεσποτης	ποια ωρα ο κλεπτης ερχεται, ουκ αν αφηκεν...
ΜΘ 23:29	23	... γραμματεις και φαρισαιοι υποκριται, οτι οικοδομειτε	τους ταφους των προφητων και κοσμειτε...
ΛΚ 11:47	23	ουαι υμιν, οτι οικοδομειτε	τα μνημεια των προφητων, οι δε πατερες...
ΛΚ 6:49	07	...... και μη ποιησας ομοιος εστιν ανθρωπω οικοδομησαντι	οικιαν επι την γην χωρις θεμελιου, η...
ΛΚ 6:48	07	ομοιος εστιν ανθρωπω οικοδομουντι	οικιαν ος εσκαψεν και εβαθυνεν και εθηκεν...
ΜΘ 12:44	20	τοτε λεγει, εις τον οικον	μου επιστρεψω οθεν εξηλθον. και ελθον...
ΛΚ 11:24	20	.... μη ευρισκον λεγει, υποστρεψω εις τον οικον	μου οθεν εξηλθον.
ΛΚ 12:39	29	... ερχεται, ουκ αν αφηκεν διορυχθηναι τον οικον	αυτου.
ΜΘ 23:38	36	ιδου αφιεται υμιν ο οικος	υμων ερημος.
ΛΚ 13:35	36	ιδου αφιεται υμιν ο οικος	υμων. λεγω υμιν, ου μη ιδητε με εως...
ΜΘ 11:19	10	. και λεγουσιν, ιδου ανθρωπος φαγος και οινοποτης,	τελωνων φιλος και αμαρτωλων. και εδικαιωθη...
ΛΚ 7:34	10	... και λεγετε, ιδου ανθρωπος φαγος και οινοποτης,	φιλος τελωνων και αμαρτωλων.
ΜΘ 9:37	13	...... ο μεν θερισμος πολυς, οι δε εργαται ολιγοι.	
ΛΚ 10:2	13	...... ο μεν θερισμος πολυς, οι δε εργαται ολιγοι.	δεηθητε ουν του κυριου του θερισμου...
ΜΘ 6:30	27	. ουτως αμφιεννυσιν, ου πολλω μαλλον υμας, ολιγοπιστοι;	
ΛΚ 12:28	27	... θεος ουτως αμφιζει, ποσω μαλλον υμας, ολιγοπιστοι.	
ΜΘ 6:22	22	.... εαν ουν η ο οφθαλμος σου απλους, ολον	το σωμα σου φωτεινον εσται.
ΛΚ 11:34	22	... σου. οταν ο οφθαλμος σου απλους η, και ολον	το σωμα σου φωτεινον εστιν. επαν δε πονηρος...
ΜΘ 13:33	34	... εις αλευρου σατα τρια εως ου εζυμωθη ολον.	

ΛΚ 13:21	34	... εις αλευρου σατα τρια εως ου εζυμωθη	ολον.	
ΜΘ 11:16	10	τινι δε ομοιωσω την γενεαν ταυτην;	ομοια	εστιν παιδιοις καθημενοις εν ταις αγοραις...
ΜΘ 13:31	33	αλλην παραβολην παρεθηκεν αυτοις λεγων,	ομοια	εστιν η βασιλεια των ουρανων κοκκω σιναπεως,...
ΛΚ 13:18	33	ελεγεν ουν, τινι	ομοια	εστιν η βασιλεια του θεου, και τινι...
ΜΘ 13:33	34	αλλην παραβολην ελαλησεν αυτοις.	ομοια	εστιν η βασιλεια των ουρανων ζυμη, ην...
ΛΚ 13:21	34		ομοια	εστιν ζυμη, ην λαβουσα γυνη ενεκρυψεν...
ΛΚ 7:32	10		ομοιοι	εισιν παιδιοις τοις εν αγορα καθημενοις...
ΛΚ 6:48	07		ομοιος	εστιν ανθρωπω οικοδομουντι οικιαν ος...
ΛΚ 6:49	07	ο δε ακουσας και μη ποιησας	ομοιος	εστιν ανθρωπω οικοδομησαντι οικιαν επι...
ΜΘ 7:24	07	.... τους λογους τουτους και ποιει αυτους	ομοιωθησεται	ανδρι φρονιμω, οστις ωκοδομησεν αυτου την...
ΜΘ 7:26	07	..... λογους τουτους και μη ποιων αυτους	ομοιωθησεται	ανδρι μωρω, οστις ωκοδομησεν αυτου την...
ΜΘ 11:16	10	τινι δε	ομοιωσω	την γενεαν ταυτην; ομοια εστιν παιδιοις...
ΛΚ 7:31	10	τινι ουν	ομοιωσω	τους ανθρωπους της γενεας ταυτης, και...
ΜΘ 10:32	24	πας ουν οστις	ομολογησει	εν εμοι εμπροσθεν των ανθρωπων, ομολογησω...
ΛΚ 12:8	24	... των ανθρωπων, και ο υιος του ανθρωπου	ομολογησει	εν αυτω εμπροσθεν των αγγελων του θεου.
ΛΚ 12:8	24	λεγω δε υμιν, πας ος αν	ομολογηση	εν εμοι εμπροσθεν των ανθρωπων, και...
ΜΘ 10:32	24	.... εν εμοι εμπροσθεν των ανθρωπων,	ομολογησω	καγω εν αυτω εμπροσθεν του πατρος μου...
ΜΘ 24:45	29	. αρα εστιν ο πιστος δουλος και φρονιμος	ον	κατεστησεν ο κυριος επι της οικετειας...
ΜΘ 24:46	29	μακαριος ο δουλος εκεινος	ον	ελθων ο κυριος αυτου ευρησει ουτως...
ΛΚ 12:42	29	.... εστιν ο πιστος οικονομος ο φρονιμος,	ον	καταστησει ο κυριος επι της θεραπειας...
ΛΚ 12:43	29	μακαριος ο δουλος εκεινος,	ον	ελθων ο κυριος αυτου ευρησει ποιουντα...
ΜΘ 13:31	33	... η βασιλεια των ουρανων κοκκω σιναπεως,	ον	λαβων ανθρωπος εσπειρεν εν τω αγρω αυτου....
ΛΚ 13:19	33	ομοια εστιν κοκκω σιναπεως,	ον	λαβων ανθρωπος εβαλεν εις κηπον εαυτου,...
ΜΘ 23:37	36	...... ηθελησα επισυναγαγειν τα τεκνα σου,	ον	τροπον ορνις επισυναγει τα νοσσια αυτης...
ΛΚ 13:34	36	.. ποσακις ηθελησα επισυναξαι τα τεκνα σου	ον	τροπον ορνις την εαυτης νοσσιαν υπο τας...
ΜΘ 5:11	03	μακαριοι εστε οταν	ονειδισωσιν	υμας και διωξωσιν και ειπωσιν παν πονηρον...
ΛΚ 6:22	03	... ανθρωποι, και οταν αφορισωσιν υμας και	ονειδισωσιν	και εκβαλωσιν το ονομα υμων ως πονηρον...
ΜΘ 6:9	17	.... ημων ο εν τοις ουρανοις, αγιασθητω το	ονομα	σου,
ΛΚ 11:2	17	.. προσευχησθε, λεγετε, πατερ, αγιασθητω το	ονομα	σου. ελθετω η βασιλεια σου.
ΜΘ 23:39	36	. αν ειπητε, ευλογημενος ο ερχομενος εν	ονοματι	κυριου.
ΛΚ 13:35	36	... ειπητε, ευλογημενος ο ερχομενος εν	ονοματι	κυριου.
ΜΘ 6:30	27	ει δε τον χορτον του αγρου σημερον	οντα	και αυριον εις κλιβανον βαλλομενον...
ΛΚ 12:28	27	ει δε εν αγρω τον χορτον	οντα	σημερον και αυριον εις κλιβανον βαλλομενον...
ΜΘ 10:38	38	. λαμβανει τον σταυρον αυτου και ακολουθει	οπισω	μου, ουκ εστιν μου αξιος.
ΛΚ 14:27	38	.. βασταζει τον σταυρον εαυτου και ερχεται	οπισω	μου ου δυναται ειναι μου μαθητης.
ΜΘ 8:19	12	... ειπεν αυτω, διδασκαλε, ακολουθησω σοι	οπου	εαν απερχη.
ΛΚ 9:57	12	. οδω ειπεν τις προς αυτον, ακολουθησω σοι	οπου	εαν απερχη.
ΜΘ 6:20	28	.. οπου ουτε σης ουτε βρωσις αφανιζει, και	οπου	κλεπται ου διορυσσουσιν ουδε κλεπτουσιν.
ΜΘ 6:21	28		οπου	γαρ εστιν ο θησαυρος σου, εκει εσται...
ΛΚ 12:33	28	... θησαυρον ανεκλειπτον εν τοις ουρανοις,	οπου	κλεπτης ουκ εγγιζει ουδε σης διαφθερει.
ΛΚ 12:34	28		οπου	γαρ εστιν ο θησαυρος υμων, εκει και...
ΜΘ 24:28	46		οπου	εαν η το πτωμα, εκει συναχθησονται οι...
ΛΚ 17:37	46	...... αυτω, που, κυριε; ο δε ειπεν αυτοις,	οπου	το σωμα, εκει και οι αετοι επισυναχθησονται....
ΜΘ 9:38	13	δεηθητε ουν του κυριου του θερισμου	οπως	εκβαλη εργατας εις τον θερισμον αυτου.
ΛΚ 10:2	13	..... δεηθητε ουν του κυριου του θερισμου	οπως	εργατας εκβαλη εις τον θερισμον αυτου.
ΜΘ 3:7	01	.. υπεδειξεν υμιν φυγειν απο της μελλουσης	οργης;	
ΛΚ 3:7	01	.. υπεδειξεν υμιν φυγειν απο της μελλουσης	οργης;	
ΜΘ 23:37	36	.... επισυναγαγειν τα τεκνα σου, ον τροπον	ορνις	επισυναγει τα νοσσια αυτης υπο τας πτερυγας,...
ΛΚ 13:34	36	.... επισυναξαι τα τεκνα σου ον τροπον	ορνις	την εαυτης νοσσιαν υπο τας πτερυγας, και...
ΜΘ 11:6	09	και μακαριος εστιν	ος	εαν μη σκανδαλισθη εν εμοι.
ΛΚ 7:23	09	και μακαριος εστιν	ος	εαν μη σκανδαλισθη εν εμοι.
ΛΚ 12:8	24	λεγω δε υμιν, πας	ος	αν ομολογηση εν εμοι εμπροσθεν των...
ΜΘ 12:32	25	και	ος	εαν ειπη λογον κατα του υιου του ανθρωπου,...
ΛΚ 12:10	25	και πας	ος	ερει λογον εις τον υιον του ανθρωπου,...
ΜΘ 10:38	38	και	ος	ου λαμβανει τον σταυρον αυτου και ακολουθει...
ΜΘ 10:32	24	πας ουν	οστις	ομολογησει εν εμοι εμπροσθεν των ανθρωπων,...
ΛΚ 14:27	38		οστις	ου βασταζει τον σταυρον εαυτου και ερχεται...

Mθ 5:11	03	μακαριοι εστε	οταν	ονειδισωσιν υμας και διωξωσιν και ειπωσιν...
ΛΚ 6:22	03	.... οταν μισησωσιν υμας οι ανθρωποι, και	οταν	αφορισωσιν υμας και ονειδισωσιν και...
Mθ 12:43	20		οταν	δε το ακαθαρτον πνευμα εξελθη απο του...
ΛΚ 11:24	20		οταν	το ακαθαρτον πνευμα εξελθη απο του ανθρωπου,...
Mθ 3:9	01	.... εχομεν τον αβρααμ. λεγω γαρ υμιν	οτι	δυναται ο θεος εκ των λιθων τουτων...
ΛΚ 3:8	01	.... εχομεν τον αβρααμ, λεγω γαρ υμιν	οτι	δυναται ο θεος εκ των λιθων τουτων...
Mθ 4:6	02	.... βαλε σεαυτον κατω. γεγραπται γαρ	οτι	τοις αγγελοις αυτου εντελειται περι...
ΛΚ 4:4	02	.... προς αυτον ο ιησους, γεγραπται	οτι	ουκ επ αρτω μονω ζησεται ο ανθρωπος.
ΛΚ 4:6	02	...... ταυτην απασαν και την δοξαν αυτων,	οτι	εμοι παραδεδοται και ω εαν θελω διδωμι...
ΛΚ 4:10	02	γεγραπται γαρ	οτι	τοις αγγελοις αυτου εντελειται περι...
ΛΚ 4:11	02	και	οτι	επι χειρων αρουσιν σε μηποτε προσκοψης...
ΛΚ 4:12	02	και αποκριθεις ειπεν αυτω ο ιησους	οτι	ειρηται, ουκ εκπειρασεις κυριον τον θεον...
Mθ 5:3	03	μακαριοι οι πτωχοι τω πνευματι,	οτι	αυτων εστιν η βασιλεια των ουρανων.
Mθ 5:6	03	... πεινωντες και διψωντες την δικαιοσυνην,	οτι	αυτοι χορτασθησονται.
ΛΚ 6:20	03	μακαριοι οι πτωχοι,	οτι	υμετερα εστιν η βασιλεια του θεου.
ΛΚ 6:21	03	μακαριοι οι πεινωντες νυν,	οτι	χορτασθησεσθε. μακαριοι οι κλαιοντες...
Mθ 10:7	13	πορευομενοι δε κηρυσσετε λεγοντες	οτι	ηγγικεν η βασιλεια των ουρανων.
ΛΚ 10:11	13	.... απομασσομεθα υμιν. πλην τουτο γινωσκετε	οτι	ηγγικεν η βασιλεια του θεου.
Mθ 11:21	14	ουαι σοι, χοραζιν. ουαι σοι, βηθσαιδα.	οτι	ει εν τυρω και σιδωνι εγενοντο αι...
Mθ 11:24	14	πλην λεγω υμιν	οτι	γη σοδομων ανεκτοτερον εσται εν ημερα...
ΛΚ 10:13	14	ουαι σοι, χοραζιν. ουαι σοι, βηθσαιδα.	οτι	ει εν τυρω και σιδωνι εγενηθησαν αι...
ΛΚ 10:12	14	λεγω υμιν	οτι	σοδομοις εν τη ημερα εκεινη ανεκτοτερον...
Mθ 11:25	16	... πατερ, κυριε του ουρανου και της γης,	οτι	εκρυψας ταυτα απο σοφω και συνετων και...
Mθ 11:26	16	ναι, ο πατηρ,	οτι	ουτως ευδοκια εγενετο εμπροσθεν σου.
Mθ 13:17	16	αμην γαρ λεγω υμιν	οτι	πολλοι προφηται και δικαιοι επεθυμησαν...
ΛΚ 10:21	16	... πατερ, κυριε του ουρανου και της γης,	οτι	απεκρυψας ταυτα απο σοφων και συνετων,...
ΛΚ 10:21	16	.... αυτα νηπιοις. ναι, ο πατηρ,	οτι	ουτως ευδοκια εγενετο εμπροσθεν σου.
ΛΚ 10:24	16	λεγω γαρ υμιν	οτι	πολλοι προφηται και βασιλεις ηθελησαν...
Mθ 12:41	21	. γενεας ταυτης και κατακρινουσιν αυτην.	οτι	μετενοησαν εις το κηρυγμα ιωνα, και...
Mθ 12:42	21	.... γενεας ταυτης και κατακρινει αυτην.	οτι	ηλθεν εκ των περατων της γης ακουσαι...
ΛΚ 11:31	21	.... γενεας ταυτης και κατακρινει αυτους.	οτι	ηλθεν εκ των περατων της γης ακουσαι...
ΛΚ 11:32	21	. γενεας ταυτης και κατακρινουσιν αυτην.	οτι	μετενοησαν εις το κηρυγμα ιωνα, και...
Mθ 23:13	23	. υμιν, γραμματεις και φαρισαιοι υποκριται,	οτι	κλειετε την βασιλειαν των ουρανων εμπροσθεν...
Mθ 23:23	23	. υμιν, γραμματεις και φαρισαιοι υποκριται,	οτι	αποδεκατουτε το ηδυοσμον και τοανηθον...
Mθ 23:27	23	. υμιν, γραμματεις και φαρισαιοι υποκριται,	οτι	παρομοιαζετε ταφοις κεκονιαμενοις, οιτινες...
Mθ 23:29	23	. υμιν, γραμματεις και φαρισαιοι υποκριται,	οτι	οικοδομειτε τους ταφους των προφητων και...
ΛΚ 11:42	23	αλλα ουαι υμιν τοις φαρισαιοις,	οτι	αποδεκατουτε το ηδυοσμον και το πηγανον...
ΛΚ 11:44	23	ουαι υμιν,	οτι	εστε ως τα μνημεια τα αδηλα, και οι ανθρωποι...
ΛΚ 11:47	23	ουαι υμιν,	οτι	οικοδομειτε τα μνημεια των προφητων,...
ΛΚ 11:52	23	ουαι υμιν τοις νομικοις,	οτι	ηρατε την κλειδα της γνωσεως. αυτοι ουκ...
Mθ 6:26	27	εμβλεψατε εις τα πετεινα του ουρανου	οτι	ου σπειρουσιν ουδε θεριζουσιν ουδε συναγουσιν...
Mθ 6:32	27	...... οιδεν γαρ ο πατηρ υμων ο ουρανιος	οτι	χρηζετε τουτων απαντων.
ΛΚ 12:24	27	κατανοησατε τους κορακας	οτι	ου σπειρουσιν ουδε θεριζουσιν, οις ουκ...
ΛΚ 12:30	27	..... επιζητουσιν. υμων δε ο πατηρ οιδεν	οτι	χρηζετε τουτων.
Mθ 24:43	29	εκεινο δε γινωσκετε	οτι	ει ηδει ο οικοδεσποτης ποια φυλακη ο...
Mθ 24:44	29	δια τουτο και υμεις γινεσθε ετοιμοι,	οτι	η ου δοκειτε ωρα ο υιος του ανθρωπου...
Mθ 24:47	29	αμην λεγω υμιν	οτι	επι πασιν τοις υπαρχουσιν αυτου καταστησει...
ΛΚ 12:39	29	τουτο δε γινωσκετε	οτι	ει ηδει ο οικοδεσποτης ποια ωρα ο...
ΛΚ 12:40	29	και υμεις γινεσθε ετοιμοι,	οτι	η ωρα ου δοκειτε ο υιος του ανθρωπου...
ΛΚ 12:44	29	αληθως λεγω υμιν	οτι	επι πασιν τοις υπαρχουσιν αυτου καταστησει...
Mθ 18:13	40	.. εαν γενηται ευρειν αυτο, αμην λεγω υμιν	οτι	χαιρει επ αυτω μαλλον η επι τοις ενενηκοντα...
ΛΚ 15:7	40	λεγω υμιν	οτι	ουτως χαρα εν τω ουρανω εσται επι ενι...
Mθ 25:26	47	... αυτω, πονηρε δουλε και οκνηρε, ηδεις	οτι	θεριζω οπου ουκ εσπειρα και συναγω οθεν...
ΛΚ 19:22	47	.... σου κρινω σε, πονηρε δουλε. ηδεις	οτι	εγω ανθρωπος αυστηρος ειμι, αιρων ο...
Mθ 3:12	01		ου	το πτυον εν τη χειρι αυτου, και διακαθαριει...
ΛΚ 3:17	01		ου	το πτυον εν τη χειρι αυτου διακαθαραι...
Mθ 7:3	05	...... σου, την δε εν τω σω οφθαλμω δοκον	ου	κατανοεις;

ΛΚ 6:41	05	..... την δε δοκον την εν τω ιδιω οφθαλμω ου	κατανοεις;
Μθ 7:18	06	ου	δυναται δενδρον αγαθον καρπους πονηρους...
ΛΚ 6:43	06	ου	γαρ εστιν δενδρον καλον ποιουν καρπον...
ΛΚ 7:6	08	.... λεγων αυτω, κυριε, μη σκυλλου. ου	γαρ ικανος ειμι ινα υπο την στεγην...
Μθ 11:10	10	ουτος εστιν περι ου	γεγραπται, ιδου εγω αποστελλω τον αγγελον...
ΛΚ 7:27	10	ουτος εστιν περι ου	γεγραπται, ιδου αποστελλω τον αγγελον...
Μθ 12:39	21	... μοιχαλις σημειον επιζητει, και σημειον ου	δοθησεται αυτη ει μη το σημειον ιωνα...
Μθ 16:4	21	... μοιχαλις σημειον επιζητει, και σημειον ου	δοθησεται αυτη ει μη το σημειον ιωνα....
ΛΚ 11:29	21	. πονηρα εστιν. σημειον ζητει, και σημειον ου	δοθησεται αυτη ει μη το σημειον ιωνα.
Μθ 23:4	23	. των ανθρωπων, αυτοι δε τω δακτυλω αυτων ου	θελουσιν κινησαι αυτα.
ΛΚ 11:46	23	.... και αυτοι ενι των δακτυλων υμων ου	προσψαυετε τοις φορτιοις.
Μθ 10:26	24	.. ο ουκ αποκαλυφθησεται, και κρυπτον ο ου	γνωσθησεται.
Μθ 10:29	24	.... ασσαριου πωλειται; και εν εξ αυτων ου	πεσειται επι την γην ανευ του πατρος υμων.
ΛΚ 12:2	24	.. ο ουκ αποκαλυφθησεται, και κρυπτον ο ου	γνωσθησεται.
Μθ 6:26	27	. εμβλεψατε εις τα πετεινα του ουρανου οτι ου	σπειρουσιν ουδε θεριζουσιν ουδε συναγουσιν...
Μθ 6:28	27	.... τα κρινα του αγρου πως αυξανουσιν. ου	κοπιωσιν ουδε νηθουσιν.
ΛΚ 12:24	27	κατανοησατε τους κορακας οτι ου	σπειρουσιν ουδε θεριζουσιν, οις ουκ εστιν...
Μθ 6:20	28	.. ουτε βρωσις αφανιζει, και οπου κλεπται ου	διορυσσουσιν ουδε κλεπτουσιν.
Μθ 24:44	29	...... και υμεις γινεσθε ετοιμοι, οτι η ου	δοκειτε ωρα ο υιος του ανθρωπου ερχεται.
Μθ 24:50	29	. κυριος του δουλου εκεινου εν ημερα η ου	προσδοκα και εν ωρα η ου γινωσκει,
Μθ 24:50	29	. εν ημερα η ου προσδοκα και εν ωρα η ου	γινωσκει,
ΛΚ 12:40	29	. και υμεις γινεσθε ετοιμοι, οτι η ωρα ου	δοκειτε ο υιος του ανθρωπου ερχεται.
ΛΚ 12:46	29	. κυριος του δουλου εκεινου εν ημερα η ου	προσδοκα και εν ωρα η ου γινωσκει,...
ΛΚ 12:46	29	. εν ημερα η ου προσδοκα και εν ωρα η ου	γινωσκει, και διχοτομησει αυτον, και...
Μθ 16:3	31	.... διακρινειν, τα δε σημεια των καιρων ου	δυνασθε.
Μθ 5:26	32	αμην λεγω σοι, ου	μη εξελθης εκειθεν εως αν αποδως τον...
ΛΚ 12:59	32	λεγω σοι, ου	μη εξελθης εκειθεν εως και το εσχατον...
Μθ 13:33	34	.... ενεκρυψεν εις αλευρου σατα τρια εως ου	εζυμωθη ολον.
ΛΚ 13:21	34	.... ενεκρυψεν εις αλευρου σατα τρια εως ου	εζυμωθη ολον.
Μθ 23:39	36	λεγω γαρ υμιν, ου	μη με ιδητε απ αρτι εως αν ειπητε,...
ΛΚ 13:35	36	. αφιεται υμιν ο οικος υμων. λεγω υμιν, ου	μη ιδητε με εως ειπητε, ευλογημενος...
Μθ 10:38	38	και ος ου	λαμβανει τον σταυρον αυτου και ακολουθει...
ΛΚ 14:27	38	οστις ου	βασταζει τον σταυρον εαυτου και ερχεται...
ΛΚ 14:27	38	... σταυρον εαυτου και ερχεται οπισω μου ου	δυναται ειναι μου μαθητης.
Μθ 6:24	41	. ανθεξεται και του ετερου καταφρονησει. ου	δυνασθε θεω δουλευειν και μαμωνα.
ΛΚ 16:13	41	. ανθεξεται και του ετερου καταφρονησει. ου	δυνασθε θεω δουλευειν και μαμωνα.
Μθ 18:7	43	...... τα σκανδαλα, πλην ουαι τω ανθρωπω δι ου	το σκανδαλον ερχεται.
ΛΚ 17:1	43	.. του τα σκανδαλα μη ελθειν, πλην ουαι δι ου	ερχεται.
Μθ 25:26	47	. θεριζω οπου ουκ εσπειρα και συναγω οθεν ου	διεσκορπισα;
Μθ 11:21	14	ουαι	σοι, χοραζιν. ουαι σοι, βηθσαιδα. οτι...
Μθ 11:21	14	ουαι σοι, χοραζιν. ουαι	σοι, βηθσαιδα. οτι ει εν τυρω και...
ΛΚ 10:13	14	ουαι	σοι, χοραζιν. ουαι σοι, βηθσαιδα. οτι...
ΛΚ 10:13	14	ουαι σοι, χοραζιν. ουαι	σοι, βηθσαιδα. οτι ει εν τυρω και...
Μθ 23:13	23	ουαι	δε υμιν, γραμματεις και φαρισαιοι υποκριται,...
Μθ 23:23	23	ουαι	υμιν, γραμματεις και φαρισαιοι υποκριται,...
Μθ 23:27	23	ουαι	υμιν, γραμματεις και φαρισαιοι υποκριται,...
Μθ 23:29	23	ουαι	υμιν, γραμματεις και φαρισαιοι υποκριται,...
ΛΚ 11:42	23	αλλα ουαι	υμιν τοις φαρισαιοις, οτι αποδεκατουτε...
ΛΚ 11:44	23	ουαι	υμιν, οτι εστε ως τα μνημεια τα αδηλα,...
ΛΚ 11:47	23	ουαι	υμιν, οτι οικοδομειτε τα μνημεια των...
ΛΚ 11:52	23	ουαι	υμιν τοις νομικοις, οτι ηρατε την κλειδα...
Μθ 18:7	43	.... αναγκη γαρ ελθειν τα σκανδαλα, πλην ουαι	τω ανθρωπω δι ου το σκανδαλον ερχεται.
ΛΚ 17:1	43	..... εστιν του τα σκανδαλα μη ελθειν, πλην ουαι	δι ου ερχεται.
Μθ 7:18	06	. δενδρον αγαθον καρπους πονηρους ποιειν, ουδε	δενδρον σαπρον καρπους καλους ποιειν.
ΛΚ 6:43	06	..... δενδρον καλον ποιουν καρπον σαπρον, ουδε	παλιν δενδρον σαπρον ποιουν καρπον καλον.
ΛΚ 7:9	08	. ακολουθουντι αυτω οχλω ειπεν, λεγω υμιν, ουδε	εν τω ισραηλ τοσαυτην πιστιν ευρον.
Μθ 6:26	27	. τα πετεινα του ουρανου οτι ου σπειρουσιν ουδε	θεριζουσιν ουδε συναγουσιν εις αποθηκας,...

ΜΘ 6:26	27	...... οτι ου σπειρουσιν ουδε θεριζουσιν	ουδε	συναγουσιν εις αποθηκας, και ο πατηρ...
ΜΘ 6:29	27	λεγω δε υμιν οτι	ουδε	σολομων εν παση τη δοξη αυτου περιεβαλετο...
ΛΚ 12:24	27	.... τους κορακας οτι ου σπειρουσιν	ουδε	θεριζουσιν, οις ουκ εστιν ταμειον ουδε...
ΛΚ 12:27	27	.... τα κρινα πως αυξανει. ου κοπια	ουδε	νηθει. λεγω δε υμιν, ουδε σολομων εν...
ΛΚ 12:27	27	.... ου κοπια ουδε νηθει. λεγω δε υμιν,	ουδε	σολομων εν παση τη δοξη αυτου περιεβαλετο...
ΜΘ 6:20	28	.... και οπου κλεπται ου διορυσσουσιν	ουδε	κλεπτουσιν.
ΛΚ 12:33	28	.. τοις ουρανοις, οπου κλεπτης ουκ εγγιζει	ουδε	σης διαφθερει.
ΛΚ 7:28	10	.. μειζων εν γεννητοις γυναικων ιωαννου	ουδεις	εστιν. ο δε μικροτερος εν τη βασιλεια...
ΜΘ 11:27	16	.... μοι παρεδοθη υπο του πατρος μου, και	ουδεις	επιγινωσκει τον υιον ει μη ο πατηρ,...
ΛΚ 10:22	16	.... μοι παρεδοθη υπο του πατρος μου, και	ουδεις	γινωσκει τις εστιν ο υιος ει μη ο...
ΜΘ 6:24	41		ουδεις	δυναται δυσι κυριοις δουλευειν. η...
ΛΚ 16:13	41		ουδεις	οικετης δυναται δυσι κυριοις δουλευεις....
ΜΘ 10:26	24	μη ουν φοβηθητε αυτους.	ουδεν	γαρ εστιν κακαλυμμενον ο ουκ αποκαλυφθησεται,...
ΛΚ 12:2	24		ουδεν	δε συγκεκαλυμμενον εστιν ο ουκ αποκαλυφθησεται,...
ΜΘ 8:10	08	... τοις ακολουθουσιν, αμην λεγω υμιν, παρ	ουδενι	τοσαυτην πιστιν εν τω ισραηλ ευρον.
ΜΘ 4:4	02	ο δε αποκριθεις ειπεν, γεγραπται,	ουκ	επ αρτω μονω ζησεται ο ανθρωπος,...
ΜΘ 4:7	02	εφη αυτω ο ιησους, παλιν γεγραπται,	ουκ	εκπειρασεις κυριον τον θεον σου.
ΛΚ 4:2	02	.... πειραζομενος υπο του διαβολου. και	ουκ	εφαγεν ουδεν εν ταις ημεραις εκειναις,...
ΛΚ 4:4	02	.... προς αυτον ο ιησους, γεγραπται οτι	ουκ	επ αρτω μονω ζησεται ο ανθρωπος.
ΛΚ 4:12	02	...... ειπεν αυτω ο ιησους οτι ειρηται,	ουκ	εκπειρασεις κυριον τον θεον σου.
ΜΘ 10:24	05		ουκ	εστιν μαθητης υπερ τον διδασκαλον ουδε...
ΛΚ 6:40	05		ουκ	εστιν μαθητης υπερ τον διδασκαλον, κατηρτισμενος...
ΜΘ 7:25	07	.... και προσεπεσαν τη οικια εκεινη, και	ουκ	επεσεν, τεθεμελιωτο γαρ επι την πετραν.
ΛΚ 6:48	07	.... ο ποταμος τη οικια εκεινη, και	ουκ	ισχυσεν σαλευσαι αυτην δια το καλως οικοδομησθαι...
ΜΘ 8:8	08	... αποκριθεις ο εκατονταρχος εφη, κυριε,	ουκ	ειμι ικανος ινα μου υπο την στεγην...
ΜΘ 11:11	10	αμην λεγω υμιν,	ουκ	εγηγερται εν γεννητοις γυναικων μειζων...
ΜΘ 11:17	10	λεγουσιν, ηυλησαμεν υμιν και	ουκ	ωρχησασθε. εθρηνησαμεν και ουκ εκοψασθε.
ΜΘ 11:17	10	..... και ουκ ωρχησασθε. εθρηνησαμεν και	ουκ	εκοψασθε.
ΛΚ 7:32	10	... αλληλοις, α λεγει, ηυλησαμεν υμιν και	ουκ	ωρχησασθε. εθρηνησαμεν και ουκ εκλαυσατε.
ΛΚ 7:32	10	..... και ουκ ωρχησασθε. εθρηνησαμεν και	ουκ	εκλαυσατε.
ΜΘ 8:20	12	... κατασκηνωσεις, ο δε υιος του ανθρωπου	ουκ	εχει που την κεφαλην κλινη.
ΛΚ 9:58	12	... κατασκηνωσεις, ο δε υιος του ανθρωπου	ουκ	εχει που την κεφαλην κλινη.
ΜΘ 13:17	16	. δικαιοι επεθυμησαν ιδειν α βλεπετε και	ουκ	ειδαν, και ακουσαι α ακουετε και...
ΜΘ 13:17	16	..... ειδαν, και ακουσαι α ακουετε και	ουκ	ηκουσαν.
ΛΚ 10:24	16	..... ηθελησαν ιδειν α υμεις βλεπετε και	ουκ	ειδαν, και ακουσαι α ακουετε και...
ΛΚ 10:24	16	..... ειδαν, και ακουσαι α ακουετε και	ουκ	ηκουσαν.
ΜΘ 23:13	23	.. ουρανων εμπροσθεν των ανθρωπων. υμεις γαρ	ουκ	εισερχεσθε, ουδε τους εισερχομενους αφιετε...
ΛΚ 11:52	23	.. οτι ηρατε την κλειδα της γνωσεως. αυτοι	ουκ	εισηλθατε και τους εισερχομενους εκωλυσατε....
ΜΘ 10:26	24	. αυτους. ουδεν γαρ εστιν κακαλυμμενον ο	ουκ	αποκαλυφθησεται, και κρυπτον ο ου...
ΛΚ 12:2	24	ουδεν δε συγκεκαλυμμενον εστιν ο	ουκ	αποκαλυφθησεται, και κρυπτον ο ου...
ΛΚ 12:6	24	.... ασσαριων δυο; και εν εξ αυτων	ουκ	εστιν επιλελησμενον ενωπιον του θεου.
ΛΚ 12:24	27	. οτι ου σπειρουσιν ουδε θεριζουσιν, οις	ουκ	εστιν ταμειον ουδε αποθηκη, και ο...
ΛΚ 12:33	28	.... εν τοις ουρανοις, οπου κλεπτης	ουκ	εγγιζει ουδε σης διαφθερει.
ΜΘ 10:34	30	.... οτι ηλθον βαλειν ειρηνην επι την γην.	ουκ	ηλθον βαλειν ειρηνην αλλα μαχαιραν.
ΛΚ 12:56	31	...... δοκιμαζειν, τον καιρον δε τουτον πως	ουκ	οιδατε δοκιμαζειν;
ΜΘ 23:37	36	.... τα νοσσια αυτης υπο τας πτερυγας, και	ουκ	ηθελησατε.
ΛΚ 13:34	36	. την εαυτης νοσσιαν υπο τας πτερυγας, και	ουκ	ηθελησατε.
ΜΘ 10:38	38	. σταυρον αυτου και ακολουθει οπισω μου,	ουκ	εστιν μου αξιος.
ΜΘ 25:24	47	.. οτι σκληρος ει ανθρωπος, θεριζων οπου	ουκ	εσπειρας και συναγων οθεν ου διεσκορπισας.
ΜΘ 25:26	47	...... και οκνηρε, ηδεις οτι θεριζω οπου	ουκ	εσπειρα και συναγω οθεν ου διεσκορπισα;
ΛΚ 19:21	47	. σε, οτι ανθρωπος αυστηρος ει, αιρεις ο	ουκ	εθηκας και θεριζεις ο ουκ εσπειρας.
ΛΚ 19:22	47	..... εγω ανθρωπος αυστηρος ειμι, αιρων ο	ουκ	εθηκα και θεριζων ο ουκ εσπειρα;
ΛΚ 19:22	47	. ειμι, αιρων ο ουκ εθηκα και θεριζων ο	ουκ	εσπειρα;
ΜΘ 3:8	01	ποιησατε	ουν	καρπον αξιον της μετανοιας.
ΜΘ 3:10	01	... προς την ριζαν των δενδρων κειται. παν	ουν	δενδρον μη ποιουν καρπον καλον εκκοπτεται...
ΛΚ 3:8	01	ποιησατε	ουν	καρπους αξιους της μετανοιας. και μη...
ΛΚ 3:9	01	... προς την ριζαν των δενδρων κειται. παν	ουν	δενδρον μη ποιουν καρπον καλον εκκοπτεται...

Mθ 9:38	13		δεηθητε ουν	του κυριου του θερισμου οπως εκβαλη...
ΛΚ 10:2	13	.... πολυς, οι δε εργαται ολιγοι.	δεηθητε ουν	του κυριου του θερισμου οπως εργατας...
Mθ 7:11	18		ει ουν	υμεις πονηροι οντες οιδατε δοματα αγαθα...
ΛΚ 11:13	18		ει ουν	υμεις πονηροι υπαρχοντες οιδατε δοματα...
Mθ 6:23	22	. η, ολον το σωμα σου σκοτεινον εσται.	ει ουν	το φως το εν σοι σκοτος εστιν, το σκοτος...
ΛΚ 11:35	22		σκοπει ουν	μη το φως το εν σοι σκοτος εστιν.
Mθ 5:12	03	.... οτι ο μισθος υμων πολυς εν τοις	ουρανοις.	ουτως γαρ εδιωξαν τους προφητας τους...
Mθ 7:11	18	.. υμων, ποσω μαλλον ο πατηρ υμων ο εν τοις	ουρανοις	δωσει αγαθα τοις αιτουσιν αυτον.
ΛΚ 12:33	28	.... θησαυρον ανεκλειπτον εν τοις	ουρανοις,	οπου κλεπτης ουκ εγγιζει ουδε σης...
Mθ 18:14	40	... θελημα εμπροσθεν του πατρος υμων του εν	ουρανοις	ινα αποληται εν των μικρων τουτων.
ΛΚ 16:17	42	ευκοπωτερον δε εστιν τον	ουρανον	και την γην παρελθειν η του νομου μιαν...
Mθ 5:18	42	αμην γαρ λεγω υμιν, εως αν παρελθη ο	ουρανος	και η γη, ιωτα εν η μια κεραια ου...
Mθ 8:20	12	.... φωλεους εχουσιν και τα πετεινα του	ουρανου	κατασκηνωσεις, ο δε υιος του ανθρωπου...
ΛΚ 9:58	12	.... φωλεους εχουσιν και τα πετεινα του	ουρανου	κατασκηνωσεις, ο δε υιος του ανθρωπου...
Mθ 11:23	14	και συ, καφαρναουμ, μη εως	ουρανου	υψωθηση; εως αδου καταβηση. οτι ει...
ΛΚ 10:15	14	και συ, καφαρναουμ, μη εως	ουρανου	υψωθηση; εως του αδου καταβιβασθηση.
Mθ 11:25	16	.... εξομολογουμαι σοι πατερ, κυριε του	ουρανου	και της γης, οτι εκρυψας ταυτα απο...
ΛΚ 10:21	16	...... εξομολογουμαι σοι, πατερ, κυριε του	ουρανου	και της γης, οτι απεκρυψας ταυτα απο...
ΛΚ 11:13	18	.... τεκνοις υμων, ποσω μαλλον ο πατηρ εξ	ουρανου	δωσει πνευμα αγιον τοις αιτουσιν αυτον.
Mθ 16:3	31	... στυγναζων ο ουρανος. το μεν προσωπον του	ουρανου	γινωσκετε διακρινειν, τα δε σημεια των...
ΛΚ 12:56	31	υποκριται, το προσωπον της γης και του	ουρανου	οιδατε δοκιμαζειν, τον καιρον δε τουτον...
ΛΚ 6:23	03	..... ιδου γαρ ο μισθος υμων πολυς εν τω	ουρανω.	κατα τα αυτα γαρ εποιουν τοις προφηταις...
Mθ 6:20	28	θησαυριζετε δε υμιν θησαυρους εν	ουρανω,	οπου ουτε σης ουτε βρωσις αφανιζει, και...
ΛΚ 15:7	40	λεγω υμιν οτι ουτως χαρα εν τω	ουρανω	εσται επι ενι αμαρτωλω μετανοουντι η επι...
Mθ 10:27	24	.... ειπατε εν τω φωτι. και ο εις το	ους	ακουετε, κηρυξατε επι των δωματων.
ΛΚ 12:3	24	.. εν τω φωτι ακουσθησεται, και ο προς το	ους	ελαλησατε εν τοις ταμειεοις κηρυχθησεται...
Mθ 11:10	10		ουτος	εστιν περι ου γεγραπται, ιδου εγω αποστελλω...
ΛΚ 7:27	10		ουτος	εστιν περι ου γεγραπται, ιδου αποστελλω...
Mθ 11:26	16	ναι, ο πατηρ, οτι	ουτως	ευδοκια εγενετο εμπροσθεν σου.
ΛΚ 10:21	16	.... αυτα νηπιοις. ναι, ο πατηρ, οτι	ουτως	ευδοκια εγενετο εμπροσθεν σου.
Mθ 12:40	21	. του κητους τρεις ημερας και τρεις νυκτας,	ουτως	εσται ο υιος του ανθρωπου εν τη καρδια...
ΛΚ 11:30	21	.... εγενετο ιωνας τοις νινευιταις σημειον,	ουτως	εσται και ο υιος του ανθρωπου τη γενεα...
Mθ 6:30	27	.... εις κλιβανον βαλλομενον ο θεος	ουτως	αμφιεννυσιν, ου πολλω μαλλον υμας, ολιγοπιστοι;...
ΛΚ 12:28	27	.... εις κλιβανον βαλλομενον ο θεος	ουτως	αμφιζει, ποσω μαλλον υμας, ολιγοπιστοι.
Mθ 24:46	29	...... ον ελθων ο κυριος αυτου ευρησει	ουτως	ποιουντα.
ΛΚ 12:43	29	. ελθων ο κυριος αυτου ευρησει ποιουντα	ουτως.	
Mθ 18:14	40		ουτως	ουκ εστιν θελημα εμπροσθεν του πατρος...
ΛΚ 15:7	40	λεγω υμιν οτι	ουτως	χαρα εν τω ουρανω εσται επι ενι αμαρτωλω...
Mθ 24:27	46	..... απο ανατολων και φαινεται εως δυσμων,	ουτως	εσται η παρουσια του υιου του ανθρωπου.
Mθ 24:37	46	ωσπερ δε αι ημεραι του νωε,	ουτως	εσται η παρουσια του υιου του ανθρωπου.
ΛΚ 17:24	46	.... τον ουρανον εις την υπ ουρανον λαμπει,	ουτως	εσται ο υιος του ανθρωπου .
ΛΚ 17:26	46	. και καθως εγενετο εν ταις ημεραις νωε,	ουτως	εσται και εν ταις ημεραις του υιου του...
Mθ 10:29	24		ουχι	δυο στρουθια ασσαριου πωλειται; και εν...
ΛΚ 12:6	24		ουχι	πεντε στρουθια πωλουνται ασσαριων δυο;...
ΛΚ 12:51	30	. οτι ειρηνην παρεγενομην δουναι εν τη γη;	ουχι,	λεγω υμιν, αλλ η διαμερισμον.
Mθ 6:12	17	.... ημων, ως και ημεις αφηκαμεν τοις	οφειλεταις	ημων.
ΛΚ 11:4	17	.... ημων, και γαρ αυτοι αφιομεν παντι	οφειλοντι	ημιν. και μη εισενεγκης ημας εις...
Mθ 13:16	16	υμων δε μακαριοι οι	οφθαλμοι	οτι βλεπουσιν, και τα ωτα υμων οτι...
ΛΚ 10:23	16	.... μαθητας κατ ιδιαν ειπεν, μακαριοι οι	οφθαλμοι	οι βλεποντες α βλεπετε.
Mθ 6:22	22	ο λυχνος του σωματος εστιν ο	οφθαλμος.	εαν ουν η ο οφθαλμος σου απλους, ολον...
Mθ 6:22	22	.. σωματος εστιν ο οφθαλμος. εαν ουν η ο	οφθαλμος	σου απλους, ολον το σωμα σου φωτεινον...
ΛΚ 11:34	22	ο λυχνος του σωματος εστιν ο	οφθαλμος	σου. οταν ο οφθαλμος σου απλους η, και...
ΛΚ 11:34	22	. του σωματος εστιν ο οφθαλμος σου. οταν ο	οφθαλμος	σου απλους η, και ολον το σωμα σου φωτεινον...
Mθ 7:4	05	...... σου, αφες εκβαλω το καρφος εκ του	οφθαλμου	σου, και ιδου η δοκος εν τω οφθαλμω σου;
Mθ 7:5	05	.... εκβαλε πρωτον την δοκον εκ του	οφθαλμου	σου, και τοτε διαβλεψεις εκβαλειν το...
Mθ 7:5	05	... διαβλεψεις εκβαλειν το καρφος εκ του	οφθαλμου	του αδελφου σου.
ΛΚ 6:42	05	.... εκβαλε πρωτον την δοκον εκ του	οφθαλμου	σου, και τοτε διαβλεψεις το καρφος το...

Mθ 7:3	05	τι δε βλεπεις το καρφος το εν τω οφθαλμω	του αδελφου σου, την δε εν τω σω οφθαλμω...
Mθ 7:3	05	.... του αδελφου σου, την δε εν τω σω οφθαλμω	δοκον ου κατανοεις;
Mθ 7:4	05	... οφθαλμου σου, και ιδου η δοκος εν τω οφθαλμω	σου;
ΛΚ 6:41	05	τι δε βλεπεις το καρφος το εν τω οφθαλμω	του αδελφου σου, την δε δοκον την εν...
ΛΚ 6:41	05	.... σου, την δε δοκον την εν τω ιδιω οφθαλμω	ου κατανοεις;
ΛΚ 6:42	05	. αδελφε, αφες εκβαλω το καρφος το εν τω οφθαλμω	σου, αυτος την εν τω οφθαλμω σου δοκον...
ΛΚ 6:42	05	... το εν τω οφθαλμω σου, αυτος την εν τω οφθαλμω	σου δοκον ου βλεπων; υποκριτα, εκβαλε...
ΛΚ 6:42	05	. και τοτε διαβλεψεις το καρφος το εν τω οφθαλμω	του αδελφου σου εκβαλειν.
Mθ 7:10	18	η και ιχθυν αιτησει - μη οφιν	επιδωσει αυτω;
ΛΚ 11:11	18	.. τον πατερα ο υιος ιχθυν, και αντι ιχθυος οφιν	αυτω επιδωσει;
Mθ 12:23	19	και εξισταντο παντες οι οχλοι	και ελεγον μητι ουτος εστιν ο υιος δαυιδ;
ΛΚ 11:14	19	..... ελαλησεν ο κωφος. και εθαυμασαν οι οχλοι.	
Mθ 11:7	10	. πορευομενων ηρξατο ο ιησους λεγειν τοις οχλοις	περι ιωαννου, τι εξηλθατε εις την ερημον...
ΛΚ 7:24	10	. αγγελων ιωαννου ηρξατο λεγειν προς τους οχλους	περι ιωαννου, τι εξηλθατε εις την ερημον...

Μθ 11:16	10	. ομοιωσω την γενεαν ταυτην; ομοια εστιν	παιδιοις	καθημενοις εν ταις αγοραις α προσφωνουντα...
ΛΚ 7:32	10	ομοιοι εισιν	παιδιοις	τοις εν αγορα καθημενοις και προσφωνουσιν...
Μθ 8:8	08	...... μονον ειπε λογω, και ιαθησεται ο	παις	μου.
ΛΚ 7:7	08	. ελθειν. αλλα ειπε λογω, και ιαθητω ο	παις	μου.
Μθ 11:21	14	..... αι δυναμεις αι γενομεναι εν υμιν,	παλαι	αν εν σακκω και σποδω μετενοησαν.
ΛΚ 10:13	14	..... αι δυναμεις αι γενομεναι εν υμιν,	παλαι	αν εν σακκω και σποδω καθημενοι μετρνοησαν....
Μθ 3:10	01	.... προς την ριζαν των δενδρων κειται.	παν	ουν δενδρον μη ποιουν καρπον καλον...
ΛΚ 3:9	01	.... προς την ριζαν των δενδρων κειται.	παν	ουν δενδρον μη ποιουν καρπον καλον...
Μθ 23:35	23	οπως ελθη εφ υμας	παν	αιμα δικαιον εκχυννομενον επι της γης...
Μθ 11:27	16		παντα	μοι παρεδοθη υπο του πατρος μου, και...
ΛΚ 10:22	16		παντα	μοι παρεδοθη υπο του πατρος μου, και...
Μθ 6:32	27		παντα	γαρ ταυτα τα εθνη επιζητουσιν. οιδεν...
ΛΚ 12:30	27	ταυτα γαρ	παντα	τα εθνη του κοσμου επιζητουσιν. υμων...
ΛΚ 17:27	46	.. και ηλθεν ο κατακλυσμος και απωλεσεν	παντας.	
Μθ 25:29	47	τω γαρ εχοντι	παντι	δοθησεται και περισσευθησεται. του δε...
ΛΚ 19:26	47	λεγω υμιν οτι	παντι	τω εχοντι δοθησεται, απο δε του μη εχοντος...
ΛΚ 11:50	23	ινα εκζητηθη το αιμα	παντων	των προφητων το εκκεχυμενον απο καταβολης...
Μθ 12:45	20	τοτε πορευεται και	παραλαμβανει	μεθ εαυτου επτα ετερα πνευματα πονηροτερα...
ΛΚ 11:26	20	τοτε πορευεται και	παραλαμβανει	ετερα πνευματα πονηροτερα εαυτου επτα,...
Μθ 24:41	46	δυο αληθουσαι εν τω μυλω, μια	παραλαμβανεται	και μια αφιεται.
ΛΚ 17:35	46	.... δυο αληθουσαι επι το αυτο, η μια	παραλημφθησεται	η δε ετερα αφεθησεται.
Μθ 11:27	16	παντα μοι	παρεδοθη	υπο του πατρος μου, και ουδεις επιγινωσκει...
ΛΚ 10:22	16	παντα μοι	παρεδοθη	υπο του πατρος μου, και ουδεις γινωσκει...
ΛΚ 16:17	42	.... δε εστιν τον ουρανον και την γην	παρελθειν	η του νομου μιαν κεραιαν πεσειν.
Μθ 5:18	42	αμην γαρ λεγω υμιν, εως αν	παρελθη	ο ουρανος και η γη, ιωτα εν η μια...
Μθ 7:24	07		πας	ουν οστις ακουει μου τους λογους τουτους...
ΛΚ 6:47	07		πας	ο ερχομενος προς με και ακουων μου...
Μθ 7:8	18		πας	γαρ ο αιτων λαμβανει και ο ζητων ευρισκει,...
ΛΚ 11:10	18		πας	γαρ ο αιτων λαμβανει, και ο ζητων ευρισκει,...
Μθ 10:32	24		πας	ουν οστις ομολογησει εν εμοι εμπροσθεν...
ΛΚ 12:8	24	λεγω δε υμιν,	πας	ος αν ομολογηση εν εμοι εμπροσθεν...
Μθ 12:25	19	.... δε τας ενθυμησεις αυτων ειπεν αυτοις,	πασα	βασιλεια μερισθεισα καθ εαυτης ερημουται,...
ΛΚ 11:17	19	.. ειδως αυτων τα διανοηματα ειπεν αυτοις,	πασα	βασιλεια εφ εαυτην διαμερισθεισα ερημουται,...
Μθ 10:30	24	υμων δε και αι τριχες της κεφαλης	πασαι	ηριθμημεναι εισιν.
ΛΚ 12:7	24	αλλα και αι τριχες της κεφαλης υμων	πασαι	ηριθμηνται. μη φοβεισθε. πολλων στρουθιων...
Μθ 4:8	02	.... ορος υψηλον λιαν, και δεικνυσιν αυτω	πασας	τας βασιλειας του κοσμου και την δοξαν...
ΛΚ 4:5	02	και αναγαγων αυτον εδειξεν αυτω	πασας	τας βασιλειας της οικουμενης εν στιγμη...
Μθ 6:29	27	λεγω δε υμιν οτι ουδε σολομων εν	παση	τη δοξη αυτου περιεβαλετο ως εν τουτων.
ΛΚ 12:27	27	.. νηθει. λεγω δε υμιν, ουδε σολομων εν	παση	τη δοξη αυτου περιεβαλετο ως εν τουτων.
Μθ 24:47	29	αμην λεγω υμιν οτι επι	πασιν	τοις υπαρχουσιν αυτου καταστησει αυτον.
ΛΚ 12:44	29	αληθως λεγω υμιν οτι επι	πασιν	τοις υπαρχουσιν αυτου καταστησει αυτον.
Μθ 11:25	16	.... ο ιησους ειπεν, εξομολογουμαι σοι	πατερ,	κυριε του ουρανου και της γης, οτι...
ΛΚ 10:21	16	... τω αγιω και ειπεν, εξομολογουμαι σοι,	πατερ,	κυριε του ουρανου και της γης, οτι...
Μθ 6:9	17	ουτως ουν προσευχεσθε υμεις.	πατερ	ημων ο εν τοις ουρανοις, αγιασθητω το...
ΛΚ 11:2	17	. ειπεν δε αυτοις, οταν προσευχησθε, λεγετε,	πατερ,	αγιασθητω το ονομα σου. ελθετω η βασιλεια...
Μθ 3:9	01	και μη δοξητε λεγειν εν εαυτοις,	πατερα	εχομεν τον αβρααμ. λεγω γαρ υμιν οτι...
ΛΚ 3:8	01	..... και μη αρξησθε λεγειν εν εαυτοις,	πατερα	εχομεν τον αβρααμ, λεγω γαρ υμιν οτι...
Μθ 8:21	12	...... μοι πρωτον απελθειν και θαψαι τον	πατερα	μου.
ΛΚ 9:59	12	.... μοι απελθοντι πρωτον θαψαι τον	πατερα	μου.
Μθ 11:27	16	.... τον υιον ει μη ο πατηρ, ουδε τον	πατερα	τις επιγινωσκει ει μη ο υιος και ω...
Μθ 10:37	38	ο φιλων	πατερα	η μητερα υπερ εμε ουκ εστιν μου αξιος....
ΛΚ 14:26	38	. ει τις ερχεται προς με και ου μισει τον	πατερα	αυτου και την μητερα και την γυναικα...
Μθ 23:32	23	και υμεις πληρωσατε το μετρον των	πατερων	υμων.
ΛΚ 11:48	23	..... εστε και συνευδοκειτε τοις εργοις των	πατερων	υμων, οτι αυτοι μεν απεκτειναν αυτους...
Μθ 5:48	04	εσεσθε ουν υμεις τελειοι ως ο	πατηρ	υμων ο ουρανιος τελειος εστιν.
ΛΚ 6:36	04	γινεσθε οικτιρμονες καθως ο	πατηρ	υμων οικτιρμων εστιν.

Μθ 11:26	16	ναι, ο πατηρ,	οτι ουτως ευδοκια εγενετο εμπροσθεν...
Μθ 11:27	16	... ουδεις επιγινωσκει τον υιον ει μη ο πατηρ,	ουδε τον πατερα τις επιγινωσκει ει...
ΛΚ 10:21	16	.. και απεκαλυψας αυτα νηπιοις. ναι, ο πατηρ,	οτι ουτως ευδοκια εγενετο εμπροσθεν...
ΛΚ 10:22	16	..... γινωσκει τις εστιν ο υιος ει μη ο πατηρ,	και τις εστιν ο πατηρ ει μη ο υιος...
ΛΚ 10:22	16	.. υιος ει μη ο πατηρ, και τις εστιν ο πατηρ	ει μη ο υιος και ω εαν βουληται ο...
Μθ 7:11	18	. διδοναι τοις τεκνοις υμων, ποσω μαλλον ο πατηρ	υμων ο εν τοις ουρανοις δωσει αγαθα...
ΛΚ 11:13	18	. διδοναι τοις τεκνοις υμων, ποσω μαλλον ο πατηρ	εξ ουρανου δωσει πνευμα αγιον τοις...
Μθ 6:32	27	...... τα εθνη επιζητουσιν. οιδεν γαρ ο πατηρ	υμων ο ουρανιος οτι χρηζετε τουτων απαντων....
ΛΚ 12:30	27	..... του κοσμου επιζητουσιν. υμων δε ο πατηρ	οιδεν οτι χρηζετε τουτων.
ΛΚ 12:53	30	.... πατηρ επι υιω και υιος επι πατρι,	μητηρ επι την θυγατερα και θυγατηρ...
Μθ 11:27	16	παντα μοι παρεδοθη υπο του πατρος	μου, και ουδεις επιγινωσκει τον υιον...
ΛΚ 10:22	16	παντα μοι παρεδοθη υπο του πατρος	μου, και ουδεις γινωσκει τις εστιν...
Μθ 10:35	30	ηλθον γαρ διχασαι ανθρωπον κατα του πατρος	αυτου και θυγατερα κατα της μητρος αυτης...
Μθ 5:6	03	μακαριοι οι πεινωντες	και διψωντες την δικαιοσυνην, οτι αυτοι...
ΛΚ 6:21	03	μακαριοι οι πεινωντες	νυν, οτι χορτασθησεσθε. μακαριοι οι...
Μθ 6:13	17	και μη εισενεγκης ημας εις πειρασμον,	αλλα ρυσαι ημας απο του πονηρου.
ΛΚ 11:4	17	..... ημιν. και μη εισενεγκης ημας εις πειρασμον.	
Μθ 11:2	09	.... εν τω δεσμωτηριω τα εργα του χριστου πεμψας	δια των μαθητων αυτου ειπεν αυτω,
ΛΚ 12:53	30	. επι την νυμφην αυτης και νυμφη επι την πενθεραν.	
Μθ 10:35	30	... της μητρος αυτης και νυμφην κατα της πενθερας	αυτης,
Μθ 12:42	21	.... κατακρινει αυτην. οτι ηλθεν εκ των περατων	της γης ακουσαι την σοφιαν σολομωνος,...
ΛΚ 11:31	21	.... κατακρινει αυτους. οτι ηλθεν εκ των περατων	της γης ακουσαι την σοφιαν σολομωνος,...
Μθ 4:6	02	..... οτι τοις αγγελοις αυτου εντελειται περι	σου και επι χειρων αρουσιν σε, μηποτε...
ΛΚ 4:10	02	..... οτι τοις αγγελοις αυτου εντελειται περι	σου του διαφυλαξαι σε,
Μθ 11:7	10	..... ηρξατο ο ιησους λεγειν τοις οχλοις περι	ιωαννου, τι εξηλθατε εις την ερημον...
Μθ 11:10	10	ουτος εστιν περι	ου γεγραπται, ιδου εγω αποστελλω τον...
ΛΚ 7:24	10	. ιωαννου ηρξατο λεγειν προς τους οχλους περι	ιωαννου, τι εξηλθατε εις την ερημον...
ΛΚ 7:27	10	ουτος εστιν περι	ου γεγραπται, ιδου αποστελλω τον αγγελον...
Μθ 6:28	27	και περι	ενδυματος τι μεριμνατε; καταμαθετε τα...
ΛΚ 12:26	27	ει ουν ουδε ελαχιστον δυνασθε, τι περι	των λοιπων μεριμνατε;
Μθ 6:29	27	.... ουδε σολομων εν παση τη δοξη αυτου περιεβαλετο	ως εν τουτων.
ΛΚ 12:27	27	.... ουδε σολομων εν παση τη δοξη αυτου περιεβαλετο	ως εν τουτων.
Μθ 11:5	09	τυφλοι αναβλεπουσιν και χωλοι περιπατουσιν,	λεπροι καθαριζονται και κωφοι ακουουσιν,...
ΛΚ 7:22	09	..... ηκουσατε. τυφλοι αναβλεπουσιν, χωλοι περιπατουσιν,	λεπροι καθαριζονται και κωφοι ακουουσιν,...
Μθ 12:34	06	.. αγαθα λαλειν πονηροι οντες; εκ γαρ του περισσευματος	της καρδιας το στομα λαλει.
ΛΚ 6:45	06	.. του πονηρου προφερει το πονηρον. εκ γαρ περισσευματος	καρδιας λαλει το στομα αυτου.
Μθ 11:9	10	... ιδειν; προφητην; ναι, λεγω υμιν, και περισσοτερον	προφητου.
ΛΚ 7:26	10	... ιδειν; προφητην; ναι, λεγω υμιν, και περισσοτερον	προφητου.
Μθ 8:20	12	..... αι αλωπεκες φωλεους εχουσιν και τα πετεινα	του ουρανου κατασκηνωσεις, ο δε υιος...
ΛΚ 9:58	12	..... αι αλωπεκες φωλεους εχουσιν και τα πετεινα	του ουρανου κατασκηνωσεις, ο δε υιος...
Μθ 7:24	07	...... ωκοδομησεν αυτου την οικιαν επι την πετραν.	
ΛΚ 6:48	07	..... εβαθυνεν και εθηκεν θεμελιον επι την πετραν.	πλημμυρης δε γενομενης προσερηξεν ο ποταμος...
Μθ 10:10	13	μη πηραν	εις οδον μηδε δυο χιτωνας μηδε υποδηματα...
ΛΚ 10:4	13	μη βασταζετε βαλλαντιον, μη πηραν,	μη υποδηματα, και μηδενα κατα την οδον...
Μθ 6:27	27	.... προσθειναι επι την ηλικιαν αυτου πηχυν	ενα;
ΛΚ 12:25	27	.... επι την ηλικιαν αυτου προσθειναι πηχυν;	
ΛΚ 12:29	27	. και υμεις μη ζητειτε τι φαγητε και τι πιητε,	και μη μετεωριζεσθε.
ΛΚ 12:45	29	.... και τας παιδισκας, εσθιειν τε και πινειν	και μεθυσκεσθαι,
Μθ 24:49	29	.... τους συνδουλους αυτου, εσθιη δε και πινη	μετα των μεθυοντων,
Μθ 24:38	46	.... ταις προ του κατακλυσμου τρωγοντες και πινοντες,	γαμουντες και γαμιζοντες, αχρι ης...
Μθ 11:18	10	ηλθεν γαρ ιωαννης μητε εσθιων μητε πινων,	και λεγουσιν, δαιμονιον εχει.
Μθ 11:19	10	. ηλθεν ο υιος του ανθρωπου εσθιων και πινων,	και λεγουσιν, ιδου ανθρωπος φαγος...
ΛΚ 7:33	10	.... ο βαπτιστης μη εσθιων αρτον μητε πινων	οινον, και λεγετε, δαιμονιον εχει.
ΛΚ 7:34	10	.... ο υιος του ανθρωπου εσθιων και πινων,	και λεγετε, ιδου ανθρωπος φαγος και...
Μθ 8:10	08	...... αμην λεγω υμιν, παρ ουδενι τοσαυτην πιστιν	εν τω ισραηλ ευρον.
ΛΚ 7:9	08	.. λεγω υμιν, ουδε εν τω ισραηλ τοσαυτην πιστιν	ευρον.
Μθ 17:20	45	...... υμων. αμην γαρ λεγω υμιν, εαν εχητε πιστιν	ως κοκκον σιναπεως, ερειτε τω ορει τουτω,...

Ref.	No.	Preceding context	Word	Following context
ΛΚ 17:6	45	ειπεν δε ο κυριος, ει εχετε	πιστιν	ως κοκκον σιναπεως, ελεγετε αν τη συκαμινω...
Μθ 24:45	29	τις αρα εστιν ο	πιστος	δουλος και φρονιμος ον κατεστησεν ο...
ΛΚ 12:42	29	και ειπεν ο κυριος, τις αρα εστιν ο	πιστος	οικονομος ο φρονιμος, ον καταστησει...
Μθ 25:21	47	..... δουλε αγαθε και πιστε, επι ολιγα ης	πιστος,	επι πολλων σε καταστησω. εισελθε εις την...
ΛΚ 19:17	47	..... ευγε, αγαθε δουλε, οτι εν ελαχιστω	πιστος	εγενου, ισθι εξουσιαν εχων επανω δεκα...
Μθ 6:31	27	... μεριμνησητε λεγοντες, τι φαγωμεν; η, τι	πιωμεν;	η, τι περιβαλωμεθα;
Μθ 12:41	21	.... εις το κηρυγμα ιωνα, και ιδου	πλειον	ιωνα ωδε.
Μθ 12:42	21	.. ακουσαι την σοφιαν σολομωνος, και ιδου	πλειον	σολομωνος ωδε.
ΛΚ 11:31	21	.. ακουσαι την σοφιαν σολομωνος, και ιδου	πλειον	σολομωνος ωδε.
ΛΚ 11:32	21	.... εις το κηρυγμα ιωνα, και ιδου	πλειον	ιωνα ωδε.
ΛΚ 12:23	27	η γαρ ψυχη	πλειον	εστιν της τροφης και το σωμα του ενδυματος....
Μθ 6:25	27	. τω σωματι υμων τι ενδυσησθε. ουχι η ψυχη	πλειον	εστιν της τροφης και το σωμα του ενδυματος;...
Μθ 11:22	14		πλην	λεγω υμιν, τυρω και σιδωνι ανεκτοτερον...
ΛΚ 10:14	14		πλην	τυρω και σιδωνι ανεκτοτερον εσται εν...
Μθ 18:7	43	. σκανδαλων. αναγκη γαρ ελθειν τα σκανδαλα,	πλην	ουαι τω ανθρωπω δι ου το σκανδαλον ερχεται....
ΛΚ 17:1	43	.... εστιν του τα σκανδαλα μη ελθειν,	πλην	ουαι δι ου ερχεται.
Μθ 12:43	20	οταν δε το ακαθαρτον	πνευμα	εξελθη απο του ανθρωπου, διερχεται...
ΛΚ 11:24	20	οταν το ακαθαρτον	πνευμα	εξελθη απο του ανθρωπου, διερχεται...
Μθ 12:45	20	. και παραλαμβανει μεθ εαυτου επτα ετερα	πνευματα	πονηροτερα εαυτου, και εισελθοντα κατοικει...
ΛΚ 11:26	20	τοτε πορευεται και παραλαμβανει ετερα	πνευματα	πονηροτερα εαυτου επτα, και εισελθοντα...
Μθ 4:6	02	...... σε, μηποτε προσκοψης προς λιθον τον	ποδα	σου.
ΛΚ 4:11	02	.... σε μηποτε προσκοψης προς λιθον τον	ποδα	σου.
ΛΚ 10:11	13	.... ημιν εκ της πολεως υμων εις τους	ποδας	απομασσομεθα υμιν. πλην τουτο γινωσκετε...
Μθ 10:14	13	....εκεινης εκτιναξατε τον κονιορτον των	ποδων	υμων.
Μθ 24:43	29	.. γινωσκετε οτι ει ηδει ο οικοδεσποτης	ποια	φυλακη ο κλεπτης ερχεται, εγρηγορησεν...
ΛΚ 12:39	29	. γινωσκετε οτι ει ηδει ο οικοδεσποτης	ποια	ωρα ο κλεπτης ερχεται, ουκ αν αφηκεν...
Μθ 7:24	07	..... ακουει μου τους λογους τουτους και	ποιει	αυτους ομοιωθησεται ανδρι φρονιμω, οστις...
Μθ 8:9	08	... και τω δουλω μου, ποιησον τουτο, και	ποιει.	
ΛΚ 7:8	08	... και τω δουλω μου, ποιησον τουτο, και	ποιει.	
ΛΚ 6:31	04	... θελετε ινα ποιωσιν υμιν οι ανθρωποι,	ποιειτε	αυτοις ομοιως.
ΛΚ 6:46	07	τι δε με καλειτε, κυριε, κυριε, και ου	ποιειτε	α λεγω;
Μθ 23:23	23	..... το ελεος και την πιστιν. ταυτα εδει	ποιησαι	κακεινα μη αφειναι.
ΛΚ 11:42	23	... και την αγαπην του θεου. ταυτα δε εδει	ποιησαι	κακεινα μη παρειναι.
ΛΚ 6:49	07	ο δε ακουσας και μη	ποιησας	ομοιος εστιν ανθρωπω οικοδομησαντι οικιαν...
Μθ 3:8	01		ποιησατε	ουν καρπον αξιον της μετανοιας.
ΛΚ 3:8	01		ποιησατε	ουν καρπους αξιους της μετανοιας. και...
Μθ 8:9	08	.... και ερχεται, και τω δουλω μου,	ποιησον	τουτο, και ποιει.
ΛΚ 7:8	08	.... και ερχεται, και τω δουλω μου,	ποιησον	τουτο, και ποιει.
Μθ 3:10	01	... δενδρων κειται. παν ουν δενδρον μη	ποιουν	καρπον καλον εκκοπτεται και εις πυρ...
ΛΚ 3:9	01	... δενδρων κειται. παν ουν δενδρον μη	ποιουν	καρπον καλον εκκοπτεται και εις πυρ...
Μθ 24:46	29	... ελθων ο κυριος αυτου ευρησει ουτως	ποιουντα.	
ΛΚ 12:43	29	...... ον ελθων ο κυριος αυτου ευρησει	ποιουντα	ουτως.
Μθ 5:47	04	... ποιειτε; ουχι και οι εθνικοι το αυτο	ποιουσιν;	
ΛΚ 6:33	04	.. χαρις εστιν; και οι αμαρτωλοι το αυτο	ποιουσιν.	
Μθ 7:21	07	...... εις την βασιλειαν των ουρανων, αλλ ο	ποιων	το θελημα του πατρος μου του εν τοις ουρανοις....
Μθ 7:26	07	. ακουων μου τους λογους τουτους και μη	ποιων	αυτους ομοιωθησεται ανδρι μωρω, οστις...
ΛΚ 6:47	07	.. προς με και ακουων μου των λογων και	ποιων	αυτους, υποδειξω υμιν τινι εστιν ομοιος.
ΛΚ 6:31	04	και καθως θελετε ινα	ποιωσιν	υμιν οι ανθρωποι, ποιειτε αυτοις ομοιως.
Μθ 10:15	13	.... και γομορρων εν ημερα κρισεως η τη	πολει	εκεινη.
ΛΚ 10:12	13	. τη ημερα εκεινη ανεκτοτερον εσται η τη	πολει	εκεινη.
Μθ 10:14	11	.... υμων, εξερχομενοι εξω της οικιας η της	πολεως	εκεινης εκτιναξατε τον κονιορτον των ποδων...
ΛΚ 9:5	11	.. αν μη δεχωνται υμας, εξερχομενοι απο της	πολεως	εκεινης τον κονιορτον απο των ποδων υμων...
Μθ 10:14	13	..... υμων, εξερχομενοι εξω της οικιας η της	πολεως	εκεινης εκτιναξατε τον κονιορτον των...
ΛΚ 10:11	13	.. τον κονιορτον τον κολληθεντα ημιν εκ της	πολεως	υμων εις τους ποδας απομασσομεθα υμιν....
Μθ 13:17	16	αμην γαρ λεγω υμιν οτι	πολλοι	προφηται και δικαιοι επεθυμησαν ιδειν...
ΛΚ 10:24	16	λεγω γαρ υμιν οτι	πολλοι	προφηται και βασιλεις ηθελησαν ιδειν...
Μθ 7:13	35	... η οδος η απαγουσα εις την απωλειαν, και	πολλοι	εισιν οι εισερχομενοι δι αυτης.

ΛΚ 13:24	35	...... εισελθειν δια της στενης θυρας, οτι πολλοι,	λεγω υμιν, ζητησουσιν εισελθειν και...
Μθ 10:31	24	μη ουν φοβεισθε. πολλων	στρουθιων διαφερετε υμεις.
ΛΚ 12:7	24	..... υμων πασαι ηριθμηνται. μη φοβεισθε. πολλων	στρουθιων διαφερετε.
Μθ 5:12	03	...... και αγαλλιασθε, οτι ο μισθος υμων πολυς	εν τοις ουρανοις. ουτως γαρ εδιωξαν...
ΛΚ 6:23	03	.. και σκιρτησατε ιδου γαρ ο μισθος υμων πολυς	εν τω ουρανω. κατα τα αυτα γαρ εποιουν...
Μθ 9:37	13	. λεγει τοις μαθηταις αυτου, ο μεν θερισμος πολυς,	οι δε εργαται ολιγοι.
ΛΚ 10:2	13	ελεγεν δε προς αυτους, ο μεν θερισμος πολυς,	οι δε εργαται ολιγοι. δεηθητε ουν...
Μθ 12:35	06	.... εκ του πονηρου θησαυρου εκβαλλει πονηρα.	
Μθ 12:39	21	ο δε αποκριθεις ειπεν αυτοις, γενεα πονηρα	και μοιχαλις σημειον επιζητει, και σημειον...
Μθ 16:4	21	γενεα πονηρα	και μοιχαλις σημειον επιζητει, και σημειον...
ΛΚ 11:29	21	.... ηρξατο λεγειν, η γενεα αυτη γενεα πονηρα	εστιν. σημειον ζητει, και σημειον ου...
Μθ 25:26	47	.... δε ο κυριος αυτου ειπεν αυτω, πονηρε	δουλε και οκνηρε, ηδεις οτι θεριζω...
ΛΚ 19:22	47	. λεγει αυτω, εκ του στοματος σου κρινω σε, πονηρε	δουλε. ηδεις οτι εγω ανθρωπος αυστηρος...
Μθ 7:11	18	ει ουν υμεις πονηροι	οντες οιδατε δοματα αγαθα διδοναι τοις...
ΛΚ 11:13	18	ει ουν υμεις πονηροι	υπαρχοντες οιδατε δοματα αγαθα διδοναι...
Μθ 5:11	03	.... υμας και διωξωσιν και ειπωσιν παν πονηρον	καθ υμων ψευδομενοι ενεκεν εμου.
ΛΚ 6:22	03	.... και εκβαλωσιν το ονομα υμων ως πονηρον	ενεκα του υιου του ανθρωπου.
ΛΚ 6:45	06	..... ο πονηρος εκ του πονηρου προφερει το πονηρον.	εκ γαρ περισσευματος καρδιας λαλει...
Μθ 12:35	06	. αγαθου θησαυρου εκβαλλει αγαθα, και ο πονηρος	ανθρωπος εκ του πονηρου θησαυρου εκβαλλει...
ΛΚ 6:45	06	.. της καρδιας προφερει το αγαθον, και ο πονηρος	εκ του πονηρου προφερει το πονηρον. εκ...
Μθ 6:23	22	εαν δε ο οφθαλμος σου πονηρος	η, ολον το σωμα σου σκοτεινον εσται....
ΛΚ 11:34	22	...... το σωμα σου φωτεινον εστιν. επαν δε πονηρος	η, και το σωμα σου σκοτεινον.
Μθ 12:45	20	.... μεθ εαυτου επτα ετερα πνευματα πονηροτερα	εαυτου, και εισελθοντα κατοικει εκει....
ΛΚ 11:26	20	.... και παραλαμβανει ετερα πνευματα πονηροτερα	εαυτου επτα, και εισελθοντα κατοικει...
Μθ 12:35	06	. αγαθα, και ο πονηρος ανθρωπος εκ του πονηρου	θησαυρου εκβαλλει πονηρα.
ΛΚ 6:45	06	.... το αγαθον, και ο πονηρος εκ του πονηρου	προφερει το πονηρον. εκ γαρ περισσευματος...
Μθ 5:45	04	.... οτι τον ηλιον αυτου ανατελλει επι πονηρους	και αγαθους και βρεχει επι δικαιους και...
ΛΚ 6:35	04	.... χρηστος εστιν επι τους αχαριστους και πονηρους.	
Μθ 8:9	08	.... και λεγω τουτω, πορευθητι, και πορευεται,	και αλλω, ερχου, και ερχεται, και...
ΛΚ 7:8	08	.... και λεγω τουτω, πορευθητι, και πορευεται,	και αλλω, ερχου, και ερχεται, και...
Μθ 12:45	20	τοτε πορευεται	και παραλαμβανει μεθ εαυτου επτα ετερα...
ΛΚ 11:26	20	τοτε πορευεται	και παραλαμβανει ετερα πνευματα πονηροτερα...
ΛΚ 15:4	40	.... τα ενενηκοντα εννεα εν τη ερημω και πορευεται	επι το απολωλος εως ευρη αυτο;
Μθ 18:12	40	...... τα ενενηκοντα εννεα επι τα ορη και πορευθεις	ζητει το πλανωμενον;
Μθ 11:4	09	. και αποκριθεις ο ιησους ειπεν αυτοις, πορευθεντες	απαγγειλατε ιωαννη α ακουετε και βλεπετε....
ΛΚ 7:22	09	και αποκριθεις ειπεν αυτοις, πορευθεντες	απαγγειλατε ιωαννη α ειδετε και ηκουσατε....
Μθ 8:9	08	.. υπ εμαυτον στρατιωτας, και λεγω τουτω, πορευθητι,	και πορευεται, και αλλω, ερχου, και...
ΛΚ 7:8	08	.. υπ εμαυτον στρατιωτας, και λεγω τουτω, πορευθητι,	και πορευεται, και αλλω, ερχου, και...
Μθ 23:37	36	.... τους απεσταλμενους προς αυτην, ποσακις	ηθελησα επισυναγαγειν τα τεκνα σου, ον...
ΛΚ 13:34	36	.... τους απεσταλμενους προς αυτην, ποσακις	ηθελησα επισυναξαι τα τεκνα σου ον τροπον...
Μθ 7:11	18	. δοματα αγαθα διδοναι τοις τεκνοις υμων, ποσω	μαλλον ο πατηρ υμων ο εν τοις ουρανοις...
ΛΚ 11:13	18	. δοματα αγαθα διδοναι τοις τεκνοις υμων, ποσω	μαλλον ο πατηρ εξ ουρανου δωσει πνευμα...
Μθ 7:27	07	και κατεβη η βροχη και ηλθον οι ποταμοι	και επνευσαν οι ανεμοι και προσεκοψαν...
ΛΚ 6:49	07	.... την γην χωρις θεμελιου, η προσερηξεν ο ποταμος,	και ευθυς συνεπεσεν, και εγενετο το...
Μθ 23:25	23	. υποκριται, οτι καθαριζετε το εξωθεν του ποτηριου	και της παροψιδος, εσωθεν δε γεμουσιν...
ΛΚ 11:39	23	...... νυν υμεις οι φαρισαιοι το εξωθεν του ποτηριου	και του πινακος καθαριζετε, το δε εσωθεν...
Μθ 8:20	12	.... ο δε υιος του ανθρωπου ουκ εχει που	την κεφαλην κλινη.
ΛΚ 9:58	12	.... ο δε υιος του ανθρωπου ουκ εχει που	την κεφαλην κλινη.
Μθ 3:10	01	ηδη δε η αξινη προς	την ριζαν των δενδρων κειται. παν ουν...
ΛΚ 3:9	01	ηδη δε και η αξινη προς	την ριζαν των δενδρων κειται. παν ουν...
Μθ 4:6	02	..... χειρων αρουσιν σε, μηποτε προσκοψης προς	λιθον τον ποδα σου.
ΛΚ 4:4	02	και απεκριθη προς	αυτον ο ιησους, γεγραπται οτι ουκ...
ΛΚ 4:11	02	. επι χειρων αρουσιν σε μηποτε προσκοψης προς	λιθον τον ποδα σου.
Μθ 23:37	36	...... και λιθοβολουσα τους απεσταλμενους προς	αυτην, ποσακις ηθελησα επισυναγαγειν...
ΛΚ 13:34	36	...... και λιθοβολουσα τους απεσταλμενους προς	αυτην, ποσακις ηθελησα επισυναξαι τα...
Μθ 24:50	29	..... του δουλου εκεινου εν ημερα η ου προσδοκα	και εν ωρα η ου γινωσκει,
ΛΚ 12:46	29	..... του δουλου εκεινου εν ημερα η ου προσδοκα	και εν ωρα η ου γινωσκει, και διχοτομησει...

Μθ 11:3	09	συ ει ο ερχομενος η ετερον	προσδοκωμεν;	
Λκ 7:19	09	.. κυριον λεγων, συ ει ο ερχομενος η αλλον	προσδοκωμεν;	
Μθ 5:44	04	..... υμιν, αγαπατε τους εχθρους υμων και	προσευχεσθε	υπερ των διωκοντων υμας,
Λκ 6:28	04	ευλογειτε τους καταρωμενους υμας,	προσευχεσθε	περι των επηρεαζοντων υμας.
Μθ 6:9	17	ουτως ουν	προσευχεσθε	υμεις. πατερ ημων ο εν τοις ουρανοις,...
Λκ 11:2	17	ειπεν δε αυτοις, οταν	προσευχησθε,	λεγετε, πατερ, αγιασθητω το ονομα σου....
Μθ 6:27	27	τις δε εξ υμων μεριμνων δυναται	προσθειναι	επι την ηλικιαν αυτου πηχυν ενα;
Λκ 12:25	27	.... δυναται επι την ηλικιαν αυτου	προσθειναι	πηχυν;
Μθ 4:6	02	.. σου και επι χειρων αρουσιν σε, μηποτε	προσκοψης	προς λιθον τον ποδα σου.
Λκ 4:11	02	. και οτι επι χειρων αρουσιν σε μηποτε	προσκοψης	προς λιθον τον ποδα σου.
Μθ 4:9	02	.... αυτω, ταυτα σοι παντα δωσω εαν πεσων	προσκυνησης	μοι.
Λκ 4:7	02	συ ουν εαν	προσκυνησης	ενωπιον εμου, εσται σου πασα.
Μθ 6:33	27	.. την δικαιοσυνην αυτου, και ταυτα παντα	προστεθησεται	υμιν.
Λκ 12:31	27	. ζητειτε την βασιλειαν αυτου, και ταυτα	προστεθησεται	υμιν.
Μθ 11:16	10	.. παιδιοις καθημενοις εν ταις αγοραις α	προσφωνουντα	τοις ετεροις
Λκ 7:32	10	. παιδιοις τοις εν αγορα καθημενοις και	προσφωνουσιν	αλληλοις, α λεγει, ηυλησαμεν υμιν και...
Μθ 16:3	31	... πυρραζει γαρ στυγναζων ο ουρανος. το μεν	προσωπον	του ουρανου γινωσκετε διακρινειν, τα δε...
Λκ 12:56	31	υποκριται, το	προσωπον	της γης και του ουρανου οιδατε δοκιμαζειν,...
Μθ 13:17	16	αμην γαρ λεγω υμιν οτι πολλοι	προφηται	και δικαιοι επεθυμησαν ιδειν α βλεπετε...
Λκ 10:24	16	λεγω γαρ υμιν οτι πολλοι	προφηται	και βασιλεις ηθελησαν ιδειν α υμεις...
Μθ 11:13	42	παντες γαρ οι	προφηται	και ο νομος εως ιωαννου επροφητευσαν.
Λκ 16:16	42	ο νομος και οι	προφηται	μεχρι ιωαννου. απο τοτε η βασιλεια του...
Λκ 6:23	03	. τω ουρανω. κατα τα αυτα γαρ εποιουν τοις	προφηταις	οι πατερες αυτων.
Μθ 5:12	03	.... τους ουρανοις. ουτως γαρ εδιωξαν τους	προφητας	τους προ υμων.
Μθ 23:34	23	δια τουτο ιδου εγω αποστελλω προς υμας	προφητας	και σοφους και γραμματεις. εξ αυτων...
Λκ 11:49	23	. σοφια του θεου ειπεν, αποστελω εις αυτους	προφητας	και αποστολους, και εξ αυτων αποκτενουσιν...
Μθ 23:37	36	.... ιερουσαλημ, η αποκτεινουσα τους	προφητας	και λιθοβολουσα τους απεσταλμενους προς...
Λκ 13:34	36	.... ιερουσαλημ, η αποκτεινουσα τους	προφητας	και λιθοβολουσα τους απεσταλμενους προς...
Μθ 11:9	10	αλλα τι εξηλθατε ιδειν;	προφητην;	ναι, λεγω υμιν, και περισσοτερον προφητου....
Λκ 7:26	10	αλλα τι εξηλθατε ιδειν;	προφητην;	ναι, λεγω υμιν, και περισσοτερον προφητου....
Μθ 11:9	10	.... ναι, λεγω υμιν, και περισσοτερον	προφητου.	
Λκ 7:26	10	.... ναι, λεγω υμιν, και περισσοτερον	προφητου.	
Μθ 23:29	23	.... οτι οικοδομειτε τους ταφους των	προφητων	και κοσμειτε τα μνημεια των δικαιων,
Λκ 11:47	23	.... υμιν, οτι οικοδομειτε τα μνημεια των	προφητων,	οι δε πατερες υμων απεκτειναν αυτους.
Λκ 11:43	23	..... υμιν τοις φαρισαιοις, οτι αγαπάτε την	πρωτοκαθεδριαν	εν ταις συναγωγαις και τους ασπασμους...
Μθ 23:6	23	.... πρωτοκλισιαν εν τοις δειπνοις και τας	πρωτοκαθεδριας	εν ταις συναγωγαις
Μθ 7:5	05	υποκριτα, εκβαλε	πρωτον	την δοκον εκ του οφθαλμου σου, και...
Λκ 6:42	05	... σου δοκον ου βλεπων; υποκριτα, εκβαλε	πρωτον	την δοκον εκ του οφθαλμου σου, και...
Μθ 8:21	12	...... ειπεν αυτω, κυριε, επιτρεψον μοι	πρωτον	απελθειν και θαψαι τον πατερα μου.
Λκ 9:59	12	. ο δε ειπεν, επιτρεψον μοι απελθοντι	πρωτον	θαψαι τον πατερα μου.
Μθ 12:45	20	. εσχατα του ανθρωπου εκεινου χειρονα των	πρωτων.	ουτως εσται και τη γενεα ταυτη τη πονηρα.
Λκ 11:26	20	. εσχατα του ανθρωπου εκεινου χειρονα των	πρωτων.	
Μθ 23:37	36	. ορνις επισυναγει τα νοσσια αυτης υπο τας	πτερυγας,	και ουκ ηθελησατε.
Λκ 13:34	36	.. τροπον ορνις την εαυτης νοσσιαν υπο τας	πτερυγας,	και ουκ ηθελησατε.
Μθ 4:5	02	.. αγιαν πολιν, και ιστησιν αυτον επι το	πτερυγιον	του ιερου,
Λκ 4:9	02	...... εις ιερουσαλημ και εστησεν επι το	πτερυγιον	του ιερου, και ειπεν αυτω, ει υιος...
Μθ 3:12	01	ου το	πτυον	εν τη χειρι αυτου, και διακαθαριει...
Λκ 3:17	01	ου το	πτυον	εν τη χειρι αυτου διακαθαραι την αλωνα...
Μθ 5:3	03	μακαριοι οι	πτωχοι	τω πνευματι, οτι αυτων εστιν η βασιλεια...
Λκ 6:20	03	μακαριοι οι	πτωχοι,	οτι υμετερα εστιν η βασιλεια του θεου.
Μθ 11:5	09	.. ακουουσιν, και νεκροι εγειρονται και	πτωχοι	ευαγγελιζονται.
Λκ 7:22	09	.... κωφοι ακουουσιν, νεκροι εγειρονται,	πτωχοι	ευαγγελιζονται.
Μθ 3:10	01	.... καρπον καλον εκκοπτεται και εις	πυρ	βαλλεται.
Λκ 3:9	01	.... καρπον καλον εκκοπτεται και εις	πυρ	βαλλεται.
Μθ 3:11	01	...... υμας βαπτισει εν πνευματι αγιω και	πυρι.	
Μθ 3:12	01	. την αποθηκην , το δε αχυρον κατακαυσει	πυρι	ασβεστω.
Λκ 3:16	01	...... υμας βαπτισει εν πνευματι αγιω και	πυρι.	

ΛΚ 3:17	01	.... αυτου, το δε αχυρον κατακαυσει	πυρι	ασβεστω.
Μθ 10:29	24	ουχι δυο στρουθια ασσαριου	πωλειται;	και εν εξ αυτων ου πεσειται επι...
ΛΚ 12:6	24	ουχι πεντε στρουθια	πωλουνται	ασσαριων δυο; και εν εξ αυτων ουκ...
Μθ 7:4	05	η	πως	ερεις τω αδελφω σου, αφες εκβαλω το...
ΛΚ 6:42	05		πως	δυνασαι λεγειν τω αδελφω σου, αδελφε,...
Μθ 12:26	19	. τον σαταναν εκβαλλει, εφ εαυτον εμερισθη.	πως	ουν σταθησεται η βασιλεια αυτου;
ΛΚ 11:18	19	.. δε και ο σατανας εφ εαυτον διεμερισθη,	πως	σταθησεται η βασιλεια αυτου; οτι λεγετε...
Μθ 10:19	26	οταν δε παραδωσιν υμας, μη μεριμνησητε	πως	η τι λαλησητε. δοθησεται γαρ υμιν εν εκεινη...
ΛΚ 12:11	26	. τας αρχας και τας εξουσιας, μη μεριμνησητε	πως	απολογησησθε η τι ειπητε.
Μθ 6:28	27	.... καταμαθετε τα κρινα του αγρου	πως	αυξανουσιν. ου κοπιωσιν ουδε νηθουσιν.
ΛΚ 12:27	27	κατανοησατε τα κρινα	πως	αυξανει. ου κοπια ουδε νηθει. λεγω...

-- ρ --

Μθ 3:10	01	ηδη δε η αξινη προς την ριζαν	των δενδρων κειται. παν ουν δενδρον...
Λκ 3:9	01	ηδη δε και η αξινη προς την ριζαν	των δενδρων κειται. παν ουν δενδρον...

-- σ --

Μθ 11:21	14	.... αι γενομεναι εν υμιν, παλαι αν εν σακκω	και σποδω μετενοησαν.
ΛΚ 10:13	14	.... αι γενομεναι εν υμιν, παλαι αν εν σακκω	και σποδω καθημενοι μετρνοησαν.
Μθ 11:7	10	... ερημον θεασασθαι; καλαμον υπο ανεμου σαλευομενον;	
ΛΚ 7:24	10	... ερημον θεασασθαι; καλαμον υπο ανεμου σαλευομενον;	
Μθ 7:18	06	... καρπους πονηρους ποιειν, ουδε δενδρον σαπρον	καρπους καλους ποιειν.
ΛΚ 6:43	06	...... καρπον σαπρον, ουδε παλιν δενδρον σαπρον	ποιουν καρπον καλον.
Μθ 13:33	34	.... λαβουσα γυνη ενεκρυψεν εις αλευρου σατα	τρια εως ου εζυμωθη ολον.
ΛΚ 13:21	34	.... λαβουσα γυνη ενεκρυψεν εις αλευρου σατα	τρια εως ου εζυμωθη ολον.
Μθ 4:6	02	.... περι σου και επι χειρων αρουσιν σε,	μηποτε προσκοψης προς λιθον τον ποδα...
ΛΚ 4:10	02	.... εντελειται περι σου του διαφυλαξαι σε,	
ΛΚ 4:11	02	και οτι επι χειρων αρουσιν σε	μηποτε προσκοψης προς λιθον τον ποδα...
Μθ 5:42	04	τω αιτουντι σε	δος, και τον θελοντα απο σου δανισασθαι...
ΛΚ 6:30	04	παντι αιτουντι σε	διδου, και απο του αιροντος τα σα μη...
Μθ 5:25	32	..... οτου ει μετ αυτου εν τη οδω. μηποτε σε	παραδω ο αντιδικος τω κριτη, και ο...
ΛΚ 12:58	32	...... απηλλαχθαι απ αυτου, μηποτε κατασυρη σε	προς τον κριτην, και ο κριτης σε παραδωσει...
Μθ 25:24	47	... εν ταλαντον ειληφως ειπεν, κυριε, εγνων σε	οτι σκληρος ει ανθρωπος, θεριζων οπου...
ΛΚ 19:21	47	εφοβουμην γαρ σε,	οτι ανθρωπος αυστηρος ει, αιρεις ο...
Μθ 4:6	02	. λεγει αυτω, ει υιος ει του θεου, βαλε σεαυτον	κατω. γεγραπται γαρ οτι τοις αγγελοις...
ΛΚ 4:9	02	.... αυτω, ει υιος ει του θεου, βαλε σεαυτον	εντευθεν κατω.
Μθ 12:44	20	... εξηλθον. και ελθον ευρισκει σχολαζοντα σεσαρωμενον	και κεκοσμημενον.
ΛΚ 11:25	20	και ελθον ευρισκει σεσαρωμενον	και κεκοσμημενον.
Μθ 12:39	21	..... και μοιχαλις σημειον επιζητει, και σημειον	ου δοθησεται αυτη ει μη το σημειον...
Μθ 12:39	21	.... σημειον ου δοθησεται αυτη ει μη το σημειον	ιωνα του προφητου.
Μθ 16:4	21	..... και μοιχαλις σημειον επιζητει, και σημειον	ου δοθησεται αυτη ει μη το σημειον...
Μθ 16:4	21	.... σημειον ου δοθησεται αυτη ει μη το σημειον	ιωνα. και καταλιπων αυτους απηλθεν.
ΛΚ 11:29	21	. γενεα πονηρα εστιν. σημειον ζητει, και σημειον	ου δοθησεται αυτη ει μη το σημειον...
ΛΚ 11:29	21	.... σημειον ου δοθησεται αυτη ει μη το σημειον	ιωνα.
Μθ 6:11	17	. τον αρτον ημων τον επιουσιον δος ημιν σημερον.	
Μθ 6:30	27	ει δε τον χορτον του αγρου σημερον	οντα και αυριον εις κλιβανον βαλλομενον...
ΛΚ 12:28	27	ει δε εν αγρω τον χορτον οντα σημερον	και αυριον εις κλιβανον βαλλομενον...
Μθ 6:20	28	. δε υμιν θησαυρους εν ουρανω, οπου ουτε σης	ουτε βρωσις αφανιζει, και οπου κλεπται...
ΛΚ 12:33	28	.... οπου κλεπτης ουκ εγγιζει ουδε σης	διαφθερει.
Μθ 5:39	04	.... αλλ οστις σε ραπιζει εις την δεξιαν σιαγονα	, στρεψον αυτω και την αλλην.
ΛΚ 6:29	04	τω τυπτοντι σε επι την σιαγονα	παρεχε και την αλλην, και απο του αιροντος...
Μθ 11:21	14	..... σοι, βηθσαιδα. οτι ει εν τυρω και σιδωνι	εγενοντο αι δυναμεις αι γενομεναι...
Μθ 11:22	14	πλην λεγω υμιν, τυρω και σιδωνι	ανεκτοτερον εσται εν ημερα κρισεως...
ΛΚ 10:13	14	..... σοι, βηθσαιδα. οτι ει εν τυρω και σιδωνι	εγενηθησαν αι δυναμεις αι γενομεναι...
ΛΚ 10:14	14	πλην τυρω και σιδωνι	ανεκτοτερον εσται εν τη κρισει η υμιν.
Μθ 17:20	45	.. λεγω υμιν, εαν εχητε πιστιν ως κοκκον σιναπεως,	ερειτε τω ορει τουτω, μεταβα ενθεν εκει,...
ΛΚ 17:6	45	. δε ο κυριος, ει εχετε πιστιν ως κοκκον σιναπεως,	ελεγετε αν τη συκαμινω , εκριζωθητι και...
Μθ 3:12	01	.... την αλωνα αυτου, και συναξει τον σιτον	αυτου εις την αποθηκην , το δε αχυρον...
ΛΚ 3:17	01	...... την αλωνα αυτου και συναγαγειν τον σιτον	εις την αποθηκην αυτου, το δε αχυρον...
Μθ 18:7	43	... απο των σκανδαλων. αναγκη γαρ ελθειν τα σκανδαλα,	πλην ουαι τω ανθρωπω δι ου το σκανδαλον...
ΛΚ 17:1	43	..... μαθητας αυτου, ανενδεκτον εστιν του τα σκανδαλα	μη ελθειν, πλην ουαι δι ου ερχεται.
Μθ 11:6	09	και μακαριος εστιν ος εαν μη σκανδαλισθη	εν εμοι.
ΛΚ 7:23	09	και μακαριος εστιν ος εαν μη σκανδαλισθη	εν εμοι.
Μθ 12:30	19	...... εστιν, και ο μη συναγων μετ εμου σκορπιζει.	
ΛΚ 11:23	19	...... εστιν, και ο μη συναγων μετ εμου σκορπιζει.	
Μθ 6:23	22	.... σου πονηρος η, ολον το σωμα σου σκοτεινον	εσται. ει ουν το φως το εν σοι σκοτος...
ΛΚ 11:34	22	...... επαν δε πονηρος η, και το σωμα σου σκοτεινον.	
Μθ 10:27	24	ο λεγω υμιν εν τη σκοτια,	ειπατε εν τω φωτι. και ο εις το ους...
ΛΚ 12:3	24	ανθ ων οσα εν τη σκοτια	ειπατε εν τω φωτι ακουσθησεται, και...
Μθ 6;23	22	.... εσται. ει ουν το φως το εν σοι σκοτος	εστιν, το σκοτος ποσον.
ΛΚ 11:35	22	σκοπει ουν μη το φως το εν σοι σκοτος	εστιν.
ΛΚ 10:12	13	λεγω υμιν οτι σοδομοις	εν τη ημερα εκεινη ανεκτοτερον εσται...
ΛΚ 10:12	14	λεγω υμιν οτι σοδομοις	εν τη ημερα εκεινη ανεκτοτερον εσται...

Μθ 10:15	13	αμην λεγω υμιν, ανεκτοτερον εσται γη σοδομων
Μθ 11:24	14	πλην λεγω υμιν οτι γη σοδομων
Μθ 4:9	02	και λεγει αυτω, ταυτα σοι
Λκ 4:6	02	και ειπεν αυτω ο διαβολος, σοι
Μθ 8:19	12	.... ειπεν αυτω, διδασκαλε, ακολουθησω σοι
Λκ 9:57	12	.. τη οδω ειπεν τις προς αυτον, ακολουθησω σοι
Μθ 11:21	14	ουαι σοι,
Μθ 11:21	14	ουαι σοι, χοραζιν. ουαι σοι,
Λκ 10:13	14	ουαι σοι,
Λκ 10:13	14	ουαι σοι, χοραζιν. ουαι σοι,
Μθ 11:25	16	.... ο ιησους ειπεν, εξομολογουμαι σοι
Λκ 10:21	16	.... τω αγιω και ειπεν, εξομολογουμαι σοι,
Μθ 6:23	22	... σκοτεινον εσται. ει ουν το φως το εν σοι
Λκ 11:35	22	σκοπει ουν μη το φως το εν σοι
Μθ 5:26	32	αμην λεγω σοι,
Λκ 12:59	32	λεγω σοι,
Μθ 6:29	27	λεγω δε υμιν οτι ουδε σολομων
Λκ 12:27	27	.. κοπια ουδε νηθει. λεγω δε υμιν, ουδε σολομων
Μθ 12:42	21	.. των περατων της γης ακουσαι την σοφιαν σολομωνος,
Μθ 12:42	21	.. την σοφιαν σολομωνος, και ιδου πλειον σολομωνος
Λκ 11:31	21	.. των περατων της γης ακουσαι την σοφιαν σολομωνος,
Λκ 11:31	21	.. την σοφιαν σολομωνος, και ιδου πλειον σολομωνος
Μθ 4:6	02	.... τοις αγγελοις αυτου εντελειται περι σου
Μθ 4:6	02	.. μηποτε προσκοψης προς λιθον τον ποδα σου.
Μθ 4:7	02	.... ουκ εκπειρασεις κυριον τον θεον σου.
Μθ 4:10	02	. σατανα. γεγραπται γαρ, κυριον τον θεον σου
Λκ 4:7	02	. ουν εαν προσκυνησης ενωπιον εμου, εσται σου
Λκ 4:8	02	.... αυτω, γεγραπται, κυριον τον θεον σου
Λκ 4:10	02	.... τοις αγγελοις αυτου εντελειται περι σου
Λκ 4:11	02	.. μηποτε προσκοψης προς λιθον τον ποδα σου.
Λκ 4:12	02	.... ουκ εκπειρασεις κυριον τον θεον σου.
Μθ 7:3	05	. το καρφος το εν τω οφθαλμω του αδελφου σου,
Μθ 7:4	05	η πως ερεις τω αδελφω σου,
Μθ 7:4	05	. αφες εκβαλω το καρφος εκ του οφθαλμου σου,
Μθ 7:4	05	... σου, και ιδου η δοκος εν τω οφθαλμω σου;
Μθ 7:5	05	.... πρωτον την δοκον εκ του οφθαλμου σου,
Μθ 7:5	05	.. το καρφος εκ του οφθαλμου του αδελφου σου.
Λκ 6:41	05	. το καρφος το εν τω οφθαλμω του αδελφου σου,
Λκ 6:42	05	πως δυνασαι λεγειν τω αδελφω σου,
Λκ 6:42	05	...... εκβαλω το καρφος το εν τω οφθαλμω σου,
Λκ 6:42	05	... οφθαλμω σου, αυτος την εν τω οφθαλμω σου
Λκ 6:42	05	.... πρωτον την δοκον εκ του οφθαλμου σου,
Λκ 6:42	05	. το καρφος το εν τω οφθαλμω του αδελφου σου
Μθ 11:10	10	... ος κατασκευασει την οδον σου εμπροσθεν σου.
Λκ 7:27	10	... ος κατασκευασει την οδον σου εμπροσθεν σου.
Μθ 11:26	16	... οτι ουτως ευδοκια εγενετο εμπροσθεν σου.
Λκ 10:21	16	... οτι ουτως ευδοκια εγενετο εμπροσθεν σου.
Μθ 6:9	17	... ο εν τοις ουρανοις, αγιασθητω το ονομα σου,
Μθ 6:10	17	ελθετω η βασιλεια σου,
Λκ 11:2	17	.... λεγετε, πατερ, αγιασθητω το ονομα σου.
Λκ 11:2	17	.... το ονομα σου. ελθετω η βασιλεια σου.
Μθ 6:22	22	.... ο οφθαλμος. εαν ουν η ο οφθαλμος σου
Μθ 6:22	22	. η ο οφθαλμος σου απλους, ολον το σωμα σου
Μθ 6:23	22	.. οφθαλμος σου πονηρος η, ολον το σωμα σου
Λκ 11:34	22	.. εστιν ο οφθαλμος σου. οταν ο οφθαλμος σου
Λκ 11:34	22	.... σου απλους η, και ολον το σωμα σου
Λκ 11:34	22	.. εστιν. εαν δε πονηρος η, και το σωμα σου

και γομορρων εν ημερα κρισεως η τη πολει...
ανεκτοτερον εσται εν ημερα κρισεως...
παντα δωσω εαν πεσων προσκυνησης μοι.
δωσω την εξουσιαν ταυτην απασαν και την...
οπου εαν απερχη.
οπου εαν απερχη.
χοραζιν. ουαι σοι, βηθσαιδα. οτι ει...
βηθσαιδα. οτι ει εν τυρω και σιδωνι...
χοραζιν. ουαι σοι, βηθσαιδα. οτι ει...
βηθσαιδα. οτι ει εν τυρω και σιδωνι...
πατερ, κυριε του ουρανου και της γης,...
πατερ, κυριε του ουρανου και της γης,...
σκοτος εστιν, το σκοτος ποσον.
σκοτος εστιν.
ου μη εξελθης εκειθεν εως αν αποδως...
ου μη εξελθης εκειθεν εως και το...
εν παση τη δοξη αυτου περιεβαλετο...
εν παση τη δοξη αυτου περιεβαλετο...
και ιδου πλειον σολομωνος ωδε.
ωδε.
και ιδου πλειον σολομωνος ωδε.
ωδε.
και επι χειρων αρουσιν σε, μηποτε...

προσκυνησεις και αυτω μονω λατρευσεις.
πασα.
προσκυνησεις και αυτω μονω λατρευσεις.
του διαφυλαξαι σε,

την δε εν τω σω οφθαλμω δοκον ου...
αφες εκβαλω το καρφος εκ του οφθαλμου...
και ιδου η δοκος εν τω οφθαλμω σου;

και τοτε διαβλεψεις εκβαλειν το καρφος...

την δε δοκον την εν τω ιδιω οφθαλμω...
αδελφε, αφες εκβαλω το καρφος το εν...
αυτος την εν τω οφθαλμω σου δοκον ου...
δοκον ου βλεπων; υποκριτα, εκβαλε πρωτον...
και τοτε διαβλεψεις το καρφος το εν...
εκβαλειν.

γενηθητω το θελημα σου, ως εν ουρανω και...
ελθετω η βασιλεια σου.

απλους, ολον το σωμα σου φωτεινον εσται.
φωτεινον εσται.
σκοτεινον εσται. ει ουν το φως το εν...
απλους η, και ολον το σωμα σου φωτεινον...
φωτεινον εστιν. εαν δε πονηρος η,...
σκοτεινον.

Ref.	No.	Left context	Keyword	Right context
Μθ 5:25	32	ισθι ευνοων τω αντιδικω	σου	ταχυ εως οτου ει μετ αυτου εν τη οδω....
ΛΚ 12:58	32	ως γαρ υπαγεις μετα του αντιδικου	σου	επ αρχοντα, εν τη οδω δος εργασιαν απηλλαχθαι...
Μθ 23:37	36	.. ποσακις ηθελησα επισυναγαγειν τα τεκνα	σου,	ον τροπον ορνις επισυναγει τα νοσσια...
ΛΚ 13:34	36	..... ποσακις ηθελησα επισυναξαι τα τεκνα	σου	ον τροπον ορνις την εαυτης νοσσιαν υπο...
Μθ 18:15	44	εαν δε αμαρτηση ο αδελφος	σου,	υπαγε ελεγξον αυτον μεταξυ σου και αυτου...
ΛΚ 17:3	44	εαν αμαρτη ο αδελφος	σου	επιτιμησον αυτω, και εαν μετανοηση, αφες...
Μθ 11:19	10	.. φιλος και αμαρτωλων. και εδικαιωθη η	σοφια	απο των εργων αυτης.
ΛΚ 7:35	10	και εδικαιωθη η	σοφια	απο παντων των τεκνων αυτης.
Μθ 12:42	21	..... εκ των περατων της γης ακουσαι την	σοφιαν	σολομωνος, και ιδου πλειον σολομωνος...
ΛΚ 11:31	21	..... εκ των περατων της γης ακουσαι την	σοφιαν	σολομωνος, και ιδου πλειον σολομωνος...
Μθ 11:25	16	.... και της γης, οτι εκρυψας ταυτα απο	σοφω	και συνετων και απεκαλυψας αυτα νηπιοις....
ΛΚ 10:21	16	.. και της γης, οτι απεκρυψας ταυτα απο	σοφων	και συνετων, και απεκαλυψας αυτα νηπιοις....
Μθ 6:26	27	.... εις τα πετεινα του ουρανου οτι ου	σπειρουσιν	ουδε θεριζουσιν ουδε συναγουσιν εις...
ΛΚ 12:24	27	κατανοησατε τους κορακας οτι ου	σπειρουσιν	ουδε θεριζουσιν, οις ουκ εστιν ταμειον...
Μθ 11:21	14	.... εν υμιν, παλαι αν εν σακκω και	σποδω	μετενοησαν.
ΛΚ 10:13	14	.... εν υμιν, παλαι αν εν σακκω και	σποδω	καθημενοι μετρνοησαν.
Μθ 12:26	19	.... εκβαλλει, εφ εαυτον εμερισθη. πως ουν	σταθησεται	η βασιλεια αυτου;
ΛΚ 11:18	19	. και ο σατανας εφ εαυτον διεμερισθη, πως	σταθησεται	η βασιλεια αυτου; οτι λεγετε εν βεελζεβουλ...
Μθ 10:38	38	και ος ου λαμβανει τον	σταυρον	αυτου και ακολουθει οπισω μου, ουκ...
ΛΚ 14:27	38	οστις ου βασταζει τον	σταυρον	εαυτου και ερχεται οπισω μου ου δυναται...
Μθ 8:8	08	.... ουκ ειμι ικανος ινα μου υπο την	στεγην	εισελθης. αλλα μονον ειπε λογω, και...
ΛΚ 7:6	08	.... ου γαρ ικανος ειμι ινα υπο την	στεγην	μου εισελθης.
Μθ 7:13	35	εισελθατε δια της	στενης	πυλης. οτι πλατεια η πυλη και ευρυχωρος...
ΛΚ 13:24	35	αγωνιζεσθε εισελθειν δια της	στενης	θυρας, οτι πολλοι, λεγω υμιν, ζητησουσιν...
Μθ 12:34	06	.... γαρ του περισσευματος της καρδιας το	στομα	λαλει.
ΛΚ 6:45	06	. εκ γαρ περισσευματος καρδιας λαλει το	στομα	αυτου.
Μθ 8:9	08	..... ειμι υπο εξουσιαν, εχων υπ εμαυτον	στρατιωτας,	και λεγω τουτω, πορευθητι, και πορευεται,...
ΛΚ 7:8	08	.... εξουσιαν τασσομενος, εχων υπ εμαυτον	στρατιωτας,	και λεγω τουτω, πορευθητι, και πορευεται,...
Μθ 10:29	24	ουχι δυο	στρουθια	ασσαριου πωλειται; και εν εξ αυτων...
ΛΚ 12:6	24	ουχι πεντε	στρουθια	πωλουνται ασσαριων δυο; και εν εξ...
Μθ 10:31	24	μη ουν φοβεισθε. πολλων	στρουθιων	διαφερετε υμεις.
ΛΚ 12:7	24	.. πασαι ηριθμηνται. μη φοβεισθε. πολλων	στρουθιων	διαφερετε.
Μθ 11:3	09		συ	ει ο ερχομενος η ετερον προσδοκωμεν;
ΛΚ 7:19	09	επεμψεν προς τον κυριον λεγων,	συ	ει ο ερχομενος η αλλον προσδοκωμεν;
Μθ 11:23	14	και	συ,	καφαρναουμ, μη εως ουρανου υψωθηση;...
ΛΚ 10:15	14	και	συ,	καφαρναουμ, μη εως ουρανου υψωθηση;...
ΛΚ 12:2	24	ουδεν δε	συγκεκαλυμμενον	εστιν ο ουκ αποκαλυφθησεται, και κρυπτον...
Μθ 7:16	06	.... απο ακανθων σταφυλας η απο τοιβολων	συκα;	
ΛΚ 6:44	06	.... ου γαρ εξ ακανθων συλλεγουσιν	συκα,	ουδε εκ βατου σταφυλην τρυγωσιν.
Μθ 7:16	06	.... καρπων αυτων επιγνωσεσθε αυτους. μητι	συλλεγουσιν	απο ακανθων σταφυλας η απο τριβολων συκα;
ΛΚ 6:44	06	.. καρπου γινωσκεται. ου γαρ εξ ακανθων	συλλεγουσιν	συκα, ουδε εκ βατου σταφυλην τρυγωσιν.
Μθ 25:27	47	.... και ελθων εγω εκομισαμην αν το εμον	συν	τοκω.
ΛΚ 19:23	47	.... το αργυριον επι τραπεζαν; καγω ελθων	συν	τοκω αν αυτο επραξα.
ΛΚ 3:17	01	.. αυτου διακαθαραι την αλωνα αυτου και	συναγαγειν	τον σιτον εις την αποθηκην αυτου, το...
Μθ 23:6	23	. δειπνοις και τας πρωτοκαθεδριας εν ταις	συναγωγαις	
ΛΚ 11:43	23	.. οτι αγαπατε την πρωτοκαθεδριαν εν ταις	συναγωγαις	και τους ασπασμους εν ταις αγοραις.
Μθ 12:30	19	... μετ εμου κατ εμου εστιν, και ο μη	συναγων	μετ εμου σκορπιζει.
ΛΚ 11:23	19	... μετ εμου κατ εμου εστιν, και ο μη	συναγων	μετ εμου σκορπιζει.
Μθ 3:12	01	.. και διακαθαριει την αλωνα αυτου, και	συναξει	τον σιτον αυτου εις την αποθηκην ,...
Μθ 24:28	46	οπου εαν η το πτωμα, εκει	συναχθησονται	οι αετοι.
ΛΚ 6:49	07	.... η προσερηξεν ο ποταμος, και ευθυς	συνεπεσεν,	και εγενετο το ρηγμα της οικιας εκεινης...
Μθ 11:25	16	.. γης, οτι εκρυψας ταυτα απο σοφω και	συνετων	και απεκαλυψας αυτα νηπιοις.
ΛΚ 10:21	16	..... οτι απεκρυψας ταυτα απο σοφων και	συνετων,	και απεκαλυψας αυτα νηπιοις. ναι,...
Μθ 6:22	22	. ουν η ο οφθαλμος σου απλους, ολον το	σωμα	σου φωτεινον εσται.
Μθ 6:23	22	. δε ο οφθαλμος σου πονηρος η, ολον το	σωμα	σου σκοτεινον εσται. ει ουν το φως...
ΛΚ 11:34	22	.. ο οφθαλμος σου απλους η, και ολον το	σωμα	σου φωτεινον εστιν. επαν δε πονηρος...
ΛΚ 11:34	22	.... εστιν. επαν δε πονηρος η, και το	σωμα	σου σκοτεινον.

Μθ 10:28	24	.... μη φοβεισθε απο των αποκτεννοντων το σωμα,	την δε ψυχην μη δυναμενων αποκτειναι....
ΛΚ 12:4	24	.... μη φοβηθητε απο των αποκτεινοντων το σωμα	και μετα ταυτα μη εχοντων περισσοτερον...
Μθ 6:25	27	.. η ψυχη πλειον εστιν της τροφης και το σωμα	του ενδυματος;
ΛΚ 12:23	27	. γαρ ψυχη λειον εστιν της τροφης και το σωμα	του ενδυματος.
Μθ 6:25	27	.... τη ψυχη υμων τι φαγητε , μηδε τω σωματι	υμων τι ενδυσησθε. ουχι η ψυχη πλειον...
ΛΚ 12:22	27	. μη μεριμνατε τη ψυχη τι φαγητε, μηδε τω σωματι	τι ενδυσησθε.
Μθ 6:22	22	ο λυχνος του σωματος	εστιν ο οφθαλμος. εαν ουν η ο οφθαλμος...
ΛΚ 11:34	22	ο λυχνος του σωματος	εστιν ο οφθαλμος σου. οταν ο οφθαλμος...

Mθ 8:20	12	.... αι αλωπεκες φωλεους εχουσιν και τα	πετεινα του ουρανου κατασκηνωσεις, ο...
ΛΚ 9:58	12	.... αι αλωπεκες φωλεους εχουσιν και τα	πετεινα του ουρανου κατασκηνωσεις, ο...
Mθ 12:27	19	και ει εγω εν βεεζεβουλ εκβαλλω τα	δαιμονια, οι υιοι υμων εν τινι εκβαλλουσιν;...
Mθ 12:28	19	ει δε εν πνευματι θεου εγω εκβαλλω τα	δαιμονια, αρα εφθασεν εφ υμας η βασιλεια...
ΛΚ 11:19	19	ει δε εγω εν βεελζεβουλ εκβαλλω τα	δαιμονια, οι υιοι υμων εν τινι εκβαλλουσιν;...
ΛΚ 11:20	19	ει δε εν δακτυλω θεου εκβαλλω τα	δαιμονια, αρα εφθασεν εφ υμας η βασιλεια...
Mθ 12:45	20	.. εισελθοντα κατοικει εκει. και γινεται τα	εσχατα του ανθρωπου εκεινου χειρονα...
ΛΚ 11:26	20	.. εισελθοντα κατοικει εκει, και γινεται τα	εσχατα του ανθρωπου εκεινου χειρονα...
Mθ 23:29	23	.... τους ταφους των προφητων και κοσμειτε τα	μνημεια των δικαιων,
ΛΚ 11:47	23	ουαι υμιν, οτι οικοδομειτε τα	μνημεια των προφητων, οι δε πατερες υμων...
Mθ 6:28	27	...... ενδυματος τι μεριμνατε; καταμαθετε τα	κρινα του αγρου πως αυξανουσιν. ου...
Mθ 6:32	27	παντα γαρ ταυτα τα	εθνη επιζητουσιν. οιδεν γαρ ο πατηρ...
ΛΚ 12:27	27	κατανοησατε τα	κρινα πως αυξανει. ου κοπια ουδε νηθει....
ΛΚ 12:30	27	ταυτα γαρ παντα τα	εθνη του κοσμου επιζητουσιν. υμων δε...
Mθ 23:37	36	... αυτην, ποσακις ηθελησα επισυναγαγειν τα	τεκνα σου, ον τροπον ορνις επισυναγει...
ΛΚ 13:34	36	...... αυτην, ποσακις ηθελησα επισυναξαι τα	τεκνα σου ον τροπον ορνις την εαυτης...
Mθ 18:12	40	... και πλανηθη εν εξ αυτων, ουχι αφησει τα	ενενηκοντα εννεα επι τα ορη και πορευθεις...
ΛΚ 15:4	40	. και απολεσας εξ αυτων εν ου καταλειπει τα	ενενηκοντα εννεα εν τη ερημω και πορευεται...
Mθ 18:7	43	...... απο των σκανδαλων. αναγκη γαρ ελθειν τα	σκανδαλα, πλην ουαι τω ανθρωπω δι ου...
ΛΚ 17:1	43	... τους μαθητας αυτου, ανενδεκτον εστιν του τα	σκανδαλα μη ελθειν, πλην ουαι δι ου...
Mθ 23:6	23	. τοις δειπνοις και τας πρωτοκαθεδριας εν ταις	συναγωγαις
Mθ 23:7	23	και τους ασπασμους εν ταις	αγοραις και καλεισθαι υπο των ανθρωπων,...
ΛΚ 11:43	23	.... οτι αγαπατε την πρωτοκαθεδριαν εν ταις	συναγωγαις και τους ασπασμους εν ταις...
ΛΚ 11:43	23	. ταις συναγωγαις και τους ασπασμους εν ταις	αγοραις.
Mθ 4:8	02	.. υψηλον λιαν, και δεικνυσιν αυτω πασας τας	βασιλειας του κοσμου και την δοξαν αυτων,...
ΛΚ 4:5	02	. και αναγαγων αυτον εδειξεν αυτω πασας τας	βασιλειας της οικουμενης εν στιγμη χρονου.
Mθ 23:37	36	.... ορνις επισυναγει τα νοσσια αυτης υπο τας	πτερυγας, και ουκ ηθελησατε.
ΛΚ 13:34	36	.. ον τροπον ορνις την εαυτης νοσσιαν υπο τας	πτερυγας, και ουκ ηθελησατε.
Mθ 19:28	48	.. και υμεις επι δωδεκα θρονους κρινοντες τας	δωδεκα φυλας του ισραηλ.
ΛΚ 22:30	48	... βασιλεια μου, και καθησεσθε επι θρονων τας	δωδεκα φυλας κρινοντες του ισραηλ.
Mθ 4:9	02	και λεγει αυτω, ταυτα	σοι παντα δωσω εαν πεσων προσκυνησης...
Mθ 11:25	16	.. του ουρανου και της γης, οτι εκρυψας ταυτα	απο σοφω και συνετων και απεκαλυψας...
ΛΚ 10:21	16	.... ουρανου και της γης, οτι απεκρυψας ταυτα	απο σοφων και συνετων, και απεκαλυψας...
Mθ 23:23	23	. την κρισιν και το ελεος και την πιστιν. ταυτα	εδει ποιησαι κακεινα μη αφειναι.
ΛΚ 11:42	23	...... την κρισιν και την αγαπην του θεου. ταυτα	δε εδει ποιησαι κακεινα μη παρειναι.
Mθ 6:32	27	παντα γαρ ταυτα	τα εθνη επιζητουσιν. οιδεν γαρ ο...
Mθ 6:33	27	.... και την δικαιοσυνην αυτου, και ταυτα	παντα προστεθησεται υμιν.
ΛΚ 12:30	27	ταυτα	γαρ παντα τα εθνη του κοσμου επιζητουσιν....
ΛΚ 12:31	27	. πλην ζητειτε την βασιλειαν αυτου, και ταυτα	προστεθησεται υμιν.
ΛΚ 4:6	02	...... ο διαβολος, σοι δωσω την εξουσιαν ταυτην	απασαν και την δοξαν αυτων, οτι εμοι...
Mθ 11:16	10	τινι δε ομοιωσω την γενεαν ταυτην;	ομοια εστιν παιδιοις καθημενοις εν...
Mθ 23:36	23	.... υμιν, ηξει ταυτα παντα επι την γενεαν ταυτην.	
ΛΚ 7:31	10	.... ουν ομοιωσω τους ανθρωπους της γενεας ταυτης,	και τινι εισιν ομοιοι;
Mθ 12:41	21	.... εν τη κρισει μετα της γενεας ταυτης	και κατακρινουσιν αυτην. οτι μετενοησαν...
Mθ 12:42	21	.... εν τη κρισει μετα της γενεας ταυτης	και κατακρινει αυτην. οτι ηλθεν εκ...
ΛΚ 11:31	21	.... τη κρισει μετα των ανδρων της γενεας ταυτης	και κατακρινει αυτους. οτι ηλθεν εκ...
ΛΚ 11:32	21	.... εν τη κρισει μετα της γενεας ταυτης	και κατακρινουσιν αυτην. οτι μετενοησαν...
ΛΚ 11:51	23	. λεγω υμιν, εκζητηθησεται απο της γενεας ταυτης.	
Mθ 3:9	01	.... ο θεος εκ των λιθων τουτων εγειραι τεκνα	τω αβρααμ.
ΛΚ 3:8	01	.... ο θεος εκ των λιθων τουτων εγειραι τεκνα	τω αβρααμ.
Mθ 23:37	36	.... ποσακις ηθελησα επισυναγαγειν τα τεκνα	σου, ον τροπον ορνις επισυναγει τα...
ΛΚ 13:34	36	.. αυτην, ποσακις ηθελησα επισυναξαι τα τεκνα	σου ον τροπον ορνις την εαυτης νοσσιαν...
Mθ 7:11	18	. οντες οιδατε δοματα αγαθα διδοναι τοις τεκνοις	υμων, ποσω μαλλον ο πατηρ υμων ο εν...
ΛΚ 11:13	18	.... οιδατε δοματα αγαθα διδοναι τοις τεκνοις	υμων, ποσω μαλλον ο πατηρ εξ ουρανου...
Mθ 21:31	10	...... ο ιησους, αμην λεγω υμιν οτι οι τελωναι	και αι πορναι προαγουσιν υμας εις την...
ΛΚ 7:29	10	και πας ο λαος ακουσας και οι τελωναι	εδικαιωσαν τον θεον, βαπτισθεντες το βαπτισμα...

ΜΘ 11:19	10	..... ιδου ανθρωπος φαγος και οινοποτης, τελωνων	φιλος και αμαρτωλων. και εδικαιωθη...
ΛΚ 7:34	10	..... ανθρωπος φαγος και οινοποτης, φιλος τελωνων	και αμαρτωλων.
ΜΘ 3:12	01	ου το πτυον εν τη	χειρι αυτου, και διακαθαριει την αλωνα...
ΛΚ 3:17	01	ου το πτυον εν τη	χειρι αυτου διακαθαραι την αλωνα αυτου...
ΜΘ 7:25	07	... και επνευσαν οι ανεμοι και προσεπεσαν τη	οικια εκεινη, και ουκ επεσεν, τεθεμελιωτο...
ΛΚ 6:48	07	.... δε γενομενης προσερηξεν ο ποταμος τη	οικια εκεινη, και ουκ ισχυσεν σαλευσαι...
ΜΘ 11:11	10	...... του βαπτιστου. ο δε μικροτερος εν τη	βασιλεια των ουρανων μειζων αυτου εστιν.
ΛΚ 7:28	10	..... ουδεις εστιν. ο δε μικροτερος εν τη	βασιλεια του θεου μειζων αυτου εστιν.
ΜΘ 12:41	21	ανδρες νινευιται αναστησονται εν τη	κρισει μετα της γενεας ταυτης και...
ΜΘ 12:42	21	βασιλισσα νοτου εγερθησεται εν τη	κρισει μετα της γενεας ταυτης και...
ΛΚ 11:31	21	βασιλισσα νοτου εγερθησεται εν τη	κρισει μετα των ανδρων της γενεας ταυτης...
ΛΚ 11:32	21	ανδρες νινευιται αναστησονται εν τη	κρισει μετα της γενεας ταυτης και...
ΜΘ 10:27	24	ο λεγω υμιν εν τη	σκοτια, ειπατε εν τω φωτι. και ο εις...
ΛΚ 12:3	24	ανθ ων οσα εν τη	σκοτια ειπατε εν τω φωτι ακουσθησεται,...
ΜΘ 6:25	27	δια τουτο λεγω υμιν, μη μεριμνατε τη	ψυχη υμων τι φαγητε , μηδε τω σωματι...
ΜΘ 6:29	27	..... δε υμιν οτι ουδε σολομων εν παση τη	δοξη αυτου περιεβαλετο ως εν τουτων.
ΛΚ 12:22	27	...... δια τουτο λεγω υμιν, μη μεριμνατε τη	ψυχη τι φαγητε, μηδε τω σωματι τι ενδυσησθε....
ΛΚ 12:27	27	... λεγω δε υμιν, ουδε σολομων εν παση τη	δοξη αυτου περιεβαλετο ως εν τουτων.
ΜΘ 24:48	29	.... δε ειπη ο κακος δουλος εκεινος εν τη	καρδια αυτου, χρονιζει μου ο κυριος,
ΛΚ 12:45	29	εαν δε ειπη ο δουλος εκεινος εν τη	καρδια αυτου, χρονιζει ο κυριος μου...
ΜΘ 5:25	32	.... σου ταχυ εως οτου ει μετ αυτου εν τη	οδω. μηποτε σε παραδω ο αντιδικος τω...
ΛΚ 12:58	32	... μετα του αντιδικου σου επ αρχοντα, εν τη	οδω δος εργασιαν απηλλαχθαι απ αυτου,...
ΜΘ 8:11	35	... μετα αβρααμ και ισαακ και ιακωβ εν τη	βασιλεια των ουρανων.
ΛΚ 13:28	35	.. και ιακωβ και παντας τους προφητας εν τη	βασιλεια του θεου, υμας δε εκβαλλομενους...
ΛΚ 13:29	35	.. βορρα και νοτου και ανακλιθησονται εν τη	βασιλεια του θεου.
ΜΘ 3:10	01	ηδη δε η αξινη προς την	ριζαν των δενδρων κειται. παν ουν...
ΜΘ 3:12	01	.... εν τη χειρι αυτου, και διακαθαριει την	αλωνα αυτου, και συναξει τον σιτον...
ΜΘ 3:12	01	.... και συναξει τον σιτον αυτου εις την	αποθηκην , το δε αχυρον κατακαυσει...
ΛΚ 3:9	01	ηδη δε και η αξινη προς την	ριζαν των δενδρων κειται. παν ουν...
ΛΚ 3:17	01	. το πτυον εν τη χειρι αυτου διακαθαραι την	αλωνα αυτου και συναγαγειν τον σιτον...
ΛΚ 3:17	01	.... αυτου και συναγαγειν τον σιτον εις την	αποθηκην αυτου, το δε αχυρον κατακαυσει...
ΜΘ 4:1	02	τοτε ο ιησους ανηχθη εις την	ερημον υπο του πνευματος, πειρασθηναι υπο...
ΜΘ 4:5	02	. τοτε παραλαμβανει αυτον ο διαβολος εις την	αγιαν πολιν, και ιστησιν αυτον επι...
ΜΘ 4:8	02	..... πασας τας βασιλειας του κοσμου και την	δοξαν αυτων,
ΛΚ 4:6	02	. και ειπεν αυτω ο διαβολος, σοι δωσω την	εξουσιαν ταυτην απασαν και την δοξαν...
ΛΚ 4:6	02	.... δωσω την εξουσιαν ταυτην απασαν και την	δοξαν αυτων, οτι εμοι παραδεδοται και...
ΜΘ 5:39	04	.... τω πονηρω. αλλ οστις σε ραπιζει εις την	δεξιαν σιαγονα , στρεψον αυτω και την...
ΜΘ 5:39	04	... την δεξιαν σιαγονα , στρεψον αυτω και την	αλλην.
ΛΚ 6:29	04	τω τυπτοντι σε επι την	σιαγονα παρεχε και την αλλην, και απο...
ΛΚ 6:29	04	. τυπτοντι σε επι την σιαγονα παρεχε και την	αλλην, και απο του αιροντος σου το ιματιον...
ΜΘ 7:3	05	...... το εν τω οφθαλμω του αδελφου σου, την	δε εν τω σω οφθαλμω δοκον ου κατανοεις;...
ΜΘ 7:5	05	υποκριτα, εκβαλε πρωτον την	δοκον εκ του οφθαλμου σου, και τοτε...
ΛΚ 6:41	05	...... το εν τω οφθαλμω του αδελφου σου, την	δε δοκον την εν τω ιδιω οφθαλμω ου...
ΛΚ 6:42	05	...... ου βλεπων; υποκριτα, εκβαλε πρωτον την	δοκον εκ του οφθαλμου σου, και τοτε...
ΜΘ 7:24	07	... οστις ωκοδομησεν αυτου την οικιαν επι την	πετραν.
ΜΘ 7:26	07	... οστις ωκοδομησεν αυτου την οικιαν επι την	αμμον.
ΛΚ 6:48	07	.... και εβαθυνεν και εθηκεν θεμελιον επι την	πετραν. πλημμυρης δε γενομενης προσερηξεν...
ΛΚ 6:49	07	.. εστιν ανθρωπω οικοδομησαντι οικιαν επι την	γην χωρις θεμελιου, η προσερηξεν ο ποταμος,...
ΜΘ 8:8	08	... κυριε, ουκ ειμι ικανος ινα μου υπο την	στεγην εισελθης. αλλα μονον ειπε λογω,...
ΛΚ 7:6	08	... σκυλλου. ου γαρ ικανος ειμι ινα υπο την	στεγην μου εισελθης.
ΜΘ 11:7	10	.. οχλοις περι ιωαννου, τι εξηλθατε εις την	ερημον θεασασθαι; καλαμον υπο ανεμου...
ΜΘ 11:16	10	τινι δε ομοιωσω την	γενεαν ταυτην; ομοια εστιν παιδιοις...
ΛΚ 7:24	10	.. οχλους περι ιωαννου, τι εξηλθατε εις την	ερημον θεασασθαι; καλαμον υπο ανεμου...
ΜΘ 8:20	12	.. ο δε υιος του ανθρωπου ουκ εχει που την	κεφαλην κλινη.
ΛΚ 9:58	12	.. ο δε υιος του ανθρωπου ουκ εχει που την	κεφαλην κλινη.
ΜΘ 12:42	21	.. ηλθεν εκ των περατων της γης ακουσαι την	σοφιαν σολομωνος, και ιδου πλειον...
ΛΚ 11:31	21	.. ηλθεν εκ των περατων της γης ακουσαι την	σοφιαν σολομωνος, και ιδου πλειον...

Ref.	No.	Left context	Word	Right context
Μθ 23:23	23	.... και αφηκατε τα βαρυτερα του νομου,	την	κρισιν και το ελεος και την πιστιν....
ΛΚ 11:42	23	. πηγανον και παν λαχανον, και παρερχεσθε	την	κρισιν και την αγαπην του θεου. ταυτα...
Μθ 6:27	27	... υμων μεριμνων δυναται προσθειναι επι	την	ηλικιαν αυτου πηχυν ενα;
Μθ 6:33	27	ζητειτε δε πρωτον	την	βασιλειαν και την δικαιοσυνην αυτου,...
ΛΚ 12:25	27	τις δε εξ υμων μεριμνων δυναται επι	την	ηλικιαν αυτου προσθειναι πηχυν;
ΛΚ 12:31	27	πλην ζητειτε	την	βασιλειαν αυτου, και ταυτα προστεθησεται...
Μθ 24:38	46	...... αχρι ης ημερας εισηλθεν νωε εις	την	κιβωτον,
Μθ 10:39	46	ο ευρων	την	ψυχην αυτου απολεσει αυτην, και ο...
ΛΚ 17:27	46	...... αχρι ης ημερας εισηλθεν νωε εις	την	κιβωτον, και ηλθεν ο κατακλυσμος και...
ΛΚ 17:33	46	ος εαν ζητηση	την	ψυχην αυτου περιποιησασθαι απολεσει αυτην,...
Μθ 3:7	01	... εχιδνων, τις υπεδειξεν υμιν φυγειν απο	της	μελλουσης οργης;
Μθ 3:8	01	ποιησατε ουν καρπον αξιον	της	μετανοιας.
ΛΚ 3:7	01	... εχιδνων, τις υπεδείξεν υμιν φυγειν απο	της	μελλουσης οργης;
ΛΚ 3:8	01	ποιησατε ουν καρπους αξιους	της	μετανοιας. και μη αρξησθε λεγειν εν...
ΛΚ 7:31	10	τινι ουν ομοιωσω τους ανθρωπους	της	γενεας ταυτης, και τινι εισιν ομοιοι;
Μθ 10:14	11	.... υμων, εξερχομενοι εξω της οικιας η	της	πολεως εκεινης εκτιναξατε τον κονιορτον...
ΛΚ 9:5	11	. οσοι αν μη δεχωνται υμας, εξερχομενοι απο	της	πολεως εκεινης τον κονιορτον απο των ποδων...
Μθ 11:25	16	...... σοι πατερ, κυριε του ουρανου και	της	γης, οτι εκρυψας ταυτα απο σοφω και...
ΛΚ 10:21	16	..... σοι, πατερ, κυριε του ουρανου και	της	γης, οτι απεκρυψας ταυτα απο σοφων...
Μθ 12:40	21	. εσται ο υιος του ανθρωπου εν τη καρδια	της	γης τρεις ημερας και τρεις νυκτας.
Μθ 12:41	21	.... αναστησονται εν τη κρισει μετα	της	γενεας ταυτης και κατακρινουσιν αυτην....
Μθ 12:42	21	.. νοτου εγερθησεται εν τη κρισει μετα	της	γενεας ταυτης και κατακρινει αυτην....
Μθ 12:42	21	.... αυτην. οτι ηλθεν εκ των περατων	της	γης ακουσαι την σοφιαν σολομωνος,...
ΛΚ 11:31	21	.... εν τη κρισει μετα των ανδρων	της	γενεας ταυτης και κατακρινει αυτους....
ΛΚ 11:31	21	.... αυτους. οτι ηλθεν εκ των περατων	της	γης ακουσαι την σοφιαν σολομωνος,...
ΛΚ 11:32	21	.... αναστησονται εν τη κρισει μετα	της	γενεας ταυτης και κατακρινουσιν αυτην....
Μθ 10:30	24	υμων δε και αι τριχες	της	κεφαλης πασαι ηριθμημεναι εισιν.
ΛΚ 12:7	24	αλλα και αι τριχες	της	κεφαλης υμων πασαι ηριθμηνται. μη φοβεισθε....
Μθ 6:25	27	. τι ενδυσησθε. ουχι η ψυχη πλειον εστιν	της	τροφης και το σωμα του ενδυματος;
ΛΚ 12:23	27	η γαρ ψυχη λειον εστιν	της	τροφης και το σωμα του ενδυματος.
Μθ 24:45	29	... φρονιμος ον κατεστησεν ο κυριος επι	της	οικετειας αυτου του δουναι αυτοις την...
ΛΚ 12:42	29	.. φρονιμος, ον καταστησει ο κυριος επι	της	θεραπειας αυτου του διδοναι εν καιρω...
Μθ 7:13	35	εισελθατε δια	της	στενης πυλης. οτι πλατεια η πυλη και...
ΛΚ 13:24	35	αγωνιζεσθε εισελθειν δια	της	στενης θυρας, οτι πολλοι, λεγω υμιν,...
Μθ 7:3	05		τι	δε βλεπεις το καρφος το εν τω οφθαλμω...
ΛΚ 6:41	05		τι	δε βλεπεις το καρφος το εν τω οφθαλμω...
Μθ 11:7	10	.... λεγειν τοις οχλοις περι ιωαννου,	τι	εξηλθατε εις την ερημον θεασασθαι;...
Μθ 11:8	10	αλλα	τι	εξηλθατε ιδειν; ανθρωπον εν μαλακοις...
Μθ 11:9	10	αλλα	τι	εξηλθατε ιδειν; προφητην; ναι, λεγω...
ΛΚ 7:24	10	.. λεγειν προς τους οχλους περι ιωαννου,	τι	εξηλθατε εις την ερημον θεασασθαι;...
ΛΚ 7:25	10	αλλ	τι	εξηλθατε ιδειν; ανθρωπον εν μαλακοις...
ΛΚ 7:26	10	αλλα	τι	εξηλθατε ιδειν; προφητην; ναι, λεγω...
Μθ 6:25	27	... λεγω υμιν, μη μεριμνατε τη ψυχη υμων	τι	φαγητε , μηδε τω σωματι υμων τι ενδυσησθε....
Μθ 6:25	27	.... υμων τι φαγητε , μηδε τω σωματι υμων	τι	ενδυσησθε. ουχι η ψυχη πλειον εστιν...
Μθ 6:31	27	μη ουν μεριμνησητε λεγοντες,	τι	φαγωμεν; η, τι πιωμεν; η, τι περιβαλωμεθα;...
Μθ 6:31	27	. ουν μεριμνησητε λεγοντες, τι φαγωμεν; η,	τι	πιωμεν; η, τι περιβαλωμεθα;
ΛΚ 12:22	27	.. τουτο λεγω υμιν, μη μεριμνατε τη ψυχη	τι	φαγητε, μηδε τω σωματι τι ενδυσησθε.
ΛΚ 12:22	27	...... τη ψυχη τι φαγητε, μηδε τω σωματι	τι	ενδυσησθε.
ΛΚ 12:29	27	και υμεις μη ζητειτε	τι	φαγητε και τι πιητε, και μη μετεωριζεσθε....
ΛΚ 12:29	27	και υμεις μη ζητειτε τι φαγητε και	τι	πιητε, και μη μετεωριζεσθε.
ΛΚ 11:11	18		τινα	δε εξ υμων αιτησει τον πατερα ο υιος...
Μθ 11:16	10		τινι	δε ομοιωσω την γενεαν ταυτην; ομοια...
ΛΚ 7:31	10		τινι	ουν ομοιωσω τους ανθρωπους της γενεας...
Μθ 12:27	19	.. εκβαλλω τα δαιμονια, οι υιοι υμων εν	τινι	εκβαλλουσιν; δια τουτο αυτοι κρται...
ΛΚ 11:19	19	.. εκβαλλω τα δαιμονια, οι υιοι υμων εν	τινι	εκβαλλουσιν; δια τουτο αυτοι υμων κριται...
Μθ 3:7	01	.. αυτου ειπεν αυτοις, γεννηματα εχιδνων,	τις	υπεδειξεν υμιν φυγειν απο της μελλουσης...
ΛΚ 3:7	01	.... υπ αυτου, γεννηματα εχιδνων,	τις	υπεδειξεν υμιν φυγειν απο της μελλουσης...

Μθ 7:9	18	η τις	εστιν εξ υμων ανθρωπος, ον αιτησει ο...
Μθ 6:27	27	τις	δε εξ υμων μεριμνων δυναται προσθειναι...
ΛΚ 12:25	27	τις	δε εξ υμων μεριμνων δυναται επι την...
Μθ 24:45	29	τις	αρα εστιν ο πιστος δουλος και φρονιμος...
ΛΚ 12:42	29	και ειπεν ο κυριος, τις	αρα εστιν ο πιστος οικονομος ο φρονιμος,...
Μθ 3:12	01	ου το	πτυον εν τη χειρι αυτου, και διακαθαριει...
Μθ 3:12	01	.... τον σιτον αυτου εις την αποθηκην , το	δε αχυρον κατακαυσει πυρι ασβεστω.
ΛΚ 3:17	01	ου το	πτυον εν τη χειρι αυτου διακαθαραι...
ΛΚ 3:17	01	..... τον σιτον εις την αποθηκην αυτου, το	δε αχυρον κατακαυσει πυρι ασβεστω.
Μθ 4:5	02	..... αγιαν πολιν, και ιστησιν αυτον επι το	πτερυγιον του ιερου,
ΛΚ 4:9	02	.. αυτον εις ιερουσαλημ και εστησεν επι το	πτερυγιον του ιερου, και ειπεν αυτω,...
Μθ 5:40	04	. και τον χιτωνα σου λαβειν, αφες αυτω και το	ιματιον.
Μθ 5:47	04	... περισσον ποιειτε; ουχι και οι εθνικοι το	αυτο ποιουσιν;
ΛΚ 6:29	04	.... την αλλην, και απο του αιροντος σου το	ιματιον και τον χιτωνα μη κωλυσης.
ΛΚ 6:33	04	. ποια υμιν χαρις εστιν; και οι αμαρτωλοι το	αυτο ποιουσιν.
Μθ 7:3	05	τι δε βλεπεις το	καρφος το εν τω οφθαλμω του αδελφου...
Μθ 7:3	05	τι δε βλεπεις το καρφος το	εν τω οφθαλμω του αδελφου σου, την...
Μθ 7:4	05	.. πως ερεις τω αδελφω σου, αφες εκβαλω το	καρφος εκ του οφθαλμου σου, και ιδου...
Μθ 7:5	05	...... σου, και τοτε διαβλεψεις εκβαλειν το	καρφος εκ του οφθαλμου του αδελφου σου.
ΛΚ 6:41	05	τι δε βλεπεις το	καρφος το εν τω οφθαλμω του αδελφου...
ΛΚ 6:41	05	τι δε βλεπεις το καρφος το	εν τω οφθαλμω του αδελφου σου, την...
ΛΚ 6:42	05	..... τω αδελφω σου, αδελφε, αφες εκβαλω το	καρφος το εν τω οφθαλμω σου, αυτος...
ΛΚ 6:42	05	.. του οφθαλμου σου, και τοτε διαβλεψεις το	καρφος το εν τω οφθαλμω του αδελφου...
Μθ 12:34	06	... εκ γαρ του περισσευματος της καρδιας το	στομα λαλει.
ΛΚ 6:45	06	.... εκ γαρ περισσευματος καρδιας λαλει το	στομα αυτου.
Μθ 6:9	17	.... ημων ο εν τοις ουρανοις, αγιασθητω το	ονομα σου,
ΛΚ 11:2	17	... προσευχησθε, λεγετε, πατερ, αγιασθητω το	ονομα σου. ελθετω η βασιλεια σου.
Μθ 12:43	20	οταν δε το	ακαθαρτον πνευμα εξελθη απο του ανθρωπου,...
ΛΚ 11:24	20	οταν το	ακαθαρτον πνευμα εξελθη απο του ανθρωπου,...
Μθ 12:39	21	.. και σημειον ου δοθησεται αυτη ει μη το	σημειον ιωνα του προφητου.
Μθ 12:41	21	.... αυτην. οτι μετενοησαν εις το	κηρυγμα ιωνα, και ιδου πλειον ιωνα...
Μθ 16:4	21	.. και σημειον ου δοθησεται αυτη ει μη το	σημειον ιωνα. και καταλιπων αυτους απηλθεν....
ΛΚ 11:29	21	.. και σημειον ου δοθησεται αυτη ει μη το	σημειον ιωνα.
ΛΚ 11:32	21	.... αυτην. οτι μετενοησαν εις το	κηρυγμα ιωνα, και ιδου πλειον ιωνα...
Μθ 23:23	23	.... φαρισαιοι υποκριται, οτι αποδεκατουτε το	ηδυοσμον και τοανηθον και το κυμινον,...
Μθ 23:25	23	. και φαρισαιοι υποκριται, οτι καθαριζετε το	εξωθεν του ποτηριου και της παροψιδος,...
ΛΚ 11:39	23	.. κυριος προς αυτον, νυν υμεις οι φαρισαιοι το	εξωθεν του ποτηριου και του πινακος...
ΛΚ 11:42	23	... υμιν τοις φαρισαιοις, οτι αποδεκατουτε το	ηδυοσμον και το πηγανον και παν λαχανον,...
Μθ 10:27	24	.. σκοτια, ειπατε εν τω φωτι. και ο εις το	ους ακουετε, κηρυξατε επι των δωματων.
Μθ 10:28	24	. και μη φοβεισθε απο των αποκτεννοντων το	σωμα, την δε ψυχην μη δυναμενων αποκτειναι....
ΛΚ 12:3	24	..... εν τω φωτι ακουσθησεται, και ο προς το	ους ελαλησατε εν τοις ταμειεοις κηρυχθησεται...
ΛΚ 12:4	24	.. μου, μη φοβηθητε απο των αποκτεινοντων το	σωμα και μετα ταυτα μη εχοντων περισσοτερον...
Μθ 6:25	27	.... η ψυχη πλειον εστιν της τροφης και το	σωμα του ενδυματος;
ΛΚ 12:23	27	... γαρ ψυχη λειον εστιν της τροφης και το	σωμα του ενδυματος.
Μθ 24:51	29	και διχοτομησει αυτον και το	μερος αυτου μετα των υποκριτων θησει....
ΛΚ 12:46	29	.. γινωσκει, και διχοτομησει αυτον, και το	μερος αυτου μετα των απιστων θησει.
Μθ 16:3	31	.. χειμων, πυρραζει γαρ στυγναζων ο ουρανος. το	μεν προσωπον του ουρανου γινωσκετε διακρινειν,...
ΛΚ 12:56	31	υποκριται, το	προσωπον της γης και του ουρανου οιδατε...
Μθ 4:6	02	. βαλε σεαυτον κατω. γεγραπται γαρ οτι τοις	αγγελοις αυτου εντελειται περι σου...
ΛΚ 4:10	02	γεγραπται γαρ οτι τοις	αγγελοις αυτου εντελειται περι σου...
Μθ 5:12	03	.... οτι ο μισθος υμων πολυς εν τοις	ουρανοις. ουτως γαρ εδιωξαν τους προφητας...
ΛΚ 6:23	03	.. εν τω ουρανω. κατα τα αυτα γαρ εποιουν τοις	προφηταις οι πατερες αυτων.
Μθ 11:7	10	.. δε πορευομενων ηρξατο ο ιησους λεγειν τοις	οχλοις περι ιωαννου, τι εξηλθατε εις...
Μθ 7:11	18	...... οντες οιδατε δοματα αγαθα διδοναι τοις	τεκνοις υμων, ποσω μαλλον ο πατηρ υμων...
Μθ 7:11	18	.... υμων ο εν τοις ουρανοις δωσει αγαθα τοις	αιτουσιν αυτον.
ΛΚ 11:13	18	. υπαρχοντες οιδατε δοματα αγαθα διδοναι τοις	τεκνοις υμων, ποσω μαλλον ο πατηρ ...
ΛΚ 11:13	18	. ο πατηρ εξ ουρανου δωσει πνευμα αγιον τοις	αιτουσιν αυτον.

Μθ 24:47	29	αμην λεγω υμιν οτι επι πασιν τοις	υπαρχουσιν αυτου καταστησει αυτον.
Λκ 12:44	29	αληθως λεγω υμιν οτι επι πασιν τοις	υπαρχουσιν αυτου καταστησει αυτον.
Μθ 13:32	33	. τα πετεινα του ουρανου και κατασκηνουν εν τοις	κλαδοις αυτου.
Λκ 13:19	33	.... τα πετεινα του ουρανου κατεσκηνωσεν εν τοις	κλαδοις αυτου.
Μθ 25:27	47	.... ἐλθων εγω εκομισαμην αν το εμον συν τοκω.	
Λκ 19:23	47	.. αργυριον επι τραπεζαν; καγω ελθων συν τοκω	αν αυτο επραξα.
Μθ 3:9	01	...... λεγειν εν εαυτοις, πατερα εχομεν τον	αβρααμ. λεγω γαρ υμιν οτι δυναται...
Μθ 3:12	01	.... την αλωνα αυτου, και συναξει τον	σιτον αυτου εις την αποθηκην , το...
Λκ 3:8	01	...... λεγειν εν εαυτοις, πατερα εχομεν τον	αβρααμ, λεγω γαρ υμιν οτι δυναται...
Λκ 3:17	01	.... την αλωνα αυτου και συναγαγειν τον	σιτον εις την αποθηκην αυτου, το...
Μθ 4:6	02	.... σε, μηποτε προσκοψης προς λιθον τον	ποδα σου.
Μθ 4:7	02	...... γεγραπται, ουκ εκπειρασεις κυριον τον	θεον σου.
Μθ 4:10	02	.... υπαγε, σατανα. γεγραπται γαρ, κυριον τον	θεον σου προσκυνησεις και αυτω μονω...
Λκ 4:8	02	.. ιησους ειπεν αυτω, γεγραπται, κυριον τον	θεον σου προσκυνησεις και αυτω μονω...
Λκ 4:11	02	.... σε μηποτε προσκοψης προς λιθον τον	ποδα σου.
Λκ 4:12	02	.... οτι ειρηται, ουκ εκπειρασεις κυριον τον	θεον σου.
Μθ 5:40	04	και τω θελοντι σοι κριθηναι και τον	χιτωνα σου λαβειν, αφες αυτω και το ιματιον....
Λκ 6:29	04	.... απο του αιροντος σου το ιματιον και τον	χιτωνα μη κωλυσης.
Μθ 10:24	05	ουκ εστιν μαθητης υπερ τον	διδασκαλον ουδε δουλος υπερ τον κυριον...
Λκ 6:40	05	ουκ εστιν μαθητης υπερ τον	διδασκαλον, κατηρτισμενος δε πας εσται...
Λκ 9:5	11	...... εξερχομενοι απο της πολεως εκεινης τον	κονιορτον απο των ποδων υμων αποτινασσετε...
Μθ 10:14	11	... οικιας η της πολεως εκεινης εκτιναξατε τον	κονιορτον των ποδων υμων.
Μθ 8:21	12	.... μοι πρωτον απελθειν και θαψαι τον	πατερα μου.
Λκ 9:59	12	. επιτρεψον μοι απελθοντι πρωτον θαψαι τον	πατερα μου.
Μθ 6:11	17	τον	αρτον ημων τον επιουσιον δος ημιν...
Μθ 6:11	17	τον αρτον ημων τον	επιουσιον δος ημιν σημερον.
Λκ 11:3	17	τον	αρτον ημων τον επιουσιον διδου ημιν...
Λκ 11:3	17	τον αρτον ημων τον	επιουσιον διδου ημιν το καθ ημεραν.
Μθ 12:44	20	τοτε λεγει, εις τον	οικον μου επιστρεψω οθεν εξηλθον. και...
Λκ 11:24	20	.... και μη ευρισκον λεγει, υποστρεψω εις τον	οικον μου οθεν εξηλθον.
Μθ 6:30	27	ει δε τον	χορτον του αγρου σημερον οντα και αυριον...
Λκ 12:28	27	ει δε εν αγρω τον	χορτον οντα σημερον και αυριον εις...
Μθ 10:38	38	και ος ου λαμβανει τον	σταυρον αυτου και ακολουθει οπισω μου,...
Λκ 14:27	38	οστις ου βασταζει τον	σταυρον εαυτου και ερχεται οπισω μου...
Μθ 6:24	41	.... δυσι κυριοις δουλευειν. η γαρ τον	ενα μισησει και τον ετερον αγαπησει,...
Μθ 6:24	41	.... η γαρ τον ενα μισησει και τον	ετερον αγαπησει, η ενος ανθεξεται...
Λκ 16:13	41	.... δυσι κυριοις δουλευεις. η γαρ τον	ενα μισησει και τον ετερον αγαπησει,...
Λκ 16:13	41	.... η γαρ τον ενα μισησει και τον	ετερον αγαπησει, η ενος ανθεξεται...
Μθ 12:43	20	..... του ανθρωπου, διερχεται δι ανυδρων τοπων	ζητουν αναπαυσιν, και ουχ ευρισκει.
Λκ 11:24	20	..... του ανθρωπου, διερχεται δι ανυδρων τοπων	ζητουν αναπαυσιν, και μη ευρισκον λεγει,...
Μθ 8:10	08	.... αμην λεγω υμιν, παρ ουδενι τοσαυτην	πιστιν εν τω ισραηλ ευρον.
Λκ 7:9	08	.... ειπεν, λεγω υμιν, ουδε εν τω ισραηλ τοσαυτην	πιστιν ευρον.
Μθ 7:5	05	... την δοκον εκ του οφθαλμου σου, και τοτε	διαβλεψεις εκβαλειν το καρφος εκ του...
Λκ 6:42	05	... την δοκον εκ του οφθαλμου σου, και τοτε	διαβλεψεις το καρφος το εν τω οφθαλμω...
Μθ 12:45	20	τοτε	πορευεται και παραλαμβανει μεθ εαυτου...
Λκ 11:26	20	τοτε	πορευεται και παραλαμβανει ετερα πνευματα...
Μθ 4:1	02	..... ο ιησους ανηχθη εις την ερημον υπο του	πνευματος, πειρασθηναι υπο του διαβολου.
Μθ 4:1	02	. ερημον υπο του πνευματος, πειρασθηναι υπο του	διαβολου.
Μθ 4:3	02	..... ο πειραζων ειπεν αυτω, ει υιος ει του	θεου, ειπε ινα οι λιθοι ουτοι αρτοι...
Μθ 4:5	02	... και ιστησιν αυτον επι το πτερυγιον του	ιερου,
Μθ 4:6	02	και λεγει αυτω, ει υιος ει του	θεου, βαλε σεαυτον κατω. γεγραπται γαρ...
Λκ 4:3	02	ειπεν δε αυτω ο διαβολος, ει υιος ει του	θεου, ειπε τω λιθω τουτω ινα γενηται αρτος.
Λκ 4:9	02	.... ιερουσαλημ και εστησεν επι το πτερυγιον του	ιερου, και ειπεν αυτω, ει υιος ει του θεου,...
Λκ 4:9	02	..... του ιερου, και ειπεν αυτω, ει υιος ει του	θεου, βαλε σεαυτον εντευθεν κατω.
Μθ 7:3	05	... βλεπεις το καρφος το εν τω οφθαλμω του	αδελφου σου, την δε εν τω σω οφθαλμω...
Μθ 7:5	05	. υποκριτα, εκβαλε πρωτον την δοκον εκ του	οφθαλμου σου, και τοτε διαβλεψεις...
Μθ 7:5	05	... εκβαλειν το καρφος εκ του οφθαλμου του	αδελφου σου.

ΛΚ 6:41	05	... βλεπεις το καρφος το εν τω οφθαλμω του	αδελφου σου, την δε δοκον την εν...
ΛΚ 6:42	05	.. υποκριτα, εκβαλε πρωτον την δοκον εκ του	οφθαλμου σου, και τοτε διαβλεψεις...
ΛΚ 6:42	05	.... το καρφος το εν τω οφθαλμω του	αδελφου σου εκβαλειν.
ΜΘ 12:35	06	ο αγαθος ανθρωπος εκ του	αγαθου θησαυρου εκβαλλει αγαθα, και...
ΜΘ 12:35	06	..... αγαθα, και ο πονηρος ανθρωπος εκ του	πονηρου θησαυρου εκβαλλει πονηρα.
ΛΚ 6:45	06	ο αγαθος ανθρωπος εκ του	αγαθου θησαυρου της καρδιας προφερει...
ΛΚ 6:45	06	. προφερει το αγαθον, και ο πονηρος εκ του	πονηρου προφερει το πονηρον. εκ γαρ...
ΜΘ 11:19	10	ηλθεν ο υιος του	ανθρωπου εσθιων και πινων, και λεγουσιν,...
ΛΚ 7:34	10	εληλυθεν ο υιος του	ανθρωπου εσθιων και πινων, και λεγετε,...
ΜΘ 8:20	12	.... φωλεους εχουσιν και τα πετεινα του	ουρανου κατασκηνωσεις, ο δε υιος του...
ΜΘ 8:20	12	... του ουρανου κατασκηνωσεις, ο δε υιος του	ανθρωπου ουκ εχει που την κεφαλην...
ΛΚ 9:58	12	.... φωλεους εχουσιν και τα πετεινα του	ουρανου κατασκηνωσεις, ο δε υιος του...
ΛΚ 9:58	12	... του ουρανου κατασκηνωσεις, ο δε υιος του	ανθρωπου ουκ εχει που την κεφαλην...
ΜΘ 11:25	16	. ειπεν, εξομολογουμαι σοι πατερ, κυριε του	ουρανου και της γης, οτι εκρυψας...
ΜΘ 11:27	16	παντα μοι παρεδοθη υπο του	πατρος μου, και ουδεις επιγινωσκει...
ΛΚ 10:21	16	.... εξομολογουμαι σοι, πατερ, κυριε του	ουρανου και της γης, οτι απεκρυψας...
ΛΚ 10:22	16	παντα μοι παρεδοθη υπο του	πατρος μου, και ουδεις γινωσκει τις...
ΜΘ 12:28	19	.... αρα εφθασεν εφ υμας η βασιλεια του	θεου.
ΛΚ 11:20	19	.... αρα εφθασεν εφ υμας η βασιλεια του	θεου.
ΜΘ 12:45	20	.. κατοικει εκει. και γινεται τα εσχατα του	ανθρωπου εκεινου χειρονα των πρωτων....
ΛΚ 11:26	20	.. κατοικει εκει, και γινεται τα εσχατα του	ανθρωπου εκεινου χειρονα των πρωτων.
ΜΘ 12:40	21	.... και τρεις νυκτας, ουτως εσται ο υιος του	ανθρωπου εν τη καρδια της γης τρεις...
ΛΚ 11:30	21	.... σημειον, ουτως εσται και ο υιος του	ανθρωπου τη γενεα ταυτη.
ΜΘ 6:22	22	ο λυχνος του	σωματος εστιν ο οφθαλμος. εαν ουν η...
ΛΚ 11:34	22	ο λυχνος του	σωματος εστιν ο οφθαλμος σου. οταν...
ΜΘ 23:25	23	.... υποκριται, οτι καθαριζετε το εξωθεν του	ποτηριου και της παροψιδος, εσωθεν δε...
ΜΘ 23:35	23	.... υιου βαραχιου, ον εφονευσατε μεταξυ του	ναου και του θυσιαστηριου.
ΛΚ 11:39	23	.. αυτον, νυν υμεις οι φαρισαιοι το εξωθεν του	ποτηριου και του πινακος καθαριζετε,...
ΛΚ 11:51	23	. αιματος ζαχαριου του απολομενου μεταξυ του	θυσιαστηριου και του οικου. ναι, λεγω...
ΜΘ 12:32	25	και ος εαν ειπη λογον κατα του υιου του	ανθρωπου, αφεθησεται αυτω. ος δ αν...
ΛΚ 12:10	25	και πας ος ερει λογον εις τον υιον του	ανθρωπου, αφεθησεται αυτω. τω δε εις...
ΜΘ 6:25	27	.. πλειον εστιν της τροφης και το σωμα του	ενδυματος;
ΛΚ 12:23	27	... λειον εστιν της τροφης και το σωμα του	ενδυματος.
ΜΘ 24:44	29	. ετοιμοι, οτι η ου δοκειτε ωρα ο υιος του	ανθρωπου ερχεται.
ΜΘ 24:45	29	...... ο κυριος επι της οικετειας αυτου του	δουναι αυτοις την τροφην εν καιρω;
ΜΘ 24:50	29	ηξει ο κυριος του	δουλου εκεινου εν ημερα η ου προσδοκα...
ΛΚ 12:40	29	. ετοιμοι, οτι η ωρα ου δοκειτε ο υιος του	ανθρωπου ερχεται.
ΛΚ 12:42	29	...... ο κυριος επι της θεραπειας αυτου του	διδοναι εν καιρω σιτομετριον;
ΛΚ 12:46	29	ηξει ο κυριος του	δουλου εκεινου εν ημερα η ου προσδοκα...
ΜΘ 16:3	31	. γαρ στυγναζων ο ουρανος. το μεν προσωπον του	ουρανου γινωσκετε διακρινειν, τα δε σημεια...
ΛΚ 12:56	31	υποκριται, το προσωπον της γης και του	ουρανου οιδατε δοκιμαζειν, τον καιρον...
ΜΘ 6:24	41	.... αγαπησει, η ενος ανθεξεται και του	ετερου καταφρονησει. ου δυνασθε θεω...
ΛΚ 16:13	41	.... αγαπησει, η ενος ανθεξεται και του	ετερου καταφρονησει. ου δυνασθε θεω...
ΜΘ 5:18	42	. ιωτα εν η μια κεραια ου μη παρελθη απο του	νομου εως αν παντα γενηται.
ΛΚ 16:17	42	.... τον ουρανον και την γην παρελθειν η του	νομου μιαν κεραιαν πεσειν.
ΜΘ 24:27	46	.... ουτως εσται η παρουσια του υιου του	ανθρωπου.
ΜΘ 24:37	46	.... του νωε, ουτως εσται η παρουσια του	υιου του ανθρωπου.
ΜΘ 24:37	46	.. νωε, ουτως εσται η παρουσια του υιου του	ανθρωπου.
ΜΘ 24:39	46	...... ουτως εσται η παρουσια του υιου του	ανθρωπου.
ΛΚ 17:24	46	... υπ ουρανον λαμπει, ουτως εσται ο υιος του	ανθρωπου .
ΛΚ 17:26	46	.. νωε, ουτως εσται και εν ταις ημεραις του	υιου του ανθρωπου.
ΛΚ 17:26	46	..... εσται και εν ταις ημεραις του υιου του	ανθρωπου.
ΛΚ 17:30	46	κατα τα αυτα εσται η ημερα ο υιος του	ανθρωπου αποκαλυπτεται.
ΜΘ 25:29	47	.... παντι δοθησεται και περισσευθησεται. του	δε μη εχοντος και ο εχει αρθησεται...
ΛΚ 19:26	47	.. οτι παντι τω εχοντι δοθησεται, απο δε του	μη εχοντος και ο εχει αρθησεται.
ΜΘ 19:28	48	..... θρονους κρινοντες τας δωδεκα φυλας του	ισραηλ.
ΛΚ 22:30	48	.. επι θρονων τας δωδεκα φυλας κρινοντες του	ισραηλ.

ΜΘ 5:12	03	.... εν τοις ουρανοις. ουτως γαρ εδιωξαν τους	προφητας τους προ υμων.
ΜΘ 5:44	04	εγω δε λεγω υμιν, αγαπατε τους	εχθρους υμων και προσευχεσθε υπερ των...
ΜΘ 5:46	04	εαν γαρ αγαπησητε τους	αγαπωντας υμας, τινα μισθον εχετε; ουχι...
ΜΘ 5:47	04	και εαν ασπασησθε τους	αδελφους υμων μονον, τι περισσον ποιειτε;...
ΛΚ 6:27	04	αλλα υμιν λεγω τοις ακουουσιν, αγαπατε τους	εχθρους υμων, καλως ποιειτε τοις μισουσιν...
ΛΚ 6:32	04	και ει αγαπατε τους	αγαπωντας υμας, ποια υμιν χαρις εστιν;...
ΛΚ 6:33	04	και εαν αγαθοποιητε τους	αγαθοποιουντας υμας, ποια υμιν χαρις εστιν;...
ΛΚ 6:35	04	πλην αγαπατε τους	εχθρους υμων και αγαθοποιειτε και δανειζετε...
ΜΘ 7:24	07	πας ουν οστις ακουει μου τους	λογους τουτους και ποιει αυτους ομοιωθησεται...
ΛΚ 7:24	10	.. των αγγελων ιωαννου ηρξατο λεγειν προς τους	οχλους περι ιωαννου, τι εξηλθατε εις...
ΜΘ 8:22	12	.... λεγει αυτω, ακολουθει μοι, και αφες τους	νεκρους θαψαι τους εαυτων νεκρους.
ΜΘ 8:22	12	..... μοι, και αφες τους νεκρους θαψαι τους	εαυτων νεκρους.
ΛΚ 9:60	12	ειπεν δε αυτω, αφες τους	νεκρους θαψαι τους εαυτων νεκρους,...
ΛΚ 9:60	12	..... δε αυτω, αφες τους νεκρους θαψαι τους	εαυτων νεκρους, συ δε απελθων διαγγελλε...
ΜΘ 23:7	23	και τους	ασπασμους εν ταις αγοραις και καλεισθαι...
ΜΘ 23:13	23	. ανθρωπων. υμεις γαρ ουκ εισερχεσθε, ουδε τους	εισερχομενους αφιετε εισελθειν.
ΛΚ 11:43	23	. πρωτοκαθεδριαν εν ταις συναγωγαις και τους	ασπασμους εν ταις αγοραις.
ΛΚ 11:52	23	... της γνωσεως. αυτοι ουκ εισηλθατε και τους	εισερχομενους εκωλυσατε.
ΜΘ 24:49	29	και αρξηται τυπτειν τους	συνδουλους αυτου, εσθιη δε και πινη...
ΛΚ 12:45	29	.... μου ερχεσθαι, και αρξηται τυπτειν τους	παιδας και τας παιδισκας, εσθιειν τε...
ΜΘ 23:37	36	ιερουσαλημ ιερουσαλημ, η αποκτεινουσα τους	προφητας και λιθοβολουσα τους απεσταλμενους...
ΜΘ 23:37	36	.... τους προφητας και λιθοβολουσα τους	απεσταλμενους προς αυτην, ποσακις ηθελησα...
ΛΚ 13:34	36	ιερουσαλημ ιερουσαλημ, η αποκτεινουσα τους	προφητας και λιθοβολουσα τους απεσταλμενους...
ΛΚ 13:34	36	.... τους προφητας και λιθοβολουσα τους	απεσταλμενους προς αυτην, ποσακις ηθελησα...
ΜΘ 8:9	08	.... ερχεται, και τω δουλω μου, ποιησον τουτο,	και ποιει.
ΛΚ 7:8	08	.... ερχεται, και τω δουλω μου, ποιησον τουτο,	και ποιει.
ΜΘ 12:27	19	. οι υιοι υμων εν τινι εκβαλλουσιν; δια τουτο	αυτοι κρται εσονται υμων
ΛΚ 11:19	19	. οι υιοι υμων εν τινι εκβαλλουσιν; δια τουτο	αυτοι υμων κριται εσονται.
ΜΘ 23:34	23	δια τουτο	ιδου εγω αποστελλω προς υμας προφητας...
ΛΚ 11:49	23	δια τουτο	και η σοφια του θεου ειπεν, αποστελω...
ΜΘ 6:25	27	δια τουτο	λεγω υμιν, μη μεριμνατε τη ψυχη υμων...
ΛΚ 12:22	27	ειπεν δε προς τους μαθητας, δια τουτο	λεγω υμιν, μη μεριμνατε τη ψυχη τι...
ΜΘ 8:9	08	.. εχων υπ εμαυτον στρατιωτας, και λεγω τουτω,	πορευθητι, και πορευεται, και αλλω,...
ΛΚ 7:8	08	.. εχων υπ εμαυτον στρατιωτας, και λεγω τουτω,	πορευθητι, και πορευεται, και αλλω,...
ΜΘ 3:9	01	. υμιν οτι δυναται ο θεος εκ των λιθων τουτων	εγειραι τεκνα τω αβρααμ.
ΛΚ 3:8	01	. υμιν οτι δυναται ο θεος εκ των λιθων τουτων	εγειραι τεκνα τω αβρααμ.
ΜΘ 6:29	27	. παση τη δοξη αυτου περιεβαλετο ως εν τουτων.	
ΜΘ 6:32	27	.... ο πατηρ υμων ο ουρανιος οτι χρηζετε τουτων	απαντων.
ΛΚ 12:27	27	. παση τη δοξη αυτου περιεβαλετο ως εν τουτων.	
ΛΚ 12:30	27	..... υμων δε ο πατηρ οιδεν οτι χρηζετε τουτων.	
ΛΚ 19:23	47	... δια τι ουκ εδωκας μου το αργυριον επι τραπεζαν;	καγω ελθων συν τοκω αν αυτο επραξα.
ΜΘ 25:27	47	. εδει σε ουν βαλειν τα αργυρια μου τοις τραπεζιταις,	και ελθων εγω εκομισαμην αν το εμον...
ΜΘ 6:26	27	. αποθηκας, και ο πατηρ υμων ο ουρανιος τρεφει	αυτα. ουχ υμεις μαλλον διαφερετε αυτων;
ΛΚ 12:24	27	...... ταμειον ουδε αποθηκη, και ο θεος τρεφει	αυτους. ποσω μαλλον υμεις διαφερετε...
ΜΘ 13:33	34	.... γυνη ενεκρυψεν εις αλευρου σατα τρια	εως ου εζυμωθη ολον.
ΛΚ 13:21	34	.... γυνη ενεκρυψεν εις αλευρου σατα τρια	εως ου εζυμωθη ολον.
ΜΘ 10:30	24	υμων δε και αι τριχες	της κεφαλης πασαι ηριθμημεναι εισιν.
ΛΚ 12:7	24	αλλα και αι τριχες	της κεφαλης υμων πασαι ηριθμηνται....
ΜΘ 23:37	36	.... επισυναγαγειν τα τεκνα σου, ον τροπον	ορνις επισυναγει τα νοσσια αυτης υπο...
ΛΚ 13:34	36	... ηθελησα επισυναξαι τα τεκνα σου ον τροπον	ορνις την εαυτης νοσσιαν υπο τας πτερυγας,...
ΜΘ 6:25	27	.... ουχι η ψυχη πλειον εστιν της τροφης	και το σωμα του ενδυματος;
ΛΚ 12:23	27	η γαρ ψυχη λειον εστιν της τροφης	και το σωμα του ενδυματος.
ΜΘ 24:49	29	και αρξηται τυπτειν	τους συνδουλους αυτου, εσθιη δε και...
ΛΚ 12:45	29	.... ο κυριος μου ερχεσθαι, και αρξηται τυπτειν	τους παιδας και τας παιδισκας, εσθιειν...
ΜΘ 11:21	14	.... ουαι σοι, βηθσαιδα. οτι ει εν τυρω	και σιδωνι εγενοντο αι δυναμεις αι...
ΜΘ 11:22	14	πλην λεγω υμιν, τυρω	και σιδωνι ανεκτοτερον εσται εν ημερα...
ΛΚ 10:13	14	.... ουαι σοι, βηθσαιδα. οτι ει εν τυρω	και σιδωνι εγενηθησαν αι δυναμεις...

Ref	No.	Context	Keyword	Continuation
ΛΚ 10:14	14	πλην	τυρω	και σιδωνι ανεκτοτερον εσται εν τη...
ΜΘ 11:5	09		τυφλοι	αναβλεπουσιν και χωλοι περιπατουσιν,...
ΛΚ 7:22	09	.... ιωαννη α ειδετε και ηκουσατε.	τυφλοι	αναβλεπουσιν, χωλοι περιπατουσιν, λεπροι...
ΜΘ 15:14	05	.... αυτους. τυφλοι εισιν οδηγοι. τυφλος δε	τυφλον	εαν οδηγη, αμφοτεροι εις βοθυνον πεσουνται....
ΛΚ 6:39	05	. και παραβολην αυτοις. μητι δυναται τυφλος	τυφλον	οδηγειν; ουχι αμφοτεροι εις βοθυνον...
ΜΘ 15:14	05	αφετε αυτους. τυφλοι εισιν οδηγοι.	τυφλος	δε τυφλον εαν οδηγη, αμφοτεροι εις...
ΛΚ 6:39	05	.... δε και παραβολην αυτοις. μητι δυναται	τυφλος	τυφλον οδηγειν; ουχι αμφοτεροι εις...
ΜΘ 3:9	01	..... εκ των λιθων τουτων εγειραι τεκνα	τω	αβρααμ.
ΛΚ 3:8	01	..... εκ των λιθων τουτων εγειραι τεκνα	τω	αβρααμ.
ΛΚ 6:23	03	.... ιδου γαρ ο μισθος υμων πολυς εν	τω	ουρανω. κατα τα αυτα γαρ εποιουν τοις...
ΜΘ 7:3	05	τι δε βλεπεις το καρφος το εν	τω	οφθαλμω του αδελφου σου, την δε εν...
ΜΘ 7:3	05	.. οφθαλμω του αδελφου σου, την δε εν	τω	σω οφθαλμω δοκον ου κατανοεις;
ΜΘ 7:4	05	η πως ερεις	τω	αδελφω σου, αφες εκβαλω το καρφος...
ΜΘ 7:4	05	..... οφθαλμου σου, και ιδου η δοκος εν	τω	οφθαλμω σου;
ΛΚ 6:41	05	τι δε βλεπεις το καρφος το εν	τω	οφθαλμω του αδελφου σου, την δε δοκον...
ΛΚ 6:41	05	.... αδελφου σου, την δε δοκον την εν	τω	ιδιω οφθαλμω ου κατανοεις;
ΛΚ 6:42	05	πως δυνασαι λεγειν	τω	αδελφω σου, αδελφε, αφες εκβαλω το...
ΛΚ 6:42	05	.. αδελφε, αφες εκβαλω το καρφος το εν	τω	οφθαλμω σου, αυτος την εν τω οφθαλμω...
ΛΚ 6:42	05	.. το εν τω οφθαλμω σου, αυτος την εν	τω	οφθαλμω σου δοκον ου βλεπων; υποκριτα,...
ΜΘ 8:9	08	.... και αλλω, ερχου, και ερχεται, και	τω	δουλω μου, ποιησον τουτο, και ποιει.
ΜΘ 8:10	08	.... υμιν, παρ ουδενι τοσαυτην πιστιν εν	τω	ισραηλ ευρον.
ΛΚ 7:8	08	.... και αλλω, ερχου, και ερχεται, και	τω	δουλω μου, ποιησον τουτο, και ποιει.
ΛΚ 7:9	08	..... αυτω οχλω ειπεν, λεγω υμιν, ουδε εν	τω	ισραηλ τοσαυτην πιστιν ευρον.
ΜΘ 7:8	18	...... λαμβανει και ο ζητων ευρισκει, και	τω	κρουοντι ανοιγησεται.
ΛΚ 11:10	18	..... λαμβανει, και ο ζητων ευρισκει, και	τω	κρουοντι ανοιγεται.
ΜΘ 10:27	24	. ο λεγω υμιν εν τη σκοτια, ειπατε εν	τω	φωτι. και ο εις το ους ακουετε, κηρυξατε...
ΛΚ 12:3	24	ανθ ων οσα εν τη σκοτια ειπατε εν	τω	φωτι ακουσθησεται, και ο προς το ους...
ΜΘ 6:25	27	.... τη ψυχη υμων τι φαγητε , μηδε	τω	σωματι υμων τι ενδυσησθε. ουχι η ψυχη...
ΛΚ 12:22	27	.. μη μεριμνατε τη ψυχη τι φαγητε, μηδε	τω	σωματι τι ενδυσησθε.
ΜΘ 5:25	32	... ο αντιδικος τω κριτη, και ο κριτης	τω	υπηρετη, και εις φυλακην βληθηση.
ΛΚ 12:58	32	. τον κριτην, και ο κριτης σε παραδωσει	τω	πρακτορι, και ο πρακτωρ σε βαλει εις...
ΜΘ 25:28	47	...... ουν απ αυτου το ταλαντον και δοτε	τω	εχοντι τα δεκα ταλαντα.
ΜΘ 25:29	47		τω	γαρ εχοντι παντι δοθησεται και περισσευθησεται....
ΛΚ 19:24	47	.... αρατε απ αυτου την μναν και δοτε	τω	τας δεκα μνας εχοντι
ΛΚ 19:26	47	λεγω υμιν οτι παντι	τω	εχοντι δοθησεται, απο δε του μη εχοντος...
ΜΘ 3:9	01	. λεγω γαρ υμιν οτι δυναται ο θεος εκ	των	λιθων τουτων εγειραι τεκνα τω αβρααμ.
ΜΘ 3:10	01	ηδη δε η αξινη προς την ριζαν	των	δενδρων κειται. παν ουν δενδρον μη...
ΛΚ 3:8	01	. λεγω γαρ υμιν οτι δυναται ο θεος εκ	των	λιθων τουτων εγειραι τεκνα τω αβρααμ.
ΛΚ 3:9	01	. ηδη δε και η αξινη προς την ριζαν	των	δενδρων κειται. παν ουν δενδρον μη...
ΛΚ 6:47	07	..... ο ερχομενος προς με και ακουων μου	των	λογων και ποιων αυτους, υποδειξω υμιν...
ΜΘ 11:19	10	. αμαρτωλων. και εδικαιωθη η σοφια απο	των	εργων αυτης.
ΛΚ 7:35	10	και εδικαιωθη η σοφια απο παντων	των	τεκνων αυτης.
ΜΘ 12:45	20	.... εσχατα του ανθρωπου εκεινου χειρονα	των	πρωτων. ουτως εσται και τη γενεα ταυτη...
ΛΚ 11:26	20	.... εσχατα του ανθρωπου εκεινου χειρονα	των	πρωτων.
ΜΘ 12:42	21	... και κατακρινει αυτην. οτι ηλθεν εκ	των	περατων της γης ακουσαι την σοφιαν...
ΛΚ 11:31	21	... και κατακρινει αυτους. οτι ηλθεν εκ	των	περατων της γης ακουσαι την σοφιαν...
ΜΘ 23:29	23	.. υποκριται, οτι οικοδομειτε τους ταφους	των	προφητων και κοσμειτε τα μνημεια των...
ΜΘ 23:32	23	και υμεις πληρωσατε το μετρον	των	πατερων υμων.
ΛΚ 11:47	23	. ουαι υμιν, οτι οικοδομειτε τα μνημεια	των	προφητων, οι δε πατερες υμων απεκτειναν...
ΛΚ 11:48	23	.... εστε και συνευδοκειτε τοις εργοις	των	πατερων υμων, οτι αυτοι μεν απεκτειναν...
ΜΘ 10:27	24	.... ο εις το ους ακουετε, κηρυξατε επι	των	δωματων.
ΜΘ 10:28	24	και μη φοβεισθε απο	των	αποκτεννοντων το σωμα, την δε ψυχην...
ΜΘ 10:32	24	.... οστις ομολογησει εν εμοι εμπροσθεν	των	ανθρωπων, ομολογησω καγω εν αυτω εμπροσθεν...
ΜΘ 10:33	24	οστις δ αν αρνησηται με εμπροσθεν	των	ανθρωπων, αρνησομαι καγω αυτον εμπροσθεν...
ΛΚ 12:3	24	...... εν τοις ταμειεοις κηρυχθησεται επι	των	δωματων.
ΛΚ 12:4	24	.... υμιν τοις φιλοις μου, μη φοβηθητε απο	των	αποκτεινοντων το σωμα και μετα ταυτα...
ΛΚ 12:8	24	..... ος αν ομολογηση εν εμοι εμπροσθεν	των	ανθρωπων, και ο υιος του ανθρωπου ομολογησει...

ΛΚ 12:9 24 ο δε αρνησαμενος με ενωπιον των ανθρωπων απαρνηθησεται ενωπιον των αγγελων...
ΜΘ 24:51 29 .... αυτον και το μερος αυτου μετα των υποκριτων θησει. εκει εσται ο κλαυθμος...
ΛΚ 12:46 29 .... αυτον, και το μερος αυτου μετα των απιστων θησει.
ΜΘ 8:12 35 . εκει εσται ο κλαυθμος και ο βρυγμος των οδοντων.
ΛΚ 13:28 35 . εκει εσται ο κλαυθμος και ο βρυγμος των οδοντων, οταν οψεσθε αβρααμ και ισαακ...

Μθ 5:45	04	οπως γενησθε υιοι	του πατρος υμων του εν ουρανοις, οτι τον...
Λκ 6:35	04	.... εσται ο μισθος υμων πολυς, και εσεσθε υιοι	υψιστου, οτι αυτος χρηστος εστιν επι τους...
Μθ 12:27	19	. εν βεεζεβουλ εκβαλλω τα δαιμονια, οι υιοι	υμων εν τινι εκβαλλουσιν; δια τουτο...
Λκ 11:19	19	.... βεελζεβουλ εκβαλλω τα δαιμονια, οι υιοι	υμων εν τινι εκβαλλουσιν; δια τουτο...
Μθ 11:27	16	.... μου, και ουδεις επιγινωσκει τον υιον	ει μη ο πατηρ, ουδε τον πατερα τις...
Λκ 12:10	25	και πας ος ερει λογον εις τον υιον	του ανθρωπου, αφεθησεται αυτω. τω δε...
Μθ 4:3	02	και προσελθων ο πειραζων ειπεν αυτω, ει υιος	ει του θεου, ειπε ινα οι λιθοι ουτοι αρτοι...
Μθ 4:6	02	και λεγει αυτω, ει υιος	ει του θεου, βαλε σεαυτον κατω. γεγραπται...
Λκ 4:3	02	ειπεν δε αυτω ο διαβολος, ει υιος	ει του θεου, ειπε τω λιθω τουτω ινα γενηται...
Λκ 4:9	02	... πτερυγιον του ιερου, και ειπεν αυτω, ει υιος	ει του θεου, βαλε σεαυτον εντευθεν κατω.
Μθ 11:19	10	ηλθεν ο υιος	του ανθρωπου εσθιων και πινων, και...
Λκ 7:34	10	εληλυθεν ο υιος	του ανθρωπου εσθιων και πινων, και...
Μθ 8:20	12	.... του ουρανου κατασκηνωσεις, ο δε υιος	του ανθρωπου ουκ εχει που την κεφαλην...
Λκ 9:58	12	.... του ουρανου κατασκηνωσεις, ο δε υιος	του ανθρωπου ουκ εχει που την κεφαλην...
Μθ 11:27	16	.... τον πατερα τις επιγινωσκει ει μη ο υιος	και ω εαν βουληται ο υιος αποκαλυψαι.
Μθ 11:27	16	.. ει μη ο υιος και ω εαν βουληται ο υιος	αποκαλυψαι.
Λκ 10:22	16	.. μου, και ουδεις γινωσκει τις εστιν ο υιος	ει μη ο πατηρ, και τις εστιν ο πατηρ...
Λκ 10:22	16	.... και τις εστιν ο πατηρ ει μη ο υιος	και ω εαν βουληται ο υιος αποκαλυψαι.
Λκ 10:22	16	.. ει μη ο υιος και ω εαν βουληται ο υιος	αποκαλυψαι.
Μθ 7:9	18	τις εστιν εξ υμων ανθρωπος, ον αιτησει ο υιος	αυτου αρτον - μη λιθον επιδωσει αυτω;
Λκ 11:11	18	τινα δε εξ υμων αιτησει τον πατερα ο υιος	ιχθυν, και αντι ιχθυος οφιν αυτω επιδωσει;...
Μθ 12:40	21	.. ημερας και τρεις νυκτας, ουτως εσται ο υιος	του ανθρωπου εν τη καρδια της γης...
Λκ 11:30	21	.. νινευιταις σημειον, ουτως εσται και ο υιος	του ανθρωπου τη γενεα ταυτη.
Μθ 24:44	29	...... ετοιμοι, οτι η ου δοκειτε ωρα ο υιος	του ανθρωπου ερχεται.
Λκ 12:40	29	...... ετοιμοι, οτι η ωρα ου δοκειτε ο υιος	του ανθρωπου ερχεται.
Λκ 17:24	46	... την υπ ουρανον λαμπει, ουτως εσται ο υιος	του ανθρωπου .
Λκ 17:30	46	κατα τα αυτα εσται η ημερα ο υιος	του ανθρωπου αποκαλυπτεται.
Μθ 12:32	25	και ος εαν ειπη λογον κατα του υιου	του ανθρωπου, αφεθησεται αυτω. ος...
Μθ 24:27	46	. εως δυσμων, ουτως εσται η παρουσια του υιου	του ανθρωπου.
Μθ 24:37	46	.. του νωε, ουτως εσται η παρουσια του υιου	του ανθρωπου.
Μθ 24:39	46	.. απαντας, ουτως εσται η παρουσια του υιου	του ανθρωπου.
Λκ 17:26	46	... ουτως εσται και εν ταις ημεραις του υιου	του ανθρωπου.
Μθ 5:11	03	μακαριοι εστε οταν ονειδισωσιν υμας	και διωξωσιν και ειπωσιν παν πονηρον...
Λκ 6:22	03	.. υμας οι ανθρωποι, και οταν αφορισωσιν υμας	και ονειδισωσιν και εκβαλωσιν το ονομα...
Μθ 5:46	04	εαν γαρ αγαπησητε τους αγαπωντας υμας,	τινα μισθον εχετε; ουχι και οι τελωναι...
Λκ 6:32	04	και ει αγαπατε τους αγαπωντας υμας,	ποια υμιν χαρις εστιν; και γαρ οι αμαρτωλοι...
Μθ 10:16	13	ιδου εγω αποστελλω υμας	ως προβατα εν μεσω λυκων. γινεσθε ουν...
Λκ 10:3	13	υπαγετε. ιδου αποστελλω υμας	ως αρνας εν μεσω λυκων.
Μθ 10:40	15	ο δεχομενος υμας	εμε δεχεται, και ο εμε δεχομενος δεχεται...
Λκ 10:16	15	. ο ακουων υμων εμου ακουει, και ο αθετων υμας	εμε αθετει. ο δε εμε αθετων αθετει τον...
Μθ 12:28	19	.. εκβαλλω τα δαιμονια, αρα εφθασεν εφ υμας	η βασιλεια του θεου.
Λκ 11:20	19	.. εκβαλλω τα δαιμονια, αρα εφθασεν εφ υμας	η βασιλεια του θεου.
Μθ 6:30	27	..... ουτως αμφιεννυσιν, ου πολλω μαλλον υμας,	ολιγοπιστοι;
Λκ 12:28	27	..... ο θεος ουτως αμφιζει, ποσω μαλλον υμας,	ολιγοπιστοι.
Μθ 7:11	18	ει ουν υμεις	πονηροι οντες οιδατε δοματα αγαθα διδοναι...
Λκ 11:13	18	ει ουν υμεις	πονηροι υπαρχοντες οιδατε δοματα αγαθα...
Μθ 6:26	27	. πατηρ υμων ο ουρανιος τρεφει αυτα. ουχ υμεις	μαλλον διαφερετε αυτων;
Λκ 12:24	27	..... ο θεος τρεφει αυτους. ποσω μαλλον υμεις	διαφερετε των πετεινων.
Μθ 24:44	29	δια τουτο και υμεις	γινεσθε ετοιμοι, οτι η ου δοκειτε...
Λκ 12:40	29	και υμεις	γινεσθε ετοιμοι, οτι η ωρα ου δοκειτε...
Μθ 3:7	01	.... γεννηματα εχιδνων, τις υπεδειξεν υμιν	φυγειν απο της μελλουσης οργης;
Μθ 3:9	01	... πατερα εχομεν τον αβρααμ. λεγω γαρ υμιν	οτι δυναται ο θεος εκ των λιθων...
Λκ 3:7	01	.... γεννηματα εχιδνων, τις υπεδειξεν υμιν	φυγειν απο της μελλουσης οργης;
Λκ 3:8	01	... πατερα εχομεν τον αβρααμ, λεγω γαρ υμιν	οτι δυναται ο θεος εκ των λιθων...
Μθ 5:44	04	εγω δε λεγω υμιν,	αγαπατε τους εχθρους υμων και προσευχεσθε...
Λκ 6:27	04	αλλα υμιν	λεγω τοις ακουουσιν, αγαπατε τους εχθρους...

ΛΚ 6:31	04	και καθως θελετε ινα ποιωσιν υμιν	οι ανθρωποι, ποιειτε αυτοις ομοιως.
ΜΘ 8:10	08	.. και ειπεν τοις ακολουθουσιν, αμην λεγω υμιν,	παρ ουδενι τοσαυτην πιστιν εν τω...
ΛΚ 7:9	08	... τω ακολουθουντι αυτω οχλω ειπεν, λεγω υμιν,	ουδε εν τω ισραηλ τοσαυτην πιστιν...
ΜΘ 11:9	10	... εξηλθατε ιδειν; προφητην; ναι, λεγω υμιν,	και περισσοτερον προφητου.
ΜΘ 11:11	10	αμην λεγω υμιν,	ουκ εγηγερται εν γεννητοις γυναικων...
ΜΘ 11:17	10	λεγουσιν, ηυλησαμεν υμιν	και ουκ ωρχησασθε. εθρηνησαμεν και...
ΛΚ 7:26	10	... εξηλθατε ιδειν; προφητην; ναι, λεγω υμιν,	και περισσοτερον προφητου.
ΛΚ 7:28	10	λεγω υμιν,	μειζων εν γεννητοις γυναικων ιωαννου...
ΛΚ 7:32	10	.... αλληλοις, α λεγει, ηυλησαμεν υμιν	και ουκ ωρχησασθε. εθρηνησαμεν και...
ΜΘ 10:15	13	αμην λεγω υμιν,	ανεκτοτερον εσται γη σοδομων και γομορρων...
ΛΚ 10:12	13	λεγω υμιν	οτι σοδομοις εν τη ημερα εκεινη ανεκτοτερον...
ΜΘ 11:21	14	. εγενοντο αι δυναμεις αι γενομεναι εν υμιν,	παλαι αν εν σακκω και σποδω μετενοησαν....
ΜΘ 11:22	14	. ανεκτοτερον εσται εν ημερα κρισεως η υμιν.	
ΜΘ 11:24	14	πλην λεγω υμιν	οτι γη σοδομων ανεκτοτερον εσται εν...
ΛΚ 10:13	14	.... αι δυναμεις αι γενομεναι εν υμιν,	παλαι αν εν σακκω και σποδω καθημενοι...
ΛΚ 10:14	14	...... ανεκτοτερον εσται εν τη κρισει η υμιν.	
ΛΚ 10:12	14	λεγω υμιν	οτι σοδομοις εν τη ημερα εκεινη ανεκτοτερον...
ΜΘ 13:17	16	αμην γαρ λεγω υμιν	οτι πολλοι προφηται και δικαιοι επεθυμησαν...
ΛΚ 10:24	16	λεγω γαρ υμιν	οτι πολλοι προφηται και βασιλεις ηθελησαν...
ΜΘ 7:7	18	αιτειτε, και δοθησεται υμιν.	ζητειτε, και ευρησετε. κρουετε, και...
ΜΘ 7:7	18	.. και ευρησετε. κρουετε, και ανοιγησεται υμιν.	
ΛΚ 11:9	18	καγω υμιν λεγω, αιτειτε, και δοθησεται υμιν.	ζητειτε, και ευρησετε. κρουετε, και...
ΛΚ 11:9	18	.. και ευρησετε. κρουετε, και ανοιγησεται υμιν.	
ΜΘ 23:13	23	ουαι δε υμιν,	γραμματεις και φαρισαιοι υποκριται, οτι...
ΜΘ 23:23	23	ουαι υμιν,	γραμματεις και φαρισαιοι υποκριται, οτι...
ΜΘ 23:27	23	ουαι υμιν,	γραμματεις και φαρισαιοι υποκριται, οτι...
ΜΘ 23:29	23	ουαι υμιν,	γραμματεις και φαρισαιοι υποκριται, οτι...
ΜΘ 23:36	23	αμην λεγω υμιν,	ηξει ταυτα παντα επι την γενεαν ταυτην.
ΛΚ 11:42	23	αλλα ουαι υμιν	τοις φαρισαιοις, οτι αποδεκατουτε το...
ΛΚ 11:44	23	ουαι υμιν,	οτι εστε ως τα μνημεια τα αδηλα, και...
ΛΚ 11:47	23	ουαι υμιν,	οτι οικοδομειτε τα μνημεια των προφητων,...
ΛΚ 11:51	23	.. θυσιαστηριου και του οικου. ναι, λεγω υμιν,	εκζητηθησεται απο της γενεας ταυτης.
ΛΚ 11:52	23	ουαι υμιν	τοις νομικοις, οτι ηρατε την κλειδα της...
ΜΘ 6:25	27	δια τουτο λεγω υμιν,	μη μεριμνατε τη ψυχη υμων τι φαγητε...
ΜΘ 6:29	27	λεγω δε υμιν	οτι ουδε σολομων εν παση τη δοξη...
ΜΘ 6:33	27	.. αυτου, και ταυτα παντα προστεθησεται υμιν.	
ΛΚ 12:22	27	... δε προς τους μαθητας, δια τουτο λεγω υμιν,	μη μεριμνατε τη ψυχη τι φαγητε, μηδε...
ΛΚ 12:27	27	. αυξανει. ου κοπια ουδε νηθει. λεγω δε υμιν,	ουδε σολομων εν παση τη δοξη αυτου...
ΛΚ 12:31	27	.... αυτου, και ταυτα προστεθησεται υμιν.	
ΜΘ 24:47	29	αμην λεγω υμιν	οτι επι πασιν τοις υπαρχουσιν αυτου...
ΛΚ 12:44	29	αληθως λεγω υμιν	οτι επι πασιν τοις υπαρχουσιν αυτου...
ΜΘ 23:38	36	ιδου αφιεται υμιν	ο οικος υμων ερημος.
ΜΘ 23:39	36	λεγω γαρ υμιν,	ου μη με ιδητε απ αρτι εως αν ειπητε,...
ΛΚ 13:35	36	ιδου αφιεται υμιν	ο οικος υμων. λεγω υμιν, ου μη ιδητε...
ΛΚ 13:35	36	...... αφιεται υμιν ο οικος υμων. λεγω υμιν,	ου μη ιδητε με εως ειπητε, ευλογημενος...
ΜΘ 18:13	40	. και εαν γενηται ευρειν αυτο, αμην λεγω υμιν	οτι χαιρει επ αυτω μαλλον η επι τοις ενενηκοντα...
ΛΚ 15:7	40	λεγω υμιν	οτι ουτως χαρα εν τω ουρανω εσται...
ΜΘ 5:11	03	..... διωξωσιν και ειπωσιν παν πονηρον καθ υμων	ψευδομενοι ενεκεν εμου.
ΛΚ 6:23	03	. ημερα και σκιρτησατε ιδου γαρ ο μισθος υμων	πολυς εν τω ουρανω. κατα τα αυτα γαρ...
ΜΘ 5:44	04	.... δε λεγω υμιν, αγαπατε τους εχθρους υμων	και προσευχεσθε υπερ των διωκοντων υμας,
ΜΘ 5:48	04	εσεσθε ουν υμεις τελειοι ως ο πατηρ υμων	ο ουρανιος τελειος εστιν.
ΛΚ 6:27	04	.... τοις ακουουσιν, αγαπατε τους εχθρους υμων,	καλως ποιειτε τοις μισουσιν υμας,
ΛΚ 6:35	04	πλην αγαπατε τους εχθρους υμων	και αγαθοποιειτε και δανειζετε μηδεν...
ΛΚ 6:36	04	γινεσθε οικτιρμονες καθως ο πατηρ υμων	οικτιρμων εστιν.
ΜΘ 10:13	13	... εαν μεν η η οικια αξια, ελθατω η ειρηνη υμων	επ αυτην. εαν δε μη η αξια, η ειρηνη υμων...
ΛΚ 10:6	13	.. ειρηνης, επαναπαησεται επ αυτον η ειρηνη υμων.	ει δε μηγε, εφ υμας ανακαμψει.
ΜΘ 7:9	18	η τις εστιν εξ υμων	ανθρωπος, ον αιτησει ο υιος αυτου αρτον...

Μθ 7:11	18	..... δοματα αγαθα διδοναι τοις τεκνοις	υμων,	ποσω μαλλον ο πατηρ υμων ο εν τοις...
ΛΚ 11:11	18	τινα δε εξ	υμων	αιτησει τον πατερα ο υιος ιχθυν, και...
ΛΚ 11:13	18	..... δοματα αγαθα διδοναι τοις τεκνοις	υμων,	ποσω μαλλον ο πατηρ εξ ουρανου δωσει...
Μθ 12:27	19	.... εκβαλλω τα δαιμονια, οι υιοι	υμων	εν τινι εκβαλλουσιν; δια τουτο αυτοι...
Μθ 12:27	19	.... δια τουτο αυτοι κρται εσονται	υμων	
ΛΚ 11:19	19	.... εκβαλλω τα δαιμονια, οι υιοι	υμων	εν τινι εκβαλλουσιν; δια τουτο αυτοι...
ΛΚ 11:19	19	. εν τινι εκβαλλουσιν; δια τουτο αυτοι	υμων	κριται εσονται.
Μθ 23:32	23	... υμεις πληρωσατε το μετρον των πατερων	υμων.	
ΛΚ 11:48	23	..... συνευδοκειτε τοις εργοις των πατερων	υμων,	οτι αυτοι μεν απεκτειναν αυτους υμεις...
Μθ 6:26	27	.. συναγουσιν εις αποθηκας, και ο πατηρ	υμων	ο ουρανιος τρεφει αυτα. ουχ υμεις μαλλον...
Μθ 6:27	27	τις δε εξ	υμων	μεριμνων δυναται προσθειναι επι την...
ΛΚ 12:25	27	τις δε εξ	υμων	μεριμνων δυναται επι την ηλικιαν αυτου...
ΛΚ 12:30	27	...... τα εθνη του κοσμου επιζητουσιν.	υμων	δε ο πατηρ οιδεν οτι χρηζετε τουτων.
Μθ 23:38	36	ιδου αφιεται υμιν ο οικος	υμων	ερημος.
ΛΚ 13:35	36	ιδου αφιεται υμιν ο οικος	υμων.	λεγω υμιν, ου μη ιδητε με εως...
Μθ 8:9	08	.. εγω ανθρωπος ειμι υπο εξουσιαν, εχων	υπ	εμαυτον στρατιωτας, και λεγω τουτω,...
ΛΚ 7:8	08	...... ειμι υπο εξουσιαν τασσομενος, εχων	υπ	εμαυτον στρατιωτας, και λεγω τουτω,...
Μθ 24:47	29	αμην λεγω υμιν οτι επι πασιν τοις	υπαρχουσιν	αυτου καταστησει αυτον.
ΛΚ 12:44	29	. αληθως λεγω υμιν οτι επι πασιν τοις	υπαρχουσιν	αυτου καταστησει αυτον.
Μθ 3:7	01	.... ειπεν αυτοις, γεννηματα εχιδνων, τις	υπεδειξεν	υμιν φυγειν απο της μελλουσης οργης;
ΛΚ 3:7	01	.... υπ αυτου, γεννηματα εχιδνων, τις	υπεδειξεν	υμιν φυγειν απο της μελλουσης οργης;
Μθ 10:24	05	ουκ εστιν μαθητης	υπερ	τον διδασκαλον ουδε δουλος υπερ τον...
ΛΚ 6:40	05	ουκ εστιν μαθητης	υπερ	τον διδασκαλον, κατηρτισμενος δε πας...
Μθ 8:8	08	.. εφη, κυριε, ουκ ειμι ικανος ινα μου	υπο	την στεγην εισελθης. αλλα μονον ειπε...
Μθ 8:9	08	και γαρ εγω ανθρωπος ειμι	υπο	εξουσιαν, εχων υπ εμαυτον στρατιωτας,...
ΛΚ 7:6	08	.... μη σκυλλου. ου γαρ ικανος ειμι ινα	υπο	την στεγην μου εισελθης.
ΛΚ 7:8	08	και γαρ εγω ανθρωπος ειμι	υπο	εξουσιαν τασσομενος, εχων υπ εμαυτον...
Μθ 11:7	10	..... εις την ερημον θεασασθαι; καλαμον	υπο	ανεμου σαλευομενον;
ΛΚ 7:24	10	..... εις την ερημον θεασασθαι; καλαμον	υπο	ανεμου σαλευομενον;
Μθ 11:27	16	παντα μοι παρεδοθη	υπο	του πατρος μου, και ουδεις επιγινωσκει...
ΛΚ 10:22	16	παντα μοι παρεδοθη	υπο	του πατρος μου, και ουδεις γινωσκει...
Μθ 23:37	36	.... ορνις επισυναγει τα νοσσια αυτης	υπο	τας πτερυγας, και ουκ ηθελησατε.
ΛΚ 13:34	36	..... ον τροπον ορνις την εαυτης νοσσιαν	υπο	τας πτερυγας, και ουκ ηθελησατε.
Μθ 10:10	13	μη πηραν εις οδον μηδε δυο χιτωνας μηδε	υποδηματα	μηδε ραβδον. αξιος γαρ ο εργατης της...
ΛΚ 10:4	13	μη βασταζετε βαλλαντιον, μη πηραν, μη	υποδηματα,	και μηδενα κατα την οδον ασπασησθε.
Μθ 7:5	05		υποκριτα,	εκβαλε πρωτον την δοκον εκ του οφθαλμου...
ΛΚ 6:42	05	... εν τω οφθαλμω σου δοκον ου βλεπων;	υποκριτα,	εκβαλε πρωτον την δοκον εκ του οφθαλμου...
ΛΚ 11:24	20	.... αναπαυσιν, και μη ευρισκον λεγει,	υποστρεψω	εις τον οικον μου οθεν εξηλθον.
Μθ 11:23	14	και συ, καφαρναουμ, μη εως ουρανου	υψωθηση;	εως αδου καταβηση. οτι ει εν σοδομοις...
ΛΚ 10:15	14	και συ, καφαρναουμ, μη εως ουρανου	υψωθηση;	εως του αδου καταβιβασθηση.

-- φ --

ΜΘ 6:25	27	... υμιν, μη μεριμνατε τη ψυχη υμων τι	φαγητε	, μηδε τω σωματι υμων τι ενδυσησθε....
ΛΚ 12:22	27	... λεγω υμιν, μη μεριμνατε τη ψυχη τι	φαγητε,	μηδε τω σωματι τι ενδυσησθε.
ΜΘ 11:19	10	.... πινων, και λεγουσιν, ιδου ανθρωπος	φαγος	και οινοποτης, τελωνων φιλος και αμαρτωλων....
ΛΚ 7:34	10	. και πινων, και λεγετε, ιδου ανθρωπος	φαγος	και οινοποτης, φιλος τελωνων και αμαρτωλων....
ΜΘ 23:23	23	ουαι υμιν, γραμματεις και	φαρισαιοι	υποκριται, οτι αποδεκατουτε το ηδυοσμον...
ΜΘ 23:25	23	ουαι υμιν, γραμματεις και	φαρισαιοι	υποκριται, οτι καθαριζετε το εξωθεν...
ΛΚ 11:39	23	. ειπεν δε ο κυριος προς αυτον, νυν υμεις οι	φαρισαιοι	το εξωθεν του ποτηριου και του πινακος...
ΛΚ 11:42	23	αλλα ουαι υμιν τοις	φαρισαιοις,	οτι αποδεκατουτε το ηδυοσμον και...
ΜΘ 11:19	10	. ανθρωπος φαγος και οινοποτης, τελωνων	φιλος	και αμαρτωλων. και εδικαιωθη η σοφια...
ΛΚ 7:34	10	.... ιδου ανθρωπος φαγος και οινοποτης,	φιλος	τελωνων και αμαρτωλων.
ΜΘ 10:28	24	και μη	φοβεισθε	απο των αποκτεννοντων το σωμα, την...
ΜΘ 10:28	24	.... την δε ψυχην μη δύναμενων αποκτειναι.	φοβεισθε	δε μαλλον τον δυναμενον και ψυχην και...
ΜΘ 10:31	24	μη ουν	φοβεισθε.	πολλων στρουθιων διαφερετε υμεις.
ΛΚ 12:7	24	. της κεφαλης υμων πασαι ηριθμηνται. μη	φοβεισθε.	πολλων στρουθιων διαφερετε.
ΛΚ 12:4	24	λεγω δε υμιν τοις φιλοις μου, μη	φοβηθητε	απο των αποκτεινοντων το σωμα και...
ΛΚ 12:5	24	υποδειξω δε υμιν τινα φοβηθητε.	φοβηθητε	τον μετα το αποκτειναι εχοντα εξουσιαν...
ΜΘ 23:4	23	δεσμευουσιν δε	φορτια	βαρεα και επιτιθεασιν επι τους ωμους...
ΛΚ 11:46	23	...... ουαι, οτι φορτιζετε τους ανθρωπους	φορτια	δυσβαστακτα, και αυτοι ενι των δακτυλων...
ΜΘ 24:45	29	τις αρα εστιν ο πιστος δουλος και	φρονιμος	ον κατεστησεν ο κυριος επι της οικετειας...
ΛΚ 12:42	29	... τις αρα εστιν ο πιστος οικονομος ο	φρονιμος,	ον καταστησει ο κυριος επι της θεραπειας...
ΜΘ 3:7	01	. γεννηματα εχιδνων, τις υπεδειξεν υμιν	φυγειν	απο της μελλουσης οργης;
ΛΚ 3:7	01	. γεννηματα εχιδνων, τις υπεδειξεν υμιν	φυγειν	απο της μελλουσης οργης;
ΜΘ 5:25	32	..... και ο κριτης τω υπηρετη, και εις	φυλακην	βληθηση.
ΛΚ 12:58	32	.. πρακτορι, και ο πρακτωρ σε βαλει εις	φυλακην.	
ΜΘ 19:28	48	... δωδεκα θρονους κρινοντες τας δωδεκα	φυλας	του ισραηλ.
ΛΚ 22:30	48	.... και καθησεσθε επι θρονων τας δωδεκα	φυλας	κρινοντες του ισραηλ.
ΜΘ 8:20	12	. και λεγει αυτω ο ιησους, αι αλωπεκες	φωλεους	εχουσιν και τα πετεινα του ουρανου...
ΛΚ 9:58	12	..... ειπεν αυτω ο ιησους, αι αλωπεκες	φωλεους	εχουσιν και τα πετεινα του ουρανου...
ΜΘ 6:23	22	... σωμα σου σκοτεινον εσται. ει ουν το	φως	το εν σοι σκοτος εστιν, το σκοτος...
ΛΚ 11:35	22	σκοπει ουν μη το	φως	το εν σοι σκοτος εστιν.
ΜΘ 6:22	22	.... σου απλους, ολον το σωμα σου	φωτεινον	εσται.
ΛΚ 11:34	22	... σου απλους η, και ολον το σωμα σου	φωτεινον	εστιν. επαν δε πονηρος η, και το σωμα...
ΜΘ 10:27	24	. λεγω υμιν εν τη σκοτια, ειπατε εν τω	φωτι.	και ο εις το ους ακουετε, κηρυξατε...
ΛΚ 12:3	24	. ανθ ων οσα εν τη σκοτια ειπατε εν τω	φωτι	ακουσθησεται, και ο προς το ους ελαλησατε...

-- χ --

Mθ 18:13	40	.... ευρειν αυτο, αμην λεγω υμιν οτι	χαιρει	επ αυτω μαλλον η επι τοις ενενηκοντα εννεα...
Mθ 5:12	03		χαιρετε	και αγαλλιασθε, οτι ο μισθος υμων...
ΛΚ 15:5	40	..... ευρων επιτιθησιν επι τους ωμους αυτου	χαιρων,	
ΛΚ 6:23	03		χαρητε	εν εκεινη τη ημερα και σκιρτησατε ιδου...
Mθ 3:12	01	ου το πτυον εν τη	χειρι	αυτου, και διακαθαριει την αλωνα αυτου,...
ΛΚ 3:17	01	ου το πτυον εν τη	χειρι	αυτου διακαθαραι την αλωνα αυτου και...
Mθ 12:45	20	.... τα εσχατα του ανθρωπου εκεινου	χειρονα	των πρωτων. ουτως εσται και τη γενεα...
ΛΚ 11:26	20	.... τα εσχατα του ανθρωπου εκεινου	χειρονα	των πρωτων.
Mθ 4:6	02	. αγγελοις αυτου εντελειται περι σου και επι	χειρων	αρουσιν σε, μηποτε προσκοψης προς λιθον...
ΛΚ 4:11	02	και οτι επι	χειρων	αρουσιν σε μηποτε προσκοψης προς λιθον...
Mθ 5:40	04	και τω θελοντι σοι κριθηναι και τον	χιτωνα	σου λαβειν, αφες αυτω και το ιματιον.
ΛΚ 6:29	04	.... του αιροντος σου το ιματιον και τον	χιτωνα	μη κωλυσης.
Mθ 11:21	14	ουαι σοι,	χοραζιν.	ουαι σοι, βηθσαιδα. οτι ει εν τυρω...
ΛΚ 10:13	14	ουαι σοι,	χοραζιν.	ουαι σοι, βηθσαιδα. οτι ει εν τυρω...
ΛΚ 6:21	03	μακαριοι οι πεινωντες νυν, οτι	χορτασθησεσθε.	μακαριοι οι κλαιοντες νυν, οτι γελασετε.
Mθ 5:6	03	.. και διψωντες την δικαιοσυνην, οτι αυτοι	χορτασθησονται.	
Mθ 6:30	27	ει δε τον	χορτον	του αγρου σημερον οντα και αυριον...
ΛΚ 12:28	27	ει δε εν αγρω τον	χορτον	οντα σημερον και αυριον εις κλιβανον...
Mθ 6:32	27	...... γαρ ο πατηρ υμων ο ουρανιος οτι	χρηζετε	τουτων απαντων.
ΛΚ 12:30	27	.... υμων δε ο πατηρ οιδεν οτι	χρηζετε	τουτων.
Mθ 24:48	29	... δουλος εκεινος εν τη καρδια αυτου,	χρονιζει	μου ο κυριος,
ΛΚ 12:45	29	... δουλος εκεινος εν τη καρδια αυτου,	χρονιζει	ο κυριος μου ερχεσθαι, και αρξηται...
Mθ 11:5	09	τυφλοι αναβλεπουσιν και	χωλοι	περιπατουσιν, λεπροι καθαριζονται και...
ΛΚ 7:22	09	..... και ηκουσατε. τυφλοι αναβλεπουσιν,	χωλοι	περιπατουσιν, λεπροι καθαριζονται και...

-- ψ --

Μθ 6:25	27	..... τουτο λεγω υμιν, μη μεριμνατε τη ψυχη	υμων τι φαγητε , μηδε τω σωματι υμων...
Μθ 6:25	27	.. τω σωματι υμων τι ενδυσησθε. ουχι η ψυχη	πλειον εστιν της τροφης και το σωμα...
ΛΚ 12:22	27	..... τουτο λεγω υμιν, μη μεριμνατε τη ψυχη	τι φαγητε, μηδε τω σωματι τι ενδυσησθε....
ΛΚ 12:23	27	η γαρ ψυχη	λειον εστιν της τροφης και το σωμα...
Μθ 10:39	46	ο ευρων την ψυχην	αυτου απολεσει αυτην, και ο απολεσας...
ΛΚ 17:33	46	ος εαν ζητηση την ψυχην	αυτου περιποιησασθαι απολεσει αυτην,...

Μθ 11:27	16	..... τις επιγινωσκει ει μη ο υιος και	ω	εαν βουληται ο υιος αποκαλυψαι.
Λκ 10:22	16	.. τις εστιν ο πατηρ ει μη ο υιος και	ω	εαν βουληται ο υιος αποκαλυψαι.
Μθ 12:41	21	... κηρυγμα ιωνα, και ιδου πλειον ιωνα	ωδε.	
Μθ 12:42	21	.. σολομωνος, και ιδου πλειον σολομωνος	ωδε.	
Λκ 11:31	21	.. σολομωνος, και ιδου πλειον σολομωνος	ωδε.	
Λκ 11:32	21	... κηρυγμα ιωνα, και ιδου πλειον ιωνα	ωδε.	
Μθ 7:24	07	. αυτους ομοιωθησεται ανδρι φρονιμω, οστις	ωκοδομησεν	αυτου την οικιαν επι την πετραν.
Μθ 7:26	07	.... αυτους ομοιωθησεται ανδρι μωρω, οστις	ωκοδομησεν	αυτου την οικιαν επι την αμμον.
Μθ 12:30	19	ο μη	ων	μετ εμου κατ εμου εστιν, και ο μη...
Λκ 11:23	19	ο μη	ων	μετ εμου κατ εμου εστιν, και ο μη...
Μθ 24:44	29	.... γινεσθε ετοιμοι, οτι η ου δοκειτε	ωρα	ο υιος του ανθρωπου ερχεται.
Μθ 24:50	29	.... εν ημερα η ου προσδοκα και εν	ωρα	η ου γινωσκει,
Λκ 12:40	29	και υμεις γινεσθε ετοιμοι, οτι η	ωρα	ου δοκειτε ο υιος του ανθρωπου ερχεται....
Λκ 12:46	29	.... εν ημερα η ου προσδοκα και εν	ωρα	η ου γινωσκει, και διχοτομησει αυτον,...
Μθ 11:17	10	λεγουσιν, ηυλησαμεν υμιν και ουκ	ωρχησασθε.	εθρηνησαμεν και ουκ εκοψασθε.
Λκ 7:32	10	.... α λεγει, ηυλησαμεν υμιν και ουκ	ωρχησασθε.	εθρηνησαμεν και ουκ εκλαυσατε.
Μθ 10:25	05	αρκετον τω μαθητη ινα γενηται	ως	ο διδασκαλος αυτου, και ο δουλος ως...
Λκ 6:40	05	... διδασκαλον, κατηρτισμενος δε πας εσται	ως	ο διδασκαλος αυτου.
Μθ 10:16	13	ιδου εγω αποστελλω υμας	ως	προβατα εν μεσω λυκων. γινεσθε ουν φρονιμοι...
Λκ 10:3	13	υπαγετε. ιδου αποστελλω υμας	ως	αρνας εν μεσω λυκων.
Μθ 6:29	27	.... εν παση τη δοξη αυτου περιεβαλετο	ως	εν τουτων.
Λκ 12:27	27	.... εν παση τη δοξη αυτου περιεβαλετο	ως	εν τουτων.
Μθ 17:20	45	.... αμην γαρ λεγω υμιν, εαν εχητε πιστιν	ως	κοκκον σιναπεως, ερειτε τω ορει τουτω,...
Λκ 17:6	45	ειπεν δε ο κυριος, ει εχετε πιστιν	ως	κοκκον σιναπεως, ελεγετε αν τη συκαμινω...
Μθ 24:27	46		ωσπερ	γαρ η αστραπη εξερχεται απο ανατολων...
Λκ 17:24	46		ωσπερ	γαρ η αστραπη αστραπτουσα εκ της υπο...

Ref		Left context	Keyword	Right context
Mθ 3:9	01	.... λεγειν εν εαυτοις, πατερα εχομεν τον	αβρααμ.	λεγω γαρ υμιν οτι δυναται ο θεος εκ των...
Mθ 3:9	01	.. θεος εκ των λιθων τουτων εγειραι τεκνα τω	αβρααμ.	
ΛK 3:8	01	.... λεγειν εν εαυτοις, πατερα εχομεν τον	αβρααμ,	λεγω γαρ υμιν οτι δυναται ο θεος εκ των...
ΛK 3:8	01	.. θεος εκ των λιθων τουτων εγειραι τεκνα τω	αβρααμ.	
Mθ 3:11	01	.. βαστασαι. αυτος υμας βαπτισει εν πνευματι	αγιω	και πυρι.
ΛK 3:16	01	..... αυτου. αυτος υμας βαπτισει εν πνευματι	αγιω	και πυρι.
Mθ 3:12	01	..... εν τη χειρι αυτου, και διακαθαριει την	αλωνα	αυτου, και συναξει τον σιτον αυτου εις...
ΛK 3:17	01	.. το πτυον εν τη χειρι αυτου διακαθαραι την	αλωνα	αυτου και συναγαγειν τον σιτον εις την...
Mθ 3:10	01	ηδη δε η	αξινη	προς την ριζαν των δενδρων κειται. παν...
ΛK 3:9	01	ηδη δε και η	αξινη	προς την ριζαν των δενδρων κειται. παν...
Mθ 3:8	01	ποιησατε ουν καρπον	αξιον	της μετανοιας.
ΛK 3:8	01	ποιησατε ουν καρπους	αξιους	της μετανοιας. και μη αρξησθε λεγειν εν...
Mθ 3:7	01	.... εχιδνων, τις υπεδειξεν υμιν φυγειν	απο	της μελλουσης οργης;
ΛK 3:7	01	.... εχιδνων, τις υπεδειξεν υμιν φυγειν	απο	της μελλουσης οργης;
Mθ 3:12	01	. αυτου, και συναξει τον σιτον αυτου εις την	αποθηκην	, το δε αχυρον κατακαυσει πυρι ασβεστω.
ΛK 3:17	01	..... αυτου και συναγαγειν τον σιτον εις την	αποθηκην	αυτου. το δε αχυρον κατακαυσει πυρι ασβεστω.
Mθ 3:12	01	... αποθηκην , το δε αχυρον κατακαυσει πυρι	ασβεστω.	
ΛK 3:17	01	.... αυτου, το δε αχυρον κατακαυσει πυρι	ασβεστω.	
Mθ 3:12	01	ου το πτυον εν τη χειρι	αυτου,	και διακαθαριει την αλωνα αυτου, και...
Mθ 3:12	01	... χειρι αυτου, και διακαθαριει την αλωνα	αυτου,	και συναξει τον σιτον αυτου εις την αποθηκην...
Mθ 3:12	01	... την αλωνα αυτου, και συναξει τον σιτον	αυτου	εις την αποθηκην , το δε αχυρον κατακαυσει...
ΛK 3:17	01	ου το πτυον εν τη χειρι	αυτου	διακαθαραι την αλωνα αυτου και συναγαγειν...
ΛK 3:17	01	... εν τη χειρι αυτου διακαθαραι την αλωνα	αυτου	και συναγαγειν τον σιτον εις την αποθηκην...
ΛK 3:17	01	. και συναγαγειν τον σιτον εις την αποθηκην	αυτου,	το δε αχυρον κατακαυσει πυρι ασβεστω.
Mθ 3:12	01	. τον σιτον αυτου εις την αποθηκην , το δε	αχυρον	κατακαυσει πυρι ασβεστω.
ΛK 3:17	01	.. τον σιτον εις την αποθηκην αυτου, το δε	αχυρον	κατακαυσει πυρι ασβεστω.
Mθ 3:10	01	. ποιουν καρπον καλον εκκοπτεται και εις πυρ	βαλλεται.	
ΛK 3:9	01	. ποιουν καρπον καλον εκκοπτεται και εις πυρ	βαλλεται.	
Mθ 3:9	01	... εαυτοις, πατερα εχομεν τον αβρααμ. λεγω	γαρ	υμιν οτι δυναται ο θεος εκ των λιθων τουτων...
ΛK 3:8	01	... εαυτοις, πατερα εχομεν τον αβρααμ, λεγω	γαρ	υμιν οτι δυναται ο θεος εκ των λιθων τουτων...
Mθ 3:7	01	.... επι το βαπτισμα αυτου ειπεν αυτοις,	γεννηματα	εχιδνων, τις υπεδειξεν υμιν φυγειν απο...
ΛK 3:7	01	.... οχλοις βαπτισθηναι υπ αυτου,	γεννηματα	εχιδνων, τις υπεδειξεν υμιν φυγειν απο...
Mθ 3:10	01	ηδη	δε	η αξινη προς την ριζαν των δενδρων κειται....
Mθ 3:12	01	.... τον σιτον αυτου εις την αποθηκην , το	δε	αχυρον κατακαυσει πυρι ασβεστω.
ΛK 3:9	01	ηδη	δε	και η αξινη προς την ριζαν των δενδρων...
ΛK 3:17	01	..... τον σιτον εις την αποθηκην αυτου, το	δε	αχυρον κατακαυσει πυρι ασβεστω.
Mθ 3:10	01	. προς την ριζαν των δενδρων κειται. παν ουν	δενδρον	μη ποιουν καρπον καλον εκκοπτεται και εις...
ΛK 3:9	01	. προς την ριζαν των δενδρων κειται. παν ουν	δενδρον	μη ποιουν καρπον καλον εκκοπτεται και εις...
Mθ 3:10	01	ηδη δε η αξινη προς την ριζαν των	δενδρων	κειται. παν ουν δενδρον μη ποιουν καρπον...
ΛK 3:9	01	ηδη δε και η αξινη προς την ριζαν των	δενδρων	κειται. παν ουν δενδρον μη ποιουν καρπον...
ΛK 3:17	01	ου το πτυον εν τη χειρι αυτου	διακαθαραι	την αλωνα αυτου και συναγαγειν τον σιτον...
Mθ 3:12	01	ου το πτυον εν τη χειρι αυτου, και	διακαθαριει	την αλωνα αυτου, και συναξει τον σιτον...
Mθ 3:9	01	..... εχομεν τον αβρααμ. λεγω γαρ υμιν οτι	δυναται	ο θεος εκ των λιθων τουτων εγειραι τεκνα...
ΛK 3:8	01	..... εχομεν τον αβρααμ, λεγω γαρ υμιν οτι	δυναται	ο θεος εκ των λιθων τουτων εγειραι τεκνα...
Mθ 3:9	01	και μη δοξητε λεγειν εν	εαυτοις,	πατερα εχομεν τον αβρααμ. λεγω γαρ υμιν...
ΛK 3:8	01	.... της μετανοιας. και μη αρξησθε λεγειν εν	εαυτοις,	πατερα εχομεν τον αβρααμ, λεγω γαρ υμιν...
Mθ 3:9	01	.... οτι δυναται ο θεος εκ των λιθων τουτων	εγειραι	τεκνα τω αβρααμ.
ΛK 3:8	01	.... οτι δυναται ο θεος εκ των λιθων τουτων	εγειραι	τεκνα τω αβρααμ.
Mθ 3:10	01	...... μη ποιουν καρπον καλον εκκοπτεται και	εις	πυρ βαλλεται.
Mθ 3:12	01	.... αυτου, και συναξει τον σιτον αυτου	εις	την αποθηκην , το δε αχυρον κατακαυσει...
ΛK 3:9	01	...... μη ποιουν καρπον καλον εκκοπτεται και	εις	πυρ βαλλεται.
ΛK 3:17	01	. την αλωνα αυτου και συναγαγειν τον σιτον	εις	την αποθηκην αυτου, το δε αχυρον κατακαυσει...
Mθ 3:9	01	.... λεγω γαρ υμιν οτι δυναται ο θεος	εκ	των λιθων τουτων εγειραι τεκνα τω αβρααμ.
ΛK 3:8	01	.... λεγω γαρ υμιν οτι δυναται ο θεος	εκ	των λιθων τουτων εγειραι τεκνα τω αβρααμ.
Mθ 3:10	01	.... παν ουν δενδρον μη ποιουν καρπον καλον	εκκοπτεται	και εις πυρ βαλλεται.

ΛΚ 3:9	01	.... παν ουν δενδρον μη ποιουν καρπον καλον	εκκοπτεται	και εις πυρ βαλλεται.
Μθ 3:9	01	και μη δοξητε λεγειν	εν	εαυτοις, πατερα εχομεν τον αβρααμ. λεγω...
Μθ 3:12	01	ου το πτυον	εν	τη χειρι αυτου, και διακαθαριει την αλωνα...
ΛΚ 3:8	01	.... της μετανοιας. και μη αρξησθε λεγειν	εν	εαυτοις, πατερα εχομεν τον αβρααμ, λεγω...
ΛΚ 3:17	01	ου το πτυον	εν	τη χειρι αυτου διακαθαραι την αλωνα...
Μθ 3:7	01	... βαπτισμα αυτου ειπεν αυτοις, γεννηματα	εχιδνων,	τις υπεδειξεν υμιν φυγειν απο της μελλουσης...
ΛΚ 3:7	01	... οχλοις βαπτισθηναι υπ αυτου, γεννηματα	εχιδνων,	τις υπεδειξεν υμιν φυγειν απο της μελλουσης...
Μθ 3:9	01	. και μη δοξητε λεγειν εν εαυτοις, πατερα	εχομεν	τον αβρααμ. λεγω γαρ υμιν οτι δυναται...
ΛΚ 3:8	01	. και μη αρξησθε λεγειν εν εαυτοις, πατερα	εχομεν	τον αβρααμ, λεγω γαρ υμιν οτι δυναται...
Μθ 3:10	01	ηδη δε	η	αξινη προς την ριζαν των δενδρων κειται....
ΛΚ 3:9	01	ηδη δε και	η	αξινη προς την ριζαν των δενδρων κειται....
Μθ 3:10	01		ηδη	δε η αξινη προς την ριζαν των δενδρων...
ΛΚ 3:9	01		ηδη	δε και η αξινη προς την ριζαν των δενδρων...
Μθ 3:9	01	. τον αβρααμ. λεγω γαρ υμιν οτι δυναται ο	θεος	εκ των λιθων τουτων εγειραι τεκνα τω...
ΛΚ 3:8	01	. τον αβρααμ, λεγω γαρ υμιν οτι δυναται ο	θεος	εκ των λιθων τουτων εγειραι τεκνα τω...
Μθ 3:9	01		και	μη δοξητε λεγειν εν εαυτοις, πατερα εχομεν...
Μθ 3:10	01	.... μη ποιουν καρπον καλον εκκοπτεται	και	εις πυρ βαλλεται.
Μθ 3:11	01	..... αυτος υμας βαπτισει εν πνευματι αγιω	και	πυρι.
Μθ 3:12	01	.... και διακαθαριει την αλωνα αυτου,	και	συναξει τον σιτον αυτου εις την αποθηκην...
ΛΚ 3:8	01	.... ουν καρπους αξιους της μετανοιας.	και	μη αρξησθε λεγειν εν εαυτοις, πατερα...
ΛΚ 3:9	01	.... μη ποιουν καρπον καλον εκκοπτεται	και	εις πυρ βαλλεται.
ΛΚ 3:16	01	..... αυτος υμας βαπτισει εν πνευματι αγιω	και	πυρι.
ΛΚ 3:17	01	. χειρι αυτου διακαθαραι την αλωνα αυτου	και	συναγαγειν τον σιτον εις την αποθηκην...
Μθ 3:10	01	.. κειται. παν ουν δενδρον μη ποιουν καρπον	καλον	εκκοπτεται και εις πυρ βαλλεται.
ΛΚ 3:9	01	.. κειται. παν ουν δενδρον μη ποιουν καρπον	καλον	εκκοπτεται και εις πυρ βαλλεται.
Μθ 3:8	01	ποιησατε ουν	καρπον	αξιον της μετανοιας.
Μθ 3:10	01	.... κειται. παν ουν δενδρον μη ποιουν	καρπον	καλον εκκοπτεται και εις πυρ βαλλεται.
ΛΚ 3:9	01	.... κειται. παν ουν δενδρον μη ποιουν	καρπον	καλον εκκοπτεται και εις πυρ βαλλεται.
ΛΚ 3:8	01	ποιησατε ουν	καρπους	αξιους της μετανοιας. και μη αρξησθε...
Μθ 3:12	01	. αυτου εις την αποθηκην , το δε αχυρον	κατακαυσει	πυρι ασβεστω.
ΛΚ 3:17	01	.. εις την αποθηκην αυτου, το δε αχυρον	κατακαυσει	πυρι ασβεστω.
Μθ 3:10	01	.. δε η αξινη προς την ριζαν των δενδρων	κειται.	παν ουν δενδρον μη ποιουν καρπον καλον...
ΛΚ 3:9	01	. και η αξινη προς την ριζαν των δενδρων	κειται.	παν ουν δενδρον μη ποιουν καρπον καλον...
Μθ 3:9	01	και μη δοξητε	λεγειν	εν εαυτοις, πατερα εχομεν τον αβρααμ....
ΛΚ 3:8	01	..... αξιους της μετανοιας. και μη αρξησθε	λεγειν	εν εαυτοις, πατερα εχομεν τον αβρααμ,...
Μθ 3:9	01	.. εν εαυτοις, πατερα εχομεν τον αβρααμ.	λεγω	γαρ υμιν οτι δυναται ο θεος εκ των...
ΛΚ 3:8	01	.. εν εαυτοις, πατερα εχομεν τον αβρααμ,	λεγω	γαρ υμιν οτι δυναται ο θεος εκ των...
Μθ 3:9	01	..... γαρ υμιν οτι δυναται ο θεος εκ των	λιθων	τουτων εγειραι τεκνα τω αβρααμ.
ΛΚ 3:8	01	..... γαρ υμιν οτι δυναται ο θεος εκ των	λιθων	τουτων εγειραι τεκνα τω αβρααμ.
Μθ 3:7	01	.... τις υπεδειξεν υμιν φυγειν απο της	μελλουσης	οργης;
ΛΚ 3:7	01	.... τις υπεδειξεν υμιν φυγειν απο της	μελλουσης	οργης;
Μθ 3:8	01	ποιησατε ουν καρπον αξιον της	μετανοιας.	
ΛΚ 3:8	01	ποιησατε ουν καρπους αξιους της	μετανοιας.	και μη αρξησθε λεγειν εν εαυτοις,...
Μθ 3:9	01	και	μη	δοξητε λεγειν εν εαυτοις, πατερα εχομεν...
Μθ 3:10	01	..... των δενδρων κειται. παν ουν δενδρον	μη	ποιουν καρπον καλον εκκοπτεται και...
ΛΚ 3:8	01	.. ουν καρπους αξιους της μετανοιας. και	μη	αρξησθε λεγειν εν εαυτοις, πατερα εχομεν...
ΛΚ 3:9	01	..... των δενδρων κειται. παν ουν δενδρον	μη	ποιουν καρπον καλον εκκοπτεται και...
Μθ 3:9	01	.. τον αβρααμ. λεγω γαρ υμιν οτι δυναται	ο	θεος εκ των λιθων τουτων εγειραι τεκνα...
ΛΚ 3:8	01	.. τον αβρααμ, λεγω γαρ υμιν οτι δυναται	ο	θεος εκ των λιθων τουτων εγειραι τεκνα...
Μθ 3:7	01	.. υπεδειξεν υμιν φυγειν απο της μελλουσης	οργης;	
ΛΚ 3:7	01	.. υπεδειξεν υμιν φυγειν απο της μελλουσης	οργης;	
Μθ 3:9	01	.... εχομεν τον αβρααμ. λεγω γαρ υμιν	οτι	δυναται ο θεος εκ των λιθων τουτων...
ΛΚ 3:8	01	.... εχομεν τον αβρααμ, λεγω γαρ υμιν	οτι	δυναται ο θεος εκ των λιθων τουτων...
Μθ 3:12	01		ου	το πτυον εν τη χειρι αυτου, και διακαθαριει...
ΛΚ 3:17	01		ου	το πτυον εν τη χειρι αυτου διακαθαραι...
Μθ 3:8	01	ποιησατε	ουν	καρπον αξιον της μετανοιας.
Μθ 3:10	01	... προς την ριζαν των δενδρων κειται. παν	ουν	δενδρον μη ποιουν καρπον καλον εκκοπτεται...

Mθ 3:10	01	... προς την ριζαν των δενδρων κειται. παν ουν	δενδρον μη ποιουν καρπον καλον εκκοπτεται...
ΛΚ 3:8	01	ποιησατε ουν	καρπους αξιους της μετανοιας. και μη...
ΛΚ 3:9	01	... προς την ριζαν των δενδρων κειται. παν ουν	δενδρον μη ποιουν καρπον καλον εκκοπτεται...
Mθ 3:10	01	.... προς την ριζαν των δενδρων κειται. παν	ουν δενδρον μη ποιουν καρπον καλον...
ΛΚ 3:9	01	.... προς την ριζαν των δενδρων κειται. παν	ουν δενδρον μη ποιουν καρπον καλον...
Mθ 3:9	01	και μη δοξητε λεγειν εν εαυτοις, πατερα	εχομεν τον αβρααμ. λεγω γαρ υμιν οτι...
ΛΚ 3:8	01	..... και μη αρξησθε λεγειν εν εαυτοις, πατερα	εχομεν τον αβρααμ, λεγω γαρ υμιν οτι...
Mθ 3:8	01	ποιησατε	ουν καρπον αξιον της μετανοιας.
ΛΚ 3:8	01	ποιησατε	ουν καρπους αξιους της μετανοιας. και...
Mθ 3:10	01	... δενδρων κειται. παν ουν δενδρον μη ποιουν	καρπον καλον εκκοπτεται και εις πυρ...
ΛΚ 3:9	01	... δενδρων κειται. παν ουν δενδρον μη ποιουν	καρπον καλον εκκοπτεται και εις πυρ...
Mθ 3:10	01	ηδη δε η αξινη προς	την ριζαν των δενδρων κειται. παν ουν...
ΛΚ 3:9	01	ηδη δε και η αξινη προς	την ριζαν των δενδρων κειται. παν ουν...
Mθ 3:12	01	ου το πτυον	εν τη χειρι αυτου, και διακαθαριει...
ΛΚ 3:17	01	ου το πτυον	εν τη χειρι αυτου διακαθαραι την αλωνα...
Mθ 3:10	01	.... καρπον καλον εκκοπτεται και εις πυρ	βαλλεται.
ΛΚ 3:9	01	.... καρπον καλον εκκοπτεται και εις πυρ	βαλλεται.
Mθ 3:11	01	...... υμας βαπτισει εν πνευματι αγιω και πυρι.	
Mθ 3:12	01	. την αποθηκην , το δε αχυρον κατακαυσει πυρι	ασβεστω.
ΛΚ 3:16	01	...... υμας βαπτισει εν πνευματι αγιω και πυρι.	
ΛΚ 3:17	01	.... αυτου, το δε αχυρον κατακαυσει πυρι	ασβεστω.
Mθ 3:10	01	ηδη δε η αξινη προς την ριζαν	των δενδρων κειται. παν ουν δενδρον...
ΛΚ 3:9	01	ηδη δε και η αξινη προς την ριζαν	των δενδρων κειται. παν ουν δενδρον...
Mθ 3:12	01	.... την αλωνα αυτου, και συναξει τον σιτον	αυτου εις την αποθηκην , το δε αχυρον...
ΛΚ 3:17	01	...... την αλωνα αυτου και συναγαγειν τον σιτον	εις την αποθηκην αυτου, το δε αχυρον...
ΛΚ 3:17	01	.. αυτου διακαθαραι την αλωνα αυτου και συναγαγειν	τον σιτον εις την αποθηκην αυτου, το...
Mθ 3:12	01	.. και διακαθαριει την αλωνα αυτου, και συναξει	τον σιτον αυτου εις την αποθηκην ,...
Mθ 3:9	01	.... ο θεος εκ των λιθων τουτων εγειραι τεκνα	τω αβρααμ.
ΛΚ 3:8	01	.... ο θεος εκ των λιθων τουτων εγειραι τεκνα	τω αβρααμ.
Mθ 3:12	01	ου το πτυον εν τη	χειρι αυτου, και διακαθαριει την αλωνα...
ΛΚ 3:17	01	ου το πτυον εν τη	χειρι αυτου διακαθαραι την αλωνα αυτου...
Mθ 3:10	01	ηδη δε η αξινη προς την	ριζαν των δενδρων κειται. παν ουν...
Mθ 3:12	01	.... εν τη χειρι αυτου, και διακαθαριει την	αλωνα αυτου, και συναξει τον σιτον...
Mθ 3:12	01	.... και συναξει τον σιτον αυτου εις την	αποθηκην , το δε αχυρον κατακαυσει...
ΛΚ 3:9	01	ηδη δε και η αξινη προς την	ριζαν των δενδρων κειται. παν ουν...
ΛΚ 3:17	01	. το πτυον εν τη χειρι αυτου διακαθαραι την	αλωνα αυτου και συναγαγειν τον σιτον...
ΛΚ 3:17	01	.... αυτου και συναγαγειν τον σιτον εις την	αποθηκην αυτου, το δε αχυρον κατακαυσει...
Mθ 3:7	01	... εχιδνων, τις υπεδειξεν υμιν φυγειν απο της	μελλουσης οργης;
Mθ 3:8	01	ποιησατε ουν καρπον αξιον της	μετανοιας.
ΛΚ 3:7	01	... εχιδνων, τις υπεδειξεν υμιν φυγειν απο της	μελλουσης οργης;
ΛΚ 3:8	01	ποιησατε ουν καρπους αξιους της	μετανοιας. και μη αρξησθε λεγειν εν...
Mθ 3:7	01	.. αυτου ειπεν αυτοις, γεννηματα εχιδνων, τις	υπεδειξεν υμιν φυγειν απο της μελλουσης...
ΛΚ 3:7	01	.... υπ αυτου, γεννηματα εχιδνων, τις	υπεδειξεν υμιν φυγειν απο της μελλουσης...
Mθ 3:12	01	ου το	πτυον εν τη χειρι αυτου, και διακαθαριει...
Mθ 3:12	01	.... τον σιτον αυτου εις την αποθηκην , το	δε αχυρον κατακαυσει πυρι ασβεστω.
ΛΚ 3:17	01	ου το	πτυον εν τη χειρι αυτου διακαθαραι...
ΛΚ 3:17	01	..... τον σιτον εις την αποθηκην αυτου, το	δε αχυρον κατακαυσει πυρι ασβεστω.
Mθ 3:9	01	...... λεγειν εν εαυτοις, πατερα εχομεν τον	αβρααμ. λεγω γαρ υμιν οτι δυναται...
Mθ 3:12	01	.... την αλωνα αυτου, και συναξει τον	σιτον αυτου εις την αποθηκην , το...
ΛΚ 3:8	01	...... λεγειν εν εαυτοις, πατερα εχομεν τον	αβρααμ, λεγω γαρ υμιν οτι δυναται...
ΛΚ 3:17	01	.... την αλωνα αυτου και συναγαγειν τον	σιτον εις την αποθηκην αυτου, το...
Mθ 3:9	01	. υμιν οτι δυναται ο θεος εκ των λιθων τουτων	εγειραι τεκνα τω αβρααμ.
ΛΚ 3:8	01	. υμιν οτι δυναται ο θεος εκ των λιθων τουτων	εγειραι τεκνα τω αβρααμ.
Mθ 3:9	01	..... εκ των λιθων τουτων εγειραι τεκνα τω	αβρααμ.
ΛΚ 3:8	01	..... εκ των λιθων τουτων εγειραι τεκνα τω	αβρααμ.
Mθ 3:9	01	. λεγω γαρ υμιν οτι δυναται ο θεος εκ των	λιθων τουτων εγειραι τεκνα τω αβρααμ.
Mθ 3:10	01	ηδη δε η αξινη προς την ριζαν των	δενδρων κειται. παν ουν δενδρον μη...

ΛΚ 3:8	01	. λεγω γαρ υμιν οτι δυναται ο θεος εκ των	λιθων τουτων εγειραι τεκνα τω αβρααμ.
ΛΚ 3:9	01	. ηδη δε και η αξινη προς την ριζαν των	δενδρων κειται. παν ουν δενδρον μη...
Μθ 3:7	01	.... γεννηματα εχιδνων, τις υπεδειξεν υμιν	φυγειν απο της μελλουσης οργης;
Μθ 3:9	01	... πατερα εχομεν τον αβρααμ. λεγω γαρ υμιν	οτι δυναται ο θεος εκ των λιθων...
ΛΚ 3:7	01	.... γεννηματα εχιδνων, τις υπεδειξεν υμιν	φυγειν απο της μελλουσης οργης;
ΛΚ 3:8	01	... πατερα εχομεν τον αβρααμ, λεγω γαρ υμιν	οτι δυναται ο θεος εκ των λιθων...
Μθ 3:7	01	.... ειπεν αυτοις, γεννηματα εχιδνων, τις υπεδειξεν	υμιν φυγειν απο της μελλουσης οργης;
ΛΚ 3:7	01	.... υπ αυτου, γεννηματα εχιδνων, τις υπεδειξεν	υμιν φυγειν απο της μελλουσης οργης;
Μθ 3:7	01	. γεννηματα εχιδνων, τις υπεδειξεν υμιν φυγειν	απο της μελλουσης οργης;
ΛΚ 3:7	01	. γεννηματα εχιδνων, τις υπεδειξεν υμιν φυγειν	απο της μελλουσης οργης;
Μθ 3:12	01	ου το πτυον εν τη χειρι	αυτου, και διακαθαριει την αλωνα αυτου,...
ΛΚ 3:17	01	ου το πτυον εν τη χειρι	αυτου διακαθαραι την αλωνα αυτου και...

Mθ 4:6	02	.. βαλε σεαυτον κατω. γεγραπται γαρ οτι τους	αγγελους	αυτου εντελειται περι σου και επι χειρων...
ΛΚ 4:10	02	γεγραπται γαρ οτι τους	αγγελους	αυτου εντελειται περι σου του διαφυλαξαι σε,
Mθ 4:4	02	...... γεγραπται, ουκ επ αρτω μονω ζησεται ο	ανθρωπος,	αλλ επι παντι ρηματι εκπορευομενω δια...
ΛΚ 4:4	02	... γεγραπται οτι ουκ επ αρτω μονω ζησεται ο	ανθρωπος.	
ΛΚ 4:4	02	και	απεκριθη	προς αυτον ο ιησους, γεγραπται οτι ουκ...
Mθ 4:4	02	ο δε	αποκριθεις	ειπεν, γεγραπται, ουκ επ αρτω μονω ζησεται...
ΛΚ 4:8	02	και	αποκριθεις	ο ιησους ειπεν αυτω, γεγραπται, κυριον...
ΛΚ 4:12	02	και	αποκριθεις	ειπεν αυτω ο ιησους οτι ειρηται, ουκ εκπειρασεις...
Mθ 4:6	02	... αυτου εντελειται περι σου και επι χειρων	αρουσιν	σε, μηποτε προσκοψης προς λιθον τον ποδα...
ΛΚ 4:11	02	και οτι επι χειρων	αρουσιν	σε μηποτε προσκοψης προς λιθον τον ποδα σου.
Mθ 4:3	02	.. υιος ει του θεου, ειπε ινα οι λιθοι ουτοι	αρτοι	γενωνται.
Mθ 4:4	02	. ο δε αποκριθεις ειπεν, γεγραπται, ουκ επ	αρτω	μονω ζησεται ο ανθρωπος, αλλ επι παντι...
ΛΚ 4:4	02	.. προς αυτον ο ιησους, γεγραπται οτι ουκ επ	αρτω	μονω ζησεται ο ανθρωπος.
Mθ 4:5	02	τοτε παραλαμβανει	αυτον	ο διαβολος εις την αγιαν πολιν, και ιστησιν...
Mθ 4:5	02	.. διαβολος εις την αγιαν πολιν, και ιστησιν	αυτον	επι το πτερυγιον του ιερου,
Mθ 4:8	02	παλιν παραλαμβανει	αυτον	ο διαβολος εις ορος υψηλον λιαν, και δεικνυσιν...
Mθ 4:11	02	τοτε αφιησιν	αυτον	ο διαβολος, και ιδου αγγελοι προσηλθον...
ΛΚ 4:4	02	και απεκριθη προς	αυτον	ο ιησους, γεγραπται οτι ουκ επ αρτω μονω...
ΛΚ 4:5	02	και αναγαγων	αυτον	εδειξεν αυτω πασας τας βασιλειας της οικουμενης...
ΛΚ 4:9	02	ηγαγεν δε	αυτον	εις ιερουσαλημ και εστησεν επι το πτερυγιον...
Mθ 4:6	02	..... κατω. γεγραπται γαρ οτι τους αγγελους	αυτου	εντελειται περι σου και επι χειρων αρουσιν...
ΛΚ 4:10	02	γεγραπται γαρ οτι τους αγγελους	αυτου	εντελειται περι σου του διαφυλαξαι σε,
ΛΚ 4:13	02	.... παντα πειρασμον ο διαβολος απεστη απ	αυτου	αχρι καιρου.
Mθ 4:3	02	και προσελθων ο πειραζων ειπεν	αυτω,	ει υιος ει του θεου, ειπε ινα οι λιθοι...
Mθ 4:6	02	και λεγει	αυτω,	ει υιος ει του θεου, βαλε σεαυτον κατω....
Mθ 4:7	02	εφη	αυτω	ο ιησους, παλιν γεγραπται, ουκ εκπειρασεις...
Mθ 4:8	02	.... εις ορος υψηλον λιαν, και δεικνυσιν	αυτω	πασας τας βασιλειας του κοσμου και την...
Mθ 4:9	02	και λεγει	αυτω,	ταυτα σοι παντα δωσω εαν πεσων προσκυνησης...
Mθ 4:10	02	τοτε λεγει	αυτω	ο ιησους, υπαγε, σατανα. γεγραπται γαρ,...
Mθ 4:10	02	.. γαρ, κυριον τον θεον σου προσκυνησεις και	αυτω	μονω λατρευσεις.
Mθ 4:11	02	... και ιδου αγγελοι προσηλθον και διηκονουν	αυτω.	
ΛΚ 4:3	02	ειπεν δε	αυτω	ο διαβολος. ει υιος ει του θεου, ειπε τω...
ΛΚ 4:5	02	και αναγαγων αυτον εδειξεν	αυτω	πασας τας βασιλειας της οικουμενης εν στιγμη...
ΛΚ 4:6	02	και ειπεν	αυτω	ο διαβολος, σοι δωσω την εξουσιαν ταυτην...
ΛΚ 4:8	02	και αποκριθεις ο ιησους ειπεν	αυτω,	γεγραπται, κυριον τον θεον σου προσκυνησεις...
ΛΚ 4:8	02	.... κυριον τον θεον σου προσκυνησεις και	αυτω	μονω λατρευσεις.
ΛΚ 4:9	02	...... επι το πτερυγιον του ιερου, και ειπεν	αυτω,	ει υιος ει του θεου, βαλε σεαυτον εντευθεν...
ΛΚ 4:12	02	και αποκριθεις ειπεν	αυτω	ο ιησους οτι ειρηται, ουκ εκπειρασεις κυριον...
Mθ 4:8	02	..... τας βασιλειας του κοσμου και την δοξαν	αυτων,	
ΛΚ 4:2	02	.. ταις ημεραις εκειναις, και συντελεσθεισων	αυτων	επεινασεν.
ΛΚ 4:6	02	... την εξουσιαν ταυτην απασαν και την δοξαν	αυτων,	οτι εμοι παραδεδοται και ω εαν θελω διδωμι...
Mθ 4:6	02	και λεγει αυτω, ει υιος ει του θεου,	βαλε	σεαυτον κατω. γεγραπται γαρ οτι τους αγγελους...
ΛΚ 4:9	02	...... και ειπεν αυτω, ει υιος ει του θεου,	βαλε	σεαυτον εντευθεν κατω.
Mθ 4:8	02	. υψηλον λιαν, και δεικνυσιν αυτω πασας τας	βασιλειας	του κοσμου και την δοξαν αυτων,
ΛΚ 4:5	02	.... αναγαγων αυτον εδειξεν αυτω πασας τας	βασιλειας	της οικουμενης εν στιγμη χρονου.
Mθ 4:6	02	. ει του θεου, βαλε σεαυτον κατω. γεγραπται	γαρ	οτι τους αγγελους αυτου εντελειται περι...
Mθ 4:10	02	... αυτω ο ιησους, υπαγε, σατανα. γεγραπται	γαρ,	κυριον τον θεον σου προσκυνησεις και αυτω...
ΛΚ 4:10	02	γεγραπται	γαρ	οτι τους αγγελους αυτου εντελειται περι...
Mθ 4:4	02	ο δε αποκριθεις ειπεν,	γεγραπται,	ουκ επ αρτω μονω ζησεται ο ανθρωπος,...
Mθ 4:6	02	... ει υιος ει του θεου, βαλε σεαυτον κατω.	γεγραπται	γαρ οτι τους αγγελους αυτου εντελειται...
Mθ 4:7	02	εφη αυτω ο ιησους, παλιν	γεγραπται,	ουκ εκπειρασεις κυριον τον θεον σου.
Mθ 4:10	02	. τοτε λεγει αυτω ο ιησους, υπαγε, σατανα.	γεγραπται	γαρ, κυριον τον θεον σου προσκυνησεις...
ΛΚ 4:4	02	και απεκριθη προς αυτον ο ιησους,	γεγραπται	οτι ουκ επ αρτω μονω ζησεται ο ανθρωπος.
ΛΚ 4:8	02	και αποκριθεις ο ιησους ειπεν αυτω,	γεγραπται,	κυριον τον θεον σου προσκυνησεις και αυτω...
ΛΚ 4:10	02		γεγραπται	γαρ οτι τους αγγελους αυτου εντελειται...
ΛΚ 4:3	02	... υιος ει του θεου, ειπε τω λιθω τουτω ινα	γενηται	αρτος.

ΜΘ 4:3	02	... του θεου, ειπε ινα οι λιθοι ουτοι αρτοι γενωνται.	
ΜΘ 4:8	02	.... ο διαβολος εις ορος υψηλον λιαν, και δεικνυσιν	αυτω πασας τας βασιλειας του κοσμου και...
ΜΘ 4:5	02	τοτε παραλαμβανει αυτον ο διαβολος	εις την αγιαν πολιν, και ιστησιν αυτον...
ΜΘ 4:8	02	παλιν παραλαμβανει αυτον ο διαβολος	εις ορος υψηλον λιαν, και δεικνυσιν αυτω...
ΜΘ 4:11	02	τοτε αφιησιν αυτον ο διαβολος,	και ιδου αγγελοι προσηλθον και διηκονουν...
ΛΚ 4:3	02	ειπεν δε αυτω ο διαβολος,	ει υιος ει του θεου, ειπε τω λιθω τουτω...
ΛΚ 4:6	02	και ειπεν αυτω ο διαβολος,	σοι δωσω την εξουσιαν ταυτην απασαν και...
ΛΚ 4:13	02	και συντελεσας παντα πειρασμον ο διαβολος	απεστη απ αυτου αχρι καιρου.
ΜΘ 4:1	02	..... υπο του πνευματος, πειρασθηναι υπο του διαβολου.	
ΛΚ 4:2	02	ημερας τεσσερακοντα πειραζομενος υπο του διαβολου.	και ουκ εφαγεν ουδεν εν ταις ημεραις εκειναις,...
ΜΘ 4:8	02	.... πασας τας βασιλειας του κοσμου και την δοξαν	αυτων,
ΛΚ 4:6	02	.... δωσω την εξουσιαν ταυτην απασαν και την δοξαν	αυτων, οτι εμοι παραδεδοται και ω εαν...
ΜΘ 4:9	02	και λεγει αυτω, ταυτα σοι παντα δωσω	εαν πεσων προσκυνησης μοι.
ΛΚ 4:6	02	και ειπεν αυτω ο διαβολος, σοι δωσω	την εξουσιαν ταυτην απασαν και την δοξαν...
ΜΘ 4:9	02	και λεγει αυτω, ταυτα σοι παντα δωσω εαν	πεσων προσκυνησης μοι.
ΛΚ 4:6	02	.. δοξαν αυτων, οτι εμοι παραδεδοται και ω εαν	θελω διδωμι αυτην.
ΛΚ 4:7	02	συ ουν εαν	προσκυνησης ενωπιον εμου, εσται σου πασα.
ΛΚ 4:5	02	και αναγαγων αυτον εδειξεν	αυτω πασας τας βασιλειας της οικουμενης...
ΜΘ 4:3	02	και προσελθων ο πειραζων ειπεν αυτω, ει	υιος ει του θεου, ειπε ινα οι λιθοι ουτοι...
ΜΘ 4:3	02	. προσελθων ο πειραζων ειπεν αυτω, ει υιος ει	του θεου, ειπε ινα οι λιθοι ουτοι αρτοι...
ΜΘ 4:6	02	και λεγει αυτω, ει	υιος ει του θεου, βαλε σεαυτον κατω. γεγραπται...
ΜΘ 4:6	02	και λεγει αυτω, ει υιος ει	του θεου, βαλε σεαυτον κατω. γεγραπται...
ΛΚ 4:3	02	ειπεν δε αυτω ο διαβολος, ει	υιος ει του θεου, ειπε τω λιθω τουτω ινα...
ΛΚ 4:3	02	ειπεν δε αυτω ο διαβολος, ει υιος ει	του θεου, ειπε τω λιθω τουτω ινα γενηται...
ΛΚ 4:9	02	... το πτερυγιον του ιερου, και ειπεν αυτω, ει	υιος ει του θεου, βαλε σεαυτον εντευθεν...
ΛΚ 4:9	02	.... του ιερου, και ειπεν αυτω, ει υιος ει	του θεου, βαλε σεαυτον εντευθεν κατω.
ΜΘ 4:3	02	.... ειπεν αυτω, ει υιος ει του θεου, ειπε	ινα οι λιθοι ουτοι αρτοι γενωνται.
ΛΚ 4:3	02	.. αυτω ο διαβολος, ει υιος ει του θεου, ειπε	τω λιθω τουτω ινα γενηται αρτος.
ΜΘ 4:3	02	και προσελθων ο πειραζων ειπεν	αυτω, ει υιος ει του θεου, ειπε ινα...
ΜΘ 4:4	02	ο δε αποκριθεις ειπεν,	γεγραπται, ουκ επ αρτω μονω ζησεται...
ΛΚ 4:3	02	ειπεν	δε αυτω ο διαβολος, ει υιος ει του...
ΛΚ 4:6	02	και ειπεν	αυτω ο διαβολος, σοι δωσω την εξουσιαν...
ΛΚ 4:8	02	και αποκριθεις ο ιησους ειπεν,	αυτω, γεγραπται, κυριον τον θεον σου...
ΛΚ 4:9	02	.... εστησεν επι το πτερυγιον του ιερου, και ειπεν	αυτω, ει υιος ει του θεου, βαλε σεαυτον...
ΛΚ 4:12	02	και αποκριθεις ειπεν	αυτω ο ιησους οτι ειρηται, ουκ εκπειρασεις...
ΜΘ 4:1	02	τοτε ο ιησους ανηχθη εις	την ερημον υπο του πνευματος, πειρασθηναι...
ΜΘ 4:5	02	τοτε παραλαμβανει αυτον ο διαβολος εις	την αγιαν πολιν, και ιστησιν αυτον επι...
ΜΘ 4:8	02	παλιν παραλαμβανει αυτον ο διαβολος εις	ορος υψηλον λιαν, και δεικνυσιν αυτω...
ΛΚ 4:9	02	ηγαγεν δε αυτον εις	ιερουσαλημ και εστησεν επι το πτερυγιον...
ΜΘ 4:7	02	. εφη αυτω ο ιησους. παλιν γεγραπται, ουκ εκπειρασεις	κυριον τον θεον σου.
ΛΚ 4:12	02	..... ειπεν αυτω ο ιησους οτι ειρηται, ουκ εκπειρασεις	κυριον τον θεον σου.
ΛΚ 4:7	02	συ ουν εαν προσκυνησης ενωπιον εμου,	εσται σου πασα.
ΜΘ 4:6	02	.. γεγραπται γαρ οτι τοις αγγελοις αυτου εντελειται	περι σου και επι χειρων αρουσιν σε, μηποτε...
ΛΚ 4:10	02	. γεγραπται γαρ οτι τοις αγγελοις αυτου εντελειται	περι σου του διαφυλαξαι σε,
ΜΘ 4:4	02	ο δε αποκριθεις ειπεν, γεγραπται, ουκ επ	αρτω μονω ζησεται ο ανθρωπος, αλλ επι...
ΛΚ 4:4	02	... προς αυτον ο ιησους, γεγραπται οτι ουκ επ	αρτω μονω ζησεται ο ανθρωπος.
ΜΘ 4:2	02	.... και νυκτας τεσσαρακοντα υστερον επεινασεν.	
ΛΚ 4:2	02	.... εκειναις, και συντελεσθεισων αυτων επεινασεν.	
ΜΘ 4:4	02	...._ επ αρτω μονω ζησεται ο ανθρωπος, αλλ επι	παντι ρηματι εκπορευομενω δια στοματος θεου.
ΜΘ 4:5	02	... εις την αγιαν πολιν, και ιστησιν αυτον επι	το πτερυγιον του ιερου,
ΜΘ 4:6	02	.. αγγελοις αυτου εντελειται περι σου και επι	χειρων αρουσιν σε, μηποτε προσκοψης προς...
ΛΚ 4:9	02	...... δε αυτον εις ιερουσαλημ και εστησεν επι	το πτερυγιον του ιερου, και ειπεν αυτω,...
ΛΚ 4:11	02	και οτι επι	χειρων αρουσιν σε μηποτε προσκοψης προς...
ΛΚ 4:9	02	ηγαγεν δε αυτον εις ιερουσαλημ και εστησεν	επι το πτερυγιον του ιερου, και ειπεν...
ΜΘ 4:4	02	..... ειπεν, γεγραπται, ουκ επ αρτω μονω ζησεται	ο ανθρωπος, αλλ επι παντι ρηματι εκπορευομενω...
ΛΚ 4:4	02	.. ιησους. γεγραπται οτι ουκ επ αρτω μονω ζησεται	ο ανθρωπος.
ΜΘ 4:7	02	.... γεγραπται, ουκ εκπειρασεις κυριον τον θεον	σου.

Mθ 4:7	02	.... γεγραπται, ουκ εκπειρασεις κυριον τον	θεον	σου.
Mθ 4:10	02	. υπαγε, σατανα. γεγραπται γαρ, κυριον τον	θεον	σου προσκυνησεις και αυτω μονω λατρευσεις.
ΛΚ 4:8	02	.... ειπεν αυτω, γεγραπται, κυριον τον	θεον	σου προσκυνησεις και αυτω μονω λατρευσεις.
ΛΚ 4:12	02	... οτι ειρηται, ουκ εκπειρασεις κυριον τον	θεον	σου.
Mθ 4:3	02	.. ο πειραζων ειπεν αυτω, ει υιος ει του	θεου,	ειπε ινα οι λιθοι ουτοι αρτοι γενωνται.
Mθ 4:4	02	..... παντι ρηματι εκπορευομενω δια στοματος	θεου.	
Mθ 4:6	02	και λεγει αυτω, ει υιος ει του	θεου,	βαλε σεαυτον κατω. γεγραπται γαρ οτι...
ΛΚ 4:3	02	..... δε αυτω ο διαβολος, ει υιος ει του	θεου,	ειπε τω λιθω τουτω ινα γενηται αρτος.
ΛΚ 4:9	02	.. ιερου, και ειπεν αυτω, ει υιος ει του	θεου,	βαλε σεαυτον εντευθεν κατω.
Mθ 4:5	02	.. και ιστησιν αυτον επι το πτερυγιον του	ιερου,	
ΛΚ 4:9	02	.... και εστησεν επι το πτερυγιον του	ιερου,	και ειπεν αυτω, ει υιος ει του θεου,...
Mθ 4:1	02	τοτε ο	ιησους	ανηχθη εις την ερημον υπο του πνευματος,...
Mθ 4:7	02	εφη αυτω ο	ιησους,	παλιν γεγραπται, ουκ εκπειρασεις κυριον...
Mθ 4:10	02	τοτε λεγει αυτω ο	ιησους,	υπαγε, σατανα. γεγραπται γαρ, κυριον...
ΛΚ 4:1	02		ιησους	δε πληρης πνευματος αγιου υπεστρεψεν απο...
ΛΚ 4:4	02	και απεκριθη προς αυτον ο	ιησους,	γεγραπται οτι ουκ επ αρτω μονω ζησεται...
ΛΚ 4:8	02	και αποκριθεις ο	ιησους	ειπεν αυτω, γεγραπται, κυριον τον θεον...
ΛΚ 4:12	02	και αποκριθεις ειπεν αυτω ο	ιησους	οτι ειρηται, ουκ εκπειρασεις κυριον τον...
Mθ 4:3	02	.... αυτω, ει υιος ει του θεου, ειπε	ινα	οι λιθοι ουτοι αρτοι γενωνται.
ΛΚ 4:3	02	.... υιος ει του θεου, ειπε τω λιθω τουτω	ινα	γενηται αρτος.
Mθ 4:5	02	...... ο διαβολος εις την αγιαν πολιν, και	ιστησιν	αυτον επι το πτερυγιον του ιερου,
Mθ 4:2	02		και	νηστευσας ημερας τεσσαρακοντα και νυκτας...
Mθ 4:2	02	και νηστευσας ημερας τεσσαρακοντα	και	νυκτας τεσσαρακοντα υστερον επεινασεν.
Mθ 4:3	02		και	προσελθων ο πειραζων ειπεν αυτω, ει...
Mθ 4:5	02	... αυτον ο διαβολος εις την αγιαν πολιν,	και	ιστησιν αυτον επι το πτερυγιον του ιερου,...
Mθ 4:6	02		και	λεγει αυτω, ει υιος ει του θεου, βαλε...
Mθ 4:6	02	. τοις αγγελοις αυτου εντελειται περι σου	και	επι χειρων αρουσιν σε, μηποτε προσκοψης...
Mθ 4:8	02	.. αυτον ο διαβολος εις ορος υψηλον λιαν,	και	δεικνυσιν αυτω πασας τας βασιλειας του...
Mθ 4:8	02	...... αυτω πασας τας βασιλειας του κοσμου	και	την δοξαν αυτων,
Mθ 4:9	02		και	λεγει αυτω, ταυτα σοι παντα δωσω εαν...
Mθ 4:10	02	.... γαρ, κυριον τον θεον σου προσκυνησεις	και	αυτω μονω λατρευσεις.
Mθ 4:11	02	τοτε αφιησιν αυτον ο διαβολος,	και	ιδου αγγελοι προσηλθον και διηκονουν αυτω.
Mθ 4:11	02	... ο διαβολος, και ιδου αγγελοι προσηλθον	και	διηκονουν αυτω.
ΛΚ 4:1	02	.... αγιου υπεστρεψεν απο του ιορδανου,	και	ηγετο εν τω πνευματι εν τη ερημω
ΛΚ 4:2	02	.... πειραζομενος υπο του διαβολου.	και	ουκ εφαγεν ουδεν εν ταις ημεραις εκειναις,...
ΛΚ 4:2	02	. ουκ εφαγεν ουδεν εν ταις ημεραις εκειναις.	και	συντελεσθεισων αυτων επεινασεν.
ΛΚ 4:4	02		και	απεκριθη προς αυτον ο ιησους, γεγραπται...
ΛΚ 4:5	02		και	αναγαγων αυτον εδειξεν αυτω πασας τας...
ΛΚ 4:6	02		και	ειπεν αυτω ο διαβολος. σοι δωσω την...
ΛΚ 4:6	02	.... σοι δωσω την εξουσιαν ταυτην απασαν	και	την δοξαν αυτων, οτι εμοι παραδεδοται...
ΛΚ 4:6	02	.... την δοξαν αυτων, οτι εμοι παραδεδοται	και	ω εαν θελω διδωμι αυτην.
ΛΚ 4:8	02		και	αποκριθεις ο ιησους ειπεν αυτω, γεγραπται,...
ΛΚ 4:8	02	.... κυριον τον θεον σου προσκυνησεις	και	αυτω μονω λατρευσεις.
ΛΚ 4:9	02	ηγαγεν δε αυτον εις ιερουσαλημ	και	εστησεν επι το πτερυγιον του ιερου,...
ΛΚ 4:9	02	..... εστησεν επι το πτερυγιον του ιερου,	και	ειπεν αυτω, ει υιος ει του θεου, βαλε...
ΛΚ 4:11	02		και	οτι επι χειρων αρουσιν σε μηποτε προσκοψης...
ΛΚ 4:12	02		και	αποκριθεις ειπεν αυτω ο ιησους οτι...
ΛΚ 4:13	02		και	συντελεσας παντα πειρασμον ο διαβολος...
Mθ 4:6	02	...... ει υιος ει του νεου, βαλε σεαυτον	κατω.	γεγραπται γαρ οτι τοις αγγελοις αυτου...
ΛΚ 4:9	02	. υιος ει του θεου, βαλε σεαυτον εντευθεν	κατω.	
Mθ 4:7	02	.... παλιν γεγραπται, ουκ εκπειρασεις	κυριον	τον θεον σου.
Mθ 4:10	02	. ο ιησους, υπαγε, σατανα. γεγραπται γαρ,	κυριον	τον θεον σου προσκυνησεις και αυτω μονω...
ΛΚ 4:8	02	.... ο ιησους ειπεν αυτω, γεγραπται,	κυριον	τον θεον σου προσκυνησεις και αυτω μονω...
ΛΚ 4:12	02	.... ο ιησους οτι ειρηται, ουκ εκπειρασεις	κυριον	τον θεον σου.
Mθ 4:10	02	. τον θεον σου προσκυνησεις και αυτω μονω	λατρευσεις.	
ΛΚ 4:8	02	. τον θεον σου προσκυνησεις και αυτω μονω	λατρευσεις.	
Mθ 4:3	02	...... ει υιος ει του θεου, ειπε ινα οι	λιθοι	ουτοι αρτοι γενωνται.

Μθ 4:6	02	.. χειρων αρουσιν σε, μηποτε προσκοψης προς λιθον	τον ποδα σου.
ΛΚ 4:11	02	... χειρων αρουσιν σε μηποτε προσκοψης προς λιθον	τον ποδα σου.
ΛΚ 4:3	02	.... ει υιος ει του θεου, ειπε τω λιθω	τουτω ινα γενηται αρτος.
Μθ 4:6	02	..... περι σου και επι χειρων αρουσιν σε, μηποτε	προσκοψης προς λιθον τον ποδα σου.
ΛΚ 4:11	02	και οτι επι χειρων αρουσιν σε μηποτε	προσκοψης προς λιθον τον ποδα σου.
Μθ 4:9	02	..... σοι παντα δωσω εαν πεσων προσκυνησης μοι.	
Μθ 4:4	02	.... ειπεν, γεγραπται, ουκ επ αρτω μονω	ζησεται ο ανθρωπος, αλλ επι παντι ρηματι...
Μθ 4:10	02	...... τον θεον σου προσκυνησεις και αυτω μονω	λατρευσεις.
ΛΚ 4:4	02	.... ο ιησους, γεγραπται οτι ουκ επ αρτω μονω	ζησεται ο ανθρωπος.
ΛΚ 4:8	02	...... τον θεον σου προσκυνησεις και αυτω μονω	λατρευσεις.
Μθ 4:1	02	τοτε ο	ιησους ανηχθη εις την ερημον υπο του...
Μθ 4:3	02	και προσελθων ο	πειραζων ειπεν αυτω, ει υιος ει του...
Μθ 4:4	02	ο	δε αποκριθεις ειπεν, γεγραπται, ουκ...
Μθ 4:4	02	... γεγραπται, ουκ επ αρτω μονω ζησεται ο	ανθρωπος, αλλ επι παντι ρηματι εκπορευομενω...
Μθ 4:5	02	τοτε παραλαμβανει αυτον ο	διαβολος εις την αγιαν πολιν, και ιστησιν...
Μθ 4:7	02	εφη αυτω ο	ιησους, παλιν γεγραπται, ουκ εκπειρασεις...
Μθ 4:8	02	παλιν παραλαμβανει αυτον ο	διαβολος εις ορος υψηλον λιαν, και δεικνυσιν...
Μθ 4:10	02	τοτε λεγει αυτω ο	ιησους, υπαγε, σατανα. γεγραπται γαρ,...
Μθ 4:11	02	τοτε αφιησιν αυτον ο	διαβολος, και ιδου αγγελοι προσηλθον...
ΛΚ 4:3	02	ειπεν δε αυτω ο	διαβολος, ει υιος ει του θεου, ειπε...
ΛΚ 4:4	02	και απεκριθη προς αυτον ο	ιησους, γεγραπται οτι ουκ επ αρτω μονω...
ΛΚ 4:4	02	.... οτι ουκ επ αρτω μονω ζησεται ο	ανθρωπος.
ΛΚ 4:6	02	και ειπεν αυτω ο	διαβολος, σοι δωσω την εξουσιαν ταυτην...
ΛΚ 4:8	02	και αποκριθεις ο	ιησους ειπεν αυτω, γεγραπται, κυριον...
ΛΚ 4:12	02	και αποκριθεις ειπεν αυτω ο	ιησους οτι ειρηται, ουκ εκπειρασεις κυριον...
ΛΚ 4:13	02	και συντελεσας παντα πειρασμον ο	διαβολος απεστη απ αυτου αχρι καιρου.
Μθ 4:6	02	.... βαλε σεαυτον κατω. γεγραπται γαρ οτι	τοις αγγελοις αυτου εντελειται περι...
ΛΚ 4:4	02	.... προς αυτον ο ιησους, γεγραπται οτι	ουκ επ αρτω μονω ζησεται ο ανθρωπος.
ΛΚ 4:6	02	...... ταυτην απασαν και την δοξαν αυτων, οτι	εμοι παραδεδοται και ω εαν θελω διδωμι...
ΛΚ 4:10	02	γεγραπται γαρ οτι	τοις αγγελοις αυτου εντελειται περι...
ΛΚ 4:11	02	και οτι	επι χειρων αρουσιν σε μηποτε προσκοψης...
ΛΚ 4:12	02	και αποκριθεις ειπεν αυτω ο ιησους οτι	ειρηται, ουκ εκπειρασεις κυριον τον θεον...
Μθ 4:4	02	ο δε αποκριθεις ειπεν, γεγραπται, ουκ	επ αρτω μονω ζησεται ο ανθρωπος,...
Μθ 4:7	02	εφη αυτω ο ιησους, παλιν γεγραπται, ουκ	εκπειρασεις κυριον τον θεον σου.
ΛΚ 4:2	02	.... πειραζομενος υπο του διαβολου. και ουκ	εφαγεν ουδεν εν ταις ημεραις εκειναις,...
ΛΚ 4:4	02	.... προς αυτον ο ιησους, γεγραπται οτι ουκ	επ αρτω μονω ζησεται ο ανθρωπος.
ΛΚ 4:12	02	...... ειπεν αυτω ο ιησους οτι ειρηται, ουκ	εκπειρασεις κυριον τον θεον σου.
Μθ 4:8	02	.... ορος υψηλον λιαν, και δεικνυσιν αυτω πασας	τας βασιλειας του κοσμου και την δοξαν...
ΛΚ 4:5	02	και αναγαγων αυτον εδειξεν αυτω πασας	τας βασιλειας της οικουμενης εν στιγμη...
Μθ 4:6	02	..... οτι τοις αγγελοις αυτου εντελειται περι	σου και επι χειρων αρουσιν σε, μηποτε...
ΛΚ 4:10	02	..... οτι τοις αγγελοις αυτου εντελειται περι	σου του διαφυλαξαι σε,
Μθ 4:6	02	...... σε, μηποτε προσκοψης προς λιθον τον ποδα	σου.
ΛΚ 4:11	02	.... σε μηποτε προσκοψης προς λιθον τον ποδα	σου.
Μθ 4:6	02	..... χειρων αρουσιν σε, μηποτε προσκοψης προς	λιθον τον ποδα σου.
ΛΚ 4:4	02	και απεκριθη προς	αυτον ο ιησους, γεγραπται οτι ουκ...
ΛΚ 4:11	02	. επι χειρων αρουσιν σε μηποτε προσκοψης προς	λιθον τον ποδα σου.
Μθ 4:6	02	.. σου και επι χειρων αρουσιν σε, μηποτε προσκοψης	προς λιθον τον ποδα σου.
ΛΚ 4:11	02	. και οτι επι χειρων αρουσιν σε μηποτε προσκοψης	προς λιθον τον ποδα σου.
Μθ 4:9	02	.... αυτω, ταυτα σοι παντα δωσω εαν πεσων προσκυνησης	μοι.
ΛΚ 4:7	02	συ ουν εαν προσκυνησης	ενωπιον εμου, εσται σου πασα.
Μθ 4:5	02	.. αγιαν πολιν, και ιστησιν αυτον επι το πτερυγιον	του ιερου,
ΛΚ 4:9	02	...... εις ιερουσαλημ και εστησεν επι το πτερυγιον	του ιερου, και ειπεν αυτω, ει υιος...
Μθ 4:6	02	.... περι σου και επι χειρων αρουσιν σε,	μηποτε προσκοψης προς λιθον τον ποδα...
ΛΚ 4:10	02	.... εντελειται περι σου του διαφυλαξαι σε,	
ΛΚ 4:11	02	και οτι επι χειρων αρουσιν σε	μηποτε προσκοψης προς λιθον τον ποδα...
Μθ 4:6	02	. λεγει αυτω, ει υιος ει του θεου, βαλε σεαυτον	κατω. γεγραπται γαρ οτι τοις αγγελοις...
ΛΚ 4:9	02	.... αυτω, ει υιος ει του θεου, βαλε σεαυτον	εντευθεν κατω.

ΛΚ 4:9	02	.... αυτω, ει υιος ει του θεου, βαλε σεαυτον	εντευθεν κατω.
ΜΘ 4:9	02	και λεγει αυτω, ταυτα σοι	παντα δωσω εαν πεσων προσκυνησης μοι.
ΛΚ 4:6	02	και ειπεν αυτω ο διαβολος, σοι	δωσω την εξουσιαν ταυτην απασαν και την...
ΜΘ 4:6	02	.... τοις αγγελοις αυτου εντελειται περι σου	και επι χειρων αρουσιν σε, μηποτε...
ΜΘ 4:6	02	.. μηποτε προσκοψης προς λιθον τον ποδα σου.	
ΜΘ 4:7	02	.... ουκ εκπειρασεις κυριον τον θεον σου.	
ΜΘ 4:10	02	. σατανα. γεγραπται γαρ, κυριον τον θεον σου	προσκυνησεις και αυτω μονω λατρευσεις.
ΛΚ 4:7	02	. ουν εαν προσκυνησης ενωπιον εμου, εσται σου	πασα.
ΛΚ 4:8	02	...... αυτω, γεγραπται, κυριον τον θεον σου	προσκυνησεις και αυτω μονω λατρευσεις.
ΛΚ 4:10	02	.... τοις αγγελοις αυτου εντελειται περι σου	του διαφυλαξαι σε,
ΛΚ 4:11	02	.. μηποτε προσκοψης προς λιθον τον ποδα σου.	
ΛΚ 4:12	02	.... ουκ εκπειρασεις κυριον τον θεον σου.	
ΜΘ 4:8	02	.. υψηλον λιαν, και δεικνυσιν αυτω πασας τας	βασιλειας του κοσμου και την δοξαν αυτων,...
ΛΚ 4:5	02	. και αναγαγων αυτον εδειξεν αυτω πασας τας	βασιλειας της οικουμενης εν στιγμη χρονου.
ΜΘ 4:9	02	και λεγει αυτω, ταυτα	σοι παντα δωσω εαν πεσων προσκυνησης...
ΛΚ 4:6	02	...... ο διαβολος, σοι δωσω την εξουσιαν ταυτην	απασαν και την δοξαν αυτων, οτι εμοι...
ΜΘ 4:1	02	τοτε ο ιησους ανηχθη εις την	ερημον υπο του πνευματος, πειρασθηναι υπο...
ΜΘ 4:5	02	. τοτε παραλαμβανει αυτον ο διαβολος εις την	αγιαν πολιν, και ιστησιν αυτον επι...
ΜΘ 4:8	02	..... πασας τας βασιλειας του κοσμου και την	δοξαν αυτων,
ΛΚ 4:6	02	. και ειπεν αυτω ο διαβολος, σοι δωσω την	εξουσιαν ταυτην απασαν και την δοξαν...
ΛΚ 4:6	02	.... δωσω την εξουσιαν ταυτην απασαν και την	δοξαν αυτων, οτι εμοι παραδεδοται και...
ΜΘ 4:5	02	..... αγιαν πολιν, και ιστησιν αυτον επι το	πτερυγιον του ιερου,
ΛΚ 4:9	02	.. αυτον εις ιερουσαλημ και εστησεν επι το	πτερυγιον του ιερου, και ειπεν αυτω,...
ΜΘ 4:6	02	. βαλε σεαυτον κατω. γεγραπται γαρ οτι τοις	αγγελοις αυτου εντελειται περι σου...
ΛΚ 4:10	02	γεγραπται γαρ οτι τοις	αγγελοις αυτου εντελειται περι σου...
ΜΘ 4:6	02	.... σε, μηποτε προσκοψης προς λιθον τον	ποδα σου.
ΜΘ 4:7	02	..... γεγραπται, ουκ εκπειρασεις κυριον τον	θεον σου.
ΜΘ 4:10	02	.... υπαγε, σατανα. γεγραπται γαρ, κυριον τον	θεον σου προσκυνησεις και αυτω μόνω...
ΛΚ 4:8	02	.. ιησους ειπεν αυτω, γεγραπται, κυριον τον	θεον σου προσκυνησεις και αυτω μονω...
ΛΚ 4:11	02	.... σε μηποτε προσκοψης προς λιθον τον	ποδα σου.
ΛΚ 4:12	02	.... οτι ειρηται, ουκ εκπειρασεις κυριον τον	θεον σου.
ΜΘ 4:1	02	..... ο ιησους ανηχθη εις την ερημον υπο του	πνευματος, πειρασθηναι υπο του διαβολου.
ΜΘ 4:1	02	. ερημον υπο του πνευματος, πειρασθηναι υπο του	διαβολου.
ΜΘ 4:3	02	..... ο πειραζων ειπεν αυτω, ει υιος ει του	θεου, ειπε ινα οι λιθοι ουτοι αρτοι...
ΜΘ 4:5	02	... και ιστησιν αυτον επι το πτερυγιον του	ιερου,
ΜΘ 4:6	02	και λεγει αυτω, ει υιος ει του	θεου, βαλε σεαυτον κατω. γεγραπται γαρ...
ΛΚ 4:3	02	ειπεν δε αυτω ο διαβολος, ει υιος ει του	θεου, ειπε τω λιθω τουτω ινα γενηται αρτος.
ΛΚ 4:9	02	.... ιερουσαλημ και εστησεν επι το πτερυγιον του	ιερου, και ειπεν αυτω, ει υιος ει του θεου,...
ΛΚ 4:9	02	..... του ιερου, και ειπεν αυτω, ει υιος ει του	θεου, βαλε σεαυτον εντευθεν κατω.
ΜΘ 4:3	02	και προσελθων ο πειραζων ειπεν αυτω, ει υιος	ει του θεου, ειπε ινα οι λιθοι ουτοι αρτοι...
ΜΘ 4:6	02	και λεγει αυτω, ει υιος	ει του θεου, βαλε σεαυτον κατω. γεγραπται...
ΛΚ 4:3	02	ειπεν δε αυτω ο διαβολος, ει υιος	ει του θεου, ειπε τω λιθω τουτω ινα γενηται...
ΛΚ 4:9	02	... πτερυγιον του ιερου, και ειπεν αυτω, ει υιος	ει του θεου, βαλε σεαυτον εντευθεν κατω.
ΜΘ 4:6	02	. αγγελοις αυτου εντελειται περι σου και επι χειρων	αρουσιν σε, μηποτε προσκοψης προς λιθον...
ΛΚ 4:11	02	και οτι επι χειρων	αρουσιν σε μηποτε προσκοψης προς λιθον...

Μθ 5:3	03	... οι πτωχοι τω πνευματι, οτι αυτων εστιν η	βασιλεια των ουρανων.
ΛΚ 6:20	03	μακαριοι οι πτωχοι, οτι υμετερα εστιν η	βασιλεια του θεου.
Μθ 5:12	03	.. μισθος υμων πολυς εν τοις ουρανοις. ουτως	γαρ εδιωξαν τους προφητας τους προ υμων.
ΛΚ 6:23	03	...... υμων πολυς εν τω ουρανω. κατα τα αυτα	γαρ εποιουν τοις προφηταις οι πατερες αυτων.
Μθ 5:12	03	.... και αγαλλιασθε, οτι ο μισθος υμων πολυς	εν τοις ουρανοις. ουτως γαρ εδιωξαν τους...
ΛΚ 6:23	03	... σκιρτησατε ιδου γαρ ο μισθος υμων πολυς	εν τω ουρανω. κατα τα αυτα γαρ εποιουν τοις...
ΛΚ 6:22	03	..... και εκβαλωσιν το ονομα υμων ως πονηρον	ενεκα του υιου του ανθρωπου.
Μθ 5:11	03	.... ειπωσιν παν πονηρον καθ υμων ψευδομενοι	ενεκεν εμου.
Μθ 5:11	03	μακαριοι	εστε οταν ονειδισωσιν υμας και διωξωσιν και...
ΛΚ 6:22	03	μακαριοι	εστε οταν μισησωσιν υμας οι ανθρωποι, και οταν...
Μθ 5:3	03	μακαριοι οι πτωχοι/τω πνευματι, οτι αυτων	εστιν η βασιλεια των ουρανων.
ΛΚ 6:20	03	μακαριοι οι πτωχοι, οτι υμετερα	εστιν η βασιλεια του θεου.
Μθ 5:3	03	.... οι πτωχοι τω πνευματι, οτι αυτων εστιν	η βασιλεια των ουρανων.
ΛΚ 6:20	03	μακαριοι οι πτωχοι, οτι υμετερα εστιν	η βασιλεια του θεου.
Μθ 5:11	03	μακαριοι εστε οταν ονειδισωσιν υμας	και διωξωσιν και ειπωσιν παν πονηρον καθ υμων...
ΛΚ 6:22	03	. και οταν αφορισωσιν υμας και ονειδισωσιν	και εκβαλωσιν το ονομα υμων ως πονηρον ενεκα...
Μθ 5:3	03		μακαριοι οι πτωχοι τω πνευματι, οτι αυτων εστιν...
Μθ 5:6	03		μακαριοι οι πεινωντες και διψωντες την δικαιοσυνην,...
Μθ 5:11	03		μακαριοι εστε οταν ονειδισωσιν υμας και διωξωσιν...
ΛΚ 6:20	03		μακαριοι οι πτωχοι, οτι υμετερα εστιν η βασιλεια...
ΛΚ 6:21	03		μακαριοι οι πεινωντες νυν, οτι χορτασθησεσθε. μακαριοι...
ΛΚ 6:22	03		μακαριοι εστε οταν μισησωσιν υμας οι ανθρωποι,...
Μθ 5:12	03	χαιρετε και αγαλλιασθε, οτι ο	μισθος υμων πολυς εν τοις ουρανοις. ουτως γαρ...
ΛΚ 6:23	03	.... τη ημερα και σκιρτησατε ιδου γαρ ο	μισθος υμων πολυς εν τω ουρανω. κατα τα αυτα...
Μθ 5:12	03	χαιρετε και αγαλλιασθε, οτι	ο μισθος υμων πολυς εν τοις ουρανοις. ουτως...
ΛΚ 6:23	03	.. εκεινη τη ημερα και σκιρτησατε ιδου γαρ	ο μισθος υμων πολυς εν τω ουρανω. κατα...
Μθ 5:3	03	μακαριοι	οι πτωχοι τω πνευματι, οτι αυτων εστιν η...
Μθ 5:6	03	μακαριοι	οι πεινωντες και διψωντες την δικαιοσυνην,...
ΛΚ 6:20	03	μακαριοι	οι πτωχοι, οτι υμετερα εστιν η βασιλεια...
ΛΚ 6:21	03	μακαριοι	οι πεινωντες νυν, οτι χορτασθησεσθε. μακαριοι...
Μθ 5:11	03	μακαριοι εστε οταν	ονειδισωσιν υμας και διωξωσιν και ειπωσιν παν πονηρον...
ΛΚ 6:22	03	... ανθρωποι, και οταν αφορισωσιν υμας και	ονειδισωσιν και εκβαλωσιν το ονομα υμων ως πονηρον...
Μθ 5:11	03	μακαριοι εστε	οταν ονειδισωσιν υμας και διωξωσιν και ειπωσιν...
ΛΚ 6:22	03	.... οταν μισησωσιν υμας οι ανθρωποι, και	οταν αφορισωσιν υμας και ονειδισωσιν και...
Μθ 5:3	03	μακαριοι οι πτωχοι τω πνευματι,	οτι αυτων εστιν η βασιλεια των ουρανων.
Μθ 5:6	03	... πεινωντες και διψωντες την δικαιοσυνην,	οτι αυτοι χορτασθησονται.
ΛΚ 6:20	03	μακαριοι οι πτωχοι,	οτι υμετερα εστιν η βασιλεια του θεου.
ΛΚ 6:21	03	μακαριοι οι πεινωντες νυν,	οτι χορτασθησεσθε. μακαριοι οι κλαιοντες...
Μθ 5:12	03	.... οτι ο μισθος υμων πολυς εν τοις	ουρανοις. ουτως γαρ εδιωξαν τους προφητας τους...
ΛΚ 6:23	03	..... ιδου γαρ ο μισθος υμων πολυς εν τω	ουρανω. κατα τα αυτα γαρ εποιουν τοις προφηταις...
Μθ 5:6	03	μακαριοι	οι πεινωντες και διψωντες την δικαιοσυνην, οτι αυτοι...
ΛΚ 6:21	03	μακαριοι	οι πεινωντες νυν, οτι χορτασθησεσθε. μακαριοι οι...
Μθ 5:12	03	...... και αγαλλιασθε, οτι ο μισθος υμων	πολυς εν τοις ουρανοις. ουτως γαρ εδιωξαν...
ΛΚ 6:23	03	.. και σκιρτησατε ιδου γαρ ο μισθος υμων	πολυς εν τω ουρανω. κατα τα αυτα γαρ εποιουν...
Μθ 5:11	03	.... υμας και διωξωσιν και ειπωσιν παν	πονηρον καθ υμων ψευδομενοι ενεκεν εμου.
ΛΚ 6:22	03	.... και εκβαλωσιν το ονομα υμων ως	πονηρον ενεκα του υιου του ανθρωπου.
ΛΚ 6:23	03	. τω ουρανω. κατα τα αυτα γαρ εποιουν τοις	προφηταις οι πατερες αυτων.
Μθ 5:12	03	.... τοις ουρανοις. ουτως γαρ εδιωξαν τους	προφητας τους προ υμων.
Μθ 5:3	03	μακαριοι οι	πτωχοι τω πνευματι, οτι αυτων εστιν η βασιλεια...
ΛΚ 6:20	03	μακαριοι οι	πτωχοι, οτι υμετερα εστιν η βασιλεια του θεου.
Μθ 5:12	03	.... οτι ο μισθος υμων πολυς εν	τοις ουρανοις. ουτως γαρ εδιωξαν τους προφητας...
ΛΚ 6:23	03	.. εν τω ουρανω. κατα τα αυτα γαρ εποιουν	τοις προφηταις οι πατερες αυτων.
Μθ 5:12	03	.... εν τοις ουρανοις. ουτως γαρ εδιωξαν	τους προφητας τους προ υμων.
ΛΚ 6:23	03	.... ιδου γαρ ο μισθος υμων πολυς εν	τω ουρανω. κατα τα αυτα γαρ εποιουν τοις...
Μθ 5:11	03	μακαριοι εστε οταν ονειδισωσιν	υμας και διωξωσιν και ειπωσιν παν πονηρον...
ΛΚ 6:22	03	.. υμας οι ανθρωποι, και οταν αφορισωσιν	υμας και ονειδισωσιν και εκβαλωσιν το ονομα...

ΛΚ 6:22	03	.. υμας οι ανθρωποι, και οταν αφορισωσιν	υμας	και ονειδισωσιν και εκβαλωσιν το ονομα...
Μθ 5:11	03	..... διωξωσιν και ειπωσιν παν πονηρον καθ	υμων	ψευδομενοι ενεκεν εμου.
ΛΚ 6:23	03	. ημερα και σκιρτησατε ιδου γαρ ο μισθος	υμων	πολυς εν τω ουρανω. κατα τα αυτα γαρ...
Μθ 5:12	03		χαιρετε	και αγαλλιασθε, οτι ο μισθος υμων...
ΛΚ 6:23	03		χαρητε	εν εκεινη τη ημερα και σκιρτησατε ιδου...
ΛΚ 6:21	03	μακαριοι οι πεινωντες νυν, οτι	χορτασθησεσθε.	μακαριοι οι κλαιοντες νυν, οτι γελασετε.
Μθ 5:6	03	.. και διψωντες την δικαιοσυνην, οτι αυτοι	χορτασθησονται.	

ΜΘ 5:44	04	εγω δε λεγω υμιν,	αγαπατε	τους εχθρους υμων και προσευχεσθε υπερ...
ΛΚ 6:27	04	αλλα υμιν λεγω τοις ακουουσιν,	αγαπατε	τους εχθρους υμων, καλως ποιειτε τοις μισουσιν...
ΛΚ 6:32	04	και ει	αγαπατε	τους αγαπωντας υμας, ποια υμιν χαρις εστιν;...
ΛΚ 6:35	04	πλην	αγαπατε	τους εχθρους υμων και αγαθοποιειτε και...
ΜΘ 5:46	04	εαν γαρ	αγαπησητε	τους αγαπωντας υμας, τινα μισθον εχετε;...
ΜΘ 5:46	04	εαν γαρ αγαπησητε τους	αγαπωντας	υμας, τινα μισθον εχετε; ουχι και οι τελωναι...
ΛΚ 6:32	04	και ει αγαπατε τους	αγαπωντας	υμας, ποια υμιν χαρις εστιν; και γαρ οι...
ΜΘ 5:42	04	τω	αιτουντι	σε δος, και τον θελοντα απο σου δανισασθαι...
ΛΚ 6:30	04	παντι	αιτουντι	σε διδου, και απο του αιροντος τα σα μη...
ΜΘ 5:39	04	.. την δεξιαν σιαγονα , στρεψον αυτω και την	αλλην.	
ΛΚ 6:29	04	. τυπτοντι σε επι την σιαγονα παρεχε και την	αλλην,	και απο του αιροντος σου το ιματιον και...
ΛΚ 6:31	04	και καθως θελετε ινα ποιωσιν υμιν οι	ανθρωποι,	ποιειτε αυτοις ομοιως.
ΜΘ 5:42	04	τω αιτουντι σε δος, και τον θελοντα	απο	σου δανισασθαι μη αποστραφης.
ΛΚ 6:30	04	παντι αιτουντι σε διδου, και	απο	του αιροντος τα σα μη απαιτει.
ΜΘ 5:47	04	... περισσον ποιειτε; ουχι και οι εθνικοι το	αυτο	ποιουσιν;
ΛΚ 6:33	04	. ποια υμιν χαρις εστιν; και οι αμαρτωλοι το	αυτο	ποιουσιν.
ΛΚ 6:31	04	..... ινα ποιωσιν υμιν οι ανθρωποι, ποιειτε	αυτοις	ομοιως.
ΛΚ 6:30	04	παντι αιτουντι σε	διδου,	και απο του αιροντος τα σα μη απαιτει.
ΜΘ 5:42	04	τω αιτουντι σε	δος,	και τον θελοντα απο σου δανισασθαι μη...
ΜΘ 5:46	04		εαν	γαρ αγαπησητε τους αγαπωντας υμας, τινα...
ΜΘ 5:47	04	και	εαν	ασπασησθε τους αδελφους υμων μονον, τι...
ΛΚ 6:33	04	και	εαν	αγαθοποιητε τους αγαθοποιουντας υμας, ποια...
ΛΚ 6:32	04	και	ει	αγαπατε τους αγαπωντας υμας, ποια υμιν...
ΜΘ 5:48	04	. τελειοι ως ο πατηρ υμων ο ουρανιος τελειος	εστιν.	
ΛΚ 6:36	04	.. οικτιρμονες καθως ο πατηρ υμων οικτιρμων	εστιν.	
ΜΘ 5:44	04	εγω δε λεγω υμιν, αγαπατε τους	εχθρους	υμων και προσευχεσθε υπερ των διωκοντων...
ΛΚ 6:27	04	.... υμιν λεγω τοις ακουουσιν, αγαπατε τους	εχθρους	υμων, καλως ποιειτε τοις μισουσιν υμας,
ΛΚ 6:35	04	πλην αγαπατε τους	εχθρους	υμων και αγαθοποιειτε και δανειζετε μηδεν...
ΛΚ 6:31	04	και καθως	θελετε	ινα ποιωσιν υμιν οι ανθρωποι, ποιειτε...
ΜΘ 5:40	04	.... τον χιτωνα σου λαβειν, αφες αυτω και το	ιματιον.	
ΛΚ 6:29	04	... την αλλην, και απο του αιροντος σου το	ιματιον	και τον χιτωνα μη κωλυσης.
ΛΚ 6:31	04	και καθως θελετε	ινα	ποιωσιν υμιν οι ανθρωποι, ποιειτε αυτοις...
ΜΘ 5:39	04	...... εις την δεξιαν σιαγονα , στρεψον αυτω	και	την αλλην.
ΜΘ 5:40	04	και τω θελοντι σοι κριθηναι	και	τον χιτωνα σου λαβειν, αφες αυτω και το...
ΜΘ 5:40	04	...... και τον χιτωνα σου λαβειν, αφες αυτω	και	το ιματιον.
ΜΘ 5:46	04	... αγαπωντας υμας, τινα μισθον εχετε; ουχι	και	οι τελωναι το αυτο ποιουσιν;
ΜΘ 5:47	04		και	εαν ασπασησθε τους αδελφους υμων μονον,...
ΜΘ 5:47	04	...... υμων μονον, τι περισσον ποιειτε; ουχι	και	οι εθνικοι το αυτο ποιουσιν;
ΛΚ 6:29	04	τω τυπτοντι σε επι την σιαγονα παρεχε	και	την αλλην, και απο του αιροντος σου το...
ΛΚ 6:29	04	. σε επι την σιαγονα παρεχε και την αλλην,	και	απο του αιροντος σου το ιματιον και τον...
ΛΚ 6:29	04	..... και απο του αιροντος σου το ιματιον	και	τον χιτωνα μη κωλυσης.
ΛΚ 6:32	04	... αγαπωντας υμας. ποια υμιν χαρις εστιν;	και	γαρ οι αμαρτωλοι τους αγαπωντας αυτους...
ΛΚ 6:33	04		και	εαν αγαθοποιητε τους αγαθοποιουντας υμας,...
ΛΚ 6:33	04	.... υμας. ποια υμιν χαρις εστιν;	και	οι αμαρτωλοι το αυτο ποιουσιν.
ΜΘ 5:44	04	εγω δε	λεγω	υμιν, αγαπατε τους εχθρους υμων και...
ΛΚ 6:27	04	αλλα υμιν	λεγω	τοις ακουουσιν, αγαπατε τους εχθρους...
ΜΘ 5:42	04	. δος, και τον θελοντα απο σου δανισασθαι	μη	αποστραφης.
ΛΚ 6:30	04	.... σε διδου, και απο του αιροντος τα σα	μη	απαιτει.
ΜΘ 5:48	04	εσεσθε ουν υμεις τελειοι ως	ο	πατηρ υμων ο ουρανιος τελειος εστιν.
ΛΚ 6:36	04	γινεσθε οικτιρμονες καθως	ο	πατηρ υμων οικτιρμων εστιν.
ΛΚ 6:31	04	και καθως θελετε ινα ποιωσιν υμιν	οι	ανθρωποι, ποιειτε αυτοις ομοιως.
ΜΘ 5:48	04	εσεσθε ουν υμεις τελειοι ως ο	πατηρ	υμων ο ουρανιος τελειος εστιν.
ΛΚ 6:36	04	γινεσθε οικτιρμονες καθως ο	πατηρ	υμων οικτιρμων εστιν.
ΛΚ 6:31	04	... θελετε ινα ποιωσιν υμιν οι ανθρωποι,	ποιειτε	αυτοις ομοιως.
ΜΘ 5:47	04	... ποιειτε; ουχι και οι εθνικοι το αυτο	ποιουσιν;	

ΜΘ 5:47	04	... ποιειτε; ουχι και οι εθνικοι το αυτο ποιουσιν;	
ΛΚ 6:33	04	.. χαρις εστιν; και οι αμαρτωλοι το αυτο ποιουσιν.	
ΛΚ 6:31	04	και καθως θελετε ινα ποιωσιν	υμιν οι ανθρωποι, ποιειτε αυτοις ομοιως.
ΜΘ 5:45	04	.... οτι τον ηλιον αυτου ανατελλει επι πονηρους	και αγαθους και βρεχει επι δικαιους και...
ΛΚ 6:35	04	.... χρηστος εστιν επι τους αχαριστους και πονηρους.	
ΜΘ 5:44	04	..... υμιν, αγαπατε τους εχθρους υμων και προσευχεσθε	υπερ των διωκοντων υμας,
ΛΚ 6:28	04	ευλογειτε τους καταρωμενους υμας, προσευχεσθε	περι των επηρεαζοντων υμας.
ΜΘ 5:42	04	τω αιτουντι σε	δος, και τον θελοντα απο σου δανισασθαι...
ΛΚ 6:30	04	παντι αιτουντι σε	διδου, και απο του αιροντος τα σα μη...
ΜΘ 5:39	04	.... αλλ οστις σε ραπιζει εις την δεξιαν σιαγονα	, στρεψον αυτω και την αλλην.
ΛΚ 6:29	04	τω τυπτοντι σε επι την σιαγονα	παρεχε και την αλλην, και απο του αιροντος...
ΜΘ 5:39	04	.... τω πονηρω. αλλ οστις σε ραπιζει εις την	δεξιαν σιαγονα , στρεψον αυτω και την...
ΜΘ 5:39	04	... την δεξιαν σιαγονα , στρεψον αυτω, και την	αλλην.
ΛΚ 6:29	04	τω τυπτοντι σε επι την	σιαγονα παρεχε και την αλλην, και απο...
ΛΚ 6:29	04	. τυπτοντι σε επι την σιαγονα παρεχε και την	αλλην, και απο του αιροντος σου το ιματιον...
ΜΘ 5:40	04	. και τον χιτωνα σου λαβειν, αφες αυτω και το	ιματιον.
ΜΘ 5:47	04	... περισσον ποιειτε; ουχι και οι εθνικοι το	αυτο ποιουσιν;
ΛΚ 6:29	04	.... την αλλην, και απο του αιροντος σου το	ιματιον και τον χιτωνα μη κωλυσης.
ΛΚ 6:33	04	. ποια υμιν χαρις εστιν; και οι αμαρτωλοι το	αυτο ποιουσιν.
ΜΘ 5:40	04	και τω θελοντι σοι κριθηναι και τον	χιτωνα σου λαβειν, αφες αυτω και το ιματιον....
ΛΚ 6:29	04	.... απο του αιροντος σου το ιματιον και τον	χιτωνα μη κωλυσης.
ΜΘ 5:44	04	εγω δε λεγω υμιν, αγαπατε τους	εχθρους υμων και προσευχεσθε υπερ των...
ΜΘ 5:46	04	εαν γαρ αγαπησητε τους	αγαπωντας υμας, τινα μισθον εχετε; ουχι...
ΜΘ 5:47	04	και εαν ασπασησθε τους	αδελφους υμων μονον, τι περισσον ποιειτε;...
ΛΚ 6:27	04	αλλα υμιν λεγω τοις ακουουσιν, αγαπατε τους	εχθρους υμων, καλως ποιειτε τοις μισουσιν...
ΛΚ 6:32	04	και ει αγαπατε τους	αγαπωντας υμας, ποια υμιν χαρις εστιν;...
ΛΚ 6:33	04	και εαν αγαθοποιητε τους	αγαθοποιουντας υμας, ποια υμιν χαρις εστιν;...
ΛΚ 6:35	04	πλην αγαπατε τους	εχθρους υμων και αγαθοποιειτε και δανειζετε...
ΜΘ 5:45	04	οπως γενησθε υιοι	του πατρος υμων του εν ουρανοις, οτι τον...
ΛΚ 6:35	04	.... εσται ο μισθος υμων πολυς, και εσεσθε υιοι	υψιστου, οτι αυτος χρηστος εστιν επι τους...
ΜΘ 5:46	04	εαν γαρ αγαπησητε τους αγαπωντας υμας,	τινα μισθον εχετε; ουχι και οι τελωναι...
ΛΚ 6:32	04	και ει αγαπατε τους αγαπωντας υμας,	ποια υμιν χαρις εστιν; και γαρ οι αμαρτωλοι...
ΜΘ 5:44	04	εγω δε λεγω υμιν,	αγαπατε τους εχθρους υμων και προσευχεσθε...
ΛΚ 6:27	04	αλλα υμιν	λεγω τοις ακουουσιν, αγαπατε τους εχθρους...
ΛΚ 6:31	04	και καθως θελετε ινα ποιωσιν υμιν	οι ανθρωποι, ποιειτε αυτοις ομοιως.
ΜΘ 5:44	04	.... δε λεγω υμιν, αγαπατε τους εχθρους υμων	και προσευχεσθε υπερ των διωκοντων υμας,
ΜΘ 5:48	04	εσεσθε ουν υμεις τελειοι ως ο πατηρ υμων	ο ουρανιος τελειος εστιν.
ΛΚ 6:27	04	.... τοις ακουουσιν, αγαπατε τους εχθρους υμων,	καλως ποιειτε τοις μισουσιν υμας,
ΛΚ 6:35	04	πλην αγαπατε τους εχθρους υμων	και αγαθοποιειτε και δανειζετε μηδεν...
ΛΚ 6:36	04	γινεσθε οικτιρμονες καθως ο πατηρ υμων	οικτιρμων εστιν.
ΜΘ 5:40	04	και τω θελοντι σοι κριθηναι και τον χιτωνα	σου λαβειν, αφες αυτω και το ιματιον.
ΛΚ 6:29	04	.... του αιροντος σου το ιματιον και τον χιτωνα	μη κωλυσης.

MΘ 7:3	05	.. δε βλεπεις το καρφος το εν τω οφθαλμω του αδελφου	σου, την δε εν τω σω οφθαλμω δοκον ου κατανοεις;...
MΘ 7:5	05	..... εκβαλειν το καρφος εκ του οφθαλμου του αδελφου	σου.
ΛΚ 6:41	05	.. δε βλεπεις το καρφος το εν τω οφθαλμω του αδελφου	σου, την δε δοκον την εν τω ιδιω οφθαλμω...
ΛΚ 6:42	05	.. διαβλεψεις το καρφος το εν τω οφθαλμω του αδελφου	σου εκβαλειν.
MΘ 7:4	05	η πως ερεις τω αδελφω	σου. αφες εκβαλω το καρφος εκ του οφθαλμου...
ΛΚ 6:42	05	πως δυνασαι λεγειν τω αδελφω	σου, αδελφε, αφες εκβαλω το καρφος το εν...
MΘ 15:14	05	.. εισιν οδηγοι. τυφλος δε τυφλον εαν οδηγη, αμφοτεροι	εις βοθυνον πεσουνται.
ΛΚ 6:39	05	... μητι δυναται τυφλος τυφλον οδηγειν; ουχι αμφοτεροι	εις βοθυνον εμπεσουνται;
MΘ 10:25	05	...... τω μαθητη ινα γενηται ως ο διδασκαλος αυτου,	και ο δουλος ως ο κυριος αυτου. ει τον...
ΛΚ 6:40	05	. κατηρτισμενος δε πας εσται ως ο διδασκαλος αυτου.	
MΘ 7:4	05	η πως ερεις τω αδελφω σου, αφες	εκβαλω το καρφος εκ του οφθαλμου σου, και...
ΛΚ 6:42	05	. πως δυνασαι λεγειν τω αδελφω σου, αδελφε, αφες	εκβαλω το καρφος το εν τω οφθαλμω σου,...
MΘ 7:3	05	τι δε βλεπεις	το καρφος το εν τω οφθαλμω του αδελφου...
ΛΚ 6:41	05	τι δε βλεπεις	το καρφος το εν τω οφθαλμω του αδελφου...
MΘ 15:14	05	. τυφλος δε τυφλον εαν οδηγη, αμφοτεροι εις βοθυνον	πεσουνται.
ΛΚ 6:39	05	. τυφλος τυφλον οδηγειν; ουχι αμφοτεροι εις βοθυνον	εμπεσουνται;
MΘ 7:3	05	τι δε	βλεπεις το καρφος το εν τω οφθαλμω του...
MΘ 7:3	05	..... το εν τω οφθαλμω του αδελφου σου, την δε	εν τω σω οφθαλμω δοκον ου κατανοεις;
ΛΚ 6:41	05	τι δε	βλεπεις το καρφος το εν τω οφθαλμω του...
ΛΚ 6:41	05	..... το εν τω οφθαλμω του αδελφου σου, την δε	δοκον την εν τω ιδιω οφθαλμω ου κατανοεις;
MΘ 7:5	05	.... την δοκον εκ του οφθαλμου σου, και τοτε διαβλεψεις	εκβαλειν το καρφος εκ του οφθαλμου του...
ΛΚ 6:42	05	.... την δοκον εκ του οφθαλμου σου, και τοτε διαβλεψεις	το καρφος το εν τω οφθαλμω του αδελφου...
MΘ 10:24	05	ουκ εστιν μαθητης υπερ τον διδασκαλον	ουδε δουλος υπερ τον κυριον αυτου.
ΛΚ 6:40	05	ουκ εστιν μαθητης υπερ τον διδασκαλον,	κατηρτισμενος δε πας εσται ως ο διδασκαλος...
MΘ 10:25	05	αρκετον τω μαθητη ινα γενηται ως ο διδασκαλος	αυτου, και ο δουλος ως ο κυριος αυτου....
ΛΚ 6:40	05	.... κατηρτισμενος δε πας εσται ως ο διδασκαλος	αυτου.
MΘ 7:3	05	. του αδελφου σου, την δε εν τω σω οφθαλμω δοκον	ου κατανοεις;
MΘ 7:5	05	υποκριτα, εκβαλε πρωτον την δοκον	εκ του οφθαλμου σου, και τοτε διαβλεψεις...
ΛΚ 6:41	05	. το εν τω οφθαλμω του αδελφου σου, την δε δοκον	την εν τω ιδιω οφθαλμω ου κατανοεις;
ΛΚ 6:42	05	... οφθαλμω σου, αυτος την εν τω οφθαλμω σου δοκον	ου βλεπων; υποκριτα, εκβαλε πρωτον την...
ΛΚ 6:42	05	..... ου βλεπων; υποκριτα, εκβαλε πρωτον την δοκον	εκ του οφθαλμου σου, και τοτε διαβλεψεις...
MΘ 7:4	05	.. το καρφος εκ του οφθαλμου σου, και ιδου η δοκος	εν τω οφθαλμω σου;
MΘ 15:14	05	.... τυφλος δε τυφλον εαν οδηγη, αμφοτεροι εις	βοθυνον πεσουνται.
ΛΚ 6:39	05	..... τυφλος τυφλον οδηγειν; ουχι αμφοτεροι εις	βοθυνον εμπεσουνται;
MΘ 7:5	05	υποκριτα, εκβαλε πρωτον την δοκον εκ	του οφθαλμου σου, και τοτε διαβλεψεις...
ΛΚ 6:42	05	. βλεπων; υποκριτα, εκβαλε πρωτον την δοκον εκ	του οφθαλμου σου, και τοτε διαβλεψεις...
MΘ 7:5	05	υποκριτα, εκβαλε	πρωτον την δοκον εκ του οφθαλμου σου,...
ΛΚ 6:42	05	. τω οφθαλμω σου δοκον ου βλεπων; υποκριτα, εκβαλε	πρωτον την δοκον εκ του οφθαλμου σου,...
MΘ 7:5	05	. εκ του οφθαλμου σου, και τοτε διαβλεψεις εκβαλειν	το καρφος εκ του οφθαλμου του αδελφου σου.
ΛΚ 6:42	05	... καρφος το εν τω οφθαλμω του αδελφου σου εκβαλειν.	
MΘ 7:4	05	η πως ερεις τω αδελφω σου. αφες εκβαλω	το καρφος εκ του οφθαλμου σου, και ιδου...
ΛΚ 6:42	05	.... λεγειν τω αδελφω σου, αδελφε, αφες εκβαλω	το καρφος το εν τω οφθαλμω σου, αυτος την...
ΛΚ 6:39	05	..... οδηγειν; ουχι αμφοτεροι εις βοθυνον εμπεσουνται;	
MΘ 7:3	05	τι δε βλεπεις το καρφος το εν	τω οφθαλμω του αδελφου σου, την δε εν...
MΘ 7:3	05	... εν τω οφθαλμω του αδελφου σου. την δε εν	τω σω οφθαλμω δοκον ου κατανοεις;
MΘ 7:4	05	.... εκ του οφθαλμου σου. και ιδου η δοκος εν	τω οφθαλμω σου;
ΛΚ 6:41	05	τι δε βλεπεις το καρφος το εν	τω οφθαλμω του αδελφου σου, την δε δοκον...
ΛΚ 6:41	05	.... του αδελφου σου, την δε δοκον την εν	τω ιδιω οφθαλμω ου κατανοεις;
ΛΚ 6:42	05	. το καρφος το εν τω οφθαλμω σου, αυτος την εν	τω οφθαλμω σου δοκον ου βλεπων; υποκριτα,...
MΘ 10:24	05	ουκ εστιν	μαθητης υπερ τον διδασκαλον ουδε δουλος...
ΛΚ 6:40	05	ουκ εστιν	μαθητης υπερ τον διδασκαλον, κατηρτισμενος...
MΘ 7:5	05	.... πρωτον την δοκον εκ του οφθαλμου σου, και	τοτε διαβλεψεις εκβαλειν το καρφος εκ...
ΛΚ 6:42	05	.... πρωτον την δοκον εκ του οφθαλμου σου, και	τοτε διαβλεψεις το καρφος το εν τω οφθαλμω...

ΛΚ 6:42 05 .... πρωτον την δοκον εκ του οφθαλμου σου, και
Μθ 7:3 05 τι δε βλεπεις το καρφος
Μθ 7:4 05 . πως ερεις τω αδελφω σου. αφες εκβαλω το καρφος
Μθ 7:5 05 .... σου. και τοτε διαβλεψεις εκβαλειν το καρφος
ΛΚ 6:41 05 τι δε βλεπεις το καρφος
ΛΚ 6:42 05 ... τω αδελφω σου, αδελφε, αφες εκβαλω το καρφος
ΛΚ 6:42 05 . του οφθαλμου σου. και τοτε διαβλεψεις το καρφος
Μθ 7:3 05 ... σου, την δε εν τω σω οφθαλμω δοκον ου κατανοεις;
ΛΚ 6:41 05 .. την δε δοκον την εν τω ιδιω οφθαλμω ου κατανοεις;
Μθ 7:1 05 μη κρινετε, ινα μη κριθητε.
ΛΚ 6:37 05 και μη κρινετε, και ου μη κριθητε.
Μθ 7:1 05 μη κρινετε,
ΛΚ 6:37 05 και μη κρινετε,
Μθ 10:24 05 ουκ εστιν μαθητης
ΛΚ 6:40 05 ουκ εστιν μαθητης
Μθ 7:1 05 μη
Μθ 7:1 05 μη κρινετε, ινα μη
ΛΚ 6:37 05 και μη
ΛΚ 6:37 05 και μη κρινετε, και ου μη
Μθ 10:25 05 αρκετον τω μαθητη ινα γενηται ως ο
ΛΚ 6:40 05 .... κατηρτισμενος δε πας εσται ως ο
ΛΚ 6:39 05 .... αυτοις. μητι δυναται τυφλος τυφλον οδηγειν;
Μθ 15:14 05 . τυφλοι εισιν οδηγοι. τυφλος δε τυφλον εαν οδηγη,
Μθ 7:3 05 ...... σου, την δε εν τω σω οφθαλμω δοκον ου
ΛΚ 6:41 05 ..... την δε δοκον την εν τω ιδιω οφθαλμω ου
Μθ 10:24 05 ουκ
ΛΚ 6:40 05 ουκ
Μθ 7:4 05 ...... σου, αφες εκβαλω το καρφος εκ του οφθαλμου
Μθ 7:5 05 .... εκβαλε πρωτον την δοκον εκ του οφθαλμου
Μθ 7:5 05 ... διαβλεψεις εκβαλειν το καρφος εκ του οφθαλμου
ΛΚ 6:42 05 .... εκβαλε πρωτον την δοκον εκ του οφθαλμου
Μθ 7:3 05 τι δε βλεπεις το καρφος το εν τω οφθαλμω
Μθ 7:3 05 .... του αδελφου σου, την δε εν τω σω οφθαλμω
Μθ 7:4 05 ... οφθαλμου σου, και ιδου η δοκος εν τω οφθαλμω
ΛΚ 6:41 05 τι δε βλεπεις το καρφος το εν τω οφθαλμω
ΛΚ 6:41 05 .... σου, την δε δοκον την εν τω ιδιω οφθαλμω
ΛΚ 6:42 05 . αδελφε, αφες εκβαλω το καρφος το εν τω οφθαλμω
ΛΚ 6:42 05 ... το εν τω οφθαλμω σου, αυτος την εν τω οφθαλμω
ΛΚ 6:42 05 . και τοτε διαβλεψεις το καρφος το εν τω οφθαλμω
Μθ 7:5 05 υποκριτα, εκβαλε πρωτον
ΛΚ 6:42 05 ... σου δοκον ου βλεπων; υποκριτα, εκβαλε πρωτον
Μθ 7:4 05 η πως
ΛΚ 6:42 05 πως
Μθ 7:3 05 . το καρφος το εν τω οφθαλμω του αδελφου σου,
Μθ 7:4 05 η πως ερεις τω αδελφω σου,
Μθ 7:4 05 . αφες εκβαλω το καρφος εκ του οφθαλμου σου.
Μθ 7:4 05 ... σου, και ιδου η δοκος εν τω οφθαλμω σου;
Μθ 7:5 05 .... πρωτον την δοκον εκ του οφθαλμου σου,
Μθ 7:5 05 .. το καρφος εκ του οφθαλμου του αδελφου σου.
ΛΚ 6:41 05 . το καρφος το εν τω οφθαλμω του αδελφου σου,
ΛΚ 6:42 05 πως δυνασαι λεγειν τω αδελφω σου,
ΛΚ 6:42 05 ...... εκβαλω το καρφος το εν τω οφθαλμω σου,
ΛΚ 6:42 05 ... οφθαλμω σου, αυτος την εν τω οφθαλμω σου
ΛΚ 6:42 05 .... πρωτον την δοκον εκ του οφθαλμου σου,
ΛΚ 6:42 05 . το καρφος το εν τω οφθαλμω του αδελφου σου
Μθ 7:3 05 ...... το εν τω οφθαλμω του αδελφου σου, την
Μθ 7:5 05 υποκριτα, εκβαλε πρωτον την

τοτε διαβλεψεις το καρφος το εν τω οφθαλμω...
το εν τω οφθαλμω του αδελφου σου, την...
εκ του οφθαλμου σου, και ιδου η δοκος...
εκ του οφθαλμου του αδελφου σου.
το εν τω οφθαλμω του αδελφου σου, την...
το εν τω οφθαλμω σου, αυτος την εν τω...
το εν τω οφθαλμω του αδελφου σου εκβαλειν....

και μη καταδικαζετε, και ου μη καταδικασθητε....
ινα μη κριθητε.
και ου μη κριθητε. και μη καταδικαζετε,...
υπερ τον διδασκαλον ουδε δουλος υπερ τον...
υπερ τον διδασκαλον, κατηρτισμενος δε...
κρινετε, ινα μη κριθητε.
κριθητε.
κρινετε, και ου μη κριθητε. και μη...
κριθητε. και μη καταδικαζετε, και ου...
διδασκαλος αυτου, και ο δουλος ως ο...
διδασκαλος αυτου.
ουχι αμφοτεροι εις βοθυνον εμπεσουνται;
αμφοτεροι εις βοθυνον πεσουνται.
κατανοεις;
κατανοεις;
εστιν μαθητης υπερ τον διδασκαλον ουδε...
εστιν μαθητης υπερ τον διδασκαλον, κατηρτισμενος...
σου, και ιδου η δοκος εν τω οφθαλμω σου;
σου, και τοτε διαβλεψεις εκβαλειν το...
του αδελφου σου.
σου, και τοτε διαβλεψεις το καρφος το...
του αδελφου σου, την δε εν τω σω οφθαλμω...
δοκον ου κατανοεις;
σου;
του αδελφου σου, την δε δοκον την εν...
ου κατανοεις;
σου, αυτος την εν τω οφθαλμω σου δοκον...
σου δοκον ου βλεπων; υποκριτα, εκβαλε...
του αδελφου σου εκβαλειν.
την δοκον εκ του οφθαλμου σου, και...
την δοκον εκ του οφθαλμου σου, και...
ερεις τω αδελφω σου, αφες εκβαλω το...
δυνασαι λεγειν τω αδελφω σου, αδελφε,...
την δε εν τω σω οφθαλμω δοκον ου...
αφες εκβαλω το καρφος εκ του οφθαλμου...
και ιδου η δοκος εν τω οφθαλμω σου;

και τοτε διαβλεψεις εκβαλειν το καρφος...

την δε δοκον την εν τω ιδιω οφθαλμω...
αδελφε, αφες εκβαλω το καρφος το εν...
αυτος την εν τω οφθαλμω σου δοκον ου...
δοκον ου βλεπων; υποκριτα, εκβαλε πρωτον...
και τοτε διαβλεψεις το καρφος το εν...
εκβαλειν.
δε εν τω σω οφθαλμω δοκον ου κατανοεις;...
δοκον εκ του οφθαλμου σου, και τοτε...

ΛΚ 6:41	05	...... το εν τω οφθαλμω του αδελφου σου, την	δε δοκον την εν τω ιδιω οφθαλμω ου...
ΛΚ 6:42	05	...... ου βλεπων; υποκριτα, εκβαλε πρωτον την	δοκον εκ του οφθαλμου σου, και τοτε...
ΜΘ 7:3	05	τι	δε βλεπεις το καρφος το εν τω οφθαλμω...
ΛΚ 6:41	05	τι	δε βλεπεις το καρφος το εν τω οφθαλμω...
ΜΘ 7:3	05	τι δε βλεπεις το	καρφος το εν τω οφθαλμω του αδελφου...
ΜΘ 7:3	05	τι δε βλεπεις το καρφος το	εν τω οφθαλμω του αδελφου σου, την...
ΜΘ 7:4	05	.. πως ερεις τω αδελφω σου, αφες εκβαλω το	καρφος εκ του οφθαλμου σου, και ιδου...
ΜΘ 7:5	05	...... σου, και τοτε διαβλεψεις εκβαλειν το	καρφος εκ του οφθαλμου του αδελφου σου.
ΛΚ 6:41	05	τι δε βλεπεις το	καρφος το εν τω οφθαλμω του αδελφου...
ΛΚ 6:41	05	τι δε βλεπεις το καρφος το	εν τω οφθαλμω του αδελφου σου, την...
ΛΚ 6:42	05	..... τω αδελφω σου, αδελφε, αφες εκβαλω το	καρφος το εν τω οφθαλμω σου, αυτος...
ΛΚ 6:42	05	.. του οφθαλμου σου, και τοτε διαβλεψεις το	καρφος το εν τω οφθαλμω του αδελφου...
ΜΘ 10:24	05	ουκ εστιν μαθητης υπερ τον	διδασκαλον ουδε δουλος υπερ τον κυριον...
ΛΚ 6:40	05	ουκ εστιν μαθητης υπερ τον	διδασκαλον, κατηρτισμενος δε πας εσται...
ΜΘ 7:5	05	... την δοκον εκ του οφθαλμου σου, και τοτε	διαβλεψεις εκβαλειν το καρφος εκ του...
ΛΚ 6:42	05	... την δοκον εκ του οφθαλμου σου, και τοτε	διαβλεψεις το καρφος το εν τω οφθαλμω...
ΜΘ 7:3	05	... βλεπεις το καρφος το εν τω οφθαλμω του	αδελφου σου, την δε εν τω σω οφθαλμω...
ΜΘ 7:5	05	. υποκριτα, εκβαλε πρωτον την δοκον εκ του	οφθαλμου σου, και τοτε διαβλεψεις...
ΜΘ 7:5	05	... εκβαλειν το καρφος εκ του οφθαλμου του	αδελφου σου.
ΛΚ 6:41	05	... βλεπεις το καρφος το εν τω οφθαλμω του	αδελφου σου, την δε δοκον την εν...
ΛΚ 6:42	05	.. υποκριτα, εκβαλε πρωτον την δοκον εκ του	οφθαλμου σου, και τοτε διαβλεψεις...
ΛΚ 6:42	05	.... το καρφος το εν τω οφθαλμω του	αδελφου σου εκβαλειν.
ΜΘ 15:14	05	.... αυτους. τυφλοι εισιν οδηγοι. τυφλος δε τυφλον	εαν οδηγη, αμφοτεροι εις βοθυνον πεσουνται....
ΛΚ 6:39	05	. και παραβολην αυτοις. μητι δυναται τυφλος τυφλον	οδηγειν; ουχι αμφοτεροι εις βοθυνον...
ΜΘ 15:14	05	αφετε αυτους. τυφλοι εισιν οδηγοι. τυφλος	δε τυφλον εαν οδηγη, αμφοτεροι εις...
ΛΚ 6:39	05	.... δε και παραβολην αυτοις. μητι δυναται τυφλος	τυφλον οδηγειν; ουχι αμφοτεροι εις...
ΜΘ 7:3	05	τι δε βλεπεις το καρφος το εν τω	οφθαλμω του αδελφου σου, την δε εν...
ΜΘ 7:3	05	.. οφθαλμω του αδελφου σου, την δε εν τω	σω οφθαλμω δοκον ου κατανοεις;
ΜΘ 7:4	05	η πως ερεις τω	αδελφω σου, αφες εκβαλω το καρφος...
ΜΘ 7:4	05	..... οφθαλμου σου, και ιδου η δοκος εν τω	οφθαλμω σου;
ΛΚ 6:41	05	τι δε βλεπεις το καρφος το εν τω	οφθαλμω του αδελφου σου, την δε δοκον...
ΛΚ 6:41	05	.... αδελφου σου, την δε δοκον την εν τω	ιδιω οφθαλμω ου κατανοεις;
ΛΚ 6:42	05	πως δυνασαι λεγειν τω	αδελφω σου, αδελφε, αφες εκβαλω το...
ΛΚ 6:42	05	.. αδελφε, αφες εκβαλω το καρφος το εν τω	οφθαλμω σου, αυτος την εν τω οφθαλμω...
ΛΚ 6:42	05	.. το εν τω οφθαλμω σου, αυτος την εν τω	οφθαλμω σου δοκον ου βλεπων; υποκριτα,...
ΜΘ 10:24	05	ουκ εστιν μαθητης υπερ	τον διδασκαλον ουδε δουλος υπερ τον...
ΛΚ 6:40	05	ουκ εστιν μαθητης υπερ	τον διδασκαλον, κατηρτισμενος δε πας...
ΜΘ 7:5	05	υποκριτα,	εκβαλε πρωτον την δοκον εκ του οφθαλμου...
ΛΚ 6:42	05	... εν τω οφθαλμω σου δοκον ου βλεπων; υποκριτα,	εκβαλε πρωτον την δοκον εκ του οφθαλμου...
ΜΘ 10:25	05	αρκετον τω μαθητη ινα γενηται ως	ο διδασκαλος αυτου, και ο δουλος ως...
ΛΚ 6:40	05	... διδασκαλον, κατηρτισμενος δε πας εσται ως	ο διδασκαλος αυτου.

Μθ 12:35	06	... ανθρωπος εκ του αγαθου θησαυρου εκβαλλει	αγαθα,	και ο πονηρος ανθρωπος εκ του πονηρου...
ΛΚ 6:45	06	.... αγαθου θησαυρου της καρδιας προφερει το	αγαθον,	και ο πονηρος εκ του πονηρου προφερει...
Μθ 12:35	06	ο	αγαθος	ανθρωπος εκ του αγαθου θησαυρου εκβαλλει...
ΛΚ 6:45	06	ο	αγαθος	ανθρωπος εκ του αγαθου θησαυρου της καρδιας...
Μθ 12:35	06	ο αγαθος ανθρωπος εκ του	αγαθου	θησαυρου εκβαλλει αγαθα, και ο πονηρος...
ΛΚ 6:45	06	ο αγαθος ανθρωπος εκ του	αγαθου	θησαυρου της καρδιας προφερει το αγαθον,...
Μθ 7:16	06	... επιγνωσεσθε αυτους. μητι συλλεγουσιν απο	ακανθων	σταφυλας η απο τριβολων συκα;
ΛΚ 6:44	06	.. εκ του ιδιου καρπου γινωσκεται. ου γαρ εξ	ακανθων	συλλεγουσιν συκα, ουδε εκ βατου σταφυλην...
Μθ 12:35	06	ο αγαθος	ανθρωπος	εκ του αγαθου θησαυρου εκβαλλει αγαθα,...
ΛΚ 6:45	06	ο αγαθος	ανθρωπος	εκ του αγαθου θησαυρου της καρδιας προφερει...
Μθ 12:34	06	.... δυνασθε αγαθα λαλειν πονηροι οντες; εκ	γαρ	του περισσευματος της καρδιας το στομα...
ΛΚ 6:45	06	..... εκ του πονηρου προφερει το πονηρον. εκ	γαρ	περισσευματος καρδιας λαλει το στομα αυτου.
ΛΚ 6:44	06	εκαστον γαρ δενδρον εκ του ιδιου καρπου	γινωσκεται.	ου γαρ εξ ακανθων συλλεγουσιν συκα,...
Μθ 7:18	06	ου δυναται	δενδρον	αγαθον καρπους πονηρους ποιειν, ουδε δενδρον...
Μθ 7:18	06	...... αγαθον καρπους πονηρους ποιειν, ουδε	δενδρον	σαπρον καρπους καλους ποιειν.
ΛΚ 6:43	06	ου γαρ εστιν	δενδρον	καλον ποιουν καρπον σαπρον, ουδε παλιν...
ΛΚ 6:43	06	..... καλον ποιουν καρπον σαπρον, ουδε παλιν	δενδρον	σαπρον ποιουν καρπον καλον.
Μθ 12:34	06	... πως δυνασθε αγαθα λαλειν πονηροι οντες;	εκ	γαρ του περισσευματος της καρδιας το στομα...
Μθ 12:35	06	ο αγαθος ανθρωπος	εκ	του αγαθου θησαυρου εκβαλλει αγαθα, και...
Μθ 12:35	06	... εκβαλλει αγαθα, και ο πονηρος ανθρωπος	εκ	του πονηρου θησαυρου εκβαλλει πονηρα.
ΛΚ 6:45	06	ο αγαθος ανθρωπος	εκ	του αγαθου θησαυρου της καρδιας προφερει...
ΛΚ 6:45	06	. καρδιας προφερει το αγαθον, και ο πονηρος	εκ	του πονηρου προφερει το πονηρον. εκ γαρ...
ΛΚ 6:45	06	.... εκ του πονηρου προφερει το πονηρον.	εκ	γαρ περισσευματος καρδιας λαλει το στομα...
Μθ 7:16	06	απο των καρπων αυτων	επιγνωσεσθε	αυτους. μητι συλλεγουσιν απο ακανθων σταφυλας...
Μθ 12:35	06	ο αγαθος ανθρωπος εκ του αγαθου	θησαυρου	εκβαλλει αγαθα, και ο πονηρος ανθρωπος...
ΛΚ 6:45	06	ο αγαθος ανθρωπος εκ του αγαθου	θησαυρου	της καρδιας προφερει το αγαθον, και ο...
Μθ 12:35	06	. εκ του αγαθου θησαυρου εκβαλλει αγαθα,	και	ο πονηρος ανθρωπος εκ του πονηρου θησαυρου...
ΛΚ 6:45	06	. θησαυρου της καρδιας προφερει το αγαθον,	και	ο πονηρος εκ του πονηρου προφερει το πονηρον....
ΛΚ 6:43	06	... ουδε παλιν δενδρον σαπρον ποιουν καρπον	καλον.	
Μθ 7:18	06	.... ποιειν, ουδε δενδρον σαπρον καρπους	καλους	ποιειν.
Μθ 12:34	06	...... οντες; εκ γαρ του περισσευματος της	καρδιας	το στομα λαλει.
ΛΚ 6:45	06	.... το πονηρον. εκ γαρ περισσευματος	καρδιας	λαλει το στομα αυτου.
ΛΚ 6:43	06	ου γαρ εστιν δενδρον καλον ποιουν	καρπον	σαπρον, ουδε παλιν δενδρον σαπρον ποιουν...
ΛΚ 6:43	06	.. σαπρον, ουδε παλιν δενδρον σαπρον ποιουν	καρπον	καλον.
ΛΚ 6:44	06	εκαστον γαρ δενδρον εκ του ιδιου	καρπου	γινωσκεται. ου γαρ εξ ακανθων συλλεγουσιν...
Μθ 7:18	06	ου δυναται δενδρον αγαθον	καρπους	πονηρους ποιειν, ουδε δενδρον σαπρον καρπους...
Μθ 7:18	06	...... πονηρους ποιειν, ουδε δενδρον σαπρον	καρπους	καλους ποιειν.
Μθ 7:16	06	απο των	καρπων	αυτων επιγνωσεσθε αυτους. μητι συλλεγουσιν...
Μθ 12:34	06	.... του περισσευματος της καρδιας το στομα	λαλει.	
ΛΚ 6:45	06	... πονηρον. εκ γαρ περισσευματος καρδιας	λαλει	το στομα αυτου.
Μθ 12:35	06		ο	αγαθος ανθρωπος εκ του αγαθου θησαυρου...
Μθ 12:35	06	.... αγαθου θησαυρου εκβαλλει αγαθα, και	ο	πονηρος ανθρωπος εκ του πονηρου θησαυρου...
ΛΚ 6:45	06		ο	αγαθος ανθρωπος εκ του αγαθου θησαυρου...
ΛΚ 6:45	06	..... της καρδιας προφερει το αγαθον, και	ο	πονηρος εκ του πονηρου προφερει το πονηρον....
Μθ 7:18	06		ου	δυναται δενδρον αγαθον καρπους πονηρους...
ΛΚ 6:43	06		ου	γαρ εστιν δενδρον καλον ποιουν καρπον...
Μθ 7:18	06	. δενδρον αγαθον καρπους πονηρους ποιειν,	ουδε	δενδρον σαπρον καρπους καλους ποιειν.
ΛΚ 6:43	06	..... δενδρον καλον ποιουν καρπον σαπρον,	ουδε	παλιν δενδρον σαπρον ποιουν καρπον καλον.
Μθ 12:34	06	.. αγαθα λαλειν πονηροι οντες; εκ γαρ του	περισσευματος	της καρδιας το στομα λαλει.
ΛΚ 6:45	06	.. του πονηρου προφερει το πονηρον. εκ γαρ	περισσευματος	καρδιας λαλει το στομα αυτου.
Μθ 12:35	06	.... εκ του πονηρου θησαυρου εκβαλλει	πονηρα.	
ΛΚ 6:45	06	..... ο πονηρος εκ του πονηρου προφερει το	πονηρον.	εκ γαρ περισσευματος καρδιας λαλει...
Μθ 12:35	06	. αγαθου θησαυρου εκβαλλει αγαθα, και ο	πονηρος	ανθρωπος εκ του πονηρου θησαυρου εκβαλλει...
ΛΚ 6:45	06	.. της καρδιας προφερει το αγαθον, και ο	πονηρος	εκ του πονηρου προφερει το πονηρον. εκ...

Μθ 12:35	06	. αγαθα, και ο πονηρος ανθρωπος εκ του πονηρου	θησαυρου εκβαλλει πονηρα.
ΛΚ 6:45	06	.... το αγαθον, και ο πονηρος εκ του πονηρου	προφερει το πονηρον. εκ γαρ περισσευματος...
Μθ 7:18	06	... καρπους πονηρους ποιειν, ουδε δενδρον σαπρον	καρπους καλους ποιειν.
ΛΚ 6:43	06	...... καρπον σαπρον, ουδε παλιν δενδρον σαπρον	ποιουν καρπον καλον.
Μθ 12:34	06	.... γαρ του περισσευματος της καρδιας το στομα	λαλει.
ΛΚ 6:45	06	. εκ γαρ περισσευματος καρδιας λαλει το στομα	αυτου.
Μθ 7:16	06	.... απο ακανθων σταφυλας η απο τριβολων συκα;	
ΛΚ 6:44	06	.... ου γαρ εξ ακανθων συλλεγουσιν συκα,	ουδε εκ βατου σταφυλην τρυγωσιν.
Μθ 7:16	06	.... καρπων αυτων επιγνωσεσθε αυτους. μητι συλλεγουσιν	απο ακανθων σταφυλας η απο τριβολων συκα;
ΛΚ 6:44	06	.. καρπου γινωσκεται. ου γαρ εξ ακανθων συλλεγουσιν	συκα, ουδε εκ βατου σταφυλην τρυγωσιν.
Μθ 12:34	06	... εκ γαρ του περισσευματος της καρδιας το	στομα λαλει.
ΛΚ 6:45	06	.... εκ γαρ περισσευματος καρδιας λαλει το	στομα αυτου.
Μθ 12:35	06	ο αγαθος ανθρωπος εκ του	αγαθου θησαυρου εκβαλλει αγαθα, και...
Μθ 12:35	06	..... αγαθα, και ο πονηρος ανθρωπος εκ του	πονηρου θησαυρου εκβαλλει πονηρα.
ΛΚ 6:45	06	ο αγαθος ανθρωπος εκ του	αγαθου θησαυρου της καρδιας προφερει...
ΛΚ 6:45	06	. προφερει το αγαθον, και ο πονηρος εκ του	πονηρου προφερει το πονηρον. εκ γαρ...

Mθ 7:24	07	πας ουν οστις	ακουει	μου τους λογους τουτους και ποιει αυτους...
ΛΚ 6:49	07	ο δε	ακουσας	και μη ποιησας ομοιος εστιν ανθρωπω οικοδομησαντι...
Mθ 7:26	07	και πας ο	ακουων	μου τους λογους τουτους και μη ποιων αυτους...
ΛΚ 6:47	07	πας ο ερχομενος προς με και	ακουων	μου των λογων και ποιων αυτους, υποδειξω...
Mθ 7:24	07	.. ακουει μου τους λογους τουτους και ποιει	αυτους	ομοιωθησεται ανδρι φρονιμω, οστις ωκοδομησεν...
ΛΚ 6:47	07	..... με και ακουων μου των λογων και ποιων	αυτους,	υποδειξω υμιν τινι εστιν ομοιος.
Mθ 7:25	07	. επνευσαν οι ανεμοι και προσεπεσαν τη οικια	εκεινη,	και ουκ επεσεν, τεθεμελιωτο γαρ επι την...
ΛΚ 6:48	07	. δε γενομενης προσερηξεν ο ποταμος τη οικια	εκεινη,	και ουκ ισχυσεν σαλευσαι αυτην δια το...
Mθ 7:27	07	...... και προσεκοψαν τη οικια εκεινη, και	επεσεν,	και ην η πτωσις αυτης μεγαλη.
Mθ 7:24	07	. φρονιμω, οστις ωκοδομησεν αυτου την οικιαν	επι	την πετραν.
Mθ 7:26	07	.... μωρω, οστις ωκοδομησεν αυτου την οικιαν	επι	την αμμον.
ΛΚ 6:48	07	... εσκαψεν και εβαθυνεν και εθηκεν θεμελιον	επι	την πετραν. πλημμυρης δε γενομενης προσερηξεν...
ΛΚ 6:49	07	.. ομοιος εστιν ανθρωπω οικοδομησαντι οικιαν	επι	την γην χωρις θεμελιου, η προσερηξεν ο...
Mθ 7:25	07	... ανεμοι και προσεπεσαν τη οικια εκεινη,	και	ουκ επεσεν, τεθεμελιωτο γαρ επι την πετραν....
Mθ 7:26	07	. και πας ο ακουων μου τους λογους τουτους	και	μη ποιων αυτους ομοιωθησεται ανδρι μωρω,...
Mθ 7:27	07	... ανεμοι και προσεκοψαν τη οικια εκεινη,	και	επεσεν, και ην η πτωσις αυτης μεγαλη.
Mθ 7:27	07	. προσεκοψαν τη οικια εκεινη, και επεσεν,	και	ην η πτωσις αυτης μεγαλη.
ΛΚ 6:48	07	..... προσερηξεν ο ποταμος τη οικια εκεινη,	και	ουκ ισχυσεν σαλευσαι αυτην δια το καλως...
ΛΚ 6:49	07	ο δε ακουσας	και	μη ποιησας ομοιος εστιν ανθρωπω οικοδομησαντι...
ΛΚ 6:49	07	.... χωρις θεμελιου, η προσερηξεν ο ποταμος,	και	ευθυς συνεπεσεν, και εγενετο το ρηγμα της...
ΛΚ 6:49	07	.... ο ποταμος, και ευθυς συνεπεσεν,	και	εγενετο το ρηγμα της οικιας εκεινης μεγα.
Mθ 7:21	07	ου πας ο λεγων μοι,	κυριε	κυριε, εισελευσεται εις την βασιλειαν των...
Mθ 7:21	07	ου πας ο λεγων μοι, κυριε	κυριε,	εισελευσεται εις την βασιλειαν των ουρανων,...
ΛΚ 6:46	07	τι δε με καλειτε,	κυριε,	κυριε, και ου ποιειτε α λεγω;
ΛΚ 6:46	07	τι δε με καλειτε, κυριε,	κυριε,	και ου ποιειτε α λεγω;
Mθ 7:24	07	πας ουν οστις ακουει μου τους	λογους	τουτους και ποιει αυτους ομοιωθησεται...
ΛΚ 6:47	07	... ο ερχομενος προς με και ακουων μου των	λογων	και ποιων αυτους, υποδειξω υμιν τινι...
ΛΚ 6:49	07	... και εγενετο το ρηγμα της οικιας εκεινης	μεγα.	
Mθ 7:27	07	.... και επεσεν, και ην η πτωσις αυτης	μεγαλη.	
Mθ 7:26	07	.... ο ακουων μου τους λογους τουτους και	μη	ποιων αυτους ομοιωθησεται ανδρι μωρω,...
ΛΚ 6:49	07	ο δε ακουσας και	μη	ποιησας ομοιος εστιν ανθρωπω οικοδομησαντι...
Mθ 7:24	07	πας ουν οστις ακουει	μου	τους λογους τουτους και ποιει αυτους...
ΛΚ 6:47	07	πας ο ερχομενος προς με και ακουων	μου	των λογων και ποιων αυτους, υποδειξω...
Mθ 7:26	07	και πας	ο	ακουων μου τους λογους τουτους και...
ΛΚ 6:49	07		ο	δε ακουσας και μη ποιησας ομοιος εστιν...
ΛΚ 6:49	07	.. επι την γην χωρις θεμελιου, η προσερηξεν	ο	ποταμος, και ευθυς συνεπεσεν, και εγενετο...
Mθ 7:27	07	και κατεβη η βροχη και ηλθον	οι	ποταμοι και επνευσαν οι ανεμοι και προσεκοψαν...
Mθ 7:27	07	..... επνευσαν οι ανεμοι και προσεκοψαν τη	οικια	εκεινη, και επεσεν, και ην η πτωσις...
ΛΚ 6:48	07	...... δε γενομενης προσερηξεν ο ποταμος τη	οικια	εκεινη, και ουκ ισχυσεν σαλευσαι αυτην...
Mθ 7:24	07	.. ανδρι φρονιμω, οστις ωκοδομησεν αυτου την	οικιαν	επι την πετραν.
Mθ 7:26	07	..... ανδρι μωρω, οστις ωκοδομησεν αυτου την	οικιαν	επι την αμμον.
ΛΚ 6:48	07	ομοιος εστιν ανθρωπω οικοδομουντι	οικιαν	ος εσκαψεν και εβαθυνεν και εθηκεν θεμελιον...
ΛΚ 6:49	07	. ποιησας ομοιος εστιν ανθρωπω οικοδομησαντι	οικιαν	επι την γην χωρις θεμελιου, η προσερηξεν...
ΛΚ 6:49	07	...... και μη ποιησας ομοιος εστιν ανθρωπω	οικοδομησαντι	οικιαν επι την γην χωρις θεμελιου, η...
ΛΚ 6:48	07	ομοιος εστιν ανθρωπω	οικοδομουντι	οικιαν ος εσκαψεν και εβαθυνεν και εθηκεν...
ΛΚ 6:48	07		ομοιος	εστιν ανθρωπω οικοδομουντι οικιαν ος...
ΛΚ 6:49	07	ο δε ακουσας και μη ποιησας	ομοιος	εστιν ανθρωπω οικοδομησαντι οικιαν επι...
Mθ 7:24	07	.... τους λογους τουτους και ποιει αυτους	ομοιωθησεται	ανδρι φρονιμω, οστις ωκοδομησεν αυτου την...
Mθ 7:26	07	..... λογους τουτους και μη ποιων αυτους	ομοιωθησεται	ανδρι μωρω, οστις ωκοδομησεν αυτου την...
Mθ 7:25	07	.... και προσεπεσαν τη οικια εκεινη, και	ουκ	επεσεν, τεθεμελιωτο γαρ επι την πετραν.
ΛΚ 6:48	07	.... ο ποταμος τη οικια εκεινη, και	ουκ	ισχυσεν σαλευσαι αυτην δια το καλως οικοδομησθαι...
Mθ 7:24	07		πας	ουν οστις ακουει μου τους λογους τουτους...
ΛΚ 6:47	07		πας	ο ερχομενος προς με και ακουων μου...
Mθ 7:24	07	...... ωκοδομησεν αυτου την οικιαν επι την	πετραν.	
ΛΚ 6:48	07	..... εβαθυνεν και εθηκεν θεμελιον επι την	πετραν.	πλημμυρης δε γενομενης προσερηξεν ο ποταμος...
Mθ 7:24	07	..... ακουει μου τους λογους τουτους και	ποιει	αυτους ομοιωθησεται ανδρι φρονιμω, οστις...

ΛΚ 6:46 07 τι δε με καλειτε, κυριε, κυριε, και ου ποιειτε α λεγω;
ΛΚ 6:49 07 ο δε ακουσας και μη ποιησας ομοιος εστιν ανθρωπω οικοδομησαντι οικιαν...
ΜΘ 7:21 07 ...... εις την βασιλειαν των ουρανων, αλλ ο ποιων το θελημα του πατρος μου του εν τοις ουρανοις....
ΜΘ 7:26 07 . ακουων μου τους λογους τουτους και μη ποιων αυτους ομοιωθησεται ανδρι μωρω, οστις...
ΛΚ 6:47 07 .. προς με και ακουων μου των λογων και ποιων αυτους, υποδειξω υμιν τινι εστιν ομοιος.
ΜΘ 7:27 07 και κατεβη η βροχη και ηλθον οι ποταμοι και επνευσαν οι ανεμοι και προσεκοψαν...
ΛΚ 6:49 07 .... την γην χωρις θεμελιου, η προσερηξεν ο ποταμος, και ευθυς συνεπεσεν, και εγενετο το...
ΛΚ 6:49 07 .... η προσερηξεν ο ποταμος, και ευθυς συνεπεσεν, και εγενετο το ρηγμα της οικιας εκεινης...
ΜΘ 7:25 07 ... και επνευσαν οι ανεμοι και προσεπεσαν τη οικια εκεινη, και ουκ επεσεν, τεθεμελιωτο...
ΛΚ 6:48 07 .... δε γενομενης προσερηξεν ο ποταμος τη οικια εκεινη, και ουκ ισχυσεν σαλευσαι...
ΜΘ 7:24 07 ... οστις ωκοδομησεν αυτου την οικιαν επι την πετραν.
ΜΘ 7:26 07 ... οστις ωκοδομησεν αυτου την οικιαν επι την αμμον.
ΛΚ 6:48 07 .... και εβαθυνεν και εθηκεν θεμελιον επι την πετραν. πλημμυρης δε γενομενης προσερηξεν...
ΛΚ 6:49 07 .. εστιν ανθρωπω οικοδομησαντι οικιαν επι την γην χωρις θεμελιου, η προσερηξεν ο ποταμος,...
ΜΘ 7:24 07 πας ουν οστις ακουει μου τους λογους τουτους και ποιει αυτους ομοιωθησεται...
ΛΚ 6:47 07 ..... ο ερχομενος προς με και ακουων μου των λογων και ποιων αυτους, υποδειξω υμιν...
ΜΘ 7:24 07 . αυτους ομοιωθησεται ανδρι φρονιμω, οστις ωκοδομησεν αυτου την οικιαν επι την πετραν.
ΜΘ 7:26 07 .... αυτους ομοιωθησεται ανδρι μωρω, οστις ωκοδομησεν αυτου την οικιαν επι την αμμον.

ΛΚ 7:9	08	.. ο ιησους εθαυμασεν αυτον, και στραφεις τω	ακολουθουντι	αυτω οχλω ειπεν, λεγω υμιν, ουδε εν τω...
ΜΘ 8:10	08	.... δε ο ιησους εθαυμασεν και ειπεν τοις	ακολουθουσιν,	αμην λεγω υμιν, παρ ουδενι τοσαυτην πιστιν...
ΜΘ 8:10	08		ακουσας	δε ο ιησους εθαυμασεν και ειπεν τοις ακολουθουσιν,...
ΛΚ 7:9	08		ακουσας	δε ταυτα ο ιησους εθαυμασεν αυτον, και...
ΜΘ 8:8	08	.... ικανος ινα μου υπο την στεγην εισελθης.	αλλα	μονον ειπε λογω, και ιαθησεται ο παις μου.
ΛΚ 7:7	08	διο ουδε εμαυτον ηξιωσα προς σε ελθειν.	αλλα	ειπε λογω, και ιαθητω ο παις μου.
ΜΘ 8:9	08	.. λεγω τουτω, πορευθητι, και πορευεται, και	αλλω,	ερχου, και ερχεται, και τω δουλω μου,...
ΛΚ 7:8	08	.. λεγω τουτω, πορευθητι, και πορευεται, και	αλλω,	ερχου, και ερχεται, και τω δουλω μου,...
ΜΘ 8:9	08	και γαρ εγω	ανθρωπος	ειμι υπο εξουσιαν, εχων υπ εμαυτον στρατιωτας,...
ΛΚ 7:8	08	και γαρ εγω	ανθρωπος	ειμι υπο εξουσιαν τασσομενος, εχων υπ εμαυτον...
ΜΘ 8:9	08	και	γαρ	εγω ανθρωπος ειμι υπο εξουσιαν, εχων υπ...
ΛΚ 7:8	08	και	γαρ	εγω ανθρωπος ειμι υπο εξουσιαν τασσομενος,...
ΜΘ 8:10	08	ακουσας	δε	ο ιησους εθαυμασεν και ειπεν τοις ακολουθουσιν,...
ΛΚ 7:9	08	ακουσας	δε	ταυτα ο ιησους εθαυμασεν αυτον, και στραφεις...
ΜΘ 8:9	08	...... και αλλω, ερχου, και ερχεται, και τω	δουλω	μου, ποιησον τουτο, και ποιει.
ΛΚ 7:8	08	...... και αλλω, ερχου, και ερχεται, και τω	δουλω	μου, ποιησον τουτο, και ποιει.
ΜΘ 8:9	08	και γαρ	εγω	ανθρωπος ειμι υπο εξουσιαν, εχων υπ εμαυτον...
ΛΚ 7:8	08	και γαρ	εγω	ανθρωπος ειμι υπο εξουσιαν τασσομενος,...
ΜΘ 8:10	08	ακουσας δε ο ιησους	εθαυμασεν	και ειπεν τοις ακολουθουσιν, αμην λεγω...
ΛΚ 7:9	08	ακουσας δε ταυτα ο ιησους	εθαυμασεν	αυτον, και στραφεις τω ακολουθουντι αυτω...
ΜΘ 8:8	08	.. αποκριθεις ο εκατονταρχος εφη, κυριε, ουκ	ειμι	ικανος ινα μου υπο την στεγην εισελθης....
ΜΘ 8:9	08	και γαρ εγω ανθρωπος	ειμι	υπο εξουσιαν, εχων υπ εμαυτον στρατιωτας,...
ΛΚ 7:6	08	.... αυτω, κυριε, μη σκυλλου. ου γαρ ικανος	ειμι	ινα υπο την στεγην μου εισελθης.
ΛΚ 7:8	08	και γαρ εγω ανθρωπος	ειμι	υπο εξουσιαν τασσομενος, εχων υπ εμαυτον...
ΜΘ 8:8	08	... μου υπο την στεγην εισελθης. αλλα μονον	ειπε	λογω, και ιαθησεται ο παις μου.
ΛΚ 7:7	08	.. ουδε εμαυτον ηξιωσα προς σε ελθειν. αλλα	ειπε	λογω, και ιαθητω ο παις μου.
ΜΘ 8:8	08	.... ουκ ειμι ικανος ινα μου υπο την στεγην	εισελθης.	αλλα μονον ειπε λογω, και ιαθησεται...
ΛΚ 7:6	08	... γαρ ικανος ειμι ινα υπο την στεγην μου	εισελθης.	
ΛΚ 7:6	08	. απεχοντος απο της οικιας, επεμψεν φιλους ο	εκατονταρχης	λεγων αυτω, κυριε, μη σκυλλου. ου γαρ...
ΜΘ 8:5	08	.... δε αυτου εις καφαρναουμ προσηλθεν αυτω	εκατονταρχος	παρακαλων αυτον
ΜΘ 8:8	08	και αποκριθεις ο	εκατονταρχος	εφη, κυριε, ουκ ειμι ικανος ινα μου υπο...
ΛΚ 7:2	08		εκατονταρχου	δε τινος δουλος κακως εχων ημελλεν τελευταν,...
ΜΘ 8:9	08	. εγω ανθρωπος ειμι υπο εξουσιαν, εχων υπ	εμαυτον	στρατιωτας, και λεγω τουτω, πορευθητι,...
ΛΚ 7:8	08	.... ειμι υπο εξουσιαν τασσομενος, εχων υπ	εμαυτον	στρατιωτας, και λεγω τουτω, πορευθητι,...
ΜΘ 8:10	08	. αμην λεγω υμιν, παρ ουδενι τοσαυτην πιστιν	εν	τω ισραηλ ευρον.
ΛΚ 7:9	08	.... αυτω οχλω ειπεν, λεγω υμιν, ουδε	εν	τω ισραηλ τοσαυτην πιστιν ευρον.
ΜΘ 8:9	08	και γαρ εγω ανθρωπος ειμι υπο	εξουσιαν,	εχων υπ εμαυτον στρατιωτας, και λεγω...
ΛΚ 7:8	08	και γαρ εγω ανθρωπος ειμι υπο	εξουσιαν	τασσομενος, εχων υπ εμαυτον στρατιωτας,...
ΜΘ 8:9	08	.... και πορευεται, και αλλω, ερχου, και	ερχεται,	και τω δουλω μου, ποιησον τουτο, και...
ΛΚ 7:8	08	.... και πορευεται, και αλλω, ερχου, και	ερχεται,	και τω δουλω μου, ποιησον τουτο, και...
ΜΘ 8:9	08	.... πορευθητι, και πορευεται, και αλλω,	ερχου,	και ερχεται, και τω δουλω μου, ποιησον...
ΛΚ 7:8	08	.... πορευθητι, και πορευεται, και αλλω,	ερχου,	και ερχεται, και τω δουλω μου, ποιησον...
ΜΘ 8:10	08	... παρ ουδενι τοσαυτην πιστιν εν τω ισραηλ	ευρον.	
ΛΚ 7:9	08	... υμιν, ουδε εν τω ισραηλ τοσαυτην πιστιν	ευρον.	
ΜΘ 8:9	08	... γαρ εγω ανθρωπος ειμι υπο εξουσιαν,	εχων	υπ εμαυτον στρατιωτας, και λεγω τουτω,...
ΛΚ 7:8	08	.. ανθρωπος ειμι υπο εξουσιαν τασσομενος,	εχων	υπ εμαυτον στρατιωτας, και λεγω τουτω,...
ΜΘ 8:8	08	..... εισελθης. αλλα μονον ειπε λογω, και	ιαθησεται	ο παις μου.
ΛΚ 7:7	08	...... προς σε ελθειν. αλλα ειπε λογω, και	ιαθητω	ο παις μου.
ΜΘ 8:10	08	ακουσας δε ο	ιησους	εθαυμασεν και ειπεν τοις ακολουθουσιν,...
ΛΚ 7:9	08	ακουσας δε ταυτα ο	ιησους	εθαυμασεν αυτον, και στραφεις τω ακολουθουντι...
ΜΘ 8:8	08	...... ο εκατονταρχος εφη, κυριε, ουκ ειμι	ικανος	ινα μου υπο την στεγην εισελθης. αλλα...
ΛΚ 7:6	08	..... λεγων αυτω, κυριε, μη σκυλλου. ου γαρ	ικανος	ειμι ινα υπο την στεγην μου εισελθης.
ΜΘ 8:8	08	.... εφη, κυριε, ουκ ειμι ικανος	ινα	μου υπο την στεγην εισελθης. αλλα μονον...
ΛΚ 7:6	08	... κυριε, μη σκυλλου. ου γαρ ικανος ειμι	ινα	υπο την στεγην μου εισελθης.
ΜΘ 8:10	08	.... υμιν, παρ ουδενι τοσαυτην πιστιν εν τω	ισραηλ	ευρον.

ΛΚ 7:9	08	.... αυτω οχλω ειπεν, λεγω υμιν, ουδε εν τω ισραηλ	τοσαυτην πιστιν ευρον.
ΜΘ 8:8	08	.. στεγην εισελθης. αλλα μονον ειπε λογω, και	ιαθησεται ο παις μου.
ΜΘ 8:9	08	και	γαρ εγω ανθρωπος ειμι υπο εξουσιαν,...
ΜΘ 8:9	08	... εξουσιαν, εχων υπ εμαυτον στρατιωτας, και	λεγω τουτω, πορευθητι, και πορευεται, και...
ΜΘ 8:9	08	.... στρατιωτας, και λεγω τουτω, πορευθητι, και	πορευεται, και αλλω, ερχου, και ερχεται,...
ΜΘ 8:9	08	..... λεγω τουτω, πορευθητι, και πορευεται, και	αλλω, ερχου, και ερχεται, και τω δουλω...
ΜΘ 8:9	08	.... και πορευεται, και αλλω, ερχου, και	ερχεται, και τω δουλω μου, ποιησον τουτο,...
ΜΘ 8:9	08	.... και αλλω, ερχου, και ερχεται, και	τω δουλω μου, ποιησον τουτο, και ποιει.
ΜΘ 8:9	08	.... και τω δουλω μου, ποιησον τουτο, και	ποιει.
ΜΘ 8:10	08	ακουσας δε ο ιησους εθαυμασεν και	ειπεν τοις ακολουθουσιν, αμην λεγω υμιν,...
ΛΚ 7:7	08	... ηξιωσα προς σε ελθειν. αλλα ειπε λογω, και	ιαθητω ο παις μου.
ΛΚ 7:8	08	και	γαρ εγω ανθρωπος ειμι υπο εξουσιαν...
ΛΚ 7:8	08	.. τασσομενος. εχων υπ εμαυτον στρατιωτας, και	λεγω τουτω, πορευθητι, και πορευεται, και...
ΛΚ 7:8	08	.... στρατιωτας, και λεγω τουτω, πορευθητι, και	πορευεται, και αλλω, ερχου, και ερχεται,...
ΛΚ 7:8	08	..... λεγω τουτω, πορευθητι, και πορευεται, και	αλλω, ερχου, και ερχεται, και τω δουλω...
ΛΚ 7:8	08	.... και πορευεται, και αλλω, ερχου, και	ερχεται, και τω δουλω μου, ποιησον τουτο,...
ΛΚ 7:8	08	.... και αλλω, ερχου, και ερχεται, και	τω δουλω μου, ποιησον τουτο, και ποιει.
ΛΚ 7:8	08	.... και τω δουλω μου, ποιησον τουτο, και	ποιει.
ΛΚ 7:9	08	...... δε ταυτα ο ιησους εθαυμασεν αυτον, και	στραφεις τω ακολουθουντι αυτω οχλω ειπεν,...
ΜΘ 8:8	08	και αποκριθεις ο εκατονταρχος εφη, κυριε,	ουκ ειμι ικανος ινα μου υπο την στεγην...
ΛΚ 7:6	08	. επεμψεν φιλους ο εκατονταρχης λεγων αυτω, κυριε,	μη σκυλλου. ου γαρ ικανος ειμι ινα...
ΜΘ 8:9	08	.... εχων υπ εμαυτον στρατιωτας, και λεγω	τουτω, πορευθητι, και πορευεται, και...
ΜΘ 8:10	08	.... και ειπεν τοις ακολουθουσιν, αμην λεγω	υμιν, παρ ουδενι τοσαυτην πιστιν εν τω...
ΛΚ 7:8	08	.... εχων υπ εμαυτον στρατιωτας, και λεγω	τουτω, πορευθητι, και πορευεται, και...
ΛΚ 7:9	08	. στραφεις τω ακολουθουντι αυτω οχλω ειπεν, λεγω	υμιν, ουδε εν τω ισραηλ τοσαυτην πιστιν...
ΜΘ 8:8	08	.... την στεγην εισελθης. αλλα μονον ειπε λογω,	και ιαθησεται ο παις μου.
ΛΚ 7:7	08	.... ηξιωσα προς σε ελθειν. αλλα ειπε λογω,	και ιαθητω ο παις μου.
ΜΘ 8:8	08	.... εφη, κυριε, ουκ ειμι ικανος ινα μου	υπο την στεγην εισελθης. αλλα μονον ειπε...
ΜΘ 8:8	08	.. μονον ειπε λογω, και ιαθησεται ο παις μου.	
ΜΘ 8:9	08	...... ερχου, και ερχεται, και τω δουλω μου,	ποιησον τουτο, και ποιει.
ΛΚ 7:6	08	.. ου γαρ ικανος ειμι ινα υπο την στεγην μου	εισελθης.
ΛΚ 7:7	08	..... αλλα ειπε λογω, και ιαθητω ο παις μου.	
ΛΚ 7:8	08	...... ερχου, και ερχεται, και τω δουλω μου,	ποιησον τουτο, και ποιει.
ΜΘ 8:8	08	και αποκριθεις ο	εκατονταρχος εφη, κυριε, ουκ ειμι ικανος...
ΜΘ 8:8	08	... αλλα μονον ειπε λογω, και ιαθησεται ο	παις μου.
ΜΘ 8:10	08	ακουσας δε ο	ιησους εθαυμασεν και ειπεν τοις ακολουθουσιν,...
ΛΚ 7:6	08	... απεχοντος απο της οικιας, επεμψεν φιλους ο	εκατονταρχης λεγων αυτω, κυριε, μη σκυλλου....
ΛΚ 7:7	08	. σε ελθειν. αλλα ειπε λογω, και ιαθητω ο	παις μου.
ΛΚ 7:9	08	ακουσας δε ταυτα ο	ιησους εθαυμασεν αυτον, και στραφεις...
ΛΚ 7:6	08	.... λεγων αυτω, κυριε, μη σκυλλου. ου	γαρ ικανος ειμι ινα υπο την στεγην...
ΛΚ 7:9	08	. ακολουθουντι αυτω οχλω ειπεν, λεγω υμιν, ουδε	εν τω ισραηλ τοσαυτην πιστιν ευρον.
ΜΘ 8:10	08	... τοις ακολουθουσιν, αμην λεγω υμιν, παρ ουδενι	τοσαυτην πιστιν εν τω ισραηλ ευρον.
ΜΘ 8:8	08	... αποκριθεις ο εκατονταρχος εφη, κυριε, ουκ	ειμι ικανος ινα μου υπο την στεγην...
ΜΘ 8:8	08	...... μονον ειπε λογω, και ιαθησεται ο παις	μου.
ΛΚ 7:7	08	. ελθειν. αλλα ειπε λογω, και ιαθητω ο παις	μου.
ΜΘ 8:10	08	...... αμην λεγω υμιν, παρ ουδενι τοσαυτην πιστιν	εν τω ισραηλ ευρον.
ΛΚ 7:9	08	.. λεγω υμιν, ουδε εν τω ισραηλ τοσαυτην πιστιν	ευρον.
ΜΘ 8:9	08	... και τω δουλω μου, ποιησον τουτο, και ποιει.	
ΛΚ 7:8	08	... και τω δουλω μου, ποιησον τουτο, και ποιει.	
ΜΘ 8:9	08	.... και ερχεται, και τω δουλω μου, ποιησον	τουτο, και ποιει.
ΛΚ 7:8	08	.... και ερχεται, και τω δουλω μου, ποιησον	τουτο, και ποιει.
ΜΘ 8:9	08	.... και λεγω τουτω, πορευθητι, και πορευεται,	και αλλω, ερχου, και ερχεται, και...
ΛΚ 7:8	08	.... και λεγω τουτω, πορευθητι, και πορευεται,	και αλλω, ερχου, και ερχεται, και...
ΜΘ 8:9	08	.. υπ εμαυτον στρατιωτας, και λεγω τουτω, πορευθητι,	και πορευεται, και αλλω, ερχου, και...
ΛΚ 7:8	08	.. υπ εμαυτον στρατιωτας, και λεγω τουτω, πορευθητι,	και πορευεται, και αλλω, ερχου, και...
ΜΘ 8:8	08	.... ουκ ειμι ικανος ινα μου υπο την στεγην	εισελθης. αλλα μονον ειπε λογω, και...
ΛΚ 7:6	08	.... ου γαρ ικανος ειμι ινα υπο την στεγην	μου εισελθης.

ΛΚ 7:6	08	.... ου γαρ ικανος ειμι ινα υπο την στεγην μου εισελθης.
Μθ 8:9	08	..... ειμι υπο εξουσιαν, εχων υπ εμαυτον στρατιωτας, και λεγω τουτω, πορευθητι, και πορευεται,...
ΛΚ 7:8	08	.... εξουσιαν τασσομενος, εχων υπ εμαυτον στρατιωτας, και λεγω τουτω, πορευθητι, και πορευεται,...
Μθ 8:8	08	... κυριε, ουκ ειμι ικανος ινα μου υπο την στεγην εισελθης. αλλα μονον ειπε λογω,...
ΛΚ 7:6	08	... σκυλλου. ου γαρ ικανος ειμι ινα υπο την στεγην μου εισελθης.
Μθ 8:10	08	.... αμην λεγω υμιν, παρ ουδενι τοσαυτην πιστιν εν τω ισραηλ ευρον.
ΛΚ 7:9	08	.... ειπεν, λεγω υμιν, ουδε εν τω ισραηλ τοσαυτην πιστιν ευρον.
Μθ 8:9	08	.... ερχεται, και τω δουλω μου, ποιησον τουτο, και ποιει.
ΛΚ 7:8	08	.... ερχεται, και τω δουλω μου, ποιησον τουτο, και ποιει.
Μθ 8:9	08	.. εχων υπ εμαυτον στρατιωτας, και λεγω τουτω, πορευθητι, και πορευεται, και αλλω,...
ΛΚ 7:8	08	.. εχων υπ εμαυτον στρατιωτας, και λεγω τουτω, πορευθητι, και πορευεται, και αλλω,...
Μθ 8:9	08	.... και αλλω, ερχου, και ερχεται, και τω δουλω μου, ποιησον τουτο, και ποιει.
Μθ 8:10	08	.... υμιν, παρ ουδενι τοσαυτην πιστιν εν τω ισραηλ ευρον.
ΛΚ 7:8	08	.... και αλλω, ερχου, και ερχεται, και τω δουλω μου, ποιησον τουτο, και ποιει.
ΛΚ 7:9	08	..... αυτω οχλω ειπεν, λεγω υμιν, ουδε εν τω ισραηλ τοσαυτην πιστιν ευρον.
Μθ 8:10	08	.. και ειπεν τοις ακολουθουσιν, αμην λεγω υμιν, παρ ουδενι τοσαυτην πιστιν εν τω...
ΛΚ 7:9	08	... τω ακολουθουντι αυτω οχλω ειπεν, λεγω υμιν, ουδε εν τω ισραηλ τοσαυτην πιστιν...
Μθ 8:9	08	.. εγω ανθρωπος ειμι υπο εξουσιαν, εχων υπ εμαυτον στρατιωτας, και λεγω τουτω,...
ΛΚ 7:8	08	...... ειμι υπο εξουσιαν τασσομενος, εχων υπ εμαυτον στρατιωτας, και λεγω τουτω,...
Μθ 8:8	08	.. εφη, κυριε, ουκ ειμι ικανος ινα μου υπο την στεγην εισελθης. αλλα μονον ειπε...
Μθ 8:9	08	και γαρ εγω ανθρωπος ειμι υπο εξουσιαν, εχων υπ εμαυτον στρατιωτας,...
ΛΚ 7:6	08	.... μη σκυλλου. ου γαρ ικανος ειμι ινα υπο την στεγην μου εισελθης.
ΛΚ 7:8	08	και γαρ εγω ανθρωπος ειμι υπο εξουσιαν τασσομενος, εχων υπ εμαυτον...

John's Question and Jesus' Answer   MT 11:2-6   LK 7:18-23   (106)

ΜΘ 11:4	09	..... αυτοις. πορευθεντες απαγγειλατε ιωαννη	α	ακουετε και βλεπετε.
ΛΚ 7:22	09	..... αυτοις. πορευθεντες απαγγειλατε ιωαννη	α	ειδετε και ηκουσατε. τυφλοι αναβλεπουσιν,...
ΜΘ 11:4	09	.. αυτοις, πορευθεντες απαγγειλατε ιωαννη α	ακουετε	και βλεπετε.
ΜΘ 11:5	09	.... λεπροι καθαριζονται και κωφοι	ακουουσιν,	και νεκροι εγειρονται και πτωχοι ευαγγελιζονται....
ΛΚ 7:22	09	.... λεπροι καθαριζονται και κωφοι	ακουουσιν,	νεκροι εγειρονται, πτωχοι ευαγγελιζονται.
ΜΘ 11:5	09	τυφλοι	αναβλεπουσιν	και χωλοι περιπατουσιν, λεπροι καθαριζονται...
ΛΚ 7:22	09	...... ιωαννη α ειδετε και ηκουσατε. τυφλοι	αναβλεπουσιν,	χωλοι περιπατουσιν, λεπροι καθαριζονται...
ΜΘ 11:4	09	.... ο ιησους ειπεν αυτοις, πορευθεντες	απαγγειλατε	ιωαννη α ακουετε και βλεπετε.
ΛΚ 7:22	09	και αποκριθεις ειπεν αυτοις, πορευθεντες	απαγγειλατε	ιωαννη α ειδετε και ηκουσατε. τυφλοι αναβλεπουσιν,..
ΜΘ 11:4	09	και	αποκριθεις	ο ιησους ειπεν αυτοις, πορευθεντες απαγγειλατε...
ΛΚ 7:22	09	και	αποκριθεις	ειπεν αυτοις, πορευθεντες απαγγειλατε...
ΜΘ 11:4	09	και αποκριθεις ο ιησους ειπεν	αυτοις,	πορευθεντες απαγγειλατε ιωαννη α ακουετε...
ΛΚ 7:22	09	και αποκριθεις ειπεν	αυτοις,	πορευθεντες απαγγειλατε ιωαννη α ειδετε...
ΜΘ 11:2	09	. τα εργα του χριστου πεμψας δια των μαθητων	αυτου	ειπεν αυτω,
ΛΚ 7:18	09	και απηγγειλαν ιωαννη οι μαθηται	αυτου	περι παντων τουτων. και προσκαλεσαμενος...
ΜΘ 11:6	09	και μακαριος εστιν ος	εαν	μη σκανδαλισθη εν εμοι.
ΛΚ 7:23	09	και μακαριος εστιν ος	εαν	μη σκανδαλισθη εν εμοι.
ΜΘ 11:5	09	.... και κωφοι ακουουσιν, και νεκροι	εγειρονται	και πτωχοι ευαγγελιζονται.
ΛΚ 7:22	09	.. καθαριζονται και κωφοι ακουουσιν, νεκροι	εγειρονται,	πτωχοι ευαγγελιζονται.
ΜΘ 11:3	09	συ	ει	ο ερχομενος η ετερον προσδοκωμεν;
ΛΚ 7:19	09	επεμψεν προς τον κυριον λεγων, συ	ει	ο ερχομενος η αλλον προσδοκωμεν;
ΛΚ 7:19	09		επεμψεν	προς τον κυριον λεγων, συ ει ο ερχομενος...
ΜΘ 11:3	09	συ ει ο	ερχομενος	η ετερον προσδοκωμεν;
ΛΚ 7:19	09	... τον κυριον λεγων, συ ει ο	ερχομενος	η αλλον προσδοκωμεν;
ΜΘ 11:3	09	συ ει ο ερχομενος	η	ετερον προσδοκωμεν;
ΛΚ 7:19	09	... τον κυριον λεγων, συ ει ο ερχομενος	η	αλλον προσδοκωμεν;
ΛΚ 7:22	09	.... απαγγειλατε ιωαννη α ειδετε και	ηκουσατε.	τυφλοι αναβλεπουσιν, χωλοι περιπατουσιν,...
ΜΘ 11:4	09	.... ειπεν αυτοις, πορευθεντες απαγγειλατε	ιωαννη	α ακουετε και βλεπετε.
ΛΚ 7:18	09	και απηγγειλαν	ιωαννη	οι μαθηται αυτου περι παντων τουτων. και...
ΛΚ 7:22	09	.... ειπεν αυτοις, πορευθεντες απαγγειλατε	ιωαννη	α ειδετε και ηκουσατε. τυφλοι αναβλεπουσιν,...
ΜΘ 11:2	09	ο δε	ιωαννης	ακουσας εν τω δεσμωτηριω τα εργα του χριστου...
ΜΘ 11:5	09	.... και χωλοι περιπατουσιν, λεπροι	καθαριζονται	και κωφοι ακουουσιν, και νεκροι εγειρονται...
ΛΚ 7:22	09	.. αναβλεπουσιν, χωλοι περιπατουσιν, λεπροι	καθαριζονται	και κωφοι ακουουσιν, νεκροι εγειρονται,...
ΜΘ 11:4	09		και	αποκριθεις ο ιησους ειπεν αυτοις, πορευθεντες...
ΜΘ 11:5	09	... χωλοι περιπατουσιν, λεπροι καθαριζονται	και	κωφοι ακουουσιν, και νεκροι εγειρονται...
ΜΘ 11:6	09		και	μακαριος εστιν ος εαν μη σκανδαλισθη εν...
ΛΚ 7:22	09		και	αποκριθεις ειπεν αυτοις, πορευθεντες...
ΛΚ 7:22	09	... χωλοι περιπατουσιν, λεπροι καθαριζονται	και	κωφοι ακουουσιν, νεκροι εγειρονται, πτωχοι...
ΛΚ 7:23	09		και	μακαριος εστιν ος εαν μη σκανδαλισθη εν...
ΜΘ 11:5	09	.... περιπατουσιν, λεπροι καθαριζονται και	κωφοι	ακουουσιν, και νεκροι εγειρονται και...
ΛΚ 7:22	09	.... περιπατουσιν, λεπροι καθαριζονται και	κωφοι	ακουουσιν, νεκροι εγειρονται, πτωχοι...
ΜΘ 11:5	09	..... αναβλεπουσιν και χωλοι περιπατουσιν,	λεπροι	καθαριζονται και κωφοι ακουουσιν, και...
ΛΚ 7:22	09	.. τυφλοι αναβλεπουσιν, χωλοι περιπατουσιν,	λεπροι	καθαριζονται και κωφοι ακουουσιν, νεκροι...
ΛΚ 7:18	09	και απηγγειλαν ιωαννη οι	μαθηται	αυτου περι παντων τουτων. και προσκαλεσαμενος...
ΜΘ 11:2	09	........τα εργα του χριστου πεμψας δια των	μαθητων	αυτου ειπεν αυτω.
ΜΘ 11:6	09	και	μακαριος	εστιν ος εαν μη σκανδαλισθη εν εμοι.
ΛΚ 7:23	09	και	μακαριος	εστιν ος εαν μη σκανδαλισθη εν εμοι.
ΜΘ 11:6	09	και μακαριος εστιν ος εαν	μη	σκανδαλισθη εν εμοι.
ΛΚ 7:23	09	και μακαριος εστιν ος εαν	μη	σκανδαλισθη εν εμοι.
ΜΘ 11:5	09	. καθαριζονται και κωφοι ακουουσιν, και	νεκροι	εγειρονται και πτωχοι ευαγγελιζονται.
ΛΚ 7:22	09	...... καθαριζονται και κωφοι ακουουσιν,	νεκροι	εγειρονται, πτωχοι ευαγγελιζονται.
ΜΘ 11:3	09	συ ει	ο	ερχομενος η ετερον προσδοκωμεν;
ΛΚ 7:19	09	επεμψεν προς τον κυριον λεγων, συ ει	ο	ερχομενος η αλλον προσδοκωμεν;
ΜΘ 11:6	09	και μακαριος εστιν	ος	εαν μη σκανδαλισθη εν εμοι.
ΛΚ 7:23	09	και μακαριος εστιν	ος	εαν μη σκανδαλισθη εν εμοι.

Μθ 11:2	09	.... εν τω δεσμωτηριω τα εργα του χριστου	πεμψας	δια των μαθητων αυτου ειπεν αυτω,
Μθ 11:5	09	τυφλοι αναβλεπουσιν και χωλοι	περιπατουσιν,	λεπροι καθαριζονται και κωφοι ακουουσιν,...
Λκ 7:22	09	..... ηκουσατε. τυφλοι αναβλεπουσιν, χωλοι	περιπατουσιν,	λεπροι καθαριζονται και κωφοι ακουουσιν,...
Μθ 11:4	09	. και αποκριθεις ο ιησους ειπεν αυτοις,	πορευθεντες	απαγγειλατε ιωαννη α ακουετε και βλεπετε....
Λκ 7:22	09	και αποκριθεις ειπεν αυτοις,	πορευθεντες	απαγγειλατε ιωαννη α ειδετε και ηκουσατε....
Μθ 11:3	09	συ ει ο ερχομενος η ετερον	προσδοκωμεν;	
Λκ 7:19	09	.. κυριον λεγων, συ ει ο ερχομενος η αλλον	προσδοκωμεν;	
Μθ 11:5	09	.. ακουουσιν, και νεκροι εγειρονται και	πτωχοι	ευαγγελιζονται.
Λκ 7:22	09	.... κωφοι ακουουσιν, νεκροι εγειρονται,	πτωχοι	ευαγγελιζονται.
Μθ 11:6	09	και μακαριος εστιν ος εαν μη	σκανδαλισθη	εν εμοι.
Λκ 7:23	09	και μακαριος εστιν ος εαν μη	σκανδαλισθη	εν εμοι.
Μθ 11:3	09		συ	ει ο ερχομενος η ετερον προσδοκωμεν;
Λκ 7:19	09	επεμψεν προς τον κυριον λεγων,	συ	ει ο ερχομενος η αλλον προσδοκωμεν;
Μθ 11:5	09		τυφλοι	αναβλεπουσιν και χωλοι περιπατουσιν,...
Λκ 7:22	09	.... ιωαννη α ειδετε και ηκουσατε.	τυφλοι	αναβλεπουσιν, χωλοι περιπατουσιν, λεπροι...
Μθ 11:5	09	τυφλοι αναβλεπουσιν και	χωλοι	περιπατουσιν, λεπροι καθαριζονται και...
Λκ 7:22	09	..... και ηκουσατε. τυφλοι αναβλεπουσιν,	χωλοι	περιπατουσιν, λεπροι καθαριζονται και...

Jesus' Witness to John MT 11:7-19 21:31-32 7:12 LK 7:24-35 16:16 (107)

ΛΚ 7:32	10	ομοιοι εισιν παιδιοις τοις εν	αγορα	καθημενοις και προσφωνουσιν αλληλοις, α...
Μθ 11:16	10	.... ομοια εστιν παιδιοις καθημενοις εν ταις	αγοραις	α προσφωνουντα τοις ετεροις
ΛΚ 7:25	10		αλλ	τι εξηλθατε ιδειν; ανθρωπον εν μαλακοις...
Μθ 11:8	10		αλλα	τι εξηλθατε ιδειν; ανθρωπον εν μαλακοις...
Μθ 11:9	10		αλλα	τι εξηλθατε ιδειν; προφητην; ναι, λεγω...
ΛΚ 7:26	10		αλλα	τι εξηλθατε ιδειν; προφητην; ναι, λεγω...
Μθ 11:19	10	..... φαγος και οινοποτης. τελωνων φιλος και	αμαρτωλων.	και εδικαιωθη η σοφια απο των εργων αυτης.
ΛΚ 7:34	10	..... φαγος και οινοποτης, φιλος τελωνων και	αμαρτωλων.	
Μθ 11:7	10	...... εις την ερημον θεασασθαι; καλαμον υπο	ανεμου	σαλευομενον;
ΛΚ 7:24	10	...... εις την ερημον θεασασθαι; καλαμον υπο	ανεμου	σαλευομενον;
Μθ 11:8	10	αλλα τι εξηλθατε ιδειν;	ανθρωπον	εν μαλακοις ημφιεσμενον; ιδου οι τα μαλακα...
ΛΚ 7:25	10	αλλ τι εξηλθατε ιδειν;	ανθρωπον	εν μαλακοις ιματιοις ημφιεσμενον; ιδου...
Μθ 11:19	10	.... εσθιων και πινων, και λεγουσιν, ιδου	ανθρωπος	φαγος και οινοποτης, τελωνων φιλος και...
ΛΚ 7:34	10	.... εσθιων και πινων, και λεγετε, ιδου	ανθρωπος	φαγος και οινοποτης, φιλος τελωνων και...
Μθ 11:19	10	ηλθεν ο υιος του	ανθρωπου	εσθιων και πινων, και λεγουσιν, ιδου ανθρωπος...
ΛΚ 7:34	10	εληλυθεν ο υιος του	ανθρωπου	εσθιων και πινων, και λεγετε, ιδου ανθρωπος...
Μθ 11:19	10	...... και αμαρτωλων. και εδικαιωθη η σοφια	απο	των εργων αυτης.
ΛΚ 7:35	10	και εδικαιωθη η σοφια	απο	παντων των τεκνων αυτης.
Μθ 11:19	10	.... και εδικαιωθη η σοφια απο των εργων	αυτης.	
ΛΚ 7:35	10	... εδικαιωθη η σοφια απο παντων των τεκνων	αυτης.	
Μθ 11:11	10	.... εν τη βασιλεια των ουρανων μειζων	αυτου	εστιν.
ΛΚ 7:28	10	.. μικροτερος εν τη βασιλεια του θεου μειζων	αυτου	εστιν.
Μθ 11:11	10	.... του βαπτιστου. ο δε μικροτερος εν τη	βασιλεια	των ουρανων μειζων αυτου εστιν.
ΛΚ 7:28	10	.... ουδεις εστιν. ο δε μικροτερος εν τη	βασιλεια	του θεου μειζων αυτου εστιν.
ΛΚ 7:25	10	.... ενδοξω και τρυφη υπαρχοντες εν τοις	βασιλειοις	εισιν.
Μθ 11:8	10	.. οι τα μαλακα φορουντες εν τοις οικοις των	βασιλεων	εισιν.
Μθ 11:18	10	ηλθεν	γαρ	ιωαννης μητε εσθιων μητε πινων, και λεγουσιν,...
ΛΚ 7:33	10	εληλυθεν	γαρ	ιωαννης ο βαπτιστης μη εσθιων αρτον μητε...
Μθ 11:10	10	ουτος εστιν περι ου	γεγραπται,	ιδου εγω αποστελλω τον αγγελον μου προ...
ΛΚ 7:27	10	ουτος εστιν περι ου	γεγραπται,	ιδου αποστελλω τον αγγελον μου προ προσωπου...
Μθ 11:16	10	τινι δε ομοιωσω την	γενεαν	ταυτην; ομοια εστιν παιδιοις καθημενοις...
ΛΚ 7:31	10	τινι ουν ομοιωσω τους ανθρωπους της	γενεας	ταυτης, και τινι εισιν ομοιοι;
Μθ 11:11	10	αμην λεγω υμιν, ουκ εγηγερται εν	γεννητοις	γυναικων μειζων ιωαννου του βαπτιστου....
ΛΚ 7:28	10	λεγω υμιν, μειζων εν	γεννητοις	γυναικων ιωαννου ουδεις εστιν. ο δε μικροτερος...
Μθ 11:11	10	..... λεγω υμιν, ουκ εγηγερται εν γεννητοις	γυναικων	μειζων ιωαννου του βαπτιστου. ο δε μικροτερος...
ΛΚ 7:28	10	λεγω υμιν, μειζων εν γεννητοις	γυναικων	ιωαννου ουδεις εστιν. ο δε μικροτερος εν...
Μθ 11:18	10	...... μητε εσθιων μητε πινων, και λεγουσιν,	δαιμονιον	εχει.
ΛΚ 7:33	10	. εσθιων αρτον μητε πινων οινον, και λεγετε,	δαιμονιον	εχει.
Μθ 11:11	10	.. γυναικων μειζων ιωαννου του βαπτιστου. ο	δε	μικροτερος εν τη βασιλεια των ουρανων...
ΛΚ 7:28	10	.... γυναικων ιωαννου ουδεις εστιν. ο	δε	μικροτερος εν τη βασιλεια του θεου μειζων...
Μθ 11:19	10	.... τελωνων φιλος και αμαρτωλων. και	εδικαιωθη	η σοφια απο των εργων αυτης.
ΛΚ 7:35	10	και	εδικαιωθη	η σοφια απο παντων των τεκνων αυτης.
Μθ 11:17	10	.... ηυλησαμεν υμιν και ουκ ωρχησασθε.	εθρηνησαμεν	και ουκ εκοψασθε.
ΛΚ 7:32	10	. α λεγει, ηυλησαμεν υμιν και ουκ ωρχησασθε.	εθρηνησαμεν	και ουκ εκλαυσατε.
Μθ 11:7	10	...... τοις οχλοις περι ιωαννου, τι εξηλθατε	εις	την ερημον θεασασθαι; καλαμον υπο ανεμου...
ΛΚ 7:24	10	. προς τους οχλους περι ιωαννου, τι εξηλθατε	εις	την ερημον θεασασθαι; καλαμον υπο ανεμου...
ΛΚ 7:32	10	ομοιοι	εισιν	παιδιοις τοις εν αγορα καθημενοις και...
ΛΚ 7:33	10		εληλυθεν	γαρ ιωαννης ο βαπτιστης μη εσθιων αρτον...
ΛΚ 7:34	10		εληλυθεν	ο υιος του ανθρωπου εσθιων και πινων,...
Μθ 11:10	10	. προσωπου σου, ος κατασκευασει την οδον σου	εμπροσθεν	σου.
ΛΚ 7:27	10	. προσωπου σου, ος κατασκευασει την οδον σου	εμπροσθεν	σου.
Μθ 11:8	10	αλλα τι εξηλθατε ιδειν; ανθρωπον	εν	μαλακοις ημφιεσμενον; ιδου οι τα μαλακα...
Μθ 11:11	10	αμην λεγω υμιν, ουκ εγηγερται	εν	γεννητοις γυναικων μειζων ιωαννου του...
Μθ 11:11	10	.... ιωαννου του βαπτιστου. ο δε μικροτερος	εν	τη βασιλεια των ουρανων μειζων αυτου...

Mθ 11:11	10	.... ιωαννου του βαπτιστου. ο δε μικροτερος εν	τη βασιλεια των ουρανων μειζων αυτου...
Mθ 11:16	10	.... ταυτην; ομοια εστιν παιδιοις καθημενοις εν	ταις αγοραις α προσφωνουντα τοις ετεροις
ΛΚ 7:25	10	αλλ τι εξηλθατε ιδειν; ανθρωπον εν	μαλακοις ιματιοις ημφιεσμενον; ιδου οι...
ΛΚ 7:28	10	λεγω υμιν, μειζων εν	γεννητοις γυναικων ιωαννου ουδεις εστιν....
ΛΚ 7:28	10	..... ιωαννου ουδεις εστιν. ο δε μικροτερος εν	τη βασιλεια του θεου μειζων αυτου εστιν.
ΛΚ 7:32	10	ομοιοι εισιν παιδιοις τοις εν	αγορα καθημενοις και προσφωνουσιν αλληλοις,...
Mθ 11:7	10	. ιησους λεγειν τοις οχλοις περι ιωαννου, τι εξηλθατε	εις την ερημον θεασασθαι; καλαμον υπο...
Mθ 11:8	10	αλλα τι εξηλθατε	ιδειν; ανθρωπον εν μαλακοις ημφιεσμενον;...
Mθ 11:9	10	αλλα τι εξηλθατε	ιδειν; προφητην; ναι, λεγω υμιν, και περισσοτερον...
ΛΚ 7:24	10	... λεγειν προς τους οχλους περι ιωαννου, τι εξηλθατε	εις την ερημον θεασασθαι; καλαμον υπο...
ΛΚ 7:25	10	αλλ τι εξηλθατε	ιδειν; ανθρωπον εν μαλακοις ιματιοις...
ΛΚ 7:26	10	αλλα τι εξηλθατε	ιδειν; προφητην; ναι, λεγω υμιν, και περισσοτερον...
Mθ 11:7	10	. οχλοις περι ιωαννου, τι εξηλθατε εις την ερημον	θεασασθαι; καλαμον υπο ανεμου σαλευομενον;
ΛΚ 7:24	10	. οχλους περι ιωαννου, τι εξηλθατε εις την ερημον	θεασασθαι; καλαμον υπο ανεμου σαλευομενον;
Mθ 11:18	10	ηλθεν γαρ ιωαννης μητε εσθιων	μητε πινων, και λεγουσιν, δαιμονιον εχει.
Mθ 11:19	10	ηλθεν ο υιος του ανθρωπου εσθιων	και πινων, και λεγουσιν, ιδου ανθρωπος...
ΛΚ 7:33	10	εληλυθεν γαρ ιωαννης ο βαπτιστης μη εσθιων	αρτον μητε πινων οινον, και λεγετε, δαιμονιον...
ΛΚ 7:34	10	εληλυθεν ο υιος του ανθρωπου εσθιων	και πινων, και λεγετε, ιδου ανθρωπος φαγος...
Mθ 11:10	10	ουτος εστιν	περι ου γεγραπται, ιδου εγω αποστελλω...
Mθ 11:11	10	. εν τη βασιλεια των ουρανων μειζων αυτου εστιν.	
Mθ 11:16	10	. τινι δε ομοιωσω την γενεαν ταυτην; ομοια εστιν	παιδιοις καθημενοις εν ταις αγοραις α...
ΛΚ 7:27	10	ουτος εστιν	περι ου γεγραπται, ιδου αποστελλω τον...
ΛΚ 7:28	10	.... εν τη βασιλεια του θεου μειζων αυτου εστιν.	
Mθ 11:18	10	.... μητε πινων, και λεγουσιν, δαιμονιον εχει.	
ΛΚ 7:33	10	... μητε πινων οινον, και λεγετε, δαιμονιον εχει.	
Mθ 11:19	10	.... φιλος και αμαρτωλων. και εδικαιωθη η	σοφια απο των εργων αυτης.
ΛΚ 7:35	10	και εδικαιωθη η	σοφια απο παντων των τεκνων αυτης.
Mθ 11:18	10	ηλθεν	γαρ ιωαννης μητε εσθιων μητε πινων, και...
Mθ 11:19	10	ηλθεν	ο υιος του ανθρωπου εσθιων και πινων,...
Mθ 11:8	10	. τι εξηλθατε ιδειν; ανθρωπον εν μαλακοις ημφιεσμενον;	ιδου οι τα μαλακα φορουντες εν τοις οικοις...
ΛΚ 7:25	10	..... ιδειν; ανθρωπον εν μαλακοις ιματιοις ημφιεσμενον;	ιδου οι εν ιματισμω ενδοξω και τρυφη...
Mθ 11:7	10	τουτων δε πορευομενων ηρξατο	ο ιησους λεγειν τοις οχλοις περι ιωαννου,...
ΛΚ 7:24	10	απελθοντων δε των αγγελων ιωαννου ηρξατο	λεγειν προς τους οχλους περι ιωαννου, τι...
Mθ 11:17	10	λεγουσιν, ηυλησαμεν	υμιν και ουκ ωρχησασθε. εθρηνησαμεν και...
ΛΚ 7:32	10	.... και προσφωνουσιν αλληλοις, α λεγει, ηυλησαμεν	υμιν και ουκ ωρχησασθε. εθρηνησαμεν και...
Mθ 11:7	10	..... ιωαννου, τι εξηλθατε εις την ερημον θεασασθαι;	καλαμον υπο ανεμου σαλευομενον;
ΛΚ 7:24	10	..... ιωαννου, τι εξηλθατε εις την ερημον θεασασθαι;	καλαμον υπο ανεμου σαλευομενον;
Mθ 11:8	10	αλλα τι εξηλθατε ιδειν;	ανθρωπον εν μαλακοις ημφιεσμενον; ιδου...
Mθ 11:9	10	αλλα τι εξηλθατε ιδειν;	προφητην; ναι, λεγω υμιν, και περισσοτερον...
ΛΚ 7:25	10	αλλ τι εξηλθατε ιδειν;	ανθρωπον εν μαλακοις ιματιοις ημφιεσμενον;...
ΛΚ 7:26	10	αλλα τι εξηλθατε ιδειν;	προφητην; ναι, λεγω υμιν, και περισσοτερον...
Mθ 11:8	10	.... ανθρωπον εν μαλακοις ημφιεσμενον; ιδου	οι τα μαλακα φορουντες εν τοις οικοις...
Mθ 11:19	10	.. ανθρωπου εσθιων και πινων, και λεγουσιν, ιδου	ανθρωπος φαγος και οινοποτης, τελωνων...
ΛΚ 7:25	10	.... εν μαλακοις ιματιοις ημφιεσμενον; ιδου	οι εν ιματισμω ενδοξω και τρυφη υπαρχοντες...
ΛΚ 7:34	10	... ανθρωπου εσθιων και πινων, και λεγετε, ιδου	ανθρωπος φαγος και οινοποτης, φιλος τελωνων...
Mθ 11:18	10	ηλθεν γαρ ιωαννης	μητε εσθιων μητε πινων, και λεγουσιν,...
ΛΚ 7:33	10	εληλυθεν γαρ ιωαννης	ο βαπτιστης μη εσθιων αρτον μητε πινων...
Mθ 11:7	10	... ηρξατο ο ιησους λεγειν τοις οχλοις περι ιωαννου,	τι εξηλθατε εις την ερημον θεασασθαι;...
Mθ 11:11	10	.. εγηγερται εν γεννητοις γυναικων μειζων ιωαννου	του βαπτιστου. ο δε μικροτερος εν τη...
ΛΚ 7:24	10	.... ηρξατο λεγειν προς τους οχλους περι ιωαννου,	τι εξηλθατε εις την ερημον θεασασθαι;...
ΛΚ 7:28	10	. λεγω υμιν, μειζων εν γεννητοις γυναικων ιωαννου	ουδεις εστιν. ο δε μικροτερος εν τη...
Mθ 11:16	10	.. την γενεαν ταυτην; ομοια εστιν παιδιοις καθημενοις	εν ταις αγοραις α προσφωνουντα τοις ετεροις...
ΛΚ 7:32	10	ομοιοι εισιν παιδιοις τοις εν αγορα καθημενοις	και προσφωνουσιν αλληλοις, α λεγει, ηυλησαμεν...
Mθ 11:9	10	.... ιδειν; προφητην; ναι, λεγω υμιν, και	περισσοτερον προφητου.
Mθ 11:17	10	λεγουσιν, ηυλησαμεν υμιν και	ουκ ωρχησασθε. εθρηνησαμεν και ουκ εκοψασθε....
Mθ 11:17	10	...... υμιν και ουκ ωρχησασθε. εθρηνησαμεν και	ουκ εκοψασθε.
Mθ 11:18	10	..... γαρ ιωαννης μητε εσθιων μητε πινων, και	λεγουσιν, δαιμονιον εχει.

Μθ 11:19	10	ηλθεν ο υιος του ανθρωπου εσθιων	και	πινων, και λεγουσιν, ιδου ανθρωπος φαγος...
Μθ 11:19⸍	10	... ο υιος του ανθρωπου εσθιων και πινων,	και	λεγουσιν, ιδου ανθρωπος φαγος και οινοποτης,...
Μθ 11:19	10	.... και λεγουσιν, ιδου ανθρωπος φαγος	και	οινοποτης, τελωνων φιλος και αμαρτωλων....
Μθ 11:19	10	.. οινοποτης. τελωνων φιλος και αμαρτωλων.	και	εδικαιωθη η σοφια απο των εργων αυτης.
Μθ 21:31	10	.... ο ιησους, αμην λεγω υμιν οτι οι τελωναι	και	αι πορναι προαγουσιν υμας εις την βασιλειαν...
ΛΚ 7:26	10	.... ιδειν; προφητην; ναι, λεγω υμιν,	και	περισσοτερον προφητου.
ΛΚ 7:32	10	.... αλληλοις, α λεγει, ηυλησαμεν υμιν	και	ουκ ωρχησασθε. εθρηνησαμεν και ουκ εκλαυσατε....
ΛΚ 7:32	10	...... υμιν και ουκ ωρχησασθε. εθρηνησαμεν	και	ουκ εκλαυσατε.
ΛΚ 7:33	10	.... μη εσθιων αρτον μητε πινων οινον,	και	λεγετε, δαιμονιον εχει.
ΛΚ 7:34	10	εληλυθεν ο υιος του ανθρωπου εσθιων	και	πινων, και λεγετε, ιδου ανθρωπος φαγος...
ΛΚ 7:34	10	... ο υιος του ανθρωπου εσθιων και πινων,	και	λεγετε, ιδου ανθρωπος φαγος και οινοποτης,...
ΛΚ 7:34	10	.. πινων, και λεγετε, ιδου ανθρωπος φαγος	και	οινοποτης, φιλος τελωνων και αμαρτωλων.
ΛΚ 7:34	10	.... φαγος και οινοποτης. φιλος τελωνων	και	αμαρτωλων.
ΛΚ 7:35	10		και	εδικαιωθη η σοφια απο παντων των τεκνων...
Μθ 11:7	10	.. τι εξηλθατε εις την ερημον θεασασθαι;	καλαμον	υπο ανεμου σαλευομενον;
ΛΚ 7:24	10	.. τι εξηλθατε εις την ερημον θεασασθαι;	καλαμον	υπο ανεμου σαλευομενον;
Μθ 21:31	10	.. το θελημα του πατρος; λεγουσιν, ο πρωρος.	λεγει	αυτοις ο ιησους, αμην λεγω υμιν οτι οι...
ΛΚ 7:32	10	.. καθημενοις και προσφωνουσιν αλληλοις, α	λεγει,	ηυλησαμεν υμιν και ουκ ωρχησασθε. εθρηνησαμεν...
Μθ 11:7	10	τουτων δε πορευομενων ηρξατο ο ιησους	λεγειν	τοις οχλοις περι ιωαννου, τι εξηλθατε...
ΛΚ 7:24	10	.... δε των αγγελων ιωαννου ηρξατο	λεγειν	προς τους οχλους περι ιωαννου, τι εξηλθατε...
ΛΚ 7:33	10	.... μη εσθιων αρτον μητε πινων οινον, και	λεγετε,	δαιμονιον εχει.
ΛΚ 7:34	10	..... του ανθρωπου εσθιων και πινων, και	λεγετε,	ιδου ανθρωπος φαγος και οινοποτης,...
Μθ 11:17	10		λεγουσιν,	ηυλησαμεν υμιν και ουκ ωρχησασθε. εθρηνησαμεν...
Μθ 11:18	10	..... ιωαννης μητε εσθιων μητε πινων, και	λεγουσιν,	δαιμονιον εχει.
Μθ 11:19	10	..... του ανθρωπου εσθιων και πινων, και	λεγουσιν,	ιδου ανθρωπος φαγος και οινοποτης,...
Μθ 11:9	10	. αλλα τι εξηλθατε ιδειν; προφητην; ναι,	λεγω	υμιν, και περισσοτερον προφητου.
Μθ 11:11	10	αμην	λεγω	υμιν, ουκ εγηγερται εν γεννητοις γυναικων...
ΛΚ 7:26	10	. αλλα τι εξηλθατε ιδειν; προφητην; ναι,	λεγω	υμιν, και περισσοτερον προφητου.
ΛΚ 7:28	10		λεγω	υμιν, μειζων εν γεννητοις γυναικων ιωαννου...
Μθ 11:8	10	αλλα τι εξηλθατε ιδειν; ανθρωπον εν	μαλακοις	ημφιεσμενον; ιδου οι τα μαλακα φορουντες...
ΛΚ 7:25	10	αλλ τι εξηλθατε ιδειν; ανθρωπον εν	μαλακοις	ιματιοις ημφιεσμενον; ιδου οι εν ιματισμω...
Μθ 11:11	10	..... ουκ εγηγερται εν γεννητοις γυναικων	μειζων	ιωαννου του βαπτιστου. ο δε μικροτερος...
Μθ 11:11	10	.... μικροτερος εν τη βασιλεια των ουρανων	μειζων	αυτου εστιν.
ΛΚ 7:28	10	λεγω υμιν,	μειζων	εν γεννητοις γυναικων ιωαννου ουδεις...
ΛΚ 7:28	10	. ο δε μικροτερος εν τη βασιλεια του θεου	μειζων	αυτου εστιν.
ΛΚ 7:33	10	εληλυθεν γαρ ιωαννης ο βαπτιστης	μη	εσθιων αρτον μητε πινων οινον, και λεγετε,...
Μθ 11:18	10	ηλθεν γαρ ιωαννης	μητε	εσθιων μητε πινων, και λεγουσιν, δαιμονιον...
Μθ 11:18	10	ηλθεν γαρ ιωαννης μητε εσθιων	μητε	πινων, και λεγουσιν, δαιμονιον εχει.
ΛΚ 7:33	10	..... ιωαννης ο βαπτιστης μη εσθιων αρτον	μητε	πινων οινον, και λεγετε, δαιμονιον εχει.
Μθ 11:11	10	...... μειζων ιωαννου του βαπτιστου. ο δε	μικροτερος	εν τη βασιλεια των ουρανων μειζων αυτου...
ΛΚ 7:28	10	.... γυναικων ιωαννου ουδεις εστιν. ο δε	μικροτερος	εν τη βασιλεια του θεου μειζων αυτου...
Μθ 11:9	10	αλλα τι εξηλθατε ιδειν; προφητην;	ναι,	λεγω υμιν, και περισσοτερον προφητου.
ΛΚ 7:26	10	αλλα τι εξηλθατε ιδειν; προφητην;	ναι,	λεγω υμιν, και περισσοτερον προφητου.
Μθ 11:11	10	.. γυναικων μειζων ιωαννου του βαπτιστου.	ο	δε μικροτερος εν τη βασιλεια των ουρανων...
Μθ 11:19	10	ηλθεν	ο	υιος του ανθρωπου εσθιων και πινων,...
ΛΚ 7:28	10	.... γυναικων ιωαννου ουδεις εστιν.	ο	δε μικροτερος εν τη βασιλεια του θεου...
ΛΚ 7:34	10	εληλυθεν	ο	υιος του ανθρωπου εσθιων και πινων,...
Μθ 11:8	10	.... εν μαλακοις ημφιεσμενον; ιδου	οι	τα μαλακα φορουντες εν τοις οικοις των...
Μθ 21:31	10	...... αυτοις ο ιησους, αμην λεγω υμιν οτι	οι	τελωναι και αι πορναι προαγουσιν υμας...
ΛΚ 7:25	10	. εν μαλακοις ιματιοις ημφιεσμενον; ιδου	οι	εν ιματισμω ενδοξω και τρυφη υπαρχοντες...
ΛΚ 7:29	10	και πας ο λαος ακουσας και	οι	τελωναι εδικαιωσαν τον θεον, βαπτισθεντες...
Μθ 11:19	10	. και λεγουσιν, ιδου ανθρωπος φαγος και	οινοποτης,	τελωνων φιλος και αμαρτωλων. και εδικαιωθη...
ΛΚ 7:34	10	... και λεγετε, ιδου ανθρωπος φαγος και	οινοποτης,	φιλος τελωνων και αμαρτωλων.
Μθ 11:16	10	τινι δε ομοιωσω την γενεαν ταυτην;	ομοια	εστιν παιδιοις καθημενοις εν ταις αγοραις...
ΛΚ 7:32	10		ομοιοι	εισιν παιδιοις τοις εν αγορα καθημενοις...
Μθ 11:16	10	τινι δε	ομοιωσω	την γενεαν ταυτην; ομοια εστιν παιδιοις...
ΛΚ 7:31	10	τινι ουν	ομοιωσω	τους ανθρωπους της γενεας ταυτης, και...

ΛΚ 7:31	10	τινι ουν	ομοιωσω	τους ανθρωπους της γενεας ταυτης, και...
ΜΘ 11:10	10	ουτος εστιν περι	ου	γεγραπται, ιδου εγω αποστελλω τον αγγελον...
ΛΚ 7:27	10	ουτος εστιν περι	ου	γεγραπται, ιδου αποστελλω τον αγγελον...
ΛΚ 7:28	10	.. μειζων εν γεννητοις γυναικων ιωαννου	ουδεις	εστιν. ο δε μικροτερος εν τη βασιλεια...
ΜΘ 11:11	10	αμην λεγω υμιν,	ουκ	εγηγερται εν γεννητοις γυναικων μειζων...
ΜΘ 11:17	10	λεγουσιν, ηυλησαμεν υμιν και	ουκ	ωρχησασθε. εθρηνησαμεν και ουκ εκοψασθε.
ΜΘ 11:17	10	..... και ουκ ωρχησασθε. εθρηνησαμεν και	ουκ	εκοψασθε.
ΛΚ 7:32	10	... αλληλοις, α λεγει, ηυλησαμεν υμιν και	ουκ	ωρχησασθε. εθρηνησαμεν και ουκ εκλαυσατε.
ΛΚ 7:32	10	..... και ουκ ωρχησασθε. εθρηνησαμεν και	ουκ	εκλαυσατε.
ΜΘ 11:10	10		ουτος	εστιν περι ου γεγραπται, ιδου εγω αποστελλω...
ΛΚ 7:27	10		ουτος	εστιν περι ου γεγραπται, ιδου αποστελλω...
ΜΘ 11:7	10	. πορευομενων ηρξατο ο ιησους λεγειν τοις	οχλοις	περι ιωαννου, τι εξηλθατε εις την ερημον...
ΛΚ 7:24	10	. αγγελων ιωαννου ηρξατο λεγειν προς τους	οχλους	περι ιωαννου, τι εξηλθατε εις την ερημον...
ΜΘ 11:16	10	. ομοιωσω την γενεαν ταυτην; ομοια εστιν	παιδιοις	καθημενοις εν ταις αγοραις α προσφωνουντα...
ΛΚ 7:32	10	ομοιοι εισιν	παιδιοις	τοις εν αγορα καθημενοις και προσφωνουσιν...
ΜΘ 11:7	10	..... ηρξατο ο ιησους λεγειν τοις οχλοις	περι	ιωαννου, τι εξηλθατε εις την ερημον...
ΜΘ 11:10	10	ουτος εστιν	περι	ου γεγραπται, ιδου εγω αποστελλω τον...
ΛΚ 7:24	10	. ιωαννου ηρξατο λεγειν προς τους οχλους	περι	ιωαννου, τι εξηλθατε εις την ερημον...
ΛΚ 7:27	10	ουτος εστιν	περι	ου γεγραπται, ιδου αποστελλω τον αγγελον...
ΜΘ 11:9	10	... ιδειν; προφητην; ναι, λεγω υμιν, και	περισσοτερον	προφητου.
ΛΚ 7:26	10	... ιδειν; προφητην; ναι, λεγω υμιν, και	περισσοτερον	προφητου.
ΜΘ 11:18	10	ηλθεν γαρ ιωαννης μητε εσθιων μητε	πινων,	και λεγουσιν, δαιμονιον εχει.
ΜΘ 11:19	10	. ηλθεν ο υιος του ανθρωπου εσθιων και	πινων,	και λεγουσιν, ιδου ανθρωπος φαγος...
ΛΚ 7:33	10	.... ο βαπτιστης μη εσθιων αρτον μητε	πινων	οινον, και λὲγετε, δαιμονιον εχει.
ΛΚ 7:34	10	.... ο υιος του ανθρωπου εσθιων και	πινων,	και λεγετε, ιδου ανθρωπος φαγος και...
ΜΘ 11:16	10	.. παιδιοις καθημενοις εν ταις αγοραις α	προσφωνουντα	τοις ετεροις
ΛΚ 7:32	10	. παιδιοις τοις εν αγορα καθημενοις και	προσφωνουσιν	αλληλοις, α λεγει, ηυλησαμεν υμιν και...
ΜΘ 11:9	10	αλλα τι εξηλθατε ιδειν;	προφητην;	ναι, λεγω υμιν, και περισσοτερον προφητου....
ΛΚ 7:26	10	αλλα τι εξηλθατε ιδειν;	προφητην;	ναι, λεγω υμιν, και περισσοτερον προφητου....
ΜΘ 11:9	10	.... ναι, λεγω υμιν, και περισσοτερον	προφητου.	
ΛΚ 7:26	10	.... ναι, λεγω υμιν, και περισσοτερον	προφητου.	
ΜΘ 11:7	10	... ερημον θεασασθαι; καλαμον υπο ανεμου	σαλευομενον;	
ΛΚ 7:24	10	... ερημον θεασασθαι; καλαμον υπο ανεμου	σαλευομενον;	
ΜΘ 11:10	10	... ος κατασκευασει την οδον σου εμπροσθεν	σου.	
ΛΚ 7:27	10	... ος κατασκευασει την οδον σου εμπροσθεν	σου.	
ΜΘ 11:19	10	.. φιλος και αμαρτωλων. και εδικαιωθη η	σοφια	απο των εργων αυτης.
ΛΚ 7:35	10	και εδικαιωθη η	σοφια	απο παντων των τεκνων αυτης.
ΜΘ 11:16	10	τινι δε ομοιωσω την γενεαν	ταυτην;	ομοια εστιν παιδιοις καθημενοις εν...
ΛΚ 7:31	10	.... ουν ομοιωσω τους ανθρωπους της γενεας	ταυτης,	και τινι εισιν ομοιοι;
ΜΘ 21:31	10	...... ο ιησους, αμην λεγω υμιν οτι οι	τελωναι	και αι πορναι προαγουσιν υμας εις την...
ΛΚ 7:29	10	και πας ο λαος ακουσας και οι	τελωναι	εδικαιωσαν τον θεον, βαπτισθεντες το βαπτισμα...
ΜΘ 11:19	10	..... ιδου ανθρωπος φαγος και οινοποτης,	τελωνων	φιλος και αμαρτωλων. και εδικαιωθη...
ΛΚ 7:34	10	..... ανθρωπος φαγος και οινοποτης, φιλος	τελωνων	καὶ αμαρτωλων.
ΜΘ 11:11	10	...... του βαπτιστου. ο δε μικροτερος εν	τη	βασιλεια των ουρανων μειζων αυτου εστιν.
ΛΚ 7:28	10	..... ουδεις εστιν. ο δε μικροτερος εν	τη	βασιλεια του θεου μειζων αυτου εστιν.
ΜΘ 11:7	10	.. οχλοις περι ιωαννου, τι εξηλθατε εις	την	ερημον θεασασθαι; καλαμον υπο ανεμου...
ΜΘ 11:16	10	τινι δε ομοιωσω	την	γενεαν ταυτην; ομοια εστιν παιδιοις...
ΛΚ 7:24	10	.. οχλους περι ιωαννου, τι εξηλθατε εις	την	ερημον θεασασθαι; καλαμον υπο ανεμου...
ΛΚ 7:31	10	τινι ουν ομοιωσω τους ανθρωπους	της	γενεας ταυτης, και τινι εισιν ομοιοι;
ΜΘ 11:7	10	.... λεγειν τοις οχλοις περι ιωαννου,	τι	εξηλθατε εις την ερημον θεασασθαι;...
ΜΘ 11:8	10	αλλα	τι	εξηλθατε ιδειν; ανθρωπον εν μαλακοις...
ΜΘ 11:9	10	αλλα	τι	εξηλθατε ιδειν; προφητην; ναι, λεγω...
ΛΚ 7:24	10	.. λεγειν προς τους οχλους περι ιωαννου,	τι	εξηλθατε εις την ερημον θεασασθαι;...
ΛΚ 7:25	10	αλλ	τι	εξηλθατε ιδειν; ανθρωπον εν μαλακοις...
ΛΚ 7:26	10	αλλα	τι	εξηλθατε ιδειν; προφητην; ναι, λεγω...
ΜΘ 11:16	10		τινι	δε ομοιωσω την γενεαν ταυτην; ομοια...
ΛΚ 7:31	10		τινι	ουν ομοιωσω τους ανθρωπους της γενεας...

Μθ 11:7	10	.. δε πορευομενων ηρξατο ο ιησους λεγειν τους	οχλοις περι ιωαννου, τι εξηλθατε εις...
Μθ 11:19	10	ηλθεν ο υιος του	ανθρωπου εσθιων και πινων, και λεγουσιν,...
Λκ 7:34	10	εληλυθεν ο υιος του	ανθρωπου εσθιων και πινων, και λεγετε,...
Λκ 7:24	10	.. των αγγελων ιωαννου ηρξατο λεγειν προς τους	οχλους περι ιωαννου, τι εξηλθατε εις...
Μθ 11:19	10	. αμαρτωλων. και εδικαιωθη η σοφια απο των	εργων αυτης.
Λκ 7:35	10	και εδικαιωθη η σοφια απο παντων των	τεκνων αυτης.
Μθ 11:19	10	ηλθεν ο υιος	του ανθρωπου εσθιων και πινων, και...
Λκ 7:34	10	εληλυθεν ο υιος	του ανθρωπου εσθιων και πινων, και...
Μθ 11:9	10	... εξηλθατε ιδειν; προφητην; ναι, λεγω υμιν,	και περισσοτερον προφητου.
Μθ 11:11	10	αμην λεγω υμιν,	ουκ εγηγερται εν γεννητοις γυναικων...
Μθ 11:17	10	λεγουσιν, ηυλησαμεν υμιν	και ουκ ωρχησασθε. εθρηνησαμεν και...
Λκ 7:26	10	... εξηλθατε ιδειν; προφητην; ναι, λεγω υμιν,	και περισσοτερον προφητου.
Λκ 7:28	10	λεγω υμιν,	μειζων εν γεννητοις γυναικων ιωαννου...
Λκ 7:32	10	.... αλληλοις, α λεγει, ηυλησαμεν υμιν	και ουκ ωρχησασθε. εθρηνησαμεν και...
Μθ 11:7	10	..... εις την ερημον θεασασθαι; καλαμον υπο	ανεμου σαλευομενον;
Λκ 7:24	10	..... εις την ερημον θεασασθαι; καλαμον υπο	ανεμου σαλευομενον;
Μθ 11:19	10	.... πινων, και λεγουσιν, ιδου ανθρωπος φαγος	και οινοποτης, τελωνων φιλος και αμαρτωλων....
Λκ 7:34	10	. και πινων, και λεγετε, ιδου ανθρωπος φαγος	και οινοποτης, φιλος τελωνων και αμαρτωλων....
Μθ 11:19	10	. ανθρωπος φαγος και οινοποτης, τελωνων φιλος	και αμαρτωλων. και εδικαιωθη η σοφια...
Λκ 7:34	10	.... ιδου ανθρωπος φαγος και οινοποτης, φιλος	τελωνων και αμαρτωλων.
Μθ 11:17	10	λεγουσιν, ηυλησαμεν υμιν και ουκ ωρχησασθε.	εθρηνησαμεν και ουκ εκοψασθε.
Λκ 7:32	10	.... α λεγει, ηυλησαμεν υμιν και ουκ ωρχησασθε.	εθρηνησαμεν και ουκ εκλαυσατε.

ΛΚ 9:3	11	..... μητε ραβδον μητε πηραν μητε αρτον μητε αργυριον,	μητε δυο χιτωνας εχειν.
ΜΘ 10:9	11	μη κτησησθε χρυσον μηδε αργυρον	μηδε χαλκον εις τας ζωνας υμων,
ΜΘ 10:7	11	.... δε κηρυσσετε λεγοντες οτι ηγγικεν η βασιλεια	των ουρανων.
ΛΚ 9:2	11	και απεστειλεν αυτους κηρυσσειν την βασιλειαν	του θεου και ιασθαι ,
ΜΘ 10:14	11	. δεξηται υμας μηδε ακουση τους λογους υμων, εξερχομενοι	εξω της οικιας η της πολεως εκεινης εκτιναξατε...
ΛΚ 9:5	11	και οσοι αν μη δεχωνται υμας, εξερχομενοι	απο της πολεως εκεινης τον κονιορτον απο...
ΛΚ 9:1	11	.. εξουσιαν επι παντα τα δαιμονια και νοσους θεραπευειν,	
ΜΘ 10:1	11	.... ακαθαρτων ωστε εκβαλλειν αυτα και θεραπευειν	πασαν νοσον και πασαν μαλακιαν.
ΜΘ 10:1	11	.... πνευματων ακαθαρτων ωστε εκβαλλειν αυτα και	θεραπευειν πασαν νοσον και πασαν μαλακιαν.
ΛΚ 9:1	11	.... και εξουσιαν επι παντα τα δαιμονια και	νοσους θεραπευειν,
ΜΘ 10:1	11	. ωστε εκβαλλειν αυτα και θεραπευειν πασαν νοσον	και πασαν μαλακιαν.
ΛΚ 9:1	11	... και εξουσιαν επι παντα τα δαιμονια και νοσους	θεραπευειν,
ΜΘ 10:14	11	.... υμων, εξερχομενοι εξω της οικιας η της πολεως	εκεινης εκτιναξατε τον κονιορτον των ποδων...
ΛΚ 9:5	11	.. αν μη δεχωνται υμας. εξερχομενοι απο της πολεως	εκεινης τον κονιορτον απο των ποδων υμων...
ΜΘ 10:14	11	.... υμων, εξερχομενοι εξω της οικιας η της	πολεως εκεινης εκτιναξατε τον κονιορτον...
ΛΚ 9:5	11	. οσοι αν μη δεχωνται υμας, εξερχομενοι απο της	πολεως εκεινης τον κονιορτον απο των ποδων...
ΛΚ 9:5	11	...... εξερχομενοι απο της πολεως εκεινης τον	κονιορτον απο των ποδων υμων αποτινασσετε...
ΜΘ 10:14	11	... οικιας η της πολεως εκεινης εκτιναξατε τον	κονιορτον των ποδων υμων.

ΜΘ 8:20	12	και λεγει αυτω ο ιησους, αι	αλωπεκες φωλεους εχουσιν και τα πετεινα...
ΛΚ 9:58	12	και ειπεν αυτω ο ιησους, αι	αλωπεκες φωλεους εχουσιν και τα πετεινα...
ΜΘ 8:19	12	...... εις γραμματευς ειπεν αυτω, διδασκαλε, ακολουθησω	σοι οπου εαν απερχη.
ΛΚ 9:57	12	...... αυτων εν τη οδω ειπεν τις προς αυτον, ακολουθησω	σοι οπου εαν απερχη.
ΜΘ 8:20	12	και λεγει αυτω ο ιησους, αι αλωπεκες	φωλεους εχουσιν και τα πετεινα του ουρανου...
ΛΚ 9:58	12	και ειπεν αυτω ο ιησους, αι αλωπεκες	φωλεους εχουσιν και τα πετεινα του ουρανου...
ΜΘ 8:20	12	... του ουρανου κατασκηνωσεις, ο δε υιος του ανθρωπου	ουκ εχει που την κεφαλην κλινη.
ΛΚ 9:58	12	... του ουρανου κατασκηνωσεις, ο δε υιος του ανθρωπου	ουκ εχει που την κεφαλην κλινη.
ΜΘ 8:21	12	... ειπεν αυτω, κυριε, επιτρεψον μοι πρωτον απελθειν	και θαψαι τον πατερα μου.
ΛΚ 9:59	12	.. ακολουθει μοι. ο δε ειπεν, επιτρεψον μοι απελθοντι	πρωτον θαψαι τον πατερα μου.
ΜΘ 8:19	12	.. αυτω, διδασκαλε, ακολουθησω σοι οπου εαν απερχη.	
ΛΚ 9:57	12	... τις προς αυτον, ακολουθησω σοι οπου εαν απερχη.	
ΜΘ 8:20	12	και λεγει αυτω	ο ιησους, αι αλωπεκες φωλεους εχουσιν...
ΜΘ 8:22	12	ο δε ιησους λεγει αυτω,	ακολουθει μοι, και αφες τους νεκρους θαψαι...
ΛΚ 9:58	12	και ειπεν αυτω	ο ιησους, αι αλωπεκες φωλεους εχουσιν...
ΛΚ 9:60	12	ειπεν δε αυτω,	αφες τους νεκρους θαψαι τους εαυτων νεκρους,...
ΜΘ 8:22	12	.. δε ιησους λεγει αυτω, ακολουθει μοι, και αφες	τους νεκρους θαψαι τους εαυτων νεκρους.
ΛΚ 9:60	12	ειπεν δε αυτω, αφες	τους νεκρους θαψαι τους εαυτων νεκρους,...
ΜΘ 8:20	12	.... τα πετεινα του ουρανου κατασκηνωσεις, ο δε	υιος του ανθρωπου ουκ εχει που την κεφαλην...
ΛΚ 9:58	12	.... τα πετεινα του ουρανου κατασκηνωσεις, ο δε	υιος του ανθρωπου ουκ εχει που την κεφαλην...
ΜΘ 8:19	12	..... αυτω, διδασκαλε, ακολουθησω σοι οπου εαν	απερχη.
ΛΚ 9:57	12	. ειπεν τις προς αυτον, ακολουθησω σοι οπου εαν	απερχη.
ΜΘ 8:22	12	..... μοι, και αφες τους νεκρους θαψαι τους εαυτων	νεκρους.
ΛΚ 9:60	12	... δε αυτω, αφες τους νεκρους θαψαι τους εαυτων	νεκρους, συ δε απελθων διαγγελλε την βασιλειαν...
ΜΘ 8:19	12	και προσελθων εις γραμματευς ειπεν	αυτω, διδασκαλε, ακολουθησω σοι οπου...
ΜΘ 8:21	12	ετερος δε των μαθητων ειπεν	αυτω, κυριε, επιτρεψον μοι πρωτον απελθειν...
ΛΚ 9:57	12	και πορευομενων αυτων εν τη οδω ειπεν	τις προς αυτον, ακολουθησω σοι οπου εαν...
ΛΚ 9:59	12	...... δε προς ετερον, ακολουθει μοι. ο δε ειπεν,	επιτρεψον μοι απελθοντι πρωτον θαψαι...
ΜΘ 8:21	12	...... δε των μαθητων ειπεν αυτω, κυριε, επιτρεψον	μοι πρωτον απελθειν και θαψαι τον πατερα...
ΛΚ 9:59	12	. προς ετερον, ακολουθει μοι. ο δε ειπεν, επιτρεψον	μοι απελθοντι πρωτον θαψαι τον πατερα μου.
ΛΚ 9:59	12	ειπεν δε προς ετερον,	ακολουθει μοι. ο δε ειπεν, επιτρεψον...
ΜΘ 8:21	12	ετερος	δε των μαθητων ειπεν αυτω, κυριε, επιτρεψον...
ΜΘ 8:20	12	.... ο δε υιος του ανθρωπου ουκ εχει	που την κεφαλην κλινη.
ΛΚ 9:58	12	.... ο δε υιος του ανθρωπου ουκ εχει	που την κεφαλην κλινη.
ΜΘ 8:20	12	...... αυτω ο ιησους, αι αλωπεκες φωλεους εχουσιν	και τα πετεινα του ουρανου κατασκηνωσεις,...
ΛΚ 9:58	12	...... αυτω ο ιησους, αι αλωπεκες φωλεους εχουσιν	και τα πετεινα του ουρανου κατασκηνωσεις,...
ΜΘ 8:21	12	. κυριε, επιτρεψον μοι πρωτον απελθειν και θαψαι	τον πατερα μου.
ΜΘ 8:22	12	...... ακολουθει μοι, και αφες τους νεκρους θαψαι	τους εαυτων νεκρους.
ΛΚ 9:59	12	.. ειπεν, επιτρεψον μοι απελθοντι πρωτον θαψαι	τον πατερα μου.
ΛΚ 9:60	12	ειπεν δε αυτω, αφες τους νεκρους θαψαι	τους εαυτων νεκρους, συ δε απελθων διαγγελλε...
ΜΘ 8:20	12	και λεγει αυτω ο ιησους,	αι αλωπεκες φωλεους εχουσιν και τα...
ΛΚ 9:58	12	και ειπεν αυτω ο ιησους,	αι αλωπεκες φωλεους εχουσιν και τα...
ΜΘ 8:20	12	και	λεγει αυτω ο ιησους, αι αλωπεκες φωλεους...
ΜΘ 8:20	12	.. ο ιησους, αι αλωπεκες φωλεους εχουσιν και	τα πετεινα του ουρανου κατασκηνωσεις, ο...
ΛΚ 9:58	12	και	ειπεν αυτω ο ιησους, αι αλωπεκες φωλεους...
ΛΚ 9:58	12	.. ο ιησους, αι αλωπεκες φωλεους εχουσιν και	τα πετεινα του ουρανου κατασκηνωσεις, ο...
ΜΘ 8:20	12	. ο δε υιος του ανθρωπου ουκ εχει που την κεφαλην	κλινη.
ΛΚ 9:58	12	. ο δε υιος του ανθρωπου ουκ εχει που την κεφαλην	κλινη.
ΜΘ 8:20	12	... του ανθρωπου ουκ εχει που την κεφαλην κλινη.	
ΛΚ 9:58	12	... του ανθρωπου ουκ εχει που την κεφαλην κλινη.	
ΜΘ 8:21	12	... μαθητων ειπεν αυτω, κυριε, επιτρεψον μοι	πρωτον απελθειν και θαψαι τον πατερα μου.
ΛΚ 9:59	12	.. ακολουθει μοι. ο δε ειπεν, επιτρεψον μοι	απελθοντι πρωτον θαψαι τον πατερα μου.
ΜΘ 8:21	12	.... πρωτον απελθειν και θαψαι τον πατερα μου.	
ΛΚ 9:59	12	... μοι απελθοντι πρωτον θαψαι τον πατερα μου.	
ΜΘ 8:22	12	..... αυτω, ακολουθει μοι, και αφες τους νεκρους	θαψαι τους εαυτων νεκρους.
ΜΘ 8:22	12	.... αφες τους νεκρους θαψαι τους εαυτων νεκρους.	

ΜΘ 8:22	12	.... αφες τους νεκρους θαψαι τους εαυτων νεκρους.	
ΛΚ 9:60	12	ειπεν δε αυτω, αφες τους νεκρους	θαψαι τους εαυτων νεκρους, συ δε απελθων...
ΛΚ 9:60	12	.... αφες τους νεκρους θαψαι τους εαυτων νεκρους,	συ δε απελθων διαγγελλε την βασιλειαν...
ΜΘ 8:20	12	και λεγει αυτω ο	ιησους, αι αλωπεκες φωλεους εχουσιν...
ΜΘ 8:20	12	. και τα πετεινα του ουρανου κατασκηνωσεις, ο	δε υιος του ανθρωπου ουκ εχει που την...
ΛΚ 9:58	12	και ειπεν αυτω ο	ιησους, αι αλωπεκες φωλεους εχουσιν...
ΛΚ 9:58	12	. και τα πετεινα του ουρανου κατασκηνωσεις, ο	δε υιος του ανθρωπου ουκ εχει που την...
ΜΘ 8:19	12	... ειπεν αυτω, διδασκαλε, ακολουθησω σοι οπου	εαν απερχη.
ΛΚ 9:57	12	. οδω ειπεν τις προς αυτον, ακολουθησω σοι οπου	εαν απερχη.
ΜΘ 8:20	12	... κατασκηνωσεις. ο δε υιος του ανθρωπου ουκ	εχει που την κεφαλην κλινη.
ΛΚ 9:58	12	... κατασκηνωσεις, ο δε υιος του ανθρωπου ουκ	εχει που την κεφαλην κλινη.
ΜΘ 8:20	12	.... φωλεους εχουσιν και τα πετεινα του ουρανου	κατασκηνωσεις, ο δε υιος του ανθρωπου...
ΛΚ 9:58	12	.... φωλεους εχουσιν και τα πετεινα τού ουρανου	κατασκηνωσεις, ο δε υιος του ανθρωπου...
ΜΘ 8:21	12	...... μοι πρωτον απελθειν και θαψαι τον πατερα	μου.
ΛΚ 9:59	12	.... μοι απελθοντι πρωτον θαψαι τον πατερα	μου.
ΜΘ 8:20	12	..... αι αλωπεκες φωλεους εχουσιν και τα πετεινα	του ουρανου κατασκηνωσεις, ο δε υιος...
ΛΚ 9:58	12	..... αι αλωπεκες φωλεους εχουσιν και τα πετεινα	του ουρανου κατασκηνωσεις, ο δε υιος...
ΜΘ 8:20	12	.... ο δε υιος του ανθρωπου ουκ εχει που	την κεφαλην κλινη.
ΛΚ 9:58	12	.... ο δε υιος του ανθρωπου ουκ εχει που	την κεφαλην κλινη.
ΜΘ 8:21	12	...... ειπεν αυτω, κυριε, επιτρεψον μοι πρωτον	απελθειν και θαψαι τον πατερα μου.
ΛΚ 9:59	12	. ο δε ειπεν, επιτρεψον μοι απελθοντι πρωτον	θαψαι τον πατερα μου.
ΜΘ 8:19	12	.... ειπεν αυτω, διδασκαλε, ακολουθησω σοι	οπου εαν απερχη.
ΛΚ 9:57	12	.. τη οδω ειπεν τις προς αυτον, ακολουθησω σοι	οπου εαν απερχη.
ΜΘ 8:20	12	.... αι αλωπεκες φωλεους εχουσιν και τα	πετεινα του ουρανου κατασκηνωσεις, ο...
ΛΚ 9:58	12	.... αι αλωπεκες φωλεους εχουσιν και τα	πετεινα του ουρανου κατασκηνωσεις, ο...
ΜΘ 8:20	12	.. ο δε υιος του ανθρωπου ουκ εχει που την	κεφαλην κλινη.
ΛΚ 9:58	12	.. ο δε υιος του ανθρωπου ουκ εχει που την	κεφαλην κλινη.
ΜΘ 8:21	12	.... μοι πρωτον απελθειν και θαψαι τον	πατερα μου.
ΛΚ 9:59	12	. επιτρεψον μοι απελθοντι πρωτον θαψαι τον	πατερα μου.
ΜΘ 8:20	12	.... φωλεους εχουσιν και τα πετεινα του	ουρανου κατασκηνωσεις, ο δε υιος του...
ΜΘ 8:20	12	... του ουρανου κατασκηνωσεις, ο δε υιος του	ανθρωπου ουκ εχει που την κεφαλην...
ΛΚ 9:58	12	.... φωλεους εχουσιν και τα πετεινα του	ουρανου κατασκηνωσεις, ο δε υιος του...
ΛΚ 9:58	12	... του ουρανου κατασκηνωσεις, ο δε υιος του	ανθρωπου ουκ εχει που την κεφαλην...
ΜΘ 8:22	12	.... λεγει αυτω, ακολουθει μοι, και αφες τους	νεκρους θαψαι τους εαυτων νεκρους.
ΜΘ 8:22	12	..... μοι, και αφες τους νεκρους θαψαι τους	εαυτων νεκρους.
ΛΚ 9:60	12	ειπεν δε αυτω, αφες τους	νεκρους θαψαι τους εαυτων νεκρους,...
ΛΚ 9:60	12	..... δε αυτω, αφες τους νεκρους θαψαι τους	εαυτων νεκρους, συ δε απελθων διαγγελλε...
ΜΘ 8:20	12	.... του ουρανου κατασκηνωσεις, ο δε υιος	του ανθρωπου ουκ εχει πού την κεφαλην...
ΛΚ 9:58	12	.... του ουρανου κατασκηνωσεις, ο δε υιος	του ανθρωπου ουκ εχει που την κεφαλην...
ΜΘ 8:20	12	. και λεγει αυτω ο ιησους, αι αλωπεκες φωλεους	εχουσιν και τα πετεινα του ουρανου...
ΛΚ 9:58	12	..... ειπεν αυτω ο ιησους, αι αλωπεκες φωλεους	εχουσιν και τα πετεινα του ουρανου...

Mθ 10:15	13	αμην λεγω υμιν,	ανεκτοτερον	εσται γη σοδομων και γομορρων εν ημερα...
ΛK 10:12	13	. λεγω υμιν οτι σοδομοις εν τη ημερα εκεινη	ανεκτοτερον	εσται η τη πολει εκεινη.
Mθ 10:10	13	.... δυο χιτωνας μηδε υποδηματα μηδε ραβδον.	αξιος	γαρ ο εργατης της τροφης αυτου.
ΛK 10:7	13	.... εσθιοντες και πινοντες τα παρ αυτων,	αξιος	γαρ ο εργατης του μισθου αυτου. μη μεταβαινετε...
Mθ 10:16	13	ιδου εγω	αποστελλω	υμας ως προβατα εν μεσω λυκων. γινεσθε...
ΛK 10:3	13	υπαγετε. ιδου	αποστελλω	υμας ως αρνας εν μεσω λυκων.
ΛK 10:9	13	και θεραπευετε τους εν αυτη	ασθενεις,	και λεγετε αυτοις, ηγγικεν εφ υμας η βασιλεια...
Mθ 10:8	13		ασθενουντας	θεραπευετε, νεκρους εγειρετε, λεπρους καθαριζετε,...
Mθ 10:7	13	.... δε κηρυσσετε λεγοντες οτι ηγγικεν η	βασιλεια	των ουρανων.
ΛK 10:9	13	.... και λεγετε αυτοις, ηγγικεν εφ υμας η	βασιλεια	του θεου.
Mθ 9:38	13		δεηθητε	ουν του κυριου του θερισμου οπως εκβαλη...
ΛK 10:2	13	.. μεν θερισμος πολυς, οι δε εργαται ολιγοι.	δεηθητε	ουν του κυριου του θερισμου οπως εργατας...
Mθ 10:13	13	και εαν μεν η η οικια αξια, ελθατω η	ειρηνη	υμων επ αυτην. εαν δε μη η αξια, η ειρηνη...
ΛK 10:6	13	... η υιος ειρηνης, επαναπαησεται επ αυτον η	ειρηνη	υμων. ει δε μηγε, εφ υμας ανακαμψει.
Mθ 10:5	13	.... μη απελθητε, και εις πολιν σαμαριτων μη	εισελθητε.	
Mθ 10:12	13		εισερχομενοι	δε εις την οικιαν ασπασασθε αυτην.
Mθ 9:38	13	. δεηθητε ουν του κυριου του θερισμου οπως	εκβαλη	εργατας εις τον θερισμον αυτου.
ΛK 10:2	13	... ουν του κυριου του θερισμου οπως εργατας	εκβαλη	εις τον θερισμον αυτου.
Mθ 10:15	13	... και γομορρων εν ημερα κρισεως η τη πολει	εκεινη.	
ΛK 10:12	13	...... εκεινη ανεκτοτερον εσται η τη πολει	εκεινη.	
Mθ 9:37	13	.... αυτου, ο μεν θερισμος πολυς, οι δε	εργαται	ολιγοι.
ΛK 10:2	13	... προς αυτους, ο μεν θερισμος πολυς, οι δε	εργαται	ολιγοι. δεηθητε ουν του κυριου του θερισμου...
Mθ 9:38	13	... ουν του κυριου του θερισμου οπως εκβαλη	εργατας	εις τον θερισμον αυτου.
ΛK 10:2	13	.. δεηθητε ουν του κυριου του θερισμου οπως	εργατας	εκβαλη εις τον θερισμον αυτου.
Mθ 10:10	13	... μηδε υποδηματα μηδε ραβδον. αξιος γαρ ο	εργατης	της τροφης αυτου.
ΛK 10:7	13	.... και πινοντες τα παρ αυτων, αξιος γαρ ο	εργατης	του μισθου αυτου. μη μεταβαινετε εξ οικιας...
Mθ 10:15	13	αμην λεγω υμιν, ανεκτοτερον	εσται	γη σοδομων και γομορρων εν ημερα κρισεως...
ΛK 10:12	13	.. σοδομοις εν τη ημερα εκεινη ανεκτοτερον	εσται	η τη πολει εκεινη.
Mθ 10:7	13	πορευομενοι δε κηρυσσετε λεγοντες οτι	ηγγικεν	η βασιλεια των ουρανων.
ΛK 10:9	13	. τους εν αυτη ασθενεις, και λεγετε αυτοις,	ηγγικεν	εφ υμας η βασιλεια του θεου.
ΛK 10:11	13	.... υμιν. πλην τουτο γινωσκετε οτι	ηγγικεν	η βασιλεια του θεου.
Mθ 10:15	13	.... εσται γη σοδομων και γομορρων εν	ημερα	κρισεως η τη πολει εκεινη.
ΛK 10:12	13	λεγω υμιν οτι σοδομοις εν τη	ημερα	εκεινη ανεκτοτερον εσται η τη πολει...
Mθ 10:8	13	ασθενουντας	θεραπευετε,	νεκρους εγειρετε, λεπρους καθαριζετε,...
ΛK 10:9	13	και	θεραπευετε	τους εν αυτη ασθενεις, και λεγετε αυτοις,...
Mθ 9:38	13	. του θερισμου οπως εκβαλη εργατας εις τον	θερισμον	αυτου.
ΛK 10:2	13	. του θερισμου οπως εργατας εκβαλη εις τον	θερισμον	αυτου.
Mθ 9:37	13	τοτε λεγει τοις μαθηταις αυτου, ο μεν	θερισμος	πολυς, οι δε εργαται ολιγοι.
ΛK 10:2	13	ελεγεν δε προς αυτους, ο μεν	θερισμος	πολυς, οι δε εργαται ολιγοι. δεηθητε...
Mθ 9:38	13	δεηθητε ουν του κυριου του	θερισμου	οπως εκβαλη εργατας εις τον θερισμον...
ΛK 10:2	13	.... ολιγοι. δεηθητε ουν του κυριου του	θερισμου	οπως εργατας εκβαλη εις τον θερισμον...
Mθ 10:16	13		ιδου	εγω αποστελλω υμας ως προβατα εν μεσω...
ΛK 10:3	13	υπαγετε.	ιδου	αποστελλω υμας ως αρνας εν μεσω λυκων.
Mθ 10:14	13	. οικιας η της πολεως εκεινης εκτιναξατε τον	κονιορτον	των ποδων υμων.
ΛK 10:11	13	και τον	κονιορτον	τον κολληθεντα ημιν εκ της πολεως υμων...
Mθ 9:38	13	δεηθητε ουν του	κυριου	του θερισμου οπως εκβαλη εργατας εις...
ΛK 10:2	13	.... οι δε εργαται ολιγοι. δεηθητε ουν του	κυριου	του θερισμου οπως εργατας εκβαλη εις...
Mθ 10:15	13	αμην	λεγω	υμιν, ανεκτοτερον εσται γη σοδομων και...
ΛK 10:12	13		λεγω	υμιν οτι σοδομοις εν τη ημερα εκεινη...
Mθ 10:16	13	ιδου εγω αποστελλω υμας ως προβατα εν	μεσω	λυκων. γινεσθε ουν φρονιμοι ως οι οφεις...
ΛK 10:3	13	. υπαγετε. ιδου αποστελλω υμας ως αρνας εν	μεσω	λυκων.
Mθ 10:12	13	εισερχομενοι δε εις την	οικιαν	ασπασασθε αυτην.
ΛK 10:5	13	εις ην δ αν εισηλθτε	οικιαν,	πρωτον λεγετε, ειρηνη τω οικω τουτω.
Mθ 9:37	13	...... ο μεν θερισμος πολυς, οι δε εργαται	ολιγοι.	
ΛK 10:2	13	...... ο μεν θερισμος πολυς, οι δε εργαται	ολιγοι.	δεηθητε ουν του κυριου του θερισμου...

ΛΚ 10:2	13	...... ο μεν θερισμος πολυς, οι δε εργαται ολιγοι.	δεηθητε ουν του κυριου του θερισμου...
Μθ 9:38	13	δεηθητε ουν του κυριου του θερισμου οπως	εκβαλη εργατας εις τον θερισμον αυτου.
ΛΚ 10:2	13	..... δεηθητε ουν του κυριου του θερισμου οπως	εργατας εκβαλη εις τον θερισμον αυτου.
Μθ 10:7	13	πορευομενοι δε κηρυσσετε λεγοντες οτι	ηγγικεν η βασιλεια των ουρανων.
ΛΚ 10:11	13	.... απομασσομεθα υμιν. πλην τουτο γινωσκετε οτι	ηγγικεν η βασιλεια του θεου.
Μθ 9:38	13	δεηθητε ουν	του κυριου του θερισμου οπως εκβαλη...
ΛΚ 10:2	13	.... πολυς, οι δε εργαται ολιγοι. δεηθητε ουν	του κυριου του θερισμου οπως εργατας...
Μθ 10:10	13	μη πηραν	εις οδον μηδε δυο χιτωνας μηδε υποδηματα...
ΛΚ 10:4	13	μη βασταζετε βαλλαντιον, μη πηραν,	μη υποδηματα, και μηδενα κατα την οδον...
ΛΚ 10:11	13	.... ημιν εκ της πολεως υμων εις τους ποδας	απομασσομεθα υμιν. πλην τουτο γινωσκετε...
Μθ 10:14	13	....εκεινης εκτιναξατε τον κονιορτον των ποδων	υμων.
Μθ 10:15	13	.... και γομορρων εν ημερα κρισεως η τη πολει	εκεινη.
ΛΚ 10:12	13	. τη ημερα εκεινη ανεκτοτερον εσται η τη πολει	εκεινη.
Μθ 10:14	13	..... υμων, εξερχομενοι εξω της οικιας η της πολεως	εκεινης εκτιναξατε τον κονιορτον των...
ΛΚ 10:11	13	.. τον κονιορτον τον κολληθεντα ημιν εκ της πολεως	υμων εις τους ποδας απομασσομεθα υμιν....
Μθ 9:37	13	. λεγει τοις μαθηταις αυτου, ο μεν θερισμος πολυς,	οι δε εργαται ολιγοι.
ΛΚ 10:2	13	ελεγεν δε προς αυτους, ο μεν θερισμος πολυς,	οι δε εργαται ολιγοι. δεηθητε ουν...
ΛΚ 10:12	13	λεγω υμιν οτι σοδομοις	εν τη ημερα εκεινη ανεκτοτερον εσται...
Μθ 10:15	13	αμην λεγω υμιν, ανεκτοτερον εσται γη σοδομων	και γομορρων εν ημερα κρισεως η τη πολει...
Μθ 10:16	13	ιδου εγω αποστελλω υμας	ως προβατα εν μεσω λυκων. γινεσθε ουν...
ΛΚ 10:3	13	υπαγετε. ιδου αποστελλω υμας	ως αρνας εν μεσω λυκων.
Μθ 10:15	13	αμην λεγω υμιν,	ανεκτοτερον εσται γη σοδομων και γομορρων...
ΛΚ 10:12	13	λεγω υμιν	οτι σοδομοις εν τη ημερα εκεινη ανεκτοτερον...
Μθ 10:13	13	... εαν μεν η η οικια αξια, ελθατω η ειρηνη υμων	επ αυτην. εαν δε μη η αξια, η ειρηνη υμων...
ΛΚ 10:6	13	.. ειρηνης, επαναπαησεται επ αυτον η ειρηνη υμων.	ει δε μηγε, εφ υμας ανακαμψει.
Μθ 10:10	13	μη πηραν εις οδον μηδε δυο χιτωνας μηδε υποδηματα	μηδε ραβδον. αξιος γαρ ο εργατης της...
ΛΚ 10:4	13	μη βασταζετε βαλλαντιον, μη πηραν, μη υποδηματα,	και μηδενα κατα την οδον ασπασησθε.
Μθ 10:16	13	ιδου εγω αποστελλω υμας ως	προβατα εν μεσω λυκων. γινεσθε ουν φρονιμοι...
ΛΚ 10:3	13	υπαγετε. ιδου αποστελλω υμας ως	αρνας εν μεσω λυκων.

ΜΘ 11:23	14	.... καφαρναουμ, μη εως ουρανου υψωθηση; εως αδου	καταβηση. οτι ει εν σοδομοις εγενηθησαν...
ΛΚ 10:15	14	.... μη εως ουρανου υψωθηση; εως του αδου	καταβιβασθηση.
ΜΘ 11:21	14	.... οτι ει εν τυρω και σιδωνι εγενοντο αι	δυναμεις αι γενομεναι εν υμιν, παλαι αν...
ΜΘ 11:21	14	... εν τυρω και σιδωνι εγενοντο αι δυναμεις αι	γενομεναι εν υμιν, παλαι αν εν σακκω και...
ΛΚ 10:13	14	.... οτι ει εν τυρω και σιδωνι εγενηθησαν αι	δυναμεις αι γενομεναι εν υμιν, παλαι αν...
ΛΚ 10:13	14	. εν τυρω και σιδωνι εγενηθησαν αι δυναμεις αι	γενομεναι εν υμιν, παλαι αν εν σακκω και...
ΜΘ 11:21	14	.. αι δυναμεις αι γενομεναι εν υμιν, παλαι αν	εν σακκω και σποδω μετενοησαν.
ΛΚ 10:13	14	.. αι δυναμεις αι γενομεναι εν υμιν, παλαι αν	εν σακκω και σποδω καθημενοι μετρνοησαν.
ΜΘ 11:22	14	πλην λεγω υμιν, τυρω και σιδωνι ανεκτοτερον	εσται εν ημερα κρισεως η υμιν.
ΜΘ 11:24	14	πλην λεγω υμιν οτι γη σοδομων ανεκτοτερον	εσται εν ημερα κρισεως η σοι.
ΛΚ 10:14	14	πλην τυρω και σιδωνι ανεκτοτερον	εσται εν τη κρισει η υμιν.
ΛΚ 10:12	14	. λεγω υμιν οτι σοδομοις εν τη ημερα εκεινη ανεκτοτερον	εσται η τη πολει εκεινη.
ΜΘ 11:21	14	ουαι σοι, χοραζιν. ουαι σοι, βηθσαιδα.	οτι ει εν τυρω και σιδωνι εγενοντο αι...
ΛΚ 10:13	14	ουαι σοι, χοραζιν. ουαι σοι, βηθσαιδα.	οτι ει εν τυρω και σιδωνι εγενηθησαν αι...
ΜΘ 11:21	14	.. τυρω και σιδωνι εγενοντο αι δυναμεις αι γενομεναι	εν υμιν, παλαι αν εν σακκω και σποδω μετενοησαν....
ΛΚ 10:13	14	..... και σιδωνι εγενηθησαν αι δυναμεις αι γενομεναι	εν υμιν, παλαι αν εν σακκω και σποδω καθημενοι...
ΜΘ 11:21	14	..... οτι ει εν τυρω και σιδωνι εγενοντο αι δυναμεις	αι γενομεναι εν υμιν, παλαι αν εν σακκω...
ΛΚ 10:13	14	... οτι ει εν τυρω και σιδωνι εγενηθησαν αι δυναμεις	αι γενομεναι εν υμιν, παλαι αν εν σακκω...
ΛΚ 10:13	14	.. σοι, βηθσαιδα. οτι ει εν τυρω και σιδωνι εγενηθησαν	αι δυναμεις αι γενομεναι εν υμιν, παλαι...
ΜΘ 11:21	14	.. σοι, βηθσαιδα. οτι ει εν τυρω και σιδωνι εγενοντο	αι δυναμεις αι γενομεναι εν υμιν, παλαι...
ΜΘ 11:21	14	..... σοι, χοραζιν. ουαι σοι, βηθσαιδα. οτι ει	εν τυρω και σιδωνι εγενοντο αι δυναμεις...
ΛΚ 10:13	14	..... σοι, χοραζιν. ουαι σοι, βηθσαιδα. οτι ει	εν τυρω και σιδωνι εγενηθησαν αι δυναμεις...
ΜΘ 11:21	14	. σοι, χοραζιν. ουαι σοι, βηθσαιδα. οτι ει εν	τυρω και σιδωνι εγενοντο αι δυναμεις...
ΜΘ 11:21	14	..... εγενοντο αι δυναμεις αι γενομεναι εν	υμιν, παλαι αν εν σακκω και σποδω μετενοησαν....
ΜΘ 11:21	14	.... αι γενομεναι εν υμιν, παλαι αν εν	σακκω και σποδω μετενοησαν.
ΜΘ 11:22	14	... υμιν, τυρω και σιδωνι ανεκτοτερον εσται εν	ημερα κρισεως η υμιν.
ΜΘ 11:24	14	..... υμιν οτι γη σοδομων ανεκτοτερον εσται εν	ημερα κρισεως η σοι.
ΛΚ 10:13	14	. σοι, χοραζιν. ουαι σοι, βηθσαιδα. οτι ει εν	τυρω και σιδωνι εγενηθησαν αι δυναμεις...
ΛΚ 10:13	14	... εγενηθησαν αι δυναμεις αι γενομεναι εν	υμιν, παλαι αν εν σακκω και σποδω καθημενοι...
ΛΚ 10:13	14	.... αι γενομεναι εν υμιν, παλαι αν εν	σακκω και σποδω καθημενοι μετρνοησαν.
ΛΚ 10:14	14	πλην τυρω και σιδωνι ανεκτοτερον εσται εν	τη κρισει η υμιν.
ΛΚ 10:12	14	λεγω υμιν οτι σοδομοις εν	τη ημερα εκεινη ανεκτοτερον εσται η τη...
ΜΘ 11:22	14	.... λεγω υμιν, τυρω και σιδωνι ανεκτοτερον εσται	εν ημερα κρισεως η υμιν.
ΜΘ 11:24	14	. πλην λεγω υμιν οτι γη σοδομων ανεκτοτερον εσται	εν ημερα κρισεως η σοι.
ΛΚ 10:14	14	πλην τυρω και σιδωνι ανεκτοτερον εσται	εν τη κρισει η υμιν.
ΛΚ 10:12	14	.. σοδομοις εν τη ημερα εκεινη ανεκτοτερον εσται	η τη πολει εκεινη.
ΜΘ 11:23	14	και συ, καφαρναουμ, μη εως	ουρανου υψωθηση; εως αδου καταβηση. οτι...
ΜΘ 11:23	14	... συ, καφαρναουμ, μη εως ουρανου υψωθηση; εως	αδου καταβηση. οτι ει εν σοδομοις εγενηθησαν...
ΛΚ 10:15	14	και συ, καφαρναουμ, μη εως	ουρανου υψωθηση; εως του αδου καταβιβασθηση....
ΛΚ 10:15	14	... συ, καφαρναουμ, μη εως ουρανου υψωθηση; εως	του αδου καταβιβασθηση.
ΜΘ 11:22	14	...... ανεκτοτερον εσται εν ημερα κρισεως η	υμιν.
ΜΘ 11:24	14	...... ανεκτοτερον εσται εν ημερα κρισεως η	σοι.
ΛΚ 10:14	14	... σιδωνι ανεκτοτερον εσται εν τη κρισει η	υμιν.
ΛΚ 10:12	14	.... εν τη ημερα εκεινη ανεκτοτερον εσται η	τη πολει εκεινη.
ΜΘ 11:24	14	..... οτι γη σοδομων ανεκτοτερον εσται εν ημερα	κρισεως η σοι.
ΛΚ 10:12	14	λεγω υμιν οτι σοδομοις εν τη ημερα	εκεινη ανεκτοτερον εσται η τη πολει...
ΜΘ 11:21	14	...... ουαι σοι, βηθσαιδα. οτι ει εν τυρω και	σιδωνι εγενοντο αι δυναμεις αι γενομεναι...
ΜΘ 11:21	14	... γενομεναι εν υμιν, παλαι αν εν σακκω και	σποδω μετενοησαν.
ΜΘ 11:22	14	πλην λεγω υμιν, τυρω και	σιδωνι ανεκτοτερον εσται εν ημερα κρισεως...
ΜΘ 11:23	14	και	συ, καφαρναουμ, μη εως ουρανου υψωθηση;...
ΛΚ 10:13	14	...... ουαι σοι, βηθσαιδα. οτι ει εν τυρω και	σιδωνι εγενηθησαν αι δυναμεις αι γενομεναι...
ΛΚ 10:13	14	... γενομεναι εν υμιν, παλαι αν εν σακκω και	σποδω καθημενοι μετρνοησαν.
ΛΚ 10:14	14	πλην τυρω και	σιδωνι ανεκτοτερον εσται εν τη κρισει...
ΛΚ 10:15	14	και	συ, καφαρναουμ, μη εως ουρανου υψωθηση;...
ΜΘ 11:23	14	.... μη εως ουρανου υψωθηση; εως αδου καταβηση.	οτι ει εν σοδομοις εγενηθησαν αι δυναμεις...
ΛΚ 10:15	14	.... μη εως ουρανου υψωθηση; εως του αδου καταβιβασθηση.	

ΛΚ 10:15	14	.... μη εως ουρανου υψωθηση; εως του αδου καταβιβασθηση.	
ΜΘ 11:23	14	και συ, καφαρναουμ,	μη εως ουρανου υψωθηση; εως αδου καταβηση....
ΛΚ 10:15	14	και συ, καφαρναουμ,	μη εως ουρανου υψωθηση; εως του αδου...
ΛΚ 10:14	14	..... και σιδωνι ανεκτοτερον εσται εν τη κρισει	η υμιν.
ΜΘ 11:22	14	. και σιδωνι ανεκτοτερον εσται εν ημερα κρισεως	η υμιν.
ΜΘ 11:24	14	πλην λεγω	υμιν οτι γη σοδομων ανεκτοτερον εσται...
ΛΚ 10:12	14	λεγω	υμιν οτι σοδομοις εν τη ημερα εκεινη...
ΜΘ 11:20	14	.... αι πλεισται δυναμεις αυτου, οτι ου μετενοησαν.	
ΜΘ 11:21	14	... εν υμιν, παλαι αν εν σακκω και σποδω μετενοησαν.	
ΜΘ 11:23	14	και συ, καφαρναουμ, μη	εως ουρανου υψωθηση; εως αδου καταβηση....
ΛΚ 10:15	14	και συ, καφαρναουμ, μη	εως ουρανου υψωθηση; εως του αδου καταβιβασθηση...
ΜΘ 11:21	14	ουαι σοι, χοραζιν. ουαι σοι, βηθσαιδα. οτι	ει εν τυρω και σιδωνι εγενοντο αι...
ΜΘ 11:24	14	πλην λεγω υμιν οτι	γη σοδομων ανεκτοτερον εσται εν ημερα...
ΛΚ 10:13	14	ουαι σοι, χοραζιν. ουαι σοι, βηθσαιδα. οτι	ει εν τυρω και σιδωνι εγενηθησαν αι...
ΛΚ 10:12	14	λεγω υμιν οτι	σοδομοις εν τη ημερα εκεινη ανεκτοτερον...
ΜΘ 11:21	14	ουαι	σοι, χοραζιν. ουαι σοι, βηθσαιδα. οτι...
ΜΘ 11:21	14	ουαι σοι, χοραζιν. ουαι	σοι, βηθσαιδα. οτι ει εν τυρω και...
ΛΚ 10:13	14	ουαι	σοι, χοραζιν. ουαι σοι, βηθσαιδα. οτι...
ΛΚ 10:13	14	ουαι σοι, χοραζιν. ουαι	σοι, βηθσαιδα. οτι ει εν τυρω και...
ΜΘ 11:23	14	και συ, καφαρναουμ, μη εως ουρανου	υψωθηση; εως αδου καταβηση. οτι ει...
ΛΚ 10:15	14	και συ, καφαρναουμ, μη εως ουρανου	υψωθηση; εως του αδου καταβιβασθηση.
ΜΘ 11:21	14	..... αι δυναμεις αι γενομεναι εν υμιν, παλαι	αν εν σακκω και σποδω μετενοησαν.
ΛΚ 10:13	14	..... αι δυναμεις αι γενομεναι εν υμιν, παλαι	αν εν σακκω και σποδω καθημενοι μετρνοησαν....
ΜΘ 11:22	14	πλην	λεγω υμιν, τυρω και σιδωνι ανεκτοτερον...
ΛΚ 10:14	14	πλην	τυρω και σιδωνι ανεκτοτερον εσται εν...
ΜΘ 11:21	14	.... αι γενομεναι εν υμιν, παλαι αν εν σακκω	και σποδω μετενοησαν.
ΛΚ 10:13	14	.... αι γενομεναι εν υμιν, παλαι αν εν σακκω	και σποδω καθημενοι μετρνοησαν.
ΜΘ 11:21	14	..... σοι, βηθσαιδα. οτι ει εν τυρω και σιδωνι	εγενοντο αι δυναμεις αι γενομεναι...
ΜΘ 11:22	14	πλην λεγω υμιν, τυρω και σιδωνι	ανεκτοτερον εσται εν ημερα κρισεως...
ΛΚ 10:13	14	..... σοι, βηθσαιδα. οτι ει εν τυρω και σιδωνι	εγενηθησαν αι δυναμεις αι γενομεναι...
ΛΚ 10:14	14	πλην τυρω και σιδωνι	ανεκτοτερον εσται εν τη κρισει η υμιν.
ΛΚ 10:12	14	λεγω υμιν οτι σοδομοις	εν τη ημερα εκεινη ανεκτοτερον εσται...
ΜΘ 11:24	14	πλην λεγω υμιν οτι γη σοδομων	ανεκτοτερον εσται εν ημερα κρισεως...
ΜΘ 11:21	14	ουαι σοι,	χοραζιν. ουαι σοι, βηθσαιδα. οτι ει...
ΜΘ 11:21	14	ουαι σοι, χοραζιν. ουαι σοι,	βηθσαιδα. οτι ει εν τυρω και σιδωνι...
ΛΚ 10:13	14	ουαι σοι,	χοραζιν. ουαι σοι, βηθσαιδα. οτι ει...
ΛΚ 10:13	14	ουαι σοι, χοραζιν. ουαι σοι,	βηθσαιδα. οτι ει εν τυρω και σιδωνι...
ΜΘ 11:21	14	.... εν υμιν, παλαι αν εν σακκω και σποδω	μετενοησαν.
ΛΚ 10:13	14	.... εν υμιν, παλαι αν εν σακκω και σποδω	καθημενοι μετρνοησαν.
ΜΘ 11:23	14	και συ,	καφαρναουμ, μη εως ουρανου υψωθηση;...
ΛΚ 10:15	14	και συ,	καφαρναουμ, μη εως ουρανου υψωθηση;...
ΜΘ 11:21	14	.... ουαι σοι, βηθσαιδα. οτι ει εν τυρω	και σιδωνι εγενοντο αι δυναμεις αι...
ΜΘ 11:22	14	πλην λεγω υμιν, τυρω	και σιδωνι ανεκτοτερον εσται εν ημερα...
ΛΚ 10:13	14	.... ουαι σοι, βηθσαιδα. οτι ει εν τυρω	και σιδωνι εγενηθησαν αι δυναμεις...
ΛΚ 10:14	14	πλην τυρω	και σιδωνι ανεκτοτερον εσται εν τη...
ΜΘ 11:21	14	. εγενοντο αι δυναμεις αι γενομεναι εν υμιν,	παλαι αν εν σακκω και σποδω μετενοησαν....
ΜΘ 11:22	14	. ανεκτοτερον εσται εν ημερα κρισεως η υμιν.	
ΜΘ 11:24	14	πλην λεγω υμιν	οτι γη σοδομων ανεκτοτερον εσται εν...
ΛΚ 10:13	14	.... αι δυναμεις αι γενομεναι εν υμιν,	παλαι αν εν σακκω και σποδω καθημενοι...
ΛΚ 10:14	14	...... ανεκτοτερον εσται εν τη κρισει η υμιν.	
ΛΚ 10:12	14	λεγω υμιν	οτι σοδομοις εν τη ημερα εκεινη ανεκτοτερον...
ΜΘ 11:23	14	και συ, καφαρναουμ, μη εως ουρανου υψωθηση;	εως αδου καταβηση. οτι ει εν σοδομοις...
ΛΚ 10:15	14	και συ, καφαρναουμ, μη εως ουρανου υψωθηση;	εως του αδου καταβιβασθηση.
ΜΘ 11:21	14	ουαι σοι, χοραζιν.	ουαι σοι, βηθσαιδα. οτι ει εν τυρω...
ΛΚ 10:13	14	ουαι σοι, χοραζιν.	ουαι σοι, βηθσαιδα. οτι ει εν τυρω...

Whoever Hears You, Hears Me MT 10:40 LK 10:16 (179)

Mθ 10:40	15	... δεχεται, και ο εμε δεχομενος δεχεται τον αποστειλαντα	με.
ΛΚ 10:16	15	..... εμε αθετει. ο δε εμε αθετων αθετει τον αποστειλαντι	με.
Mθ 10:40	15	ο δεχομενος υμας εμε δεχεται, και ο εμε	δεχομενος δεχεται τον αποστειλαντα με.
ΛΚ 10:16	15	.... και ο αθετων υμας εμε αθετει. ο δε εμε	αθετων αθετει τον αποστειλαντι με.
Mθ 10:40	15	ο δεχομενος υμας εμε δεχεται, και	ο εμε δεχομενος δεχεται τον αποστειλαντα...
ΛΚ 10:16	15	ο ακουων υμων εμου ακουει, και	ο αθετων υμας εμε αθετει. ο δε εμε αθετων...
Mθ 10:40	15	. ο εμε δεχομενος δεχεται τον αποστειλαντα με.	
ΛΚ 10:16	15	.. ο δε εμε αθετων αθετει τον αποστειλαντι με.	
Mθ 10:40	15	ο δεχομενος υμας εμε δεχεται, και ο	εμε δεχομενος δεχεται τον αποστειλαντα...
ΛΚ 10:16	15	... ακουει, και ο αθετων υμας εμε αθετει. ο	δε εμε αθετων αθετει τον αποστειλαντι με.
Mθ 10:40	15	ο δεχομενος υμας	εμε δεχεται, και ο εμε δεχομενος δεχεται...
ΛΚ 10:16	15	. ο ακουων υμων εμου ακουει, και ο αθετων υμας	εμε αθετει. ο δε εμε αθετων αθετει τον...

Μθ 13:17	16	...... προφηται και δικαιοι επεθυμησαν ιδειν	α	βλεπετε και ουκ ειδαν, και ακουσαι α ακουετε...
Μθ 13:17	16	...... α βλεπετε και ουκ ειδαν, και ακουσαι	α	ακουετε και ουκ ηκουσαν.
ΛΚ 10:24	16	.... προφηται και βασιλεις ηθελησαν ιδειν	α	υμεις βλεπετε και ουκ ειδαν, και ακουσαι...
ΛΚ 10:24	16	... υμεις βλεπετε και ουκ ειδαν, και ακουσαι	α	ακουετε και ουκ ηκουσαν.
Μθ 13:17	16	... α βλεπετε και ουκ ειδαν, και ακουσαι α	ακουετε	και ουκ ηκουσαν.
ΛΚ 10:24	16	...... βλεπετε και ουκ ειδαν, και ακουσαι α	ακουετε	και ουκ ηκουσαν.
Μθ 13:17	16	.... ιδειν α βλεπετε και ουκ ειδαν, και	ακουσαι	α ακουετε και ουκ ηκουσαν.
ΛΚ 10:24	16	.. ιδειν α υμεις βλεπετε και ουκ ειδαν, και	ακουσαι	α ακουετε και ουκ ηκουσαν.
Μθ 11:25	16	. οτι εκρυψας ταυτα απο σοφω και συνετων και	απεκαλυψας	αυτα νηπιοις.
ΛΚ 10:21	16	. απεκρυψας ταυτα απο σοφων και συνετων, και	απεκαλυψας	αυτα νηπιοις. ναι, ο πατηρ, οτι ουτως ευδοκια...
ΛΚ 10:21	16	.. πατερ, κυριε του ουρανου και της γης, οτι	απεκρυψας	ταυτα απο σοφων και συνετων, και απεκαλυψας...
Μθ 11:25	16	. του ουρανου και της γης. οτι εκρυψας ταυτα	απο	σοφω και συνετων και απεκαλυψας αυτα νηπιοις....
ΛΚ 10:21	16	.. ουρανου και της γης. οτι απεκρυψας ταυτα	απο	σοφων και συνετων, και απεκαλυψας αυτα...
Μθ 11:27	16	..... ει μη ο υιος και ω εαν βουληται ο υιος	αποκαλυψαι.	
ΛΚ 10:22	16	..... ει μη ο υιος και ω εαν βουληται ο υιος	αποκαλυψαι.	
Μθ 11:25	16	...... απο σοφω και συνετων και απεκαλυψας	αυτα	νηπιοις.
ΛΚ 10:21	16	.... απο σοφων και συνετων, και απεκαλυψας	αυτα	νηπιοις. ναι, ο πατηρ, οτι ουτως ευδοκια...
Μθ 13:17	16	... προφηται και δικαιοι επεθυμησαν ιδειν α	βλεπετε	και ουκ ειδαν, και ακουσαι α ακουετε...
ΛΚ 10:24	16	.... και βασιλεις ηθελησαν ιδειν α υμεις	βλεπετε	και ουκ ειδαν, και ακουσαι α ακουετε...
ΛΚ 10:23	16	... κατ ιδιαν ειπεν, μακαριοι οι οφθαλμοι οι	βλεποντες	α βλεπετε.
Μθ 13:16	16	υμων δε μακαριοι οι οφθαλμοι οτι	βλεπουσιν,	και τα ωτα υμων οτι ακουουσιν.
Μθ 11:27	16	..... τις επιγινωσκει ει μη ο υιος και ω εαν	βουληται	ο υιος αποκαλυψαι.
ΛΚ 10:22	16	... τις εστιν ο πατηρ ει μη ο υιος και ω εαν	βουληται	ο υιος αποκαλυψαι.
Μθ 13:17	16	αμην	γαρ	λεγω υμιν οτι πολλοι προφηται και δικαιοι...
ΛΚ 10:24	16	λεγω	γαρ	υμιν οτι πολλοι προφηται και βασιλεις ηθελησαν...
Μθ 11:25	16	.... σοι πατερ, κυριε του ουρανου και της	γης,	οτι εκρυψας ταυτα απο σοφω και συνετων...
ΛΚ 10:21	16	...... σοι, πατερ, κυριε του ουρανου και της	γης,	οτι απεκρυψας ταυτα απο σοφων και συνετων,...
ΛΚ 10:22	16	.... παρεδοθη υπο του πατρος μου, και ουδεις	γινωσκει	τις εστιν ο υιος ει μη ο πατηρ, και τις...
Μθ 11:27	16	.. πατερα τις επιγινωσκει ει μη ο υιος και ω	εαν	βουληται ο υιος αποκαλυψαι.
ΛΚ 10:22	16	... και τις εστιν ο πατηρ ει μη ο υιος και ω	εαν	βουληται ο υιος αποκαλυψαι.
Μθ 11:26	16	ναι, ο πατηρ, οτι ουτως ευδοκια	εγενετο	εμπροσθεν σου.
ΛΚ 10:21	16	... νηπιοις. ναι, ο πατηρ, οτι ουτως ευδοκια	εγενετο	εμπροσθεν σου.
Μθ 11:27	16	.... μου, και ουδεις επιγινωσκει τον υιον	ει	μη ο πατηρ, ουδε τον πατερα τις επιγινωσκει...
Μθ 11:27	16	... ο πατηρ, ουδε τον πατερα τις επιγινωσκει	ει	μη ο υιος και ω εαν βουληται ο υιος αποκαλυψαι....
ΛΚ 10:22	16	. μου, και ουδεις γινωσκει τις εστιν ο υιος	ει	μη ο πατηρ, και τις εστιν ο πατηρ ει μη...
ΛΚ 10:22	16	. υιος ει μη ο πατηρ, και τις εστιν ο πατηρ	ει	μη ο υιος και ω εαν βουληται ο υιος αποκαλυψαι....
Μθ 13:17	16	.... επεθυμησαν ιδειν α βλεπετε και ουκ	ειδαν,	και ακουσαι α ακουετε και ουκ ηκουσαν.
ΛΚ 10:24	16	... ηθελησαν ιδειν α υμεις βλεπετε και ουκ	ειδαν,	και ακουσαι α ακουετε και ουκ ηκουσαν.
Μθ 11:25	16	εν εκεινω τω καιρω αποκριθεις ο ιησους	ειπεν,	εξομολογουμαι σοι πατερ, κυριε του ουρανου...
ΛΚ 10:21	16	... ωρα ηγαλλιασατο τω πνευματι τω αγιω και	ειπεν,	εξομολογουμαι σοι, πατερ, κυριε του ουρανου...
Μθ 11:25	16	. πατερ, κυριε του ουρανου και της γης. οτι	εκρυψας	ταυτα απο σοφω και συνετων και απεκαλυψας...
Μθ 11:26	16	ναι, ο πατηρ, οτι ουτως ευδοκια εγενετο	εμπροσθεν	σου.
ΛΚ 10:21	16	... ναι, ο πατηρ, οτι ουτως ευδοκια εγενετο	εμπροσθεν	σου.
Μθ 11:25	16		εν	εκεινω τω καιρω αποκριθεις ο ιησους ειπεν,...
ΛΚ 10:21	16		εν	αυτη τη ωρα ηγαλλιασατο τω πνευματι τω...
Μθ 11:25	16	.... τω καιρω αποκριθεις ο ιησους ειπεν,	εξομολογουμαι	σοι πατερ, κυριε του ουρανου και της γης,...
ΛΚ 10:21	16	.... τω πνευματι τω αγιω και ειπεν,	εξομολογουμαι	σοι, πατερ, κυριε του ουρανου και της γης,...
Μθ 11:27	16	.... παρεδοθη υπο του πατρος μου, και ουδεις	επιγινωσκει	τον υιον ει μη ο πατηρ, ουδε τον πατερα...
Μθ 11:26	16	ναι, ο πατηρ, οτι ουτως	ευδοκια	εγενετο εμπροσθεν σου.
ΛΚ 10:21	16	..... αυτα νηπιοις. ναι, ο πατηρ, οτι ουτως	ευδοκια	εγενετο εμπροσθεν σου.
Μθ 13:17	16	... ειδαν, και ακουσαι α ακουετε και ουκ	ηκουσαν.	
ΛΚ 10:24	16	... ειδαν, και ακουσαι α ακουετε και ουκ	ηκουσαν.	
Μθ 13:17	16	. οτι πολλοι προφηται και δικαιοι επεθυμησαν	ιδειν	α βλεπετε και ουκ ειδαν, και ακουσαι...
ΛΚ 10:24	16	.. οτι πολλοι προφηται και βασιλεις ηθελησαν	ιδειν	α υμεις βλεπετε και ουκ ειδαν, και ακουσαι...

Μθ 11:25	16	.... σοι πατερ, κυριε του ουρανου και	της γης, οτι εκρυψας ταυτα απο σοφω...
Μθ 11:25	16	..... της γης, οτι εκρυψας ταυτα απο σοφω και	συνετων και απεκαλυψας αυτα νηπιοις.
Μθ 11:25	16	.. οτι εκρυψας ταυτα απο σοφω και συνετων και	απεκαλυψας αυτα νηπιοις.
Μθ 11:27	16	παντα μοι παρεδοθη υπο του πατρος μου, και	ουδεις επιγινωσκει τον υιον ει μη ο πατηρ,...
Μθ 11:27	16	.. τον πατερα τις επιγινωσκει ει μη ο υιος και	ω εαν βουληται ο υιος αποκαλυψαι.
Μθ 13:17	16	αμην γαρ λεγω υμιν οτι πολλοι προφηται και	δικαιοι επεθυμησαν ιδειν α βλεπετε και...
Μθ 13:17	16	. και δικαιοι επεθυμησαν ιδειν α βλεπετε και	ουκ ειδαν, και ακουσαι α ακουετε και...
Μθ 13:17	16	.... ιδειν α βλεπετε και ουκ ειδαν, και	ακουσαι α ακουετε και ουκ ηκουσαν.
Μθ 13:17	16	. και ουκ ειδαν, και ακουσαι α ακουετε και	ουκ ηκουσαν.
Λκ 10:21	16	.... σοι, πατερ, κυριε του ουρανου και	της γης, οτι απεκρυψας ταυτα απο σοφων...
Λκ 10:21	16	.. της γης, οτι απεκρυψας ταυτα απο σοφων και	συνετων, και απεκαλυψας αυτα νηπιοις....
Λκ 10:21	16	.. απεκρυψας ταυτα απο σοφων και συνετων, και	απεκαλυψας αυτα νηπιοις. ναι, ο πατηρ,...
Λκ 10:22	16	παντα μοι παρεδοθη υπο του πατρος μου, και	ουδεις γινωσκει τις εστιν ο υιος ει μη...
Λκ 10:22	16	. γινωσκει τις εστιν ο υιος ει μη ο πατηρ, και	τις εστιν ο πατηρ ει μη ο υιος και ω εαν...
Λκ 10:22	16	...... και τις εστιν ο πατηρ ει μη ο υιος και	ω εαν βουληται ο υιος αποκαλυψαι.
Λκ 10:24	16	λεγω γαρ υμιν οτι πολλοι προφηται και	βασιλεις ηθελησαν ιδειν α υμεις βλεπετε...
Λκ 10:24	16	. βασιλεις ηθελησαν ιδειν α υμεις βλεπετε και	ουκ ειδαν, και ακουσαι α ακουετε και...
Λκ 10:24	16	.. ιδειν α υμεις βλεπετε και ουκ ειδαν, και	ακουσαι α ακουετε και ουκ ηκουσαν.
Λκ 10:24	16	. και ουκ ειδαν, και ακουσαι α ακουετε και	ουκ ηκουσαν.
Μθ 11:25	16	. ο ιησους ειπεν, εξομολογουμαι σοι πατερ, κυριε	του ουρανου και της γης, οτι εκρυψας...
Λκ 10:21	16	.... και ειπεν, εξομολογουμαι σοι, πατερ, κυριε	του ουρανου και της γης, οτι απεκρυψας...
Μθ 13:17	16	αμην γαρ λεγω	υμιν οτι πολλοι προφηται και δικαιοι επεθυμησαν...
Λκ 10:24	16	λεγω	γαρ υμιν οτι πολλοι προφηται και βασιλεις...
Μθ 13:16	16	υμων δε μακαριοι	οι οφθαλμοι οτι βλεπουσιν, και τα ωτα...
Λκ 10:23	16	.... προς τους μαθητας κατ ιδιαν ειπεν, μακαριοι	οι οφθαλμοι οι βλεποντες α βλεπετε.
Μθ 11:27	16	. μου, και ουδεις επιγινωσκει τον υιον ει μη	ο πατηρ, ουδε τον πατερα τις επιγινωσκει...
Μθ 11:27	16	...... ουδε τον πατερα τις επιγινωσκει ει μη	ο υιος και ω εαν βουληται ο υιος αποκαλυψαι....
Λκ 10:22	16	. και ουδεις γινωσκει τις εστιν ο υιος ει μη	ο πατηρ, και τις εστιν ο πατηρ ει μη...
Λκ 10:22	16	.... μη ο πατηρ, και τις εστιν ο πατηρ ει μη	ο υιος και ω εαν βουληται ο υιος αποκαλυψαι....
Μθ 11:27	16	παντα μοι	παρεδοθη υπο του πατρος μου, και ουδεις...
Λκ 10:22	16	παντα μοι	παρεδοθη υπο του πατρος μου, και ουδεις...
Μθ 11:27	16	παντα μοι παρεδοθη υπο του πατρος μου,	και ουδεις επιγινωσκει τον υιον ει...
Λκ 10:22	16	παντα μοι παρεδοθη υπο του πατρος μου,	και ουδεις γινωσκει τις εστιν ο υιος...
Μθ 11:26	16	ναι,	ο πατηρ, οτι ουτως ευδοκια εγενετο εμπροσθεν...
Λκ 10:21	16	... συνετων, και απεκαλυψας αυτα νηπιοις. ναι,	ο πατηρ, οτι ουτως ευδοκια εγενετο εμπροσθεν...
Μθ 11:25	16	... σοφω και συνετων και απεκαλυψας αυτα νηπιοις.	
Λκ 10:21	16	. σοφων και συνετων, και απεκαλυψας αυτα νηπιοις.	ναι, ο πατηρ, οτι ουτως ευδοκια εγενετο...
Μθ 11:26	16	ναι, ο	πατηρ, οτι ουτως ευδοκια εγενετο εμπροσθεν...
Μθ 11:27	16	.. και ουδεις επιγινωσκει τον υιον ει μη ο	πατηρ, ουδε τον πατερα τις επιγινωσκει...
Μθ 11:27	16	... ουδε τον πατερα τις επιγινωσκει ει μη ο	υιος και ω εαν βουληται ο υιος αποκαλυψαι....
Μθ 11:27	16	...... ει μη ο υιος και ω εαν βουληται ο	υιος αποκαλυψαι.
Λκ 10:21	16	..... και απεκαλυψας αυτα νηπιοις. ναι, ο	πατηρ, οτι ουτως ευδοκια εγενετο εμπροσθεν...
Λκ 10:22	16	. ουδεις γινωσκει τις εστιν ο υιος ει μη ο	πατηρ, και τις εστιν ο πατηρ ει μη ο...
Λκ 10:22	16	.. ο πατηρ, και τις εστιν ο πατηρ ει μη ο	υιος και ω εαν βουληται ο υιος αποκαλυψαι....
Λκ 10:22	16	...... ει μη ο υιος και ω εαν βουληται ο	υιος αποκαλυψαι.
Μθ 13:16	16	υμων δε μακαριοι οι	οφθαλμοι οτι βλεπουσιν, και τα ωτα υμων...
Λκ 10:23	16	... τους μαθητας κατ ιδιαν ειπεν, μακαριοι οι	οφθαλμοι οι βλεποντες α βλεπετε.
Μθ 11:25	16	... πατερ, κυριε του ουρανου και της γης, οτι	εκρυψας ταυτα απο σοφω και συνετων και...
Μθ 11:26	16	ναι, ο πατηρ, οτι	ουτως ευδοκια εγενετο εμπροσθεν σου.
Μθ 13:17	16	αμην γαρ λεγω υμιν οτι	πολλοι προφηται και δικαιοι επεθυμησαν...
Λκ 10:21	16	... πατερ, κυριε του ουρανου και της γης, οτι	απεκρυψας ταυτα απο σοφων και συνετων,...
Λκ 10:21	16	.... αυτα νηπιοις. ναι, ο πατηρ, οτι	ουτως ευδοκια εγενετο εμπροσθεν σου.
Λκ 10:24	16	λεγω γαρ υμιν οτι	πολλοι προφηται και βασιλεις ηθελησαν...
Μθ 11:27	16	.... μοι παρεδοθη υπο του πατρος μου, και ουδεις	επιγινωσκει τον υιον ει μη ο πατηρ,...
Λκ 10:22	16	.... μοι παρεδοθη υπο του πατρος μου, και ουδεις	γινωσκει τις εστιν ο υιος ει μη ο...
Μθ 13:17	16	. δικαιοι επεθυμησαν ιδειν α βλεπετε και ουκ	ειδαν, και ακουσαι α ακουετε και...
Μθ 13:17	16	..... ειδαν, και ακουσαι α ακουετε και ουκ	ηκουσαν.

ΜΘ 13:17	16	..... ειδαν, και ακουσαι α ακουετε και ουκ	ηκουσαν.
ΛΚ 10:24	16	..... ηθελησαν ιδειν α υμεις βλεπετε και ουκ	ειδαν, και ακουσαι α ακουετε και...
ΛΚ 10:24	16	..... ειδαν, και ακουσαι α ακουετε και ουκ	ηκουσαν.
ΜΘ 11:25	16	.... εξομολογουμαι σοι πατερ, κυριε του ουρανου	και της γης, οτι εκρυψας ταυτα απο...
ΛΚ 10:21	16	...... εξομολογουμαι σοι, πατερ, κυριε του ουρανου	και της γης, οτι απεκρυψας ταυτα απο...
ΜΘ 11:26	16	ναι, ο πατηρ, οτι ουτως	ευδοκια εγενετο εμπροσθεν σου.
ΛΚ 10:21	16	.... αυτα νηπιοις. ναι, ο πατηρ, οτι ουτως	ευδοκια εγενετο εμπροσθεν σου.
ΜΘ 13:16	16	υμων δε μακαριοι οι οφθαλμοι	οτι βλεπουσιν, και τα ωτα υμων οτι...
ΛΚ 10:23	16	.... μαθητας κατ ιδιαν ειπεν, μακαριοι οι οφθαλμοι	οι βλεποντες α βλεπετε.
ΜΘ 11:27	16	παντα	μοι παρεδοθη υπο του πατρος μου, και...
ΛΚ 10:22	16	παντα	μοι παρεδοθη υπο του πατρος μου, και...
ΜΘ 11:27	16	παντα μοι παρεδοθη	υπο του πατρος μου, και ουδεις επιγινωσκει...
ΛΚ 10:22	16	παντα μοι παρεδοθη	υπο του πατρος μου, και ουδεις γινωσκει...
ΜΘ 11:25	16	.... ο ιησους ειπεν, εξομολογουμαι σοι πατερ,	κυριε του ουρανου και της γης, οτι...
ΛΚ 10:21	16	... τω αγιω και ειπεν, εξομολογουμαι σοι, πατερ,	κυριε του ουρανου και της γης, οτι...
ΜΘ 11:27	16	.... τον υιον ει μη ο πατηρ, ουδε τον πατερα	τις επιγινωσκει ει μη ο υιος και ω...
ΜΘ 11:26	16	ναι, ο πατηρ,	οτι ουτως ευδοκια εγενετο εμπροσθεν...
ΜΘ 11:27	16	... ουδεις επιγινωσκει τον υιον ει μη ο πατηρ,	ουδε τον πατερα τις επιγινωσκει ει...
ΛΚ 10:21	16	.. και απεκαλυψας αυτα νηπιοις. ναι, ο πατηρ,	οτι ουτως ευδοκια εγενετο εμπροσθεν...
ΛΚ 10:22	16	..... γινωσκει τις εστιν ο υιος ει μη ο πατηρ,	και τις εστιν ο πατηρ ει μη ο υιος...
ΛΚ 10:22	16	.. υιος ει μη ο πατηρ, και τις εστιν ο πατηρ	ει μη ο υιος και ω εαν βουληται ο...
ΜΘ 11:27	16	παντα μοι παρεδοθη υπο του πατρος	μου, και ουδεις επιγινωσκει τον υιον...
ΛΚ 10:22	16	παντα μοι παρεδοθη υπο του πατρος	μου, και ουδεις γινωσκει τις εστιν...
ΜΘ 13:17	16	αμην γαρ λεγω υμιν οτι πολλοι	προφηται και δικαιοι επεθυμησαν ιδειν...
ΛΚ 10:24	16	λεγω γαρ υμιν οτι πολλοι	προφηται και βασιλεις ηθελησαν ιδειν...
ΜΘ 13:17	16	αμην γαρ λεγω υμιν οτι πολλοι προφηται	και δικαιοι επεθυμησαν ιδειν α βλεπετε...
ΛΚ 10:24	16	λεγω γαρ υμιν οτι πολλοι προφηται	και βασιλεις ηθελησαν ιδειν α υμεις...
ΜΘ 11:25	16	.... ο ιησους ειπεν, εξομολογουμαι σοι	πατερ, κυριε του ουρανου και της γης,...
ΛΚ 10:21	16	.... τω αγιω και ειπεν, εξομολογουμαι σοι,	πατερ, κυριε του ουρανου και της γης,...
ΜΘ 11:26	16	... οτι ουτως ευδοκια εγενετο εμπροσθεν σου.	
ΛΚ 10:21	16	... οτι ουτως ευδοκια εγενετο εμπροσθεν σου.	
ΜΘ 11:25	16	.... και της γης, οτι εκρυψας ταυτα απο σοφω	και συνετων και απεκαλυψας αυτα νηπιοις....
ΛΚ 10:21	16	.. και της γης, οτι απεκρυψας ταυτα απο σοφων	και συνετων, και απεκαλυψας αυτα νηπιοις....
ΜΘ 11:25	16	.. γης, οτι εκρυψας ταυτα απο σοφω και συνετων	και απεκαλυψας αυτα νηπιοις.
ΛΚ 10:21	16	..... οτι απεκρυψας ταυτα απο σοφων και συνετων,	και απεκαλυψας αυτα νηπιοις. ναι,...
ΜΘ 11:25	16	.. του ουρανου και της γης, οτι εκρυψας ταυτα	απο σοφω και συνετων και απεκαλυψας...
ΛΚ 10:21	16	.... ουρανου και της γης, οτι απεκρυψας ταυτα	απο σοφων και συνετων, και απεκαλυψας...
ΜΘ 11:25	16	...... σοι πατερ, κυριε του ουρανου και της	γης, οτι εκρυψας ταυτα απο σοφω και...
ΛΚ 10:21	16	..... σοι, πατερ, κυριε του ουρανου και της	γης, οτι απεκρυψας ταυτα απο σοφων...
ΜΘ 11:25	16	. ειπεν, εξομολογουμαι σοι πατερ, κυριε του	ουρανου και της γης, οτι εκρυψας...
ΜΘ 11:27	16	παντα μοι παρεδοθη υπο του	πατρος μου, και ουδεις επιγινωσκει...
ΛΚ 10:21	16	.... εξομολογουμαι σοι, πατερ, κυριε του	ουρανου και της γης, οτι απεκρυψας...
ΛΚ 10:22	16	παντα μοι παρεδοθη υπο του	πατρος μου, και ουδεις γινωσκει τις...
ΜΘ 11:27	16	.... μου, και ουδεις επιγινωσκει τον υιον	ει μη ο πατηρ, ουδε τον πατερα τις...
ΜΘ 11:27	16	.... τον πατερα τις επιγινωσκει ει μη ο υιος	και ω εαν βουληται ο υιος αποκαλυψαι.
ΜΘ 11:27	16	.. ει μη ο υιος και ω εαν βουληται ο υιος	αποκαλυψαι.
ΛΚ 10:22	16	.. μου, και ουδεις γινωσκει τις εστιν ο υιος	ει μη ο πατηρ, και τις εστιν ο πατηρ...
ΛΚ 10:22	16	.... και τις εστιν ο πατηρ ει μη ο υιος	και ω εαν βουληται ο υιος αποκαλυψαι.
ΛΚ 10:22	16	.. ει μη ο υιος και ω εαν βουληται ο υιος	αποκαλυψαι.
ΜΘ 13:17	16	αμην γαρ λεγω υμιν	οτι πολλοι προφηται και δικαιοι επεθυμησαν...
ΛΚ 10:24	16	λεγω γαρ υμιν	οτι πολλοι προφηται και βασιλεις ηθελησαν...
ΜΘ 11:27	16	παντα μοι παρεδοθη υπο	του πατρος μου, και ουδεις επιγινωσκει...
ΛΚ 10:22	16	παντα μοι παρεδοθη υπο	του πατρος μου, και ουδεις γινωσκει...
ΜΘ 11:27	16	..... τις επιγινωσκει ει μη ο υιος και ω	εαν βουληται ο υιος αποκαλυψαι.
ΛΚ 10:22	16	.. τις εστιν ο πατηρ ει μη ο υιος και ω	εαν βουληται ο υιος αποκαλυψαι.

Μθ 6:9	17	...... υμεις. πατερ ημων ο εν τοις ουρανοις. αγιασθητω	το ονομα σου.
Λκ 11:2	17	... αυτοις. οταν προσευχησθε, λεγετε, πατερ, αγιασθητω	το ονομα σου. ελθετω η βασιλεια σου.
Μθ 6:11	17	τον αρτον	ημων τον επιουσιον δος ημιν σημερον.
Λκ 11:3	17	τον αρτον	ημων τον επιουσιον διδου ημιν το καθ ημεραν.
Μθ 6:12	17	και αφες	ημιν τα οφειληματα ημων, ως και ημεις αφηκαμεν...
Λκ 11:4	17	και αφες	ημιν τας αμαρτιας ημων, και γαρ αυτοι αφιομεν...
Μθ 6:12	17	...... ημιν τα οφειληματα ημων, ως και ημεις αφηκαμεν	τοις οφειλεταις ημων.
Λκ 11:4	17	...... ημιν τας αμαρτιας ημων, και γαρ αυτοι αφιομεν	παντι οφειλοντι ημιν. και μη εισενεγκης...
Μθ 6:10	17	ελθετω η βασιλεια	σου, γενηθητω το θελημα σου, ως εν ουρανω...
Λκ 11:2	17	... πατερ, αγιασθητω το ονομα σου. ελθετω η βασιλεια	σου.
Λκ 11:3	17	τον αρτον ημων τον επιουσιον διδου	ημιν το καθ ημεραν.
Μθ 6:11	17	τον αρτον ημων τον επιουσιον δος	ημιν σημερον.
Μθ 6:13	17	και μη εισενεγκης ημας εις	πειρασμον, αλλα ρυσαι ημας απο του πονηρου.
Λκ 11:4	17	.... οφειλοντι ημιν. και μη εισενεγκης ημας εις	πειρασμον.
Μθ 6:13	17	και μη εισενεγκης	ημας εις πειρασμον, αλλα ρυσαι ημας απο...
Λκ 11:4	17	...... αφιομεν παντι οφειλοντι ημιν. και μη εισενεγκης	ημας εις πειρασμον.
Μθ 6:10	17	ελθετω	η βασιλεια σου, γενηθητω το θελημα σου,...
Λκ 11:2	17	.... λεγετε, πατερ, αγιασθητω το ονομα σου. ελθετω	η βασιλεια σου.
Μθ 6:11	17	τον αρτον ημων τον επιουσιον	δος ημιν σημερον.
Λκ 11:3	17	τον αρτον ημων τον επιουσιον	διδου ημιν το καθ ημεραν.
Μθ 6:10	17	ελθετω η	βασιλεια σου, γενηθητω το θελημα σου,...
Λκ 11:2	17	.... πατερ, αγιασθητω το ονομα σου. ελθετω η	βασιλεια σου.
Μθ 6:13	17	και μη εισενεγκης ημας	εις πειρασμον, αλλα ρυσαι ημας απο του...
Λκ 11:4	17	... παντι οφειλοντι ημιν. και μη εισενεγκης ημας	εις πειρασμον.
Λκ 11:3	17	..... ημων τον επιουσιον διδου ημιν το καθ ημεραν.	
Μθ 6:11	17	τον αρτον ημων τον επιουσιον δος ημιν	σημερον.
Μθ 6:12	17	και αφες ημιν	τα οφειληματα ημων, ως και ημεις αφηκαμεν...
Λκ 11:3	17	τον αρτον ημων τον επιουσιον διδου ημιν	το καθ ημεραν.
Λκ 11:4	17	και αφες ημιν	τας αμαρτιας ημων, και γαρ αυτοι αφιομεν...
Λκ 11:4	17	..... και γαρ αυτοι αφιομεν παντι οφειλοντι ημιν.	και μη εισενεγκης ημας εις πειρασμον.
Μθ 6:11	17	τον αρτον ημων	τον επιουσιον δος ημιν σημερον.
Μθ 6:12	17	και αφες ημιν τα οφειληματα ημων,	ως και ημεις αφηκαμεν τοις οφειλεταις...
Μθ 6:12	17	..... ως και ημεις αφηκαμεν τοις οφειλεταις ημων.	
Λκ 11:3	17	τον αρτον ημων	τον επιουσιον διδου ημιν το καθ ημεραν.
Λκ 11:4	17	και αφες ημιν τας αμαρτιας ημων,	και γαρ αυτοι αφιομεν παντι οφειλοντι...
Μθ 6:12	17	και	αφες ημιν τα οφειληματα ημων, ως και...
Μθ 6:13	17	και	μη εισενεγκης ημας εις πειρασμον, αλλα...
Λκ 11:4	17	και	αφες ημιν τας αμαρτιας ημων, και γαρ...
Λκ 11:4	17	.. γαρ αυτοι αφιομεν παντι οφειλοντι ημιν. και	μη εισενεγκης ημας εις πειρασμον.
Μθ 6:13	17	και μη	εισενεγκης ημας εις πειρασμον, αλλα...
Λκ 11:4	17	. αυτοι αφιομεν παντι οφειλοντι ημιν. και μη	εισενεγκης ημας εις πειρασμον.
Μθ 6:9	17	.... ημων ο εν τοις ουρανοις, αγιασθητω το ονομα	σου,
Λκ 11:2	17	.. προσευχησθε, λεγετε, πατερ, αγιασθητω το ονομα	σου. ελθετω η βασιλεια σου.
Μθ 6:12	17	.... ημων, ως και ημεις αφηκαμεν τοις οφειλεταις	ημων.
Λκ 11:4	17	.... ημων, και γαρ αυτοι αφιομεν παντι οφειλοντι	ημιν. και μη εισενεγκης ημας εις...
Μθ 6:9	17	ουτως ουν προσευχεσθε υμεις. πατερ	ημων ο εν τοις ουρανοις, αγιασθητω το...
Λκ 11:2	17	. ειπεν δε αυτοις, οταν προσευχησθε, λεγετε, πατερ,	αγιασθητω το ονομα σου. ελθετω η βασιλεια...
Μθ 6:13	17	και μη εισενεγκης ημας εις πειρασμον,	αλλα ρυσαι ημας απο του πονηρου.
Λκ 11:4	17	...... ημιν. και μη εισενεγκης ημας εις πειρασμον.	
Μθ 6:9	17	ουτως ουν προσευχεσθε	υμεις. πατερ ημων ο εν τοις ουρανοις,...
Λκ 11:2	17	ειπεν δε αυτοις, οταν προσευχησθε,	λεγετε, πατερ, αγιασθητω το ονομα σου....
Μθ 6:11	17	. τον αρτον ημων τον επιουσιον δος ημιν σημερον.	
Μθ 6:9	17	... ο εν τοις ουρανοις, αγιασθητω το ονομα σου,	
Μθ 6:10	17	ελθετω η βασιλεια σου,	γενηθητω το θελημα σου, ως εν ουρανω και...
Λκ 11:2	17	.... λεγετε, πατερ, αγιασθητω το ονομα σου.	ελθετω η βασιλεια σου.
Λκ 11:2	17	.... το ονομα σου. ελθετω η βασιλεια σου.	

ΛΚ 11:2	17	.... το ονομα σου. ελθετω η βασιλεια σου.	
Μθ 6:9	17	.... ημων ο εν τοις ουρανοις, αγιασθητω το	ονομα σου,
ΛΚ 11:2	17	... προσευχησθε, λεγετε, πατερ, αγιασθητω το	ονομα σου. ελθετω η βασιλεια σου.
Μθ 6:11	17	τον	αρτον ημων τον επιουσιον δος ημιν...
Μθ 6:11	17	τον αρτον ημων τον	επιουσιον δος ημιν σημερον.
ΛΚ 11:3	17	τον	αρτον ημων τον επιουσιον διδου ημιν...
ΛΚ 11:3	17	τον αρτον ημων τον	επιουσιον διδου ημιν το καθ ημεραν.

Mθ 7:11	18	ει ουν υμεις πονηροι οντες οιδατε δοματα	αγαθα	διδοναι τοις τεκνοις υμων, ποσω μαλλον...
ΛΚ 11:13	18	. ουν υμεις πονηροι υπαρχοντες οιδατε δοματα	αγαθα	διδοναι τοις τεκνοις υμων, ποσω μαλλον...
Mθ 7:7	18		αιτειτε,	και δοθησεται υμιν. ζητειτε, και ευρησετε....
ΛΚ 11:9	18	καγω υμιν λεγω,	αιτειτε,	και δοθησεται υμιν. ζητειτε, και ευρησετε....
Mθ 7:9	18	η τις εστιν εξ υμων ανθρωπος, ον	αιτησει	ο υιος αυτου αρτον - μη λιθον επιδωσει αυτω;
ΛΚ 11:11	18	τινα δε εξ υμων	αιτησει	τον πατερα ο υιος ιχθυν, και αντι ιχθυος...
Mθ 7:11	18	.. υμων ο εν τοις ουρανοις δωσει αγαθα τοις	αιτουσιν	αυτον.
ΛΚ 11:13	18	ο πατηρ εξ ουρανου δωσει πνευμα αγιον τοις	αιτουσιν	αυτον.
Mθ 7:8	18	πας γαρ ο	αιτων	λαμβανει και ο ζητων ευρισκει, και τω κρουοντι...
ΛΚ 11:10	18	πας γαρ ο	αιτων	λαμβανει, και ο ζητων ευρισκει, και τω...
ΛΚ 11:10	18	...... και ο ζητων ευρισκει, και τω κρουοντι	ανοιγεται.	
Mθ 7:7	18	.. υμιν. ζητειτε, και ευρησετε. κρουετε, και	ανοιγησεται	υμιν.
Mθ 7:8	18	...... και ο ζητων ευρισκει, και τω κρουοντι	ανοιγησεται.	
ΛΚ 11:9	18	.. υμιν. ζητειτε, και ευρησετε. κρουετε, και	ανοιγησεται	υμιν.
Mθ 7:11	18	.. τοις ουρανοις δωσει αγαθα τοις αιτουσιν	αυτον.	
ΛΚ 11:13	18	.. ουρανου δωσει πνευμα αγιον τοις αιτουσιν	αυτον.	
Mθ 7:8	18	πας	γαρ	ο αιτων λαμβανει και ο ζητων ευρισκει,...
ΛΚ 11:10	18	πας	γαρ	ο αιτων λαμβανει, και ο ζητων ευρισκει,...
Mθ 7:11	18	... υμεις πονηροι οντες οιδατε δοματα αγαθα	διδοναι	τοις τεκνοις υμων, ποσω μαλλον ο πατηρ...
ΛΚ 11:13	18	.... πονηροι υπαρχοντες οιδατε δοματα αγαθα	διδοναι	τοις τεκνοις υμων, ποσω μαλλον ο πατηρ...
Mθ 7:7	18	αιτειτε, και	δοθησεται	υμιν. ζητειτε, και ευρησετε. κρουετε, και...
ΛΚ 11:9	18	καγω υμιν λεγω, αιτειτε, και	δοθησεται	υμιν. ζητειτε, και ευρησετε. κρουετε, και...
Mθ 7:11	18	ει ουν υμεις πονηροι οντες οιδατε	δοματα	αγαθα διδοναι τοις τεκνοις υμων, ποσω...
ΛΚ 11:13	18	ει ουν υμεις πονηροι υπαρχοντες οιδατε	δοματα	αγαθα διδοναι τοις τεκνοις υμων, ποσω...
Mθ 7:11	18	ποσω μαλλον ο πατηρ υμων ο εν τοις ουρανοις	δωσει	αγαθα τοις αιτουσιν αυτον.
ΛΚ 11:13	18	...... υμων, ποσω μαλλον ο πατηρ εξ ουρανου	δωσει	πνευμα αγιον τοις αιτουσιν αυτον.
Mθ 7:11	18		ει	ουν υμεις πονηροι οντες οιδατε δοματα...
ΛΚ 11:13	18		ει	ουν υμεις πονηροι υπαρχοντες οιδατε δοματα...
Mθ 7:9	18	η τις εστιν	εξ	υμων ανθρωπος, ον αιτησει ο υιος αυτου...
ΛΚ 11:11	18	τινα δε	εξ	υμων αιτησει τον πατερα ο υιος ιχθυν,...
Mθ 7:9	18	.. ον αιτησει ο υιος αυτου αρτον - μη λιθον	επιδωσει	αυτω;
Mθ 7:10	18	η και ιχθυν αιτησει - μη οφιν	επιδωσει	αυτω;
ΛΚ 11:11	18	.... ο υιος ιχθυν, και αντι ιχθυος οφιν αυτω	επιδωσει;	
ΛΚ 11:12	18	η και αιτησει ωον,	επιδωσει	αυτω σκορπιον;
Mθ 7:7	18	αιτειτε, και δοθησεται υμιν. ζητειτε, και	ευρησετε.	κρουετε, και ανοιγησεται υμιν.
ΛΚ 11:9	18	αιτειτε, και δοθησεται υμιν. ζητειτε, και	ευρησετε.	κρουετε, και ανοιγησεται υμιν.
Mθ 7:8	18	πας γαρ ο αιτων λαμβανει και ο ζητων	ευρισκει,	και τω κρουοντι ανοιγησεται.
ΛΚ 11:10	18	πας γαρ ο αιτων λαμβανει, και ο ζητων	ευρισκει,	και τω κρουοντι ανοιγεται.
Mθ 7:7	18	αιτειτε, και δοθησεται υμιν.	ζητειτε,	και ευρησετε. κρουετε, και ανοιγησεται...
ΛΚ 11:9	18	.. υμιν λεγω, αιτειτε, και δοθησεται υμιν.	ζητειτε,	και ευρησετε. κρουετε, και ανοιγησεται...
Mθ 7:8	18	πας γαρ ο αιτων λαμβανει και ο	ζητων	ευρισκει, και τω κρουοντι ανοιγησεται.
ΛΚ 11:10	18	πας γαρ ο αιτων λαμβανει, και ο	ζητων	ευρισκει, και τω κρουοντι ανοιγεται.
Mθ 7:10	18		η	και ιχθυν αιτησει - μη οφιν επιδωσει αυτω;
ΛΚ 11:12	18		η	και αιτησει ωον, επιδωσει αυτω σκορπιον;
Mθ 7:10	18	η και	ιχθυν	αιτησει - μη οφιν επιδωσει αυτω;
ΛΚ 11:11	18	τινα δε εξ υμων αιτησει τον πατερα ο υιος	ιχθυν,	και αντι ιχθυος οφιν αυτω επιδωσει;
Mθ 7:7	18	.. δοθησεται υμιν. ζητειτε, και ευρησετε.	κρουετε,	και ανοιγησεται υμιν.
ΛΚ 11:9	18	.. δοθησεται υμιν. ζητειτε, και ευρησετε.	κρουετε,	και ανοιγησεται υμιν.
Mθ 7:8	18	.... λαμβανει και ο ζητων ευρισκει, και τω	κρουοντι	ανοιγησεται.
ΛΚ 11:10	18	... λαμβανει, και ο ζητων ευρισκει, και τω	κρουοντι	ανοιγεται.
Mθ 7:8	18	πας γαρ ο αιτων	λαμβανει	και ο ζητων ευρισκει, και τω κρουοντι...
ΛΚ 11:10	18	πας γαρ ο αιτων	λαμβανει,	και ο ζητων ευρισκει, και τω κρουοντι...
Mθ 7:11	18	.... αγαθα διδοναι τοις τεκνοις υμων, ποσω	μαλλον	ο πατηρ υμων ο εν τοις ουρανοις δωσει...
ΛΚ 11:13	18	.... αγαθα διδοναι τοις τεκνοις υμων, ποσω	μαλλον	ο πατηρ εξ ουρανου δωσει πνευμα αγιον...
Mθ 7:11	18	ει ουν υμεις πονηροι οντες	οιδατε	δοματα αγαθα διδοναι τοις τεκνοις υμων,...
ΛΚ 11:13	18	ει ουν υμεις πονηροι υπαρχοντες	οιδατε	δοματα αγαθα διδοναι τοις τεκνοις υμων,...

ΛΚ 11:13	18	ει ουν υμεις πονηροι υπαρχοντες	οιδατε	δοματα αγαθα διδοναι τοις τεκνοις υμων,...
Μθ 7:11	18	ει	ουν	υμεις πονηροι οντες οιδατε δοματα αγαθα...
ΛΚ 11:13	18	ει	ουν	υμεις πονηροι υπαρχοντες οιδατε δοματα...
Μθ 7:11	18	.. υμων, ποσω μαλλον ο πατηρ υμων ο εν τοις	ουρανοις	δωσει αγαθα τοις αιτουσιν αυτον.
ΛΚ 11:13	18	.... τεκνοις υμων, ποσω μαλλον ο πατηρ εξ	ουρανου	δωσει πνευμα αγιον τοις αιτουσιν αυτον.
Μθ 7:10	18	η και ιχθυν αιτησει - μη	οφιν	επιδωσει αυτω;
ΛΚ 11:11	18	.. τον πατερα ο υιος ιχθυν, και αντι ιχθυος	οφιν	αυτω επιδωσει;
Μθ 7:8	18		πας	γαρ ο αιτων λαμβανει και ο ζητων ευρισκει,...
ΛΚ 11:10	18		πας	γαρ ο αιτων λαμβανει, και ο ζητων ευρισκει,...
Μθ 7:11	18	. διδοναι τοις τεκνοις υμων, ποσω μαλλον ο	πατηρ	υμων ο εν τοις ουρανοις δωσει αγαθα...
ΛΚ 11:13	18	. διδοναι τοις τεκνοις υμων, ποσω μαλλον ο	πατηρ	εξ ουρανου δωσει πνευμα αγιον τοις...
Μθ 7:11	18	ει ουν υμεις	πονηροι	οντες οιδατε δοματα αγαθα διδοναι τοις...
ΛΚ 11:13	18	ει ουν υμεις	πονηροι	υπαρχοντες οιδατε δοματα αγαθα διδοναι...
Μθ 7:11	18	. δοματα αγαθα διδοναι τοις τεκνοις υμων,	ποσω	μαλλον ο πατηρ υμων ο εν τοις ουρανοις...
ΛΚ 11:13	18	. δοματα αγαθα διδοναι τοις τεκνοις υμων,	ποσω	μαλλον ο πατηρ εξ ουρανου δωσει πνευμα...
Μθ 7:11	18	. οντες οιδατε δοματα αγαθα διδοναι τοις	τεκνοις	υμων, ποσω μαλλον ο πατηρ υμων ο εν...
ΛΚ 11:13	18	.... οιδατε δοματα αγαθα διδοναι τοις	τεκνοις	υμων, ποσω μαλλον ο πατηρ εξ ουρανου...
ΛΚ 11:11	18		τινα	δε εξ υμων αιτησει τον πατερα ο υιος...
Μθ 7:9	18	η	τις	εστιν εξ υμων ανθρωπος, ον αιτησει ο...
Μθ 7:11	18	...... οντες οιδατε δοματα αγαθα διδοναι	τοις	τεκνοις υμων, ποσω μαλλον ο πατηρ υμων...
Μθ 7:11	18	.... υμων ο εν τοις ουρανοις δωσει αγαθα	τοις	αιτουσιν αυτον.
ΛΚ 11:13	18	. υπαρχοντες οιδατε δοματα αγαθα διδοναι	τοις	τεκνοις υμων, ποσω μαλλον ο πατηρ ...
ΛΚ 11:13	18	. ο πατηρ εξ ουρανου δωσει πνευμα αγιον	τοις	αιτουσιν αυτον.
Μθ 7:8	18	...... λαμβανει και ο ζητων ευρισκει, και	τω	κρουοντι ανοιγησεται.
ΛΚ 11:10	18	..... λαμβανει, και ο ζητων ευρισκει, και	τω	κρουοντι ανοιγεται.
Μθ 7:9	18	τις εστιν εξ υμων ανθρωπος, ον αιτησει ο	υιος	αυτου αρτον - μη λιθον επιδωσει αυτω;
ΛΚ 11:11	18	τινα δε εξ υμων αιτησει τον πατερα ο	υιος	ιχθυν, και αντι ιχθυος οφιν αυτω επιδωσει;...
Μθ 7:11	18	ει ουν	υμεις	πονηροι οντες οιδατε δοματα αγαθα διδοναι...
ΛΚ 11:13	18	ει ουν	υμεις	πονηροι υπαρχοντες οιδατε δοματα αγαθα...
Μθ 7:7	18	αιτειτε, και δοθησεται	υμιν.	ζητειτε, και ευρησετε. κρουετε, και...
Μθ 7:7	18	.. και ευρησετε. κρουετε, και ανοιγησεται	υμιν.	
ΛΚ 11:9	18	καγω υμιν λεγω, αιτειτε, και δοθησεται	υμιν.	ζητειτε, και ευρησετε. κρουετε, και...
ΛΚ 11:9	18	.. και ευρησετε. κρουετε, και ανοιγησεται	υμιν.	
Μθ 7:9	18	η τις εστιν εξ	υμων	ανθρωπος, ον αιτησει ο υιος αυτου αρτον...
Μθ 7:11	18	..... δοματα αγαθα διδοναι τοις τεκνοις	υμων,	ποσω μαλλον ο πατηρ υμων ο εν τοις...
ΛΚ 11:11	18	τινα δε εξ	υμων	αιτησει τον πατερα ο υιος ιχθυν, και...
ΛΚ 11:13	18	..... δοματα αγαθα διδοναι τοις τεκνοις	υμων,	ποσω μαλλον ο πατηρ εξ ουρανου δωσει...

Mθ 12:28	19	.. εν πνευματι θεου 'εγω εκβαλλω τα δαιμονια,	αρα	εφθασεν εφ υμας η βασιλεια του θεου.
ΛK 11:20	19	. ει δε εν δακτυλω θεου εκβαλλω τα δαιμονια,	αρα	εφθασεν εφ υμας η βασιλεια του θεου.
Mθ 12:27	19	... υιοι υμων εν τινι εκβαλλουσιν; δια τουτο	αυτοι	κριται εσονται υμων
ΛK 11:19	19	... υιοι υμων εν τινι εκβαλλουσιν; δια τουτο	αυτοι	υμων κριται εσονται.
Mθ 12:26	19	.... εμερισθη. πως ουν σταθησεται η βασιλεια	αυτου;	
ΛK 11:18	19	..... διεμερισθη, πως σταθησεται η βασιλεια	αυτου;	οτι λεγετε εν βεελζεβουλ εκβαλλειν με...
Mθ 12:26	19	... εφ εαυτον εμερισθη. πως ουν σταθησεται η	βασιλεια	αυτου;
Mθ 12:28	19	.... τα δαιμονια, αρα εφθασεν εφ υμας η	βασιλεια	του θεου.
ΛK 11:18	19	..... εφ εαυτον διεμερισθη, πως σταθησεται η	βασιλεια	αυτου; οτι λεγετε εν βεελζεβουλ εκβαλλειν...
ΛK 11:20	19	.... τα δαιμονια, αρα εφθασεν εφ υμας η	βασιλεια	του θεου.
Mθ 12:27	19	και ει εγω εν	βεεζεβουλ	εκβαλλω τα δαιμονια, οι υιοι υμων εν τινι...
ΛK 11:19	19	ει δε εγω εν	βεελζεβουλ	εκβαλλω τα δαιμονια, οι υιοι υμων εν τινι...
Mθ 12:27	19	και ει εγω εν βεεζεβουλ εκβαλλω τα	δαιμονια,	οι υιοι υμων εν τινι εκβαλλουσιν; δια...
Mθ 12:28	19	ει δε εν πνευματι θεου εγω εκβαλλω τα	δαιμονια,	αρα εφθασεν εφ υμας η βασιλεια του θεου.
ΛK 11:19	19	ει δε εγω εν βεελζεβουλ εκβαλλω τα	δαιμονια,	οι υιοι υμων εν τινι εκβαλλουσιν; δια...
ΛK 11:20	19	ει δε εν δακτυλω θεου εκβαλλω τα	δαιμονια,	αρα εφθασεν εφ υμας η βασιλεια του θεου.
Mθ 12:22	19	τοτε προσηνεχθη αυτω	δαιμονιζομενος	τυφλος και κωφος. και εθεραπευσεν αυτον,...
ΛK 11:14	19	και ην εκβαλλων	δαιμονιον	κωφον. εγενετο δε του δαιμονιου εξελθοντος...
Mθ 12:28	19	ει	δε	εν πνευματι θεου εγω εκβαλλω τα δαιμονια,...
ΛK 11:20	19	ει	δε	εν δακτυλω θεου εκβαλλω τα δαιμονια, αρα...
Mθ 12:27	19	.... οι υιοι υμων εν τινι εκβαλλουσιν;	δια	τουτο αυτοι κριται εσονται υμων
ΛK 11:19	19	.... οι υιοι υμων εν τινι εκβαλλουσιν;	δια	τουτο αυτοι υμων κριται εσονται.
Mθ 12:27	19	και ει	εγω	εν βεεζεβουλ εκβαλλω τα δαιμονια, οι...
ΛK 11:19	19	ει δε	εγω	εν βεελζεβουλ εκβαλλω τα δαιμονια, οι...
Mθ 12:27	19	και	ει	εγω εν βεεζεβουλ εκβαλλω τα δαιμονια,...
Mθ 12:28	19		ει	δε εν πνευματι θεου εγω εκβαλλω τα δαιμονια,...
ΛK 11:19	19		ει	δε εγω εν βεελζεβουλ εκβαλλω τα δαιμονια,...
ΛK 11:20	19		ει	δε εν δακτυλω θεου εκβαλλω τα δαιμονια,...
Mθ 12:25	19		ειδως	δε τας ενθυμησεις αυτων ειπεν αυτοις,...
ΛK 11:17	19	αυτος δε	ειδως	αυτων τα διανοηματα ειπεν αυτοις, πασα...
Mθ 12:25	19	ειδως δε τας ενθυμησεις αυτων	ειπεν	αυτοις, πασα βασιλεια μερισθεισα καθ εαυτης...
ΛK 11:17	19	αυτος δε ειδως αυτων τα διανοηματα	ειπεν	αυτοις, πασα βασιλεια εφ εαυτην διαμερισθεισα...
Mθ 12:27	19	. εκβαλλω τα δαιμονια, οι υιοι υμων εν τινι	εκβαλλουσιν;	δια τουτο αυτοι κριται εσονται υμων
ΛK 11:19	19	. εκβαλλω τα δαιμονια, οι υιοι υμων εν τινι	εκβαλλουσιν;	δια τουτο αυτοι υμων κριται εσονται.
Mθ 12:27	19	και ει εγω εν βεεζεβουλ	εκβαλλω	τα δαιμονια, οι υιοι υμων εν τινι εκβαλλουσιν;...
Mθ 12:28	19	ει δε εν πνευματι θεου εγω	εκβαλλω	τα δαιμονια, αρα εφθασεν εφ υμας η βασιλεια...
ΛK 11:19	19	ει δε εγω εν βεελζεβουλ	εκβαλλω	τα δαιμονια, οι υιοι υμων εν τινι εκβαλλουσιν;...
ΛK 11:20	19	ει δε εν δακτυλω θεου	εκβαλλω	τα δαιμονια, αρα εφθασεν εφ υμας η βασιλεια...
ΛK 11:14	19	.... εγενετο δε του δαιμονιου εξελθοντος	ελαλησεν	ο κωφος. και εθαυμασαν οι οχλοι.
Mθ 12:30	19	ο μη ων μετ	εμου	κατ εμου εστιν, και ο μη συναγων μετ εμου...
Mθ 12:30	19	ο μη ων μετ εμου κατ	εμου	εστιν, και ο μη συναγων μετ εμου σκορπιζει.
Mθ 12:30	19	...... κατ εμου εστιν, και ο μη συναγων μετ	εμου	σκορπιζει.
ΛK 11:23	19	ο μη ων μετ	εμου	κατ εμου εστιν, και ο μη συναγων μετ εμου...
ΛK 11:23	19	ο μη ων μετ εμου κατ	εμου	εστιν, και ο μη συναγων μετ εμου σκορπιζει.
ΛK 11:23	19	...... κατ εμου εστιν, και ο μη συναγων μετ	εμου	σκορπιζει.
Mθ 12:27	19	και ει εγω	εν	βεεζεβουλ εκβαλλω τα δαιμονια, οι υιοι...
Mθ 12:27	19	.... εκβαλλω τα δαιμονια, οι υιοι υμων	εν	τινι εκβαλλουσιν; δια τουτο αυτοι κριται...
Mθ 12:28	19	ει δε	εν	πνευματι θεου εγω εκβαλλω τα δαιμονια,...
ΛK 11:19	19	ει δε εγω	εν	βεελζεβουλ εκβαλλω τα δαιμονια, οι υιοι...
ΛK 11:19	19	.... εκβαλλω τα δαιμονια, οι υιοι υμων	εν	τινι εκβαλλουσιν; δια τουτο αυτοι υμων...
ΛK 11:20	19	ει δε	εν	δακτυλω θεου εκβαλλω τα δαιμονια, αρα...
Mθ 12:25	19	.... πασα βασιλεια μερισθεισα καθ εαυτης	ερημουται,	και πασα πολις η οικια μερισθεισα καθ...
ΛK 11:17	19	..... πασα βασιλεια εφ εαυτην διαμερισθεισα	ερημουται,	και οικος επι οικον πιπτει.
Mθ 12:27	19	. τινι εκβαλλουσιν; δια τουτο αυτοι κριται	εσονται	υμων
ΛK 11:19	19	.... δια τουτο αυτοι υμων κριται	εσονται.	

ΛΚ 11:19	19	.... δια τουτο αυτοι υμων κριται εσονται.	
Μθ 12:30	19	ο μη ων μετ εμου κατ εμου εστιν,	και ο μη συναγων μετ εμου σκορπιζει.
ΛΚ 11:23	19	ο μη ων μετ εμου κατ εμου εστιν,	και ο μη συναγων μετ εμου σκορπιζει.
Μθ 12:28	19	... εγω εκβαλλω τα δαιμονια, αρα εφθασεν εφ	υμας η βασιλεια του θεου.
ΛΚ 11:20	19	... θεου εκβαλλω τα δαιμονια, αρα εφθασεν εφ	υμας η βασιλεια του θεου.
Μθ 12:28	19	...... θεου εγω εκβαλλω τα δαιμονια, αρα εφθασεν	εφ υμας η βασιλεια του θεου.
ΛΚ 11:20	19	... δακτυλω θεου εκβαλλω τα δαιμονια, αρα εφθασεν	εφ υμας η βασιλεια του θεου.
Μθ 12:26	19	.... εφ εαυτον εμερισθη. πως ουν σταθησεται η	βασιλεια αυτου;
Μθ 12:28	19	.... τα δαιμονια, αρα εφθασεν εφ υμας η	βασιλεια του θεου.
ΛΚ 11:18	19	...... εφ εαυτον διεμερισθη, πως σταθησεται η	βασιλεια αυτου; οτι λεγετε εν βεελζεβουλ...
ΛΚ 11:20	19	.... τα δαιμονια, αρα εφθασεν εφ υμας η	βασιλεια του θεου.
Μθ 12:28	19	ει δε εν πνευματι θεου	εγω εκβαλλω τα δαιμονια, αρα εφθασεν...
Μθ 12:28	19	.... αρα εφθασεν εφ υμας η βασιλεια του θεου.	
ΛΚ 11:20	19	ει δε εν δακτυλω θεου	εκβαλλω τα δαιμονια, αρα εφθασεν εφ...
ΛΚ 11:20	19	.... αρα εφθασεν εφ υμας η βασιλεια του θεου.	
Μθ 12:30	19	ο μη ων μετ εμου κατ	εμου εστιν, και ο μη συναγων μετ εμου...
ΛΚ 11:23	19	ο μη ων μετ εμου κατ	εμου εστιν, και ο μη συναγων μετ εμου...
ΛΚ 11:19	19	.. τινι εκβαλλουσιν; δια τουτο αυτοι υμων κριται	εσονται.
Μθ 12:27	19	... εν τινι εκβαλλουσιν; δια τουτο αυτοι κριται	εσονται υμων
Μθ 12:22	19	. και κωφος. και εθεραπευσεν αυτον, ωστε τον κωφον	λαλειν και βλεπειν.
ΛΚ 11:14	19	και ην εκβαλλων δαιμονιον κωφον.	εγενετο δε του δαιμονιου εξελθοντος ελαλησεν...
Μθ 12:22	19	. προσηνεχθη αυτω δαιμονιζομενος τυφλος και κωφος.	και εθεραπευσεν αυτον, ωστε τον κωφον...
ΛΚ 11:14	19	... δε του δαιμονιου εξελθοντος ελαλησεν ο κωφος.	και εθαυμασαν οι οχλοι.
Μθ 12:22	19	..... και εθεραπευσεν αυτον, ωστε τον κωφον λαλειν	και βλεπειν.
Μθ 12:30	19	ο μη ων μετ	εμου κατ εμου εστιν, και ο μη συναγων...
Μθ 12:30	19	.. εμου κατ εμου εστιν, και ο μη συναγων μετ	εμου σκορπιζει.
ΛΚ 11:23	19	ο μη ων μετ	εμου κατ εμου εστιν, και ο μη συναγων...
ΛΚ 11:23	19	.. εμου κατ εμου εστιν, και ο μη συναγων μετ	εμου σκορπιζει.
Μθ 12:30	19	ο μη	ων μετ εμου κατ εμου εστιν, και ο...
Μθ 12:30	19	. μη ων μετ εμου κατ εμου εστιν, και ο μη	συναγων μετ εμου σκορπιζει.
ΛΚ 11:23	19	ο μη	ων μετ εμου κατ εμου εστιν, και ο...
ΛΚ 11:23	19	. μη ων μετ εμου κατ εμου εστιν, και ο μη	συναγων μετ εμου σκορπιζει.
Μθ 12:30	19	ο	μη ων μετ εμου κατ εμου εστιν, και...
Μθ 12:30	19	... μη ων μετ εμου κατ εμου εστιν, και ο	μη συναγων μετ εμου σκορπιζει.
ΛΚ 11:23	19	ο	μη ων μετ εμου κατ εμου εστιν, και...
ΛΚ 11:23	19	... μη ων μετ εμου κατ εμου εστιν, και ο	μη συναγων μετ εμου σκορπιζει.
Μθ 12:23	19	και εξισταντο παντες οι	οχλοι και ελεγον μητι ουτος εστιν ο υιος...
Μθ 12:27	19	. εγω εν βεεζεβουλ εκβαλλω τα δαιμονια, οι	υιοι υμων εν τινι εκβαλλουσιν; δια τουτο...
ΛΚ 11:14	19	.... ελαλησεν ο κωφος. και εθαυμασαν οι	οχλοι.
ΛΚ 11:19	19	..... εν βεελζεβουλ εκβαλλω τα δαιμονια, οι	υιοι υμων εν τινι εκβαλλουσιν; δια τουτο...
Μθ 12:23	19	και εξισταντο παντες οι οχλοι	και ελεγον μητι ουτος εστιν ο υιος δαυιδ;
ΛΚ 11:14	19	..... ελαλησεν ο κωφος. και εθαυμασαν οι οχλοι.	
Μθ 12:25	19	.... δε τας ενθυμησεις αυτων ειπεν αυτοις, πασα	βασιλεια μερισθεισα καθ εαυτης ερημουται,...
ΛΚ 11:17	19	.. ειδως αυτων τα διανοηματα ειπεν αυτοις, πασα	βασιλεια εφ εαυτην διαμερισθεισα ερημουται,...
Μθ 12:26	19	. τον σαταναν εκβαλλει, εφ εαυτον εμερισθη. πως	ουν σταθησεται η βασιλεια αυτου;
ΛΚ 11:18	19	.. δε και ο σατανας εφ εαυτον διεμερισθη, πως	σταθησεται η βασιλεια αυτου; οτι λεγετε...
Μθ 12:30	19	...... εστιν, και ο μη συναγων μετ εμου σκορπιζει.	
ΛΚ 11:23	19	...... εστιν, και ο μη συναγων μετ εμου σκορπιζει.	
Μθ 12:26	19	.... εκβαλλει, εφ εαυτον εμερισθη. πως ουν σταθησεται	η βασιλεια αυτου;
ΛΚ 11:18	19	. και ο σατανας εφ εαυτον διεμερισθη, πως σταθησεται	η βασιλεια αυτου; οτι λεγετε εν βεελζεβουλ...
Μθ 12:30	19	... μετ εμου κατ εμου εστιν, και ο μη συναγων	μετ εμου σκορπιζει.
ΛΚ 11:23	19	... μετ εμου κατ εμου εστιν, και ο μη συναγων	μετ εμου σκορπιζει.
Μθ 12:27	19	και ει εγω εν βεεζεβουλ εκβαλλω τα	δαιμονια, οι υιοι υμων εν τινι εκβαλλουσιν;...
Μθ 12:28	19	ει δε εν πνευματι θεου εγω εκβαλλω τα	δαιμονια, αρα εφθασεν εφ υμας η βασιλεια...
ΛΚ 11:19	19	ει δε εγω εν βεελζεβουλ εκβαλλω τα	δαιμονια, οι υιοι υμων εν τινι εκβαλλουσιν;...
ΛΚ 11:20	19	ει δε εν δακτυλω θεου εκβαλλω τα	δαιμονια, αρα εφθασεν εφ υμας η βασιλεια...
Μθ 12:27	19	.. εκβαλλω τα δαιμονια, οι υιοι υμων εν τινι	εκβαλλουσιν; δια τουτο αυτοι κριται...

ΛΚ 11:19	19	.. εκβαλλω τα δαιμονια, οι υιοι υμων εν τινι	εκβαλλουσιν; δια τουτο αυτοι υμων κριται...
Μθ 12:28	19	.... αρα εφθασεν εφ υμας η βασιλεια του	θεου.
ΛΚ 11:20	19	.... αρα εφθασεν εφ υμας η βασιλεια του	θεου.
Μθ 12:27	19	. οι υιοι υμων εν τινι εκβαλλουσιν; δια τουτο	αυτοι κρται εσονται υμων
ΛΚ 11:19	19	. οι υιοι υμων εν τινι εκβαλλουσιν; δια τουτο	αυτοι υμων κριται εσονται.
Μθ 12:27	19	. εν βεεζεβουλ εκβαλλω τα δαιμονια, οι υιοι	υμων εν τινι εκβαλλουσιν; δια τουτο...
ΛΚ 11:19	19	.... βεελζεβουλ εκβαλλω τα δαιμονια, οι υιοι	υμων εν τινι εκβαλλουσιν; δια τουτο...
Μθ 12:28	19	.. εκβαλλω τα δαιμονια, αρα εφθασεν εφ υμας	η βασιλεια του θεου.
ΛΚ 11:20	19	.. εκβαλλω τα δαιμονια, αρα εφθασεν εφ υμας	η βασιλεια του θεου.
Μθ 12:27	19	.... εκβαλλω τα δαιμονια, οι υιοι υμων	εν τινι εκβαλλουσιν; δια τουτο αυτοι...
Μθ 12:27	19	.... δια τουτο αυτοι κρται εσονται υμων	
ΛΚ 11:19	19	.... εκβαλλω τα δαιμονια, οι υιοι υμων	εν τινι εκβαλλουσιν; δια τουτο αυτοι...
ΛΚ 11:19	19	. εν τινι εκβαλλουσιν; δια τουτο αυτοι υμων	κριται εσονται.
Μθ 12:30	19	ο μη ων	μετ εμου κατ εμου εστιν, και ο μη...
ΛΚ 11:23	19	ο μη ων	μετ εμου κατ εμου εστιν, και ο μη...

Ref.		Preceding	Keyword	Following
Mθ 12:43	20	οταν δε το	ακαθαρτον	πνευμα εξελθη απο του ανθρωπου. διερχεται...
ΛΚ 11:24	20	οταν το	ακαθαρτον	πνευμα εξελθη απο του ανθρωπου, διερχεται...
Mθ 12:43	20	.... διερχεται δι ανυδρων τοπων ζητουν	αναπαυσιν,	και ουχ ευρισκει.
ΛΚ 11:24	20	.... διερχεται δι ανυδρων τοπων ζητουν	αναπαυσιν,	και μη ευρισκον λεγει, υποστρεψω εις τον...
Mθ 12:43	20	..... δε το ακαθαρτον πνευμα εξελθη απο του	ανθρωπου.	διερχεται δι ανυδρων τοπων ζητουν αναπαυσιν,...
Mθ 12:45	20	... κατοικει εκει. και γινεται τα εσχατα του	ανθρωπου	εκεινου χειρονα των πρωτων. ουτως εσται...
ΛΚ 11:24	20	οταν το ακαθαρτον πνευμα εξελθη απο του	ανθρωπου,	διερχεται δι ανυδρων τοπων ζητουν αναπαυσιν,...
ΛΚ 11:26	20	... κατοικει εκει, και γινεται τα εσχατα του	ανθρωπου	εκεινου χειρονα των πρωτων.
Mθ 12:43	20	..... εξελθη απο του ανθρωπου. διερχεται δι	ανυδρων	τοπων ζητουν αναπαυσιν, και ουχ ευρισκει.
ΛΚ 11:24	20	..... εξελθη απο του ανθρωπου. διερχεται δι	ανυδρων	τοπων ζητουν αναπαυσιν, και μη ευρισκον...
Mθ 12:43	20	οταν δε το ακαθαρτον πνευμα εξελθη	απο	του ανθρωπου, διερχεται δι ανυδρων τοπων...
ΛΚ 11:24	20	οταν το ακαθαρτον πνευμα εξελθη	απο	του ανθρωπου, διερχεται δι ανυδρων τοπων...
Mθ 12:45	20	.. εαυτου, και εισελθοντα κατοικει εκει. και	γινεται	τα εσχατα του ανθρωπου εκεινου χειρονα...
ΛΚ 11:26	20	.... επτα, και εισελθοντα κατοικει εκει, και	γινεται	τα εσχατα του ανθρωπου εκεινου χειρονα...
Mθ 12:43	20	.... εξελθη απο του ανθρωπου, διερχεται	δι	ανυδρων τοπων ζητουν αναπαυσιν, και ουχ...
ΛΚ 11:24	20	.... εξελθη απο του ανθρωπου, διερχεται	δι	ανυδρων τοπων ζητουν αναπαυσιν, και μη...
Mθ 12:43	20	.... πνευμα εξελθη απο του ανθρωπου,	διερχεται	δι ανυδρων τοπων ζητουν αναπαυσιν, και...
ΛΚ 11:24	20	.... πνευμα εξελθη απο του ανθρωπου,	διερχεται	δι ανυδρων τοπων ζητουν αναπαυσιν, και...
Mθ 12:45	20	. μεθ εαυτου επτα ετερα πνευματα πονηροτερα	εαυτου,	και εισελθοντα κατοικει εκει. και γινεται...
ΛΚ 11:26	20	. και παραλαμβανει ετερα πνευματα πονηροτερα	εαυτου	επτα, και εισελθοντα κατοικει εκει, και...
Mθ 12:44	20	τοτε λεγει,	εις	τον οικον μου επιστρεφω οθεν εξηλθον. και...
ΛΚ 11:24	20	.... και μη ευρισκον λεγει, υποστρεψω	εις	τον οικον μου οθεν εξηλθον.
Mθ 12:45	20	..... ετερα πνευματα πονηροτερα εαυτου, και	εισελθοντα	κατοικει εκει. και γινεται τα εσχατα του...
ΛΚ 11:26	20	...... πνευματα πονηροτερα εαυτου επτα, και	εισελθοντα	κατοικει εκει, και γινεται τα εσχατα του...
Mθ 12:45	20	.... εαυτου, και εισελθοντα κατοικει	εκει.	και γινεται τα εσχατα του ανθρωπου εκεινου...
ΛΚ 11:26	20	..... εαυτου επτα, και εισελθοντα κατοικει	εκει,	και γινεται τα εσχατα του ανθρωπου εκεινου...
Mθ 12:45	20	.... και γινεται τα εσχατα του ανθρωπου	εκεινου	χειρονα των πρωτων. ουτως εσται και τη...
ΛΚ 11:26	20	.... και γινεται τα εσχατα του ανθρωπου	εκεινου	χειρονα των πρωτων.
Mθ 12:44	20	.. τον οικον μου επιστρεφω οθεν εξηλθον. και	ελθον	ευρισκει σχολαζοντα σεσαρωμενον και κεκοσμημενον....
ΛΚ 11:25	20	και	ελθον	ευρισκει σεσαρωμενον και κεκοσμημενον.
Mθ 12:43	20	οταν δε το ακαθαρτον πνευμα	εξελθη	απο του ανθρωπου, διερχεται δι ανυδρων...
ΛΚ 11:24	20	οταν το ακαθαρτον πνευμα	εξελθη	απο του ανθρωπου, διερχεται δι ανυδρων...
Mθ 12:44	20	τοτε λεγει, εις τον οικον μου	επιστρεφω	οθεν εξηλθον. και ελθον ευρισκει σχολαζοντα...
Mθ 12:45	20	..... πορευεται και παραλαμβανει μεθ εαυτου	επτα	ετερα πνευματα πονηροτερα εαυτου, και...
ΛΚ 11:26	20	.... ετερα πνευματα πονηροτερα εαυτου	επτα,	και εισελθοντα κατοικει εκει, και γινεται...
Mθ 12:45	20	.... κατοικει εκει. και γινεται τα	εσχατα	του ανθρωπου εκεινου χειρονα των πρωτων....
ΛΚ 11:26	20	.... κατοικει εκει, και γινεται τα	εσχατα	του ανθρωπου εκεινου χειρονα των πρωτων.
Mθ 12:45	20	.... και παραλαμβανει μεθ εαυτου επτα	ετερα	πνευματα πονηροτερα εαυτου, και εισελθοντα...
ΛΚ 11:26	20	τοτε πορευεται και παραλαμβανει	ετερα	πνευματα πονηροτερα εαυτου επτα, και...
Mθ 12:43	20	.. ανυδρων τοπων ζητουν αναπαυσιν, και ουχ	ευρισκει.	
Mθ 12:44	20	.... μου επιστρεφω οθεν εξηλθον. και ελθον	ευρισκει	σχολαζοντα σεσαρωμενον και κεκοσμημενον.
ΛΚ 11:25	20	και ελθον	ευρισκει	σεσαρωμενον και κεκοσμημενον.
ΛΚ 11:24	20	... ανυδρων τοπων ζητουν αναπαυσιν, και μη	ευρισκον	λεγει, υποστρεψω εις τον οικον μου οθεν...
Mθ 12:43	20	... ανθρωπου. διερχεται δι ανυδρων τοπων	ζητουν	αναπαυσιν, και ουχ ευρισκει.
ΛΚ 11:24	20	... ανθρωπου. διερχεται δι ανυδρων τοπων	ζητουν	αναπαυσιν, και μη ευρισκον λεγει, υποστρεψω...
Mθ 12:45	20	.... πονηροτερα εαυτου, και εισελθοντα	κατοικει	εκει. και γινεται τα εσχατα του ανθρωπου...
ΛΚ 11:26	20	.. πονηροτερα εαυτου επτα, και εισελθοντα	κατοικει	εκει, και γινεται τα εσχατα του ανθρωπου...
Mθ 12:44	20	.... ευρισκει σχολαζοντα σεσαρωμενον και	κεκοσμημενον.	
ΛΚ 11:25	20	και ελθον ευρισκει σεσαρωμενον και	κεκοσμημενον.	
Mθ 12:44	20	τοτε	λεγει,	εις τον οικον μου επιστρεφω οθεν εξηλθον....
ΛΚ 11:24	20	. τοπων ζητουν αναπαυσιν, και μη ευρισκον	λεγει,	υποστρεψω εις τον οικον μου οθεν εξηλθον.
Mθ 12:44	20	τοτε λεγει, εις τον οικον	μου	επιστρεφω οθεν εξηλθον. και ελθον ευρισκει...
ΛΚ 11:24	20	. ευρισκον λεγει, υποστρεψω εις τον οικον	μου	οθεν εξηλθον.
Mθ 12:44	20	..... λεγει, εις τον οικον μου επιστρεφω	οθεν	εξηλθον. και ελθον ευρισκει σχολαζοντα...
ΛΚ 11:24	20	...... λεγει, υποστρεψω εις τον οικον μου	οθεν	εξηλθον.

Μθ 12:44 20 τοτε λεγει, εις τον οικον μου επιστρεφω οθεν εξηλθον. και ελθον...
ΛΚ 11:24 20 .... μη ευρισκον λεγει, υποστρεψω εις τον οικον μου οθεν εξηλθον.
Μθ 12:43 20 οταν δε το ακαθαρτον πνευμα εξελθη απο του...
ΛΚ 11:24 20 οταν το ακαθαρτον πνευμα εξελθη απο του ανθρωπου,...
Μθ 12:45 20 τοτε πορευεται και παραλαμβανει μεθ εαυτου επτα ετερα πνευματα πονηροτερα...
ΛΚ 11:26 20 τοτε πορευεται και παραλαμβανει ετερα πνευματα πονηροτερα εαυτου επτα,...
Μθ 12:43 20 οταν δε το ακαθαρτον πνευμα εξελθη απο του ανθρωπου, διερχεται...
ΛΚ 11:24 20 οταν το ακαθαρτον πνευμα εξελθη απο του ανθρωπου, διερχεται...
Μθ 12:45 20 . και παραλαμβανει μεθ εαυτου επτα ετερα πνευματα πονηροτερα εαυτου, και εισελθοντα κατοικει...
ΛΚ 11:26 20 τοτε πορευεται και παραλαμβανει ετερα πνευματα πονηροτερα εαυτου επτα, και εισελθοντα...
Μθ 12:45 20 .... μεθ εαυτου επτα ετερα πνευματα πονηροτερα εαυτου, και εισελθοντα κατοικει εκει....
ΛΚ 11:26 20 .... και παραλαμβανει ετερα πνευματα πονηροτερα εαυτου επτα, και εισελθοντα κατοικει...
Μθ 12:45 20 τοτε πορευεται και παραλαμβανει μεθ εαυτου επτα ετερα...
ΛΚ 11:26 20 τοτε πορευεται και παραλαμβανει ετερα πνευματα πονηροτερα...
Μθ 12:45 20 . εσχατα του ανθρωπου εκεινου χειρονα των πρωτων. ουτως εσται και τη γενεα ταυτη τη πονηρα.
ΛΚ 11:26 20 . εσχατα του ανθρωπου εκεινου χειρονα των πρωτων.
Μθ 12:44 20 ... εξηλθον. και ελθον ευρισκει σχολαζοντα σεσαρωμενον και κεκοσμημενον.
ΛΚ 11:25 20 και ελθον ευρισκει σεσαρωμενον και κεκοσμημενον.
Μθ 12:45 20 .. εισελθοντα κατοικει εκει. και γινεται τα εσχατα του ανθρωπου εκεινου χειρονα...
ΛΚ 11:26 20 .. εισελθοντα κατοικει εκει, και γινεται τα εσχατα του ανθρωπου εκεινου χειρονα...
Μθ 12:43 20 οταν δε το ακαθαρτον πνευμα εξελθη απο του ανθρωπου,...
ΛΚ 11:24 20 οταν το ακαθαρτον πνευμα εξελθη απο του ανθρωπου,...
Μθ 12:44 20 τοτε λεγει, εις τον οικον μου επιστρεψω οθεν εξηλθον. και...
ΛΚ 11:24 20 .... και μη ευρισκον λεγει, υποστρεψω εις τον οικον μου οθεν εξηλθον.
Μθ 12:43 20 ..... του ανθρωπου, διερχεται δι ανυδρων τοπων ζητουν αναπαυσιν, και ουχ ευρισκει.
ΛΚ 11:24 20 ..... του ανθρωπου. διερχεται δι ανυδρων τοπων ζητουν αναπαυσιν, και μη ευρισκον λεγει,...
Μθ 12:45 20 τοτε πορευεται και παραλαμβανει μεθ εαυτου...
ΛΚ 11:26 20 τοτε πορευεται και παραλαμβανει ετερα πνευματα...
Μθ 12:45 20 .. κατοικει εκει. και γινεται τα εσχατα του ανθρωπου εκεινου χειρονα των πρωτων....
ΛΚ 11:26 20 .. κατοικει εκει, και γινεται τα εσχατα του ανθρωπου εκεινου χειρονα των πρωτων.
Μθ 12:45 20 .... εσχατα του ανθρωπου εκεινου χειρονα των πρωτων. ουτως εσται και τη γενεα ταυτη...
ΛΚ 11:26 20 .... εσχατα του ανθρωπου εκεινου χειρονα των πρωτων.
ΛΚ 11:24 20 .... αναπαυσιν, και μη ευρισκον λεγει, υποστρεψω εις τον οικον μου οθεν εξηλθον.
Μθ 12:45 20 .... τα εσχατα του ανθρωπου εκεινου χειρονα των πρωτων. ουτως εσται και τη γενεα...
ΛΚ 11:26 20 .... τα εσχατα του ανθρωπου εκεινου χειρονα των πρωτων.

Ref		Left context	Keyword	Right context
Mθ 12:42	21	.... αυτην. οτι ηλθεν εκ των περατων της γης	ακουσαι	την σοφιαν σολομωνος, και ιδου πλειον σολομωνος...
ΛΚ 11:31	21	... αυτους. οτι ηλθεν εκ των περατων της γης	ακουσαι	την σοφιαν σολομωνος, και ιδου πλειον σολομωνος...
Mθ 12:41	21	ανδρες νινευιται	αναστησονται	εν τη κρισει μετα της γενεας ταυτης και...
ΛΚ 11:32	21	ανδρες νινευιται	αναστησονται	εν τη κρισει μετα της γενεας ταυτης και...
Mθ 12:41	21		ανδρες	νινευιται αναστησονται εν τη κρισει μετα...
ΛΚ 11:32	21		ανδρες	νινευιται αναστησονται εν τη κρισει μετα...
Mθ 12:40	21	... και τρεις νυκτας, ουτως εσται ο υιος του	ανθρωπου	εν τη καρδια της γης τρεις ημερας και τρεις...
ΛΚ 11:30	21	.... σημειον, ουτως εσται και ο υιος του	ανθρωπου	τη γενεα ταυτη.
Mθ 12:39	21	. σημειον επιζητει, και σημειον ου δοθησεται	αυτη	ει μη το σημειον ιωνα του προφητου.
Mθ 16:4	21	. σημειον επιζητει, και σημειον ου δοθησεται	αυτη	ει μη το σημειον ιωνα. και καταλιπων αυτους...
ΛΚ 11:29	21	.... σημειον ζητει, και σημειον ου δοθησεται	αυτη	ει μη το σημειον ιωνα.
Mθ 12:41	21	... μετα της γενεας ταυτης και κατακρινουσιν	αυτην.	οτι μετενοησαν εις το κηρυγμα ιωνα, και...
ΛΚ 11:32	21	... μετα της γενεας ταυτης και κατακρινουσιν	αυτην.	οτι μετενοησαν εις το κηρυγμα ιωνα, και...
Mθ 12:42	21		βασιλισσα	νοτου εγερθησεται εν τη κρισει μετα της...
ΛΚ 11:31	21		βασιλισσα	νοτου εγερθησεται εν τη κρισει μετα των...
Mθ 12:40	21	ωσπερ	γαρ	ην ιωνας εν τη κοιλια του κητους τρεις...
ΛΚ 11:30	21	καθως	γαρ	εγενετο ιωνας τοις νινευιταις σημειον,...
Mθ 12:41	21	.... αναστησονται εν τη κρισει μετα της	γενεας	ταυτης και κατακρινουσιν αυτην. οτι μετενοησαν...
Mθ 12:42	21	.... νοτου εγερθησεται εν τη κρισει μετα της	γενεας	ταυτης και κατακρινει αυτην. οτι ηλθεν...
ΛΚ 11:31	21	.... εν τη κρισει μετα των ανδρων της	γενεας	ταυτης και κατακρινει αυτους. οτι ηλθεν...
ΛΚ 11:32	21	.... αναστησονται εν τη κρισει μετα της	γενεας	ταυτης και κατακρινουσιν αυτην. οτι μετενοησαν...
Mθ 12:42	21	.... αυτην. οτι ηλθεν εκ των περατων της	γης	ακουσαι την σοφιαν σολομωνος, και ιδου...
ΛΚ 11:31	21	.... αυτους. οτι ηλθεν εκ των περατων της	γης	ακουσαι την σοφιαν σολομωνος, και ιδου...
Mθ 12:42	21	βασιλισσα νοτου	εγερθησεται	εν τη κρισει μετα της γενεας ταυτης και...
ΛΚ 11:31	21	βασιλισσα νοτου	εγερθησεται	εν τη κρισει μετα των ανδρων της γενεας...
Mθ 12:39	21	... επιζητει, και σημειον ου δοθησεται αυτη	ει	μη το σημειον ιωνα του προφητου.
Mθ 16:4	21	... επιζητει, και σημειον ου δοθησεται αυτη	ει	μη το σημειον ιωνα. και καταλιπων αυτους...
ΛΚ 11:29	21	...... ζητει, και σημειον ου δοθησεται αυτη	ει	μη το σημειον ιωνα.
Mθ 12:41	21	... και κατακρινουσιν αυτην. οτι μετενοησαν	εις	το κηρυγμα ιωνα, και ιδου πλειον ιωνα ωδε.
ΛΚ 11:32	21	... και κατακρινουσιν αυτην. οτι μετενοησαν	εις	το κηρυγμα ιωνα, και ιδου πλειον ιωνα ωδε.
Mθ 12:42	21	.... ταυτης και κατακρινει αυτην. οτι ηλθεν	εκ	των περατων της γης ακουσαι την σοφιαν...
Mθ 16:1	21	.... πειραζοντες επηρωτησαν αυτον σημειον	εκ	του ουρανου επιδειξαι αυτοις.
ΛΚ 11:31	21	.... ταυτης και κατακρινει αυτους. οτι ηλθεν	εκ	των περατων της γης ακουσαι την σοφιαν...
Mθ 12:41	21	ανδρες νινευιται αναστησονται	εν	τη κρισει μετα της γενεας ταυτης και κατακρινουσιν...
Mθ 12:42	21	βασιλισσα νοτου εγερθησεται	εν	τη κρισει μετα της γενεας ταυτης και κατακρινει...
ΛΚ 11:31	21	βασιλισσα νοτου εγερθησεται	εν	τη κρισει μετα των ανδρων της γενεας ταυτης...
ΛΚ 11:32	21	ανδρες νινευιται αναστησονται	εν	τη κρισει μετα της γενεας ταυτης και κατακρινουσιν...
ΛΚ 11:16	21	ετεροι δε πειραζοντες σημειον	εξ	ουρανου εζητουν παρ αυτου.
Mθ 12:39	21	.. αυτοις. γενεα πονηρα και μοιχαλις σημειον	επιζητει,	και σημειον ου δοθησεται αυτη ει μη...
Mθ 16:4	21	γενεα πονηρα και μοιχαλις σημειον	επιζητει,	και σημειον ου δοθησεται αυτη ει μη...
Mθ 12:40	21	.... τρεις ημερας και τρεις νυκτας, ουτως	εσται	ο υιος του ανθρωπου εν τη καρδια της...
ΛΚ 11:30	21	.... ιωνας τοις νινευιταις σημειον, ουτως	εσται	και ο υιος του ανθρωπου τη γενεα ταυτη.
ΛΚ 11:29	21	.. η γενεα αυτη γενεα πονηρα εστιν. σημειον	ζητει,	και σημειον ου δοθησεται αυτη ει μη...
Mθ 12:42	21	.. γενεας ταυτης και κατακρινει αυτην. οτι	ηλθεν	εκ των περατων της γης ακουσαι την σοφιαν...
ΛΚ 11:31	21	.. γενεας ταυτης και κατακρινει αυτους. οτι	ηλθεν	εκ των περατων της γης ακουσαι την σοφιαν...
Mθ 12:41	21	... οτι μετενοησαν εις το κηρυγμα ιωνα, και	ιδου	πλειον ιωνα ωδε.
Mθ 12:42	21	.... γης ακουσαι την σοφιαν σολομωνος, και	ιδου	πλειον σολομωνος ωδε.
ΛΚ 11:31	21	.... γης ακουσαι την σοφιαν σολομωνος, και	ιδου	πλειον σολομωνος ωδε.
ΛΚ 11:32	21	... οτι μετενοησαν εις το κηρυγμα ιωνα, και	ιδου	πλειον ιωνα ωδε.
Mθ 12:39	21	.... ου δοθησεται αυτη ει μη το σημειον	ιωνα	του προφητου.
Mθ 12:41	21	..... αυτην. οτι μετενοησαν εις το κηρυγμα	ιωνα,	και ιδου πλειον ιωνα ωδε.
Mθ 12:41	21	.... εις το κηρυγμα ιωνα, και ιδου πλειον	ιωνα	ωδε.
Mθ 16:4	21	.... ου δοθησεται αυτη ει μη το σημειον	ιωνα.	και καταλιπων αυτους απηλθεν.
ΛΚ 11:29	21	.... ου δοθησεται αυτη ει μη το σημειον	ιωνα.	
ΛΚ 11:32	21	..... αυτην. οτι μετενοησαν εις το κηρυγμα	ιωνα,	και ιδου πλειον ιωνα ωδε.

ΛΚ 11:32	21	.... εις το κηρυγμα ιωνα, και ιδου πλειον ιωνα	ωδε.
ΜΘ 12:40	21	ωσπερ γαρ ην ιωνας	εν τη κοιλια του κητους τρεις ημερας και...
ΛΚ 11:30	21	καθως γαρ εγενετο ιωνας	τοις νινευιταις σημειον, ουτως εσται και...
ΜΘ 12:39	21	.... πονηρα και μοιχαλις σημειον επιζητει, και	σημειον ου δοθησεται αυτη ει μη το σημειον...
ΜΘ 12:41	21	...... εν τη κρισει μετα της γενεας ταυτης και	κατακρινουσιν αυτην. οτι μετενοησαν εις...
ΜΘ 12:41	21	...... οτι μετενοησαν εις το κηρυγμα ιωνα, και	ιδου πλειον ιωνα ωδε.
ΜΘ 12:42	21	...... εν τη κρισει μετα της γενεας ταυτης και	κατακρινει αυτην. οτι ηλθεν εκ των περατων...
ΜΘ 12:42	21	.... της γης ακουσαι την σοφιαν σολομωνος, και	ιδου πλειον σολομωνος ωδε.
ΜΘ 16:4	21	.... πονηρα και μοιχαλις σημειον επιζητει, και	σημειον ου δοθησεται αυτη ει μη το σημειον...
ΛΚ 11:29	21	.. αυτη γενεα πονηρα εστιν. σημειον ζητει, και	σημειον ου δοθησεται αυτη ει μη το σημειον...
ΛΚ 11:31	21	.. κρισει μετα των ανδρων της γενεας ταυτης και	κατακρινει αυτους. οτι ηλθεν εκ των περατων...
ΛΚ 11:31	21	.... της γης ακουσαι την σοφιαν σολομωνος, και	ιδου πλειον σολομωνος ωδε.
ΛΚ 11:32	21	...... εν τη κρισει μετα της γενεας ταυτης και	κατακρινουσιν αυτην. οτι μετενοησαν εις...
ΛΚ 11:32	21	...... οτι μετενοησαν εις το κηρυγμα ιωνα, και	ιδου πλειον ιωνα ωδε.
ΜΘ 12:42	21	. εν τη κρισει μετα της γενεας ταυτης και κατακρινει	αυτην. οτι ηλθεν εκ των περατων της...
ΛΚ 11:31	21	.... μετα των ανδρων της γενεας ταυτης και κατακρινει	αυτους. οτι ηλθεν εκ των περατων της...
ΜΘ 12:41	21	. εν τη κρισει μετα της γενεας ταυτης και κατακρινουσιν	αυτην. οτι μετενοησαν εις το κηρυγμα...
ΛΚ 11:32	21	. εν τη κρισει μετα της γενεας ταυτης και κατακρινουσιν	αυτην. οτι μετενοησαν εις το κηρυγμα...
ΜΘ 12:41	21	.... αυτην. οτι μετενοησαν εις το κηρυγμα	ιωνα, και ιδου πλειον ιωνα ωδε.
ΛΚ 11:32	21	.... αυτην. οτι μετενοησαν εις το κηρυγμα	ιωνα, και ιδου πλειον ιωνα ωδε.
ΜΘ 12:41	21	ανδρες νινευιται αναστησονται εν τη κρισει	μετα της γενεας ταυτης και κατακρινουσιν...
ΜΘ 12:42	21	βασιλισσα νοτου εγερθησεται εν τη κρισει	μετα της γενεας ταυτης και κατακρινει...
ΛΚ 11:31	21	βασιλισσα νοτου εγερθησεται εν τη κρισει	μετα των ανδρων της γενεας ταυτης και...
ΛΚ 11:32	21	ανδρες νινευιται αναστησονται εν τη κρισει	μετα της γενεας ταυτης και κατακρινουσιν...
ΜΘ 12:41	21	..... νινευιται αναστησονται εν τη κρισει μετα	της γενεας ταυτης και κατακρινουσιν...
ΜΘ 12:42	21	.... νοτου εγερθησεται εν τη κρισει μετα	της γενεας ταυτης και κατακρινει αυτην....
ΛΚ 11:31	21	.... νοτου εγερθησεται εν τη κρισει μετα	των ανδρων της γενεας ταυτης και κατακρινει...
ΛΚ 11:32	21	..... νινευιται αναστησονται εν τη κρισει μετα	της γενεας ταυτης και κατακρινουσιν...
ΜΘ 12:41	21	..... ταυτης και κατακρινουσιν αυτην. οτι μετενοησαν	εις το κηρυγμα ιωνα, και ιδου πλειον...
ΛΚ 11:32	21	..... ταυτης και κατακρινουσιν αυτην. οτι μετενοησαν	εις το κηρυγμα ιωνα, και ιδου πλειον...
ΜΘ 12:39	21	.... και σημειον ου δοθησεται αυτη ει μη	το σημειον ιωνα του προφητου.
ΜΘ 16:4	21	.... και σημειον ου δοθησεται αυτη ει μη	το σημειον ιωνα. και καταλιπων αυτους...
ΛΚ 11:29	21	.... και σημειον ου δοθησεται αυτη ει μη	το σημειον ιωνα.
ΜΘ 12:41	21	ανδρες νινευιται	αναστησονται εν τη κρισει μετα της...
ΛΚ 11:32	21	ανδρες νινευιται	αναστησονται εν τη κρισει μετα της...
ΜΘ 12:42	21	βασιλισσα νοτου	εγερθησεται εν τη κρισει μετα της γενεας...
ΛΚ 11:31	21	βασιλισσα νοτου	εγερθησεται εν τη κρισει μετα των ανδρων...
ΜΘ 12:41	21	. γενεας ταυτης και κατακρινουσιν αυτην. οτι	μετενοησαν εις το κηρυγμα ιωνα, και...
ΜΘ 12:42	21	.... γενεας ταυτης και κατακρινει αυτην. οτι	ηλθεν εκ των περατων της γης ακουσαι...
ΛΚ 11:31	21	.... γενεας ταυτης και κατακρινει αυτους. οτι	ηλθεν εκ των περατων της γης ακουσαι...
ΛΚ 11:32	21	. γενεας ταυτης και κατακρινουσιν αυτην. οτι	μετενοησαν εις το κηρυγμα ιωνα, και...
ΜΘ 12:39	21	... μοιχαλις σημειον επιζητει, και σημειον ου	δοθησεται αυτη ει μη το σημειον ιωνα...
ΜΘ 16:4	21	... μοιχαλις σημειον επιζητει, και σημειον ου	δοθησεται αυτη ει μη το σημειον ιωνα....
ΛΚ 11:29	21	. πονηρα εστιν. σημειον ζητει, και σημειον ου	δοθησεται αυτη ει μη το σημειον ιωνα.
ΜΘ 12:40	21	. του κητους τρεις ημερας και τρεις νυκτας, ουτως	εσται ο υιος του ανθρωπου εν τη καρδια...
ΛΚ 11:30	21	.... εγενετο ιωνας τοις νινευιταις σημειον, ουτως	εσται και ο υιος του ανθρωπου τη γενεα...
ΜΘ 12:42	21	.... κατακρινει αυτην. οτι ηλθεν εκ των περατων	της γης ακουσαι την σοφιαν σολομωνος,...
ΛΚ 11:31	21	.... κατακρινει αυτους. οτι ηλθεν εκ των περατων	της γης ακουσαι την σοφιαν σολομωνος,...
ΜΘ 12:41	21	.... εις το κηρυγμα ιωνα, και ιδου πλειον	ιωνα ωδε.
ΜΘ 12:42	21	.. ακουσαι την σοφιαν σολομωνος, και ιδου πλειον	σολομωνος ωδε.
ΛΚ 11:31	21	.. ακουσαι την σοφιαν σολομωνος, και ιδου πλειον	σολομωνος ωδε.
ΛΚ 11:32	21	.... εις το κηρυγμα ιωνα, και ιδου πλειον	ιωνα ωδε.
ΜΘ 12:39	21	ο δε αποκριθεις ειπεν αυτοις. γενεα πονηρα	και μοιχαλις σημειον επιζητει, και σημειον...
ΜΘ 16:4	21	γενεα πονηρα	και μοιχαλις σημειον επιζητει, και σημειον...
ΛΚ 11:29	21	.... ηρξατο λεγειν, η γενεα αυτη γενεα πονηρα	εστιν. σημειον ζητει, και σημειον ου...
ΜΘ 12:39	21	..... και μοιχαλις σημειον επιζητει, και σημειον	ου δοθησεται αυτη ει μη το σημειον...
ΜΘ 12:39	21	.... σημειον ου δοθησεται αυτη ει μη το σημειον	ιωνα του προφητου.

ΜΘ 12:39 21 .... σημειον ου δοθησεται αυτη ει μη το σημειον ιωνα του προφητου.
ΜΘ 16:4 21 ..... και μοιχαλις σημειον επιζητει, και σημειον ου δοθησεται αυτη ει μη το σημειον...
ΜΘ 16:4 21 .... σημειον ου δοθησεται αυτη ει μη το σημειον ιωνα. και καταλιπων αυτους απηλθεν.
ΛΚ 11:29 21 . γενεα πονηρα εστιν. σημειον ζητει, και σημειον ου δοθησεται αυτη ει μη το σημειον...
ΛΚ 11:29 21 .... σημειον ου δοθησεται αυτη ει μη το σημειον ιωνα.
ΜΘ 12:42 21 .. των περατων της γης ακουσαι την σοφιαν σολομωνος, και ιδου πλε·ιον σολομωνος ωδε.
ΜΘ 12:42 21 .. την σοφιαν σολομωνος, και ιδου πλειον σολομωνος ωδε.
ΛΚ 11:31 21 .. των περατων της γης ακουσαι την σοφιαν σολομωνος, και ιδου πλειον σολομωνος ωδε.
ΛΚ 11:31 21 .. την σοφιαν σολομωνος, και ιδου πλειον σολομωνος ωδε.
ΜΘ 12:42 21 ..... εκ των περατων της γης ακουσαι την σοφιαν σολομωνος, και ιδου πλειον σολομωνος...
ΛΚ 11:31 21 ..... εκ των περατων της γης ακουσαι την σοφιαν σολομωνος, και ιδου πλειον σολομωνος...
ΜΘ 12:41 21 .... εν τη κρισει μετα της γενεας ταυτης και κατακρινουσιν αυτην. οτι μετενοησαν...
ΜΘ 12:42 21 .... εν τη κρισει μετα της γενεας ταυτης και κατακρινει αυτην. οτι ηλθεν εκ...
ΛΚ 11:31 21 .... τη κρισει μετα των ανδρων της γενεας ταυτης και κατακρινει αυτους. οτι ηλθεν εκ...
ΛΚ 11:32 21 .... εν τη κρισει μετα της γενεας ταυτης και κατακρινουσιν αυτην. οτι μετενοησαν...
ΜΘ 12:41 21 ανδρες νινευιται αναστησονται εν τη κρισει μετα της γενεας ταυτης και...
ΜΘ 12:42 21 βασιλισσα νοτου εγερθησεται εν τη κρισει μετα της γενεας ταυτης και...
ΛΚ 11:31 21 βασιλισσα νοτου εγερθησεται εν τη κρισει μετα των ανδρων της γενεας ταυτης...
ΛΚ 11:32 21 ανδρες νινευιται αναστησονται εν τη κρισει μετα της γενεας ταυτης και...
ΜΘ 12:42 21 .. ηλθεν εκ των περατων της γης ακουσαι την σοφιαν σολομωνος, και ιδου πλειον...
ΛΚ 11:31 21 .. ηλθεν εκ των περατων της γης ακουσαι την σοφιαν σολομωνος, και ιδου πλειον...
ΜΘ 12:40 21 . εσται ο υιος του ανθρωπου εν τη καρδια της γης τρεις ημερας και τρεις νυκτας.
ΜΘ 12:41 21 .... αναστησονται εν τη κρισει μετα της γενεας ταυτης και κατακρινουσιν αυτην....
ΜΘ 12:42 21 .. νοτου εγερθησεται εν τη κρισει μετα της γενεας ταυτης και κατακρινει αυτην....
ΜΘ 12:42 21 .... αυτην. οτι ηλθεν εκ των περατων της γης ακουσαι την σοφιαν σολομωνος,...
ΛΚ 11:31 21 .... εν τη κρισει μετα των ανδρων της γενεας ταυτης και κατακρινει αυτους....
ΛΚ 11:31 21 .... αυτους. οτι ηλθεν εκ των περατων της γης ακουσαι την σοφιαν σολομωνος,...
ΛΚ 11:32 21 .... αναστησονται εν τη κρισει μετα της γενεας ταυτης και κατακρινουσιν αυτην....
ΜΘ 12:39 21 .. και σημειον ου δοθησεται αυτη ει μη το σημειον ιωνα του προφητου.
ΜΘ 12:41 21 .... αυτην. οτι μετενοησαν εις το κηρυγμα ιωνα, και ιδου πλειον ιωνα...
ΜΘ 16:4 21 .. και σημειον ου δοθησεται αυτη ει μη το σημειον ιωνα. και καταλιπων αυτους απηλθεν....
ΛΚ 11:29 21 .. και σημειον ου δοθησεται αυτη ει μη το σημειον ιωνα.
ΛΚ 11:32 21 .... αυτην. οτι μετενοησαν εις το κηρυγμα ιωνα, και ιδου πλειον ιωνα...
ΜΘ 12:40 21 .... και τρεις νυκτας, ουτως εσται ο υιος του ανθρωπου εν τη καρδια της γης τρεις...
ΛΚ 11:30 21 .... σημειον, ουτως εσται και ο υιος του ανθρωπου τη γενεα ταυτη.
ΜΘ 12:42 21 ... και κατακρινει αυτην. οτι ηλθεν εκ των περατων της γης ακουσαι την σοφιαν...
ΛΚ 11:31 21 ... και κατακρινει αυτους. οτι ηλθεν εκ των περατων της γης ακουσαι την σοφιαν...
ΜΘ 12:40 21 .. ημερας και τρεις νυκτας, ουτως εσται ο υιος του ανθρωπου εν τη καρδια της γης...
ΛΚ 11:30 21 .. νινευιταις σημειον, ουτως εσται και ο υιος του ανθρωπου τη γενεα ταυτη.
ΜΘ 12:41 21 ... κηρυγμα ιωνα, και ιδου πλειον ιωνα ωδε.
ΜΘ 12:42 21 .. σολομωνος, και ιδου πλειον σολομωνος ωδε.
ΛΚ 11:31 21 .. σολομωνος, και ιδου πλειον σολομωνος ωδε.
ΛΚ 11:32 21 ... κηρυγμα ιωνα, και ιδου πλειον ιωνα ωδε.

Mθ 6:22	22	. εστιν ο οφθαλμος. εαν ουν η ο οφθαλμος σου	απλους,	ολον το σωμα σου φωτεινον εσται.
ΛΚ 11:34	22	.. εστιν ο οφθαλμος σου. οταν ο οφθαλμος σου	απλους	η, και ολον το σωμα σου φωτεινον εστιν....
Mθ 6:23	22	εαν	δε	ο οφθαλμος σου πονηρος η, ολον το σωμα...
ΛΚ 11:34	22	.. και ολον το σωμα σου φωτεινον εστιν. επαν	δε	πονηρος η, και το σωμα σου σκοτεινον.
Mθ 6:23	22	. σωμα σου σκοτεινον εσται. ει ουν το φως το	εν	σοι σκοτος εστιν, το σκοτος ποσον.
ΛΚ 11:35	22	σκοπει ουν μη το φως το	εν	σοι σκοτος εστιν.
Mθ 6:22	22	..... σου απλους, ολον το σωμα σου φωτεινον	εσται.	
Mθ 6:22	22	ο λυχνος του σωματος	εστιν	ο οφθαλμος. εαν ουν η ο οφθαλμος σου απλους,...
Mθ 6:23	22	.... εσται. ει ουν το φως το εν σοι σκοτος	εστιν,	το σκοτος ποσον.
ΛΚ 11:34	22	ο λυχνος του σωματος	εστιν	ο οφθαλμος σου. οταν ο οφθαλμος σου απλους...
ΛΚ 11:34	22	... απλους η, και ολον το σωμα σου φωτεινον	εστιν.	επαν δε πονηρος η, και το σωμα σου σκοτεινον....
ΛΚ 11:35	22	σκοπει ουν μη το φως το εν σοι σκοτος	εστιν.	
Mθ 6:22	22	..... του σωματος εστιν ο οφθαλμος. εαν ουν	η	ο οφθαλμος σου απλους, ολον το σωμα σου...
Mθ 6:23	22	εαν δε ο οφθαλμος σου πονηρος	η,	ολον το σωμα σου σκοτεινον εσται. ει...
ΛΚ 11:34	22	.. οφθαλμος σου. οταν ο οφθαλμος σου απλους	η,	και ολον το σωμα σου φωτεινον εστιν....
ΛΚ 11:34	22	. σωμα σου φωτεινον εστιν. επαν δε πονηρος	η,	και το σωμα σου σκοτεινον.
Mθ 6:22	22	ο	λυχνος	του σωματος εστιν ο οφθαλμος. εαν ουν...
ΛΚ 11:34	22	ο	λυχνος	του σωματος εστιν ο οφθαλμος σου. οταν...
Mθ 6:22	22	.... εαν ουν η ο οφθαλμος σου απλους,	ολον	το σωμα σου φωτεινον εσται.
ΛΚ 11:34	22	... σου. οταν ο οφθαλμος σου απλους η, και	ολον	το σωμα σου φωτεινον εστιν. επαν δε πονηρος...
Mθ 6:23	22	. η, ολον το σωμα σου σκοτεινον εσται. ει	ουν	το φως το εν σοι σκοτος εστιν, το σκοτος...
ΛΚ 11:35	22	σκοπει	ουν	μη το φως το εν σοι σκοτος εστιν.
Mθ 6:22	22	ο λυχνος του σωματος εστιν ο	οφθαλμος.	εαν ουν η ο οφθαλμος σου απλους, ολον...
Mθ 6:22	22	.. σωματος εστιν ο οφθαλμος. εαν ουν η ο	οφθαλμος	σου απλους, ολον το σωμα σου φωτεινον...
ΛΚ 11:34	22	ο λυχνος του σωματος εστιν ο	οφθαλμος	σου. οταν ο οφθαλμος σου απλους η, και...
ΛΚ 11:34	22	. του σωματος εστιν ο οφθαλμος σου. οταν ο	οφθαλμος	σου απλους η, και ολον το σωμα σου φωτεινον...
Mθ 6:23	22	εαν δε ο οφθαλμος σου	πονηρος	η, ολον το σωμα σου σκοτεινον εσται....
ΛΚ 11:34	22	...... το σωμα σου φωτεινον εστιν. επαν δε	πονηρος	η, και το σωμα σου σκοτεινον.
Mθ 6:23	22	.... σου πονηρος η, ολον το σωμα σου	σκοτεινον	εσται. ει ουν το φως το εν σοι σκοτος...
ΛΚ 11:34	22	...... επαν δε πονηρος η, και το σωμα σου	σκοτεινον.	
Mθ 6:23	22	.... εσται. ει ουν το φως το εν σοι	σκοτος	εστιν, το σκοτος ποσον.
ΛΚ 11:35	22	σκοπει ουν μη το φως το εν σοι	σκοτος	εστιν.
Mθ 6:23	22	... σκοτεινον εσται. ει ουν το φως το εν	σοι	σκοτος εστιν, το σκοτος ποσον.
ΛΚ 11:35	22	σκοπει ουν μη το φως το εν	σοι	σκοτος εστιν.
Mθ 6:22	22	.... ο οφθαλμος. εαν ουν η ο οφθαλμος	σου	απλους, ολον το σωμα σου φωτεινον εσται.
Mθ 6:22	22	. η ο οφθαλμος σου απλους, ολον το σωμα	σου	φωτεινον εσται.
Mθ 6:23	22	.. οφθαλμος σου πονηρος η, ολον το σωμα	σου	σκοτεινον εσται. ει ουν το φως το εν...
ΛΚ 11:34	22	.. εστιν ο οφθαλμος σου. οταν ο οφθαλμος	σου	απλους η, και ολον το σωμα σου φωτεινον...
ΛΚ 11:34	22	.... σου απλους η, και ολον το σωμα	σου	φωτεινον εστιν. επαν δε πονηρος η,...
ΛΚ 11:34	22	.. εστιν. επαν δε πονηρος η, και το σωμα	σου	σκοτεινον.
Mθ 6:22	22	. ουν η ο οφθαλμος σου απλους, ολον το	σωμα	σου φωτεινον εσται.
Mθ 6:23	22	. δε ο οφθαλμος σου πονηρος η, ολον το	σωμα	σου σκοτεινον εσται. ει ουν το φως...
ΛΚ 11:34	22	.. ο οφθαλμος σου απλους η, και ολον το	σωμα	σου φωτεινον εστιν. επαν δε πονηρος...
ΛΚ 11:34	22	.... εστιν. επαν δε πονηρος η, και το	σωμα	σου σκοτεινον.
Mθ 6:22	22	ο λυχνος του	σωματος	εστιν ο οφθαλμος. εαν ουν η ο οφθαλμος...
ΛΚ 11:34	22	ο λυχνος του	σωματος	εστιν ο οφθαλμος σου. οταν ο οφθαλμος...
Mθ 6:22	22	ο λυχνος	του	σωματος εστιν ο οφθαλμος. εαν ουν η...
ΛΚ 11:34	22	ο λυχνος	του	σωματος εστιν ο οφθαλμος σου. οταν...
Mθ 6:23	22	... σωμα σου σκοτεινον εσται. ει ουν το	φως	το εν σοι σκοτος εστιν, το σκοτος...
ΛΚ 11:35	22	σκοπει ουν μη το	φως	το εν σοι σκοτος εστιν.
Mθ 6:22	22	.... σου απλους, ολον το σωμα σου	φωτεινον	εσται.
ΛΚ 11:34	22	... σου απλους η, και ολον το σωμα σου	φωτεινον	εστιν. επαν δε πονηρος η, και το σωμα...

ΜΘ 23:35	23	... εκχυννομενον επι της γης απο του αιματος	αβελ	του δικαιου εως του αιματος ζαχαριου υιου...
ΛΚ 11:51	23	απο αιματος	αβελ	εως αιματος ζαχαριου του απολομενου μεταξυ...
ΜΘ 23:7	23	και τους ασπασμους εν ταις	αγοραις	και καλεισθαι υπο των ανθρωπων, ραββι.
ΛΚ 11:43	23	. ταις συναγωγαις και τους ασπασμους εν ταις	αγοραις.	
ΜΘ 23:35	23	οπως ελθη εφ υμας παν	αιμα	δικαιον εκχυννομενον επι της γης απο του...
ΛΚ 11:50	23	ινα εκζητηθη το	αιμα	παντων των προφητων το εκκεχυμενον απο...
ΜΘ 23:35	23	... δικαιον εκχυννομενον επι της γης απο του	αιματος	αβελ του δικαιου εως του αιματος ζαχαριου...
ΜΘ 23:35	23	. απο του αιματος αβελ του δικαιου εως του	αιματος	ζαχαριου υιου βαραχιου, ον εφονευσατε μεταξυ...
ΛΚ 11:51	23	απο	αιματος	αβελ εως αιματος ζαχαριου του απολομενου...
ΛΚ 11:51	23	απο αιματος αβελ εως	αιματος	ζαχαριου του απολομενου μεταξυ του θυσιαστηριου...
ΜΘ 23:35	23	. παν αιμα δικαιον εκχυννομενον επι της γης	απο	του αιματος αβελ του δικαιου εως του...
ΛΚ 11:51	23	... του οικου. ναι, λεγω υμιν, εκζητηθησεται	απο	της γενεας ταυτης.
ΜΘ 23:23	23	.... γραμματεις και φαρισαιοι υποκριται, οτι	αποδεκατουτε	το ηδυοσμον και τοανηθον και το κυμινον,...
ΛΚ 11:42	23	αλλα ουαι υμιν τοις φαρισαιοις, οτι	αποδεκατουτε	το ηδυοσμον και το πηγανον και παν λαχανον,...
ΜΘ 23:34	23	.... και σοφους και γραμματεις. εξ αυτων	αποκτενειτε	και σταυρωσετε, και εξ αυτων μαστιγωσετε...
ΛΚ 11:49	23	...... προφητας και αποστολους, και εξ αυτων	αποκτενουσιν	και διωξουσιν,
ΜΘ 23:34	23	δια τουτο ιδου εγω	αποστελλω	προς υμας προφητας και σοφους και γραμματεις....
ΛΚ 11:49	23	δια τουτο και η σοφια του θεου ειπεν,	αποστελω	εις αυτους προφητας και αποστολους, και...
ΜΘ 23:25	23	... και της παροψιδος, εσωθεν δε γεμουσιν εξ	αρπαγης	και ακρασιας
ΛΚ 11:39	23	.... καθαριζετε, το δε εσωθεν υμων γεμει	αρπαγης	και πονηριας.
ΜΘ 23:7	23	και τους	ασπασμους	εν ταις αγοραις και καλεισθαι υπο των...
ΛΚ 11:43	23	. πρωτοκαθεδριαν εν ταις συναγωγαις και τους	ασπασμους	εν ταις αγοραις.
ΜΘ 23:4	23	... επιτιθεασιν επι τους ωμους των ανθρωπων,	αυτοι	δε τω δακτυλω αυτων ου θελουσιν κινησαι...
ΛΚ 11:46	23	..... τους ανθρωπους φορτια δυσβαστακτα, και	αυτοι	ενι των δακτυλων υμων ου προσψαυετε τοις...
ΜΘ 23:34	23	..... προφητας και σοφους και γραμματεις. εξ	αυτων	αποκτενειτε και σταυρωσετε, και εξ αυτων...
ΛΚ 11:49	23	. εις αυτους προφητας και αποστολους, και εξ	αυτων	αποκτενουσιν και διωξουσιν,
ΛΚ 11:39	23	.. του πινακος καθαριζετε, το δε εσωθεν υμων	γεμει	αρπαγης και πονηριας.
ΜΘ 23:25	23	.. του ποτηριου και της παροψιδος, εσωθεν δε	γεμουσιν	εξ αρπαγης και ακρασιας
ΜΘ 23:36	23	αμην λεγω υμιν, ηξει ταυτα παντα επι την	γενεαν	ταυτην.
ΛΚ 11:51	23	..... ναι, λεγω υμιν, εκζητηθησεται απο της	γενεας	ταυτης.
ΜΘ 23:4	23	.. επι τους ωμους των ανθρωπων, αυτοι δε τω	δακτυλω	αυτων ου θελουσιν κινησαι αυτα.
ΛΚ 11:46	23	..... φορτια δυσβαστακτα, και αυτοι ενι των	δακτυλων	υμων ου προσψαυετε τοις φορτιοις.
ΜΘ 23:34	23		δια	τουτο ιδου εγω αποστελλω προς υμας προφητας...
ΛΚ 11:49	23		δια	τουτο και η σοφια του θεου ειπεν, αποστελω...
ΜΘ 23:34	23	.... μαστιγωσετε εν ταις συναγωγαις υμων και	διωξετε	απο πολεως εις πολιν.
ΛΚ 11:49	23	.... και εξ αυτων αποκτενουσιν και	διωξουσιν,	
ΜΘ 23:23	23	. κρισιν και το ελεος και την πιστιν. ταυτα	εδει	ποιησαι κακεινα μη αφειναι.
ΛΚ 11:42	23	... κρισιν και την αγαπην του θεου. ταυτα δε	εδει	ποιησαι κακεινα μη παρειναι.
ΜΘ 23:13	23	...... εμπροσθεν των ανθρωπων. υμεις γαρ ουκ	εισερχεσθε,	ουδε τους εισερχομενους αφιετε εισελθειν.
ΜΘ 23:13	23	.... υμεις γαρ ουκ εισερχεσθε, ουδε τους	εισερχομενους	αφιετε εισελθειν.
ΛΚ 11:52	23	. της γνωσεως. αυτοι ουκ εισηλθατε και τους	εισερχομενους	εκωλυσατε.
ΛΚ 11:52	23	... ηρατε την κλειδα της γνωσεως. αυτοι ουκ	εισηλθατε	και τους εισερχομενους εκωλυσατε.
ΛΚ 11:50	23	... εκζητηθη το αιμα παντων των προφητων το	εκκεχυμενον	απο καταβολης κοσμου απο της γενεας...
ΜΘ 23:35	23	οπως ελθη εφ υμας παν αιμα δικαιον	εκχυννομενον	επι της γης απο του αιματος αβελ του...
ΜΘ 23:6	23	... εν τοις δειπνοις και τας πρωτοκαθεδριας	εν	ταις συναγωγαις
ΜΘ 23:7	23	και τους ασπασμους	εν	ταις αγοραις και καλεισθαι υπο των ανθρωπων,...
ΛΚ 11:43	23	. φαρισαιοις. οτι αγαπατε την πρωτοκαθεδριαν	εν	ταις συναγωγαις και τους ασπασμους εν...
ΛΚ 11:43	23	.... εν ταις συναγωγαις και τους ασπασμους	εν	ταις αγοραις.
ΜΘ 23:34	23	... υμας προφητας και σοφους και γραμματεις.	εξ	αυτων αποκτενειτε και σταυρωσετε, και...
ΛΚ 11:49	23	.... εις αυτους προφητας και αποστολους, και	εξ	αυτων αποκτενουσιν και διωξουσιν,
ΜΘ 23:25	23	. και φαρισαιοι υποκριται, οτι καθαριζετε το	εξωθεν	του ποτηριου και της παροψιδος, εσωθεν...
ΛΚ 11:39	23	...... προς αυτον, νυν υμεις οι φαρισαιοι το	εξωθεν	του ποτηριου και του πινακος καθαριζετε,...
ΜΘ 23:25	23	. το εξωθεν του ποτηριου και της παροψιδος,	εσωθεν	δε γεμουσιν εξ αρπαγης και ακρασιας
ΛΚ 11:39	23	. ποτηριου και του πινακος καθαριζετε, το δε	εσωθεν	υμων γεμει αρπαγης και πονηριας.
ΜΘ 23:35	23	.... γης απο του αιματος αβελ του δικαιου	εως	του αιματος ζαχαριου υιου βαραχιου, ον...
ΛΚ 11:51	23	απο αιματος αβελ	εως	αιματος ζαχαριου του απολομενου μεταξυ...

ΜΘ 23:35	23	.... αβελ του δικαιου εως του αιματος	ζαχαριου	υιου βαραχιου, ον εφονευσατε μεταξυ του...
ΛΚ 11:51	23	απο αιματος αβελ εως αιματος	ζαχαριου	του απολομενου μεταξυ του θυσιαστηριου...
ΜΘ 23:23	23	.. φαρισαιοι υποκριται, οτι αποδεκατουτε το	ηδυοσμον	και τοανηθον και το κυμινον, και αφηκατε...
ΛΚ 11:42	23	. υμιν τοις φαρισαιοις, οτι αποδεκατουτε το	ηδυοσμον	και το πηγανον και παν λαχανον, και παρερχεσθε...
ΜΘ 23:35	23	..... ον εφονευσατε μεταξυ του ναου και του	θυσιαστηριου.	
ΛΚ 11:51	23	.... ζαχαριου του απολομενου μεταξυ του	θυσιαστηριου	και του οικου. ναι, λεγω υμιν, εκζητηθησεται...
ΛΚ 11:41	23	. τα ενοντα δοτε ελεημοσυνην, και ιδου παντα	καθαρα	υμιν εστιν.
ΜΘ 23:25	23	.... γραμματεις και φαρισαιοι υποκριται, οτι	καθαριζετε	το εξωθεν του ποτηριου και της παροψιδος,...
ΛΚ 11:39	23	.... το εξωθεν του ποτηριου και του πινακος	καθαριζετε,	το δε εσωθεν υμων γεμει αρπαγης και...
ΜΘ 23:26	23	... ποτηριου, ινα γενηται και το εκτος αυτου	καθαρον.	
ΜΘ 23:7	23		και	τους ασπασμους εν ταις αγοραις και καλεισθαι...
ΜΘ 23:23	23	.. υποκριται, οτι αποδεκατουτε το ηδυοσμον	και	τοανηθον και το κυμινον, και αφηκατε τα...
ΜΘ 23:23	23	.. αφηκατε τα βαρυτερα του νομου, την κρισιν	και	το ελεος και την πιστιν. ταυτα εδει ποιησαι...
ΜΘ 23:25	23	.... οτι καθαριζετε το εξωθεν του ποτηριου	και	της παροψιδος, εσωθεν δε γεμουσιν εξ...
ΛΚ 11:39	23	. υμεις οι φαρισαιοι το εξωθεν του ποτηριου	και	του πινακος καθαριζετε, το δε εσωθεν...
ΛΚ 11:42	23	. φαρισαιοις. οτι αποδεκατουτε το ηδυοσμον	και	το πηγανον και παν λαχανον, και παρερχεσθε...
ΛΚ 11:42	23	.... παν λαχανον, και παρερχεσθε την κρισιν	και	την αγαπην του θεου. ταυτα δε εδει ποιησαι...
ΛΚ 11:43	23	..... την πρωτοκαθεδριαν εν ταις συναγωγαις	και	τους ασπασμους εν ταις αγοραις.
ΜΘ 23:23	23	...... και την πιστιν. ταυτα εδει ποιησαι	κακεινα	μη αφειναι.
ΛΚ 11:42	23	.... αγαπην του θεου. ταυτα δε εδει ποιησαι	κακεινα	μη παρειναι.
ΜΘ 23:23	23	.... και αφηκατε τα βαρυτερα του νομου, την	κρισιν	και το ελεος και την πιστιν. ταυτα εδει...
ΛΚ 11:42	23	...... και παν λαχανον, και παρερχεσθε την	κρισιν	και την αγαπην του θεου. ταυτα δε εδει...
ΜΘ 23:36	23	αμην	λεγω	υμιν, ηξει ταυτα παντα επι την γενεαν...
ΛΚ 11:51	23	..... του θυσιαστηριου και του οικου. ναι,	λεγω	υμιν, εκζητηθησεται απο της γενεας ταυτης.
ΜΘ 23:31	23	ωστε	μαρτυρειτε	εαυτοις οτι υιοι εστε των φονευσαντων τους...
ΛΚ 11:48	23	αρα	μαρτυρες	εστε και συνευδοκειτε τοις εργοις των...
ΜΘ 23:35	23	..... ζαχαριου υιου βαραχιου, ον εφονευσατε	μεταξυ	του ναου και του θυσιαστηριου.
ΛΚ 11:51	23	..... εως αιματος ζαχαριου του απολομενου	μεταξυ	του θυσιαστηριου και του οικου. ναι,...
ΜΘ 23:23	23	.. την πιστιν. ταυτα εδει ποιησαι κακεινα	μη	αφειναι.
ΛΚ 11:42	23	.. του θεου. ταυτα δε εδει ποιησαι κακεινα	μη	παρειναι.
ΜΘ 23:29	23	.. τους ταφους των προφητων και κοσμειτε τα	μνημεια	των δικαιων,
ΛΚ 11:47	23	ουαι υμιν, οτι οικοδομειτε τα	μνημεια	των προφητων, οι δε πατερες υμων απεκτειναν...
ΜΘ 23:29	23	... γραμματεις και φαρισαιοι υποκριται, οτι	οικοδομειτε	τους ταφους των προφητων και κοσμειτε...
ΛΚ 11:47	23	ουαι υμιν, οτι	οικοδομειτε	τα μνημεια των προφητων, οι δε πατερες...
ΜΘ 23:13	23	. υμιν, γραμματεις και φαρισαιοι υποκριται,	οτι	κλειετε την βασιλειαν των ουρανων εμπροσθεν...
ΜΘ 23:23	23	. υμιν, γραμματεις και φαρισαιοι υποκριται,	οτι	αποδεκατουτε το ηδυοσμον και τοανηθον...
ΜΘ 23:27	23	. υμιν, γραμματεις και φαρισαιοι υποκριται,	οτι	παρομοιαζετε ταφοις κεκονιαμενοις, οιτινες...
ΜΘ 23:29	23	. υμιν, γραμματεις και φαρισαιοι υποκριται,	οτι	οικοδομειτε τους ταφους των προφητων και...
ΛΚ 11:42	23	αλλα ουαι υμιν τοις φαρισαιοις,	οτι	αποδεκατουτε το ηδυοσμον και το πηγανον...
ΛΚ 11:44	23	ουαι υμιν,	οτι	εστε ως τα μνημεια τα αδηλα, και οι ανθρωποι...
ΛΚ 11:47	23	ουαι υμιν,	οτι	οικοδομειτε τα μνημεια των προφητων,...
ΛΚ 11:52	23	ουαι υμιν τοις νομικοις,	οτι	ηρατε την κλειδα της γνωσεως. αυτοι ουκ...
ΜΘ 23:4	23	. των ανθρωπων, αυτοι δε τω δακτυλω αυτων	ου	θελουσιν κινησαι αυτα.
ΛΚ 11:46	23	.... και αυτοι ενι των δακτυλων υμων	ου	προσψαυετε τοις φορτιοις.
ΜΘ 23:13	23		ουαι	δε υμιν, γραμματεις και φαρισαιοι υποκριται,...
ΜΘ 23:23	23		ουαι	υμιν, γραμματεις και φαρισαιοι υποκριται,...
ΜΘ 23:27	23		ουαι	υμιν, γραμματεις και φαρισαιοι υποκριται,...
ΜΘ 23:29	23		ουαι	υμιν, γραμματεις και φαρισαιοι υποκριται,...
ΛΚ 11:42	23	αλλα	ουαι	υμιν τοις φαρισαιοις, οτι αποδεκατουτε...
ΛΚ 11:44	23		ουαι	υμιν, οτι εστε ως τα μνημεια τα αδηλα,...
ΛΚ 11:47	23		ουαι	υμιν, οτι οικοδομειτε τα μνημεια των...
ΛΚ 11:52	23		ουαι	υμιν τοις νομικοις, οτι ηρατε την κλειδα...
ΜΘ 23:13	23	.. ουρανων εμπροσθεν των ανθρωπων. υμεις γαρ	ουκ	εισερχεσθε, ουδε τους εισερχομενους αφιετε...
ΛΚ 11:52	23	.. οτι ηρατε την κλειδα της γνωσεως. αυτοι	ουκ	εισηλθατε και τους εισερχομενους εκωλυσατε....
ΜΘ 23:35	23	οπως ελθη εφ υμας	παν	αιμα δικαιον εκχυννομενον επι της γης...
ΛΚ 11:50	23	ινα εκζητηθη το αιμα	παντων	των προφητων το εκκεχυμενον απο καταβολης...
ΜΘ 23:32	23	και υμεις πληρωσατε το μετρον των	πατερων	υμων.

Mθ 23:32	23	και υμεις πληρωσατε το μετρον των πατερων	υμων.
ΛΚ 11:48	23	..... εστε και συνευδοκειτε τοις εργοις των πατερων	υμων, οτι αυτοι μεν απεκτειναν αυτους...
Mθ 23:23	23	..... το ελεος και την πιστιν. ταυτα εδει ποιησαι	κακεινα μη αφειναι.
ΛΚ 11:42	23	... και την αγαπην του θεου. ταυτα δε εδει ποιησαι	κακεινα μη παρειναι.
Mθ 23:25	23	. υποκριται, οτι καθαριζετε το εξωθεν του ποτηριου	και της παροψιδος, εσωθεν δε γεμουσιν...
ΛΚ 11:39	23	...... νυν υμεις οι φαρισαιοι το εξωθεν του ποτηριου	και του πινακος καθαριζετε, το δε εσωθεν...
Mθ 23:34	23	δια τουτο ιδου εγω αποστελλω προς υμας προφητας	και σοφους και γραμματεις. εξ αυτων...
ΛΚ 11:49	23	. σοφια του θεου ειπεν, αποστελω εις αυτους προφητας	και αποστολους, και εξ αυτων αποκτενουσιν...
Mθ 23:29	23	.... οτι οικοδομειτε τους ταφους των προφητων	και κοσμειτε τα μνημεια των δικαιων,
ΛΚ 11:47	23	.... υμιν, οτι οικοδομειτε τα μνημεια των προφητων,	οι δε πατερες υμων απεκτειναν αυτους.
ΛΚ 11:43	23	..... υμιν τοις φαρισαιοις, οτι αγαπατε την πρωτοκαθεδριαν	εν ταις συναγωγαις και τους ασπασμους...
Mθ 23:6	23	.... πρωτοκλισιαν εν τοις δειπνοις και τας πρωτοκαθεδριας	εν ταις συναγωγαις
Mθ 23:6	23	. δειπνοις και τας πρωτοκαθεδριας εν ταις συναγωγαις	
ΛΚ 11:43	23	.. οτι αγαπατε την πρωτοκαθεδριαν εν ταις συναγωγαις	και τους ασπασμους εν ταις αγοραις.
Mθ 23:29	23	.... τους ταφους των προφητων και κοσμειτε τα	μνημεια των δικαιων,
ΛΚ 11:47	23	ουαι υμιν, οτι οικοδομειτε τα	μνημεια των προφητων, οι δε πατερες υμων...
Mθ 23:6	23	. τοις δειπνοις και τας πρωτοκαθεδριας εν ταις	συναγωγαις
Mθ 23:7	23	και τους ασπασμους εν ταις	αγοραις και καλεισθαι υπο των ανθρωπων,...
ΛΚ 11:43	23	.... οτι αγαπατε την πρωτοκαθεδριαν εν ταις	συναγωγαις και τους ασπασμους εν ταις...
ΛΚ 11:43	23	. ταις συναγωγαις και τους ασπασμους εν ταις	αγοραις.
Mθ 23:23	23	. την κρισιν και το ελεος και την πιστιν. ταυτα	εδει ποιησαι κακεινα μη αφειναι.
ΛΚ 11:42	23	...... την κρισιν και την αγαπην του θεου. ταυτα	δε εδει ποιησαι κακεινα μη παρειναι.
Mθ 23:36	23	.... υμιν, ηξει ταυτα παντα επι την γενεαν ταυτην.	
ΛΚ 11:51	23	. λεγω υμιν, εκζητηθησεται απο της γενεας ταυτης.	
Mθ 23:23	23	.... και αφηκατε τα βαρυτερα του νομου, την	κρισιν και το ελεος και την πιστιν....
ΛΚ 11:42	23	. πηγανον και παν λαχανον, και παρερχεσθε την	κρισιν και την αγαπην του θεου. ταυτα...
Mθ 23:23	23	.... φαρισαιοι υποκριται, οτι αποδεκατουτε το	ηδυοσμον και τοανηθον και το κυμινον,...
Mθ 23:25	23	. και φαρισαιοι υποκριται, οτι καθαριζετε το	εξωθεν του ποτηριου και της παροψιδος,...
ΛΚ 11:39	23	.. κυριος προς αυτον, νυν υμεις οι φαρισαιοι το	εξωθεν του ποτηριου και του πινακος...
ΛΚ 11:42	23	... υμιν τοις φαρισαιοις, οτι αποδεκατουτε το	ηδυοσμον και το πηγανον και παν λαχανον,...
Mθ 23:25	23	.... υποκριται, οτι καθαριζετε το εξωθεν του	ποτηριου και της παροψιδος, εσωθεν δε...
Mθ 23:35	23	.... υιου βαραχιου, ον εφονευσατε μεταξυ του	ναου και του θυσιαστηριου.
ΛΚ 11:39	23	.. αυτον, νυν υμεις οι φαρισαιοι το εξωθεν του	ποτηριου και του πινακος καθαριζετε,...
ΛΚ 11:51	23	. αιματος ζαχαριου του απολομενου μεταξυ του	θυσιαστηριου και του οικου. ναι, λεγω...
Mθ 23:7	23	και τους	ασπασμους εν ταις αγοραις και καλεισθαι...
Mθ 23:13	23	. ανθρωπων. υμεις γαρ ουκ εισερχεσθε, ουδε τους	εισερχομενους αφιετε εισελθειν.
ΛΚ 11:43	23	. πρωτοκαθεδριαν εν ταις συναγωγαις και τους	ασπασμους εν ταις αγοραις.
ΛΚ 11:52	23	... της γνωσεως. αυτοι ουκ εισηλθατε και τους	εισερχομενους εκωλυσατε.
Mθ 23:34	23	δια τουτο	ιδου εγω αποστελλω προς υμας προφητας...
ΛΚ 11:49	23	δια τουτο	και η σοφια του θεου ειπεν, αποστελω...
Mθ 23:29	23	.. υποκριται, οτι οικοδομειτε τους ταφους των	προφητων και κοσμειτε τα μνημεια των...
Mθ 23:32	23	και υμεις πληρωσατε το μετρον των	πατερων υμων.
ΛΚ 11:47	23	. ουαι υμιν, οτι οικοδομειτε τα μνημεια των	προφητων, οι δε πατερες υμων απεκτειναν...
ΛΚ 11:48	23	.... εστε και συνευδοκειτε τοις εργοις των	πατερων υμων, οτι αυτοι μεν απεκτειναν...
Mθ 23:13	23	ουαι δε υμιν,	γραμματεις και φαρισαιοι υποκριται, οτι...
Mθ 23:23	23	ουαι υμιν,	γραμματεις και φαρισαιοι υποκριται, οτι...
Mθ 23:27	23	ουαι υμιν,	γραμματεις και φαρισαιοι υποκριται, οτι...
Mθ 23:29	23	ουαι υμιν,	γραμματεις και φαρισαιοι υποκριται, οτι...
Mθ 23:36	23	αμην λεγω υμιν,	ηξει ταυτα παντα επι την γενεαν ταυτην.
ΛΚ 11:42	23	αλλα ουαι υμιν	τοις φαρισαιοις, οτι αποδεκατουτε το...
ΛΚ 11:44	23	ουαι υμιν,	οτι εστε ως τα μνημεια τα αδηλα, και...
ΛΚ 11:47	23	ουαι υμιν,	οτι οικοδομειτε τα μνημεια των προφητων,...
ΛΚ 11:51	23	.. θυσιαστηριου και του οικου. ναι, λεγω υμιν,	εκζητηθησεται απο της γενεας ταυτης.
ΛΚ 11:52	23	ουαι υμιν	τοις νομικοις, οτι ηρατε την κλειδα της...
Mθ 23:32	23	... υμεις πληρωσατε το μετρον των πατερων υμων.	
ΛΚ 11:48	23	..... συνευδοκειτε τοις εργοις των πατερων υμων,	οτι αυτοι μεν απεκτειναν αυτους υμεις...
Mθ 23:23	23	ουαι υμιν, γραμματεις και φαρισαιοι	υποκριται, οτι αποδεκατουτε το ηδυοσμον...

Μθ 23:25	23	ουαι υμιν, γραμματεις και φαρισαιοι	υποκριται, οτι καθαριζετε το εξωθεν...
ΛΚ 11:39	23	. ειπεν δε ο κυριος προς αυτον, νυν υμεις οι φαρισαιοι	το εξωθεν του ποτηριου και του πινακος...
ΛΚ 11:42	23	αλλα ουαι υμιν τοις φαρισαιοις,	οτι αποδεκατουτε το ηδυοσμον και...
Μθ 23:4	23	δεσμευουσιν δε φορτια	βαρεα και επιτιθεασιν επι τους ωμους...
ΛΚ 11:46	23	...... ουαι, οτι φορτιζετε τους ανθρωπους φορτια	δυσβαστακτα, και αυτοι ενι των δακτυλων...

Ref		Context	Key	Context
Μθ 10:30	24	υμων δε και	αι	τριχες της κεφαλης πασαι ηριθμημεναι εισιν.
ΛΚ 12:7	24	αλλα και	αι	τριχες της κεφαλης υμων πασαι ηριθμηνται....
Μθ 10:32	24	. ουν οστις ομολογησει εν εμοι εμπροσθεν των	ανθρωπων,	ομολογησω καγω εν αυτω εμπροσθεν του πατρος...
Μθ 10:33	24	οστις δ αν αρνησηται με εμπροσθεν των	ανθρωπων,	αρνησομαι καγω αυτον εμπροσθεν του πατρος...
ΛΚ 12:8	24	.. πας ος αν ομολογηση εν εμοι εμπροσθεν των	ανθρωπων,	και ο υιος του ανθρωπου ομολογησει εν...
ΛΚ 12:9	24	ο δε αρνησαμενος με ενωπιον των	ανθρωπων	απαρνηθησεται ενωπιον των αγγελων του θεου.
ΛΚ 12:9	24	. ο δε αρνησαμενος με ενωπιον των ανθρωπων	απαρνηθησεται	ενωπιον των αγγελων του θεου.
Μθ 10:28	24	και μη φοβεισθε	απο	των αποκτεννοντων το σωμα, την δε ψυχην...
ΛΚ 12:4	24	. λεγω δε υμιν τοις φιλοις μου, μη φοβηθητε	απο	των αποκτεινοντων το σωμα και μετα ταυτα...
Μθ 10:26	24	. αυτους. ουδεν γαρ εστιν κακαλυμμενον ο ουκ	αποκαλυφθησεται,	και κρυπτον ο ου γνωσθησεται.
ΛΚ 12:2	24	ουδεν δε συγκεκαλυμμενον εστιν ο ουκ	αποκαλυφθησεται,	και κρυπτον ο ου γνωσθησεται.
ΛΚ 12:4	24	. υμιν τοις φιλοις μου, μη φοβηθητε απο των	αποκτεινοντων	το σωμα και μετα ταυτα μη εχοντων περισσοτερον...
Μθ 10:28	24	και μη φοβεισθε απο των	αποκτεννοντων	το σωμα, την δε ψυχην μη δυναμενων αποκτειναι....
ΛΚ 12:9	24	ο δε	αρνησαμενος	με ενωπιον των ανθρωπων απαρνηθησεται...
Μθ 10:33	24	οστις δ αν	αρνησηται	με εμπροσθεν των ανθρωπων, αρνησομαι καγω...
Μθ 10:33	24	.. αν αρνησηται με εμπροσθεν των ανθρωπων,	αρνησομαι	καγω αυτον εμπροσθεν του πατρος μου του...
Μθ 10:29	24	ουχι δυο στρουθια	ασσαριου	πωλειται; και εν εξ αυτων ου πεσειται επι...
ΛΚ 12:6	24	ουχι πεντε στρουθια πωλουνται	ασσαριων	δυο; και εν εξ αυτων ουκ εστιν επιλελησμενον...
Μθ 10:32	24	. εμπροσθεν των ανθρωπων, ομολογησω καγω εν	αυτω	εμπροσθεν του πατρος μου του εν ουρανοις.
ΛΚ 12:8	24	...... και ο υιος του ανθρωπου ομολογησει εν	αυτω	εμπροσθεν των αγγελων του θεου.
Μθ 10:29	24	. δυο στρουθια ασσαριου πωλειται; και εν εξ	αυτων	ου πεσειται επι την γην ανευ του πατρος...
ΛΚ 12:6	24	.... πωλουνται ασσαριων δυο; και εν εξ	αυτων	ουκ εστιν επιλελησμενον ενωπιον του θεου.
ΛΚ 12:5	24	.... εχοντα εξουσιαν εμβαλειν εις την	γεενναν.	ναι, λεγω υμιν, τουτον φοβηθητε.
Μθ 10:28	24	... δυναμενον και ψυχην και σωμα απολεσαι εν	γεεννη.	
Μθ 10:26	24	... ο ουκ αποκαλυφθησεται, και κρυπτον ο ου	γνωσθησεται.	
ΛΚ 12:2	24	... ο ουκ αποκαλυφθησεται, και κρυπτον ο ου	γνωσθησεται.	
Μθ 10:33	24	οστις	δ	αν αρνησηται με εμπροσθεν των ανθρωπων,...
ΛΚ 12:9	24	ο	δε	αρνησαμενος με ενωπιον των ανθρωπων απαρνηθησεται..
Μθ 10:31	24	μη ουν φοβεισθε. πολλων στρουθιων	διαφερετε	υμεις.
ΛΚ 12:7	24	.. ηριθμηνται. μη φοβεισθε. πολλων στρουθιων	διαφερετε.	
Μθ 10:27	24	. και ο εις το ους ακουετε, κηρυξατε επι των	δωματων.	
ΛΚ 12:3	24	..... εν τοις ταμειεοις κηρυχθησεται επι των	δωματων.	
Μθ 10:27	24	ο λεγω υμιν εν τη σκοτια,	ειπατε	εν τω φωτι. και ο εις το ους ακουετε, κηρυξατε...
ΛΚ 12:3	24	ανθ ων οσα εν τη σκοτια	ειπατε	εν τω φωτι ακουσθησεται, και ο προς το...
Μθ 10:32	24	πας ουν οστις ομολογησει εν	εμοι	εμπροσθεν των ανθρωπων, ομολογησω καγω...
ΛΚ 12:8	24	λεγω δε υμιν, πας ος αν ομολογηση εν	εμοι	εμπροσθεν των ανθρωπων, και ο υιος του...
Μθ 10:32	24	πας ουν οστις ομολογησει εν εμοι	εμπροσθεν	των ανθρωπων, ομολογησω καγω εν αυτω...
Μθ 10:32	24	..... των ανθρωπων, ομολογησω καγω εν αυτω	εμπροσθεν	του πατρος μου του εν ουρανοις.
ΛΚ 12:8	24	..... δε υμιν, πας ος αν ομολογηση εν εμοι	εμπροσθεν	των ανθρωπων, και ο υιος του ανθρωπου...
ΛΚ 12:8	24	.... ο υιος του ανθρωπου ομολογησει εν αυτω	εμπροσθεν	των αγγελων του θεου.
Μθ 10:27	24	ο λεγω υμιν	εν	τη σκοτια, ειπατε εν τω φωτι. και ο εις...
Μθ 10:27	24	ο λεγω υμιν εν τη σκοτια, ειπατε	εν	τω φωτι. και ο εις το ους ακουετε, κηρυξατε...
Μθ 10:29	24	. ουχι δυο στρουθια ασσαριου πωλειται; και	εν	εξ αυτων ου πεσειται επι την γην ανευ...
Μθ 10:32	24	πας ουν οστις ομολογησει	εν	εμοι εμπροσθεν των ανθρωπων, ομολογησω...
Μθ 10:32	24	... εμπροσθεν των ανθρωπων, ομολογησω καγω	εν	αυτω εμπροσθεν του πατρος μου του εν...
ΛΚ 12:3	24	ανθ ων οσα	εν	τη σκοτια ειπατε εν τω φωτι ακουσθησεται,...
ΛΚ 12:3	24	.. ακουσθησεται, και ο προς το ους ελαλησατε	εν	τοις ταμειεοις κηρυχθησεται επι των δωματων....
ΛΚ 12:6	24	...... στρουθια πωλουνται ασσαριων δυο; και	εν	εξ αυτων ουκ εστιν επιλελησμενον ενωπιον...
ΛΚ 12:8	24	λεγω δε υμιν, πας ος αν ομολογηση	εν	εμοι εμπροσθεν των ανθρωπων, και ο υιος...
ΛΚ 12:8	24	.... και ο υιος του ανθρωπου ομολογησει	εν	αυτω εμπροσθεν των αγγελων του θεου.
Μθ 10:29	24	... δυο στρουθια ασσαριου πωλειται; και εν	εξ	αυτων ου πεσειται επι την γην ανευ του...
ΛΚ 12:6	24	.. στρουθια πωλουνται ασσαριων δυο; και εν	εξ	αυτων ουκ εστιν επιλελησμενον ενωπιον...
Μθ 10:27	24	... φωτι. και ο εις το ους ακουετε, κηρυξατε	επι	των δωματων.
ΛΚ 12:3	24	.. ελαλησατε εν τοις ταμειεοις κηρυχθησεται	επι	των δωματων.
Μθ 10:26	24	μη ουν φοβηθητε αυτους. ουδεν γαρ	εστιν	κακαλυμμενον ο ουκ αποκαλυφθησεται, και...

ΛΚ 12:2	24	ουδεν δε συγκεκαλυμμενον	εστιν	ο ουκ αποκαλυφθησεται, και κρυπτον ο ου...
ΜΘ 10:30	24	. υμων δε και αι τριχες της κεφαλης πασαι	ηριθμημεναι	εισιν.
ΛΚ 12:7	24	. αλλα και αι τριχες της κεφαλης υμων πασαι	ηριθμηνται.	μη φοβεισθε. πολλων στρουθιων διαφερετε.
ΜΘ 10:26	24	.... κεκαλυμμενον ο ουκ αποκαλυφθησεται,	και	κρυπτον ο ου γνωσθησεται.
ΜΘ 10:27	24	... υμιν εν τη σκοτια, ειπατε εν τω φωτι.	και	ο εις το ους ακουετε, κηρυξατε επι των...
ΜΘ 10:29	24	ουχι δυο στρουθια ασσαριου πωλειται;	και	εν εξ αυτων ου πεσειται επι την γην...
ΜΘ 10:30	24	υμων δε	και	αι τριχες της κεφαλης πασαι ηριθμημεναι...
ΛΚ 12:2	24	.... εστιν ο ουκ αποκαλυφθησεται,	και	κρυπτον ο ου γνωσθησεται.
ΛΚ 12:3	24	... σκοτια ειπατε εν τω φωτι ακουσθησεται,	και	ο προς το ους ελαλησατε εν τοις ταμειεοις...
ΛΚ 12:6	24	.... πεντε στρουθια πωλουνται ασσαριων δυο;	και	εν εξ αυτων ουκ εστιν επιλελησμενον...
ΛΚ 12:7	24	αλλα	και	αι τριχες της κεφαλης υμων πασαι ηριθμηνται....
ΜΘ 10:26	24	μη ουν φοβηθητε αυτους. ουδεν γαρ εστιν	κεκαλυμμενον	ο ουκ αποκαλυφθησεται, και κρυπτον ο...
ΜΘ 10:30	24	υμων δε και αι τριχες της	κεφαλης	πασαι ηριθμημεναι εισιν.
ΛΚ 12:7	24	αλλα και αι τριχες της	κεφαλης	υμων πασαι ηριθμηνται. μη φοβεισθε. πολλων...
ΜΘ 10:27	24	.... εν τω φωτι. και ο εις το ους ακουετε,	κηρυξατε	επι των δωματων.
ΛΚ 12:3	24	. ο προς το ους ελαλησατε εν τοις ταμειεοις	κηρυχθησεται	επι των δωματων.
ΜΘ 10:26	24	. κεκαλυμμενον ο ουκ αποκαλυφθησεται, και	κρυπτον	ο ου γνωσθησεται.
ΛΚ 12:2	24	.... εστιν ο ουκ αποκαλυφθησεται, και	κρυπτον	ο ου γνωσθησεται.
ΜΘ 10:33	24	οστις δ αν αρνησηται	με	εμπροσθεν των ανθρωπων, αρνησομαι καγω...
ΛΚ 12:9	24	ο δε αρνησαμενος	με	ενωπιον των ανθρωπων απαρνηθησεται ενωπιον...
ΜΘ 10:28	24	και	μη	φοβεισθε απο των αποκτεννοντων το σωμα,...
ΜΘ 10:31	24		μη	ουν φοβεισθε. πολλων στρουθιων διαφερετε...
ΛΚ 12:4	24	λεγω δε υμιν τοις φιλοις μου,	μη	φοβηθητε απο των αποκτεινοντων το σωμα...
ΛΚ 12:7	24	.... της κεφαλης υμων πασαι ηριθμηνται.	μη	φοβεισθε. πολλων στρουθιων διαφερετε.
ΜΘ 10:26	24	..... αυτους. ουδεν γαρ εστιν κεκαλυμμενον	ο	ουκ αποκαλυφθησεται, και κρυπτον ο ου...
ΜΘ 10:26	24	..... ο ουκ αποκαλυφθησεται, και κρυπτον	ο	ου γνωσθησεται.
ΜΘ 10:27	24	... εν τη σκοτια, ειπατε εν τω φωτι. και	ο	εις το ους ακουετε, κηρυξατε επι των...
ΛΚ 12:2	24	ουδεν δε συγκεκαλυμμενον εστιν	ο	ουκ αποκαλυφθησεται, και κρυπτον ο ου...
ΛΚ 12:2	24	..... ο ουκ αποκαλυφθησεται, και κρυπτον	ο	ου γνωσθησεται.
ΛΚ 12:3	24	..... ειπατε εν τω φωτι ακουσθησεται, και	ο	προς το ους ελαλησατε εν τοις ταμειεοις...
ΜΘ 10:32	24	πας ουν οστις	ομολογησει	εν εμοι εμπροσθεν των ανθρωπων, ομολογησω...
ΛΚ 12:8	24	... των ανθρωπων, και ο υιος του ανθρωπου	ομολογησει	εν αυτω εμπροσθεν των αγγελων του θεου.
ΛΚ 12:8	24	λεγω δε υμιν, πας ος αν	ομολογηση	εν εμοι εμπροσθεν των ανθρωπων, και...
ΜΘ 10:32	24	.... εν εμοι εμπροσθεν των ανθρωπων,	ομολογησω	καγω εν αυτω εμπροσθεν του πατρος μου...
ΛΚ 12:8	24	λεγω δε υμιν, πας	ος	αν ομολογηση εν εμοι εμπροσθεν των...
ΜΘ 10:32	24	πας ουν	οστις	ομολογησει εν εμοι εμπροσθεν των ανθρωπων,...
ΜΘ 10:26	24	.. ο ουκ αποκαλυφθησεται, και κρυπτον ο	ου	γνωσθησεται.
ΜΘ 10:29	24	.... ασσαριου πωλειται; και εν εξ αυτων	ου	πεσειται επι την γην ανευ του πατρος υμων.
ΛΚ 12:2	24	.. ο ουκ αποκαλυφθησεται, και κρυπτον ο	ου	γνωσθησεται.
ΜΘ 10:26	24	μη ουν φοβηθητε αυτους.	ουδεν	γαρ εστιν κεκαλυμμενον ο ουκ αποκαλυφθησεται,...
ΛΚ 12:2	24		ουδεν	δε συγκεκαλυμμενον εστιν ο ουκ αποκαλυφθησεται,...
ΜΘ 10:26	24	. αυτους. ουδεν γαρ εστιν κεκαλυμμενον ο	ουκ	αποκαλυφθησεται, και κρυπτον ο ου...
ΛΚ 12:2	24	ουδεν δε συγκεκαλυμμενον εστιν ο	ουκ	αποκαλυφθησεται, και κρυπτον ο ου...
ΛΚ 12:6	24	.... ασσαριων δυο; και εν εξ αυτων	ουκ	εστιν επιλελησμενον ενωπιον του θεου.
ΜΘ 10:27	24	.... ειπατε εν τω φωτι. και ο εις το	ους	ακουετε, κηρυξατε επι των δωματων.
ΛΚ 12:3	24	.. εν τω φωτι ακουσθησεται, και ο προς το	ους	ελαλησατε εν τοις ταμειεοις κηρυχθησεται...
ΜΘ 10:29	24		ουχι	δυο στρουθια ασσαριου πωλειται; και εν...
ΛΚ 12:6	24		ουχι	πεντε στρουθια πωλουνται ασσαριων δυο;...
ΜΘ 10:32	24		πας	ουν οστις ομολογησει εν εμοι εμπροσθεν...
ΛΚ 12:8	24	λεγω δε υμιν,	πας	ος αν ομολογηση εν εμοι εμπροσθεν...
ΜΘ 10:30	24	υμων δε και αι τριχες της κεφαλης	πασαι	ηριθμημεναι εισιν.
ΛΚ 12:7	24	αλλα και αι τριχες της κεφαλης υμων	πασαι	ηριθμηνται. μη φοβεισθε. πολλων στρουθιων...
ΜΘ 10:31	24	μη ουν φοβεισθε.	πολλων	στρουθιων διαφερετε υμεις.
ΛΚ 12:7	24	..... υμων πασαι ηριθμηνται. μη φοβεισθε.	πολλων	στρουθιων διαφερετε.
ΜΘ 10:29	24	ουχι δυο στρουθια ασσαριου	πωλειται;	και εν εξ αυτων ου πεσειται επι...
ΛΚ 12:6	24	ουχι πεντε στρουθια	πωλουνται	ασσαριων δυο; και εν εξ αυτων ουκ...
ΜΘ 10:27	24	ο λεγω υμιν εν τη	σκοτια,	ειπατε εν τω φωτι. και ο εις το ους...

Μθ 10:27	24	ο λεγω υμιν εν τη σκοτια,	ειπατε εν τω φωτι. και ο εις το ους...
Λκ 12:3	24	ανθ ων οσα εν τη σκοτια	ειπατε εν τω φωτι ακουσθησεται, και...
Μθ 10:29	24	ουχι δυο στρουθια	ασσαριου πωλειται; και εν εξ αυτων...
Λκ 12:6	24	ουχι πεντε στρουθια	πωλουνται ασσαριων δυο; και εν εξ...
Μθ 10:31	24	μη ουν φοβεισθε. πολλων στρουθιων	διαφερετε υμεις.
Λκ 12:7	24	.. πασαι ηριθμηνται. μη φοβεισθε. πολλων στρουθιων	διαφερετε.
Λκ 12:2	24	ουδεν δε συγκεκαλυμμενον	εστιν ο ουκ αποκαλυφθησεται, και κρυπτον...
Μθ 10:28	24	.... μη φοβεισθε απο των αποκτεννοντων το σωμα,	την δε ψυχην μη δυναμενων αποκτειναι....
Λκ 12:4	24	.... μη φοβηθητε απο των αποκτεινοντων το σωμα	και μετα ταυτα μη εχοντων περισσοτερον...
Μθ 10:27	24	ο λεγω υμιν εν τη	σκοτια, ειπατε εν τω φωτι. και ο εις...
Λκ 12:3	24	ανθ ων οσα εν τη	σκοτια ειπατε εν τω φωτι ακουσθησεται,...
Μθ 10:30	24	υμων δε και αι τριχες της	κεφαλης πασαι ηριθμημεναι εισιν.
Λκ 12:7	24	αλλα και αι τριχες της	κεφαλης υμων πασαι ηριθμηνται. μη φοβεισθε....
Μθ 10:27	24	.. σκοτια, ειπατε εν τω φωτι. και ο εις το	ους ακουετε, κηρυξατε επι των δωματων.
Μθ 10:28	24	. και μη φοβεισθε απο των αποκτεννοντων το	σωμα, την δε ψυχην μη δυναμενων αποκτειναι....
Λκ 12:3	24	..... εν τω φωτι ακουσθησεται, και ο προς το	ους ελαλησατε εν τοις ταμειεοις κηρυχθησεται...
Λκ 12:4	24	.. μου, μη φοβηθητε απο των αποκτεινοντων το	σωμα και μετα ταυτα μη εχοντων περισσοτερον...
Μθ 10:30	24	υμων δε και αι τριχες	της κεφαλης πασαι ηριθμημεναι εισιν.
Λκ 12:7	24	αλλα και αι τριχες	της κεφαλης υμων πασαι ηριθμηνται....
Μθ 10:27	24	. ο λεγω υμιν εν τη σκοτια, ειπατε εν τω	φωτι. και ο εις το ους ακουετε, κηρυξατε...
Λκ 12:3	24	ανθ ων οσα εν τη σκοτια ειπατε εν τω	φωτι ακουσθησεται, και ο προς το ους...
Μθ 10:27	24	.... ο εις το ους ακουετε, κηρυξατε επι των	δωματων.
Μθ 10:28	24	και μη φοβεισθε απο των	αποκτεννοντων το σωμα, την δε ψυχην...
Μθ 10:32	24	.... οστις ομολογησει εν εμοι εμπροσθεν των	ανθρωπων, ομολογησω καγω εν αυτω εμπροσθεν...
Μθ 10:33	24	οστις δ αν αρνησηται με εμπροσθεν των	ανθρωπων, αρνησομαι καγω αυτον εμπροσθεν...
Λκ 12:3	24	...... εν τοις ταμειεοις κηρυχθησεται επι των	δωματων.
Λκ 12:4	24	.... υμιν τοις φιλοις μου, μη φοβηθητε απο των	αποκτεινοντων το σωμα και μετα ταυτα...
Λκ 12:8	24	..... ος αν ομολογηση εν εμοι εμπροσθεν των	ανθρωπων, και ο υιος του ανθρωπου ομολογησει...
Λκ 12:9	24	ο δε αρνησαμενος με ενωπιον των	ανθρωπων απαρνηθησεται ενωπιον των αγγελων...
Μθ 10:28	24	και μη φοβεισθε	απο των αποκτεννοντων το σωμα, την...
Μθ 10:28	24	.... την δε ψυχην μη δυναμενων αποκτειναι. φοβεισθε	δε μαλλον τον δυναμενον και ψυχην και...
Μθ 10:31	24	μη ουν φοβεισθε.	πολλων στρουθιων διαφερετε υμεις.
Λκ 12:7	24	. της κεφαλης υμων πασαι ηριθμηνται. μη φοβεισθε.	πολλων στρουθιων διαφερετε.
Λκ 12:4	24	λεγω δε υμιν τοις φιλοις μου, μη φοβηθητε	απο των αποκτεινοντων το σωμα και...
Λκ 12:5	24	υποδειξω δε υμιν τινα φοβηθητε. φοβηθητε	τον μετα το αποκτειναι εχοντα εξουσιαν...
Μθ 10:27	24	. λεγω υμιν εν τη σκοτια, ειπατε εν τω φωτι.	και ο εις το ους ακουετε, κηρυξατε...
Λκ 12:3	24	. ανθ ων οσα εν τη σκοτια ειπατε εν τω φωτι	ακουσθησεται, και ο προς το ους ελαλησατε...

Sin Against the Holy Spirit

MT 12:31-32 LK 12:10 (198)

Ref			Left context	Word	Right context
Μθ	12:32	25	και ος εαν ειπη λογον κατα του υιου του	ανθοωπου,	αφεθησεται αυτω. ος δ αν ειπη κατα του...
ΛΚ	12:10	25	και πας ος ερει λογον εις τον υιον του	ανθρωπου,	αφεθησεται αυτω. τω δε εις το αγιον πνευμα...
Μθ	12:32	25	.... κατα του υιου του ανθρωπου. αφεθησεται	αυτω.	ος δ αν ειπη κατα του πνευματος του αγιου,...
ΛΚ	12:10	25	..... εις τον υιον του ανθρωπου. αφεθησεται	αυτω.	τω δε εις το αγιον πνευμα βλασφημησαντι...
Μθ	12:32	25	.... ειπη λογον κατα του υιου του ανθρωπου,	αφεθησεται	αυτω. ος δ αν ειπη κατα του πνευματος...
ΛΚ	12:10	25	.. ος ερει λογον εις τον υιον του ανθρωπου,	αφεθησεται	αυτω. τω δε εις το αγιον πνευμα βλασφημησαντι...
Μθ	12:32	25		και	ος εαν ειπη λογον κατα του υιου του ανθρωπου,...
ΛΚ	12:10	25		και	πας ος ερει λογον εις τον υιον του ανθρωπου,...
Μθ	12:32	25	και ος εαν ειπη	λογον	κατα του υιου του ανθρωπου, αφεθησεται...
ΛΚ	12:10	25	και πας ος ερει	λογον	εις τον υιον του ανθρωπου, αφεθησεται...
Μθ	12:32	25	και	ος	εαν ειπη λογον κατα του υιου του ανθρωπου,...
ΛΚ	12:10	25	και πας	ος	ερει λογον εις τον υιον του ανθρωπου,...
Μθ	12:32	25	και ος εαν ειπη λογον κατα του υιου	του	ανθρωπου, αφεθησεται αυτω. ος δ αν...
ΛΚ	12:10	25	και πας ος ερει λογον εις τον υιον	του	ανθρωπου, αφεθησεται αυτω. τω δε εις...
ΛΚ	12:10	25	και πας ος ερει λογον εις τον	υιον	του ανθρωπου, αφεθησεται αυτω. τω δε...
Μθ	12:32	25	και ος εαν ειπη λογον κατα του	υιου	του ανθρωπου, αφεθησεται αυτω. ος...

Μθ 10:19	26	οταν δε	παραδωσιν υμας, μη μεριμνησητε πως η τι...
ΛΚ 12:11	26	οταν δε	εισφερωσιν υμας επι τας συναγωγας και τας...
Μθ 10:19	26	..... δε παραδωσιν υμας, μη μεριμνησητε πως η	τι λαλησητε. δοθησεται γαρ υμιν εν εκεινη...
ΛΚ 12:11	26	. εξουσιας, μη μεριμνησητε πως απολογησησθε η	τι ειπητε.
Μθ 10:19	26	οταν δε παραδωσιν υμας, μη μεριμνησητε πως	η τι λαλησητε. δοθησεται γαρ υμιν εν εκεινη...
ΛΚ 12:11	26	. τας αρχας και τας εξουσιας, μη μεριμνησητε πως	απολογησησθε η τι ειπητε.

Ref		Left context	Keyword	Right context
ΜΘ 6:30	27	ει δε τον χορτον του	αγρου	σημερον οντα και αυριον εις κλιβανον βαλλομενον...
ΛΚ 12:28	27	ει δε εν	αγρω	τον χορτον οντα σημερον και αυριον εις...
ΜΘ 6:30	27	.... εις κλιβανον βαλλομενον ο θεος ουτως	αμφιεννυσιν,	ου πολλω μαλλον υμας, ολιγοπιστοι;
ΛΚ 12:28	27	.... εις κλιβανον βαλλομενον ο θεος ουτως	αμφιζει,	ποσω μαλλον υμας, ολιγοπιστοι.
ΜΘ 6:26	27	.... ουδε θεριζουσιν ουδε συναγουσιν εις	αποθηκας,	και ο πατηρ υμων ο ουρανιος τρεφει αυτα....
ΛΚ 12:24	27	..... θεριζουσιν, οις ουκ εστιν ταμειον ουδε	αποθηκη,	και ο θεος τρεφει αυτους. ποσω μαλλον...
ΜΘ 6:30	27	.. δε τον χορτον του αγρου σημερον οντα και	αυριον	εις κλιβανον βαλλομενον ο θεος ουτως αμφιεννυσιν,...
ΛΚ 12:28	27	. ει δε εν αγρω τον χορτον οντα σημερον και	αυριον	εις κλιβανον βαλλομενον ο θεος ουτως αμφιζει,...
ΜΘ 6:26	27	.... και ο πατηρ υμων ο ουρανιος τρεφει	αυτα.	ουχ υμεις μαλλον διαφερετε αυτων;
ΜΘ 6:27	27	.... δυναται προσθειναι επι την ηλικιαν	αυτου	πηχυν ενα;
ΜΘ 6:29	27	... δε υμιν οτι ουδε σολομων εν παση τη δοξη	αυτου	περιεβαλετο ως εν τουτων.
ΜΘ 6:33	27	... πρωτον την βασιλειαν και την δικαιοσυνην	αυτου,	και ταυτα παντα προστεθησεται υμιν.
ΛΚ 12:25	27	... εξ υμων μεριμνων δυναται επι την ηλικιαν	αυτου	προσθειναι πηχυν;
ΛΚ 12:27	27	. λεγω δε υμιν, ουδε σολομων εν παση τη δοξη	αυτου	περιεβαλετο ως εν τουτων.
ΛΚ 12:31	27	πλην ζητειτε την βασιλειαν	αυτου,	και ταυτα προστεθησεται υμιν.
ΛΚ 12:24	27	... ταμειον ουδε αποθηκη, και ο θεος τρεφει	αυτους.	ποσω μαλλον υμεις διαφερετε των πετεινων.
ΜΘ 6:30	27	...... σημερον οντα και αυριον εις κλιβανον	βαλλομενον	ο θεος ουτως αμφιεννυσιν, ου πολλω μαλλον...
ΛΚ 12:28	27	...... οντα σημερον και αυριον εις κλιβανον	βαλλομενον	ο θεος ουτως αμφιζει, ποσω μαλλον υμας,...
ΜΘ 6:33	27	ζητειτε δε πρωτον την	βασιλειαν	και την δικαιοσυνην αυτου, και ταυτα παντα...
ΛΚ 12:31	27	πλην ζητειτε την	βασιλειαν	αυτου, και ταυτα προστεθησεται υμιν.
ΜΘ 6:32	27	παντα	γαρ	ταυτα τα εθνη επιζητουσιν. οιδεν γαρ ο...
ΛΚ 12:30	27	ταυτα	γαρ	παντα τα εθνη του κοσμου επιζητουσιν....
ΜΘ 6:27	27	τις	δε	εξ υμων μεριμνων δυναται προσθειναι επι...
ΜΘ 6:29	27	λεγω	δε	υμιν οτι ουδε σολομων εν παση τη δοξη αυτου...
ΜΘ 6:30	27	ει	δε	τον χορτον του αγρου σημερον οντα και...
ΛΚ 12:25	27	τις	δε	εξ υμων μεριμνων δυναται επι την ηλικιαν...
ΛΚ 12:27	27	..... πως αυξανει. ου κοπια ουδε νηθει. λεγω	δε	υμιν, ουδε σολομων εν παση τη δοξη αυτου...
ΛΚ 12:28	27	ει	δε	εν αγρω τον χορτον οντα σημερον και αυριον...
ΜΘ 6:25	27		δια	τουτο λεγω υμιν, μη μεριμνατε τη ψυχη υμων...
ΛΚ 12:22	27	ειπεν δε προς τους μαθητας,	δια	τουτο λεγω υμιν, μη μεριμνατε τη ψυχη τι...
ΜΘ 6:26	27	.. ο ουρανιος τρεφει αυτα. ουχ υμεις μαλλον	διαφερετε	αυτων;
ΛΚ 12:24	27	... ο θεος τρεφει αυτους. ποσω μαλλον υμεις	διαφερετε	των πετεινων.
ΜΘ 6:29	27	. λεγω δε υμιν οτι ουδε σολομων εν παση τη	δοξη	αυτου περιεβαλετο ως εν τουτων.
ΛΚ 12:27	27	..... λεγω δε υμιν, ουδε σολομων εν παση τη	δοξη	αυτου περιεβαλετο ως εν τουτων.
ΜΘ 6:27	27	τις δε εξ υμων μεριμνων	δυναται	προσθειναι επι την ηλικιαν αυτου πηχυν ενα;
ΛΚ 12:25	27	τις δε εξ υμων μεριμνων	δυναται	επι την ηλικιαν αυτου προσθειναι πηχυν;
ΜΘ 6:32	27	παντα γαρ ταυτα τα	εθνη	επιζητουσιν. οιδεν γαρ ο πατηρ υμων ο...
ΛΚ 12:30	27	ταυτα γαρ παντα τα	εθνη	του κοσμου επιζητουσιν. υμων δε ο πατηρ...
ΜΘ 6:30	27		ει	δε τον χορτον του αγρου σημερον οντα...
ΛΚ 12:28	27		ει	δε εν αγρω τον χορτον οντα σημερον και...
ΜΘ 6:30	27	. χορτον του αγρου σημερον οντα και αυριον	εις	κλιβανον βαλλομενον ο θεος ουτως αμφιεννυσιν,...
ΛΚ 12:28	27	.. αγρω τον χορτον οντα σημερον και αυριον	εις	κλιβανον βαλλομενον ο θεος ουτως αμφιζει,...
ΜΘ 6:29	27	λεγω δε υμιν οτι ουδε σολομων	εν	παση τη δοξη αυτου περιεβαλετο ως εν...
ΜΘ 6:29	27	.... εν παση τη δοξη αυτου περιεβαλετο ως	εν	τουτων.
ΛΚ 12:27	27	.... ουδε νηθει. λεγω δε υμιν, ουδε σολομων	εν	παση τη δοξη αυτου περιεβαλετο ως εν...
ΛΚ 12:27	27	.... εν παση τη δοξη αυτου περιεβαλετο ως	εν	τουτων.
ΜΘ 6:28	27	και περι	ενδυματος	τι μεριμνατε; καταμαθετε τα κρινα του αγρου...
ΛΚ 12:23	27	..... λειον εστιν της τροφης και το σωμα του	ενδυματος.	
ΜΘ 6:25	27	.... υμων τι φαγητε , μηδε τω σωματι υμων τι	ενδυσησθε.	ουχι η ψυχη πλειον εστιν της τροφης και...
ΛΚ 12:22	27	.... τη ψυχη τι φαγητε, μηδε τω σωματι τι	ενδυσησθε.	
ΜΘ 6:27	27	τις δε	εξ	υμων μεριμνων δυναται προσθειναι επι την...
ΛΚ 12:25	27	τις δε	εξ	υμων μεριμνων δυναται επι την ηλικιαν...
ΜΘ 6:27	27	.. δε εξ υμων μεριμνων δυναται προσθειναι	επι	την ηλικιαν αυτου πηχυν ενα;
ΛΚ 12:25	27	τις δε εξ υμων μεριμνων δυναται	επι	την ηλικιαν αυτου προσθειναι πηχυν;
ΜΘ 6:32	27	παντα γαρ ταυτα τα εθνη	επιζητουσιν.	οιδεν γαρ ο πατηρ υμων ο ουρανιος οτι...
ΛΚ 12:30	27	ταυτα γαρ παντα τα εθνη του κοσμου	επιζητουσιν.	υμων δε ο πατηρ οιδεν οτι χρηζετε τουτων.

ΛΚ 12:30	27	ταυτα γαρ παντα τα εθνη του κοσμου	επιζητουσιν.	υμων δε ο πατηρ οιδεν οτι χρηζετε τουτων.
Μθ 6:25	27	..... υμων τι ενδυσησθε. ουχι η ψυχη πλειον	εστιν	της τροφης και το σωμα του ενδυματος;
ΛΚ 12:23	27	η γαρ ψυχη λειον	εστιν	της τροφης και το σωμα του ενδυματος.
Μθ 6:33	27		ζητειτε	δε πρωτον την βασιλειαν και την δικαιοσυνην...
ΛΚ 12:31	27	πλην	ζητειτε	την βασιλειαν αυτου, και ταυτα προστεθησεται...
Μθ 6:25	27	.. , μηδε τω σωματι υμων τι ενδυσησθε. ουχι	η	ψυχη πλειον εστιν της τροφης και το σωμα...
ΛΚ 12:23	27		η	γαρ ψυχη λειον εστιν της τροφης και το...
Μθ 6:27	27	. υμων μεριμνων δυναται προσθειναι επι την	ηλικιαν	αυτου πηχυν ενα;
ΛΚ 12:25	27	.... δε εξ υμων μεριμνων δυναται επι την	ηλικιαν	αυτου προσθειναι πηχυν;
Μθ 6:30	27	.... και αυριον εις κλιβανον βαλλομενον ο	θεος	ουτως αμφιεννυσιν, ου πολλω μαλλον υμας,...
ΛΚ 12:28	27	.... και αυριον εις κλιβανον βαλλομενον ο	θεος	ουτως αμφιζει, ποσω μαλλον υμας, ολιγοπιστοι....
Μθ 6:26	27	. πετεινα του ουρανου οτι ου σπειρουσιν ουδε	θεριζουσιν	ουδε συναγουσιν εις αποθηκας, και ο πατηρ...
ΛΚ 12:24	27	.... τους κορακας οτι ου σπειρουσιν ουδε	θεριζουσιν,	οις ουκ εστιν ταμειον ουδε αποθηκη,...
Μθ 6:25	27	...... ουχι η ψυχη πλειον εστιν της τροφης	και	το σωμα του ενδυματος;
Μθ 6:26	27	.... ουδε συναγουσιν εις αποθηκας,	και	ο πατηρ υμων ο ουρανιος τρεφει αυτα. ουχ...
Μθ 6:30	27	. ει δε τον χορτον του αγρου σημερον οντα	και	αυριον εις κλιβανον βαλλομενον ο θεος...
Μθ 6:33	27	.... βασιλειαν και την δικαιοσυνην αυτου,	και	ταυτα παντα προστεθησεται υμιν.
ΛΚ 12:23	27	η γαρ ψυχη λειον εστιν της τροφης	και	το σωμα του ενδυματος.
ΛΚ 12:24	27	..... οις ουκ εστιν ταμειον ουδε αποθηκη,	και	ο θεος τρεφει αυτους. ποσω μαλλον υμεις...
ΛΚ 12:28	27	. ει δε εν αγρω τον χορτον οντα σημερον	και	αυριον εις κλιβανον βαλλομενον ο θεος...
ΛΚ 12:31	27	πλην ζητειτε την βασιλειαν αυτου,	και	ταυτα προστεθησεται υμιν.
Μθ 6:28	27	και περι ενδυματος τι μεριμνατε;	καταμαθετε	τα κρινα του αγρου πως αυξανουσιν. ου...
ΛΚ 12:27	27		κατανοησατε	τα κρινα πως αυξανει. ου κοπια ουδε νηθει....
Μθ 6:30	27	.. του αγρου σημερον οντα και αυριον εις	κλιβανον	βαλλομενον ο θεος ουτως αμφιεννυσιν,...
ΛΚ 12:28	27	.. τον χορτον οντα σημερον και αυριον εις	κλιβανον	βαλλομενον ο θεος ουτως αμφιζει, ποσω...
Μθ 6:28	27	.... ενδυματος τι μεριμνατε; καταμαθετε τα	κρινα	του αγρου πως αυξανουσιν. ου κοπιωσιν...
ΛΚ 12:27	27	κατανοησατε τα	κρινα	πως αυξανει. ου κοπια ουδε νηθει. λεγω...
Μθ 6:25	27	δια τουτο	λεγω	υμιν, μη μεριμνατε τη ψυχη υμων τι φαγητε...
Μθ 6:29	27		λεγω	δε υμιν οτι ουδε σολομων εν παση τη δοξη...
ΛΚ 12:22	27	ειπεν δε προς τους μαθητας, δια τουτο	λεγω	υμιν, μη μεριμνατε τη ψυχη τι φαγητε, μηδε...
ΛΚ 12:27	27	... κρινα πως αυξανει. ου κοπια ουδε νηθει.	λεγω	δε υμιν, ουδε σολομων εν παση τη δοξη...
Μθ 6:26	27	.... υμων ο ουρανιος τρεφει αυτα. ουχ υμεις	μαλλον	διαφερετε αυτων;
Μθ 6:30	27	.... ο θεος ουτως αμφιεννυσιν, ου πολλω	μαλλον	υμας, ολιγοπιστοι;
ΛΚ 12:24	27	.... και ο θεος τρεφει αυτους. ποσω	μαλλον	υμεις διαφερετε των πετεινων.
ΛΚ 12:28	27	... βαλλομενον ο θεος ουτως αμφιζει, ποσω	μαλλον	υμας, ολιγοπιστοι.
Μθ 6:25	27	δια τουτο λεγω υμιν, μη	μεριμνατε	τη ψυχη υμων τι φαγητε , μηδε τω σωματι...
Μθ 6:28	27	και περι ενδυματος τι	μεριμνατε;	καταμαθετε τα κρινα του αγρου πως αυξανουσιν....
ΛΚ 12:22	27	.... τους μαθητας, δια τουτο λεγω υμιν, μη	μεριμνατε	τη ψυχη τι φαγητε, μηδε τω σωματι τι ενδυσησθε....
ΛΚ 12:26	27	. ουδε ελαχιστον δυνασθε, τι περι των λοιπων	μεριμνατε;	
Μθ 6:27	27	τις δε εξ υμων	μεριμνων	δυναται προσθειναι επι την ηλικιαν αυτου...
ΛΚ 12:25	27	τις δε εξ υμων	μεριμνων	δυναται επι την ηλικιαν αυτου προσθειναι...
Μθ 6:25	27	δια τουτο λεγω υμιν,	μη	μεριμνατε τη ψυχη υμων τι φαγητε , μηδε...
Μθ 6:34	27		μη	ουν μεριμνησητε εις την αυριον, η γαρ...
ΛΚ 12:22	27	.. προς τους μαθητας, δια τουτο λεγω υμιν,	μη	μεριμνατε τη ψυχη τι φαγητε, μηδε τω σωματι...
ΛΚ 12:32	27		μη	φοβου, το μικρον ποιμνιον, οτι ευδοκησεν...
Μθ 6:25	27	.... μη μεριμνατε τη ψυχη υμων τι φαγητε ,	μηδε	τω σωματι υμων τι ενδυσησθε. ουχι η ψυχη...
ΛΚ 12:22	27	.... υμιν, μη μεριμνατε τη ψυχη τι φαγητε,	μηδε	τω σωματι τι ενδυσησθε.
ΛΚ 12:27	27	.... τα κρινα πως αυξανει. ου κοπια ουδε	νηθει.	λεγω δε υμιν, ουδε σολομων εν παση...
Μθ 6:28	27	.... αγρου πως αυξανουσιν. ου κοπιωσιν ουδε	νηθουσιν.	
Μθ 6:26	27	.... ουδε συναγουσιν εις αποθηκας, και	ο	πατηρ υμων ο ουρανιος τρεφει αυτα. ουχ...
Μθ 6:30	27	.... και αυριον εις κλιβανον βαλλομενον	ο	θεος ουτως αμφιεννυσιν, ου πολλω μαλλον...
Μθ 6:32	27	.... ταυτα τα εθνη επιζητουσιν. οιδεν γαρ	ο	πατηρ υμων ο ουρανιος οτι χρηζετε τουτων...
ΛΚ 12:24	27	. οις ουκ εστιν ταμειον ουδε αποθηκη, και	ο	θεος τρεφει αυτους. ποσω μαλλον υμεις...
ΛΚ 12:28	27	.... και αυριον εις κλιβανον βαλλομενον	ο	θεος ουτως αμφιζει, ποσω μαλλον υμας,...
ΛΚ 12:30	27	.. εθνη του κοσμου επιζητουσιν. υμων δε	ο	πατηρ οιδεν οτι χρηζετε τουτων.
Μθ 6:32	27	παντα γαρ ταυτα τα εθνη επιζητουσιν.	οιδεν	γαρ ο πατηρ υμων ο ουρανιος οτι χρηζετε...
ΛΚ 12:30	27	... κοσμου επιζητουσιν. υμων δε ο πατηρ	οιδεν	οτι χρηζετε τουτων.

ΜΘ 6:30	27	. ουτως αμφιεννυσιν, ου πολλω μαλλον υμας, ολιγοπιστοι;	
ΛΚ 12:28	27	... θεος ουτως αμφιζει, ποσω μαλλον υμας, ολιγοπιστοι.	
ΜΘ 6:30	27	ει δε τον χορτον του αγρου σημερον οντα	και αυριον εις κλιβανον βαλλομενον...
ΛΚ 12:28	27	ει δε εν αγρω τον χορτον οντα	σημερον και αυριον εις κλιβανον βαλλομενον...
ΜΘ 6:26	27	εμβλεψατε εις τα πετεινα του ουρανου οτι	ου σπειρουσιν ουδε θεριζουσιν ουδε συναγουσιν...
ΜΘ 6:32	27	...... οιδεν γαρ ο πατηρ υμων ο ουρανξος οτι	χρηζετε τουτων απαντων.
ΛΚ 12:24	27	κατανοησατε τους κορακας οτι	ου σπειρουσιν ουδε θεριζουσιν, οις ουκ...
ΛΚ 12:30	27	..... επιζητουσιν. υμων δε ο πατηρ οιδεν οτι	χρηζετε τουτων.
ΜΘ 6:26	27	. εμβλεψατε εις τα πετεινα του ουρανου οτι ου	σπειρουσιν ουδε θεριζουσιν ουδε συναγουσιν...
ΜΘ 6:28	27	.... τα κρινα του αγρου πως αυξανουσιν. ου	κοπιωσιν ουδε νηθουσιν.
ΛΚ 12:24	27	κατανοησατε τους κορακας οτι ου	σπειρουσιν ουδε θεριζουσιν, οις ουκ εστιν...
ΜΘ 6:26	27	. τα πετεινα του ουρανου οτι ου σπειρουσιν ουδε	θεριζουσιν ουδε συναγουσιν εις αποθηκας,...
ΜΘ 6:26	27	...... οτι ου σπειρουσιν ουδε θεριζουσιν ουδε	συναγουσιν εις αποθηκας, και ο πατηρ...
ΜΘ 6:29	27	λεγω δε υμιν οτι ουδε	σολομων εν παση τη δοξη αυτου περιεβαλετο...
ΛΚ 12:24	27	.... τους κορακας οτι ου σπειρουσιν ουδε	θεριζουσιν, οις ουκ εστιν ταμειον ουδε...
ΛΚ 12:27	27	.... τα κρινα πως αυξανει. ου κοπια ουδε	νηθει. λεγω δε υμιν, ουδε σολομων εν...
ΛΚ 12:27	27	.... ου κοπια ουδε νηθει. λεγω δε υμιν, ουδε	σολομων εν παση τη δοξη αυτου περιεβαλετο...
ΛΚ 12:24	27	. οτι ου σπειρουσιν ουδε θεριζουσιν, οις ουκ	εστιν ταμειον ουδε αποθηκη, και ο...
ΜΘ 6:30	27	.... εις κλιβανον βαλλομενον ο θεος ουτως	αμφιεννυσιν, ου πολλω μαλλον υμας, ολιγοπιστοι;...
ΛΚ 12:28	27	.... εις κλιβανον βαλλομενον ο θεος ουτως	αμφιζει, ποσω μαλλον υμας, ολιγοπιστοι.
ΜΘ 6:32	27	παντα	γαρ ταυτα τα εθνη επιζητουσιν. οιδεν...
ΛΚ 12:30	27	ταυτα γαρ παντα	τα εθνη του κσοσμου επιζητουσιν. υμων...
ΜΘ 6:29	27	λεγω δε υμιν οτι ουδε σολομων εν παση	τη δοξη αυτου περιεβαλετο ως εν τουτων.
ΛΚ 12:27	27	.. νηθει. λεγω δε υμιν, ουδε σολομων εν παση	τη δοξη αυτου περιεβαλετο ως εν τουτων.
ΜΘ 6:32	27	...... τα εθνη επιζητουσιν. οιδεν γαρ ο πατηρ	υμων ο ουρανιος οτι χρηζετε τουτων απαντων....
ΛΚ 12:30	27	..... του κσοσμου επιζητουσιν. υμων δε ο πατηρ	οιδεν οτι χρηζετε τουτων.
ΜΘ 6:28	27	και περι	ενδυματος τι μεριμνατε; καταμαθετε τα...
ΛΚ 12:26	27	ει ουν ουδε ελαχιστον δυνασθε, τι περι	των λοιπων μεριμνατε;
ΜΘ 6:29	27	.... ουδε σολομων εν παση τη δοξη αυτου περιεβαλετο	ως εν τουτων.
ΛΚ 12:27	27	.... ουδε σολομων εν παση τη δοξη αυτου περιεβαλετο	ως εν τουτων.
ΜΘ 6:27	27	.... προσθειναι επι την ηλικιαν αυτου πηχυν	ενα;
ΛΚ 12:25	27	.... επι την ηλικιαν αυτου προσθειναι πηχυν;	
ΛΚ 12:29	27	. και υμεις μη ζητειτε τι φαγητε και τι πιητε,	και μη μετεωριζεσθε.
ΜΘ 6:31	27	... μεριμνησητε λεγοντες, τι φαγωμεν; η, τι πιωμεν;	η, τι περιβαλωμεθα;
ΛΚ 12:23	27	η γαρ ψυχη πλειον	εστιν της τροφης και το σωμα του ενδυματος....
ΜΘ 6:25	27	. τω σωματι υμων τι ενδυσησθε. ουχι η ψυχη πλειον	εστιν της τροφης και το σωμα του ενδυματος;...
ΜΘ 6:27	27	τις δε εξ υμων μεριμνων δυναται προσθειναι	επι την ηλικιαν αυτου πηχυν ενα;
ΛΚ 12:25	27	.... δυναται επι την ηλικιαν αυτου προσθειναι	πηχυν;
ΜΘ 6:33	27	.. την δικαιοσυνην αυτου, και ταυτα παντα προστεθησεται	υμιν.
ΛΚ 12:31	27	. ζητειτε την βασιλειαν αυτου, και ταυτα προστεθησεται	υμιν.
ΜΘ 6:28	27	.... καταμαθετε τα κρινα του αγρου πως	αυξανουσιν. ου κοπιωσιν ουδε νηθουσιν.
ΛΚ 12:27	27	κατανοησατε τα κρινα πως	αυξανει. ου κοπια ουδε νηθει. λεγω...
ΜΘ 6:30	27	ει δε τον χορτον του αγρου σημερον	οντα και αυριον εις κλιβανον βαλλομενον...
ΛΚ 12:28	27	ει δε εν αγρω τον χορτον οντα σημερον	και αυριον εις κλιβανον βαλλομενον...
ΜΘ 6:29	27	λεγω δε υμιν οτι ουδε σολομων	εν παση τη δοξη αυτου περιεβαλετο...
ΛΚ 12:27	27	.. κοπια ουδε νηθει. λεγω δε υμιν, ουδε σολομων	εν παση τη δοξη αυτου περιεβαλετο...
ΜΘ 6:26	27	.... εις τα πετεινα του ουρανου οτι ου σπειρουσιν	ουδε θεριζουσιν ουδε συναγουσιν εις...
ΛΚ 12:24	27	κατανοησατε τους κορακας οτι ου σπειρουσιν	ουδε θεριζουσιν, οις ουκ εστιν ταμειον...
ΜΘ 6:25	27	.. η ψυχη πλειον εστιν της τροφης και το σωμα	του ενδυματος;
ΛΚ 12:23	27	. γαρ ψυνη λειον εστιν της τροφης και το σωμα	του ενδυματος.
ΜΘ 6:25	27	.... τη ψυχη υμων τι φαγητε , μηδε τω σωματι	υμων τι ενδυσησθε. ουχι η ψυχη πλειον...
ΛΚ 12:22	27	. μη μεριμνατε τη ψυχη τι φαγητε, μηδε τω σωματι	τι ενδυσησθε.
ΜΘ 6:28	27	...... ενδυματος τι μεριμνατε; καταμαθετε τα	κρινα του αγρου πως αυξανουσιν. ου...
ΜΘ 6:32	27	παντα γαρ ταυτα τα	εθνη επιζητουσιν. οιδεν γαρ ο πατηρ...
ΛΚ 12:27	27	κατανοησατε τα	κρινα πως αυξανει. ου κοπια ουδε νηθει....
ΛΚ 12:30	27	ταυτα γαρ παντα τα	εθνη του κσοσμου επιζητουσιν. υμων δε...
ΜΘ 6:32	27	παντα γαρ ταυτα	τα εθνη επιζητουσιν. οιδεν γαρ ο...

Μθ 6:32	27	παντα γαρ ταυτα	τα εθνη επιζητουσιν. οιδεν γαρ ο...
Μθ 6:33	27	.... και την δικαιοσυνην αυτου, και ταυτα	παντα προστεθησεται υμιν.
Λκ 12:30	27	ταυτα	γαρ παντα τα εθνη του κοσμου επιζητουσιν....
Λκ 12:31	27	. πλην ζητειτε την βασιλειαν αυτου, και ταυτα	προστεθησεται υμιν.
Μθ 6:25	27	δια τουτο λεγω υμιν, μη μεριμνατε τη	ψυχη υμων τι φαγητε , μηδε τω σωματι...
Μθ 6:29	27	..... δε υμιν οτι ουδε σολομων εν παση τη	δοξη αυτου περιεβαλετο ως εν τουτων.
Λκ 12:22	27	...... δια τουτο λεγω υμιν, μη μεριμνατε τη	ψυχη τι φαγητε, μηδε τω σωματι τι ενδυσησθε....
Λκ 12:27	27	... λεγω δε υμιν, ουδε σολομων εν παση τη	δοξη αυτου περιεβαλετο ως εν τουτων.
Μθ 6:27	27	... υμων μεριμνων δυναται προσθειναι επι την	ηλικιαν αυτου πηχυν ενα;
Μθ 6:33	27	ζητειτε δε πρωτον την	βασιλειαν και την δικαιοσυνην αυτου,...
Λκ 12:25	27	τις δε εξ υμων μεριμνων δυναται επι την	ηλικιαν αυτου προσθειναι πηχυν;
Λκ 12:31	27	πλην ζητειτε την	βασιλειαν αυτου, και ταυτα προστεθησεται...
Μθ 6:25	27	. τι ενδυσησθε. ουχι η ψυχη πλειον εστιν της	τροφης και το σωμα του ενδυματος;
Λκ 12:23	27	η γαρ ψυχη λειον εστιν της	τροφης και το σωμα του ενδυματος.
Μθ 6:25	27	... λεγω υμιν, μη μεριμνατε τη ψυχη υμων τι	φαγητε , μηδε τω σωματι υμων τι ενδυσησθε....
Μθ 6:25	27	.... υμων τι φαγητε , μηδε τω σωματι υμων τι	ενδυσησθε. ουχι η ψυχη πλειον εστιν...
Μθ 6:31	27	μη ουν μεριμνησητε λεγοντες, τι	φαγωμεν; η, τι πιωμεν; η, τι περιβαλωμεθα;...
Μθ 6:31	27	. ουν μεριμνησητε λεγοντες, τι φαγωμεν; η, τι	πιωμεν; η, τι περιβαλωμεθα;
Λκ 12:22	27	.. τουτο λεγω υμιν, μη μεριμνατε τη ψυχη τι	φαγητε, μηδε τω σωματι τι ενδυσησθε.
Λκ 12:22	27	...... τη ψυχη τι φαγητε, μηδε τω σωματι τι	ενδυσησθε.
Λκ 12:29	27	και υμεις μη ζητειτε τι	φαγητε και τι πιητε, και μη μετεωριζεσθε....
Λκ 12:29	27	και υμεις μη ζητειτε τι φαγητε και τι	πιητε, και μη μετεωριζεσθε.
Μθ 6:27	27	τις	δε εξ υμων μεριμνων δυναται προσθειναι...
Λκ 12:25	27	τις	δε εξ υμων μεριμνων δυναται επι την...
Μθ 6:25	27	.... η ψυχη πλειον εστιν της τροφης και το	σωμα του ενδυματος;
Λκ 12:23	27	... γαρ ψυχη λειον εστιν της τροφης και το	σωμα του ενδυματος.
Μθ 6:30	27	ει δε τον	χορτον του αγρου σημερον οντα και αυριον...
Λκ 12:28	27	ει δε εν αγρω τον	χορτον οντα σημερον και αυριον εις...
Μθ 6:25	27	.. πλειον εστιν της τροφης και το σωμα του	ενδυματος;
Λκ 12:23	27	... λειον εστιν της τροφης και το σωμα του	ενδυματος.
Μθ 6:25	27	δια τουτο	λεγω υμιν, μη μεριμνατε τη ψυχη υμων...
Λκ 12:22	27	ειπεν δε προς τους μαθητας, δια τουτο	λεγω υμιν, μη μεριμνατε τη ψυχη τι...
Μθ 6:29	27	. παση τη δοξη αυτου περιεβαλετο ως εν τουτων.	
Μθ 6:32	27	.... ο πατηρ υμων ο ουρανιος οτι χρηζετε τουτων	απαντων.
Λκ 12:27	27	. παση τη δοξη αυτου περιεβαλετο ως εν τουτων.	
Λκ 12:30	27	.... υμων δε ο πατηρ οιδεν οτι χρηζετε τουτων.	
Μθ 6:26	27	. αποθηκας, και ο πατηρ υμων ο ουρανιος τρεφει	αυτα. ουχ υμεις μαλλον διαφερετε αυτων;
Λκ 12:24	27	...... ταμειον ουδε αποθηκη, και ο θεος τρεφει	αυτους. ποσω μαλλον υμεις διαφερετε...
Μθ 6:25	27	.... ουχι η ψυχη πλειον εστιν της τροφης	και το σωμα του ενδυματος;
Λκ 12:23	27	η γαρ ψυχη λειον εστιν της τροφης	και το σωμα του ενδυματος.
Μθ 6:25	27	.... τη ψυχη υμων τι φαγητε , μηδε τω	σωματι υμων τι ενδυσησθε. ουχι η ψυχη...
Λκ 12:22	27	.. μη μεριμνατε τη ψυχη τι φαγητε, μηδε τω	σωματι τι ενδυσησθε.
Μθ 6:30	27	..... ουτως αμφιεννυσιν, ου πολλω μαλλον υμας,	ολιγοπιστοι;
Λκ 12:28	27	..... ο θεος ουτως αμφιζει, ποσω μαλλον υμας,	ολιγοπιστοι.
Μθ 6:26	27	. πατηρ υμων ο ουρανιος τρεφει αυτα. ουχ υμεις	μαλλον διαφερετε αυτων;
Λκ 12:24	27	..... ο θεος τρεφει αυτους. ποσω μαλλον υμεις	διαφερετε των πετεινων.
Μθ 6:25	27	δια τουτο λεγω υμιν,	μη μεριμνατε τη ψυχη υμων τι φαγητε...
Μθ 6:29	27	λεγω δε υμιν	οτι ουδε σολομων εν παση τη δοξη...
Μθ 6:33	27	.. αυτου, και ταυτα παντα προστεθησεται υμιν.	
Λκ 12:22	27	... δε προς τους μαθητας, δια τουτο λεγω υμιν,	μη μεριμνατε τη ψυχη τι φαγητε, μηδε...
Λκ 12:27	27	. αυξανει. ου κοπια ουδε νηθει. λεγω δε υμιν,	ουδε σολομων εν παση τη δοξη αυτου...
Λκ 12:31	27	.... αυτου, και ταυτα προστεθησεται υμιν.	
Μθ 6:26	27	.. συναγουσιν εις αποθηκας, και ο πατηρ υμων	ο ουρανιος τρεφει αυτα. ουχ υμεις μαλλον...
Μθ 6:27	27	τις δε εξ υμων	μεριμνων δυναται προσθειναι· επι την...
Λκ 12:25	27	τις δε εξ υμων	μεριμνων δυναται επι την ηλικιαν αυτου...
Λκ 12:30	27	...... τα εθνη του κοσμου επιζητουσιν. υμων	δε ο πατηρ οιδεν οτι χρηζετε τουτων.
Μθ 6:25	27	... υμιν, μη μεριμνατε τη ψυχη υμων τι φαγητε	, μηδε τω σωματι υμων τι ενδυσησθε....

ΛΚ 12:22	27	... λεγω υμιν, μη μεριμνατε τη ψυχη τι φαγητε,	μηδε τω σωματι τι ενδυσησθε.
Μθ 6:30	27	ει δε τον χορτον	του αγρου σημερον οντα και αυριον...
ΛΚ 12:28	27	ει δε εν αγρω τον χορτον	οντα σημερον και αυριον εις κλιβανον...
Μθ 6:32	27	...... γαρ ο πατηρ υμων ο ουρανιος οτι χρηζετε	τουτων απαντων.
ΛΚ 12:30	27	.... υμων δε ο πατηρ οιδεν οτι χρηζετε	τουτων.
Μθ 6:25	27	..... τουτο λεγω υμιν, μη μεριμνατε τη ψυχη	υμων τι φαγητε , μηδε τω σωματι υμων...
Μθ 6:25	27	.. τω σωματι υμων τι ενδυσησθε. ουχι η ψυχη	πλειον εστιν της τροφης και το σωμα...
ΛΚ 12:22	27	..... τουτο λεγω υμιν, μη μεριμνατε τη ψυχη	τι φαγητε, μηδε τω σωματι τι ενδυσησθε....
ΛΚ 12:23	27	η γαρ ψυχη	λειον εστιν της τροφης και το σωμα...
Μθ 6:29	27	.... εν παση τη δοξη αυτου περιεβαλετο ως	εν τουτων.
ΛΚ 12:27	27	.... εν παση τη δοξη αυτου περιεβαλετο ως	εν τουτων.

Treasures in Heaven MT 6:19-21 LK 12:33-34 (202)

Mθ 6:21	28	οπου	γαρ	εστιν ο θησαυρος σου, εκει εσται και η...
ΛΚ 12:34	28	οπου	γαρ	εστιν ο θησαυρος υμων, εκει και η καρδια...
Mθ 6:21	28	οπου γαρ εστιν ο θησαυρος σου,	εκει	εσται και η καρδια σου.
ΛΚ 12:34	28	οπου γαρ εστιν ο θησαυρος υμων,	εκει	και η καρδια υμων εσται.
Mθ 6:20	28	θησαυριζετε δε υμιν θησαυρους	εν	ουρανω, οπου ουτε σης ουτε βρωσις αφανιζει,...
ΛΚ 12:33	28	.... μη παλαιουμενα, θησαυρον ανεκλειπτον	εν	τοις ουρανοις, οπου κλεπτης ουκ εγγιζει...
Mθ 6:21	28	οπου γαρ εστιν ο θησαυρος σου, εκει	εσται	και η καρδια σου.
ΛΚ 12:34	28	... ο θησαυρος υμων, εκει και η καρδια υμων	εσται.	
Mθ 6:21	28	οπου γαρ	εστιν	ο θησαυρος σου, εκει εσται και η καρδια...
ΛΚ 12:34	28	οπου γαρ	εστιν	ο θησαυρος υμων, εκει και η καρδια υμων...
Mθ 6:21	28	.... εστιν ο θησαυρος σου, εκει εσται και	η	καρδια σου.
ΛΚ 12:34	28	..... γαρ εστιν ο θησαυρος υμων, εκει και	η	καρδια υμων εσται.
ΛΚ 12:33	28	. ποιησατε εαυτοις βαλλαντια μη παλαιουμενα,	θησαυρον	ανεκλειπτον εν τοις ουρανοις, οπου κλεπτης...
Mθ 6:21	28	οπου γαρ εστιν ο	θησαυρος	σου, εκει εσται και η καρδια σου.
ΛΚ 12:34	28	οπου γαρ εστιν ο	θησαυρος	υμων, εκει και η καρδια υμων εσται.
Mθ 6:20	28	θησαυριζετε δε υμιν	θησαυρους	εν ουρανω, οπου ουτε σης ουτε βρωσις αφανιζει,...
Mθ 6:21	28	.. γαρ εστιν ο θησαυρος σου, εκει εσται	και	η καρδια σου.
ΛΚ 12:34	28	οπου γαρ εστιν ο θησαυρος υμων, εκει	και	η καρδια υμων εσται.
Mθ 6:21	28	...... ο θησαυρος σου, εκει εσται και η	καρδια	σου.
ΛΚ 12:34	28	..... εστιν ο θησαυρος υμων, εκει και η	καρδια	υμων εσται.
Mθ 6:19	28	... οπου σης και βρωσις αφανιζει, και οπου	κλεπται	διορυσσουσιν και κλεπτουσιν.
ΛΚ 12:33	28	.... ανεκλειπτον εν τοις ουρανοις, οπου	κλεπτης	ουκ εγγιζει ουδε σης διαφθερει.
Mθ 6:21	28	οπου γαρ εστιν	ο	θησαυρος σου, εκει εσται και η καρδια...
ΛΚ 12:34	28	οπου γαρ εστιν	ο	θησαυρος υμων, εκει και η καρδια υμων...
Mθ 6:20	28	.. οπου ουτε σης ουτε βρωσις αφανιζει, και	οπου	κλεπται ου διορυσσουσιν ουδε κλεπτουσιν.
Mθ 6:21	28		οπου	γαρ εστιν ο θησαυρος σου, εκει εσται...
ΛΚ 12:33	28	... θησαυρον ανεκλειπτον εν τοις ουρανοις,	οπου	κλεπτης ουκ εγγιζει ουδε σης διαφθερει.
ΛΚ 12:34	28		οπου	γαρ εστιν ο θησαυρος υμων, εκει και...
Mθ 6:20	28	.. ουτε βρωσις αφανιζει, και οπου κλεπται	ου	διορυσσουσιν ουδε κλεπτουσιν.
Mθ 6:20	28	.... και οπου κλεπται ου διορυσσουσιν	ουδε	κλεπτουσιν.
ΛΚ 12:33	28	.. τοις ουρανοις, οπου κλεπτης ουκ εγγιζει	ουδε	σης διαφθερει.
ΛΚ 12:33	28	.... εν τοις ουρανοις, οπου κλεπτης	ουκ	εγγιζει ουδε σης διαφθερει.
ΛΚ 12:33	28	.... θησαυρον ανεκλειπτον εν τοις	ουρανοις,	οπου κλεπτης ουκ εγγιζει ουδε σης...
Mθ 6:20	28	θησαυριζετε δε υμιν θησαυρους εν	ουρανω,	οπου ουτε σης ουτε βρωσις αφανιζει, και...
Mθ 6:20	28	. δε υμιν θησαυρους εν ουρανω, οπου ουτε	σης	ουτε βρωσις αφανιζει, και οπου κλεπται...
ΛΚ 12:33	28	.... οπου κλεπτης ουκ εγγιζει ουδε	σης	διαφθερει.

Watchfulness and Faithfulness MT 24:42-51 LK 12:35-48 (203)

Mθ 24:44	29	... ετοιμοι, οτι η ου δοκειτε ωρα ο υιος του	ανθρωπου	ερχεται.
ΛΚ 12:40	29	... ετοιμοι, οτι η ωρα ου δοκειτε ο υιος του	ανθρωπου	ερχεται.
Mθ 24:45	29	τις	αρα	εστιν ο πιστος δουλος και φρονιμος ον κατεστησεν...
ΛΚ 12:42	29	και ειπεν ο κυριος, τις	αρα	εστιν ο πιστος οικονομος ο φρονιμος, ον...
Mθ 24:49	29	και	αρξηται	τυπτειν τους συνδουλους αυτου, εσθιη δε...
ΛΚ 12:45	29	. αυτου, χρονιζει ο κυριος μου ερχεσθαι, και	αρξηται	τυπτειν τους παιδας και τας παιδισκας,...
Mθ 24:47	29	. επι πασιν τοις υπαρχουσιν αυτου καταστησει	αυτον.	
Mθ 24:51	29	και διχοτομησει	αυτον	και το μερος αυτου μετα των υποκριτων θησει....
ΛΚ 12:44	29	. επι πασιν τοις υπαρχουσιν αυτου καταστησει	αυτον.	
ΛΚ 12:46	29	.. και εν ωρα η ου γινωσκει, και διχοτομησει	αυτον,	και το μερος αυτου μετα των απιστων θησει.
Mθ 24:43	29	... και ουκ αν ειασεν διορυχθηναι την οικιαν	αυτου.	
Mθ 24:45	29	... ον κατεστησεν ο κυριος επι της οικετειας	αυτου	του δουναι αυτοις την τροφην εν καιρω;
Mθ 24:46	29	.... ο δουλος εκεινος ον ελθων ο κυριος	αυτου	ευρησει ουτως ποιουντα.
Mθ 24:47	29	.... λεγω υμιν οτι επι πασιν τοις υπαρχουσιν	αυτου	καταστησει αυτον.
Mθ 24:48	29	... ειπη ο κακος δουλος εκεινος εν τη καρδια	αυτου,	χρονιζει μου ο κυριος,
Mθ 24:51	29	και διχοτομησει αυτον και το μερος	αυτου	μετα των υποκριτων θησει. εκει εσται ο...
ΛΚ 12:39	29	.... ουκ αν αφηκεν διορυχθηναι τον οικον	αυτου.	
ΛΚ 12:42	29	... ον καταστησει ο κυριος επι της θεραπειας	αυτου	του διδοναι εν καιρω σιτομετριον;
ΛΚ 12:43	29	.... ο δουλος εκεινος, ον ελθων ο κυριος	αυτου	ευρησει ποιουντα ουτως.
ΛΚ 12:44	29	.... λεγω υμιν οτι επι πασιν τοις υπαρχουσιν	αυτου	καταστησει αυτον.
ΛΚ 12:45	29	. εαν δε ειπη ο δουλος εκεινος εν τη καρδια	αυτου,	χρονιζει ο κυριος μου ερχεσθαι, και αρξηται...
ΛΚ 12:46	29	.... και διχοτομησει αυτον, και το μερος	αυτου	μετα των απιστων θησει.
Mθ 24:44	29	δια τουτο και υμεις	γινεσθε	ετοιμοι, οτι η ου δοκειτε ωρα ο υιος του...
ΛΚ 12:40	29	και υμεις	γινεσθε	ετοιμοι, οτι η ωρα ου δοκειτε ο υιος του...
Mθ 24:50	29	..... εν ημερα η ου προσδοκα και εν ωρα η ου	γινωσκει,	
ΛΚ 12:46	29	..... εν ημερα η ου προσδοκα και εν ωρα η ου	γινωσκει,	και διχοτομησει αυτον, και το μερος αυτου...
Mθ 24:43	29	εκεινο δε	γινωσκετε	οτι ει ηδει ο οκοδεσποτης ποια φυλακη ο...
ΛΚ 12:39	29	τουτο δε	γινωσκετε	οτι ει ηδει ο οικοδεσποτης ποια ωρα ο κλεπτης...
Mθ 24:43	29	εκεινο	δε	γινωσκετε οτι ει ηδει ο οκοδεσποτης ποια...
Mθ 24:48	29	εαν	δε	ειπη ο κακος δουλος εκεινος εν τη καρδια...
ΛΚ 12:39	29	τουτο	δε	γινωσκετε οτι ει ηδει ο οικοδεσποτης ποια...
ΛΚ 12:45	29	εαν	δε	ειπη ο δουλος εκεινος εν τη καρδια αυτου,...
ΛΚ 12:42	29	...... ο κυριος επι της θεραπειας αυτου του	διδοναι	εν καιρω σιτομετριον;
Mθ 24:43	29	.. ερχεται, εγρηγορησεν αν και ουκ αν ειασεν	διορυχθηναι	την οικιαν αυτου.
ΛΚ 12:39	29	.. ποια ωρα ο κλεπτης ερχεται, ουκ αν αφηκεν	διορυχθηναι	τον οικον αυτου.
Mθ 24:51	29	και	διχοτομησει	αυτον και το μερος αυτου μετα των υποκριτων...
ΛΚ 12:46	29	. ου προσδοκα και εν ωρα η ου γινωσκει, και	διχοτομησει	αυτον, και το μερος αυτου μετα των απιστων...
Mθ 24:44	29	. τουτο και υμεις γινεσθε ετοιμοι, οτι η ου	δοκειτε	ωρα ο υιος του ανθρωπου ερχεται.
ΛΚ 12:40	29	και υμεις γινεσθε ετοιμοι, οτι η ωρα ου	δοκειτε	ο υιος του ανθρωπου ερχεται.
Mθ 24:46	29	μακαριος ο	δουλος	εκεινος ον ελθων ο κυριος αυτου ευρησει...
Mθ 24:48	29	εαν δε ειπη ο κακος	δουλος	εκεινος εν τη καρδια αυτου, χρονιζει μου...
ΛΚ 12:43	29	μακαριος ο	δουλος	εκεινος, ον ελθων ο κυριος αυτου ευρησει...
ΛΚ 12:45	29	εαν δε ειπη ο	δουλος	εκεινος εν τη καρδια αυτου, χρονιζει ο...
Mθ 24:50	29	ηξει ο κυριος του	δουλου	εκεινου εν ημερα η ου προσδοκα και εν ωρα...
ΛΚ 12:46	29	ηξει ο κυριος του	δουλου	εκεινου εν ημερα η ου προσδοκα και εν ωρα...
Mθ 24:45	29	...... ο κυριος επι της οικετειας αυτου του	δουναι	αυτοις την τροφην εν καιρω;
Mθ 24:48	29		εαν	δε ειπη ο κακος δουλος εκεινος εν τη...
ΛΚ 12:45	29		εαν	δε ειπη ο δουλος εκεινος εν τη καρδια...
Mθ 24:43	29	εκεινο δε γινωσκετε οτι	ει	ηδει ο οκοδεσποτης ποια φυλακη ο κλεπτης...
ΛΚ 12:39	29	τουτο δε γινωσκετε οτι	ει	ηδει ο οικοδεσποτης ποια ωρα ο κλεπτης...
Mθ 24:48	29	εαν δε	ειπη	ο κακος δουλος εκεινος εν τη καρδια αυτου,...
ΛΚ 12:45	29	εαν δε	ειπη	ο δουλος εκεινος εν τη καρδια αυτου,...
Mθ 24:46	29	μακαριος ο δουλος	εκεινος	ον ελθων ο κυριος αυτου ευρησει ουτως...
Mθ 24:48	29	εαν δε ειπη ο κακος δουλος	εκεινος	εν τη καρδιά αυτου, χρονιζει μου ο κυριος,
ΛΚ 12:43	29	μακαριος ο δουλος	εκεινος,	ον ελθων ο κυριος αυτου ευρησει ποιουντα...

ΛΚ 12:43	29	μακαριος ο δουλος εκεινος,	ον ελθων ο κυριος αυτου ευρησει ποιουντα...
ΛΚ 12:45	29	εαν δε ειπη ο δουλος εκεινος	εν τη καρδια αυτου, χρονιζει ο κυριος...
ΜΘ 24:50	29	ηξει ο κυριος του δουλου εκεινου	εν ημερα η ου προσδοκα και εν ωρα η ου...
ΛΚ 12:46	29	ηξει ο κυριος του δουλου εκεινου	εν ημερα η ου προσδοκα και εν ωρα η ου...
ΜΘ 24:46	29	μακαριος ο δουλος εκεινος ον ελθων	ο κυριος αυτου ευρησει ουτως ποιουντα.
ΛΚ 12:43	29	μακαριος ο δουλος εκεινος, ον ελθων	ο κυριος αυτου ευρησει ποιουντα ουτως.
ΜΘ 24:45	29	.... αυτου του δουναι αυτοις την τροφην εν	καιρω;
ΜΘ 24:48	29	εαν δε ειπη ο κακος δουλος εκεινος εν	τη καρδια αυτου, χρονιζει μου ο κυριος,
ΜΘ 24:50	29	ηξει ο κυριος του δουλου εκεινου εν	ημερα η ου προσδοκα και εν ωρα η ου γινωσκει,...
ΜΘ 24:50	29	.... εκεινου εν ημερα η ου προσδοκα και εν	ωρα η ου γινωσκει,
ΛΚ 12:42	29	...... επι της θεραπειας αυτου του διδοναι εν	καιρω σιτομετριον;
ΛΚ 12:45	29	εαν δε ειπη ο δουλος εκεινος εν	τη καρδια αυτου, χρονιζει ο κυριος μου...
ΛΚ 12:46	29	ηξει ο κυριος του δουλου εκεινου εν	ημερα η ου προσδοκα και εν ωρα η ου γινωσκει,...
ΛΚ 12:46	29	.... εκεινου εν ημερα η ου προσδοκα και εν	ωρα η ου γινωσκει, και διχοτομησει αυτον,...
ΜΘ 24:45	29	.... και φρονιμος ον κατεστησεν ο κυριος επι	της οικετειας αυτου του δουναι αυτοις...
ΜΘ 24:47	29	αμην λεγω υμιν οτι επι	πασιν τοις υπαρχουσιν αυτου καταστησει...
ΛΚ 12:42	29	.... ο φρονιμος, ον καταστησει ο κυριος επι	της θεραπειας αυτου του διδοναι εν καιρω...
ΛΚ 12:44	29	αληθως λεγω υμιν οτι επι	πασιν τοις υπαρχουσιν αυτου καταστησει...
ΜΘ 24:43	29	... ηδει ο οικοδεσποτης ποια φυλακη ο κλεπτης ερχεται,	εγρηγορησεν αν και ουκ αν ειασεν διορυχθηναι...
ΜΘ 24:44	29	. οτι η ου δοκειτε ωρα ο υιος του ανθρωπου ερχεται.	
ΛΚ 12:39	29	. ει ηδει ο οικοδεσποτης ποια ωρα ο κλεπτης ερχεται,	ουκ αν αφηκεν διορυχθηναι τον οικον αυτου....
ΛΚ 12:40	29	. οτι η ωρα ου δοκειτε ο υιος του ανθρωπου ερχεται.	
ΛΚ 12:45	29	..... τυπτειν τους παιδας και τας παιδισκας, εσθιειν	τε και πινειν και μεθυσκεσθαι,
ΜΘ 24:49	29	... αρξηται τυπτειν τους συνδουλους αυτου, εσθιη	δε και πινη μετα των μεθυοντων,
ΜΘ 24:44	29	δια τουτο και υμεις γινεσθε ετοιμοι,	οτι η ου δοκειτε ωρα ο υιος του ανθρωπου...
ΛΚ 12:40	29	και υμεις γινεσθε ετοιμοι,	οτι η ωρα ου δοκειτε ο υιος του ανθρωπου...
ΜΘ 24:46	29	. δουλος εκεινος ον ελθων ο κυριος αυτου ευρησει	ουτως ποιουντα.
ΛΚ 12:43	29	.... εκεινος, ον ελθων ο κυριος αυτου ευρησει	ποιουντα ουτως.
ΜΘ 24:44	29	. δια τουτο και υμεις γινεσθε ετοιμοι, οτι η	ου δοκειτε ωρα ο υιος του ανθρωπου ερχεται....
ΜΘ 24:50	29	.... ο κυριος του δουλου εκεινου εν ημερα η	ου προσδοκα και εν ωρα η ου γινωσκει,
ΜΘ 24:50	29	.... εν ημερα η ου προσδοκα και εν ωρα η	ου γινωσκει,
ΛΚ 12:40	29	και υμεις γινεσθε ετοιμοι, οτι η	ωρα ου δοκειτε ο υιος του ανθρωπου ερχεται....
ΛΚ 12:46	29	.... ο κυριος του δουλου εκεινου εν ημερα η	ου προσδοκα και εν ωρα η ου γινωσκει,...
ΛΚ 12:46	29	.... εν ημερα η ου προσδοκα και εν ωρα η	ου γινωσκει, και διχοτομησει αυτον,...
ΜΘ 24:43	29	εκεινο δε γινωσκετε οτι ει ηδει	ο οικοδεσποτης ποια φυλακη ο κλεπτης ερχεται,...
ΛΚ 12:39	29	τουτο δε γινωσκετε οτι ει ηδει	ο οικοδεσποτης ποια ωρα ο κλεπτης ερχεται,...
ΜΘ 24:50	29	ηξει ο κυριος του δουλου εκεινου εν ημερα	η ου προσδοκα και εν ωρα η ου γινωσκει,
ΛΚ 12:46	29	ηξει ο κυριος του δουλου εκεινου εν ημερα	η ου προσδοκα και εν ωρα η ου γινωσκει,...
ΜΘ 24:50	29	ηξει	ο κυριος του δουλου εκεινου εν ημερα...
ΛΚ 12:46	29	ηξει	ο κυριος του δουλου εκεινου εν ημερα...
ΜΘ 24:51	29	..... και το μερος αυτου μετα των υποκριτων θησει.	εκει εσται ο κλαυθμος και ο βρυγμος των...
ΛΚ 12:46	29	.... και το μερος αυτου μετα των απιστων θησει.	
ΜΘ 24:44	29	δια τουτο και	υμεις γινεσθε ετοιμοι, οτι η ου δοκειτε...
ΜΘ 24:49	29	και	αρξηται τυπτειν τους συνδουλους αυτου,...
ΜΘ 24:49	29	. τυπτειν τους συνδουλους αυτου, εσθιη δε και	πινη μετα των μεθυοντων,
ΜΘ 24:50	29	. δουλου εκεινου εν ημερα η ου προσδοκα και	εν ωρα η ου γινωσκει,
ΜΘ 24:51	29	και	διχοτομησει αυτον και το μερος αυτου...
ΜΘ 24:51	29	και διχοτομησει αυτον και	το μερος αυτου μετα των υποκριτων θησει....
ΛΚ 12:40	29	και	υμεις γινεσθε ετοιμοι, οτι η ωρα ου...
ΛΚ 12:45	29	.... αυτου, χρονιζει ο κυριος μου ερχεσθαι, και	αρξηται τυπτειν τους παιδας και τας παιδισκας,...
ΛΚ 12:45	29	..... παιδας και τας παιδισκας, εσθιειν τε και	πινειν και μεθυσκεσθαι,
ΛΚ 12:45	29	..... τας παιδισκας, εσθιειν τε και πινειν και	μεθυσκεσθαι,
ΛΚ 12:46	29	. δουλου εκεινου εν ημερα η ου προσδοκα και	εν ωρα η ου γινωσκει, και διχοτομησει...
ΛΚ 12:46	29	.. ου προσδοκα και εν ωρα η ου γινωσκει, και	διχοτομησει αυτον, και το μερος αυτου...
ΛΚ 12:46	29	. η ου γινωσκει, και διχοτομησει αυτον, και	το μερος αυτου μετα των απιστων θησει.
ΜΘ 24:45	29	... αυτου του δουναι αυτοις την τροφην εν καιρω;	
ΛΚ 12:42	29	. επι της θεραπειας αυτου του διδοναι εν καιρω	σιτομετριον;

Μθ 24:48	29	.. δε ειπη ο κακος δουλος εκεινος εν τη	καρδια	αυτου, χρονιζει μου ο κυριος,
ΛΚ 12:45	29	εαν δε ειπη ο δουλος εκεινος εν τη	καρδια	αυτου, χρονιζει ο κυριος μου ερχεσθαι,...
Μθ 24:47	29	. υμιν οτι επι πασιν τοις υπαρχουσιν αυτου	καταστησει	αυτον.
ΛΚ 12:42	29	.... εστιν ο πιστος οικονομος ο φρονιμος, ον	καταστησει	ο κυριος επι της θεραπειας αυτου του...
ΛΚ 12:44	29	. υμιν οτι επι πασιν τοις υπαρχουσιν αυτου	καταστησει	αυτον.
Μθ 24:45	29	.... εστιν ο πιστος δουλος και φρονιμος ον	κατέστησεν	ο κυριος επι της οικετειας αυτου του...
Μθ 24:43	29	.. οτι ει ηδει ο οικοδεσποτης ποια φυλακη ο	κλεπτης	ερχεται, εγρηγορησεν αν και ουκ αν ειασεν...
ΛΚ 12:39	29	.... οτι ει ηδει ο οικοδεσποτης ποια ωρα ο	κλεπτης	ερχεται, ουκ αν αφηκεν διορυχθηναι τον...
Μθ 24:45	29	..... δουλος και φρονιμος ον κατεστησεν ο	κυριος	επι της οικετειας αυτου του δουναι αυτοις...
Μθ 24:46	29	μακαριος ο δουλος εκεινος ον ελθων ο	κυριος	αυτου ευρησει ουτως ποιουντα.
Μθ 24:48	29	...... εν τη καρδια αυτου, χρονιζει μου ο	κυριος,	
Μθ 24:50	29	ηξει ο	κυριος	του δουλου εκεινου εν ημερα η ου προσδοκα...
ΛΚ 12:42	29	..... οικονομος ο φρονιμος, ον καταστησει ο	κυριος	επι της θεραπειας αυτου του διδοναι...
ΛΚ 12:43	29	μακαριος ο δουλος εκεινος, ον ελθων ο	κυριος	αυτου ευρησει ποιουντα ουτως.
ΛΚ 12:45	29	. εκεινος εν τη καρδια αυτου, χρονιζει ο	κυριος	μου ερχεσθαι, και αρξηται τυπτειν τους...
ΛΚ 12:46	29	ηξει ο	κυριος	του δουλου εκεινου εν ημερα η ου προσδοκα...
Μθ 24:47	29	αμην	λεγω	υμιν οτι επι πασιν τοις υπαρχουσιν αυτου...
ΛΚ 12:44	29	αληθως	λεγω	υμιν οτι επι πασιν τοις υπαρχουσιν αυτου...
Μθ 24:46	29		μακαριος	ο δουλος εκεινος ον ελθων ο κυριος...
ΛΚ 12:43	29		μακαριος	ο δουλος εκεινος, ον ελθων ο κυριος...
Μθ 24:49	29	...... αυτου, εσθιη δε και πινη μετα των	μεθυοντων,	
ΛΚ 12:45	29	.... παιδισκας, εσθιειν τε και πινειν και	μεθυσκεσθαι,	
Μθ 24:51	29	και διχοτομησει αυτον και το	μερος	αυτου μετα των υποκριτων θησει. εκει...
ΛΚ 12:46	29	.... και διχοτομησει αυτον, και το	μερος	αυτου μετα των απιστων θησει.
Μθ 24:51	29	.. διχοτομησει αυτον και το μερος αυτου	μετα	των υποκριτων θησει. εκει εσται ο κλαυθμος...
ΛΚ 12:46	29	. διχοτομησει αυτον, και το μερος αυτου	μετα	των απιστων θησει.
Μθ 24:48	29	... εκεινος εν τη καρδια αυτου, χρονιζει	μου	ο κυριος,
ΛΚ 12:45	29	.. εν τη καρδια αυτου, χρονιζει ο κυριος	μου	ερχεσθαι, και αρξηται τυπτειν τους παιδας...
Μθ 24:43	29	εκεινο δε γινωσκετε οτι ει ηδει	ο	οικοδεσποτης ποια φυλακη ο κλεπτης ερχεται,...
Μθ 24:43	29	... οτι ει ηδει ο οικοδεσποτης ποια φυλακη	ο	κλεπτης ερχεται, εγρηγορησεν αν και...
Μθ 24:44	29	.. γινεσθε ετοιμοι, οτι η ου δοκειτε ωρα	ο	υιος του ανθρωπου ερχεται.
Μθ 24:45	29	τις αρα εστιν	ο	πιστος δουλος και φρονιμος ον κατεστησεν...
Μθ 24:45	29	.... δουλος και φρονιμος ον κατεστησεν	ο	κυριος επι της οικετειας αυτου του δουναι...
Μθ 24:46	29	μακαριος	ο	δουλος εκεινος ον έλθων ο κυριος αυτου...
Μθ 24:46	29	μακαριος ο δουλος εκεινος ον ελθων	ο	κυριος αυτου ευρησει ουτως ποιουντα.
Μθ 24:48	29	εαν δε ειπη	ο	κακος δουλος εκεινος εν τη καρδια αυτου,...
Μθ 24:48	29	.... εν τη καρδια αυτου, χρονιζει μου	ο	κυριος,
Μθ 24:50	29	ηξει	ο	κυριος του δουλου εκεινου εν ημερα...
ΛΚ 12:39	29	τουτο δε γινωσκετε οτι ει ηδει	ο	οικοδεσποτης ποια ωρα ο κλεπτης ερχεται,...
ΛΚ 12:39	29	..... οτι ει ηδει ο οικοδεσποτης ποια ωρα	ο	κλεπτης ερχεται, ουκ αν αφηκεν διορυχθηναι...
ΛΚ 12:40	29	.. γινεσθε ετοιμοι, οτι η ωρα ου δοκειτε	ο	υιος του ανθρωπου ερχεται.
ΛΚ 12:42	29	και ειπεν ο κυριος, τις αρα εστιν	ο	πιστος οικονομος ο φρονιμος, ον καταστησει...
ΛΚ 12:42	29	...... οικονομος ο φρονιμος, ον καταστησει	ο	κυριος επι της θεραπειας αυτου του διδοναι...
ΛΚ 12:43	29	μακαριος	ο	δουλος εκεινος, ον ελθων ο κυριος αυτου...
ΛΚ 12:43	29	μακαριος ο δουλος εκεινος, ον ελθων	ο	κυριος αυτου ευρησει ποιουντα ουτως.
ΛΚ 12:45	29	εαν δε ειπη	ο	δουλος εκεινος εν τη καρδια αυτου,...
ΛΚ 12:45	29	... εκεινος εν τη καρδια αυτου, χρονιζει	ο	κυριος μου ερχεσθαι, και αρξηται τυπτειν...
ΛΚ 12:46	29	ηξει	ο	κυριος του δουλου εκεινου εν ημερα...
Μθ 24:43	29	..... αν και ουκ αν ειασεν διορυχθηναι την	οικιαν	αυτου.
Μθ 24:43	29	εκεινο δε γινωσκετε οτι ει ηδει ο	οικοδεσποτης	ποια φυλακη ο κλεπτης ερχεται, εγρηγορησεν...
ΛΚ 12:39	29	τουτο δε γινωσκετε οτι ει ηδει ο	οικοδεσποτης	ποια ωρα ο κλεπτης ερχεται, ουκ αν αφηκεν...
ΛΚ 12:39	29	... ερχεται, ουκ αν αφηκεν διορυχθηναι τον	οικον	αυτου.
Μθ 24:45	29	. αρα εστιν ο πιστος δουλος και φρονιμος	ον	κατεστησεν ο κυριος επι της οικετειας...
Μθ 24:46	29	μακαριος ο δουλος εκεινος	ον	ελθων ο κυριος αυτου ευρησει ουτως...
ΛΚ 12:42	29	.... εστιν ο πιστος οικονομος ο φρονιμος,	ον	καταστησει ο κυριος επι της θεραπειας...
ΛΚ 12:43	29	μακαριος ο δουλος εκεινος,	ον	ελθων ο κυριος αυτου ευρησει ποιουντα...
Μθ 24:43	29	εκεινο δε γινωσκετε	οτι	ει ηδει ο οικοδεσποτης ποια φυλακη ο...

Μθ 24:43	29	εκεινο δε γινωσκετε οτι	ει ηδει ο οικοδεσποτης ποια φυλακη ο...
Μθ 24:44	29	δια τουτο και υμεις γινεσθε ετοιμοι, οτι	η ου δοκειτε ωρα ο υιος του ανθρωπου...
Μθ 24:47	29	αμην λεγω υμιν οτι	επι πασιν τοις υπαρχουσιν αυτου καταστησει...
ΛΚ 12:39	29	τουτο δε γινωσκετε οτι	ει ηδει ο οικοδεσποτης ποια ωρα ο...
ΛΚ 12:40	29	και υμεις γινεσθε ετοιμοι, οτι	η ωρα ου δοκειτε ο υιος του ανθρωπου...
ΛΚ 12:44	29	αληθως λεγω υμιν οτι	επι πασιν τοις υπαρχουσιν αυτου καταστησει...
Μθ 24:44	29	...... και υμεις γινεσθε ετοιμοι, οτι η ου	δοκειτε ωρα ο υιος του ανθρωπου ερχεται.
Μθ 24:50	29	. κυριος του δουλου εκεινου εν ημερα η ου	προσδοκα και εν ωρα η ου γινωσκει,
Μθ 24:50	29	. εν ημερα η ου προσδοκα και εν ωρα η ου	γινωσκει,
ΛΚ 12:40	29	. και υμεις γινεσθε ετοιμοι, οτι η ωρα ου	δοκειτε ο υιος του ανθρωπου ερχεται.
ΛΚ 12:46	29	. κυριος του δουλου εκεινου εν ημερα η ου	προσδοκα και εν ωρα η ου γινωσκει,...
ΛΚ 12:46	29	. εν ημερα η ου προσδοκα και εν ωρα η ου	γινωσκει, και διχοτομησει αυτον, και...
Μθ 24:46	29	...... ον ελθων ο κυριος αυτου ευρησει ουτως	ποιουντα.
ΛΚ 12:43	29	. ελθων ο κυριος αυτου ευρησει ποιουντα ουτως.	
Μθ 24:47	29	αμην λεγω υμιν οτι επι πασιν	τοις υπαρχουσιν αυτου καταστησει αυτον.
ΛΚ 12:44	29	αληθως λεγω υμιν οτι επι πασιν	τοις υπαρχουσιν αυτου καταστησει αυτον.
ΛΚ 12:45	29	.... και τας παιδισκας, εσθιειν τε και πινειν	και μεθυσκεσθαι,
Μθ 24:49	29	.... τους συνδουλους αυτου, εσθιη δε και πινη	μετα των μεθυοντων,
Μθ 24:45	29	τις αρα εστιν ο πιστος	δουλος και φρονιμος ον κατεστησεν ο...
ΛΚ 12:42	29	και ειπεν ο κυριος, τις αρα εστιν ο πιστος	οικονομος ο φρονιμος, ον καταστησει...
Μθ 24:43	29	.. γινωσκετε οτι ει ηδει ο οικοδεσποτης ποια	φυλακη ο κλεπτης ερχεται, εγρηγορησεν...
ΛΚ 12:39	29	. γινωσκετε οτι ει ηδει ο οικοδεσποτης ποια	ωρα ο κλεπτης ερχεται, ουκ αν αφηκεν...
Μθ 24:46	29	... ελθων ο κυριος αυτου ευρησει ουτως ποιουντα.	
ΛΚ 12:43	29	...... ον ελθων ο κυριος αυτου ευρησει ποιουντα	ουτως.
Μθ 24:50	29	..... του δουλου εκεινου εν ημερα η ου προσδοκα	και εν ωρα η ου γινωσκει,
ΛΚ 12:46	29	..... του δουλου εκεινου εν ημερα η ου προσδοκα	και εν ωρα η ου γινωσκει, και διχοτομησει...
Μθ 24:48	29	.... δε ειπη ο κακος δουλος εκεινος εν τη	καρδια αυτου, χρονιζει μου ο κυριος,
ΛΚ 12:45	29	εαν δε ειπη ο δουλος εκεινος εν τη	καρδια αυτου, χρονιζει ο κυριος μου...
Μθ 24:45	29	... φρονιμος ον κατεστησεν ο κυριος επι της	οικετειας αυτου του δουναι αυτοις την...
ΛΚ 12:42	29	.. φρονιμος, ον καταστησει ο κυριος επι της	θεραπειας αυτου του διδοναι εν καιρω...
Μθ 24:45	29	τις	αρα εστιν ο πιστος δουλος και φρονιμος...
ΛΚ 12:42	29	και ειπεν ο κυριος, τις	αρα εστιν ο πιστος οικονομος ο φρονιμος,...
Μθ 24:51	29	και διχοτομησει αυτον και το	μερος αυτου μετα των υποκριτων θησει....
ΛΚ 12:46	29	.. γινωσκει, και διχοτομησει αυτον, και το	μερος αυτου μετα των απιστων θησει.
Μθ 24:47	29	αμην λεγω υμιν οτι επι πασιν τοις	υπαρχουσιν αυτου καταστησει αυτον.
ΛΚ 12:44	29	αληθως λεγω υμιν οτι επι πασιν τοις	υπαρχουσιν αυτου καταστησει αυτον.
Μθ 24:44	29	. ετοιμοι, οτι η ου δοκειτε ωρα ο υιος του	ανθρωπου ερχεται.
Μθ 24:45	29	...... ο κυριος επι της οικετειας αυτου του	δουναι αυτοις την τροφην εν καιρω;
Μθ 24:50	29	ηξει ο κυριος του	δουλου εκεινου εν ημερα η ου προσδοκα...
ΛΚ 12:40	29	. ετοιμοι, οτι η ωρα ου δοκειτε ο υιος του	ανθρωπου ερχεται.
ΛΚ 12:42	29	...... ο κυριος επι της θεραπειας αυτου του	διδοναι εν καιρω σιτομετριον;
ΛΚ 12:46	29	ηξει ο κυριος του	δουλου εκεινου εν ημερα η ου προσδοκα...
Μθ 24:49	29	και αρξηται τυπτειν τους	συνδουλους αυτου, εσθιη δε και πινη...
ΛΚ 12:45	29	.... μου ερχεσθαι, και αρξηται τυπτειν τους	παιδας και τας παιδισκας, εσθιειν τε...
Μθ 24:49	29	και αρξηται τυπτειν	τους συνδουλους αυτου, εσθιη δε και...
ΛΚ 12:45	29	.... ο κυριος μου ερχεσθαι, και αρξηται τυπτειν	τους παιδας και τας παιδισκας, εσθιειν...
Μθ 24:51	29	.... αυτον και το μερος αυτου μετα των	υποκριτων θησει. εκει εσται ο κλαυθμος...
ΛΚ 12:46	29	.... αυτον, και το μερος αυτου μετα των	απιστων θησει.
Μθ 24:44	29	...... ετοιμοι, οτι η ου δοκειτε ωρα ο υιος	του ανθρωπου ερχεται.
ΛΚ 12:40	29	...... ετοιμοι, οτι η ωρα ου δοκειτε ο υιος	του ανθρωπου ερχεται.
Μθ 24:44	29	δια τουτο και υμεις	γινεσθε ετοιμοι, οτι η ου δοκειτε...
ΛΚ 12:40	29	και υμεις	γινεσθε ετοιμοι, οτι η ωρα ου δοκειτε...
Μθ 24:47	29	αμην λεγω υμιν	οτι επι πασιν τοις υπαρχουσιν αυτου...
ΛΚ 12:44	29	αληθως λεγω υμιν	οτι επι πασιν τοις υπαρχουσιν αυτου...
Μθ 24:47	29	αμην λεγω υμιν οτι επι πασιν τοις υπαρχουσιν	αυτου καταστησει αυτον.
ΛΚ 12:44	29	. αληθως λεγω υμιν οτι επι πασιν τοις υπαρχουσιν	αυτου καταστησει αυτον.
Μθ 24:45	29	τις αρα εστιν ο πιστος δουλος και φρονιμος	ον κατεστησεν ο κυριος επι της οικετειας...

ΛΚ 12:42 29 ... τις αρα εστιν ο πιστος οικονομος ο φρονιμος, ον καταστησει ο κυριος επι της θεραπειας...
ΜΘ 24:48 29 ... δουλος εκεινος εν τη καρδια αυτου, χρονιζει μου ο κυριος,
ΛΚ 12:45 29 ... δουλος εκεινος εν τη καρδια αυτου, χρονιζει ο κυριος μου ερχεσθαι, και αρξηται...
ΜΘ 24:44 29 .... γινεσθε ετοιμοι, οτι η ου δοκειτε ωρα ο υιος του ανθρωπου ερχεται.
ΜΘ 24:50 29 .... ε.ν ημερα η ου προσδοκα και εν ωρα η ου γινωσκει,
ΛΚ 12:40 29 και υμεις γινεσθε ετοιμοι, οτι η ωρα ου δοκειτε ο υιος του ανθρωπου ερχεται....
ΛΚ 12:46 29 .... εν ημερα η ου προσδοκα και εν ωρα η ου γινωσκει, και διχοτομησει αυτον,...

Μθ 10:35	30	.. πατρος αυτου και θυγατερα κατα της μητρος αυτης	και νυμφην κατα της πενθερας αυτης,
ΛΚ 12:53	30	..... επι την μητερα, πενθερα επι την νυμφην αυτης	και νυμφη επι την πενθεραν.
ΛΚ 12:51	30	.... οτι ειρηνην παρεγενομην δουναι εν τη γη;	ουχι, λεγω υμιν, αλλ η διαμερισμον.
Μθ 10:34	30	.. νομισητε οτι ηλθον βαλειν ειρηνην επι την γην.	ουκ ηλθον βαλειν ειρηνην αλλα μαχαιραν.
Μθ 10:34	30	μη νομισητε οτι ηλθον βαλειν ειρηνην	επι την γην. ουκ ηλθον βαλειν ειρηνην...
ΛΚ 12:51	30	δοκειτε οτι ειρηνην	παρεγενομην δουναι εν τη γη; ουχι, λεγω...
Μθ 10:35	30	. διχασαι ανθρωπον κατα του πατρος αυτου και θυγατερα	κατα της μητρος αυτης και νυμφην κατα...
ΛΚ 12:53	30	..... επι πατρι, μητηρ επι την θυγατερα και θυγατηρ	επι την μητερα, πενθερα επι την νυμφην...
Μθ 10:35	30	. γαρ διχασαι ανθρωπον κατα του πατρος αυτου και	θυγατερα κατα της μητρος αυτης και νυμφην...
Μθ 10:35	30	...... και θυγατερα κατα της μητρος αυτης και	νυμφην κατα της πενθερας αυτης,
ΛΚ 12:53	30	.... υιος επι πατρι, μητηρ επι την θυγατερα και	θυγατηρ επι την μητερα, πενθερα επι την...
ΛΚ 12:53	30	.. την μητερα, πενθερα επι την νυμφην αυτης και	νυμφη επι την πενθεραν.
ΛΚ 12:53	30	.... επι την θυγατερα και θυγατηρ επι την μητερα,	πενθερα επι την νυμφην αυτης και νυμφη...
Μθ 10:35	30	... του πατρος αυτου και θυγατερα κατα της μητρος	αυτης και νυμφην κατα της πενθερας αυτης,
ΛΚ 12:53	30	.... πενθερα επι την νυμφην αυτης και νυμφη	επι την πενθεραν.
Μθ 10:35	30	..... θυγατερα κατα της μητρος αυτης και νυμφην	κατα της πενθερας αυτης,
Μθ 10:34	30	.... οτι ηλθον βαλειν ειρηνην επι την γην. ουκ	ηλθον βαλειν ειρηνην αλλα μαχαιραν.
ΛΚ 12:51	30	. οτι ειρηνην παρεγενομην δουναι εν τη γη; ουχι,	λεγω υμιν, αλλ η διαμερισμον.
ΛΚ 12:53	30	.... πατηρ επι υιω και υιος επι πατρι,	μητηρ επι την θυγατερα και θυγατηρ...
Μθ 10:35	30	ηλθον γαρ διχασαι ανθρωπον κατα του πατρος	αυτου και θυγατερα κατα της μητρος αυτης...
ΛΚ 12:53	30	. επι την νυμφην αυτης και νυμφη επι την πενθεραν.	
Μθ 10:35	30	... της μητρος αυτης και νυμφην κατα της πενθερας	αυτης,

ΛΚ	12:56	31	. γης και του ουρανου οιδατε δοκιμαζειν, τον καιρον	δε τουτον πως ουκ οιδατε δοκιμαζειν;
ΜΘ	16:3	31	..... γινωσκετε διακρινειν, τα δε σημεια των καιρων	ου δυνασθε.
ΜΘ	16:3	31	.... διακρινειν, τα δε σημεια των καιρων ου	δυνασθε.
ΛΚ	12:56	31	..... δοκιμαζειν, τον καιρον δε τουτον πως ουκ	οιδατε δοκιμαζειν;
ΜΘ	16:3	31	... στυγναζων ο ουρανος. το μεν προσωπον του ουρανου	γινωσκετε διακρινειν, τα δε σημεια των...
ΛΚ	12:56	31	υποκριται, το προσωπον της γης και του ουρανου	οιδατε δοκιμαζειν, τον καιρον δε τουτον...
ΜΘ	16:3	31	... πυρραζει γαρ στυγναζων ο ουρανος. το μεν προσωπον	του ουρανου γινωσκετε διακρινειν, τα δε...
ΛΚ	12:56	31	υποκριται, το προσωπον	της γης και του ουρανου οιδατε δοκιμαζειν,...
ΜΘ	16:3	31	.. χειμων, πυρραζει γαρ στυγναζων ο ουρανος. το	μεν προσωπον του ουρανου γινωσκετε διακρινειν,...
ΛΚ	12:56	31	υποκριται, το	προσωπον της γης και του ουρανου οιδατε...
ΜΘ	16:3	31	. γαρ στυγναζων ο ουρανος. το μεν προσωπον του	ουρανου γινωσκετε διακρινειν, τα δε σημεια...
ΛΚ	12:56	31	υποκριται, το προσωπον της γης και του	ουρανου οιδατε δοκιμαζειν, τον καιρον...

ΛΚ 12:58	32	ως γαρ υπαγεις μετα του	αντιδικου	σου επ αρχοντα, εν τη οδω δος εργασιαν...
ΜΘ 5:25	32	ισθι ευνοων τω	αντιδικω	σου ταχυ εως οτου ει μετ αυτου εν τη οδω....
ΜΘ 5:26	32	..... λεγω σοι, ου μη εξελθης εκειθεν εως αν	αποδως	τον εσχατον κοδραντην.
ΛΚ 12:59	32	.. εξελθης εκειθεν εως και το εσχατον λεπτον	αποδως.	
ΛΚ 12:58	32	. σε παραδωσει τω πρακτορι, και ο πρακτωρ σε	βαλει	εις φυλακην.
ΜΘ 5:25	32	... και ο κριτης τω υπηρετη, και εις φυλακην	βληθηση.	
ΜΘ 5:25	32	..... τω κριτη, και ο κριτης τω υπηρετη, και	εις	φυλακην βληθηση.
ΛΚ 12:58	32	.... τω πρακτορι, και ο πρακτωρ σε βαλει	εις	φυλακην.
ΜΘ 5:26	32	αμην λεγω σοι, ου μη εξελθης	εκειθεν	εως αν αποδως τον εσχατον κοδραντην.
ΛΚ 12:59	32	λεγω σοι, ου μη εξελθης	εκειθεν	εως και το εσχατον λεπτον αποδως.
ΜΘ 5:25	32	... αντιδικω σου ταχυ εως οτου ει μετ αυτου	εν	τη οδω. μηποτε σε παραδω ο αντιδικος τω...
ΛΚ 12:58	32	.... μετα του αντιδικου σου επ αρχοντα,	εν	τη οδω δος εργασιαν απηλλαχθαι απ αυτου,...
ΜΘ 5:26	32	αμην λεγω σοι, ου μη	εξελθης	εκειθεν εως αν αποδως τον εσχατον κοδραντην....
ΛΚ 12:59	32	λεγω σοι, ου μη	εξελθης	εκειθεν εως και το εσχατον λεπτον αποδως.
ΜΘ 5:26	32	. ου μη εξελθης εκειθεν εως αν αποδως τον	εσχατον	κοδραντην.
ΛΚ 12:59	32	.... σοι, ου μη εξελθης εκειθεν εως και το	εσχατον	λεπτον αποδως.
ΜΘ 5:26	32	αμην λεγω σοι, ου μη εξελθης εκειθεν	εως	αν αποδως τον εσχατον κοδραντην.
ΛΚ 12:59	32	λεγω σοι, ου μη εξελθης εκειθεν	εως	και το εσχατον λεπτον αποδως.
ΜΘ 5:25	32	..... μηποτε σε παραδω ο αντιδικος τω κριτη,	και	ο κριτης τω υπηρετη, και εις φυλακην βληθηση....
ΜΘ 5:25	32	.... τω κριτη, και ο κριτης τω υπηρετη,	και	εις φυλακην βληθηση.
ΛΚ 12:58	32	. αυτου, μηποτε κατασυρη σε προς τον κριτην,	και	ο κριτης σε παραδωσει τω πρακτορι, και...
ΛΚ 12:58	32	.... και ο κριτης σε παραδωσει τω πρακτορι,	και	ο πρακτωρ σε βαλει εις φυλακην.
ΜΘ 5:25	32	.... τη οδω. μηποτε σε παραδω ο αντιδικος τω	κριτη,	και ο κριτης τω υπηρετη, και εις φυλακην...
ΛΚ 12:58	32	...... απ αυτου, μηποτε κατασυρη σε προς τον	κριτην,	και ο κριτης σε παραδωσει τω πρακτορι,...
ΜΘ 5:25	32	.... σε παραδω ο αντιδικος τω κριτη, και ο	κριτης	τω υπηρετη, και εις φυλακην βληθηση.
ΛΚ 12:58	32	.... κατασυρη σε προς τον κριτην, και ο	κριτης	σε παραδωσει τω πρακτορι, και ο πρακτωρ...
ΜΘ 5:26	32	αμην	λεγω	σοι, ου μη εξελθης εκειθεν εως αν αποδως...
ΛΚ 12:59	32		λεγω	σοι, ου μη εξελθης εκειθεν εως και...
ΜΘ 5:26	32	αμην λεγω σοι, ου	μη	εξελθης εκειθεν εως αν αποδως τον εσχατον...
ΛΚ 12:59	32	λεγω σοι, ου	μη	εξελθης εκειθεν εως και το εσχατον...
ΜΘ 5:25	32	.... ταχυ εως οτου ει μετ αυτου εν τη οδω.	μηποτε	σε παραδω ο αντιδικος τω κριτη, και ο...
ΛΚ 12:58	32	... τη οδω δος εργασιαν απηλλαχθαι απ αυτου,	μηποτε	κατασυρη σε προς τον κριτην, και ο κριτης...
ΜΘ 5:25	32	..... σε παραδω ο αντιδικος τω κριτη, και	ο	κριτης τω υπηρετη, και εις φυλακην βληθηση....
ΛΚ 12:58	32	. μηποτε κατασυρη σε προς τον κριτην, και	ο	κριτης σε παραδωσει τω πρακτορι, και...
ΜΘ 5:25	32	..... σου ταχυ εως οτου ει μετ αυτου εν τη	οδω.	μηποτε σε παραδω ο αντιδικος τω κριτη,...
ΛΚ 12:58	32	. μετα του αντιδικου σου επ αρχοντα, εν τη	οδω	δος εργασιαν απηλλαχθαι απ αυτου, μηποτε...
ΜΘ 5:26	32	αμην λεγω σοι,	ου	μη εξελθης εκειθεν εως αν αποδως τον...
ΛΚ 12:59	32	λεγω σοι,	ου	μη εξελθης εκειθεν εως και το εσχατον...
ΜΘ 5:25	32	..... οτου ει μετ αυτου εν τη οδω. μηποτε	σε	παραδω ο αντιδικος τω κριτη, και ο...
ΛΚ 12:58	32	...... απηλλαχθαι απ αυτου, μηποτε κατασυρη	σε	προς τον κριτην, και ο κριτης σε παραδωσει...
ΜΘ 5:26	32	αμην λεγω	σοι,	ου μη εξελθης εκειθεν εως αν αποδως...
ΛΚ 12:59	32	λεγω	σοι,	ου μη εξελθης εκειθεν εως και το...
ΜΘ 5:25	32	ισθι ευνοων τω αντιδικω	σου	ταχυ εως οτου ει μετ αυτου εν τη οδω....
ΛΚ 12:58	32	ως γαρ υπαγεις μετα του αντιδικου	σου	επ αρχοντα, εν τη οδω δος εργασιαν απηλλαχθαι...
ΜΘ 5:25	32	.... σου ταχυ εως οτου ει μετ αυτου εν	τη	οδω. μηποτε σε παραδω ο αντιδικος τω...
ΛΚ 12:58	32	... μετα του αντιδικου σου επ αρχοντα, εν	τη	οδω δος εργασιαν απηλλαχθαι απ αυτου,...
ΜΘ 5:25	32	... ο αντιδικος τω κριτη, και ο κριτης	τω	υπηρετη, και εις φυλακην βληθηση.
ΛΚ 12:58	32	. τον κριτην, και ο κριτης σε παραδωσει	τω	πρακτορι, και ο πρακτωρ σε βαλει εις...
ΜΘ 5:25	32	..... και ο κριτης τω υπηρετη, και εις	φυλακην	βληθηση.
ΛΚ 12:58	32	.. πρακτορι, και ο πρακτωρ σε βαλει εις	φυλακην.	

Mθ 13:31	33	.... των ουρανων κοκκω σιναπεως, ον λαβων ανθρωπος	εσπειρεν εν τω αγρω αυτου.
ΛΚ 13:19	33	ομοια εστιν κοκκω σιναπεως, ον λαβων ανθρωπος	εβαλεν εις κηπον εαυτου, και ηυξησεν και...
Mθ 13:32	33	.... μεν εστιν παντων των σπερματων, οταν δε αυξηθη,	μειζον των λαχανων εστιν και γινεται δενδρον,...
Mθ 13:32	33	.... ουρανου και κατασκηνουν εν τοις κλαδοις αυτου.	
ΛΚ 13:19	33	... του ουρανου κατεσκηνωσεν εν τοις κλαδοις αυτου.	
Mθ 13:31	33	...... παρεθηκεν αυτοις λεγων, ομοια εστιν η βασιλεια	των ουρανων κοκκω σιναπεως, ον λαβων ανθρωπος...
ΛΚ 13:18	33	ελεγεν ουν, τινι ομοια εστιν η βασιλεια	του θεου, και τινι ομοιωσω αυτην;
Mθ 13:32	33	... δε αυξηθη, μειζον των λαχανων εστιν και γινεται	δενδρον, ωστε ελθειν τα πετεινα του ουρανου...
Mθ 13:32	33	...... μειζον των λαχανων εστιν και γινεται δενδρον,	ωστε ελθειν τα πετεινα του ουρανου και...
ΛΚ 13:19	33	.. κηπον εαυτου, και ηυξησεν και εγενετο εις δενδρον,	και τα πετεινα του ουρανου κατεσκηνωσεν...
ΛΚ 13:19	33	... εβαλεν εις κηπον εαυτου, και ηυξησεν και εγενετο	εις δενδρον, και τα πετεινα του ουρανου...
Mθ 13:32	33	..... τα πετεινα του ουρανου και κατασκηνουν εν	τοις κλαδοις αυτου.
ΛΚ 13:19	33	.... και τα πετεινα του ουρανου κατεσκηνωσεν εν	τοις κλαδοις αυτου.
Mθ 13:31	33	.... παραβολην παρεθηκεν αυτοις λεγων, ομοια εστιν	η βασιλεια των ουρανων κοκκω σιναπεως,...
ΛΚ 13:18	33	ελεγεν ουν, τινι ομοια εστιν	η βασιλεια του θεου, και τινι ομοιωσω...
Mθ 13:31	33	.... παρεθηκεν αυτοις λεγων, ομοια εστιν η	βασιλεια των ουρανων κοκκω σιναπεως, ον...
ΛΚ 13:18	33	ελεγεν ουν, τινι ομοια εστιν η	βασιλεια του θεου, και τινι ομοιωσω αυτην;
ΛΚ 13:19	33	..... ανθρωπος εβαλεν εις κηπον εαυτου, και ηυξησεν	και εγενετο εις δενδρον, και τα πετεινα...
Mθ 13:32	33	.... του ουρανου και κατασκηνουν εν τοις κλαδοις	αυτου.
ΛΚ 13:19	33	.. πετεινα του ουρανου κατεσκηνωσεν εν τοις κλαδοις	αυτου.
Mθ 13:31	33	... βασιλεια των ουρανων κοκκω σιναπεως, ον λαβων	ανθρωπος εσπειρεν εν τω αγρω αυτου.
ΛΚ 13:19	33	ομοια εστιν κοκκω σιναπεως, ον λαβων	ανθρωπος εβαλεν εις κηπον εαυτου, και...
Mθ 13:31	33	αλλην παραβολην παρεθηκεν αυτοις λεγων, ομοια	εστιν η βασιλεια των ουρανων κοκκω σιναπεως,...
ΛΚ 13:18	33	ελεγεν ουν, τινι ομοια	εστιν η βασιλεια του θεου, και τινι...
Mθ 13:31	33	... η βασιλεια των ουρανων κοκκω σιναπεως, ον	λαβων ανθρωπος εσπειρεν εν τω αγρω αυτου....
ΛΚ 13:19	33	ομοια εστιν κοκκω σιναπεως, ον	λαβων ανθρωπος εβαλεν εις κηπον εαυτου,...
Mθ 13:32	33	. τα πετεινα του ουρανου και κατασκηνουν εν τοις	κλαδοις αυτου.
ΛΚ 13:19	33	.... τα πετεινα του ουρανου κατεσκηνωσεν εν τοις	κλαδοις αυτου.

Mθ	13:33	34	.... ζυμη, ην λαβουσα γυνη ενεκρυψεν εις αλευρου	σατα τρια εως ου εζυμωθη ολον.
ΛΚ	13:21	34	.. εστιν ζυμη, ην λαβουσα γυνη ενεκρυψεν εις αλευρου	σατα τρια εως ου εζυμωθη ολον.
Mθ	13:33	34	... παραβολην ελαλησεν αυτοις. ομοια εστιν η βασιλεια	των ουρανων ζυμη, ην λαβουσα γυνη ενεκρυψεν...
ΛΚ	13:20	34	και παλιν ειπεν, τινι ομοιωσω την βασιλειαν	του θεου;
Mθ	13:33	34	... η βασιλεια των ουρανων ζυμη, ην λαβουσα γυνη	ενεκρυψεν εις αλευρου σατα τρια εως ου...
ΛΚ	13:21	34	ομοια εστιν ζυμη, ην λαβουσα γυνη	ενεκρυψεν εις αλευρου σατα τρια εως ου...
Mθ	13:33	34	.... ενεκρυψεν εις αλευρου σατα τρια εως ου εζυμωθη	ολον.
ΛΚ	13:21	34	.... ενεκρυψεν εις αλευρου σατα τρια εως ου εζυμωθη	ολον.
Mθ	13:33	34	... ουρανων ζυμη, ην λαβουσα γυνη ενεκρυψεν εις	αλευρου σατα τρια εως ου εζυμωθη ολον.
ΛΚ	13:21	34	..... εστιν ζυμη, ην λαβουσα γυνη ενεκρυψεν εις	αλευρου σατα τρια εως ου εζυμωθη ολον.
Mθ	13:33	34	.... των ουρανων ζυμη, ην λαβουσα γυνη ενεκρυψεν	εις αλευρου σατα τρια εως ου εζυμωθη...
ΛΚ	13:21	34	ομοια εστιν ζυμη, ην λαβουσα γυνη ενεκρυψεν	εις αλευρου σατα τρια εως ου εζυμωθη...
Mθ	13:33	34	αλλην παραβολην ελαλησεν αυτοις. ομοια εστιν	η βασιλεια των ουρανων ζυμη, ην λαβουσα...
ΛΚ	13:21	34	ομοια εστιν	ζυμη, ην λαβουσα γυνη ενεκρυψεν εις...
Mθ	13:33	34	... γυνη ενεκρυψεν εις αλευρου σατα τρια εως	ου εζυμωθη ολον.
ΛΚ	13:21	34	... γυνη ενεκρυψεν εις αλευρου σατα τρια εως	ου εζυμωθη ολον.
Mθ	13:33	34	.... ομοια εστιν η βασιλεια των ουρανων ζυμη,	ην λαβουσα γυνη ενεκρυψεν εις αλευρου...
ΛΚ	13:21	34	ομοια εστιν ζυμη,	ην λαβουσα γυνη ενεκρυψεν εις αλευρου...
Mθ	13:33	34	...... εστιν η βασιλεια των ουρανων ζυμη, ην	λαβουσα γυνη ενεκρυψεν εις αλευρου...
ΛΚ	13:21	34	ομοια εστιν ζυμη, ην	λαβουσα γυνη ενεκρυψεν εις αλευρου...
Mθ	13:33	34	.. εστιν η βασιλεια των ουρανων ζυμη, ην λαβουσα	γυνη ενεκρυψεν εις αλευρου σατα τρια...
ΛΚ	13:21	34	ομοια εστιν ζυμη, ην λαβουσα	γυνη ενεκρυψεν εις αλευρου σατα τρια...
Mθ	13:33	34	... εις αλευρου σατα τρια εως ου εζυμωθη ολον.	
ΛΚ	13:21	34	... εις αλευρου σατα τρια εως ου εζυμωθη ολον.	
Mθ	13:33	34	αλλην παραβολην ελαλησεν αυτοις. ομοια	εστιν η βασιλεια των ουρανων ζυμη, ην...
ΛΚ	13:21	34	ομοια	εστιν ζυμη, ην λαβουσα γυνη ενεκρυψεν...
Mθ	13:33	34	.... ενεκρυψεν εις αλευρου σατα τρια εως ου	εζυμωθη ολον.
ΛΚ	13:21	34	.... ενεκρυψεν εις αλευρου σατα τρια εως ου	εζυμωθη ολον.
Mθ	13:33	34	.... λαβουσα γυνη ενεκρυψεν εις αλευρου σατα	τρια εως ου εζυμωθη ολον.
ΛΚ	13:21	34	.... λαβουσα γυνη ενεκρυψεν εις αλευρου σατα	τρια εως ου εζυμωθη ολον.
Mθ	13:33	34	.... γυνη ενεκρυψεν εις αλευρου σατα τρια	εως ου εζυμωθη ολον.
ΛΚ	13:21	34	.... γυνη ενεκρυψεν εις αλευρου σατα τρια	εως ου εζυμωθη ολον.

Exclusion from the Kingdom — MT 7:13-14, 7:22-23, 8:11-12, 19:30 — LK 13:22-30 (211)

Ref.		Context	Word	Context
ΜΘ 8:11	35	. και δυσμων ηξουσιν και ανακλιθησονται μετα	αβρααμ	και ισαακ και ιακωβ εν τη βασιλεια των...
ΛΚ 13:28	35	..... και ο βρυγμος των οδοντων, οταν οψεσθε	αβρααμ	και ισαακ και ιακωβ και παντας τους προφητας...
ΜΘ 8:11	35	. πολλοι απο ανατολων και δυσμων ηξουσιν και	ανακλιθησονται	μετα αβρααμ και ισαακ και ιακωβ εν τη...
ΛΚ 13:29	35	..... και δυσμων και απο βορρα και νοτου και	ανακλιθησονται	εν τη βασιλεια του θεου.
ΜΘ 8:11	35	λεγω δε υμιν οτι πολλοι απο	ανατολων	και δυσμων ηξουσιν και ανακλιθησονται...
ΛΚ 13:29	35	και ηξουσιν απο	ανατολων	και δυσμων και απο βορρα και νοτου και...
ΜΘ 7:23	35	. αυτοις οτι ουδεποτε εγνων υμας. αποχωρειτε	απ	εμου οι εργαζομενοι την ανομιαν.
ΛΚ 13:27	35	. λεγων υμιν, ουκ οιδα, ποθεν εστε. αποστητε	απ	εμου, παντες εργαται αδικιας.
ΜΘ 8:11	35	λεγω δε υμιν οτι πολλοι	απο	ανατολων και δυσμων ηξουσιν και ανακλιθησονται...
ΛΚ 13:29	35	και ηξουσιν	απο	ανατολων και δυσμων και απο βορρα και...
ΛΚ 13:27	35	. και ερει λεγων υμιν, ουκ οιδα ποθεν εστε.	αποστητε	απ εμου, παντες εργαται αδικιας.
ΜΘ 7:23	35	.. ομολογησω αυτοις οτι ουδεποτε εγνων υμας.	αποχωρειτε	απ εμου οι εργαζομενοι την ανομιαν.
ΜΘ 8:11	35	..... μετα αβρααμ και ισαακ και ιακωβ εν τη	βασιλεια	των ουρανων.
ΛΚ 13:28	35	... και ιακωβ και παντας τους προφητας εν τη	βασιλεια	του θεου, υμας δε εκβαλλομενους εξω.
ΛΚ 13:29	35	.. βορρα και νοτου και ανακλιθησονται εν τη	βασιλεια	του θεου.
ΜΘ 8:12	35	... το εξωτερον. εκει εσται ο κλαυθμος και ο	βρυγμος	των οδοντων.
ΛΚ 13:28	35	εκει εσται ο κλαυθμος και ο	βρυγμος	των οδοντων, οταν οψεσθε αβρααμ και ισαακ...
ΜΘ 7:13	35	εισελθατε	δια	της στενης πυλης. οτι πλατεια η πυλη και...
ΛΚ 13:24	35	αγωνιζεσθε εισελθειν	δια	της στενης θυρας, οτι πολλοι, λεγω υμιν,...
ΜΘ 8:11	35	. λεγω δε υμιν οτι πολλοι απο ανατολων και	δυσμων	ηξουσιν και ανακλιθησονται μετα αβρααμ...
ΛΚ 13:29	35	και ηξουσιν απο ανατολων και	δυσμων	και απο βορρα και νοτου και ανακλιθησονται...
ΜΘ 7:13	35		εισελθατε	δια της στενης πυλης. οτι πλατεια η πυλη...
ΛΚ 13:24	35	αγωνιζεσθε	εισελθειν	δια της στενης θυρας, οτι πολλοι, λεγω...
ΜΘ 8:12	35	... εκβληθησονται εις το σκοτος το εξωτερον.	εκει	εσται ο κλαυθμος και ο βρυγμος των οδοντων.
ΛΚ 13:28	35		εκει	εσται ο κλαυθμος και ο βρυγμος των οδοντων,...
ΜΘ 7:23	35	... οτι ουδεποτε εγνων υμας. αποχωρειτε απ	εμου	οι εργαζομενοι την ανομιαν.
ΛΚ 13:27	35	.. υμιν, ουκ οιδα ποθεν εστε. αποστητε απ	εμου,	παντες εργαται αδικιας.
ΜΘ 8:11	35	.... μετα αβρααμ και ισαακ και ιακωβ	εν	τη βασιλεια των ουρανων.
ΛΚ 13:28	35	... ισαακ και ιακωβ και παντας τους προφητας	εν	τη βασιλεια του θεου, υμας δε εκβαλλομενους...
ΛΚ 13:29	35	... απο βορρα και νοτου και ανακλιθησονται	εν	τη βασιλεια του θεου.
ΜΘ 7:23	35	.... εγνων υμας. αποχωρειτε απ εμου οι	εργαζομενοι	την ανομιαν.
ΛΚ 13:27	35	... ποθεν εστε. αποστητε απ εμου, παντες	εργαται	αδικιας.
ΜΘ 8:12	35	.... εις το σκοτος το εξωτερον. εκει	εσται	ο κλαυθμος και ο βρυγμος των οδοντων.
ΛΚ 13:28	35	εκει	εσται	ο κλαυθμος και ο βρυγμος των οδοντων,...
ΜΘ 8:11	35	. υμιν οτι πολλοι απο ανατολων και δυσμων	ηξουσιν	και ανακλιθησονται μετα αβρααμ και ισαακ...
ΛΚ 13:29	35	και	ηξουσιν	απο ανατολων και δυσμων και απο βορρα...
ΜΘ 8:11	35	. ανακλιθησονται μετα αβρααμ και ισαακ και	ιακωβ	εν τη βασιλεια των ουρανων.
ΛΚ 13:28	35	. οδοντων, οταν οψεσθε αβρααμ και ισαακ και	ιακωβ	και παντας τους προφητας εν τη βασιλεια...
ΜΘ 8:11	35	.... και ανακλιθησονται μετα αβρααμ και	ισαακ	και ιακωβ εν τη βασιλεια των ουρανων.
ΛΚ 13:28	35	.... των οδοντων, οταν οψεσθε αβρααμ και	ισαακ	και ιακωβ και παντας τους προφητας εν...
ΜΘ 8:11	35	λεγω δε υμιν οτι πολλοι απο ανατολων	και	δυσμων ηξουσιν και ανακλιθησονται μετα...
ΜΘ 8:11	35	.... απο ανατολων και δυσμων ηξουσιν	και	ανακλιθησονται μετα αβρααμ και ισαακ...
ΜΘ 8:11	35	. ηξουσιν και ανακλιθησονται μετα αβρααμ	και	ισαακ και ιακωβ εν τη βασιλεια των...
ΜΘ 8:11	35	... ανακλιθησονται μετα αβρααμ και ισαακ	και	ιακωβ εν τη βασιλεια των ουρανων.
ΜΘ 8:12	35	.... το εξωτερον. εκει εσται ο κλαυθμος	και	ο βρυγμος των οδοντων.
ΛΚ 13:28	35	εκει εσται ο κλαυθμος	και	ο βρυγμος των οδοντων, οταν οψεσθε αβρααμ...
ΛΚ 13:28	35	.. βρυγμος των οδοντων, οταν οψεσθε αβρααμ	και	ισαακ και ιακωβ και παντας τους προφητας...
ΛΚ 13:28	35	... οδοντων, οταν οψεσθε αβρααμ και ισαακ	και	ιακωβ και παντας τους προφητας εν τη...
ΛΚ 13:29	35	και ηξουσιν απο ανατολων	και	δυσμων και απο βορρα και νοτου και ανακλιθησονται..
ΛΚ 13:29	35	.... και δυσμων και απο βορρα και νοτου	και	ανακλιθησονται εν τη βασιλεια του θεου.
ΜΘ 8:12	35	.. εις το σκοτος το εξωτερον. εκει εσται ο	κλαυθμος	και ο βρυγμος των οδοντων.
ΛΚ 13:28	35	εκει εσται ο	κλαυθμος	και ο βρυγμος των οδοντων, οταν οψεσθε...
ΜΘ 7:22	35	πολλοι ερουσιν μοι εν εκεινη τη ημερα,	κυριε	κυριε, ου τω σω ονοματι επροφητευσαμεν,...

ΜΘ 7:22	35	πολλοι ερουσιν μοι εν εκεινη τη ημερα, κυριε	κυριε, ου τω σω ονοματι επροφητευσαμεν,...
ΛΚ 13:25	35	... εσταναι και κρουειν την θυραν λεγοντες, κυριε,	ανοιξον ημιν. και αποκριθεις ερει υμιν,...
ΜΘ 8:12	35	.... εις το σκοτος το εξωτερον. εκει εσται ο	κλαυθμος και ο βρυγμος των οδοντων.
ΜΘ 8:12	35	... εξωτερον. εκει εσται ο κλαυθμος και ο	βρυγμος των οδοντων.
ΛΚ 13:28	35	εκει εσται ο	κλαυθμος και ο βρυγμος των οδοντων,...
ΛΚ 13:28	35	εκει εσται ο κλαυθμος και ο	βρυγμος των οδοντων, οταν οψεσθε αβρααμ...
ΜΘ 8:12	35	... εσται ο κλαυθμος και ο βρυγμος των οδοντων.	
ΛΚ 13:28	35	... εσται ο κλαυθμος και ο βρυγμος των οδοντων,	οταν οψεσθε αβρααμ και ισαακ και ιακωβ...
ΜΘ 7:13	35	... η οδος η απαγουσα εις την απωλειαν, και πολλοι	εισιν οι εισερχομενοι δι αυτης.
ΛΚ 13:24	35	...... εισελθειν δια της στενης θυρας, οτι πολλοι,	λεγω υμιν, ζητησουσιν εισελθειν και...
ΜΘ 7:13	35	εισελθατε δια της στενης	πυλης. οτι πλατεια η πυλη και ευρυχωρος...
ΛΚ 13:24	35	αγωνιζεσθε εισελθειν δια της στενης	θυρας, οτι πολλοι, λεγω υμιν, ζητησουσιν...
ΜΘ 8:11	35	... μετα αβρααμ και ισαακ και ιακωβ εν τη	βασιλεια των ουρανων.
ΛΚ 13:28	35	.. και ιακωβ και παντας τους προφητας εν τη	βασιλεια του θεου, υμας δε εκβαλλομενους...
ΛΚ 13:29	35	.. βορρα και νοτου και ανακλιθησονται εν τη	βασιλεια του θεου.
ΜΘ 7:13	35	εισελθατε δια της	στενης πυλης. οτι πλατεια η πυλη και...
ΛΚ 13:24	35	αγωνιζεσθε εισελθειν δια της	στενης θυρας, οτι πολλοι, λεγω υμιν,...
ΜΘ 8:12	35	. εκει εσται ο κλαυθμος και ο βρυγμος των	οδοντων.
ΛΚ 13:28	35	. εκει εσται ο κλαυθμος και ο βρυγμος των	οδοντων, οταν οψεσθε αβρααμ και ισαακ...

Lament over Jerusalem MT 23:37-39 LK 13:34-35 (213)

MΘ 23:37	36	.... τους προφητας και λιθοβολουσα τους	απεσταλμενους	προς αυτην, ποσακις ηθελησα επισυναγαγειν...
ΛΚ 13:34	36	.... τους προφητας και λιθοβολουσα τους	απεσταλμενους	προς αυτην, ποσακις ηθελησα επισυναξαι...
MΘ 23:37	36	ιερουσαλημ ιερουσαλημ, η	αποκτεινουσα	τους προφητας και λιθοβολουσα τους απεσταλμενους...
ΛΚ 13:34	36	ιερουσαλημ ιερουσαλημ, η	αποκτεινουσα	τους προφητας και λιθοβολουσα τους απεσταλμενους...
MΘ 23:37	36	... και λιθοβολουσα τους απεσταλμενους προς	αυτην,	ποσακις ηθελησα επισυναγαγειν τα τεκνα...
ΛΚ 13:34	36	... και λιθοβολουσα τους απεσταλμενους προς	αυτην,	ποσακις ηθελησα επισυναξαι τα τεκνα σου...
MΘ 23:38	36	ιδου	αφιεται	υμιν ο οικος υμων ερημος.
ΛΚ 13:35	36	ιδου	αφιεται	υμιν ο οικος υμων. λεγω υμιν, ου μη ιδητε...
MΘ 23:39	36	.... γαρ υμιν, ου μη με ιδητε απ αρτι εως αν	ειπητε,	ευλογημενος ο ερχομενος εν ονοματι κυριου.
ΛΚ 13:35	36	...... υμων. λεγω υμιν, ου μη ιδητε με εως	ειπητε,	ευλογημενος ο ερχομενος εν ονοματι κυριου.
MΘ 23:39	36	.... εως αν ειπητε, ευλογημενος ο ερχομενος	εν	ονοματι κυριου.
ΛΚ 13:35	36	... με εως ειπητε, ευλογημενος ο ερχομενος	εν	ονοματι κυριου.
MΘ 23:37	36	.... προς αυτην, ποσακις ηθελησα	επισυναγαγειν	τα τεκνα σου, ον τροπον ορνις επισυναγει...
ΛΚ 13:34	36	.... προς αυτην, ποσακις ηθελησα	επισυναξαι	τα τεκνα σου ον τροπον ορνις την εαυτης...
MΘ 23:39	36	...... απ αρτι εως αν ειπητε, ευλογημενος ο	ερχομενος	εν ονοματι κυριου.
ΛΚ 13:35	36	. ου μη ιδητε με εως ειπητε, ευλογημενος ο	ερχομενος	εν ονοματι κυριου.
MΘ 23:39	36	..... ου μη με ιδητε απ αρτι εως αν ειπητε,	ευλογημενος	ο ερχομενος εν ονοματι κυριου.
ΛΚ 13:35	36	... λεγω υμιν, ου μη ιδητε με εως ειπητε,	ευλογημενος	ο ερχομενος εν ονοματι κυριου.
MΘ 23:39	36	λεγω γαρ υμιν, ου μη με ιδητε απ αρτι	εως	αν ειπητε, ευλογημενος ο ερχομενος εν...
ΛΚ 13:35	36	... ο οικος υμων. λεγω υμιν, ου μη ιδητε με	εως	ειπητε, ευλογημενος ο ερχομενος εν...
MΘ 23:37	36	ιερουσαλημ ιερουσαλημ,	η	αποκτεινουσα τους προφητας και λιθοβολουσα...
ΛΚ 13:34	36	ιερουσαλημ ιερουσαλημ,	η	αποκτεινουσα τους προφητας και λιθοβολουσα...
MΘ 23:37	36	... τους απεσταλμενους προς αυτην, ποσακις	ηθελησα	επισυναγαγειν τα τεκνα σου, ον τροπον...
ΛΚ 13:34	36	... τους απεσταλμενους προς αυτην, ποσακις	ηθελησα	επισυναξαι τα τεκνα σου ον τροπον ορνις...
MΘ 23:37	36	.. τα νοσσια αυτης υπο τας πτερυγας, και ουκ	ηθελησατε.	
ΛΚ 13:34	36	... εαυτης νοσσιαν υπο τας πτερυγας, και ουκ	ηθελησατε.	
MΘ 23:39	36	λεγω γαρ υμιν, ου μη με	ιδητε	απ αρτι εως αν ειπητε, ευλογημενος ο...
ΛΚ 13:35	36	.... υμιν ο οικος υμων. λεγω υμιν, ου μη	ιδητε	με εως ειπητε, ευλογημενος ο ερχομενος...
MΘ 23:38	36		ιδου	αφιεται υμιν ο οικος υμων ερημος.
ΛΚ 13:35	36		ιδου	αφιεται υμιν ο οικος υμων. λεγω υμιν,...
MΘ 23:37	36		ιερουσαλημ	ιερουσαλημ, η αποκτει-νουσα τους προφητας...
MΘ 23:37	36	ιερουσαλημ	ιερουσαλημ,	η αποκτεινουσα τους προφητας και λιθοβολουσα...
ΛΚ 13:34	36		ιερουσαλημ	ιερουσαλημ, η αποκτεινουσα τους προφητας...
ΛΚ 13:34	36	ιερουσαλημ	ιερουσαλημ,	η αποκτεινουσα τους προφητας και λιθοβολουσα...
MΘ 23:37	36	.... η αποκτεινουσα τους προφητας	και	λιθοβολουσα τους απεσταλμενους προς αυτην,...
MΘ 23:37	36	.... τα νοσσια αυτης υπο τας πτερυγας,	και	ουκ ηθελησατε.
ΛΚ 13:34	36	.... η αποκτεινουσα τους προφητας	και	λιθοβολουσα τους απεσταλμενους προς αυτην,...
ΛΚ 13:34	36	. ορνις την εαυτης νοσσιαν υπο τας πτερυγας,	και	ουκ ηθελησατε.
MΘ 23:39	36	...... ευλογημενος ο ερχομενος εν ονοματι	κυριου.	
ΛΚ 13:35	36	...... ευλογημενος ο ερχομενος εν ονοματι	κυριου.	
MΘ 23:39	36		λεγω	γαρ υμιν, ου μη με ιδητε απ αρτι εως...
ΛΚ 13:35	36	ιδου αφιεται υμιν ο οικος υμων.	λεγω	υμιν, ου μη ιδητε με εως ειπητε, ευλογημενος...
MΘ 23:37	36	.... η αποκτεινουσα τους προφητας και	λιθοβολουσα	τους απεσταλμενους προς αυτην, ποσακις...
ΛΚ 13:34	36	.... η αποκτεινουσα τους προφητας και	λιθοβολουσα	τους απεσταλμενους προς αυτην, ποσακις...
MΘ 23:39	36	λεγω γαρ υμιν, ου μη	με	ιδητε απ αρτι εως αν ειπητε, ευλογημενος...
ΛΚ 13:35	36	.... ο οικος υμων. λεγω υμιν, ου μη ιδητε	με	εως ειπητε, ευλογημενος ο ερχομενος...
MΘ 23:39	36	λεγω γαρ υμιν, ου	μη	με ιδητε απ αρτι εως αν ειπητε, ευλογημενος...
ΛΚ 13:35	36	.... υμιν ο οικος υμων. λεγω υμιν, ου	μη	ιδητε με εως ειπητε, ευλογημενος...
MΘ 23:37	36	... τεκνα σου. ον τροπον ορνις επισυναγει τα	νοσσια	αυτης υπο τας πτερυγας, και ουκ ηθελησατε.
ΛΚ 13:34	36	.... τα τεκνα σου ον τροπον ορνις την εαυτης	νοσσιαν	υπο τας πτερυγας, και ουκ ηθελησατε.
MΘ 23:38	36	ιδου αφιεται υμιν	ο	οικος υμων ερημος.
MΘ 23:39	36	...... απ αρτι εως αν ειπητε, ευλογημενος	ο	ερχομενος εν ονοματι κυριου.
ΛΚ 13:35	36	ιδου αφιεται υμιν	ο	οικος υμων. λεγω υμιν, ου μη ιδητε...
ΛΚ 13:35	36	. μη ιδητε με εως ειπητε, ευλογημενος	ο	ερχομενος εν ονοματι κυριου.
MΘ 23:38	36	ιδου αφιεται υμιν ο	οικος	υμων ερημος.
ΛΚ 13:35	36	ιδου αφιεται υμιν ο	οικος	υμων. λεγω υμιν, ου μη ιδητε με εως...

ΛΚ 13:35	36	ιδου αφιεται υμιν ο οικος	υμων. λεγω υμιν, ου μη ιδητε με εως...
Μθ 23:37	36	...... ηθελησα επισυναγαγειν τα τεκνα σου, ον	τροπον ορνις επισυναγει τα νοσσια αυτης...
ΛΚ 13:34	36	.. ποσακις ηθελησα επισυναξαι τα τεκνα σου ον	τροπον ορνις την εαυτης νοσσιαν υπο τας...
Μθ 23:39	36	. αν ειπητε, ευλογημενος ο ερχομενος εν ονοματι	κυριου.
ΛΚ 13:35	36	... ειπητε, ευλογημενος ο ερχομενος εν ονοματι	κυριου.
Μθ 23:37	36	.... επισυναγαγειν τα τεκνα σου, ον τροπον ορνις	επισυναγει τα νοσσια αυτης υπο τας πτερυγας,...
ΛΚ 13:34	36	.... επισυναξαι τα τεκνα σου ον τροπον ορνις	την εαυτης νοσσιαν υπο τας πτερυγας, και...
Μθ 23:39	36	λεγω γαρ υμιν, ου	μη με ιδητε απ αρτι εως αν ειπητε,...
ΛΚ 13:35	36	. αφιεται υμιν ο οικος υμων. λεγω υμιν, ου	μη ιδητε με εως ειπητε, ευλογημενος...
Μθ 23:37	36	.... τα νοσσια αυτης υπο τας πτερυγας, και ουκ	ηθελησατε.
ΛΚ 13:34	36	. την εαυτης νοσσιαν υπο τας πτερυγας, και ουκ	ηθελησατε.
Μθ 23:37	36	.... τους απεσταλμενους προς αυτην, ποσακις	ηθελησα επισυναγαγειν τα τεκνα σου, ον...
ΛΚ 13:34	36	.... τους απεσταλμενους προς αυτην, ποσακις	ηθελησα επισυναξαι τα τεκνα σου ον τροπον...
Μθ 23:37	36	...... και λιθοβολουσα τους απεσταλμενους προς	αυτην, ποσακις ηθελησα επισυναγαγειν...
ΛΚ 13:34	36	...... και λιθοβολουσα τους απεσταλμενους προς	αυτην, ποσακις ηθελησα επισυναξαι τα...
Μθ 23:37	36	.... ιερουσαλημ, η αποκτεινουσα τους προφητας	και λιθοβολουσα τους απεσταλμενους προς...
ΛΚ 13:34	36	.... ιερουσαλημ, η αποκτεινουσα τους προφητας	και λιθοβολουσα τους απεσταλμενους προς...
Μθ 23:37	36	. ορνις επισυναγει τα νοσσια αυτης υπο τας πτερυγας,	και ουκ ηθελησατε.
ΛΚ 13:34	36	.. τροπον ορνις την εαυτης νοσσιαν υπο τας πτερυγας,	και ουκ ηθελησατε.
Μθ 23:37	36	.. ποσακις ηθελησα επισυναγαγειν τα τεκνα σου,	ον τροπον ορνις επισυναγει τα νοσσια...
ΛΚ 13:34	36	..... ποσακις ηθελησα επισυναξαι τα τεκνα σου	ον τροπον ορνις την εαυτης νοσσιαν υπο...
Μθ 23:37	36	... αυτην, ποσακις ηθελησα επισυναγαγειν τα	τεκνα σου, ον τροπον ορνις επισυναγει...
ΛΚ 13:34	36	...... αυτην, ποσακις ηθελησα επισυναξαι τα	τεκνα σου ον τροπον ορνις την εαυτης...
Μθ 23:37	36	.... ορνις επισυναγει τα νοσσια αυτης υπο τας	πτερυγας, και ουκ ηθελησατε.
ΛΚ 13:34	36	.. ον τροπον ορνις την εαυτης νοσσιαν υπο τας	πτερυγας, και ουκ ηθελησατε.
Μθ 23:37	36	.... ποσακις ηθελησα επισυναγαγειν τα τεκνα	σου, ον τροπον ορνις επισυναγει τα...
ΛΚ 13:34	36	.. αυτην, ποσακις ηθελησα επισυναξαι τα τεκνα	σου ον τροπον ορνις την εαυτης νοσσιαν...
Μθ 23:37	36	ιερουσαλημ ιερουσαλημ, η αποκτεινουσα τους	προφητας και λιθοβολουσα τους απεσταλμενους...
Μθ 23:37	36	.... τους προφητας και λιθοβολουσα τους	απεσταλμενους προς αυτην, ποσακις ηθελησα...
ΛΚ 13:34	36	ιερουσαλημ ιερουσαλημ, η αποκτεινουσα τους	προφητας και λιθοβολουσα τους απεσταλμενους...
ΛΚ 13:34	36	.... τους προφητας και λιθοβολουσα τους	απεσταλμενους προς αυτην, ποσακις ηθελησα...
Μθ 23:37	36	.... επισυναγαγειν τα τεκνα σου, ον τροπον	ορνις επισυναγει τα νοσσια αυτης υπο...
ΛΚ 13:34	36	... ηθελησα επισυναξαι τα τεκνα σου ον τροπον	ορνις την εαυτης νοσσιαν υπο τας πτερυγας,...
Μθ 23:38	36	ιδου αφιεται υμιν	ο οικος υμων ερημος.
Μθ 23:39	36	λεγω γαρ υμιν,	ου μη με ιδητε απ αρτι εως αν ειπητε,...
ΛΚ 13:35	36	ιδου αφιεται υμιν	ο οικος υμων. λεγω υμιν, ου μη ιδητε...
ΛΚ 13:35	36	...... αφιεται υμιν ο οικος υμων. λεγω υμιν,	ου μη ιδητε με εως ειπητε, ευλογημενος...
Μθ 23:38	36	ιδου αφιεται υμιν ο οικος υμων	ερημος.
ΛΚ 13:35	36	ιδου αφιεται υμιν ο οικος υμων.	λεγω υμιν, ου μη ιδητε με εως...
Μθ 23:37	36	.... ορνις επισυναγει τα νοσσια αυτης υπο	τας πτερυγας, και ουκ ηθελησατε.
ΛΚ 13:34	36	..... ον τροπον ορνις την εαυτης νοσσιαν υπο	τας πτερυγας, και ουκ ηθελησατε.

Mθ 22:5	37	.. αμελησαντες απηλθον, ος μεν εις τον ιδιον	αγρον,	ος δε επι την εμποριαν αυτου.
ΛK 14:18	37	.. παντες παραιτεισθαι. ο πρωτος ειπεν αυτω,	αγρον	ηγορασα και εχω αναγκην εξελθων ιδειν αυτον....
ΛK 14:16	37	ο δε ειπεν αυτω,	ανθρωπος	τις εποιει δειπνον μεγα, και εκαλεσεν πολλους,...
Mθ 22:2	37	ωμοιωθη η βασιλεια των ουρανων	ανθρωπω	βασιλει, οστις εποιησεν γαμους τω υιω αυτου.
Mθ 22:3	37	και	απεστειλεν	τους δουλους αυτου καλεσαι τους κεκλημενους...
ΛK 14:17	37	και	απεστειλεν	τον δουλον αυτου τη ωρα του δειπνου ειπειν...
Mθ 22:3	37	και απεστειλεν τους δουλους	αυτου	καλεσαι τους κεκλημενους εις τους γαμους,...
ΛK 14:17	37	και απεστειλεν τον δουλον	αυτου	τη ωρα του δειπνου ειπειν τοις κεκλημενοις,...
Mθ 22:8	37	τοτε λεγει τοις	δουλοις	αυτου, ο μεν γαμος ετοιμος εστιν, οι δε...
ΛK 14:17	37	και απεστειλεν τον	δουλον	αυτου τη ωρα του δειπνου ειπειν τοις κεκλημενοις,...
Mθ 22:3	37	και απεστειλεν τους	δουλους	αυτου καλεσαι τους κεκλημενους εις τους...
Mθ 22:6	37	οι δε λοιποι κρατησαντες τους	δουλους	αυτου υβρισαν και απεκτειναν.
ΛK 14:21	37	..... τοτε οργισθεις ο οικοδεσποτης ειπεν τω	δουλω	αυτου, εξελθε ταχεως εις τας πλατειας...
Mθ 22:1	37	και αποκριθεις ο ιησους παλιν	ειπεν	εν παραβολαις αυτοις λεγων,
ΛK 14:16	37	ο δε	ειπεν	αυτω, ανθρωπος τις εποιει δειπνον μεγα,...
ΛK 14:16	37	ο δε ειπεν αυτω, ανθρωπος τις	εποιει	δειπνον μεγα, και εκαλεσεν πολλους,
Mθ 22:2	37	.... των ουρανων ανθρωπω βασιλει, οστις	εποιησεν	γαμους τω υιω αυτου.
Mθ 22:3	37		και	απεστειλεν τους δουλους αυτου καλεσαι...
ΛK 14:17	37		και	απεστειλεν τον δουλον αυτου τη ωρα του...
ΛK 14:17	37	...... αυτου τη ωρα του δειπνου ειπειν τοις	κεκλημενοις,	ερχεσθε, οτι ηδη ετοιμα εστιν.
Mθ 22:3	37	.... τους δουλους αυτου καλεσαι τους	κεκλημενους·	εις τους γαμους, και ουκ ηθελον ελθειν.

Μθ 10:38	38	και ος ου λαμβανει τον σταυρον	αυτου	και ακολουθει οπισω μου, ουκ εστιν μου...
ΛΚ 14:27	38	οστις ου βασταζει τον σταυρον	εαυτου	και ερχεται οπισω μου ου δυναται ειναι...
Μθ 10:38	38	και ος ου λαμβανει τον σταυρον αυτου	και	ακολουθει οπισω μου, ουκ εστιν μου αξιος.
ΛΚ 14:27	38	οστις ου βασταζει τον σταυρον εαυτου	και	ερχεται οπισω μου ου δυναται ειναι μου...
Μθ 10:37	38	ο φιλων πατερα η	μητερα	υπερ εμε ουκ εστιν μου αξιος. και ο φιλων...
ΛΚ 14:26	38	... και ου μισει τον πατερα αυτου και την	μητερα	και την γυναικα και τα τεκνα και τους...
Μθ 10:38	38	.... τον σταυρον αυτου και ακολουθει οπισω	μου,	ουκ εστιν μου αξιος.
Μθ 10:38	38	.... και ακολουθει οπισω μου, ουκ εστιν	μου	αξιος.
ΛΚ 14:27	38	..... τον σταυρον εαυτου και ερχεται οπισω	μου	ου δυναται ειναι μου μαθητης.
ΛΚ 14:27	38	... και ερχεται οπισω μου ου δυναται ειναι	μου	μαθητης.
Μθ 10:38	38	. λαμβανει τον σταυρον αυτου και ακολουθει	οπισω	μου, ουκ εστιν μου αξιος.
ΛΚ 14:27	38	.. βασταζει τον σταυρον εαυτου και ερχεται	οπισω	μου ου δυναται ειναι μου μαθητης.
Μθ 10:38	38	και	ος	ου λαμβανει τον σταυρον αυτου και ακολουθει...
ΛΚ 14:27	38		οστις	ου βασταζει τον σταυρον εαυτου και ερχεται...
Μθ 10:38	38	και ος	ου	λαμβανει τον σταυρον αυτου και ακολουθει...
ΛΚ 14:27	38	οστις	ου	βασταζει τον σταυρον εαυτου και ερχεται...
ΛΚ 14:27	38	... σταυρον εαυτου και ερχεται οπισω μου	ου	δυναται ειναι μου μαθητης.
Μθ 10:38	38	. σταυρον αυτου και ακολουθει οπισω μου,	ουκ	εστιν μου αξιος.
Μθ 10:37	38	ο φιλων	πατερα	η μητερα υπερ εμε ουκ εστιν μου αξιος....
ΛΚ 14:26	38	. ει τις ερχεται προς με και ου μισει τον	πατερα	αυτου και την μητερα και την γυναικα...
Μθ 10:38	38	και ος ου λαμβανει τον	σταυρον	αυτου και ακολουθει οπισω μου, ουκ...
ΛΚ 14:27	38	οστις ου βασταζει τον	σταυρον	εαυτου και ερχεται οπισω μου ου δυναται...
Μθ 10:38	38	και ος ου λαμβανει	τον	σταυρον αυτου και ακολουθει οπισω μου,...
ΛΚ 14:27	38	οστις ου βασταζει	τον	σταυρον εαυτου και ερχεται οπισω μου...

Parable of Salt Mt 5:13 LK 14:34-35 (218)

ΛΚ 14:35	39	.... γην ουτε εις κοπριαν ευθετον εστιν. εξω βαλλουσιν	αυτο. ο εχων ωτα ακουειν ακουετω.
ΜΘ 5:13	39	.... αλισθησεται; εις ουδεν ισχυει ετι ει μη βληθηναι	εξω καταπατεισθαι υπο των ανθρωπων.
ΜΘ 5:13	39	... δε το αλας μωρανθη, εν τινι αλισθησεται; εις	ουδεν ισχυει ετι ει μη βληθηναι εξω καταπατεισθαι...
ΛΚ 14:35	39	ουτε εις	γην ουτε εις κοπριαν ευθετον εστιν. εξω...
ΜΘ 5:13	39	...... εις ουδεν ισχυει ετι ει μη βληθηναι εξω	καταπατεισθαι υπο των ανθρωπων.
ΛΚ 14:35	39	.. εις γην ουτε εις κοπριαν ευθετον εστιν. εξω	βαλλουσιν αυτο. ο εχων ωτα ακουειν ακουετω.
ΜΘ 5:13	39	. υμεις εστε το αλας της γης. εαν δε το αλας μωρανθη,	εν τινι αλισθησεται; εις ουδεν ισχυει...
ΛΚ 14:34	39	καλον ουν το αλας. εαν δε και το αλας μωρανθη,	εν τινι αρτυθησεται;

Ref.		Context	Word	Continuation
ΛΚ 15:4	40	τις	ανθρωπος	εξ υμων εχων εκατον προβατα και απολεσας...
ΜΘ 18:12	40	τι υμιν δοκει; εαν γενηται τινι	ανθρωπω	εκατον προβατα και πλανηθη εν εξ αυτων,...
ΜΘ 18:12	40	.. ανθρωπω εκατον προβατα και πλανηθη εν εξ	αυτων,	ουχι αφησει τα ενενηκοντα εννεα επι τα...
ΛΚ 15:4	40	... υμων εχων εκατον προβατα και απολεσας εξ	αυτων	εν ου καταλειπει τα ενενηκοντα εννεα εν...
ΜΘ 18:12	40	τι υμιν δοκει; εαν γενηται τινι ανθοωπω	εκατον	προβατα και πλανηθη εν εξ αυτων, ουχι...
ΛΚ 15:4	40	τις ανθρωπος εξ υμων εχων	εκατον	προβατα και απολεσας εξ αυτων εν ου καταλειπει...
ΜΘ 18:12	40	.. τινι ανθρωπω εκατον προβατα και πλανηθη	εν	εξ αυτων, ουχι αφησει τα ενενηκοντα εννεα...
ΜΘ 18:14	40	. εστιν θελημα εμπροσθεν του πατρος υμων του	εν	ουρανοις ινα αποληται εν των μικρων τουτων.
ΛΚ 15:4	40	..... εκατον προβατα και απολεσας εξ αυτων	εν	ου καταλειπει τα ενενηκοντα εννεα εν τη...
ΛΚ 15:7	40	λεγω υμιν οτι ουτως χαρα	εν	τω ουρανω εσται επι ενι αμαρτωλω μετανοουντι...
ΜΘ 18:12	40	.. και πλανηθη εν εξ αυτων, ουχι αφησει τα	ενενηκοντα	εννεα επι τα ορη και πορευθεις ζητει το...
ΛΚ 15:4	40	.... απολεσας εξ αυτων εν ου καταλειπει τα	ενενηκοντα	εννεα εν τη ερημω και πορευεται επι το...
ΜΘ 18:12	40	.. εν εξ αυτων, ουχι αφησει τα ενενηκοντα	εννεα	επι τα ορη και πορευθεις ζητει το πλανωμενον;...
ΛΚ 15:4	40	. εξ αυτων εν ου καταλειπει τα ενενηκοντα	εννεα	εν τη ερημω και πορευεται επι το απολωλος...
ΜΘ 18:12	40	... ανθρωπω εκατον προβατα και πλανηθη εν	εξ	αυτων, ουχι αφησει τα ενενηκοντα εννεα...
ΛΚ 15:4	40	. εξ υμων εχων εκατον προβατα και απολεσας	εξ	αυτων εν ου καταλειπει τα ενενηκοντα...
ΛΚ 15:7	40	λεγω υμιν οτι ουτως χαρα εν τω ουρανω	εσται	επι ενι αμαρτωλω μετανοουντι η επι ενενηκοντα...
ΜΘ 18:14	40	ουτως ουκ	εστιν	θελημα εμπροσθεν του πατρος υμων του εν...
ΜΘ 18:13	40	και εαν γενηται	ευρειν	αυτο, αμην λεγω υμιν οτι χαιρει επ αυτω...
ΛΚ 15:5	40	και	ευρων	επιτιθησιν επι τους ωμους αυτου χαιρων,
ΜΘ 18:12	40	.. εαν γενηται τινι ανθρωπω εκατον προβατα	και	πλανηθη εν εξ αυτων, ουχι αφησει τα...
ΛΚ 15:4	40	.... ανθρωπος εξ υμων εχων εκατον προβατα	και	απολεσας εξ αυτων εν ου καταλειπει τα...
ΜΘ 18:13	40	και εαν γενηται ευρειν αυτο, αμην	λεγω	υμιν οτι χαιρει επ αυτω μαλλον η επι τοις...
ΛΚ 15:7	40		λεγω	υμιν οτι ουτως χαρα εν τω ουρανω εσται...
ΜΘ 18:13	40	.. εαν γενηται ευρειν αυτο, αμην λεγω υμιν	οτι	χαιρει επ αυτω μαλλον η επι τοις ενενηκοντα...
ΛΚ 15:7	40	λεγω υμιν	οτι	ουτως χαρα εν τω ουρανω εσται επι ενι...
ΜΘ 18:14	40	... θελημα εμπροσθεν του πατρος υμων του εν	ουρανοις	ινα αποληται εν των μικρων τουτων.
ΛΚ 15:7	40	λεγω υμιν οτι ουτως χαρα εν τω	ουρανω	εσται επι ενι αμαρτωλω μετανοουντι η επι...
ΜΘ 18:14	40		ουτως	ουκ εστιν θελημα εμπροσθεν του πατρος...
ΛΚ 15:7	40	λεγω υμιν οτι	ουτως	χαρα εν τω ουρανω εσται επι ενι αμαρτωλω...
ΛΚ 15:4	40	.... τα ενενηκοντα εννεα εν τη ερημω και	πορευεται	επι το απολωλος εως ευρη αυτο;
ΜΘ 18:12	40	...... τα ενενηκοντα εννεα επι τα ορη και	πορευθεις	ζητει το πλανωμενον;
ΜΘ 18:12	40	... και πλανηθη εν εξ αυτων, ουχι αφησει	τα	ενενηκοντα εννεα επι τα ορη και πορευθεις...
ΛΚ 15:4	40	. και απολεσας εξ αυτων εν ου καταλειπει	τα	ενενηκοντα εννεα εν τη ερημω και πορευεται...
ΜΘ 18:13	40	. και εαν γενηται ευρειν αυτο, αμην λεγω	υμιν	οτι χαιρει επ αυτω μαλλον η επι τοις ενενηκοντα...
ΛΚ 15:7	40	λεγω	υμιν	οτι ουτως χαρα εν τω ουρανω εσται...
ΜΘ 18:13	40	.... ευρειν αυτο, αμην λεγω υμιν οτι	χαιρει	επ αυτω μαλλον η επι τοις ενενηκοντα εννεα...
ΛΚ 15:5	40	..... ευρων επιτιθησιν επι τους ωμους αυτου	χαιρων,	

Mθ	6:24	41	.... η γαρ τον ενα μισησει και τον ετερον αγαπησει,	η ενος ανθεξεται και του ετερου καταφρονησει....
ΛΚ	16:13	41	.... η γαρ τον ενα μισησει και τον ετερον αγαπησει,	η ενος ανθεξεται και του ετερου καταφρονησει....
Mθ	6:24	41	... μισησει και τον ετερον αγαπησει, η ενος ανθεξεται	και του ετερου καταφρονησει. ου δυνασθε...
ΛΚ	16:13	41	... μισησει και τον ετερον αγαπησει, η ενος ανθεξεται	και του ετερου καταφρονησει. ου δυνασθε...
Mθ	6:24	41	ουδεις δυναται δυσι κυριοις δουλευειν. η γαρ	τον ενα μισησει και τον ετερον αγαπησει,...
ΛΚ	16:13	41	.. οικετης δυναται δυσι κυριοις δουλευεις. η γαρ	τον ενα μισησει και τον ετερον αγαπησει,...
Mθ	6:24	41	ουδεις δυναται δυσι κυριοις δουλευειν.	η γαρ τον ενα μισησει και τον ετερον...
Mθ	6:24	41	.... του ετερου καταφρονησει. ου δυνασθε θεω δουλευειν	και μαμωνα.
ΛΚ	16:13	41	.... του ετερου καταφρονησει. ου δυνασθε θεω δουλευειν	και μαμωνα.
ΛΚ	16:13	41	ουδεις οικετης δυναται δυσι κυριοις δουλευεις.	η γαρ τον ενα μισησει και τον ετερον...
Mθ	6:24	41	. ανθεξεται και του ετερου καταφρονησει. ου δυνασθε	θεω δουλευειν και μαμωνα.
ΛΚ	16:13	41	. ανθεξεται και του ετερου καταφρονησει. ου δυνασθε	θεω δουλευειν και μαμωνα.
Mθ	6:24	41	ουδεις δυναται	δυσι κυριοις δουλευειν. η γαρ τον ενα...
ΛΚ	16:13	41	ουδεις οικετης δυναται	δυσι κυριοις δουλευεις. η γαρ τον ενα...
Mθ	6:24	41	ουδεις δυναται δυσι	κυριοις δουλευειν. η γαρ τον ενα μισησει...
ΛΚ	16:13	41	ουδεις οικετης δυναται δυσι	κυριοις δουλευεις. η γαρ τον ενα μισησει...
Mθ	6:24	41	.... δυσι κυριοις δουλευειν. η γαρ τον ενα	μισησει και τον ετερον αγαπησει, η ενος...
ΛΚ	16:13	41	.... δυσι κυριοις δουλευεις. η γαρ τον ενα	μισησει και τον ετερον αγαπησει, η ενος...
Mθ	6:24	41	... ενα μισησει και τον ετερον αγαπησει, η ενος	ανθεξεται και του ετερου καταφρονησει....
ΛΚ	16:13	41	... ενα μισησει και τον ετερον αγαπησει, η ενος	ανθεξεται και του ετερου καταφρονησει....
Mθ	6:24	41	.... η γαρ τον ενα μισησει και τον ετερον	αγαπησει, η ενος ανθεξεται και του ετερου...
ΛΚ	16:13	41	.... η γαρ τον ενα μισησει και τον ετερον	αγαπησει, η ενος ανθεξεται και του ετερου...
Mθ	6:24	41	...... αγαπησει, η ενος ανθεξεται και του ετερου	καταφρονησει. ου δυνασθε θεω δουλευειν...
ΛΚ	16:13	41	...... αγαπησει, η ενος ανθεξεται και του ετερου	καταφρονησει. ου δυνασθε θεω δουλευειν...
Mθ	6:24	41	ουδεις δυναται δυσι κυριοις δουλευειν. η	γαρ τον ενα μισησει και τον ετερον αγαπησει,...
Mθ	6:24	41	.... ενα μισησει και τον ετερον αγαπησει, η	ενος ανθεξεται και του ετερου καταφρονησει....
ΛΚ	16:13	41	. οικετης δυναται δυσι κυριοις δουλευεις. η	γαρ τον ενα μισησει και τον ετερον αγαπησει,...
ΛΚ	16:13	41	.... ενα μισησει και τον ετερον αγαπησει, η	ενος ανθεξεται και του ετερου καταφρονησει....
Mθ	6:24	41	.. και του ετερου καταφρονησει. ου δυνασθε θεω	δουλευειν και μαμωνα.
ΛΚ	16:13	41	.. και του ετερου καταφρονησει. ου δυνασθε θεω	δουλευειν και μαμωνα.
Mθ	6:24	41	.... δουλευειν. η γαρ τον ενα μισησει και	τον ετερον αγαπησει, η ενος ανθεξεται...
Mθ	6:24	41	. τον ετερον αγαπησει, η ενος ανθεξεται και	του ετερου καταφρονησει. ου δυνασθε θεω...
Mθ	6:24	41	.. καταφρονησει. ου δυνασθε θεω δουλευειν και	μαμωνα.
ΛΚ	16:13	41	.... δουλευεις. η γαρ τον ενα μισησει και	τον ετερον αγαπησει, η ενος ανθεξεται...
ΛΚ	16:13	41	. τον ετερον αγαπησει, η ενος ανθεξεται και	του ετερου καταφρονησει. ου δυνασθε θεω...
ΛΚ	16:13	41	.. καταφρονησει. ου δυνασθε θεω δουλευειν και	μαμωνα.
Mθ	6:24	41	.... η ενος ανθεξεται και του ετερου καταφρονησει.	ου δυνασθε θεω δουλευειν και μαμωνα.
ΛΚ	16:13	41	.... η ενος ανθεξεται και του ετερου καταφρονησει.	ου δυνασθε θεω δουλευειν και μαμωνα.
Mθ	6:24	41	ουδεις δυναται δυσι κυριοις	δουλευειν. η γαρ τον ενα μισησει και...
ΛΚ	16:13	41	ουδεις οικετης δυναται δυσι κυριοις	δουλευεις. η γαρ τον ενα μισησει και...
Mθ	6:24	41	.... ου δυνασθε θεω δουλευειν και μαμωνα.	
ΛΚ	16:13	41	.... ου δυνασθε θεω δουλευειν και μαμωνα.	
Mθ	6:24	41	...... κυριοις δουλευειν. η γαρ τον ενα μισησει	και τον ετερον αγαπησει, η ενος ανθεξεται...
ΛΚ	16:13	41	...... κυριοις δουλευεις. η γαρ τον ενα μισησει	και τον ετερον αγαπησει, η ενος ανθεξεται...
Mθ	6:24	41	. ανθεξεται και του ετερου καταφρονησει. ου	δυνασθε θεω δουλευειν και μαμωνα.
ΛΚ	16:13	41	. ανθεξεται και του ετερου καταφρονησει. ου	δυνασθε θεω δουλευειν και μαμωνα.
Mθ	6:24	41	ουδεις	δυναται δυσι κυριοις δουλευειν. η...
ΛΚ	16:13	41	ουδεις	οικετης δυναται δυσι κυριοις δουλευεις....
Mθ	6:24	41	.... δυσι κυριοις δουλευειν. η γαρ τον	ενα μισησει και τον ετερον αγαπησει,...
Mθ	6:24	41	.... η γαρ τον ενα μισησει και τον	ετερον αγαπησει, η ενος ανθεξεται...
ΛΚ	16:13	41	.... δυσι κυριοις δουλευεις. η γαρ τον	ενα μισησει και τον ετερον αγαπησει,...
ΛΚ	16:13	41	.... η γαρ τον ενα μισησει και τον	ετερον αγαπησει, η ενος ανθεξεται...
Mθ	6:24	41	.... αγαπησει, η ενος ανθεξεται και του	ετερου καταφρονησει. ου δυνασθε θεω...
ΛΚ	16:13	41	.... αγαπησει, η ενος ανθεξεται και του	ετερου καταφρονησει. ου δυνασθε θεω...

Ref		Left context	Keyword	Right context
Μθ 11:12	42	.... ημερων ιωαννου του βαπτιστου εως αρτι η	βασιλεια	των ουρανων βιαζεται, και βιασται αρπαζουσιν...
ΛΚ 16:16	42	.. και οι προφηται μεχρι ιωαννου. απο τοτε η	βασιλεια	του θεου ευαγγελιζεται και πας εις αυτην...
Μθ 11:12	42	. βαπτιστου εως αρτι η βασιλεια των ουρανων	βιαζεται,	και βιασται αρπαζουσιν αυτην.
ΛΚ 16:16	42	... του θεου ευαγγελιζεται και πας εις αυτην	βιαζεται.	
Μθ 5:18	42	.. λεγω υμιν, εως αν παρελθη ο ουρανος και η	γη,	ιωτα εν η μια κεραια ου μη παρελθη απο...
ΛΚ 16:17	42	ευκοπωτερον δε εστιν τον ουρανον και την	γην	παρελθειν η του νομου μιαν κεραιαν πεσειν.
Μθ 11:12	42	.. των ημερων ιωαννου του βαπτιστου εως αρτι	η	βασιλεια των ουρανων βιαζεται, και βιασται...
Μθ 5:18	42	... αν παρελθη ο ουρανος και η γη, ιωτα εν	η	μια κεραια ου μη παρελθη απο του νομου...
ΛΚ 16:16	42	.... και οι προφηται μεχρι ιωαννου. απο τοτε	η	βασιλεια του θεου ευαγγελιζεται και πας...
ΛΚ 16:17	42	... εστιν τον ουρανον και την γην παρελθειν	η	του νομου μιαν κεραιαν πεσειν.
Μθ 11:13	42	παντες γαρ οι προφηται και ο νομος εως	ιωαννου	επροφητευσαν.
ΛΚ 16:16	42	ο νομος και οι προφηται μεχρι	ιωαννου.	απο τοτε η βασιλεια του θεου ευαγγελιζεται...
Μθ 5:18	42	.... ο ουρανος και η γη, ιωτα εν η μια	κεραια	ου μη παρελθη απο του νομου εως αν παντα...
ΛΚ 16:17	42	... και την γην παρελθειν η του νομου μιαν	κεραιαν	πεσειν.
Μθ 5:18	42	... παρελθη ο ουρανος και η γη, ιωτα εν η	μια	κεραια ου μη παρελθη απο του νομου εως...
ΛΚ 16:17	42	.... και την γην παρελθειν η του νομου	μιαν	κεραιαν πεσειν.
Μθ 11:13	42	παντες γαρ οι προφηται και ο	νομος	εως ιωαννου επροφητευσαν.
ΛΚ 16:16	42	ο	νομος	και οι προφηται μεχρι ιωαννου. απο τοτε...
Μθ 5:18	42	... εν η μια κεραια ου μη παρελθη απο του	νομου	εως αν παντα γενηται.
ΛΚ 16:17	42	.. τον ουρανον και την γην παρελθειν η του	νομου	μιαν κεραιαν πεσειν.
ΛΚ 16:17	42	ευκοπωτερον δε εστιν τον	ουρανον	και την γην παρελθειν η του νομου μιαν...
Μθ 5:18	42	αμην γαρ λεγω υμιν, εως αν παρελθη ο	ουρανος	και η γη, ιωτα εν η μια κεραια ου...
ΛΚ 16:17	42	.... δε εστιν τον ουρανον και την γην	παρελθειν	η του νομου μιαν κεραιαν πεσειν.
Μθ 5:18	42	αμην γαρ λεγω υμιν, εως αν	παρελθη	ο ουρανος και η γη, ιωτα εν η μια...
Μθ 11:13	42	παντες γαρ οι	προφηται	και ο νομος εως ιωαννου επροφητευσαν.
ΛΚ 16:16	42	ο νομος και οι	προφηται	μεχρι ιωαννου. απο τοτε η βασιλεια του...
Μθ 5:18	42	. ιωτα εν η μια κεραια ου μη παρελθη απο	του	νομου εως αν παντα γενηται.
ΛΚ 16:17	42	.... τον ουρανον και την γην παρελθειν η	του	νομου μιαν κεραιαν πεσειν.

Warning Against Offenses MT 18:6-7 LK 17:1-3a (229)

MΘ 18:7 43 ... ελθειν τα σκανδαλα, πλην ουαι τω ανθρωπω δι ου το σκανδαλον ερχεται.
ΛK 17:1 43 . εστιν του τα σκανδαλα μη ελθειν, πλην ουαι δι ου ερχεται.
MΘ 18:7 43 ..... τω κοσμω απο των σκανδαλων. αναγκη γαρ ελθειν τα σκανδαλα, πλην ουαι τω ανθρωπω δι ου...
ΛK 17:1 43 . αυτου, ανενδεκτον εστιν του τα σκανδαλα μη ελθειν, πλην ουαι δι ου ερχεται.
MΘ 18:7 43 ... πλην ουαι τω ανθρωπω δι ου το σκανδαλον ερχεται.
ΛK 17:1 43 ... τα σκανδαλα μη ελθειν, πλην ουαι δι ου ερχεται.
MΘ 18:7 43 ...... τα σκανδαλα, πλην ουαι τω ανθρωπω δι ου το σκανδαλον ερχεται.
ΛK 17:1 43 .. του τα σκανδαλα μη ελθειν, πλην ουαι δι ου ερχεται.
MΘ 18:7 43 .... αναγκη γαρ ελθειν τα σκανδαλα, πλην ουαι τω ανθρωπω δι ου το σκανδαλον ερχεται.
ΛK 17:1 43 ..... εστιν του τα σκανδαλα μη ελθειν, πλην ουαι δι ου ερχεται.
MΘ 18:7 43 . σκανδαλων. αναγκη γαρ ελθειν τα σκανδαλα, πλην ουαι τω ανθρωπω δι ου το σκανδαλον ερχεται....
ΛK 17:1 43 .... εστιν του τα σκανδαλα μη ελθειν, πλην ουαι δι ου ερχεται.
MΘ 18:7 43 ... απο των σκανδαλων. αναγκη γαρ ελθειν τα σκανδαλα, πλην ουαι τω ανθρωπω δι ου το σκανδαλον...
ΛK 17:1 43 ..... μαθητας αυτου, ανενδεκτον εστιν του τα σκανδαλα μη ελθειν, πλην ουαι δι ου ερχεται.
MΘ 18:7 43 ...... απο των σκανδαλων. αναγκη γαρ ελθειν τα σκανδαλα, πλην ουαι τω ανθρωπω δι ου...
ΛK 17:1 43 ... τους μαθητας αυτου, ανενδεκτον εστιν του τα σκανδαλα μη ελθειν, πλην ουαι δι ου...

On Forgiveness MT 18:5 18:21-22 LK 17:3b-4 (230)

Mθ 18:15	44	εαν δε αμαρτηση ο αδελφος	σου, υπαγε ελεγξον αυτον μεταξυ σου και...
ΛΚ 17:3	44	εαν αμαρτη ο αδελφος	σου επιτιμησον αυτω, και εαν μετανοηση,...
ΛΚ 17:3	44	εαν αμαρτη	ο αδελφος σου επιτιμησον αυτω, και εαν...
Mθ 18:15	44	εαν δε αμαρτηση	ο αδελφος σου, υπαγε ελεγξον αυτον μεταξυ...
Mθ 18:15	44	εαν	δε αμαρτηση ο αδελφος σου, υπαγε ελεγξον...
Mθ 18:15	44	.. ελεγξον αυτον μεταξυ σου και αυτου μονου. εαν	σου ακουση, εκερδησας τον αδελφον σου.
ΛΚ 17:3	44	εαν	αμαρτη ο αδελφος σου επιτιμησον αυτω,...
ΛΚ 17:3	44	.... ο αδελφος σου επιτιμησον αυτω, και εαν	μετανοηση, αφες αυτω.
Mθ 18:21	44	. εις εμε ο αδελφος μου και αφησω αυτω; εως επτακις;	
Mθ 18:22	44	λεγει αυτω ο ιησους. ου λεγω σοι εως επτακις,	αλλα εως εβδομηκοντακις επτα.
ΛΚ 17:4	44	και εαν επτακις	της ημερας αμαρτηση εις σε και επτακις...
ΛΚ 17:4	44	... επτακις της ημερας αμαρτηση εις σε και επτακις	επιστρεψη προς σε λεγων, μετανοω, αφησεις...
Mθ 18:15	44	εαν δε αμαρτηση ο	αδελφος σου, υπαγε ελεγξον αυτον μεταξυ...
ΛΚ 17:3	44	εαν αμαρτη ο	αδελφος σου επιτιμησον αυτω, και εαν...
Mθ 18:15	44	εαν δε αμαρτηση ο αδελφος σου,	υπαγε ελεγξον αυτον μεταξυ σου και αυτου...
ΛΚ 17:3	44	εαν αμαρτη ο αδελφος σου	επιτιμησον αυτω, και εαν μετανοηση, αφες...

Ref.		Left context	Right context
Μθ 17:20	45	. την ολιγοπιστιαν υμων. αμην γαρ λεγω υμιν, εαν	εχητε πιστιν ως κοκκον σιναπεως, ερειτε...
ΛΚ 17:6	45	ειπεν δε ο κυριος, ει	εχετε πιστιν ως κοκκον σιναπεως, ελεγετε...
ΛΚ 17:6	45	ειπεν δε ο κυριος, ει εχετε	πιστιν ως κοκκον σιναπεως, ελεγετε αν τη...
Μθ 17:20	45	.... υμων. αμην γαρ λεγω υμιν, εαν εχητε	πιστιν ως κοκκον σιναπεως, ερειτε τω ορει...
Μθ 17:20	45	... ερειτε τω ορει τουτω, μεταβα ενθεν εκει, και	μεταβησεται. και ουδεν αδυνατησει υμιν.
ΛΚ 17:6	45	. , εκριζωθητι και φυτευθητι εν τη θαλασση. και	υπηκουσεν αν υμιν.
Μθ 17:20	45	.. αμην γαρ λεγω υμιν, εαν εχητε πιστιν ως κοκκον	σιναπεως, ερειτε τω ορει τουτω, μεταβα...
ΛΚ 17:6	45	ειπεν δε ο κυριος, ει εχετε πιστιν ως κοκκον	σιναπεως, ελεγετε αν τη συκαμινω , εκριζωθητι...
Μθ 17:20	45	...... υμων. αμην γαρ λεγω υμιν, εαν εχητε πιστιν	ως κοκκον σιναπεως, ερειτε τω ορει τουτω,...
ΛΚ 17:6	45	ειπεν δε ο κυριος, ει εχετε πιστιν	ως κοκκον σιναπεως, ελεγετε αν τη συκαμινω...
Μθ 17:20	45	.. λεγω υμιν, εαν εχητε πιστιν ως κοκκον σιναπεως,	ερειτε τω ορει τουτω, μεταβα ενθεν εκει,...
ΛΚ 17:6	45	. δε ο κυριος, ει εχετε πιστιν ως κοκκον σιναπεως,	ελεγετε αν τη συκαμινω , εκριζωθητι και...
Μθ 17:20	45	.... αμην γαρ λεγω υμιν, εαν εχητε πιστιν ως	κοκκον σιναπεως, ερειτε τω ορει τουτω,...
ΛΚ 17:6	45	ειπεν δε ο κυριος, ει εχετε πιστιν ως	κοκκον σιναπεως. ελεγετε αν τη συκαμινω...

Μθ 24:28	46	. οπου εαν η το πτωμα, εκει συναχθησονται οι	αετοι.	
Λκ 17:37	46	. δε ειπεν αυτοις, οπου το σωμα, εκει και οι	αετοι	επισυναχθησονται.
Μθ 24:41	46	δυο	αληθουσαι	εν τω μυλω, μια παραλαμβανεται και μια...
Λκ 17:35	46	εσονται δυο	αληθουσαι	επι το αυτο, η μια παραλημφθησεται η δε...
Μθ 24:27	46	.... ουτως εσται η παρουσια του υιου του	ανθρωπου.	
Μθ 24:37	46	... νωε, ουτως εσται η παρουσια του υιου του	ανθρωπου.	
Μθ 24:39	46	.... ουτως εσται η παρουσια του υιου του	ανθρωπου.	
Λκ 17:24	46	.. υπ ουρανον λαμπει. ουτως εσται ο υιος του	ανθρωπου	
Λκ 17:26	46	..... εσται και εν ταις ημεραις του υιου του	ανθρωπου.	
Λκ 17:30	46	κατα τα αυτα εσται η ημερα ο υιος του	ανθρωπου	αποκαλυπτεται.
Μθ 24:39	46	... εγνωσαν εως ηλθεν ο κατακλυσμος και ηρεν	απαντας,	ουτως εσται η παρουσια του υιου του ανθρωπου....
Μθ 10:39	46	...... την ψυχην αυτου απολεσει αυτην, και ο	απολεσας	την ψυχην αυτου ενεκεν εμου ευρησει αυτην.
Μθ 10:39	46	ο ευρων την ψυχην αυτου	απολεσει	αυτην, και ο απολεσας την ψυχην αυτου...
Λκ 17:33	46	.. εαν ζητηση την ψυχην αυτου περιποιησασθαι	απολεσει	αυτην, ος δ αν απολεση ζωογονησει αυτην.
Λκ 17:33	46	.... περιποιησασθαι απολεσει αυτην, ος δ αν	απολεση	ζωογονησει αυτην.
Μθ 24:27	46	ωσπερ γαρ η	αστραπη	εξερχεται απο ανατολων και φαινεται εως...
Λκ 17:24	46	ωσπερ γαρ η	αστραπη	αστραπτουσα εκ της υπο τον ουρανον εις...
Μθ 10:39	46	ο ευρων την ψυχην αυτου απολεσει	αυτην,	και ο απολεσας την ψυχην αυτου ενεκεν...
Μθ 10:39	46	.... την ψυχην αυτου ενεκεν εμου ευρησει	αυτην.	
Λκ 17:33	46	... την ψυχην αυτου περιποιησασθαι απολεσει	αυτην,	ος δ αν απολεση ζωογονησει αυτην.
Λκ 17:33	46	.... αυτην, ος δ αν απολεση ζωογονησει	αυτην.	
Μθ 10:39	46	ο ευρων την ψυχην	αυτου	απολεσει αυτην, και ο απολεσας την ψυχην...
Λκ 17:33	46	ος εαν ζητηση την ψυχην	αυτου	περιποιησασθαι απολεσει αυτην, ος δ αν...
Λκ 17:35	46	.. το αυτο, η μια παραλημφθησεται η δε ετερα	αφεθησεται.	
Μθ 24:41	46	..... εν τω μυλω, μια παραλαμβανεται και μια	αφιεται.	
Μθ 24:38	46	.... και πινοντες. γαμουντες και γαμιζοντες,	αχρι	ης ημερας εισηλθεν νωε εις την κιβωτον,
Λκ 17:27	46	ησθιον, επινον, εγαμουν, εγαμιζοντο,	αχρι	ης ημερας εισηλθεν νωε εις την κιβωτον,...
Μθ 24:38	46	...... τρωγοντες και πινοντες. γαμουντες και	γαμιζοντες,	αχρι ης ημερας εισηλθεν νωε εις την κιβωτον,...
Μθ 24:38	46	.... του κατακλυσμου τρωγοντες και πινοντες,	γαμουντες	και γαμιζοντες, αχρι ης ημερας εισηλθεν...
Μθ 24:27	46	ωσπερ	γαρ	η αστραπη εξερχεται απο ανατολων και φαινεται...
Λκ 17:24	46	ωσπερ	γαρ	η αστραπη αστραπτουσα εκ της υπο τον ουρανον...
Μθ 24:41	46		δυο	αληθουσαι εν τω μυλω, μια παραλαμβανεται...
Λκ 17:35	46	εσονται	δυο	αληθουσαι επι το αυτο, η μια παραλημφθησεται...
Λκ 17:27	46	ησθιον, επινον, εγαμουν,	εγαμιζοντο,	αχρι ης ημερας εισηλθεν νωε εις την κιβωτον,...
Λκ 17:27	46	ησθιον, επινον,	εγαμουν,	εγαμιζοντο, αχρι ης ημερας εισηλθεν...
Μθ 24:38	46	. γαμιζοντες, αχρι ης ημερας εισηλθεν νωε	εις	την κιβωτον,
Λκ 17:27	46	. εγαμιζοντο, αχρι ης ημερας εισηλθεν νωε	εις	την κιβωτον, και ηλθεν ο κατακλυσμος και...
Μθ 24:38	46	.... και γαμιζοντες, αχρι ης ημερας	εισηλθεν	νωε εις την κιβωτον,
Λκ 17:27	46	..... εγαμουν, εγαμιζοντο, αχρι ης ημερας	εισηλθεν	νωε εις την κιβωτον, και ηλθεν ο κατακλυσμος...
Μθ 24:28	46	οπου εαν η το πτωμα,	εκει	συναχθησονται οι αετοι.
Λκ 17:37	46	.... κυριε; ο δε ειπεν αυτοις, οπου το σωμα,	εκει	και οι αετοι επισυναχθησονται.
Λκ 17:27	46	ησθιον,	επινον,	εγαμουν, εγαμιζοντο, αχρι ης ημερας...
Λκ 17:37	46	.. αυτοις, οπου το σωμα, εκει και οι αετοι	επισυναχθησονται.	
Μθ 24:40	46	τοτε δυο	εσονται	εν τω αγρω, εις παραλαμβανεται και εις...
Λκ 17:35	46		εσονται	δυο αληθουσαι επι το αυτο, η μια παραλημφθησεται...
Μθ 24:27	46	.... ανατολων και φαινεται εως δυσμων, ουτως	εσται	η παρουσια του υιου του ανθρωπου.
Μθ 24:37	46	ωσπερ δε αι ημεραι του νωε, ουτως	εσται	η παρουσια του υιου του ανθρωπου.
Μθ 24:39	46	..... ο κατακλυσμος και ηρεν απαντας, ουτως	εσται	η παρουσια του υιου του ανθρωπου.
Λκ 17:24	46	.. ουρανον εις την υπ ουρανον λαμπει, ουτως	εσται	ο υιος του ανθρωπου .
Λκ 17:26	46	... καθως εγενετο εν ταις ημεραις νωε, ουτως	εσται	και εν ταις ημεραις του υιου του ανθρωπου.

ΛΚ 17:30	46	κατα τα αυτα εσται	η ημερα ο υιος του ανθρωπου αποκαλυπτεται.
ΜΘ 24:27	46	ωσπερ γαρ η	αστραπη εξερχεται απο ανατολων και φαινεται...
ΛΚ 17:24	46	ωσπερ γαρ η	αστραπη αστραπτουσα εκ της υπο τον ουρανον...
ΜΘ 24:39	46	και ουκ εγνωσαν εως ηλθεν	ο κατακλυσμος και ηρεν απαντας, ουτως...
ΛΚ 17:27	46	. ημερας εισηλθεν νωε εις την κιβωτον, και ηλθεν	ο κατακλυσμος και απωλεσεν παντας.
ΜΘ 24:37	46	ωσπερ δε αι ημεραι	του νωε, ουτως εσται η παρουσια του υιου...
ΛΚ 17:26	46	και καθως εγενετο εν ταις ημεραις	νωε, ουτως εσται και εν ταις ημεραις του...
ΜΘ 24:38	46	.... γαμουντες και γαμιζοντες, αχρι ης ημερας	εισηλθεν νωε εις την κιβωτον,
ΛΚ 17:27	46	... επινον, εγαμουν, εγαμιζοντο, αχρι ης ημερας	εισηλθεν νωε εις την κιβωτον, και ηλθεν...
ΜΘ 24:38	46	.... γαμουντες και γαμιζοντες, αχρι ης	ημερας εισηλθεν νωε εις την κιβωτον,
ΛΚ 17:27	46	...... επινον, εγαμουν, εγαμιζοντο, αχρι ης	ημερας εισηλθεν νωε εις την κιβωτον,...
ΜΘ 24:39	46	. και ουκ εγνωσαν εως ηλθεν ο κατακλυσμος και	ηρεν απαντας, ουτως εσται η παρουσια...
ΛΚ 17:27	46	..... την κιβωτον, και ηλθεν ο κατακλυσμος και	απωλεσεν παντας.
ΜΘ 24:39	46	και ουκ εγνωσαν εως ηλθεν ο κατακλυσμος	και ηρεν απαντας, ουτως εσται η παρουσια...
ΛΚ 17:27	46	.... νωε εις την κιβωτον, και ηλθεν ο κατακλυσμος	και απωλεσεν παντας.
ΜΘ 24:38	46	... αχρι ης ημερας εισηλθεν νωε εις την κιβωτον,	
ΛΚ 17:27	46	... αχρι ης ημερας εισηλθεν νωε εις την κιβωτον,	και ηλθεν ο κατακλυσμος και απωλεσεν...
ΜΘ 24:41	46	δυο αληθουσαι εν τω μυλω, μια	παραλαμβανεται και μια αφιεται.
ΛΚ 17:35	46	εσονται δυο αληθουσαι επι το αυτο, η μια	παραλημφθησεται η δε ετερα αφεθησεται.
ΜΘ 24:37	46	ωσπερ δε αι ημεραι του νωε,	ουτως εσται η παρουσια του υιου του...
ΜΘ 24:38	46	... γαμιζοντες. αχρι ης ημερας εισηλθεν νωε	εις την κιβωτον,
ΛΚ 17:26	46	και καθως εγενετο εν ταις ημεραις νωε,	ουτως εσται και εν ταις ημεραις του...
ΛΚ 17:27	46	... εγαμιζοντο, αχρι ης ημερας εισηλθεν νωε	εις την κιβωτον, και ηλθεν ο κατακλυσμος...
ΜΘ 24:39	46	και ουκ εγνωσαν εως ηλθεν ο	κατακλυσμος και ηρεν απαντας, ουτως...
ΛΚ 17:27	46	.... νωε εις την κιβωτον, και ηλθεν ο	κατακλυσμος και απωλεσεν παντας.
ΜΘ 24:28	46	. οπου εαν η το πτωμα, εκει συναχθησονται οι	αετοι.
ΛΚ 17:37	46	.. δε ειπεν αυτοις, οπου το σωμα, εκει και οι	αετοι επισυναχθησονται.
ΜΘ 24:28	46	οπου	εαν η το πτωμα, εκει συναχθησονται οι...
ΛΚ 17:37	46	...... αυτω, που, κυριε; ο δε ειπεν αυτοις, οπου	το σωμα, εκει και οι αετοι επισυναχθησονται....
ΜΘ 24:27	46	..... απο ανατολων και φαινεται εως δυσμων, ουτως	εσται η παρουσια του υιου του ανθρωπου.
ΜΘ 24:37	46	ωσπερ δε αι ημεραι του νωε, ουτως	εσται η παρουσια του υιου του ανθρωπου.
ΛΚ 17:24	46	.... τον ουρανον εις την υπ ουρανον λαμπει, ουτως	εσται ο υιος του ανθρωπου .
ΛΚ 17:26	46	. και καθως εγενετο εν ταις ημεραις νωε, ουτως	εσται και εν ταις ημεραις του υιου του...
ΛΚ 17:27	46	.. και ηλθεν ο κατακλυσμος και απωλεσεν παντας.	
ΜΘ 24:41	46	δυο αληθουσαι εν τω μυλω, μια παραλαμβανεται	και μια αφιεται.
ΛΚ 17:35	46	.... δυο αληθουσαι επι το αυτο, η μια παραλημφθησεται	η δε ετερα αφεθησεται.
ΜΘ 24:38	46	.... ταις προ του κατακλυσμου τρωγοντες και πινοντες,	γαμουντες και γαμιζοντες, αχρι ης...
ΜΘ 24:28	46	οπου εαν η το πτωμα, εκει συναχθησονται	οι αετοι.
ΜΘ 24:38	46	...... αχρι ης ημερας εισηλθεν νωε εις την	κιβωτον,
ΜΘ 10:39	46	ο ευρων την	ψυχην αυτου απολεσει αυτην, και ο...
ΛΚ 17:27	46	...... αχρι ης ημερας εισηλθεν νωε εις την	κιβωτον, και ηλθεν ο κατακλυσμος και...
ΛΚ 17:33	46	ος εαν ζητηση την	ψυχην αυτου περιποιησασθαι απολεσει αυτην,...
ΜΘ 24:27	46	.... ουτως εσται η παρουσια του υιου του	ανθρωπου.
ΜΘ 24:37	46	.... του νωε, ουτως εσται η παρουσια του	υιου του ανθρωπου.
ΜΘ 24:37	46	.. νωε, ουτως εσται η παρουσια του υιου του	ανθρωπου.
ΜΘ 24:39	46	.... ουτως εσται η παρουσια του υιου του	ανθρωπου.
ΛΚ 17:24	46	... υπ ουρανον λαμπει, ουτως εσται ο υιος του	ανθρωπου .
ΛΚ 17:26	46	.. νωε, ουτως εσται και εν ταις ημεραις του	υιου του ανθρωπου.
ΛΚ 17:26	46	..... εσται και εν ταις ημεραις του υιου του	ανθρωπου.
ΛΚ 17:30	46	κατα τα αυτα εσται η ημερα ο υιος του	ανθρωπου αποκαλυπτεται.
ΛΚ 17:24	46	... την υπ ουρανον λαμπει, ουτως εσται ο υιος	του ανθρωπου .
ΛΚ 17:30	46	κατα τα αυτα εσται η ημερα ο υιος	του ανθρωπου αποκαλυπτεται.
ΜΘ 24:27	46	. εως δυσμων, ουτως εσται η παρουσια του υιου	του ανθρωπου.
ΜΘ 24:37	46	.. του νωε, ουτως εσται η παρουσια του υιου	του ανθρωπου.
ΜΘ 24:39	46	.. απαντας, ουτως εσται η παρουσια του υιου	του ανθρωπου.
ΛΚ 17:26	46	... ουτως εσται και εν ταις ημεραις του υιου	του ανθρωπου.
ΜΘ 10:39	46	ο ευρων την ψυχην	αυτου απολεσει αυτην, και ο απολεσας...

Μθ 10:39	46	ο ευρων την ψυχην	αυτου απολεσει αυτην, και ο απολεσας...
Λκ 17:33	46	ος εαν ζητηση την ψυχην	αυτου περιποιησασθαι απολεσει αυτην,...
Μθ 24:27	46	ωσπερ	γαρ η αστραπη εξερχεται απο ανατολων...
Λκ 17:24	46	ωσπερ	γαρ η αστραπη αστραπτουσα εκ της υπο...

ΜΘ 25:21	47	εφη αυτω ο κυριος αυτου, ευ, δουλε	αγαθε	και πιστε, επι ολιγα ης πιστος, επι πολλων...
ΛΚ 19:17	47	και ειπεν αυτω, ευγε,	αγαθε	δουλε, οτι εν ελαχιστω πιστος εγενου, ισθι...
ΜΘ 25:27	47	. τοις τραπεζιταις, και ελθων εγω εκομισαμην	αν	το εμον συν τοκω.
ΛΚ 19:23	47	. αργυριον επι τραπεζαν; καγω ελθων συν τοκω	αν	αυτο επραξα.
ΜΘ 25:24	47	...... ειπεν, κυριε, εγνων σε οτι σκληρος ει	ανθρωπος,	θεριζων οπου ουκ εσπειρας και συναγων...
ΛΚ 19:21	47	εφοβουμην γαρ σε, οτι	ανθρωπος	αυστηρος ει, αιρεις ο ουκ εθηκας και θεριζεις...
ΜΘ 25:28	47	αρατε ουν	απ	αυτου το ταλαντον και δοτε τω εχοντι τα...
ΛΚ 19:24	47	και τοις παρεστωσιν ειπεν, αρατε	απ	αυτου την μναν και δοτε τω τας δεκα μνας...
ΜΘ 25:27	47	εδει σε ουν βαλειν τα	αργυρια	μου τοις τραπεζιταις, και ελθων εγω εκομισαμην...
ΛΚ 19:23	47	και δια τι ουκ εδωκας μου το	αργυριον	επι τραπεζαν; καγω ελθων συν τοκω αν αυτο...
ΜΘ 25:29	47	.... του δε μη εχοντος και ο εχει	αρθησεται	απ αυτου.
ΛΚ 19:26	47	.... απο δε του μη εχοντος και ο εχει	αρθησεται.	
ΜΘ 25:28	47	αρατε ουν απ	αυτου	το ταλαντον και δοτε τω εχοντι τα δεκα...
ΛΚ 19:24	47	και τοις παρεστωσιν ειπεν, αρατε απ	αυτου	την μναν και δοτε τω τας δεκα μνας εχοντι
ΜΘ 25:21	47	εφη	αυτω	ο κυριος αυτου, ευ, δουλε αγαθε και πιστε,...
ΛΚ 19:17	47	και ειπεν	αυτω,	ευγε, αγαθε δουλε, οτι εν ελαχιστω πιστος...
ΜΘ 25:28	47	... αυτου το ταλαντον και δοτε τω εχοντι τα	δεκα	ταλαντα.
ΛΚ 19:24	47	.. αρατε απ αυτου την μναν και δοτε τω τας	δεκα	μνας εχοντι
ΜΘ 25:29	47	τω γαρ εχοντι παντι	δοθησεται	και περισσευθησεται. του δε μη εχοντος...
ΛΚ 19:26	47	λεγω υμιν οτι παντι τω εχοντι	δοθησεται,	απο δε του μη εχοντος και ο εχει αρθησεται....
ΜΘ 25:28	47	αρατε ουν απ αυτου το ταλαντον και	δοτε	τω εχοντι τα δεκα ταλαντα.
ΛΚ 19:24	47	.... ειπεν, αρατε απ αυτου την μναν και	δοτε	τω τας δεκα μνας εχοντι
ΜΘ 25:21	47	εφη αυτω ο κυριος αυτου, ευ,	δουλε	αγαθε και πιστε, επι ολιγα ης πιστος,...
ΜΘ 25:26	47	..... δε ο κυριος αυτου ειπεν αυτω, πονηρε	δουλε	και οκνηρε, ηδεις οτι θεριζω οπου ουκ εσπειρα...
ΛΚ 19:17	47	και ειπεν αυτω, ευγε, αγαθε	δουλε,	οτι εν ελαχιστω πιστος εγενου, ισθι εξουσιαν...
ΛΚ 19:22	47	.... εκ του στοματος σου κρινω σε, πονηρε	δουλε.	ηδεις οτι εγω ανθρωπος αυστηρος ειμι,...
ΜΘ 25:14	47	.... ανθρωπος αποδημων εκαλεσεν τους ιδιους	δουλους	και παρεδωκεν αυτοις τα υπαρχοντα αυτου,
ΛΚ 19:13	47	καλεσας δε δεκα	δουλους	εαυτου εδωκεν αυτοις δεκα μνας, και ειπεν...
ΜΘ 25:27	47	... αργυρια μου τοις τραπεζιταις, και ελθων	εγω	εκομισαμην αν το εμον συν τοκω.
ΜΘ 25:24	47	. ειληφως ειπεν, κυριε, εγνων σε οτι σκληρος	ει	ανθρωπος, θεριζων οπου ουκ εσπειρας και...
ΛΚ 19:21	47	εφοβουμην γαρ σε, οτι ανθρωπος αυστηρος	ει,	αιρεις ο ουκ εθηκας και θεριζεις ο ουκ...
ΜΘ 25:14	47	ωσπερ γαρ ανθρωπος αποδημων	εκαλεσεν	τους ιδιους δουλους και παρεδωκεν αυτοις...
ΜΘ 25:27	47	...... τα αργυρια μου τοις τραπεζιταις, και	ελθων	εγω εκομισαμην αν το εμον συν τοκω.
ΛΚ 19:23	47	. εδωκας μου το αργυριον επι τραπεζαν; καγω	ελθων	συν τοκω αν αυτο επραξα.
ΜΘ 25:26	47	...... και οκνηρε, ηδεις οτι θεριζω οπου ουκ	εσπειρα	και συναγω οθεν ου διεσκορπισα;
ΛΚ 19:22	47	.. ειμι, αιρων ο ουκ εθηκα και θεριζων ο ουκ	εσπειρα;	
ΜΘ 25:21	47	εφη αυτω ο κυριος αυτου,	ευ,	δουλε αγαθε και πιστε, επι ολιγα ης...
ΛΚ 19:17	47	και ειπεν αυτω,	ευγε,	αγαθε δουλε, οτι εν ελαχιστω πιστος...
ΜΘ 25:29	47	... περισσευθησεται. του δε μη εχοντος και ο	εχει	αρθησεται απ αυτου.
ΛΚ 19:26	47	.... δοθησεται, απο δε του μη εχοντος και ο	εχει	αρθησεται.
ΜΘ 25:28	47	.... ουν απ αυτου το ταλαντον και δοτε τω	εχοντι	τα δεκα ταλαντα.
ΜΘ 25:29	47	τω γαρ	εχοντι	παντι δοθησεται και περισσευθησεται. του...
ΛΚ 19:24	47	.... την μναν και δοτε τω τας δεκα μνας	εχοντι	
ΛΚ 19:26	47	λεγω υμιν οτι παντι τω	εχοντι	δοθησεται, απο δε του μη εχοντος και ο...
ΜΘ 25:29	47	.. δοθησεται και περισσευθησεται. του δε μη	εχοντος	και ο εχει αρθησεται απ αυτου.
ΛΚ 19:26	47	. παντι τω εχοντι δοθησεται, απο δε του μη	εχοντος	και ο εχει αρθησεται.
ΜΘ 25:26	47	..... ειπεν αυτω, πονηρε δουλε και οκνηρε,	ηδεις	οτι θεριζω οπου ουκ εσπειρα και συναγω...
ΛΚ 19:22	47	.. του στοματος σου κρινω σε, πονηρε δουλε.	ηδεις	οτι εγω ανθρωπος αυστηρος ειμι, αιρων...
ΜΘ 25:26	47	.... πονηρε δουλε και οκνηρε, ηδεις οτι	θεριζω	οπου ουκ εσπειρα και συναγω οθεν ου διεσκορπισα;...
ΛΚ 19:22	47	.... αυστηρος ειμι, αιρων ο ουκ εθηκα και	θεριζων	ο ουκ εσπειρα;
ΛΚ 19:23	47	.. ουκ εδωκας μου το αργυριον επι τραπεζαν;	καγω	ελθων συν τοκω αν αυτο επραξα.
ΜΘ 25:26	47	.... ηδεις οτι θεριζω οπου ουκ εσπειρα	και	συναγω οθεν ου διεσκορπισα;
ΜΘ 25:27	47	... βαλειν τα αργυρια μου τοις τραπεζιταις,	και	ελθων εγω εκομισαμην αν το εμον συν τοκω.
ΜΘ 25:28	47	αρατε ουν απ αυτου το ταλαντον	και	δοτε τω εχοντι τα δεκα ταλαντα.
ΜΘ 25:29	47	... και περισσευθησεται. του δε μη εχοντος	και	ο εχει αρθησεται απ αυτου.
ΛΚ 19:22	47	. ανθρωπος αυστηρος ειμι, αιρων ο ουκ εθηκα	και	θεριζων ο ουκ εσπειρα;

ΛΚ 19:22	47	. ανθρωπος αυστηρος ειμι, αιρων ο ουκ εθηκα και	θεριζων ο ουκ εσπειρα;
ΛΚ 19:24	47	.... ειπεν, αρατε απ αυτου την μναν και	δοτε τω τας δεκα μνας εχοντι
ΛΚ 19:26	47	. εχοντι δοθησεται, απο δε του μη εχοντος και	ο εχει αρθησεται.
ΛΚ 19:13	47	καλεσας	δε δεκα δουλους εαυτου εδωκεν αυτοις...
ΜΘ 25:20	47	...... προσηνεγκεν αλλα πεντε ταλαντα λεγων, κυριε,	πεντε ταλαντα μοι παρεδωκας. ιδε αλλα...
ΜΘ 25:22	47	. προσελθων δε και ο τα δυο ταλαντα ειπεν, κυριε,	δυο ταλαντα μοι παρεδωκας. ιδε αλλα δυο...
ΜΘ 25:24	47	.... δε και ο το εν ταλαντον ειληφως ειπεν, κυριε,	εγνων σε οτι σκληρος ει ανθρωπος, θεριζων...
ΛΚ 19:16	47	παρεγενετο δε ο πρωτος λεγων, κυριε,	η μνα σου δεκα προσηργασατο μνας.
ΛΚ 19:18	47	και ηλθεν ο δευτερος λεγων, η μνα σου, κυριε,	εποιησεν πεντε μνας.
ΛΚ 19:20	47	και ο ετερος ηλθεν λεγων, κυριε,	ιδου η μνα σου ην ειχον αποκειμενην εν...
ΜΘ 25:20	47	.... λαβων προσηνεγκεν αλλα πεντε ταλαντα λεγων,	κυριε, πεντε ταλαντα μοι παρεδωκας. ιδε...
ΛΚ 19:16	47	παρεγενετο δε ο πρωτος λεγων,	κυριε, η μνα σου δεκα προσηργασατο μνας.
ΜΘ 25:29	47	.... δοθησεται και περισσευθησεται. του δε μη	εχοντος και ο εχει αρθησεται απ αυτου.
ΛΚ 19:26	47	.... παντι τω εχοντι δοθησεται, απο δε του μη	εχοντος και ο εχει αρθησεται.
ΜΘ 25:27	47	εδει σε ουν βαλειν τα αργυρια μου	τοις τραπεζιταις, και ελθων εγω εκομισαμην...
ΛΚ 19:23	47	και δια τι ουκ εδωκας μου	το αργυριον επι τραπεζαν; καγω ελθων...
ΜΘ 25:29	47	.. περισσευθησεται. του δε μη εχοντος και ο	εχει αρθησεται απ αυτου.
ΛΚ 19:26	47	... δοθησεται, απο δε του μη εχοντος και ο	εχει αρθησεται.
ΜΘ 25:26	47	... αυτω, πονηρε δουλε και οκνηρε, ηδεις οτι	θεριζω οπου ουκ εσπειρα και συναγω οθεν...
ΛΚ 19:22	47	.... σου κρινω σε, πονηρε δουλε. ηδεις οτι	εγω ανθρωπος αυστηρος ειμι, αιρων ο...
ΜΘ 25:26	47	. θεριζω οπου ουκ εσπειρα και συναγω οθεν ου	διεσκορπισα;
ΜΘ 25:24	47	.. οτι σκληρος ει ανθρωπος, θεριζων οπου ουκ	εσπειρας και συναγων οθεν ου διεσκορπισας.
ΜΘ 25:26	47	...... και οκνηρε, ηδεις οτι θεριζω οπου ουκ	εσπειρα και συναγω οθεν ου διεσκορπισα;
ΛΚ 19:21	47	. σε, οτι ανθρωπος αυστηρος ει, αιρεις ο ουκ	εθηκας και θεριζεις ο ουκ εσπειρας.
ΛΚ 19:22	47	..... εγω ανθρωπος αυστηρος ειμι, αιρων ο ουκ	εθηκα και θεριζων ο ουκ εσπειρα;
ΛΚ 19:22	47	. ειμι, αιρων ο ουκ εθηκα και θεριζων ο ουκ	εσπειρα;
ΜΘ 25:29	47	τω γαρ εχοντι παντι	δοθησεται και περισσευθησεται. του δε...
ΛΚ 19:26	47	λεγω υμιν οτι παντι	τω εχοντι δοθησεται, απο δε του μη εχοντος...
ΜΘ 25:21	47	..... δουλε αγαθε και πιστε, επι ολιγα ης πιστος,	επι πολλων σε καταστησω. εισελθε εις την...
ΛΚ 19:17	47	..... ευγε, αγαθε δουλε, οτι εν ελαχιστω πιστος	εγενου, ισθι εξουσιαν εχων επανω δεκα...
ΜΘ 25:26	47	.... δε ο κυριος αυτου ειπεν αυτω, πονηρε	δουλε και οκνηρε, ηδεις οτι θεριζω...
ΛΚ 19:22	47	. λεγει αυτω, εκ του στοματος σου κρινω σε, πονηρε	δουλε. ηδεις οτι εγω ανθρωπος αυστηρος...
ΜΘ 25:24	47	... εν ταλαντον ειληφως ειπεν, κυριε, εγνων σε	οτι σκληρος ει ανθρωπος, θεριζων οπου...
ΛΚ 19:21	47	εφοβουμην γαρ σε,	οτι ανθρωπος αυστηρος ει, αιρεις ο...
ΜΘ 25:27	47	.... και ελθων εγω εκομισαμην αν το εμον συν	τοκω.
ΛΚ 19:23	47	.... το αργυριον επι τραπεζαν; καγω ελθων συν	τοκω αν αυτο επραξα.
ΜΘ 25:27	47	.... ελθων εγω εκομισαμην αν το εμον συν τοκω.	
ΛΚ 19:23	47	.. αργυριον επι τραπεζαν; καγω ελθων συν τοκω	αν αυτο επραξα.
ΜΘ 25:29	47	.... παντι δοθησεται και περισσευθησεται. του	δε μη εχοντος και ο εχει αρθησεται...
ΛΚ 19:26	47	.. οτι παντι τω εχοντι δοθησεται, απο δε του	μη εχοντος και ο εχει αρθησεται.
ΛΚ 19:23	47	... δια τι ουκ εδωκας μου το αργυριον επι τραπεζαν;	καγω ελθων συν τοκω αν αυτο επραξα.
ΜΘ 25:27	47	. εδει σε ουν βαλειν τα αργυρια μου τοις τραπεζιταις,	και ελθων εγω εκομισαμην αν το εμον...
ΜΘ 25:28	47	...... ουν απ αυτου το ταλαντον και δοτε τω	εχοντι τα δεκα ταλαντα.
ΜΘ 25:29	47	τω	γαρ εχοντι παντι δοθησεται και περισσευθησεται....
ΛΚ 19:24	47	.... αρατε απ αυτου την μναν και δοτε τω	τας δεκα μνας εχοντι
ΛΚ 19:26	47	λεγω υμιν οτι παντι τω	εχοντι δοθησεται, απο δε του μη εχοντος...

Mθ 19:28	48	.... υμεις επι δωδεκα θρονους κρινοντες τας δωδεκα	φυλας του ισραηλ.
ΛΚ 22:30	48	. βασιλεια μου, και καθησεσθε επι θρονων τας δωδεκα	φυλας κρινοντες του ισραηλ.
Mθ 19:28	48	..... αυτου, καθησεσθε και υμεις επι δωδεκα θρονους	κρινοντες τας δωδεκα φυλας του ισραηλ.
ΛΚ 22:30	48	.. μου εν τη βασιλεια μου, και καθησεσθε επι θρονων	τας δωδεκα φυλας κρινοντες του ισραηλ.
Mθ 19:28	48	... θρονους κρινοντες τας δωδεκα φυλας του ισραηλ.	
ΛΚ 22:30	48	.... θρονων τας δωδεκα φυλας κρινοντες του ισραηλ.	
Mθ 19:28	48	.. υιος του ανθρωπου επι θρονου δοξης αυτου, καθησεσθε	και υμεις επι δωδεκα θρονους κρινοντες...
ΛΚ 22:30	48	... της τραπεζης μου εν τη βασιλεια μου, και καθησεσθε	επι θρονων τας δωδεκα φυλας κρινοντες...
Mθ 19:28	48	.. καθησεσθε και υμεις επι δωδεκα θρονους κρινοντες	τας δωδεκα φυλας του ισραηλ.
ΛΚ 22:30	48	... καθησεσθε επι θρονων τας δωδεκα φυλας κρινοντες	του ισραηλ.
Mθ 19:28	48	.. και υμεις επι δωδεκα θρονους κρινοντες τας	δωδεκα φυλας του ισραηλ.
ΛΚ 22:30	48	... βασιλεια μου, και καθησεσθε επι θρονων τας	δωδεκα φυλας κρινοντες του ισραηλ.
Mθ 19:28	48	..... θρονους κρινοντες τας δωδεκα φυλας του	ισραηλ.
ΛΚ 22:30	48	.. επι θρονων τας δωδεκα φυλας κρινοντες του	ισραηλ.
Mθ 19:28	48	... δωδεκα θρονους κρινοντες τας δωδεκα φυλας	του ισραηλ.
ΛΚ 22:30	48	.... και καθησεσθε επι θρονων τας δωδεκα φυλας	κρινοντες του ισραηλ.

PAUL D. SANSONE, O.F.M.

870717 19.95 (16.50)